KB096380

교착된 사상의
현대사

SISOU TAIKEN NO KOUSAKU: NIHON, KANKOKU, ZAINITI 1945NEN IGO

by Yoon Keun Cha

© 2008 by Yoon Keun Cha

Originally published in Japanese by Iwanami Shoten, Publishers, Tokyo, 2008.

This Korean language edition published in 201X

by Changbi Publishers, Inc., Paju

by arrangement with the proprietors c/o Iwanami Shoten, Publishers, Tokyo

교착된 사상의 현대사

1945년 이후의 한국·일본·재일조선인

윤건차 지음 • 박진우 외 옮김

창비
Changbi Publishers

─메아리치는 생명

인생의 반려자, 윤가자(尹嘉子)와

일본, 조선, 그리고 자이니찌 친구들에게 바친다.

이렇게 또 한번 나의 저서가 한국어로 출판되는 것을 기쁘게 생각한다. 독자가 있고 출판이 있는 것이기 때문에, 그다지 많지는 않다고 하더라도 계속해서 나의 책에 관심을 가져주는 분들이 있다는 것은 무엇보다도 고마운 일이다. 그것은 나의 집필활동의 원천이 되기도 하며, 실제로 지금까지 집필을 계속해온 것은 한국 독자들의 끊임없는 기대와 격려가 있었기 때문이라고 해도 지나친 말은 아니다.

이미 젊지 않은 나이에 새삼스럽게 자신의 '뿌리'에 구애받는 것의 의미에 관해서 생각하는 일이 많아졌다. 인간은 스스로 시간이나 장소를 선택해서 태어나는 것이 아니다. 따라서 기본적으로는 자신이 책임을 질 수 없는 갖가지 조건을 받아들이고 살아갈 수밖에 없다. 나 같은 경우에는 '재일조선인'으로서, 그것도 1944년 12월 일본이 패전하는 전해에 태어난 자이니찌(在日, 在日朝鮮人) 2세이지만, 당연히 일본열도와 한반도의 두 가지 조건에 따라 결정적으로 속박되어 살아올 수밖에 없었고 실제로도 그런 삶을 살아왔다.

일본은 아시아 침략을 일삼고 패전 후에도 사죄와 보상을 거부해온 나라이며, 조선은 세계와 역사의 모순을 집약적으로 껴안고 있는 남북 분단의 나라이다. 그런 의미에서 나는 전후 일본과 분단시대의 한가운데서 살아온 셈이 된다. 일본땅에서 태어나 자라면서도 조선은 역시 '조국'이며, 따라서 남북분단의 고통은 나의 생애를 관통하고 또한 한국의 민주화운동은 또다른 형태로 나 자신의 투쟁이 되기도 했다.

이 책은 일본의 패전/조선의 해방부터 지금까지 일본과 대한민국(한반도 남부, 한국) 그리고 재일조선인이 걸어온 발자취를 주로 사상, 특히 역사에 각인된 사상체험으로써 더듬어보고자 한 것이다. 한권의 책으로서는 너무 방대하고 복잡한 내용이 될 수밖에 없으며, 혼자서 쓴다는 것 자체가 무모하다는 비난을 면하기 어렵다. 다만 나 자신은 어떻게 해서라도 한번쯤은 내가 살아온 시대와 사상을 내 나름대로 이야기해보고 싶다는 생각을 가지고 있었다. 그것이 잘 정리되었는지 아닌지는 독자의 평가에 맡길 수밖에 없지만, 그 시대를 살아온 지식인과 일반 서민 들에게 다가가는 형태로 내가 살아온 발자취를 검증해보고 싶었다는 말일지도 모른다.

사람은 누구라도 주어진 상황과 환경, 시대성을 부정할 수는 없으며, 오히려 달아나지 않고 거기에 정면으로 대응함으로써 더욱 통찰력을 가진 풍부하고 충실한 생을 영위할 수 있을 터이며, 그것이 생과 사의 경계를 살아가는 인간의 임무일지도 모른다. 이 책에서는 68편에 이르는 일본, 한국, 자이니찌의 시를 소개하고 있다. 그 시들은 강인하고 풍요로우며, 슬픔과 눈물 그리고 나날의 기쁨과 성찰로 자아낸 시들이며 시인들이 제각기 대응한 시대와 생의 고뇌를 훌륭하게 읊은 것들이다.

책을 집필하는 작업은 언제나 정신적으로도 육체적으로도 가혹한 일이다. 이 책을 집필하는 데 거의 5년의 세월이 걸리면서 가족에게까지 희생을 강요했다고나 할까, 마지막 단계에서 아내 윤가자(尹嘉子)가 폐암으로 병상에 쓰러졌다. 아내의 입원과 투병생활을 돌보면서 계속된 집필은 이제 와서 생각해보면 극히 가혹한 일이었다. 그나마 다행이라고 할까 아내는 이 책의 간행을 보고 떠나갔지만 그런 의미에서 이 책은 아내의 생명과 맞바꾸어 완성한 것처럼 생각된다.

이 책의 한국어 번역은 숙명여자대학교 일본학과 박진우 교수가 감수를 맡고 서민교, 최종길, 유지아 세 분이 맡아서 해주셨다. 또한 68편의 시에 대한 번역은 와세다대학 객원교수를 지낸 김응교 시인이 맡아주셨다. 전반적으로 이 책의 번역은 간결하고도 정확한 것이어서 저자로서는 기쁘기 한이 없다.

마지막으로 이 책의 출판을 맡아주신 창비에 감사말씀을 드리고 싶다. 출판사정이 어려운 가운데 분량이 많은 사회과학서적을 낸다는 것은 역사에 하나하나 각인해가는 귀중한 문화사업이다. 가능하다면 이 책이 뛰어난 업적을 축적해온 창비에게 아무쪼록 긍정적인 의미를 부여할 수 있게 되기를 바랄 뿐이다. 편집과 출판 과정에서 창비의 여러분들에게 많은 신세를 진 것에 대해서 감사드리고 싶다. 특히 이 책의 편집을 담당한 박영신씨의 세심한 배려에 대해서 진심으로 감사의 말씀을 드린다.

2009년 7월
토오꾜오에서 윤건차

사상체험을 말한다는 것

21세기에 들어와 사람들의 기대와는 달리 일본은 물론이고 남북한, 동아시아 그리고 세계는 날로 혼미를 더해가고 있는 것처럼 보인다. 사람들은 돌파구가 없는 현상에 대한 불만과 암울한 미래에 대한 이루 말할 수 없는 불안에 사로잡히고, 또한 일상생활에 잠재되어 있는 위험에 가위눌려 자신(自信)과 희망을 찾지 못하고 있다.

이러한 상황에 즈음해서 이 책은 1945년 8월의 패전/해방부터 오늘에 이르기까지의 일본과 대한민국(남한) 그리고 재일조선인이 걸어온 노정을 주로 사상, 특히 역사에 각인된 사상체험으로써 파악하고자 하는 것이다. 근대일본이 서구의 압박에 대응하면서 아시아 침략의 길을 선택하여 그 날카로운 예봉을 한반도로 향하게 했지만, 아시아태평양 전쟁 내지는 2차 세계대전에서 패함으로써 일단 좌절하지 않을 수 없었던 것은 잘 알려진 사실이다. 일본의 패전은 조선반도의 해방을 의미했지만, 그러나 그것은 동시에 미국과 소련의 분할점령에 의거한 남북분단으로 이어져 오늘에 이르기까지 남북분단국가의 비극이 계속되고 있다. 패전 후 일본이 우여곡절을 거치면서도 경제대국의 길을 걸었던 데비해서 남북조선은 동족간의 전쟁을 경험했을 뿐만 아니라 오늘날까지도 군사적인 대립을 축으로 하는 곤란한 길을 강요당하고 있다.

한반도 남부의 한국은 최근에는 고도경제성장을 이루어 중진국에서 선진국으로 도달하는 과정에 있다고 평가되기도 하지만, 그 지정학적 위치에서 볼 때 여전히 많은 곤란과 불안을 끌어안은 채로 있다. 현실적으로 한반도 북부의 조선민주주의인민공화국(공화국)이 정치·경제·남북관계·국제정치, 기타 갖가지 국면에서 극도로 어려운 상황에 놓인 가운데, 분단국가의 다른 한쪽인 한국이 국내외에서 안정된 지위를 확보하는 것은 매우 어려운 일이다. 그러한 가운데 식민지 지배의 소산으로서의 재일조선인은 일본과 남북한이라는 3개국의 틈새에서 과거에도 그리고 현재도 기본적으로는 일관해서 고난의 생활을 해오지 않을 수 없었다.

일본에게 한국은 과거 식민 지배를 한 이웃나라, 그것도 일본이 책임을 져야 할 남북분단의 한쪽 편에 있는 국가다. 당연히 일본에게 한국은 중요한 의미를 가지며 자화상을 그리는 데 불가결한 존재다. 아니 그 이상으로 일본인이 한국·한국인을 응시하는 것은 자신의 존재양식을 검증하는 가장 중요한 방법론의 하나라고 말할 수 있다. 또한 한국에게 일본은 과거의 종주국일 뿐만 아니라, 언제나 싫든 좋든 간에 중요한 이웃나라로서 위치해왔다. 식민지 지배기구가 붕괴한 해방 직후에도, 한국전쟁과 국교개시 직전의 시대에도, 혹은 군사정권·경제성장·민주화운동 시대에도 모두 일본과의 관계를 배제하고는 이야기할 수가 없다. 이른바 일본/한국의 관계는 양국의 역사나 사상의 발자취를 생각할 때 근간이 되는 부분이라고 할 수 있다. 다만 이 경우 일본과 한국을 이분법적인 전제 아래 이항대립의 형태로 파악하는 것은 정당한 방법이 아니다. 일본/한국이라 하더라도 일본도 오끼나와(沖繩)와 같은 이질적인 것을 포함하고 있으며, 특히 거기에 재일조선인('자이니찌')을 포함해서 생각할 경우 양자를 대립구도로서 제3자의 입장에서 바라보면 문제의 본질을 파악하기 어렵다. 실제로 자이니찌의 관점에서 생각할 때 일본과 한국에 내재하는 문제의 실태, 혹은 양자에 가로놓인 복잡한 관계구조도 더욱 깊이 이해할 수 있는 것이 아닐까.

*

원래 나는 자이니찌 2세의 한 사람으로, 재일조선인의 관점에서 일본과 남북한 그리고 자이니찌 자신의 문제에 관심을 갖고 사상사(思想史)의 입장에서 여러가지를 논해왔다. 처음에는 30대에 학위논문을 쓰는 과정에서 조선 근대의 역사와 사상을 바탕으로 인간 형성의 바람직한 모습을 배우고 나 자신의 정체성을 확보하려 했다. 그후 학위논문을 공간(公刊)하고 일본 대학에 취직하고 나서는 근대일본, 특히 전후 일본을 알아야 한다는 생각에서 역사인식 문제를 중심으로 전후 일본의 사상에 관해 논문을 발표해왔으며, 또한 자이니찌의 생활과 사상에 관해서도 공부해왔다. 이윽고 한국에서 민주화가 그럭저럭 달성된 1990년대 이후부터 한국에도 드나들게 되면서 현대한국의 사상에 관심을 갖고 한국 지식인의 현실과 사상에 관한 책을 펴내기도 했다.

지금 생각해보면 '한국'이라는 말을 꽤 오랫동안 접해왔지만, 솔직히 말해서 나는 '한국'이라는 국명에 줄곧 위화감을 가지고 있었으며 저항감을 가지고 지내왔다. 그것이 일본사회에 의해서도 강요되는 한국의 어두운 이미지뿐만 아니라, 특히 군사독재정권의 실태와도 관련되는 복잡한 감정이었던 것은 분명하다. 그것은 나에게만 한정된 이야기가 아니라 재일조선인이나 다수의 일본인 그리고 한국인들도 정도의 차이는 있겠지만 마찬가지였다고 생각한다. 그러한 위화감이 조금씩 해소되고 '한국'을 받아들이게 된 것은 역시 1987년 노동자·학생의 6월 항쟁, 그리고 이듬해 1988년 서울올림픽 개최 이후의 일이며, 특히 1998년 김대중(金大中)정권의 성립으로 한국의 민주화가 확고부동한 것이 된 후라고 말할 수 있다.

그러나 역시 나는 아직도 '한국'이라는 말에 스스로를 동일화하는 데는 주저한다는 것이 솔직한 심정이다. 통념적으로 말한다면, 나는 내가 선택한 것도 아닌 '(분단)한국 국적의 자이니찌 2세'로서 살아왔으며 그것으로 마지막까지 살아갈 수밖에 없을지도 모르지만, 가능하다면 하루라도 빨리 남북이 통일해서 통일조선의 새로운 이름 아래 살아갈 수 있기를 바라고 있다. 혹은 어쩌면 거의 자그마한 가능성을 고려해서 말한다면 현재의 입국관리특례법상의 '특별영주자'로서가 아니라, 특별입법에 의한 '일본국에 거주하는 특별시민'이라는 형태로 살아가고 싶다고 말하는 편이 나을지도 모르겠다.

어쨌든 일본과 한국 양측에 관해 적지 않게 배운 셈이 되는 나는 양자의 관계를 비교·고찰할 필요를 느끼게 되었고, 그것을 구체화한 것이 이 책이다. 물론 재일조선인은 일본과 조선의 양쪽에 규정되는 존재이며 따라서 자이니찌의 관점을 확립하는 데는 일본과 남북한의 양쪽에 대해 이해를 심화할 필요가 있다. 다만 이번에는 정보수집의 곤란과 학문연구의 수준차 등으로 인해 이 책의 부제에도 있듯이 '일본·한국·재일조선인'을 중심으로 다루고, 북한에 관해서는 최소한도밖에 언급할 수 없었던 것은 유감이다. 언젠가 북한의 역사와 사상의 흐름도 포함해 일본과 남북한, 재일조선인에 관해서 논구해보고 싶다는 생각도 있지만, 최종적으로는 재일조선인이 어떻게 살아왔는지에 관해서 이른바 '자이니찌의 정신사'와 같은 것을 정리하는 것이 내 역할이 아닐까 생각한다.

*

이 책의 출발은 2002년 10월, 11월에 '이와나미(岩波) 시민쎄미나'에서 '일본과 한국: 사상의 단절과 교착(日本と韓國 —— 思想の斷絶と交錯)'이라는 총 네차례의 강의를 바탕으로 하고 있다. 각 쎄미나의 제목은 '역사를 보는 방법과 점령체험' '토오꾜오(東京)재판·친일파비판·한일기본조약' '한국의 민주화운동과 일본의 지식인' '포스트모던과 역사인식'이며, 자료는 많이 준비했으나 한정된 시간도 있고 해서 내용적으로 충분하지 못했던 것은 애초부터 부득이한 일이었다. 그렇다고 새삼 한권의 책으로 묶었다고 해서 내용적으로 충분한가 하면 도저히 그렇게 단언할 수는 없다. 하긴 사상을 중심으로 한다고는 하지만 패전/해방 후의 일본과 한국, 그리고 재일조선인 전체를 이야기한다는 것 자체가 무모한 시도라고 말할 수밖에 없다. 여기서 다룬 각 시대의 사건이나 사항들은 제각기 수십 수백, 경우에 따라서는 수천에 달하는 선행 저서와 논고가 있으며, 그러한 것들을 모두 읽은 후에 책을 쓴다는 것은 처음부터 무리한 일이다. 그런 의미에서 이 책은 가능한 한 선행 저작이나 업적을 참고하면서도, 역시 이제까지의 인생에서 배우고 느낀 것 즉 나 자신의 생각을 이야기하는 것이라는 정도로 받아들여주기 바란다.

내가 사상을 논할 때, 그 원점은 '재일조선인'이다. 개개의 사람들이 그러하며 또한 인류사 그 자체가 그러하듯이 사람은 선택하거나 혹은 희망해서 이 세상에 태어나는 것은 아니다. 어디까지나 선택이 불가능한 운명적인 존재로서 탄생하고, 또한 태어남과 동시에 어떤 일정한 역사적 존재로서 살아가는 것이 인간존재의 규정이다. 태어나면서 주어진 처지〔境遇〕, 환경, 시대성을 부정할 수는 없으며, 오히려 달아나지 않고 거기에 정면으로 대응함으로써 더욱 통찰력을 가진 풍부하고 충족한 생을 영위할 수 있을 터이며, 그것이 생과 사의 경계를 살아가는 인간의 책무일지도 모른다. 어딘가에서 "일상의 반복 속에 '삶'이 있으며, 그 일상이 끊긴 곳에 '죽음'이 있다"는 말을 들은 기억이 있는데, 자이니찌를 존재의 불안, 과객의 불안으로서 받아들이는 것이 아니라, 자이니찌를 낳은 시대를 직시하고 이와 격투함으로써 조금이나마 의미있는 흔적을 남겨가는 것이 나의 책무가 아닐까 한다.

*

그런데, 여기서 '사상'이란 무엇인가에 관해서 새삼 되물어본다면, 그것은 간단하게 말해서 어떻게 살아가는가를 탐구하는 것이 아닐까 한다. 사상이 일어난 사건이나 사상(事象)의 설명 내지는 해설뿐이라면 그것은 죽은 사상이며 사상의 무력함을 나타낼 뿐이다. 좌익과 우익의 사상을 종종 논해온 마쯔모또 겐이찌(松本健一)는 "사상이란 궁극적으로는 논리가 아니다. 삶의 방식에 관한 문제다. 주체의 에토스에 관한 문제다. 사람은 자신의 사상을 삶의 방식 그 자체로 증명해야 한다"[1]고 말한다. 나는 그의 생각이나 입장에 반드시 찬성하는 것은 아니지만, 사상에 관해 설명한 이 부분에는 대체적으로 동의할 수 있다. 다만 덧붙여 말하자면 사상을 이야기하는 것은 역시 거기에 어떤 형태로든 이데올로기가 수반되는 것이라고 생각한다. 그것은 가치관이라 해도 좋고 사회관이라고 해도 좋을지 모르지만, 어떤 사회가 되면 좋겠다는 희망이나 목표가 없으면 사상도 빈약하고 알팍한 것이 되어버린다고 생각한다. 그런 의미에서는 시인 타니가와 간(谷川雁)이 "사상은 일종의 에너지다"라고 한 말에 찬성하지만, 그러나 동시에 타니가와 자신이 그러했듯이 "생각건대 인간의 사상은 몇번이고 전향하는 경우조차 있다"[2]는 것도 사실일 것이다.

이 책을 일관하는 하나의 사상축은 이미 '고전적'인 말이 되어버린 '민족문제·식민지문제'에 관한 '탈식민지화'의 과제다. 그것은 단적으로 말하자면 근대일본의 근원적인 사상과제로 생각되는 '천황제와 조선'을 묻는 일이기도 하다. 실제로 전후 일본에서는 국가형태의 근간을 이루는 천황제에 관해서는 거의 사고정지에 빠진 상태에 있으며, 또한 그 대극에 있다고 할 수 있는 조선·조선인에 관해서도 사상적으로는 방치한 채로 있다고 해도 과언이 아니다. 개개인의 사상체험을 보더라도 역시 마찬가지다. 21세기에 접어든 오늘날까지도 전쟁과 식민지 지배의 뒤처리도 거의 하지 않은 채 사람들은 착각 내지는 애매한 생각으로 시종하고 있는 것처럼 보인다. 그런 점에서 한국(조선)의 최대의 사상과제는 분단의 극복, 남북통일국가의 수립이라고 말할 수 있지만, 그 전제가 되는 식민지 지배의 잔재를 극복하는 과제는 지금도 여전히 애매모호한 상태로 남아 있다고 말할 수 있다.

*

우리가 지금 살고 있는 사회가 어떤 사회인지를 알고자 할 때, 사회과학적으로는 크게 말해서 '역사'와 '비교'라는 두 가지 방법론이 있다고 할 수 있다. 일본사회가 어떤 사회인지를 알기 위해서는 일본사회가 형성되어온 과거부터 현재까지의 발자취를 확인하는 일이 중요하다. 동시에 일본사회의 모습을 한국이나 중국, 미국 등의 그것과 비교해보면 문제의 소재가 좀더 명확해진다. 아마도 이러한 두 가지 방법론이 사회과학적인 탐구의 축이 되겠지만, 다만 실제로는 '객관적 진실'만으로 역사와 현실의 실상이 부각되는 것은 아니다. 거기에는 '살아온 인간의 감정'을 매개로 한 방법론이 불가결하며, 구체적으로는 시나 문학, 연극, 영화 등을 통한 접근이 필요할 것이다.

그런 의미에서 이 책에서는 각 절마다 시집 등에서 발표된 시를 모두 68편 실어서 시대의 의미나 사람들의 사상을 더욱 구체적으로 파악하고자 했다. 실제로 이 책에서 다루는 제각기의 사상체험은 시혼, 즉 시를 읊으려는 마음에 가득 찬 것이라고 말할 수 있다. 그런 점에서 나 자신도 이제까지 역사나 사상을 사회과학의 문제로 파악하고 이론적으로 서술할 때는 암묵적으로 감성이나 정서와 어느정도 거리를 가지는 것이 좋을 것이라는 생각을 한 것 같다. 그러나 현실의 인간사회가 이치만으로 움직이는 것이 아니라는 점은 너무도 자명한 사실이며, 그것을 '과학적'인 논리로 해명하려는 일 자체가 역시 무리라고 해야 할 것이다. 시나 문학이 존재하는 이유는 실로 인간의 모순에 가득 찬 삶의 방식을 묘사하는 일이며, 거기서 더욱 현실에 뿌리내린 미래에 대한 통찰이 가능하다고 말할 수 있을지도 모른다.

이 책에서는 때로는 문학에 관해서도 언급하지만, 본래 시라는 것이 그때그때의 시대상황에서 감정과 사상 내지는 정신을 표현하는 특별한 지표로서 기능하고 있으며, 더욱이 엄선된 간결한 언어로 표현하는 것이라는 점을 생각할 때 짧은 시 속에 역사와 사회의 진실이 응축되어 있는 것이 아닐까 한다. 실제로 오끼나와를 포함한 일본의 시도 일부 그러하지만, 특히 한국과 자이니찌의 시인은 고은(高銀)이나 김시종(金時鐘)에게서 볼 수 있듯이 식민지체험과 분단국가, 그리고 타향살이의 비애를 강요받은 민족의 일원으로서 고투하는 혼의 궤적을 노래함으로써 거짓됨이 없는 인간성의 주장을 관철하고 있다고 말할 수 있다. 다만 이 책에서 소개하는 시는 지면관계상 그 일부밖에 발췌하지 못하는 점을 미안하게 생각한다.

한 가지 노파심으로 말하자면 이 책에서는 '일본인' '조선인'이라는 말을 자주 사용하게 되지만, 그것은 일본열도와 조선반도 및 그밖의 지역에 사는 사람들의 집합명사로서 의미를 가진다. 그것이 다양한 의미 내용을 지니고 때로는 불필요한 오해를 초래할 수 있는 말이라는 점도 충분히 알고 있다. 문맥에 따라서 그 말이 갖가지 뉘앙스를 띠는 점에 유의하면서 사용할 작정이다.

이 책의 집필에 도움을 주신 많은 분들에게 감사를 표하고 싶다. '이와나미 시민쎄미나' 이후 이와나미쇼뗀 편집부의 이리에 아오기(入江 仰)씨는 여러모로 세심한 부분까지 배려해주셨다. 이리에씨의 도움에 감사말씀을 드린다.

결론을 대신하여 **기억과 시선, 그리고 사상을 논하는 것의 의미**

1장

새로운 동시대사로의 출발: 일본 패전과 조선 해방 1945~46

1. 군사점령의 질적 차이와 대미의식

공유된 '근대'

일본과 조선은 불행한 관계에 놓여 있기는 하지만 '근대'라는 시대를 공유했다. 특히 1910년 '한국병합' 이후 일본은 종주국, 조선은 식민지로서 지배/피지배의 역사를 새겼다. 근대는 서양을 축으로 하는 '보편성'이 세계로 퍼져가는 시대이지만, 그것은 동시에 비참한 식민지주의가 세계의 구석구석까지 침투해가는 시대이기도 하다. 그러한 가운데 일본과 조선은 1945년 8월 패전/해방에 의해 다른 길을 걷게 된다. 더욱이 승자인 미국에 의한 군사점령 아래서 일본과 조선은 새로운 시대로 나아갈 각자의 사상과제를 품게 된다. 그것은 전쟁 전/해방 전으로부터의 단절과 함께 일본과 조선의 단절도 의미한다.

역사적 사실로 말하자면, 1945년 8월 14일 일본정부는 포츠담선언을 수락하고 다음날 15일 천황은 스스로 라디오를 통해서 '종전의 조칙'을 낭독했다. 일본의 포츠담선언 수락은 '무조건 항복'이지만 실제로 일본은 일관해서 '국체' 즉 천황제는 유지되어야 한다고 생각했으며, 또한 그것을 주장했다. 더구나 천황의 '성단(聖斷)'에 의해 패전한 일본은 대만·조선·'만주국' 등의 식민지를 잃었다고는 하지만 대일본제국헌법의 효력이 지속되는 가운데 천황제 국가체제가 그대로 존속됐다. 즉 같은 추축국(樞軸國)이었던 독일이 히틀러정권 붕괴 후 연합국에 의한 직접통치를 받은 것과는 달리 일본은 9월 2일 미주리호 위에서의 항복문서 조인 후 제국정부가 그대로 유지되면서 연합국, 실질적으로는 미국에 의한 점령통치를 받게 되었다.

한편 식민지 지배의 멍에에서 해방된 조선은 실제로는 북위 38도선을 경계로 하여 북부가 소련군에 의해서 점령지배되고, 이어서 남부가 미국에 의해 점령통치됐다. 이 한반도의 남북분단은 미소 양국군의 분할통치에 의한 것이었지만, 연합국 군대가 한반도에 진주한 가장 큰 이유가 한반도에 주둔한 일본군의 무장해제에 있었다는 점에서 볼 때 남북분단은 어디까지나 일본의 조선지배 그 자체에 기인하는 것이라고 할 수 있다. 더구나 역사의 비극이라고는 하지만 이 남북의 분단통치는 결과적으로 조선이 통일독립국가로 나아가는 길을 막고 마침내는 분단국가의 탄생으로 이어졌다.

다만 여기서 또다른 시점에서 볼 때 패전/해방을 계기로 일본과 조선이 다른 길을 걷게 되었다고는 하지만, 역사의 큰 흐름에서 보면 그것은 또한 일본과 조선의 새로운 동시대사의 출발이었다고 이해할 수 있다. 그리고 일본과 조선의 관계는 더 큰 의미에서 억압민족과 피억압민족, 제국주의와 식민지로 구분되었던 사람들이 2차대전 후 새로운 역사를 새겨나가는 하나의 부분을 형성하게 되었던 것이다.

두개의 '8월 15일'

사람들이 패전/해방을 어떻게 예측했는지 또는 예측하지 않았는지는 미묘한 문제다. 일본에서는 8월 6일 히로시마에 원자폭탄이 투하되고 8일에는 소련의 대일선전이 포고되었으며, 9일에는 또 나가사끼에 원자폭탄이 떨어지고, 소련군이 파죽지세로 한반도로 밀려들어왔다. 군이나 정계, 언론계 상층부에서는 일부가 벌써 패전을 예기하고 있었겠지만 일반사람들은 이미 육박해오는 본토 결전을 준비하고 있었다고 한다.

일본정부가 포츠담선언 수락을 최종적으로 결정한 것은 8월 14일이며 그것은 곧바로 스위스정부 등을 통해 연합국에 전달되었다. 조선에서는 총독부 경무국이 그동안의 경과를 단파방송 등을 통해 독자적으로 탐지하여 조선총독부·조선 주둔 일본군 수뇌부의 움직임이 갑자기 분주해졌으며, 11일부터 중요한 서류를 소각하기 시작했다는 소문이 퍼졌다. 그래도 일반인들은 아직 일본의 패전을 알 리가 없었다는 것이 전반적인 상황이다.

그런 가운데 패전/해방의 날, 일본과 조선에 나타난 광경은 대조적이었다.

8월 15일, 천황의 라디오방송을 들은 수백명의 사람들이 황거 앞에서 무릎을 꿇고 자신들의 힘이 부족했다는 것을 천황에게 사죄하려 했다. 그 '교꾸온호오소오(玉音放送: 천황의 말씀을 교꾸온玉音이라고 한다─옮긴이)'에는 '패배했다'고 하는 표현은 없고, 단지 "국체(國體)를 지켜 유지하고" "신주(神州)의 불멸을 믿으며" "국체의 정화를 발양"할 것을 역설할 뿐이었다. 어쩔 수 없는 패전의 참상 속에서 같은 달 16일, 패전

후의 황족 수반이 된 히가시꾸니노미야 나루히꼬(東久邇宮稔彦, 육군대장)는 천황의 권위를 배경으로 패전 원인의 하나로 "국민 도의의 쇠퇴"를 들어 "일억총참회"의 필요성을 강조했다. 당시 일본인 인구가 7천만 명이었다는 것을 보면, 이 일억 안에는 명확하게 3천만명의 조선인이 포함돼 있다.

전쟁협력의 시를 계속 썼던 타까무라 코오따로오(高村光太郎)는 패전 직후인 8월 17일 『아사히신문(朝日新聞)』에 보낸 시 「일억의 통곡」에서 "폐하께서 한말씀 하셔서 일억이 통곡한다/쇼오와(昭和) 20년 8월 15일 정오/(…)"라고 쓰고 있는데, 그것은 당시 일본사회의 분위기를 솔직하게 표현한 것인지도 모른다. 『아사히신문』에는 8월 21일까지 오사라기 지로오(大佛次郎), 요시까와 에이지(吉川英治) 등의 작가들이 「영령에 사죄한다」라는 연재의 글을 썼다. 실제로 '신주일본'의 불패를 믿고 있던 국민은 슬퍼하고 낙담했으며, 군부·우익의 일부는 반란을 일으키고 연달아 자결했다. 국내외가 심각한 기아 상태가 되는 가운데 국가권력에 대한 신뢰는 땅에 떨어지고, 전쟁을 지지하고 추진해오던 사람들의 가치관은 뿌리째 흔들리게 되었다. 더 정확하게 말하자면 정치지도자나 지식인은 거의 사고정지 상태에 빠져 있었다.

작가로 말하자면 미야모또 유리꼬(宮本百合子)가 패전의 날 그 순간을 소설 『한슈(播州)평야』(『新日本文學』 1946. 3·4·10; 『潮流』 1947. 1)에서 여주인공의 감상을 빌려 그때까지의 길고 고통스런 억압 상태에서 기다리고 기다리던 "해방의 날"로 받아들일 정도였으며, 대부분의 일본인은 기껏해야 '종전'에 안도했을 정도로 여겨진다. 실제로 히라바야시 타이꼬(平林たい子)는 『종전일지』(『中央公論』 1946. 2)에서 다음과 같이 쓰고 있다. "있을 수 없는 일은 없다고. 마음의 준비는 했지만 끝내 놀랐다. 아 이윽고 끝났다. 끝났다. 전쟁이고 뭐고 다 끝난 것이다. 끝난 것이다. 하늘을 향해 무언가 수백번이고 외치면서 뛰어오르고 싶은 심정이다. 해방된 것이라고 생각하고 싶지만, 지나치게 얽매여 있었던 탓인지 해방의 실감이 일어나지 않는다."[3]

같은 8월 15일, 조선에서는 천황의 '종전의 조칙'이 방송되자마자 일본의 패전과 조선의 해방이 서서히 사람들 사이에 알려지기 시작했다. 그러나 한국의『KBS영상실록』(전25편, 1995)을 보면 라디오의 보급이 늦었던 등의 이유도 있었기 때문에 8월 15일에는 서울(경성) 등에서 큰 움직임이 없었던 것 같다. 실제 8월 15일의 정경을 찍은 사진이나 영상은 오늘날에도 입수하기가 상당히 어렵다. 그렇지만 다음날 16일이 되면 서울 등 전국 각지에서 순식간에 흥분과 환희의 물결이 소용돌이치게 된다. "조선독립 만세!" "민족해방 만세!"의 외침이 거리에 울려퍼지고 미친 듯이 춤을 추는 사람, 오열하는 사람, 애국가를 부르는 사람, 일제에 대한 원망과 한탄을 울부짖는 사람, 기뻐 날뛰는 사람 등으로 서울의 거리는 가득 찼다. 해방의 감격은 아마도 무조건적인 것이었다. 한국현대사를 기록한『KBS영상실록』 1편 첫장면에는 민족저항시의 대표작인 심훈(沈熏)의 시「그날이 오면」(1930.3)이 화면에 흘러나온다.

> 그날이 오면 그날이 오며는
> 삼각산이 일어나 더덩실 춤이라도 추고
> 한강물이 뒤집혀 용솟음칠 그날이,
> 이 목숨이 끊기기 전에 와주기만 하량이면,
> 나는 밤하늘에 날으는 까마귀같이
> 종로의 인경을 머리로 들이받아 울리오리다
> 두개골은 깨어져 산산조각 나도

기뻐서 죽사오매 오히려 무슨 한이 남으오리까

(…)

심훈 「그날이 오면」

실로 기다리고 기다리던 해방이 도래한 것이다. 서울에서는 언제 준
비했는지 '조선독립만세' '축 해방' '민주정권수립' 등의 플래카드나 태
극기와 적기의 파도가 물결쳤고, 동시에 그때까지 사용이 금지돼 있었
던 조선어로 목소리 높여 말하게 됐다. 처음에는 몰래 지니고 있던 태
극기와 일장기를 서둘러 개조한 태극기를 흔들었다고 하는데, 시간이
지남에 따라 일장기는 태워지고 익숙하지 않은 솜씨로 태극기를 스스
로 만들었다고 한다. 태극기를 준비하는 것은 "그 자체가 독립에 대한
확인과정이며 견고한 의지 표시였다"고도 한다. 거기에는 명확하게 조
선인으로서의 민족적 각성이 있었으며 혁명 그리고 건국에 대한 의욕
이 보였다.

시에 관해 말하자면, 1949년 심훈의 시집 『그날이 오면』이 간행되기
전에도 해방 직후인 1945년 12월에 홍명희(洪命熹), 정지용(鄭芝溶),
김기림(金起林), 임화(林和), 이하윤(異河潤)의 작품을 모은 『해방기념
시집』(중앙문화협회)이 출판되었으며, 1946년에는 『삼일기념시집』(조선문
학가동맹 시부위원회 편) 및 『횃불』(조선문학가동맹 서울지부 편), 1947년에는 임
화가 해방 후에 쓴 상당히 정치적인 내용의 『찬가』가 간행됐다. 그만큼
해방과 동시에 희망에 넘친 시가 많이 창작·발표되었다는 것을 말해주
는데, 그 대표적인 시는 『해방기념시집』에 수록되어 있는 홍명희의 「눈
물 섞인 노래」가 아닌가 생각한다.

아이도 뛰며 만세

어른도 뛰며 만세

개 짖는 소리 닭 우는 소리까지

만세 만세

산천도 빛이 나고

초목도 빛이 나고

해까지도 새빛이 난 듯

유난히 명랑하다

(…)

홍명희 「눈물 섞인 노래」

민족문학의 최고봉이라 할 수 있는 홍명희는 대하소설 『임꺽정』의 저자이지만, 이 시는 직선적인 표현이면서 해방을 맞이하여 넘쳐나는 감격을 소박하고 꾸밈없이 읊고 있다. 홍명희는 후일 월북하지만 한국의 문학사연구에서 해방 직후의 문학을 일반적으로 '계급문학으로서의 민족문학'과 '순수문학으로서의 민족문학'의 두 가지 흐름으로 잡고, 시단도 '계급문학으로서의 민족시'와 '순수문학으로서의 민족시'로 나누었다고 한다. 해방이 시인에게 끼친 영향에 대해 예를 하나 들면, 시단에서 큰 위치를 차지하고 있던 김기림이 식민지시대에는 T. S. 엘리어트 등의 영향을 받은 모더니즘 시운동에서 활약했지만 해방을 계기로 계급문학으로서의 민족시의 길을 걷게 된 것을 들 수 있다.[4]

이와 비교할 때 패전을 맞이한 일본의 경우 전쟁협력에 가담했던 시인은 물론이고 전쟁에 저항한 의식있는 시인도 잠시 침묵의 시간을 갖게 된다. 패전의 충격이 그만큼 크고 사고정지에 빠져 말하는 것조차 불가능했겠지만 실제로 암흑의 시대를 양심적으로 살았다고 하는 오노 토오자부로오(小野十三郞), 아끼야마 키요시(秋山淸), 아유까와 노부오(鮎川信夫), 카네꼬 미쯔하루(金子光晴) 등의 시집을 읽어봐도 패전 직후에 민족이나 조국의 운명을 솔직하게 읊은 시를 찾아볼 수 없다. 즉 패전을 실시간의 정경과 심상으로 삼아 직접 노래한 시는 찾아볼 수 없다는 것이다.

아끼야마 키요시는 카네꼬 미쯔하루, 오까모또 쥰(岡本潤), 오노 토오자부로오와 함께 1946년 4월 문예잡지(시지詩誌)『코스모스(コスモス)』를 창간하고, '인민시 정신'을 강조했다. 그것은 평온한 시혼 속에 자유에 대한 상념을 침잠시킨 '시적 저항의 최고 달성'이라고 평가되는 것일지도 모른다. 그러나 실제로 읽어보면 게재된 시에 패전의 공허함이나 조국의 숨결 등을 우회해서 읊은 것이 조금 있다고 하더라도 전쟁의 비참함이나 전쟁책임 등을 다룬 것은 없다. 창간호에서 오노 토오자부로오는 「대해변(大海邊)」이라는 시를 노래하고 있다.

아무도 없다.
텅 빈 터빈(turbine) 공장.
깨진 유리창을 빠져나가
바다 쪽으로.
참새들이 휘익 날아간다.
(…)

돌아보면
외로운 풍경뿐이다.
나는 꿈에 한쪽이 시들어버린 큰 소나무 하나가

바닷가 기계공장에 그을어버린 지붕 위 창을 뚫고
저녁 하늘에 어둡게 높이 치솟아 있는 것을 보았다.
──아, 일본이여
나는 무심코 소리 높였다.

(…)
반도(半島)의 젊은이들은
모두 고국으로 돌아가버렸다.
지금은 할 말도 없다.
(…)

아끼야마 키요시가 「조석(朝夕)」이라는 시에서 "1년 전은 불탄 흔적
과 기와 더미 속이었다/패전의 놀라움과/희망//(…)//일본은 무엇을
잃었던 것일까"라고 읊은 것은 패전 후 1년이 지난 1946년 8월 9일이었
고, 실제로 활자화된 것은 그보다 1년 정도 더 지난 후였다(『新日本文學』
1947. 6). 일본의 전후시(戰後詩)는 그후 전쟁 내지는 그 체험을 노래한
시, 또는 원폭체험의 시가 중심이 되었지만 거기에 이르기까지는 적지
않은 시간을 필요로 하게 된다. 이른바 해방 조선의 시와 패전 일본의
시에는 너무 큰 낙차가 있다. 전쟁이라고 하는 트라우마, 죽은 자에 대
한 애착과 부담, 역사나 사회에 대한 불신 등은 살아남은 시인에게 완
전한 자유의 찬가를 허용하지 않았던 것일까.
　그럼 여기서 집단적 기억 내지 신화로서의 '8·15'에 대해 간략하게
기록해두고자 한다. 8월 15일은 '종전의 조서'가 '교꾸온호오소오'로 낭
독된 날이었지만, 일본정부가 포츠담선언을 수락하고 천황이 조서에
서명한 후 미국과 영국이 회답한 것은 8월 14일이다. 대본영에서 육해

군에 정전명령이 내려진 것은 8월 16일이었으며, 전함 미주리호 위에서 연합국에 대한 항복문서가 조인된 것은 9월 2일이었다. 미국의 대일전승기념일, 즉 VJ(Victory in Japan)데이는 이 9월 2일이다. 즉 전쟁종결은 8월 14일이 아니면 9월 2일이어야 하지만, 웬일인지 일본에서는 '8·15'가 종전기념일이 되어 있다. 8월 15일이 왜 '종전기념일'일까? 거기에는 '성단＝교꾸온호오소오＝종전'이라고 하는 공식을 통해 '국체'의 지속성을 도모하고 이를 교묘한 형태로 기억화, 신화화하려 했던 국가의 주도가 있었다고 생각할 수 있다. 더욱이 그러한 '국민적 기억'의 창출에는 '단절'을 연출한 신문·라디오 등의 미디어가 큰 역할을 했다. '8·15'가 '종전기념일'로 정착한 것은 대략 1955년경이었지만 법적 근거를 갖게 된 것은 패전 후 18년이나 경과한 1963년 5월 14일인데 이때가 2차 이께다 하야또(池田勇人) 내각이 '전국전몰자추도식 실시요령'을 내각회의에서 결정한 때이기 때문이다.

　　이것은 사또오 타꾸미(佐藤卓己)의 『8월 15일의 신화: 종전기념일의 미디어학』(ちくま新書 2005)에서 지적되고 있는데, 이 책에 따르면 현재 8월 15일을 '종전(終戰)'으로 하고 있는 나라는 남북조선뿐이라고 한다. 남북조선은 교전국은 아니었으나 이날을 '광복절＝독립기념일'로 하고 있다. 러시아·중국·몽골은 9월 3일을 '항일전승기념일'로 삼고 있으며 또한 대만은 10월 25일을 '광복절'로 기념하고 있다. 남한의 경우 역사학자 신주백(辛珠柏)에 의하면, 대한민국이 성립할 때까지 '해방기념일' 또는 '해방절'이라고 불렸으나 1949년 10월 1일에 제정된 국경일(축일)에 관한 법률에서 8월 15일이 '해방'과 '건국'을 축하하는 '광복절'로 정해져 국가 주도의 집단적 기억으로서 관리하게 되었다. 그러나 학교교육에서 사용되는 역사교과서를 점검해보면 그 '광복절'의 의미도 정권에 따라 약간 다른 뉘앙스를 가지게 되었다.[5]

군사점령의 질적 차이

패전/해방 후의 일본과 조선의 역사나 사상을 이야기하기 위해서는 패전/해방 직후 쌍방의 상황에 대해서 어느정도 명확한 설명을 해두는 편이 좋을 듯하다. 중요한 것은 연합국군에 의한 국제법상의 일본점령이 시작된 것은 항복문서 조인식이 있었던 9월 2일부터라고 하는 점이다. 8월 15일로부터 2주가 지나갔고, 그사이 일본에서는 관청이나 군대 등의 중요 기관과 군수산업의 민간기업 등에서 증거인멸을 위한 서류 소각이 급속하게 진행되었다. 사람들은 폐허와 기아 속에서 망연자실했지만 패전 혁명의 기미는 전혀 보이지 않았고 군대 반란도 민중의 봉기도 일어나지 않았다. 공산주의자 등과 같은 이렇다 할 저항세력이나 반체제세력이 없는 가운데 패전 처리와 전후개혁에 착수한 것은 연합국군이었다.

연합국군의 실체는 미군이었고 점령 목적은 일본의 비군사화와 민주화였다. 더욱이 점령통치는 '종전'의 '성단'에 나타난 천황의 효용을 최대한 이용하려고 했다. 실제 엄청난 희생을 치른 연합국에게 천황제는 지속시키기 어려운 것이었으나 본토에 370만, 외지에 350만이라고 일컬어지는 일본군의 무장해제를 위해서는 천황의 절대적 권위를 무시할 수는 없는 일이었다. 마침내 1945년 9월 27일 연합국군 총사령관 매카서(D. MacArthur)는 토오꾜오의 미국대사관에서 천황과 회견한 후 천황 히로히또(裕仁)를 대일섬령의 최대 협력자로 결정했다. 시대의 흐름에서 보면 소련에 대항하는 '반공(反共)'에서 양자는 일치점을 발견했으며, 그것은 마침내 천황의 전쟁범죄를 면책하고 천황제의 존속과 천황 히로히또의 재위 허용으로 이어졌다.

미국군 주도의 점령지배는 '천황을 포함한 일본정부'를 매개로 한 간접통치였으며, 1945년 10월 이후 점령을 담당한 연합국(군) 최고사령관 총사령부(GHQ)는 일본뿐만 아니라 미국군이 진주한 한반도의 남부도 지배하에 두었다. 즉 사령관인 매카서는 한국전쟁중인 1951년 4월 트루먼(H. S. Truman)대통령에 의해 해임될 때까지 일본과 함께 한반도 남부의 지배권도 장악하고 있었다. 미국인 저널리스트 마크 게인(Mark Gayn)이 일기에 쓴 것처럼 GHQ는 "역사상 최대의 실험과 장래에 기릴 업무, 즉 패전국의 재형성이라는 업무"[6]를 담당한 것이다. GHQ의 지배영역은 기본적으로는 홋까이도오(北海道), 혼슈우(本州), 시꼬꾸(四國), 큐우슈우(九州)이며 식민지는 별도로 취급했다. 전쟁 전에 일본의 영토로 되어 있던 류우뀨우(琉球)열도, 오가사와라(小笠原)제도는 미국 태평양 방면군 총사령관의 지휘하에 놓였으며 '북방영토'(카라후또樺太, 찌시마千島)는 소련 극동군 총사령관의 지배하에 놓여졌다. 이른바 일본의 영토는 '3개의 영토'[7]를 기본으로 통치되었다.

이러한 삼분할 점령은 1972년 오끼나와 본토 복귀 후에도 오늘날에 이르기까지 약간의 영토분쟁을 유발하는 요인이 되고 있지만 일본이 전체적으로 미국의 단독점령하에 있었다는 것은 명확하다. 이에 비해 한반도는 조선민족의 의지와는 관계없이 처음부터 소련과 미국에 의해 분할점령되었으며 이는 한국전쟁의 비극을 거쳐 오늘날까지 해소되지 않았을 뿐만 아니라 동아시아 최대의 분쟁지·위험지대로 남아 있는 상태가 되었다.

미군이 인천에 상륙한 것은 1945년 9월 8일이었고, 서울에 들어온 것은 그 다음날인 9일이었다. 항복문서 조인식 후 총독부 정문의 일장기가 미국 성조기로 바뀌고 군정이 개시되었지만, 미군의 조선인에 대한 자세는 일본에 대한 것과는 다르게 처음부터 적대적이었다. 미군은 군정 개시에 앞서 9월 7일에 미국 태평양 육군 최고사령관 매카서의 이름으로 포고 제1·제2·제3호를 발령했는데, 1호 포고에서 「조선인민에게 고함」이라고 하여 38도선 이남에서 군정을 실시하며, 점령군에 대한 일체의 반항은 허용하지 않으며, 영어를 공용어로 사용한다고 위압적인 태도로 선언했다. 그것은 마치 구일본군 대신 조선을 식민지 지배하려는 태도였으며 해방군이 아닌 점령군의 자세 그 자체였다. 조선인의 자주적인 건국운동이나 정치활동이 제한된 것은 말할 나위도 없다.

한반도 북부에 진주했던 소련군도 현지 주민의 자주적인 정치활동에 개입해서 방해하거나 병사가 강도나 강간을 일삼는 등의 보고가 있었지만, 그래도 소련군 사령관 치스챠꼬프 대장은 「조선인민에게」라는 제목으로 "제군의 앞에는 자유와 해방이 주어졌다. 지금부터 모든 것은 제군에 맡겨진다. (…) 해방된 조선인민 만세"라고 포고했다. 이것은 매카서의 포고 "연합국군에 대해서 적대행위를 범한 자는 사형 또는 그 외의 형벌에 처한다"고 하는 것과 매우 대조적이며, 실로 "미군은 상륙 첫날부터 조선인을 적으로 삼아 행동"[8]한 것이다.

실제로도 미군은 군정을 실시하면서 조선총독부의 기구를 계승함과 동시에 일본통치시대의 법률체계를 계승해 사용했으며 총독부에서 일했던 친일파 조선인 직원 등을 다수 고용하였다. '경성(京城)'은 9월 14일에 '서울특별자유시'라고 개칭했으나, 관공청 등에서 태극기의 게양이 정식으로 인정되고 '애국가'(후에 국가) 제창이 인정된 것은 이듬해 1946년 1월 14일 경복궁에서 개최된 '태극기 게양식' 이후의 일이다.

원래 미군은 조선에 대해서 거의 아무런 예비지식도 없었다. 일부 기독교교회를 통해서 정보가 있었다고는 하지만 실질적으로는 거의 제로에 가까웠다. 이 점은 일본점령시에 GHQ가 일본에 대해 사전에 상당한 연구를 하고 조직 내부에 적지 않은 지일파 미국인을 확보하고 있었던 것과 대조적이다. 그중에서도 조선에서 미군은 조선인의 민족의식,

특히 일본제국주의에 대한 감정이나 의식을 이해하지 못했으며 이해하려고도 하지 않았다. 이른바 식민지의 해방자는 해방된 민중과 결합한 것이 아니라 식민지 지배자나 그 협력자와 결탁하여 새로운 지배구조를 구축하려 했던 것이다.

미군의 일본/조선에 대한 군사점령은 이렇게 처음부터 큰 질적 차이를 가지고 있었다. 미군을 어떻게 맞이했는가에 대해서는 당초 일본과 한반도 남부에서 그렇게 큰 차이는 없었다고 생각된다. 일본에서 미군은 전체적으로 '해방자'로 환영받았으며, 한반도 남부에서도 기본적으로는 같았다. 더 엄밀하게 말하면 일제시대에 반일투쟁을 전개했던 조선 공산주의자들 중에는 소련군에 대해서는 무조건 '해방자'라는 인식을 표명했지만, 미군에 대해서는 일단 '해방자'라고는 생각하면서도 미국이 본질적으로 제국주의 국가라는 점에 일말의 불안을 품는 자도 있었다고 한다.

건국운동과 그 좌절

미국 점령군의 일본통치가 그런대로 순조롭게 진행된 것에 비해서 한반도 남부의 군사지배는 처음부터 파란만장했다. 거기에는 지배구조였던 조선총독부나 일본군경이 기능할 수 없게 되었다는 기본적 전제가 있었다. 해방 직후에 분출된 사람들의 환희는 그대로 자주적인 주민 조직운동, 정치운동, 건국운동으로 이어져갔지만 그 과정에는 적지 않은 권력의 지배질서나 사회질서의 혼란이 따랐다. 더욱이 영어를 이해하는 조선인은 적었고, 점령군과 행정기관 및 각종 단체 등과의 의사소통에 혼란이 수반되었다. 그러한 가운데 패전 후의 조선총독부가 가장 걱정하고 우선시한 것은 80만명에 달하는 군·민간 재조선일본인의 신변을 보호해 무사히 일본에 귀환시키는 것이었다.

일본 식민지시대에 반일저항 민족독립운동을 담당한 것은 주로 사회주의자·공산주의자였다. 단 전위당인 조선공산당은 1928년에 전면 붕괴되었고, 국내에서 해방을 위한 조직적 준비라고 하면 온건한 사회주의자 여운형(呂運亨)이 1944년 8월에 조직한 조선건국준비동맹 정도였으며 그것도 조직적으로는 매우 작은 것이었다. 중국땅에 있던 망명정권인 대한민국임시정부는 주석 김구(金九)가 "(일본의 패전은) 기쁜 뉴스라고 하기보다는 하늘이 무너지는 듯한 느낌이다"[8]라고 적절하게 말한 것처럼, 해방을 위한 군사적 전투도 하지 못했고 강고한 정부조직도 갖지 못했다. 결국에는 미군정으로부터 임시정부로서 귀국을 인정받지 못하고 '개인 자격'으로 돌아오는 것만을 허가받는 형편이었다.

패전을 알았던 조선총독부는 사전수습을 서둘렀으며, 우여곡절 끝에 여운형에게 행정권을 위양했다. 여운형은 행정권을 위양받자마자 건국준비동맹을 모체로 하여 안재홍(安在鴻) 등과 함께 건국준비위원회(이른바 건준, 위원장 여운형)를 발족시키고 치안유지, 신(新)국가 건설을 추진했다. 해방 다음날부터 서울 서대문형무소를 시작으로 전국의 형무소나 경찰서에서 정치·사상범이 계속 출옥하고, 각지에서 정치범 환영대회나 각종 혁명가대회 내지 정치집회가 연이어 열렸다. 이 싯점에서는 당일(16일) 오후 1시에 '적군'(소련군)이 서울역에 도착한다는 소문이 있을 정도로 '해방자 소련군'에 대한 감사의 마음과 기대가 사람들 사이에 퍼졌으며 미군의 진주는 전혀 예상하지 못했다. 남북분단으로 이어지는 정보가 일반사람들에게 알려진 것은 8월 20일이 되어 미공군 B29기가 서울 상공에 나타나 미군이 한반도 남부에 진주한다는 전단지를 뿌리면서부터라고 한다.[9]

B29기로 말하면, 후일 한국의 민주화운동을 지탱하는 사상가가 되는 리영희(李泳禧)는 17세에 서울(경성)에서 해방을 맞이하기 직전에

서울 상공에 날아와 유유히 선회하고 사라지는 B29기의 비행기구름을 보고 그 아름다움에 매혹되었다고 말하고 있다. 그것은 같은 비행기구름을 보고 공포감을 느낀 일본인 동급생과는 다른 감정의 표출이었다. 물론 그 싯점에서 확실히 '일본인'화된 동포 학생이 많았던 것도 사실이지만 억압자와 피억압자의 감정이 적지 않게 달랐던 것도 사실이었다고 한다.[10]

해방 직후 정치지도자의 언동에서 주목해야 할 점은, 8월 16일 여운형이 휘문중학교 운동장에서 열린 정치범을 환영하는 연설에서 "이제까지 고통스럽고 괴로운 일은 이 장소에서 모두 잊어버리고 이 땅에 합리적이고 이상적인 낙원을 건설해야 한다"라고 말하면서, "개인의 영웅주의는 모두 없애고 끝까지 단결하여 일사불란하게 움직이자"라고 강조한 점이다. 동시에 여운형은 "백기를 든 일본인의 심경을 잘 이해하자. (…) 그들에 대하여 우리들의 아량을 보이자"[11]라고도 말하고 있다. 일본인에 대한 이러한 태도는 건준 부위원장이 된 민족주의자 안재홍이 일본에 있는 조선동포를 생각해서라도 조선에 있는 일본인의 생명과 재산의 보호가 절대적으로 필요하다고 한 연설에서 명확하게 나타나고 있다.[12] 그것은 일본군국주의의 이루 헤아릴 수 없는 살인, 고문, 폭행, 약탈을 생각하면 패전 후 일본인에 대한 조선민중의 보복행위는 국제사적으로 그 비슷한 예를 찾아볼 수 없을 정도로 관대했다[13]고 평가되고 있는 부분이다.

해방 직후부터 이러한 조선인에 의한 자주적인 정치활동과 건국운동은 봇물 터지듯이 시작되었지만 머지않아 진주한 미군은 이들의 활동을 차례로 부정하는 움직임을 보였다. 미군정만이 유일한 지배권력이며 조선인은 모두 그에 복종해야 하는 것으로 되었던 것이다. 그러한 가운데 10월에 이승만(李承晩)이 미국에서 귀국하고 또 11월에는 중국

충칭(重慶)에서 한국임시정부의 김구 등이 귀국하여 미군정과 협력관계를 쌓아가려 했다. 한편 북쪽에서는 항일 빨치산이었던 김일성(金日成)이 10월에 소련으로부터 귀국해 소련군정 당국과 손을 잡고 권력을 쥐었다. 하지만 오늘날의 싯점에서 역사를 되돌아볼 때 8·15 이후 남측에는 특이한 형태의 '해방공간'이 출현했다. 그곳에서는 미군정의 조직정비에 시간이 걸리는 사이에 현지에서 주민의 자주적인 조직화가 진행되어 치안유지나 공장 등의 관리가 이루어졌다.

8월 말까지 145개의 건준 지부가 각지에서 만들어지고 그것을 토대로 여운형 등은 미군의 상륙을 앞둔 9월 6일에 전국인민대표자대회를 개최하여 '조선인민공화국'(주석 이승만, 부주석 여운형, 국무총리 허헌許憲, 그외 김구, 채만식蔡萬植, 김일성 등)의 수립을 선언했다. 머지않아 각지의 건준 지부가 대체로 좌파 주도의 '인민위원회'로 개편을 단행하자, 9월 9일 반공·반인민공화국의 우파민족주의자를 중심으로 한 한국민주당(송진우宋鎭禹, 김성수金性洙 등)이 결성되어 미군정과의 협조를 모색하기 시작했다.

미군은 광역행정 단위의 도(道) 등에서는 인민위원회를 해체하고 군정조직을 세웠으나 시·군·면 등의 차원에서는 처음에는 인민위원회에 의존할 수밖에 없었다. 그야말로 민중을 주체로 한 격동의 개혁기였으며 이들 해방공간에서 개혁은 기본적으로 '아래로부터의 개혁'이라는 성격을 강하게 띠었던바,[14] 그런 점에서는 일본에서의 '위로부터의 개혁'과 대조적이었다. 하지만 미군의 입장에서 보면 좌파 그룹은 어디까지나 소련의 지지 내지는 지령을 받는 정치세력일 뿐으로서, 군정조직 정비와 함께 이윽고 인민위원회를 꺼리기 시작하여 10월 10일에는 끝내 조선인민공화국 그 자체를 부정해버렸다. 그 결과 좌파는 여운형이 조선인민당을, 그리고 해방 전부터 혁명가로서 광주에 숨어 지내던 박헌영(朴憲永)이 조선공산당 등을 조직하면서 각각 독자적인 혁신정당 활동을 시작했으며, 우파는 이승만에게 접근하면서 미군정과의 협력을 더욱 강화해갔다.

미군의 본래 점령 목적은 일본에서도 조선에서도 탈식민지화였다. 일본에서는 비군사화와 민주화라는 형태로 불완전하게나마 진행됐으나 소련과 냉엄하게 대립한 한반도 남부에서는 탈식민지화가 아니라 오히려 재식민지화, 신식민지화의 성질을 띠게 되었다. 원래 1945년 2월 얄따회담에서 미·영·소 삼국 수뇌는 전후 일본의 위협에 대항하는 의미로 동북·동남아시아 지역을 각각 세력권으로 분할하여 국제질서를 형성하려 했다. 얄따회담에서는 그 일환으로 미국의 로우즈벨트(T. Roosevelt)대통령이 해방 후 조선에 대한 20~30년의 신탁통치를 주장했으며 원칙적으로 수뇌들 사이에서 합의를 보았다. 이때부터 한반도는 탈식민지화에 더해 분단의 회피라는 과제를 짊어지게 됐으나 미소 냉전의 심화는 그것을 더욱 어렵게 만들어가게 된다.

로우즈벨트를 이은 트루먼대통령이 공산주의 봉쇄정책을 발표한 것은 1947년 3월이며, 이후 미국의 대일정책은 '반공의 방파제'로서 일본의 공업화에 중점을 두게 됐다. 그전에 1945년 12월에 모스끄바에서 개최된 미·영·소 삼국 정상회담에서 시작된 조선 신탁통치문제 협의가 1946년 5월에 결렬되자 미군정은 일시적으로 이승만을 꺼리는 형태로 좌우합작운동을 진행하지만 머지않아 친미파 이승만에게 힘을 실어주게 된다. 단 실제로 미국은 남북통일국가 수립은 어렵다고 판단해 1945년 11월에는 남한만의 단독정부 수립으로 기울기 시작했다.

신탁통치문제에 관해 말하자면 그것은 분할점령을 바란 미소 양국이 한반도에서 합의한 전후 구상이자 구조였다. 그러나 실제로 신탁통치안 발표는 그 찬반을 둘러싸고 조선 전역에서 격렬한 대립과 혼란을 불러왔다. 한반도 남부에서 좌파도 우파도 처음에는 신탁통치 반대(반탁)의 입장을 보였으나, 공산당 박헌영이 평양을 비밀방문하고 난 후 신탁통치 지지(찬탁)의 태도를 표명하자(1946년 1월) 반탁/찬탁을 둘러싼 정치적 대립이 한층 격화됐다. 한반도 남부의 비극적인 역사를 특징 짓는 좌우대립은 여기에서 출발했으며, 1946년 11월에는 조선공산당, 조선신민당, 조선인민당이 합병하고 박헌영을 중심으로 한 남조선노동당(남로당)이 결성됐다. 더욱이 한반도 북부에서 토지개혁 등 급격한 사회주의적 개혁을 실시해 지주·부유층을 중심으로 한 대량의 월남자를 낳았으며, 불과 1~2년 사이에 그 규모는 100만명을 넘어 남쪽 사회의 혼란을 증폭시켰다.

신탁통치를 둘러싼 좌우대립의 격화는 이윽고 통일조선의 실현을 요구하는 반미·반이승만의 격렬한 행동으로 변해 각지에서 게릴라투쟁이 전개됐다. 좌우합작과 통일국가 수립을 지향하는 여운형과 김구가 차례로 암살되고, '반공의 최전선지대'로 자리잡은 남측에서는 철저한 좌파사냥이 진행되었다. 반대파는 가차없이 탄압해 해방 당시에 1만 7천명이었던 정치범이 1947년 말에 2만 1천명을 헤아릴 정도가 되었다. 1948년 4월에는 자이니찌 작가 김석범(金石範)이 소설 『화산도(火山島)』에서 훌륭하게 묘사한 것처럼 2만 5천명 이상의 희생자를 냈다고 하는 '제주 4·3사건'의 비극이 일어나기도 했다. 그런 의미에서 해방에서 1948년 8월의 단독정부 대한민국의 탄생에 이르는 '해방 3년사'는 '점령사'이기도 하면서 '통일민족국가 수립의 좌절사'이기도 하나.[15] '4·3사건'이나 각지에서의 게릴라투쟁 전개의 근본 원인은 미국의 점령지배와 그 군정에 의한 가혹한 민중탄압 정책이었으며, 또한 남북분단을 고정화하는 1948년 5월 남측만의 단독선거 강행이었다. 당연히 그 과정에서 반미의식이 첨예화될 수밖에 없었다.

이 3년 동안 일본에서는 '비군사화와 민주화'의 점령정책이 어느덧 '역코스'를 걷기 시작했으며, 그것은 1947년 1월 말에 매카서에 의해 내려진 일본인 노동자 궐기 '2·1파업'(1947년 2월 1일을 예정일로 하여 전국의 관공청 노동조합을 중심으로 수백만의 노동자가 참가하기로 계획된 대규모 파업. 실행 전날 매카서 연합국군 최고사령관의 금지명령으로 중지되었다 ─ 옮긴이)의 금지명령에서 현저하게 나타난다. 이후 1947년 3월에 교육기본법 공포, 5월 일본국헌법 시행, 1948년 11월 극동국제군사재판소(토오꾜오재판)에 의한 전범 피고 25명에 대한 유죄판결 등에 이어 일본사회의 보수적 재편이 진행되어갔다.

2. 해방공간과 민중의식

패전/해방을 어떻게 받아들였나

일본의 패전, 조선의 해방은 일본 그리고 조선에서 생활하던 사람들의 공간과 의식에 큰 차이를 가져왔다. 미군의 점령 자체가 단독점령과 분할점령, 간접통치와 직접통치로 크게 다르며, 그것은 정치나 경제 측면뿐 아니라 사람들의 생활이나 의식에 적지 않은 차이를 초래했다.

패전을 맞이한 일본인에게 전후의 출현은 무엇보다도 원폭피해나 각지의 공습에 의해 초래된 상흔이 있었으며, 그것은 암시장, 식량난, 부랑아, DDT 등이었다. 그러한 가운데 패전 후 일본에서는 정치적인 사건이 이어졌다. 종전 조칙을 시작으로 미군의 진주, 천황 히로히또의 인간선언, 2·1파업의 중지, 신헌법 제정, 극동국제군사재판, 테이긴사건(帝銀事件, 1948년 1월 26일 테이고꾸은행 시이나쬬오椎名町지점에서 행원들이 청산가리를 먹고 12명이 사망, 4명이 중태에 빠져 현금 등을 빼앗긴 사건─옮긴이),

마쯔가와사건(松川事件, 1949년 8월 17일 마쯔가와역松川驛 부근에서 일어난 열차전복사건. 국철 등의 정리해고에 반대하는 공산당원들의 폭력행위로 당원·노조원 들이 체포되어 1,2심에서 유죄판결을 받았으나, 1963년 최고재판소에서 전원 무죄가 확정됐다―옮긴이) 등 큰 사건들이 끊이지 않았다. 그러나 대일본제국의 종언이라고 하는 더 큰 범위에서 생각하면 오끼나와전의 비극과 구만주국 붕괴, 대만·조선 등 식민지 상실이라 사람들의 생활과 의식에 격변과 고통을 가져오게 했다. 오끼나와는 미군의 군사기지로서 본토에서 분리됐으며, 해외 일본인의 송환이 초미의 과제가 된 가운데 군인의 일부는 시베리아에 억류되었다. 대만·조선 등에서의 식량 공급이 중지됨과 동시에 국내에는 식민지 지배의 소산인 재일조선인이 가시화되었다.

한편, 해방되어야 할 조선인에게도 만성적인 생활고에 더해 분할점령에 의한 정치적 알력의 중복으로 인한 끊이지 않는 대립, 항쟁, 희생은 사람들에게 큰 타격을 주었다. 이른바 새로운 식민주의적 지배하에서 사람들은 고통의 구렁텅이에 떨어졌고 거기에 남북분단이 더욱 큰 그늘을 드리우기 시작했다. 더욱이 식민지시대에 일본, 중국 동북지방, 러시아 등에 유랑했던 많은 재외조선인은 이러한 조국의 정세를 마른침을 삼키며 지켜보면서 타향에서의 생활을 감수할 수밖에 없었다.

패전/해방을 어떻게 맞이했는가. 먼저 일본인부터 보면 대부분의 일본인에게 패전은 갑자기 다가왔지만 천황의 방송 후 한순간 심각한 정숙이 일본을 뒤덮었다고 한다. 머지않아 어떤 사람은 천황의 배신에 분개하고 어떤 사람은 굴욕감에 눈물을 흘렸지만, 반면 인도감에 기쁨을 느끼고 눈잎이 밝아진 사람들도 있었다. 물론 무감동 속에서 패전을 맞이한 사람도 있지만 대체로 '슬픔과 안도가 뒤섞인 기분'을 느낀 것이 일반 국민의 모습이었던 것 같다. 그리고 진주해온 미군을 어떻게 생각했는지는 일반적으로 일본인의 점령군에 대한 태도는 공포에서 급속히 우호적인 것으로 변해갔다고 한다. '귀축미영(鬼畜米英)'을 표어로 싸 웠던 전력(前歷)으로 보면 상황이 변했지만, 이를 냉정하게 보면 일본 인이 스스로 운명을 개척하기 위해 주체적으로 생각하고 저항하여 싸 우는 방법을 몰랐다고 할 수 있지 않을까.[16]

패전이라고 하면 히로시마(廣島), 나가사끼(長崎) 그리고 오끼나와 와 만주(滿洲)의 비극이 떠오른다. 포츠담선언의 수락이 조금 더 빨랐 다면 히로시마와 나가사끼에 원폭투하는 없었고 구(舊)만주에서의 지 옥도 피할 수 있었을 것이다. 그러한 점에서 전쟁에 패배했다는 사실을 인정하지 않고 '국체' 호지(護持)에 연연한 제국정부·군부의 책임은 헤 아릴 수 없으며 무엇보다도 천황과 천황제의 책임은 이루 말할 수도 없다.

오끼나와는 메이지(明治) 이후의 근대화과정에서 제국의 일부로서 항상 열등한 위치에 있었으며, 오끼나와의 주체성은 일관되게 유린됐 다. 더욱이 '집단자결'로 대표되는 비극에 이은 패전은 오끼나와가 본토 와의 관계에서는 피해자의 입장에 서면서도 조선이나 아시아와의 관계 에서는 가해자의 입장에 서 있다는 것을 선명하게 했다. 그 결과 전후 의 오끼나와에서는 이 피해자/가해자의 양면성을 자각하는 것이 본토 뿐 아니라 아시아와 연결되어 아시아 속에서 살아가기 위한 중요한 요 소가 됐다. 실제로 기록영화(후에 책으로 출판)『오끼나와의 할머니(沖 繩のハルモニ)』(제4회 無明舍自主作品, 1979)에 묘사된 일본군 성노예('종 군위안부')였던 '박씨 할머니'의 모습은 오끼나와의 양면성을 말해주고 도 남음이 있다.

구만주의 경우, 패전 당시에 155만명에 이르는 일본인이 소련군의 침공과 동시에 관동군에게 버려짐으로써 '만주국'이 외쳤던 왕도낙토 (王道樂土)나 민족협화(民族協和) 등의 미사여구가 속이 훤히 들여다

보이는 연극 그 자체였다는 것을 실감하게 한다. '만주국'의 통치에 은
연한 힘을 가졌던 오오스기 사까에(大杉榮) 살해사건(1923년 9월 16일 헌
병대위 아마까스 마사히꼬 등이 관동대지진의 계엄령하에서 무정부주의자 오오스기 사
까에와 그의 처 등을 살해한 사건—옮긴이)의 주모자 아마까스 마사히꼬(甘粕
正彦, 만주영화협회 이사장)는 소련군이 진주한 8월 20일 아침에 자결
하면서 마지막으로 "대도박/아무것도 없는/빈털터리"라는 말을 남겼
다.[17] 이것은 괴뢰국가 '만주국'의 본질을 보여주는 것이었으며, 일본제
국에 대한 신뢰와 생활을 한꺼번에 잃어버린 재만일본인에게는 일본으
로 무사하게 돌아오는 것이 유일한 바람이었다. 그러나 혹독한 상황에
서 학대, 자결, 동사, 능욕, 기아 등에 의해 20만 이상이 무참하게도 생
명을 잃게 되었다. 또 일부는 잔류고아가 되었으며, 일부 군인은 수년
동안 시베리아에 억류되었다. 사선을 넘어 일본에 도착한 사람들도 생
활고에 허덕이면서 사랑하는 가족이나 친구를 구하지 못했다는 회한에
사로잡히거나 또는 남겨두고 온 자식을 생각하고 때로는 만주에 대한
망향의 생각에 잠기면서 살아갈 수밖에 없었다.

　1915년생인 이시하라 요시로오(石原吉郎)는 하얼삔(哈爾濱) 정보부
대에서 패전을 맞이하여 소련군에게 연행됐다. 중노동 25년(사형제 폐
지 이후의 최고형)을 선고받고 시베리아의 강제수용소를 전전하면서
삼림벌채, 토목공사, 철도공사, 채석 등에 투입되었고 극한상황의 나날
을 보냈다. 마침내 8년 뒤인 1953년 스딸린(I. V. Stalin)이 사망함에 따
라 특사에 의해 나호드까(Nakhodka)의 옛 일본군포로수용소를 거쳐
마이쓰투항(舞鶴港)에 귀착한다. 인간세계의 심연을 경험한 이시하라
는 다시 일본사회에 돌아와 일상을 살아가야 했는데, 그때부터 전후시
중에서도 특이한 위치를 차지하는 시인으로서 발을 내딛기 시작했다.
이시하라가 밤(BAM) 철도공사 일을 하던 라게리(포로수용소) 시절에

읊은 「구름 1949년 BAM」이라는 시가 있다. 필기구를 가질 수 없는 상황에서 머릿속에 새겨두었던 시다.

여기 와서 나 외로워
나 또 외로워
나도 또 외로워
바람아, 척추를 에워싸라
구름아, 두개골에 머물러라
여기 와서 나 외로워
외롭고도 외로워
내가 살고 있는 까닭에

타다 시게하루(多田茂治) 『이시하라 요시로오 쇼오와의 여행 石原吉郎
「昭和」の旅』作品社 2000

인간은 확실히 주어진 운명을 살아갈 수밖에 없다고 해야 하는가. 그렇다 하더라도 패전에 의해 인간들의 가치관은 밑바닥부터 흔들려 망연자실한 상태에 빠졌다. 천황이나 국가를 위한다고 하는 '정당한 죽음'에서 탈피하고 특공대에서 살아남은 자들이 암거래상인이나 강도로 변신하기도 해 '특공대 타락'이라는 말도 유행했다. 이러한 가치관의 동요 속에서 일본인에게 국가에 대한 신뢰가 일시적이나마 불확실해진 것은 명확하다.

해방의 빛과 그림자

조선인에게 일본의 패전은 즉 해방이며 그것은 곧 개개인의 생활방식, 처세술로 이어지는 '민족'이나 '국가'라는 큰 문제와 직결되는 것으로 감지됐다. 일본인에게 패전은 어디까지나 '일본'이라는 하나의 '민족'과 '국가'의 내적 문제였다. '만주국'에서 생활하던 일본인도 결코 '만주국민'이 아니고 '만주국' 국적법 제정을 끝까지 거부한 '일본국민'이었다. 그러나 황국신민이었던 조선인에게 패전/해방은 '일본'과 '조선'이라는 두개의 '민족'과 '국가' 사이에서 서로 중복되고 대립하면서도 '민족'과 '국가'에 대한 한사람 한사람의 내면을 엄격하게 추궁하게 되었다. '애국자'와 '친일파'라는 이항대립적인 말이나 개념이 조선인 한사람 한사람의 과거와 현재, 그리고 미래를 엄격하게 분리하는 의미로 다가왔다.

무엇보다도 대부분의 조선인에게 해방은 갑자기 이루어졌다. 마치 거짓말이나 도둑처럼. 더욱이 머지않아 남북의 분할점령이 눈앞의 사실이 되었다. 해방 후 역사를 재정리한 강준만(康俊晩)은 이러한 조선인의 삶은 "극단의 시대를 살았던 사람들의 이야기"라고 했다. 해방은 8월 16일 하루뿐이고, 조선의 남북분단은 연합국에 의해 일본 분단계획의 대용품이 되었다고 한다.[12] 그래도 조선의 해방은 압도적 다수의 조선인에게 감동이며 환희였다는 것은 확실하다. 『해방기념시집』(중앙문화협회 1945)에 수록된 서정시인 이하윤의 「동포여, 다함께 새 아침을 맞자」는 당시 분위기를 다음과 같이 노래하고 있다.

> 동포여, 다함께 새 아침을 맞자
> 갖은 압박, 갖은 혹사, 갖은 고초—
> 질곡 속의 우리 악몽은 사십년의 기나긴 세월
> 그러나 보라, 오늘에 참아온 보람 있어
> 흑운(黑雲)은 물러가고

폭풍은 사라지고

악도(惡徒)들은 드디어 단죄대(斷罪臺)에 오르게 되었나니

평화의 사도는 지축(地軸)을 울리며 이 강산에 진주하도다

삼천만 동포는 다만 환희와 감격에 넘쳐

가슴속에 서렸던 힘과 소리 천하를 뒤흔들도다

이하윤 「동포여, 다함께 새 아침을 맞자」[18]

그러나 식민지 조선의 해방은 역시 복잡한 양상을 띨 수밖에 없었다. 제주도 출신 작가 현기영(玄基榮)은 "해방과 함께 탄광, 노무자 합숙소와 같은 곳에서 지옥과 같은 생활을 보낸 사람들이 돌아왔다. 죽어서 황색가루와 같은 유골이 되어 돌아온 사람도 있다. (…) 해방은 됐지만 기쁨은 정말 잠깐일 뿐, 식량공출이 변함없이 계속되고, 흉작이 계속되어 가는 곳마다 원망과 한탄의 목소리가 터져나오기 시작했다"라고 당시의 농촌 상황을 묘사하고 있다. 그래도 나이가 들어 지나온 날을 되돌아볼 때 "지금의 나에게 과거는 오로지 고향의 대지에서 지낸 유년기만이 빛을 발하고 있으며 나머지 세월은 무의미한 일상의 연속과 같이 생각된다"라고 쓰고 있다. 전생애에 걸쳐 작가활동과 민중운동에 전념했는데도 불구하고 고향의 대지에서의 추억만이 되살아나는 것은 그만큼 인생의 하루하루가 가혹했다는 것을 암시한다.[19]

조선의 독립을 갈망하면서도 '살기 위해' 조선총독부의 어용기관지 『경성일보(京城日報)』의 기자를 했다는 고준석(高峻石)은 '종전의 조칙'을 듣자마자 편집부실의 일본인들 앞에서 "일본인은 돌아가라!"고 외쳤다. 일본인 기자는 흐느껴 울었지만, 조선인 기자들의 얼굴에는 점점 환희의 기색이 나타나면서 감동의 눈물이 흘러내렸다.[20] 고준석은 "일

본인은 돌아가라!"고 외침으로써 자신이 일본제국주의의 족쇄에서 해방되는 실감이 넘쳐났다고 한다. 그러나 그것과 동시에 조선총독부의 어용기자였던 것을 후회하는 기분이 갑자기 엄습해왔다고 한다. 해방에 의해 조선인은 민족혼, 민족언어, 민족감정 그리고 민족의 자존심을 되찾게 됐다.

그러나 해방 전까지 아무리 민족차별을 당하고, 일본 관헌에게 탄압받고, 출옥 후 일할 곳을 찾을 수 없었다고 하더라도 조선인으로서 민족적 자긍심을 버리고 총독부의 '앞잡이'가 된 것은 친일협력자의 낙인이 찍혀도 변명할 여지가 없는 것이었다. 개인의 생활감정에서는 일본제국주의의 '거름구덩이'에 빠지면서도 열심히 저항하면서 살아왔다고 할지라도, 객관적으로는 침략전쟁의 앞잡이가 되어 일본제국주의에 굴복한 인간이었던 것에는 다를 바가 없다. 그것은 조선인 사회에서 가장 큰 증오와 멸시의 대상이 된 '친일협력자' '친일파'의 모습이었다. 단 고준석 자신은 이러한 스스로의 과거를 숨기지 않고 '양심의 가책'을 품은 채, 간신히 새로운 혁명운동의 길로 매진하게 됐다.

해방과 동시에 친일파 내지 친일협력자는 동포로부터 민족의 배신자로서 심한 지탄을 받게 된다. 조선 전국에서 갑자기 '애국'을 말하고, '혁명'을 외치는 자가 출몰했다. 총독부의 조선인 관료나 경찰관 그리고 일본인의 비호 아래에서 부를 축적한 기업가나 지주 그리고 청년 들을 일본 침략전쟁에 내몬 예술가나 지식인 들. 그들은 일본이 패전하자마자 친일의 죄로 처단되는 것을 두려워해 가장 먼저 숨거나 조용히 상황을 살폈다. 그러나 그중에는 스스로 과거를 지우고, 새로운 도약을 시도하는 좋은 기회로 삼아 애국이나 혁명을 입에 담으면서 주민운동이나 정당활동에 가담하거나 교육계나 언론계에 들어가려는 자가 속출했다. 서울뿐 아니라 지방 구석구석까지 그러한 움직임이 일어나는데,

일본이나 중국 등 해외동포가 생활한 모든 지역에서도 사정은 마찬가지였다.

중국에 있던 한국임시정부 주석 김구의 비서였던 장준하(張俊河)는 해방소식을 접하자마자 임시정부의 광복군이 조국 상륙의 기회를 잃은 것에 대해 크게 실망하면서도 민족해방의 환희에 빠졌다. 그러나 그것도 한순간, 눈앞에 펼쳐진 것은 일본군 항복 직전까지 통역이나 아편상인, 일본군 '위안부'의 고용주 등을 하던 무리가 하룻밤에 광복군의 모자를 손에 넣고 독립운동가, 망명자, 혁명가 등을 자칭하는 광경이었다. 광복군 자체는 빈약하고 내부에서 서로 반목하는 상태였으나 거기에 해방에 의해 일본군에서 제대한 조선 출신 장병들이 어부지리를 노리고 파고들어와 광복군을 위장하고 오만불손한 폭행을 자행하는 모습도 있었다. '애국'을 입에 담으면서 사리사욕에 눈먼 자가 속출했던 것이다.[21]

재일조선인의 패전/해방

해방 당시 일본에는 조선 총인구의 10퍼센트가 생활하고 있었다고 하는데 상황은 거의 같았다. 그것은 민족과 국가 문제가 재일조선인, 즉 '일본인이 되는' 것을 강요받고 '일본인으로서 살다가' 일본열도에 남겨진 조선인에게 더욱 중대한 문제로 다가왔다는 것을 의미한다. '일본 속의 조선'이라고도 할 수 있는 각지의 조선인 부락에는 각 출신 지방별 친목회나 익찬(翼贊)단체의 협화회(協和會) 조직이 있었고 또 비밀저항조직 등도 있었지만 이들은 해방과 동시에 모두 애국자단체가 되어 '민족'이나 '애국' '조국'을 이야기했다. "급조된 애국자, 우국지사가 엄청난 기세로 넘쳐난" 것인데,[22] 실제로는 협화회의 옛 지도원이나 반장 등 친일협력자·친일파였던 자들이 민족조직의 활동가로 갑자기 등장하게 된 것이다. 그것은 김석범이 소설 『왕생이문(往生異聞)』에서 적절하게 서술한 것처럼 전쟁 전에 투쟁하여 고문·전향 등으로 상처받은 사람들보다 오히려 "'내선일체'와 '성전완수'를 외치던 (…) 일제협력자 쪽이 가볍게 변신하여 조직활동에 종사"하는 광경이었다.

이러한 국면이 일부 있었다고는 하지만, 무엇보다 재일조선인은 일본이 패전하자마자 기본적으로 스스로를 '해방민족' '해방국민'으로서 자각한다. 피압박민족이었던 조선인으로서는, 자신을 '일본인'이 아니고 '코스모폴리탄'도 아닌 '조선인'으로서 자각하고 그 자유와 해방을 우리 것으로 할 수 있었던 것이다. 그 조선인은 머지않아 각종 미디어에서도 취급되기 시작해, 보이는 존재인 '재일조선인'이라는 범주에서 이해돼가지만 그 본질은 일본의 조선 식민지 지배의 소산이었다. 1910년 한국병합 당시 겨우 수천명이나 백수십명 정도밖에 없었다고 하는 일본 재주(在住) 조선인이 36년간의 식민통치 기간에 240만명까지 늘어났던 것은 분명 일본제국의 아시아 침략을 위한 인적자원 확보 때문이었다. 사실 8·15 이전에 일본에서 조선인은 탄광이나 군수산업, 항만이나 댐 등 각종 토목공사에 혹사당했고, 경찰에 유치된 사람의 반 정도는 언제나 조선인이 차지하였다. 그만큼 해방의 소식은 재일조선인 작가 김달수(金達壽)가 적절하게 말한 것처럼 "갑자기 몸이 떨리고 (…) 어떻게든 살아남아야겠다는 기분"이 들어 자신도 모르게 "정장을 차려입고 싶은 기분"이 되었다.[23]

이렇게 해방을 맞이한 재일조선인은 누구라도 기뻐하고 독립조선의 건설에 의욕을 불태우면서 하루라도 빨리 귀국하기를 희망했다. 실제로 해방을 맞이한 많은 재일조선인은 스스로 배를 준비해 한반도로 돌아왔으며 그들을 맞이하는 쪽도 처음에는 환영하는 자세를 보였다. 지금은 거의 잊혔지만 1946년 초기에 한반도 남부에서 불린 노래 중에

'귀국선'이라는 것이 있다(손로원 작사·이재호 작곡 「60년 전의 혼란기: 민단 결성 전야를 기림 제2부」, 『민단신문(民團新聞)』 2006.1.1).

> 돌아오네 돌아오네 고국산천 찾아서
> 얼마나 그렸던가 무궁화꽃을
> 얼마나 외쳤던가 태극 깃발을
> 갈매기야 웃어라 파도야 춤춰라
> 귀국선 뱃머리에 희망도 크다

귀국선으로 말하자면 패전/해방 직후인 8월 24일 쿄오또부(京都府) 마이쯔루시(舞鶴市) 사바까오끼(佐波賀沖)에서 해군 특설수송함 우끼시마마루(浮島丸)가 갑자기 폭발·침몰해 선원과 승객 549명(정부 발표)이 사망하는 사건이 일어난 것을 잊을 수가 없다. 우끼시마마루는 아오모리현(青森縣)의 오오미나또(大湊)에서 조선인 노동자들과 그 가족 3725명을 태우고 부산을 향해 출항하는 와중에 GHQ의 지시에 따라 마이쯔루항에 기항(寄航)하다가 폭발을 일으켜 선원과 승객 모두 침몰했다. 마지막에 탄 승선자를 포함해 사망자가 2천명 이상이라는 증언도 있으며, 침몰 자체가 일종의 모략에 의한 것이었다는 소문도 끊이지 않았다.

어쨌든 조선인의 귀국이 계속됐는데, 정세의 혼란은 이윽고 조선인의 귀국을 둔화시켜 1946년 3월에 약 87만명의 조선인이 일본에 잔류하게 된다. 그사이 미군은 구식민지 출신자인 조선인과 대만인을 '해방인민'으로서 처우해야 한다고 하면서도 아직도 '일본국민'이며 필요한 경우에는 '적국인'으로 취급할 수 있다는 지령을 내렸다. GHQ의 일원이었던 와그너(E. Wagner)는 『일본에서의 조선 소수민족』(1952)에서

GHQ는 워싱턴 중앙정부로부터 재일조선인의 취급에 대해 어떤 지시도 받지 않았으며 대부분의 문제는 "일본정부의 자유재량에 맡긴다"라고 기술하고 있다. 그 결과, 재일조선인은 미군과 일본정부의 이중적 지배를 받으면서도 실질적으로는 일본정부의 뜻에 따르게 되어 해방은 이름뿐인 상태였다.

혼란스러운 전후 일본사회에서 재일조선인은 막노동이나 암시장 상업을 비롯하여 음식점, 고물상, 토목건설업 등으로 생계를 꾸려나가면서 민족운동이나 교육활동에 헌신했다. 1945년 10월에는 신속하게 전국적 조직인 재일본조선인연맹(在日本朝鮮人連盟, 조련)이 결성됐으며 또한 자이니찌 1세의 에너지는 민족학교 건설에 집중적으로 투입됐다. 그러나 이러한 조선인은 일본인들 사이에서는 '3국인(三國人)' 내지 '제3국인(第三國人)'으로 불려 전쟁 전과의 연속성 속에서 음습한 민족 차별을 계속 받았다. 일본인의 의식은 거의 바뀌지 않아 전쟁 전과 다를 바 없었다. 나가노(長野)중학교에서 수학한 한 젊은이는 "석탄 부족으로 기차가 움직이지 못하고 있다. 탄광부였던 죠오센진(朝鮮人)이나 짠꼬로(淸國奴) 포로가 전승국민이 되어 탄광을 그만두었기 때문이다"[24]라고 당시 일반 일본인의 차별적 민족감정을 토로하고 있다.

『아사히신문(朝日新聞)』은 1946년 7월 13일 사설에서 이러한 재일조선인에 대해 "잔류 조선인이 일본 재건과정의 곤란을 이해하고, 거기에 협력할 것을 절실히 기대한다"고 쓰고 있다. 이에 대해 재일조선인 서종실(徐鐘實)은 다음날 14일 『아사히신문』「목소리」란에서 곧바로 다음과 같이 반론했다. "조선인이 모두 선량하다고는 말할 수 없지만 종전 후 일본인 제군은 우리들에 대해 따뜻한 말 한마디 했던가. 해방된 축하의 말 한마디 했던가──정부에게조차 보상의 말 한마디 듣지 못했다. 그뿐 아니라 생활의 활로 하나 주어지지 않았으며 구제를 위한 어떤 정책이라도 시행했는가? 도리어 기정사실 하나둘을 과대선전하고 변함없는 탄압뿐이었다고 나는 단언한다"(「조선인의 입장」). 일본인에게 전전/전후는 보는 입장에 따라서는 단절된 것이었을지 모르지만 재일조선인에게 전전/전후는 연속된 상태 그대로였다.

재외일본인에게 패전이 가지는 의미

여기에서 눈을 돌려 조선에서 생활한 일본인, 즉 식민자인 재조선일본인에 대해 언급하자면, 패전에 의해 생긴 국가권력의 공백 속에서 일본인은 지배체제가 붕괴되자 개인의 나약함을 절실하게 느끼게 되었다. 『요미우리신문(讀賣新聞)』 사회부기자로 이름을 알린 경성 태생의 혼다 야스하루(本田靖春)는 패전 당시 중학생이었는데, 암담한 하룻밤을 보내고 해방 다음날 거리로 나와서 하루아침에 변해버린 광경을 보고 눈을 크게 떴다. 거리에는 홀연히 시장이 열렸고 이제까지 궁핍한 생활에서 꿈에도 본 적이 없는 설탕이나 쌀이 산더미를 이루고 있었다. 장사를 시작한 어머니들은 마치 약속이라도 한 것처럼 막 세탁한 흰색 치마저고리를 몸에 걸치고 있었다. 흰 설탕과 산더미처럼 쌓인 쌀, 그것을 파는 여성들의 흰색 치마저고리. 뙤약볕 아래에 펼쳐지는 광경은 "흰색 천지"였다고 한다.[25]

일본 패전 당시 재조선일본인 수는 70만명에 이르렀는데, 그 심중에는 허탈, 분노, 초조, 불안, 당혹감 등 여러가지 생각이 교차했다고 한다. 일반적으로는 해방을 축하하는 조선인의 환희 속에서 일본인 식민자는 어떻게 일본에 돌아갈까만을 걱정했다고 할 수 있다. 그러나 기록에 의하면 일본정부는 처음에 조선, 대만, 싸할린에 거주하는 일본인에 대해 현지 잔류의 방침을 세웠으며(내무성안, 1945년 8월 19일), 재조선일본인 측에서도 '전원귀환'은 반드시 지배적인 인식이 아니었다고 한다. '내지인'을 '일본인'이라고 바꿔 부르고 세화회(世話會)라는 구호 조직을 장래에는 거류민회(居留民會)로 개편하는 것도 상정되었다고 한다.[26]

그러나 실제로 조선 등에 거주하던 해외일본인은 어쩔 수 없이 송환 됐으며 그것은 전후 일본에서 옛 식민지인 대만이나 조선, 중국 동북지 방('만주')을 어떻게 대할까 하는 문제를 남기게 된다. 일반론으로 말하 면 일본인 식민자사회는 어디에서라도 극단적인 관존민비의 사회이며 군인, 관료 그리고 독점기업 사원 들의 천하였다. 당연히 우월의식을 가지고 유복한 생활을 영위했지만 그것을 패전으로 일거에 잃어버린 것은 인생 그 자체의 전락을 의미했다. 조선을 생각해내는 것, 그것은 가해/피해라는 두 가지 기억을 어떻게 생각할 것인가 하는 문제였다. 실제 그런 사람들이 조선을 이야기할 때 유복하며 상류사회의 문화도 있었다는 '그리움'에 빠지는 것은, 자칫하면 그것을 잃은 것에 의해 노 골적인 차별의식이나 멸시관이 표출되기도 한다. 거기에는 패전 후에 도 일찍이 옛 종주국의 일원이었다는 식민자 의식이 밀접하게 연결되 어 있다. 작가 코바야시 마사루(小林勝)는 자신이 태어나 자란 조선을 "'그립다'라고 말하면 안된다"고 스스로 경계했다고 하는데, 그것은 바 로 '고향'을 그리워하는 심정과 대결해야 한다고 설득하는 말일 것이 다.[27]

러시아인의 거리, 구만주 하얼삔에서 태어난 지 2년 8개월 만에 일 본에 송환된 후 일본에서 자라 가수가 된 카또오 도끼꼬(加藤登紀子)는 전쟁의 역사를 배우기 시작했을 즈음, 일본이 침략자로서 들어간 나라 에서 태어난 것에 당혹감을 느꼈고 때로는 아버지를 힐책하거나 추궁 했다고 한다. "나는 고향을 가지지 못한 사람으로 산다, 그것이 내 숙명 인 것이다"라고 자신에게 말하기도 했다. 카또오의 경우 그후 부모님이 개업한 러시아 요리점 '슨가리'(쑹화강의 러시아명—옮긴이)에서 중국과 소련이 대립하던 당시에 일본으로 도망온 러시아인들과 친분을 맺으면서 마침내 하얼삔이 먼 과거의 일로 끝나지 않고 자신의 노래에 진한 추억으로서 담기게 되었다고 한다. 카또오가 하얼삔과 재회한 것은 일본인 가수로서는 처음으로 음악회에 초대되었던 1981년 여름의 일이다.[28]

이러한 '고향'에 대한 복잡한 추억을 생각해볼 때 1927년에 대구에서 태어나 자란 시인이자 작가 모리사끼 카즈에(森崎和江)가 오늘에 이르기까지 조선과 일본이라는 "두개의 모국"을 계속해서 찾아 헤매는 것처럼 조선과 일본 또는 일본인과의 사이의 관계성을 어떻게 사상화(思想化)해야 할 것인가를 두고 고투하는 모습은 구도자의 모습 그 자체라고 해도 좋을 것이다.

모리사끼 카즈에는 말한다. "조선의 풍토나 풍물에 따라 길러지면서 그것에 대해 조금의 거부감도 없이 나는 자랐다. 그래도 패전 당시 (모국 '유학'으로) 일본에 와 있었기 때문에 마침내 지배민족의 자손으로서 식민지에서 감성을 길렀던 것에 고뇌하게 된다. 그것은 벗어버릴 수 없는 원죄로서 내 안에 깊이 가라앉아 있다. 전후에는 활개를 치던 제국주의 비판 풍조에도 마음을 기울일 수 없었다. 왜냐하면 나는 정치적으로 조선을 침략한 것은 아니지만 더욱 깊게 침투해 있었다. (…) 우리들 가족은 조선이 좋았다. 그 고유문화의 흐름을 내 감성은 흡수해버렸다. (…) 일본에 살기 시작한 나는 일본의 풍토에 대한 혐오감에 고통스러웠다. 자민족에 자족하고 있는 자의 악취는 태양이 올라가는 곳도 지는 곳도 자신의 정념의 들판이라고 믿고 있기 때문에 내부에 틀어박히게 되는 것이다."[29]

역사적 사실에 비추어 말하자면 일본에 돌아온 해외일본인은 그래도 행복했다고 말해야 할까? 일본에 돌아오지 못했던 구만주나 동남아시아의 잔류 일본인뿐 아니라 특히 소련군에 의한 점령으로 싸할린에 잔류를 강요받은 조선인의 인생은 비극 그 자체였다. 전전 일본령이었던 싸할린에는 일본인 약 30만명, 강제연행이나 징용에 의한 탄광부 및 그 가족인 조선인이 약 4만 3천명 생활하고 있었다. 일본 패전 후 '소련 지구 인양 협정'에 의해 일본인은 1949년까지 일본에 귀환하지만 '일본 국적'을 가지고 있다고 생각했던 조선인은 그 대상에서 제외되어 조선으로의 미귀환과 가족이산의 비극을 받아들여야 했다.

정치범의 석방

패전/해방 후 일본과 조선을 이야기할 때, 패전/해방 전의 사상의 실체와 관련해서 정치범 석방이 어떻게 실시되었는가가 중요한 문제가 된다.

조선의 경우 일본의 관헌에 의해 투옥된 정치범은 해방을 맞이하자마자 남북 모두 곧바로 석방됐다. 남측에 대해서는 앞서 서술한 바와 같이 치안을 맡은 여운형의 요구에 따라 총독부는 해방 다음날부터 모든 정치범 및 경제범을 석방하는 조치를 취했다. 실제로도 여운형은 8월 16일 아침 서대문형무소에서 석방되는 정치범·경제범을 환영하는 자리에 군중과 함께 참석해 환영의 민중대회에서 연설도 했다. 미군 자료에 의하면 전국의 형무소나 경찰서에서 추산한 약 1만 6천명이 잇달아 석방됐다고 한다. 그들은 출옥과 함께 즉시 건준 활동에 참가했다.[30] 역사적으로 이 정치범 석방은 역시 식민지 지배하에서 계속되어온 조선민중의 뿌리깊은 저항의 연장선상에서 쟁취한 것이라고 이해해도 좋을 것이다.

그러나 일본의 경우는 달랐다. 패전 당시 전국에 정치범이 3천명 있었다고 하는데, 석방된 것은 겨우 10월에 들어서부터였다. 10월 9일 미야모또 켄지(宮本顯治)가 아바시리(網走) 형무소에서 석방되고, 10일에는 후츄(府中) 형무소에서 토꾸다 큐우이찌(德田球一), 시가 요시오(志賀義雄), 그리고 조선인 독립운동가 김천해(金天海), 이강훈(李康勳) 등 16명이 석방됐다. 정치범 석방은 일본정부가 최후까지 반대했으나 결국 GHQ의 명령으로 실현되었던 것이다. 즉 일본의 정치범은 패전후 곧바로 석방된 것이 아니었으며, 일본민중도 그것을 요구할 힘을 가지고 있지 않았다.

그 경과를 거슬러 올라가보면, 패전 후 일부 사람들 사이에서 정치범 석방운동이 전개됐다고는 하나 일본정부는 그것을 묵살했다. 이윽고 옥중에 있던 철학자 미끼 키요시(三木淸)가 패전한 날로부터 1개월 이상 지난 9월 26일에 병사하자마자 로이터통신의 기자 등에 의해 뉴스로 미국에 보도됐다. 역시 9월 말의 싯점에서 모든 정치범이 옥중에 있었다는 것은 놀랄 수밖에 없는 일이며, 연합군 종군기자가 형무소를 방문해, 정치범과의 접촉이 이루어지자 머지않아 GHQ가 움직이게 되었다. GHQ는 급거 치안유지법 폐지, 특고경찰 폐지, 정치범 석방 등의 조치를 취하려 했으나 정치범을 혐오하는 일본정부는 완고하게 반대했다. 그러나 결과적으로는 히가시꾸니노미야 나루히꼬 내각이 이 GHQ의 지령을 실행할 수 없다고 하여 총사직하고, 이를 대신해 시데하라 키쥬우로오(幣原喜重郎) 내각이 성립하여 정치범 석방이 실현됐다.

일본 전후사에서 이 정치범 석방은 매우 중요한 의미를 갖는다. 점령전후사에 상세한 타께마에 에이지(竹前榮治)에 의하면 요점은, ①정치범 석방은 일본정부의 자발적 의지에 의해서가 아니라 점령군의 명령에 의해 이루어졌다. ②히가시꾸니노미야 나루히꼬 내각에서 시데하라 키쥬우로오 내각으로의 교체는 '구권력 천황제 권력'의 변명자에서 '신권력 영미파 외무관료를 리더로 하는 전후 보수 본류의 맹아적 권력'의 변명자로의 이행을 의미한다. ③공산주의자 석방에 의해 일본공산당이 사상 최초로 합법적 활동무대에 등장했다. ④정치범 석방운동에서 조선인의 역할이 컸다는 점이다.[7]

맑스주의 역사학자 하니 고로오(羽仁五郎)는 8월 15일에는 유치장에 있었지만 '일본인민에게 바치는 유서'라고 할 수 있는 『자전적 전후사(自傳的戰後史)』(1976)에 다음과 같이 쓰고 있다. "세계 어느 나라 역사에도 패전은 반드시 혁명으로 이어졌다. (…) 일본은 포츠담선언을 수락하고 패전함으로써 무조건 항복했다. 그때야말로 일본혁명의 절호의 찬스였다. (…) 나는 감옥 안에 앉아 젊은 무리가 나를 맞이하러 와줄 것을 생각하면서 하루종일 기다렸으나 저녁이 되어도 오지 않았다. 밤이 되어도 그리고 다음날이 되어도 아무도 와주지 않았다. 그때 비로소 일본혁명의 유일한 절호의 찬스를 놓쳤다는 것을 절실히 느꼈다. (…) 결국, 나를 옥중에서 구해낸 것은 같이 공부한 젊은 생도 중 한명이었지만 유감스럽게도 일본인이 아닌 캐나다의 허버트 노먼(Herbert Norman)이라는 학자이자 외교관이었다."[32]

패전 당초부터 패전을 혁명으로 전환하려는 비판적 저항정신이나 정치적 전위(前衛)는 거의 상실되었다고 해야 할까? 실제로도 후츄형무소에 정치범을 맞이하러 간 1백명 정도의 사람들 대부분은 조선인이었다. 테라오 고로오(寺尾五郎)에 의하면 그들 조선인은 "어딜 보아도 맑스주의도 사회과학도 알지 못하는 사람들이며 지금 막 어딘가의 암시장에서 달려나왔다고 생각되는 조선인" 그리고 "혁명적 대중"이라고 부를 수 있는 사람들이었다고 한다.[31] 조선인의 정치의식이 높았다는 것을 나타내는 한 장면이라고 말할 수 있지 않을까. 앞에 인용한 하니 고로오도 비슷한 말을 서술하고 있다. 즉 일본의 민주혁명이 환상이 되어 사라져가면서 "8월 15일 직후인 9월 8일에 유바리(夕張)탄광의 조선인 노동자가 최초로 파업을 시작"했으며 "전후 최초의 혁명이라고 할 만한 민주주의혁명 활동에서 가장 예민한 조직을 가지고 있었던 것은 재일조선인"[32]이었던 것이다. 이 대목에서는 계급론적 관점이 분명하게 의식되면서 동시에 민족을 넘어선 연대의 가능성을 보여주고 있기도 하다.

하긴 역사의 필연으로 재일조선인의 정치의식이 높았던 것은 오히려 당연하다고 하더라도, 재건된 일본공산당이, 예를 들면 2·1파업 중지명령에 굴복해 일본인 노동자의 투쟁에 대한 의욕, 심정을 제대로 지도할 수 없었던 나약함을 지적해둘 필요가 있을 것이다.

새벽노을의 하늘을 우러러보면 노래하고 싶다
움직이는 전차에도 화가 치민다

공산당은 타락했는가라고
나 스스로 마구
화내고 싶어졌다

(…)

책상을 뒤집어라
문은 부숴버려
비겁한 놈은 가려면 가
고래고래 노래 부르며 행진한다
아무것도 먹고 싶지 않은 밤
전차에서 미래를 생각한다

(…)

치밀어 오르는 것

노예, 노예는 안되겠다라고

연단에서 울어버린 2월 1일

타까하시 모또히로(高橋元弘) 「2·1 총파업(二·一スト)」[33]

3. 전쟁범죄의 추궁

누가, 어떻게 책임을 질 것인가

패전/해방에 의한 동시대사의 출발은 무엇보다도 국가의 재편 내지는 신국가 건설의 어려움에 있었다. 일본에서는 미점령군하에서 국가의 재편을 어떻게 이룩해나갈 것인가 하는 문제였으며, 조선에서는 남북 분할점령하에서 어떻게 통일국가를 수립할 것인가가 문제였다. 이른바 패전/해방 후의 국가문제는 일본에서는 천황제 존속문제, 조선에서는 남북분단의 문제가 되어 양자 모두 그것은 무엇보다도 과거의 문제에 어떻게 대응할 것인가, 즉 과거에 대한 책임을 어떻게 질 것인가 하는 문제로 직결된다. 단적으로 말해 일본에서는 천황 히로히또의 전쟁책임문제로, 그리고 소선 특히 남측에서는 일본제국 지배에 가담한 친일파문제로 부각될 수밖에 없었다.

1937년 7월 루꺼우챠오(盧溝橋)사건 후 8년 남짓의 전쟁에서 일본인 사망자는 약 310만명에 이른다. 그중 군인·군속은 약 230만명(해외

210만명), 민간인은 약 80만명(해외 30만명)이다. 민간인 안에는 히로시마(약 14만명)·나가사끼(약 7만명)의 원폭피해자나 토오꾜오 대공습의 피해자(약 10만명)가 포함되어 있으며, 또한 오끼나와전에서의 피해자 약 9만 4천명(또는 그 이상)도 포함되어 있다. 더욱이 일본인 230만명의 군인·군속 안에는 조선인과 대만인 약 5만명도 포함되어 있다. 조선인에 관해서는 전사자 이외에 행방불명을 포함하면 약 14만명에 이르고, 이밖에 강제연행에 의한 희생자는 약 6만 4천명이라고도 한다. 또한 4만 8천명의 조선인이 원폭피해자였으며 그 가운데 3만명이 사망했다고 보고 있다.[34]

인류사상 예를 찾아볼 수 없이 수많은 희생자가 발생했지만 문제는 그 숫자에 대해 누가 책임을 질 것인가 하는 것이다. 그러나 실제로 일본의 경우 전쟁책임을 누가 질 것인가 하는 문제는 오늘에 이르기까지 애매한 상태가 계속되고 있다. 그것은 '패전'을 '종전'이라고 바꾸어 부를 뿐만 아니라, 오늘에 이르기까지 국가가 전쟁의 이름을 정식으로 어떻게 부를 것인가조차 애매한 상태로 방치해왔다는 것과 연동한다. 실제로 매년 8월 15일 전국전몰자추도식에서 천황의 인사말이나 자민당 내각총리대신의 인사에서는 '앞의 대전'이라든가 '앞의 전쟁'이라는 말이 상투적으로 사용돼왔다. 이것은 '동아(東亞)의 해방'을 슬로건으로 한 '대동아전쟁'의 과오를 인정하면서도 그것이 아시아 침략이었다는 본질을 인정하지 않으려는 거짓표현밖에 되지 않는다.

이러한 위선을 바로잡는 의미도 내포하고 있는 것인지 쯔루미 슌스께(鶴見俊輔)는 1931년 '만주사변'에서 1945년에 이르는 전쟁을 '15년전쟁'이라고 불러, 현대사를 이해하고자 했다고 말했다. 그러나 이 호칭에는 한반도를 빼앗기 위한 전쟁이었던 청일전쟁이나 러일전쟁이 들어있지 않으며, 근대일본의 아시아 침략을 총체적으로 파악하기에는 불충분하다. 그후 현재는 주된 전쟁터가 아시아와 태평양으로 확산되었다는 점에서 '아시아·태평양전쟁'이라는 용어가 제창되어 역사학계 등을 중심으로 상당히 정착되고 있는 듯하다. 덧붙여 말하면 조선의 경우 한국을 중심으로 '일제 36년'이라는 용어가 정착돼 있지만 이것은 일본으로 말하자면 '메이지' '다이쇼' '쇼오와'에 필적하는 시대구분의 용어다. 다만 그 경우의 '36년'은 1910년 '한국병합' 후부터 해방에 이르기까지이며, 한반도가 실질적으로 일본의 식민지가 된 1905년 이후부터는 아니다.

천황·천황제·천황주의

전후 일본이 과거의 전쟁, 아시아 침략에 대해 충분하게 반성하지 않고 있다는 것은 새삼 논할 필요도 없을 것이다. 더욱이 그것은 무엇보다도 전쟁 전부터 사고의 전환이 용이하지 않았던 것을 의미한다. 이 경우 전쟁 전부터 사고축의 핵심은 말할 것도 없이 천황·천황제에 대한 지지와 존숭의 이념이며, 그것은 '천황주의'라고 해도 지장이 없는 것이다. 일본 전몰학생의 수기 『들어라 바다의 소리(きけわだつみのこえ)』(新版第2集, 岩波文庫 1988)의 페이지를 넘기면 거기에는 이성을 무시하고 지성을 부정하는 전쟁에 대한 혐오, 충군애국이라는 공허한 구호에 대한 의혹 그리고 사랑하는 육친에 대한 미칠 것 같은 심정을 찾아볼 수 있다. 막다른 지경에 몰린 젊은 원혼이 후세에 전한 그 엄혹한 모순, 갈등, 고뇌의 말에 한순간 구제되는 것도 같지만, 결국은 "모는 시간의 흐름 속에서 운명에 맡기"는 것이 짧은 인생의 종착점으로 감수됐다. 그것은 이른바 천황·민족·국가를 하나로 묶으려 했던 '일본'이라는 절대가치(카또오 슈우이찌 加藤周一)에 대한 무조건적인 승인에 봉착하는 것이지만, 오늘날의 관점에서 말하면 역시 명확하게 천황주의의 폭압

에 대한 패배를 의미하는 것이었다고 말해야 할 것이다.

전쟁의 광기가 그러한 내면세계의 파괴를 가져온 것은 물론이다. 그러나 역사의 사실을 냉정하게 볼 때 '일본인'이 되길 강요받았던 조선의 젊은이들이 보다 큰 모순, 갈등, 고뇌를 경험하게 되었던 것은 당연한 결과였다고도 말할 수 있다. "죽으면 조선인이 일본인과 동등해진다. 때문에 누구보다도 멋지게 죽고 싶었다"(「애국자」 『아사히신문』 1990.8.7)는 생각은 "극한상황에서 특공대원이 됨에 따라 민족의 자긍심을 은밀하게 나타내려고 했던 조선인 청년들의 마음"[35]이었다. 그것은 권위적 질서의 정점에 있는 천황에게 목숨을 바침으로써 스스로 운명을 받아들이고 조선민족을 구하고 싶다는 일종의 도착된 논리의 표명은 아니었을까. 이른바 전쟁 말기의 비참함 속에서 두려움에 꼼짝도 못했던 (재일)조선인은 내면의 모순, 갈등, 고뇌를 뒤덮는 '절대감정' 즉 천황주의에 귀의함으로써 본래 있어야 할 사고질서의 개조를 강요당했다고 해야 할 것이다.

여기에서 엄밀하게 생각하면 천황제라든가 천황주의라고 하는 것은 실존하는 것이지만 굳이 말하자면 씨스템이나 이데올로기의 범주에 속하는 것이 아닐까 생각한다. 확실히 천황이라는 개별의 실존은 있지만 그것은 근대일본에서는 주로 초월적·신권적인 것으로 간주되어 정치적으로 불가침한 것으로 여겨졌다. 따라서 천황·천황제·천황주의를 문제삼을 때는 실제로 그것이 만들어지고 이용된 구조를 묻는 것이 첫번째 과제여야 한다. 그것은 구체적으로는 그때의 지배층이 국가주의·국수주의의 도구로 어떻게 천황·천황제·천황주의를 이용했으며, 또한 거기에 민중을 어떻게 끌어들이는가 하는 문제가 된다. 전쟁피해나 전쟁책임 문제에 입각해서 말하자면, 국체 호지의 논리가 얼마나 전쟁 종결을 지연시키고 피해를 증대시켰는가를 논하는 것은 곧 전쟁을 수행한 정치가·군부가 패전을 연장하기 위해 어떻게 천황·천황제·천황주의를 이용했는가를 묻는 것이며, 동시에 일반 국민이 거기에 어떻게 가담했는가를 묻는 문제이기도 하다. 단 이 경우 1930년대 이후에 대해 말하자면 천황 히로히또가 강력한 정치적 권위나 권력을 가지고 있었던 것은 사실이며, 그런 의미에서 천황 자신에게 막대한 책임이 있다는 것은 말할 나위도 없다.

그러한 의미를 담아서 말하면, 하니 고로오가 포츠담선언 수락을 지연시켰던 것은 일본의 천황제였다라고 단언한 것은 당연하다.[32] 그리고 하니는 동시에 "히라이즈미 키요시(平泉澄) 교수의 황국사관보다도 평범한 서민들의 천황숭배, 군대 신뢰가 더 무섭다고 생각한다"라고 적절하게 말하면서 사람들의 뇌리에 깊게 스며 있는 천황주의의 잔인성, 이른바 '서민적 군국주의의 가공스러움'의 중요성을 지적하고 있다. 여기서 '황국사관'은 천황제 즉 국체론을 의미하는데, 1940년대에 문부성 교학국에서 만들어져 저널리즘을 통해 확산되었던 전시기판(戰時期版) 역사관이다. 그러나 하니가 말한 것처럼 "가장 중대한 문제는 역시 무엇보다도 당시 지식계급이나 일본의 신문, 라디오가 전쟁에 대해 생각하는 것을 포기하고 있었다"는 점이며, 천황주의의 폭압적인 매스미디어 통제, 학교교육의 편중 그리고 그러한 것들을 은폐한 사고의 정지였다.

패전 후 일본에서 이러한 천황주의문제는 기본적으로 변하지 않았다. 아나키스트 시인 아끼야마 키요시는 「야스꾸니신사 1945년 11월(靖國神社 一九四五年 十一月)」이라는 시에서 천황주의가 이루어낸 역할과 그것에 넘어간 일본인의 심성을 다음과 같이 노래하고 있다.

　자네들은

종이 한장에 끌려 전장터에 갔다.

대륙 구석구석 태평양 작은 섬에 보내졌다.

얼마 안 있어 그대들은

모셔져서, 여기에 올 거라고 한다.

구단(九段)*에서 만나자는 등 죽는 자는 생각도 하지 않는데

부모와 아내와 자식은 진심으로 찾아와

자네들이 신이 된다 밤은

여기에 납작 엎드려 훌쩍인다.

자네들은 정말

사랑하는 조국을 위해 싸웠던가.

동포를 위해라고 생각해서 후회 없었던가

아니, 정말로

그렇게 생각해서 죽었기 때문에

자네들이 애처로운 것이다.

『헤이민신문(平民新聞)』(1947. 11. 21)
후일 『아끼야마 키요시 시전집秋山淸全詩集』
(아끼야마 키요시 저작집 제1권), ばる出版 2006

'일억총참회'로 천황의 책임이 흐지부지되면서 1946년 1월 1일 천황의 '인간선언' 후 GHQ는 천황 지지를 명확하게 했다. 결국 매카서는

---

* 야스꾸니신사가 있는 구단시따(九段下) 지역을 말한다. 서점가로 유명한 간다 서점가에서 걸어서 15분 정도 걸린다. 당시 병사들의 유서에는 "구단에서 만나자"는 표현이 자주 나온다.

시데하라 키쥬우로오수상의 요청을 받아들여 2월 3일에는 상징천황과 전쟁포기를 요점으로 하는 헌법개정안 작성을 GHQ 민정국에 명하기도 했다. 이것은 미일합작으로 천황의 전쟁책임을 흐지부지하게 만들어가는 과정이었으며, 1946년 2월부터 시작된 천황의 전국순행도 그것을 위한 하나의 수단이었다. 그러한 과정에서 국민의식도 적지 않게 변해가지만 1946년 11월 19일 『아사히신문』 「목소리」란에는 '국민 안의 천황'이라는 제목의 다음과 같은 글이 실려 있다. "올봄의 총선거까지 천황제문제는 매우 시끄러웠으나 결국 신헌법의 선에서 존속하게 되었다. 논의가 한창일 때 나 자신은 천황제 폐지론에 기울어져 있었지만 최근 나고야지방 순행 뉴스영상을 보고 당시 나의 심경이나 생각을 크게 반성하게 되었다. 어렵게 논쟁하면 폐지, 호지 양론에도 각각 할 말이 있을 것이다. 그러나 저 화면에서 보는 열광하는 민중과 거기에서 몹시 시달리는 천황 (…) 어쨌든 심신이 깨끗해지는 것과 같은 상쾌한 감동을 느꼈던 것이다"(『목소리 1 1945~1947』, 아사히문고 1984).

토오꾜오재판 · BC급 전범재판과 아시아

그러나 이런 것으로 천황 히로히또의 전쟁책임이 없어지는 것은 물론 아니다. 역사학자 이노우에 키요시(井上淸)는 그의 저서 『천황의 전쟁책임(天皇の戰爭責任)』(岩波現代文庫 2004)에서 천황이 아시아 침략, 전쟁수행에 주체적이었으며 깊이 가담했다고 하면서 천황의 전쟁책임을 남김없이 실증하고 있다. 그 '결론'은 '천황 히로히또의 전쟁책임은 분명하다'라는 제목으로, "히로히또는 스스로 무책임을 칭한다"라고 쓰고 있다. 그럼에도 불구하고 전쟁범죄를 재판해야 하는 극동국제군사재판(토오꾜오재판)에서 천황은 전쟁책임을 추궁받지도 않고 퇴위도 하지 않았으며 전쟁의 최고책임은 토오죠오 히데끼(東條英機) 등 28명의 A급 전범에게 추궁하여 판결에 의해 토오죠오 등 7명의 교수형 집행으로 끝나버렸다. 천황 히로히또가 소추를 면한 것은 미국이 점령정책의 원활한 수행과 소련에 대항하는 자유주의진영 구축에 효과적이라는 고도의 정치판단 때문이었다.

이 토오꾜오재판과 별도로 연합국 7개국이 독자적 법령으로 아시아 각지에서 만든 군사재판에서는 BC급 전범에 대한 재판이 이루어져 주로 주민살해·포로학대의 책임을 물었다. A급 전범이 계속 방면되는 가운데 반대로 BC급 전범이 가혹한 추궁을 받고 있었던 것이다. 법무성의 「전쟁범죄재판개사요(戰爭犯罪裁判槪史要)」에 의하면, 1951년 4월까지 일련의 재판에서 합계 2244건 5천7백명이 피고인이 되어 그중 사형이 984명(집행은 920명), 무기징역 475명, 유기징역 294명, 무죄 1018명이었다(『아사히신문』 2006.4.30). 사형을 받은 사람 중에는 말단 일본군 병사도 적지 않았다. 경제백서가 「이미 전후가 아니다」라고 쓴 지 2년 후인 1958년 「나는 조개가 되고 싶다(私は貝になりたい)」라는 텔레비전 드라마(라디오 토오꾜오 텔레비전, 현재 TBS)가 세간의 주목을 받았다. 프랭크 사까이(フランキー堺)가 연기한 이발소 주인이자 원래 이등병 출신인 시미즈 토요마쯔(淸水豊松)가 상관의 명령에 따라 포로를 살해한 혐의로 체포되어 BC급 재판에서 무죄를 주장했으나 결국 교수형에 처해진다는 이야기다.[36]

BC급 재판이 더욱 비극적인 것은 피고 가운데 식민지 한반도와 대만 출신자 321명이 '일본인으로서' 재판을 받고, 조선인 23명, 대만인 26명이 처형되었다는 점이다. 식민지 출신자가 종주국의 전쟁책임을 한몸에 지고 처형된 것이다. 야마모또 시찌헤이(山本七平)는 그의 저서 『홍사익 중장의 처형(洪思翊中將の處刑)』(文藝春秋 1986)에서 주인공이 전범재판에서 한마디도 발언하지 않았던 것에 감명받았다고 쓰고 있는

데, 거기에는 식민지 출신자의 마음을 헤아리고도 남음이 있었다고 생각된다. 더욱이 BC급 전범으로 살아남은 사람들은 전후 일본에서 일본 국적을 상실했다는 이유로 일본의 원호(援護)입법 대상에서 제외돼버렸으며 그후 많은 보상요구재판, 보상입법요구운동을 전개하게 된다.[37]

어찌됐든 침략이나 식민지 지배로 많은 희생자를 낸 아시아 사람들에게 일본의 전쟁범죄는 용서하기 어려운 일이었다. 미국 국내에서조차 천황·천황제에 대한 여론은 상당히 냉엄했다. 일본 국내에서는 정치범 석방에 의해 출옥한 공산당지도부가 「인민에게 고함(人民に訴ふ)」을 발표하여 천황제 타도를 호소했으며 그것은 결국 '천황제 폐지'라는 슬로건이 되었다. 그러나 실제로 그것은 선전의 영역을 넘지 못해 구체적인 프로그램은 없는 것이나 마찬가지였다. 토오꾜오재판 자체는 일본의 아시아에 대한 전쟁범죄나 전쟁책임을 일관해서 경시한 것이었으며 이후 아시아사람들에게 큰 응어리를 남기게 되었다.

한국의 자유주의파 격주간지 『한겨레21』은 2006년 3월 21일에 발행한 제601호에서 아시아 15개국 기자 100명에 의한 설문조사 회답을 기초로 해, 과거 100년간 최대의 역사적 사건은 2차세계대전이라고 하면서 그 시기의 정치가에 대해서 평가하고 있다. 그에 의하면 21세기에 들어선 싯점에서 아시아 기자들이 선택한 아시아의 위대한 정치가는 간디(M. Ghandi), 마오 쩌뚱(毛澤東), 호찌민(胡志明), 떵 샤오핑(鄧小平), 마하티르 모하마드(Mahathir bin Mohamad) 순이고, 반대로 아시아 최악의 지도자는 폴 포트(Pol Pot), 마르코스(Ferdinand E. Marcos), 히로히또, 김일성(金日成), 토오죠오 히데끼 순이었다. 즉 아시아의 관점에서 볼 때 천황 히로히또와 토오죠오 히데끼는 악명 높은 독재자였던 폴 포트, 마르코스에 이어 지금까지도 범죄자로 인식되고 있다.

그렇지만 일본에서는 패전 직후에도 이미 인식하는 방식이 달랐다. 각종 조사에서도 일본 국내에서 패전 직후의 천황제 지지율은 90%를 넘었고, 그것이 GHQ가 천황제를 이용한 이유가 되기도 했다.[7] 여기에는 국민은 희생자이면서 동시에 가해자였다는 냉엄한 사실이 있으며 국민의 전쟁책임, 민중의 전쟁책임이라는 문제가 부상하지 않을 수 없다. 물론 더 큰 책임이 사회지도층에 있다는 것은 분명하지만 거기에는 사실상 반성도 회오도 없으며 새로운 지배자에 대한 추종, 그것도 한층 더 추악한 추종이 있을 뿐이었다.[6] 사실 '귀축미영'을 외친 전전 이래의 지배층은 극히 짧은 시기 '공직 추방' 조치를 당했지만 대부분 급조된 친미주의자가 되어 미국 점령군과 공범관계를 맺었다. 게다가 천황 히로히또와 매카서의 일치점이 소련을 염두에 둔 '공산주의의 위협을 강조'하는 데 있었다(『아사히신문』 2002.8.5)는 점에서 상징되고 있듯이 GHQ 지배하의 민주화는 반공주의와 표리관계였다.

일본 패전 후에 추궁됐어야 할 전쟁책임은 좁은 의미에서도 일본제국의 중국 침략이며 그것에 이은 대미영전의 책임이다. 그것은 결코 '자위를 위한 전투'가 아니었으며, 따라서 일본이 수락한 포츠담선언 제10조 '모든 전쟁범죄인에 대해서는 엄중한 처벌을 가한다'에 의거한 토오꾜오재판은 '승자에 의한 재판' 등의 논리로 반박할 수 있는 것이 아니다. 더욱이 토오꾜오재판은 1928년 이전의 문제는 취급하지 않았으며 근대일본의 아시아 침략과 식민지 지배의 책임을 묻지 않았다. 무엇보다도 이것은 토오꾜오재판의 결점이라고 하기보다는 스스로의 잘못을 반성하고 재판하여 재출발할 수 있는 능력을 갖고 있지 않았던 일본국가와 일본국민 자신의 문제라고 해야 할 것이다. 초등학교 5학년 때 패전을 맞이한 극작가 이노우에 히사시(井上ひさし)는 다음과 같이 토오꾜오재판의 의미에 대해 술회하고 있다. "그렇게 전쟁에 열중했던 어른

들이 급속하게 재판에 무관심하게 되었다. (…) 안도감이나 생활난 그리고 사회혼란도 있었겠지만 일부 사람들에게 책임을 지게 하고 모두 도망친 것이다. 그렇게 생각하지 않고서는 저 무관심을 이해할 수 없다"(『아사히신문』 2006.5.2). 실제로 비참한 전쟁체험에도 불구하고 천황제 지지가 90%를 넘었다는 사실은 국가신도(國家神道)가 사람들의 뇌리를 얼마나 지배하고 있었는지 보여준다. 천황의 전국순행에 환호하는 일본인의 모습은 밖에서 보면 분명히 이상한 광경이었다.

원래부터 국가신도는 제국 일본의 천황주의와 군국주의를 지탱하는 이데올로기적 지주이며 그 중심이 각각 이세진궁(伊勢神宮)과 야스꾸니신사(靖國神社)였다. 그러한 이데올로기에 사로잡힌 일본국민은 정부와 일체가 되어 전쟁에 협력했고 아시아 민중과 연대하는 일도 식민지주의에 맞서 싸우는 일도 전혀 없었다. 패전 후에도 국민은 군국주의에 혐오감을 나타내면서도 그 대다수는 계속해서 국가신도를 '일본의 문화' '일본의 전통'으로 받아들임으로써 결과적으로 국가신도를 대신할 '전통' 이른바 새로운 내셔널리즘을 만들어내는 일에 실패하게 된다.

친일파를 둘러싼 문제

일본에서 말하는 전쟁책임문제는 한반도 남부에서는 친일파문제로서 드러나지만 실제로는 역시 미군정의 정착과 이승만의 대두라고 하는 정치상황의 추이 속에서 친일파의 친미파로의 전환이라는 문제가 나타나게 되었다.

여기서 '친일파'라는 말의 사용법이 먼저 문제가 된다. 일본의 식민지 통치하에서 조선인 대부분이 창씨개명을 하고 신사참배를 했으며 여러가지 형태로 전쟁에 협력했다는 점을 생각할 때 '친일파' 혹은 '친일협력자'라는 말은 좀더 넓은 의미로 정의하자면 한반도에서 살던 민족 전체를 의미하는 말이 돼버린다. 그러나 실제로 당연하겠지만 한국에서 지탄받는 '친일파'는 일본의 한국 통치에 적극적으로 가담한 이른바 '민족반역자' '친일분자'를 의미하는 것이며, 그것은 해방된 한국사회에서 배제돼야 할 존재로서 암묵적으로 이해된 것이었다. 식민지시대부터 프롤레타리아 시를 썼던 권환(權煥)은 해방 직후에는 특히 직설적으로 자신의 주장이나 감정을 토로하여 다음과 같이 읊었다.

어서 가거라 가거라
너희들 갈 데로 가거라
동녘 하늘에 태양이 다 오르기 전에
이 날이 어느덧 다 새기 전에
가거라 어둠의 나라로
먼 지옥으로!
제국주의 품안에서 살이 찐
'오야꼬 돈부리'에 배가 부른
'스끼야끼' '사시미'에 기름이 끼인
'마사무네'* 속에 취몽을 꾸던 너희들아

얼싸안고 정사하여라 순사하여라
눈을 감은 제국주의와 함께
풍덩 빠져라
태평양의 푸른 물결 속에
일본제국주의의 애첩들아

....

* 마사무네(正宗), 곧 '정종'이라고 하는 일반적인 일본술의 한 종류를 말한다.

일본군국주의의 충복들아

권환 「민족반역자 친일분자」

그렇다고는 하지만 해방 직후 작가들 사이에서도 과거에 대한 자세
나 친일파에 대한 비판 등에 큰 주저가 있었던 것은 사실이다. 1945년
12월 봉황각(鳳凰閣)이라는 요릿집에서 열린 문학가회합에서의 발언
이 그것을 잘 말해준다. 김남천(金南天), 이태준(李泰俊), 한설야(韓雪
野), 이기영(李箕永), 김사량(金史良), 이원조(李源朝), 한효(韓曉), 임
화(林和) 등이 참가했으며, '봉황각 좌담'이라는 별칭으로 잘 알려진 이
좌담회에서는 '문학가의 자기비판'이 논제가 됐다. 거기에서 시인이자
평론가인 임화는 일본의 승리가 예상됐던 과거의 싯점에서 우리들은
무엇을 생각했으며 어떻게 살아가려고 했는가를 묻는 데서 자기비판은
시작된다고 말해, 해방에 의해 작가가 직면한 참혹한 과거와 마주서기
위한 인식론적 근거를 제시하고 '겸허한 자기비판'의 필요성을 강조했
다. 여기에는 과거와 현재의 단절/연속 속에서 어떻게 자기의 내면에
자리잡은 식민지주의를 극복해갈 수 있는가 하는 중대한 과제가 내재
돼 있다.[38]

결국 해방에 의해 친일파문제가 크게 부상했지만, 원래부터 누가 실
제로 친일파인지를 단정하기에는 곤란이 뒤따랐다. 뿐만 아니라 미군
이 스스로 군정 수행에 당면해 친일파를 통치기구에 편입시키고 더욱
이 원래 친미파로서 일본을 싫어한 이승만이 정치권력 확보와 새로운
국가 수립을 위해 친일파를 중용함에 따라 친일파를 처벌하는 것은 사
실상 어렵게 될 수밖에 없었다.

해방된 한국에서 친일파의 추방/배제는 처음부터 자명한 일이었다.

북측에 주둔한 소련군은 인민위원회 등과 협력하면서 가장 먼저 친일파 배제에 착수했다. 남측에서도 해방 직후 건국준비위원회의 조직화와 뒤이은 조선인민공화국 수립 등의 정치활동·건국운동 등에서는 친일파 배제가 무엇보다도 우선시되었다. 사실 조선인민공화국 중앙인민위원회 서기국은 1945년 10월 14일 성명에서 '민족반역자의 배제와 조선 전민족의 통일촉진'을 호소했으며, 여기서 '민족반역자의 배제'와 '조선 전민족의 통일촉진'은 같은 비중으로 하나로서 파악되고 있다. 그것은 일본의 패전 직후 상황과는 상당히 다르게 이른바 식민지였던 조선의 재생은 침략자측에 가담한 범죄인의 고발·청산을 전제로 한 '혁명'이었다는 것을 선명하게 한 것이었다. 그리고 친일파 규탄의 필요성은 10월 13일 '민족반역자조사회 준비위원회' 결성에서 주장된 바와 같이 단지 해방 전의 반민족적 행위뿐만 아니라 해방 후에도 기득권을 고수하며 새로운 고관매수, 일본인 토지가옥의 부정취득 등 사리사욕에 빠져 한국의 건국운동을 혼란하게 한 죄를 묻는 것이기도 했다.

그러나 그런 조선민족의 거족적 의지는 미군정에 의해 근본부터 흔들리게 되었다. 미군은 9월 20일에 군정청의 성립을 선언함과 동시에 조선총독부 기구를 그대로 계승했을 뿐만 아니라 일본의 조선지배에 적극적으로 협력한 한국인 고급관료나 지주·매판자본가 등의 옹호에 나섰다. 이러한 일본의 지배체제가 미군정으로 이어지고 계승되는 가운데 조선총독부에 고용되었던 한국인 관리나 경찰관이 복직하였으며 그것은 정·재계뿐만 아니라 교육이나 예술 등의 모든 분야에 미치고 있었다.

1945년 10월 5일 창간한 『신조선보(新朝鮮報)』는 신민족주의를 주창한 안재홍의 영향하에 있는 신문이지만 아놀드 군정장관과 면담한 양재하(梁在廈)의 기사를 고발의 의미를 담아 게재하고 있다(11월 11일).

즉 조선인을 정치적인 공죄로 분류하면, ⓐ의식적 또는 적극적으로 대일협력을 한 자, ⓑ생활과 직업을 위해 어쩔 수 없이 대일협력을 한 자, ⓒ적극적으로 혁명운동을 하지 않았으나 대일협력도 하지 않은 자, ⓓ국내외에서 혁명운동에 종사하고 반일저항을 한 자로 규정할 수 있으나, 현실적으로 군정청에 고용되어 있는 자는 거의 ⓐⓑ에 속하는 자로 여기에 일부 영어를 이해하는 자가 포함되어 있는 것에 지나지 않는다는 내용이다. 안재홍으로 말하자면 좌익이 아니라 차라리 보수적인 정치가였는데, 이 기사를 보더라도 해방에 이어 군정지배의 연쇄 속에서 천황주의 친일파가 반공주의 친미파로 차츰 변질되어가는 것을 미루어 알 수 있다.

원칙적으로 말하자면 국가 수립을 둘러싼 좌우대립이 격해지는 가운데에도 친일파 처벌은 역사의 기본적 과제였다. 실제로도 민주주의 민족전선 등 각종 조직이나 단체가 친일파는 누구인가라는 규정안을 작성하여 처벌을 요구했으며 또한 각 신문이 경쟁적으로 친일파 처벌방법이나 시비를 논하기도 했다. 그러나 결국 이 친일파 처벌문제는 '민족정기의 회복'이라는 본래의 목적에서 이탈해 점차 정쟁의 수단과 모략·중상의 도구에 지나지 않게 되었으며, 그 혼란에 편승하여 '악질적인 친일파'가 스스로의 입장을 돈독하게 하기 위해 반대로 이를 이용하려고 한 국면조차 나타나기 시작했다.

친일파문제가 정치세력의 역학과 여론의 동향에 크게 좌우된 것은 말할 것도 없다. 참고로 여기에 해방 후 한반도 남부에서의 신문발행에 대해 보면, 당초 좌익진영의 움직임이 활발한 가운데 식민지시대의 『조선일보』나 『동아일보』 등 유력지의 부활이 늦어지는 한편 해방 직후부터 좌익계 신문이 단기간에 그것도 많은 수가 활동하기 시작했다. 『조선인민보』(1945.9.8) 『해방일보』(9.19) 『전선』(10.2) 『혁명신문』(10.4) 『전국노동자신문』(11.1) 『중앙일보』(11.1) 『대중신문』(12.5) 『건국』(1946.7.9) 등이 있으며, 그 대부분이 좌익정당이나 노동조합에 의한 것이었다. 그러나 결국 미군정의 힘이 강해짐에 따라 해방공간의 신문은 중립계가 주류를 점하게 되면서도 비중은 점차 우익 중심으로 기울어져갔다. 1947년에 중립계로는 『경향신문』『서울신문』『자유신문』『조선일보』『현대일보』『중앙신문』 등이 있고, 우익계로는 『동아일보』『한성일보』『대동신문』『민중일보』가 있으며, 좌익계로는 『독립신문』이 있었다. 이들 주요 신문을 발행부수로 계산하면 중립 60%, 우익 29%, 좌익 11%였다.[39]

이러한 배경하에 미군정은 1947년 7월 7일 과도입법의원이 '민족반역자, 대일협력자, 간상배에 관한 특별법'을 제정하였음에도 불구하고 그것을 공포하지 않고 묵살해버렸다. 그렇지만 친일파 처단 여론이 거센 가운데 1948년 8월 15일 이승만을 대통령으로 하는 대한민국이 수립되자 제헌국회는 가장 먼저 9월 7일 해방 후 3년간이나 끌어오던 '반민족행위처벌법'(반민법)을 가결했다. 이에 근거하여 국회 내에 '반민족행위에 관한 특별조사위원회'(반민특위)가 설치되어 친일파 조사가 시작되었으며 다음해 1월부터는 용의자 검거가 개시됐다.

그러나 당시 이승만정권의 주요 부서는 이미 친일파 및 친일파 옹호세력에 의해 점유돼 있었다. 식민지시대에 고등교육을 받아 행정에 종사한 인재가 적었던 탓도 있지만 1948~52년 행정부서 국장과 과장 55%가 일제 관료 출신이었고 또한 장관 중 4명, 차관 중 15명이 일제 관료 출신이었다. 특히 검찰·경찰의 중추는 일제 관료·경찰 출신이 점유하였고, 군간부는 일본육사·만주군·지원병 출신자에 의해 장악되어 있었다.[40] 때문에 반민특위 활동은 처음부터 잇달아 방해가 있었으며 암살과 기타 음모사건이 계속되었다. 그런 사태 속에서 이승만은 자신의 권력을 유지하기 위하여 반민특위의 활동을 노골적으로 견제했으며 그 뜻을 이어받은 경찰이 반민특위를 습격하는 등 결국 반민특위는 기능부전에 빠져 어쩔 수 없이 반은 와해될 수밖에 없었다. 그 결과 일제시대의 사상은 청산되지 못하고 사회에 온존하게 되어 이후 한국의 정치·경제·사회·문화 모든 영역에 친일파와 친미파가 활개를 치고 진출하게 된다. 그것은 미군정과 이승만의 공범관계를 의미하지만 그 기저에는 식민지시대 유산의 퇴적이 있었다.

'전향'의 문제

일제시대에 천황에 충성을 맹세했던 친일파가 해방과 함께 민족주의자로 가장했으며, 미군정 개시와 함께 또한 친미파로 변모하는 것은 정치적·사상적으로는 '전향'의 문제가 된다. 그리고 그 '전향'은 생각하기에 따라서는 이중 삼중 심지어는 사중의 복잡한 형태를 띠기도 한다. 그런 점에서도 '해방공간'을 포함한 한국현대사를 생각할 때 이 전향문제는 매우 중요한 의미를 지니게 된다. 현실적으로도 '친일' '친미' '반공'은 서로 닮은 형태를 이루고 겹쳐져 한국현대사를 장식한 보수·우익·반동의 정치이데올로기의 핵심을 이루고 있다. 특히 '북'과 대결하는 입장에 섰던 '남'에서 '반공'은 '친일' '친미'를 능가하는 강력한 이데올로기적 힘을 가지게 됐다. 거기에는 명료한 형태는 아니더라도 식민지시대부터의 천황주의가 현인신(現人神)신앙의 황국사상보다는 충군(대통령)애국이나 권위주의, 가부장주의 등 다양한 종류로 이어졌다고 할 수 있다.

단 해방공간에서 다양한 차원의 좌우대립, 즉 권력탈취를 노린 정당 간의 좌우대립, 남북분단을 짙게 반영한 정치운동이나 청년운동에서의 피비린내나는 좌우대립, 해방 전후의 창작활동과 관계 있는 문학·예술

논쟁에서의 좌우대립 등이 과연 정말 진정한 의미에서 정치이데올로기의 시비를 둘러싼 대립이었는지 아닌지는 의문의 여지가 있다. 다시 말하면 '전향'은 정말 이데올로기문제로서 생각해도 좋은가 하는 말이 된다. 강준만은 이 점에 대해서 해방공간에서 다양한 갈등의 핵심은 '기득권'과 '면죄부'를 둘러싼 투쟁이며, 일제36년을 어떻게 보냈는가 하는 과거에 대한 평가와 그 평가에 따르는 이해득실문제를 둘러싼 피의 투쟁이었다고 말한다. 즉 이데올로기는 그 과정에서 도입된 장식물의 성격이 강했다는 것이다.[12] 나 나름대로 말하자면 '전향'문제에 그치지 않고 해방공간에서 정치지도자나 문학가들 개인의 언동은 미군정이나 남로당 등 좌익을 포함한 각 정치세력의 의도에 의해서 이용되거나 정쟁의 도구가 되는 일도 자주 있다.

여기에서 갑작스럽지만 마쯔모또 세이쬬오(松本淸張)에 대해 말하자면 사회의 모순이나 갈등, 인간의 정념을 담은 사회파 추리소설이라는 장르를 개척했으며, 동시에 역사의 암부에 철저하게 다가서려고 했던 작가다. 언론의 자유가 없었던 한국에서는 생각할 수 없는 작품이었으나, 마쯔모또는 한국 해방공간의 암울한 현실을 『북의 시인(北の詩人)』(中央公論社 1946)이라는 작품에서 천재시인 임화를 중심으로 훌륭하게 묘사해냈다. 일본유학 경험이 있는 임화는 조선문학건설본부나 조선문학가동맹에서 활약한 혁명시인이었으나, 진위 여부는 별도로 결국 동지의 배신, 좌익탄압의 폭풍이 불어닥치는 가운데 1947년 11월에 월북하게 된다. 임화의 일련의 언동은 후에 '전향'이라기보다는 '민족반역'문제로서 논하여 비판됐다. 『북의 시인』 첫머리에서는 일제시대 1934년에 27살의 임화가 지은 「암흑의 정신」이 게재되어 있는데, 거기에 묘사된 '객관적 현실'은 해방공간인 1947년에도 그대로 통하는 것이었다.

지금 이 여윈 창백한 새는 날개를 퍼덕이며,

숨소리조차 죽은 미지근한 가슴 위에 두 손을 얹고,

어둠의 공포 절망의 탄식에 떨고 있다

──아무 곳으로도 길이 열리지 않는 암흑한 계곡에서

임화 「암흑의 정신」

마쯔모또 세이죠오가 쓴 『북의 시인』은 단순히 세이죠오문학의 광범
위함을 보여주는 것만은 아니다. 진죠오(尋常)고등소학교를 졸업한 학
력을 가진 세이죠오는 패전 직전에 약 1년간 이등병 위생병으로 조선에
서 군복무한 경험이 있었으며, 그것이 전쟁체험과 중복되는 형태로 전
후문학으로서 세이죠오문학의 큰 토대가 됐다. 더 나아가서 많은 명작
을 낳은 세이죠오문학에는 조선체험이 강렬한 형태로 살아서 미국의
그늘과 한국전쟁을 정점으로 하는 그 자신의 전후사관을 형성하고 있
다고 생각할 수 있을 것이다. 세이죠오의 명작 『제로의 촛점(ゼロの焦
點)』『모래 그릇(砂の器)』『일본의 검은 안개(日本の黒い霧)』『검은 복
음(黒い福音)』 등은 마찬가지로 세이죠오에 의한 『북의 시인』이나 토요
또미 히데요시(豊臣秀吉)의 조선침략 시기에 조선인 포로를 취급한
『히데요리 주로(秀賴走路)』, 이또오 히로부미(伊藤博文)의 조선에서의
활동을 묘사한 『통감(統監)』, 조선인 무정부주의자를 다룬 『박열 대역
사건(朴烈人逆事件)』, 전후사회의 재일조선인을 그린 『닛꼬쮸우구우시
사건(日光中宮祠事件)』 등과 근본적으로 통하고 있으며 거기에는 역사
와 사회의 암흑 속에서 인간의 나약함과 갈등 그리고 욕구를 주제로 그
리고 있다.[41]

이야기를 원래로 되돌리면 '전향'문제의 핵심은 역시 과거 그리고 과거와 연결되는 현재를 어떻게 마주 대할 것인가 하는 문제임에는 틀림없을 것이다. 조선의 경우 식민지시대의 언동을 어떻게 평가하고 그것을 해방 후 살아가는 태도에 어떻게 결부시켜갈 것인가가 기본적인 축이 되었다. 거기에는 민족의 해방·독립이 무엇보다도 바탕이 되었으며 맑스주의나 아나키즘 또는 반일적 저항, 때로는 '무사상'이더라도 일본의 식민지 지배에 굴복하지 않았던 것이 옳다고 인정됐다. 친일파의 대표로 알려진 작가 이광수(李光洙)는 "내선일체라는 것은 조선인의 황민화를 말하는 것으로 쌍방이 서로 다가가는 것을 의미하는 것이 아니다"(『내선일체 수상록(內鮮一體 隨想錄)』, 1941)라고 말했지만, 해방 후 이광수를 포함한 친일파의 변명은 대개 "그것은 조선민족을 위해서였다" "일제의 독아로부터 조선민족을 지키기 위해서였다"라고 말하는 것이었다. 특히 1937년 중일전쟁 돌입 후 일본의 강대한 힘을 눈앞에 두고 조선민족이 살아가기 위해서는 일본을 따라갈 수밖에 없었다고 생각됐다. 그러나 종주국 일본의 패배와 식민지 조선의 해방이라는 역사의 전환에 즈음해 일본 민족과 국가, 그 결절점인 천황에 귀의한 것은 역시 민족의 배신자로서 지탄받는 이유가 됐다.

여기서 '민족'문제가 제국주의 종주국/식민지, 강자/약자, 가해자/피해자 사이에서 크게 달라지는 것은 말할 필요도 없다. 민족문제는 다시 논하겠지만 전향문제와 관련해서 말하자면 조선의 전향은 조선민족과 일본민족에 걸쳐 있으면서도 몇겹이나 억압된 민족이 어떻게 살 것인가의 문제였다. 이에 대해 일본의 전향은 어디까지나 일본민족 내부 문제이며 그것도 주로 지식인의 사상문제, 특히 전쟁책임문제와 관련해서 고찰되는 경향을 갖는 것이었다.

2장

사상 재건의 모색: 일본과 한국의 엇갈림 1947~54

1. '평화헌법'과 '분단헌법'

새로운 국가의 모습

당연한 일이지만 패전/해방은 필연적으로 새로운 국가체제의 확립을 필요로 하게 되었다. 새로운 국가체제란 국가의 형태 특히 국가형태의 핵심에 관해 심각한 논의를 수반하게 되는데, 그 결과는 헌법의 제정으로 집약된다.

원래 헌법은 국가의 가장 기본적인 형태와 지창을 명확하게 하는 것이며 최고법규로서 작용한다. 따라서 하나의 국가가 만들어질 때 헌법제정은 무엇보다도 헤게모니투쟁의 서장이 되는 것을 피할 수 없다. 각축하는 각 정치세력은 서로 자신의 이익과 가치관을 반영시키려고 헌법제정 과정에서 격렬하게 투쟁하고 타협한다. 거기에는 국내의 정치세력뿐만 아니라 국외의 정치세력 내지는 국제관계가 적지 않게 영향을 미친다. 특히 연합국의 승리에 의해 패전/해방을 맞이한 일본과 조선(남부)에서는 군사점령자인 미국이 큰 역할을 하게 되었지만 그 영향력과 결과는 상당한 차이를 갖게 되었다.

구체적으로 일본은 1947년 5월 3일에 시행된 일본국헌법에 의해, 그리고 분단통치된 한반도 남부는 1948년 7월 17일에 시행된 대한민국헌법에 의해서 국가형태가 갖추어졌다. 한마디로 말하면 일본은 상징천황을 정점에 둔 일종의 입헌군주국가의 형태를 취했고, 대한민국(한국)은 분단국가의 민주공화국 형태를 취했다. 일본이 전전과의 연속성을 강하게 가지는 것에 비해서 한국은 일본제국주의의 지배와 단절하는 형태가 되었지만, 과거의 청산이라는 의미에서는 일본이나 한국 모두 애매한 성격을 띠었으며 또한 소련 등의 공산주의 진영과 대결하는 반공주의를 기본으로 하였다. 원래 국가의 형태를 진정한 의미에서 생각한다면 일본에서는 천황제의 폐지에 의한 공화제국가의 수립이며 한반도에서는 통일독립국가의 수립이 과제였지만 모두 그것과는 크게 다른 형태를 취하게 되었다.

일본과 한반도 남부에서 헌법제정은 미소냉전의 고착화라는 국제정세에 의해 크게 규정됐으며, 소련의 영향력을 배제하고 자유주의 진영의 구축이라는 미국의 점령정책에 의해 적지 않게 좌우되었다. 그즈음에 제2차 세계대전 후 중국에서의 국공내전이 미국의 극동정책을 반공적인 방향으로 향하게 했으며, 그것이 또한 냉전구조의 심화를 초래해 일본과 남북조선 그리고 아시아의 행방에 방향성을 부여했다. 그러한 가운데 국가의 형태라는 의미에서 일본에서는 천황제를 어떻게 할 것인가가 최대 문제가 되었고, 한반도 남부에서는 통일국가를 수립할 것인지 남측만의 단독정부를 수립할 것인지가 문제가 되었으며 그것이

사회주의인가 자유민주주의인가 하는 체제선택의 문제와 얽히게 되었다.

지금의 시점에서 되돌아볼 때 국가의 형태, 즉 헌법제정의 방향이 정해지는 큰 전환점이 되었던 것은 일본에서는 1946년 1월 1일 천황 히로히또의 '인간선언'이었으며, 한반도 남부에서는 1946년 5월 신탁통치 문제를 둘러싼 미소공동위원회의 결렬이었을 것이다.

'인간선언'과 일본국헌법

천황의 '인간선언'은 정식으로는 「연두, 국운진흥의 조서」라는 제목으로 발표된 것으로 '인간선언'이라는 말은 매스컴 등이 마음대로 붙인 것이다. 실제로 그 조서에는 천황이 '현인신(現人神)'이라는 것을 포기하고 한 사람의 '인간'이 되었다는 명확한 표현은 없었다. 더구나 그 내용은 메이지 천황의 '5개조 서문'을 인용하여 그것이 "일본정치의 기초"라고 말하고 있으며 그후 80년의 세월을 거쳐 '5개조 서문'이야말로 본래의 진정한 민주제도로의 길을 여는 것이라고 하였다. 신문기자 마크 게인(Mark Gain)의 말을 빌리면 "우리들이 민주화를 목표로 하고 있는 국가의 천황은 민주일본의 지표를 19세기로 돌아가서 얻으려 하"[6]였던 것이다.

다만 사전합의에 의한 것이겠지만 매카서 사령관은 이 조서에 대해서 즉시 "일본 민주화에 지도적인 역할을 할 것이 명확해지고 자유주의 노선에 따른 장래 천황의 입장이 정당하고 또한 명확해졌다"고 평가하여 천황제 존속의 노선을 명확하게 했다. 거기에는 천황 히로히또에 대한 해외로부터의 전쟁책임 추궁을 피하고 점령통치 및 미소냉전의 심화에 대처하기 위해 천황을 정치적으로 이용하려고 하는 의도가 명백했다. 천황의 전쟁책임에 대해서는 패전 직후부터 각 방면에서 논의됐으며 패전 직후의 황족 수상 히가시꾸니노미야 나루히꼬(東久邇宮稔

彦)도 천황 퇴위론을 언명하고 있었으나 매카서는 그러한 생각을 부정했던 것이다.

그렇지만 역사의 흐름을 볼 때 천황의 '인간선언'에서 일본국헌법 시행에 이르는 과정에서 어느정도 동요가 있었던 것은 사실이다. 『아사히신문』은 2006년 7월 13일 특집 「'퇴위' 동요한 천황」에서 당시의 경과를 다음과 같이 기술하고 있다. 즉 패전 후 천황은 자신의 거처와 진퇴로 동요했다. 1945년 8월 29일에는 측근 키도 코오이찌(木戸幸一)를 앞에 두고 '퇴위'를 입에 담아 "전쟁책임자를 연합국에 인도하는 것은 참으로 고통스럽다" "내가 혼자 감수하여 퇴위라도 해서 해결할 수는 없는 것인가"(『키도 코오이찌 일기(木戸幸一日記)』)라고 물었다. 키도는 공화제론(천황제 폐지론)을 불러일으킬 우려가 있다고 반대하였으나 과거 수상이었던 코노에 후미마로(近衛文磨) 등도 국체 호지를 위해서는 퇴위가 필요하다고 생각했다.

한편 매카서는 천황을 점령통치에 이용하고자 했다. 해외에서는 천황제 폐지론이나 천황 기소론이 강했지만 매카서와 일본정부는 제각기 천황제의 존속을 모색했다. 만약 일본이 전쟁에서 본토결전·옥쇄했다면 천황제 폐지가 실현되었을지도 모르지만 현실적으로는 천황의 '종전의 성단'이 아이러니하게도 천황제 존속으로 이어지게 되었다고 생각할 수 있다. 다만 천황제 존속을 위해서는 천황제를 민주화할 필요가 있었다. 사람들도 또한 그렇게 생각하고 있었다. 당시 여론조사에서는 천황제 지지가 91%를 차지하였으나 '현상 그대로 지지'는 16%에 그치고 '정치권 밖으로 물러나 민족의 가장, 도의적 중심으로서 지지'가 45%였다(『마이니찌신문每日新聞』 1946.2.4).

'천황의 인간선언'이 발표되었다고는 하지만 1946년 2월 6일에 밝혀진 일본정부의 헌법초안에서는 대일본제국헌법과 같이 천황의 신성이 명기되었으며 더욱이 천황은 여전히 통치권을 갖는 군주로 간주되었다. 이는 매카서에게 받아들일 수 없는 것이었으며 토오꾜오재판(극동국제군사재판)의 피고 선정에 앞서 '민주화된 천황제'를 제시하고 싶은 마음에 연합국군 총사령부(GHQ)는 그후 불과 일주일 만에 자신들의 신헌법안을 만들었다. 거기에는 천황제 존속과 전쟁포기가 하나의 쎄트로 들어갔다.

전후 일본의 발자취를 볼 때 "지난 전쟁은 자존자위의 전쟁이었다"고 하는 일부 보수우익 등의 주장은 논외로 하더라도 천황 히로히또가 전쟁책임을 지지 않았던 것은 패전 후 신국가를 건설하는 데 최대의 약점이 되었다. 즉 대일본제국헌법 제1조에서 '대일본제국은 만세일계의 천황이 이를 통치한다'고 기술되어 있는 것과 같이 천황권력하에서 정치적 책임자이자 원수인 천황이 자국민만도 310만명, 피해자가 된 아시아인 약 2000만명이라는 천문학적인 숫자의 사망자에 대한 전쟁책임을 전혀 지지 않은 채 전후 국가형태의 핵심에 그대로 자리를 지켜온 것이다. 이것은 명확하게 패전 직후를 관철하는 지배층을 중심으로 한 정치문제였으나 동시에 국민의식 차원의 문제이기도 했다.

여기서 천황의 '인간선언'이 한반도 남부에서 어떻게 평가되었는가를 조사해보면, 당시의 혼란한 사회정세 속에서 그것을 직접 얘기한 사료를 찾는 것 자체가 매우 어렵다. 그래도 얼마 되지 않는 신문들 가운데 1946년 1월 5일자 『자유신문(自由新聞)』에 「짐은 신이 아니다」라는 제목으로 약간 장문의 사설이 게재돼 있다. 일본과의 정보교환이나 통신이 상당히 곤란했던 시기에 이러한 사설이 쓰인 것 자체가 매우 이례적인데, 그 내용도 정면에서 일본의 신화와 천황제를 비판하면서 그 역사적 의미를 정확하게 파악하고 있다. "일본이 자칭 신황의 정통이오 무궁한 보조(寶祚)를 이은 신 그대로 인간인 천황의 입을 빌려 자기폭로의 고백이 만국에 제시되었다는 것은 통쾌 무쌍한 일이며 고소(苦笑)를 금할 수 없는 사실이다" "국가적 격변기에 있어서 국수적인 사상과 결탁하야 나라나기 쉬운 것이다" "오늘의 조선같이 국제적 난국에 당면하야 일반 민심의 향방은 그러한 신화에 유도되기 쉽고, 또 독선적 민족주의와 국수 관념에 합작(合作)되기 쉬운 것이다" "이번 신년에 발표한 일제의 고백은 (…) 다시 대두할 수도 있는 독재적 경향에 대해 세계에 고하는 경종이기도 한 것이다. 특히 오늘의 조선사람은 명백하게 그 소리를 음미해야 할 것이다"라고.

순수하게 읽으면 여기에는 해방과 신국가 건설의 난국에서 바로 직전까지 종주국이었던 일본의 새로운 사태를 어떻게 받아들여야 하는가 하는 신중한 질문과 반성이 있었다고 생각할 수 있다. 원래 천황 히로히또 자신은 후일 '인간선언'에 대해 "신격은 부차적 문제였으며 일본국민이 일본의 긍지를 잊어버리지 않도록 그러한 훌륭한 메이지 대제의 생각이 있었다는 것을 나타내기 위해 그것을 발표할 것을 희망했습니다"(1977년 8월 23일 기자회견)라고 말하고 있다. 또 자신의 '전쟁책임'에 대해서는 1975년 10월 31일 일본기자클럽 기자회견에서 "그런(전쟁책임이라는) 말의 표현에 대해서 나는 문학 방면은 별로 연구도 하지 않아서 잘 모르기 때문에 그런 문제에 대해서는 대답을 할 수 없습니다"라고 대답했을 뿐이다.

여기에서 '천황제'라는 말에 대해서 생각해보면, 그것은 천황을 중심으로 한 국가체제를 의미한다. 대일본제국헌법에서는 천황을 원수로 규정했으며, 일본국헌법에서는 천황을 일본국의 상징이며 일본 국민통합의 상징으로서 규정했다. '천황제'라는 용어는 본래 공산주의 진영이 사용한 조어였다. 1922년 비밀리에 결성된 일본공산당은 '군주제 폐지'를 슬로건으로 내세웠으나 1932년 코민테른 테제에서는 공산주의혁명을 일본에서 일으키기 위해서 일본의 군주제를 러시아제국의 절대군주제였던 짜리즘(tsarism)을 본떠서 '천황제'로 표기하였고 그것이 패전 후에 일반적으로 사용하는 언어가 됐던 것이다. 단 전후의 헌법학계 등에서는 일본국헌법하의 상징천황제를 입헌군주제로는 파악하지 않고 있으며 또한 천황은 원수가 아니라고 보는 것이 통설이라고도 한다. 그러나 내 견해로는 전후 일본에서 천황이 실질적으로 원수의 역할을 다해온 것은 사실이며, 그런 의미에서 전후 일본국헌법 체제는 '일종의 입헌군주제'라고 해도 그렇게 틀리지는 않을 것이라고 본다.

거기에는 천황의 퇴위마저 실현할 수 없었던 각 정치세력의 나약함 혹은 전략의 빈곤, 그리고 GHQ의 국가신도 폐지 등의 '신도지령'에도 불구하고 야스꾸니신사를 부활시키는 등 지배층의 치밀하고 교묘한 천황제 유지를 위한 술책이 있었다. 하긴 패전혁명이 없었던 일본에서는 무릇 국가의 형태를 둘러싼 논의가 존재하지 않았으며 심각한 갈등도 경험하지 않았다고 해야 할 것이다. 혁명의 전위당이 되어야 할 일본공산당 자체도 앞에 서술한 바와 같이 대중투쟁에 임하여 천황제 타도를 호소하고 '천황제 폐지'를 슬로건으로 내세웠지만, 그것은 정치적 결단과 구체적 프로그램이 결여된 것에 지나지 않았으며, 진심으로 국가의 형태를 생각한 것은 아니었다.

그중에는 패전 후 일본에서도 공화제의 주장이 있었다는 논의도 있을 것이다. 분명 개인적으로는 타까노 이와사부로오(高野岩三郞)가 주권재민의 원칙을 철저하게 하여 천황제를 폐지하고 내통령제를 채용하는 공화제 수립의 헌법초안을 발표했으며(『신세이(新生)』 1946.2), 또한 일본공산당도 일단은 '일본인민공화국 헌법(초안)'을 발표하기도 했다 (1946.6.29). 그러나 그러한 헌법초안의 발표가 과연 어떤 의미를 가졌는가를 물을 때, 원래 그것들은 실제로 거의 실현 가능성이 없는 단순한 시안에 지나지 않았다고 할 수 있다. 바꾸어 말하자면 대일본제국헌법의 개정이라는 비혁명적인 절차의 흐름 속에서 어떤 형태로든 천황제 존속이 거의 당연시되어 거기에 의문을 품는 사회적 공간은 사실상 존재하지 않았다는 것이다.

이것은 '국가의 형태'에 대해서 근본적으로 생각하기가 어려웠다는 사실과도 결부되는데, 일찍이 역사학자 아미노 요시히꼬(網野善彦)가 패전 후 역사학의 과제와 태만에 대해 말하면서 "일본의 역사학은 '일본국'과 '천황'의 문제에 정면으로 부딪치는 것을 피해왔다"라고 비판한 적이 있다(예를 들면『일본론의 시좌(日本論の視座)』(小學館 1990) 등을 참조). 생각해보면 분명히 '일본국'이라는 국명 자체가 기묘한 것이다. 근대국가의 국명은 지명과 함께 정체를 표시하는 것이 보통이지만 '일본국'은 그 외양을 갖추지 못하고 일본국헌법 자체는 제1조 "천황은 일본국의 상징이며 일본 국민통합의 상징으로 그 지위는 주권을 가지는 일본국민의 총의에 기반한다"고 하여 주어는 '천황'이지 '일본국'이 아니다. 제헌 당시 천황·민족·국가를 하나로 모은 '일본'이라는 절대가치에 대한 의념(疑念) 자체는 전적으로 말해도 좋을 정도로 결여돼 있었다.

그것도 주권재민의 원칙이라고 하여 사실 헌법 전문에 '주권이 국민에게 있다는 것을 선언'한다고 되어 있지만, 제국의회에서 헌법 심의과정을 보면 당시의 카나모리 토꾸지로오(金森德次郎) 국무대신(헌법 담당)의 발언에도 나타나고 있듯이 정부 지배층은 반드시 주권재민의 명문화에 적극적이지 않았다는 것을 알 수 있다. 차라리 GHQ나 사회당·공산당 등의 요구를 받아들이는 형태로 국민주권이 명기되었다고 할 수 있으며, 그만큼 신헌법 제정에 당면하여 주권재민의 원칙이 명확하게 자각되고 있었다고는 말하기 어렵다고 할 수 있다.[42] 덧붙여 말하자면, 제1조에 '(…) 주권을 가지는 일본국민'이라고 하지만 그것은 읽기에 따라서는 '일본국민'이 천황에 종속되는 위치에 있는 것과도 같다. 즉 현재 일본국헌법을 철저하게 다시 쓰면 제1조는 적어도 '일본국은 국민이 주권자이며 천황은 국민통합의 상징이다'라는 정도로 표기하는 것이 타당하지 않을까 한다. 더구나 전문을 포함하여 헌법 전체에 아시아 침략이나 식민지 지배의 죄과에 대해 아무 언급도 없는 점에서 볼 때 천황제 국가의 본질이 천황의 무류성(無謬性)을 전제로 하고 있으며 불리한 것을 은폐하는 것이라는 점도 명백하다.

여기에서 한 가지 덧붙이자면 일본국헌법에서는 '일본인'의 세계만이 묘사돼 있다. 그것은 독일 기본법이 제1조에서 '인간의 존엄은 불가침하다. 그것을 존중하고 또 보호하는 것은 모든 국가권력의 의무이다'라고 명기하고 있는 것과 비교할 때 역력하다. 그런 점에서 GHQ 요원이나 전후의 일본지식인에게 적지 않은 영향을 주었다고 하는 루스 베네딕트(Ruth Benedict)의 저서 『국화와 칼(*The Chrysanthemum and the Sword*)』(1946, 일본어판 1948)에서 '일본'에는 '일본인'밖에 없으며, 동질적이고 초역사적인 '일본인'을 완성된 패키지로 제공함으로써 탈식민지화의 과정을 완벽하게 은폐하고 '단일민족국가' '전통' 그리고 '상징천황제'를 하나의 쎄트로 제시하는 역할을 담당했다고 하는 지적에 유의하고 싶다.[43]

그런데 일본국헌법 공포를 기뻐하며 읊은 시를 찾아보았지만 발견할 수는 없었다. 현재 일본에서는 헌법 제9조를 옹호하는 '호헌'이 소리 높이 외쳐지고 있지만 헌법 공포 당시에는 그러한 열기가 없었던 것 같다. 1946년 11월 3일 신헌법 공포 기념 축하 도민대회가 황거 앞에서 개최되었지만 천황, 황후, 총리대신 등의 참석하에 동원된 인원은 겨우 10만명이었다고 한다. 신헌법은 그 정도로 아직 종이에 쓰인 문장에 지

나지 않았으며 사람들의 심성에 와닿는 리얼리티는 없었다고 말할 수 있지 않을까. 그에 비해 전후 여러 차례 '인민광장(황거 앞 광장)'에서 개최된 민중집회는 대규모였으며 그것도 활기가 넘쳐났다. 11년 만에 부활한 1946년의 노동절(제17회)에는 50만명이 참가했다고 한다. 그해 11월에는 신작노동가요위원회가 결성되어 신작 노동가요를 공모해 1위에 「시내에서 마을에서 공장에서(町から村から工場から)」, 2위에 「세계를 연결하라 꽃송이에(世界をつなげ花の輪に)」,* 3위에 「아아 태양이다(ああ太陽だ)」가 뽑혔다. 이들 당선작은 노동절 노래로 NHK라디오를 통해 가창 지도되었으며, 다음해 노동절 행사에 참가한 노동자나 가족들에게 큰 감동을 주어 새로운 시대의 시작을 예감하게 하였다. 「세계를 연결하라 꽃송이에」는 다음과 같다.

   1. 태양은 소리 내고 땅은 외친다
     서라 강인한 노동자여
     일하는 자의 붉은 피로
     세계를 연결하라 꽃송이에

     후렴: 우리들 미래를 말하는 자
     세계를 하나로 연결하는 자

   2. 젊은이여 지금 기를 높이 들고

---

* 태평양전쟁중에 금지됐던 5월 1일 노동절이 1946년 부활되었다. 그때 새로운 노동가로 모집된 노래 중에 2위가 된 곡으로, 지금도 일본에서 불리는 노동가요다. 아래 싸이트에 가면 직접 들을 수 있다. http://utagoekissa.web.infoseek.co.jp/sekaiwo.html

가라 상쾌한 아침바람에

소녀의 머리에 꽃향기

해방의 종은 울려퍼지네

3. 붉은 기 흔들리고 가슴 설레인다

봐라 이 깃발은 인민의 피

핏방울로 물들어

우리나라 꽃으로 핀다

시노자끼 타다시(篠崎正) 작사 · 미쯔꾸리 슈우끼찌(箕作秋吉) 작곡

그런데 확인차 한반도 남부에서 이 일본국헌법의 공포·시행이 어떻게 평가됐는지 조사해보면, 당시의 신문은 앞뒤 2면밖에 없는 얇은 것이었으며『동아일보』나『조선일보』는 신헌법의 공포·시행 사실을 짧은 기사로 보도하고 있을 뿐 해설이나 평론 같은 것은 보이지 않는다.『조선일보』는 1946년 10월 16일자에 신헌법의 11월 3일 공포 예정을 보도하고 있지만 같은 지면에는 그 열배 정도의 크기로 프랑스의 신헌법 승인에 대한 기사가 게재되어 있다. 다만『중앙일보』 및『대동신문』은 1947년 5월 8일자에 모두 상하이(上海)의 영자신문『이브닝포스트』의 사설을 인용하여 "일본에 국수주의 재생의 위기" "일본 다시 국수주의로"라고 보도하고 있다. 이것은 일본 국내에서 일본국헌법이 긍정적으로 받아들여지고 특히 전문과 제9조에 큰 찬사가 주어져 시간이 지나면서 마침내 '평화헌법'이라고 일컬어지는 것과는 대립되는 평가였다고 말할 수 있다.

대한민국헌법 제정에 이르는 투쟁

그런데 단독점령의 일본과 다르게 미소 대립의 각축장이었던 분단 점령하의 한반도 남부에서는 국가의 형태를 둘러싼 논의가 단순한 논의로 끝나지 않고 피를 부르는 격렬한 투쟁을 동반하고 있었다. 이미 서술한 바와 같이 무엇보다도 미군정은 조선인민의 자주적인 건국운동으로 수립된 조선인민공화국을 거부하고 또한 김구의 대한민국임시정부도 부인했다. 무엇보다 자주적 독립국가의 건설이라는 지상과제를 앞에 두고 치열한 정치투쟁이 전개되었는데, 그것은 크게 말하자면 노동자·농민의 이익을 대변하는 진보세력과 지주·자본가의 이익을 옹호하려는 보수세력과의 대립이었다. 1945년 8월 15일 해방부터 같은 해 10월 16일 이승만의 귀국까지는 정국의 주도권을 진보세력이 독점하는 기세였지만 그후는 미군정과 이승만이 점차 손을 잡고 큰 힘을 차지하게 되었다. 그런 가운데 12월 모스끄바에서 개최된 미·영·소 3상회의에서 최고 5년간의 조선 신탁통치안이 결정되자마자 한반도 전체에 그 찬반을 둘러싼 격렬한 대립과 혼란이 일어났다.

신탁통치안 발표는 '해방'이나 '미군'에 대한 의문을 불러일으킴과 동시에 좌우 정치대립에 기름을 붓는 결과가 되었다. 특히 처음에는 거족적인 반탁운동의 대열에 참가했던 진보세력이 정세판단의 결과 갑자기 모스끄바 3상회의의 결정을 적극적으로 지지하는 방향으로 전환하자마자 반탁은 급속하게 '반공'으로 이어졌다. 지금은 신탁통치를 최초로 내놓은 것이 미국이었다는 사실이 알려져 있지만 당시 우파세력은 신탁통치안이 소련의 적화공작의 일환이라고 여겨 좌파공세에 나섰으며 반탁을 외치는 대중 정서도 가장 먼저 반공으로 향하기 시작했다. 말하자면 좌우의 정치대립은 반탁·찬탁의 격전을 거치면서 서로 증오하는 극단으로 향하고 있었다. 거기에서 해방 전의 일본제국주의 대 민족해방

진영이라는 민족대립의 구도는 좌우대립 구도로 재편되어가고, 그 간극을 이용하여 일찍이 친일파는 반공·친미로 급선회함으로써 살아남을 방법을 모색하고 있었다.

당시 미군정 당국은 본국 정부로부터 신탁통치 실시준비를 명령받았음에도 불구하고 남부 전역에 걸친 민중의 사회혁명 기운에 직면하자 구식민지 지배기구를 이용하여 그것에 대항하려고 했다. 단 군정 당국은 미소공동위원회 결렬 후 좌파의 봉쇄에 나서는 한편 이승만에게 경계심을 나타내면서 여운형과 김규식(金奎植) 등 좌우 온건파에 손을 써서 일단은 좌우합작의 임시정부 수립을 지향하고자 했다. 현실적으로도 해방공간에서 여운형과 김규식은 좌우합작의 마지막 수단과 같은 존재였으며 민중의 희망도 대체로 중도적인 대중민주주의, 사회주의 체제의 실현이었다.

이러한 가운데 좌우합작운동에서 배제되어 있던 이승만은 1946년 6월 역사적인 '정읍 연설'을 통해서 남측만의 단독정부 수립 방향을 내세웠다. 때마침 좌우합작운동이 추진되는 가운데 온건좌파 여운형과 공산당 박헌영의 의견대립이 표면화되었으며, 결국 미군정의 공산당 공격을 계기로 박헌영은 군정 및 우파와 대립하는 강경노선을 취해갔다. 그 정점은 박헌영이 지령한 노동파업의 실시였으며, 그것은 한반도 남부를 뒤흔든 '10월 인민항쟁'으로 기억되고 있다. 그러나 미군정이 계엄령을 발포한 가운데 친일파를 간부로 하는 경찰 및 우익청년단 등이 파업세력을 습격했고 결국은 진압되었다. 결국 박헌영은 북측으로 도망가고 다음해 7월 미소공동위원회의 최종 결렬과 여운형의 암살로 이어져 좌우합작운동은 좌절할 수밖에 없었으며, 이후 이승만이 미군정 당국과 손을 잡고 정국의 주도권을 잡게 되었다.

1946년 12월 남조선과도입법의원이 설치되면서부터 1948년 7월 17

일에 대한민국헌법이 제헌국회에서 성립되어 당일 실시될 때까지의 기간은 그대로 헌법제정의 노정이었다. 그러나 그것은 동시에 남북분단이 확립되어가는 과정이었으며, 또한 38도선을 넘어 월북하는 사람들이 잇달았던 시기였다.

북으로 북으로
장단 역을 떠나서
25킬로
길 없는 길을 뚫고
첩첩한 산을 넘어

우리는 지금
삼팔선 팻말이 섰는
황폐한 산협의 길을 뗀다
아무런 증명서 한장 없이

지금 우리들 뒤에
포승을 던질 자 누구냐

쐐기에 찔리며
발톱에 피 흘리며
살육의 총소리 귓전에 들으며
쏜살처럼
삼팔선을 넘었다
25킬로 지점을 지나

(…)

조영출(趙靈出)「북조선으로 1. 삼팔선을 넘어」

1947년 9월 미국은 국제연합에 조선독립문제를 제소하였으며, 11월 에는 국제연합총회에서 남북조선 총선거안이 가결되었다. 그러나 북측 이 그 실시를 거부하자마자 1948년 5월에 남측만의 단독선거가 실시되 어 그것에 기반을 두고 우파 중심의 제헌국회가 구성되었다. 그사이에 헌법제정이 공적인 장소에서 논의된 것은 남조선과도입법의원이 최초 였다. 그 과도입법의원은 원래 미군정 당국이 좌우합작을 진행한 자치 입법기구로서 설치한 것이었으며 거기에서 '조선임시약헌'이 만들어졌 다. 전7장57조로 되어 있는 헌법초안이었으나 결국은 군정장관의 비준 을 얻을 수 없어서 폐기되었다. 즉, 일본과 달리 군정하에 있었지만 한 반도 남부에서 헌법초안 작성은 기본적으로 조선인의 손으로 이루어졌 다고 해도 좋을 것이다. '조선임시약헌'에서 조선은 민주공화제라는 것 이 선언되었는데 그후의 헌법초안에서도 모두 민주공화국이라는 것이 구가되었다.

그 가운데 헌법초안 작성과정에서 무엇보다 중요한 역할을 한 것은 개인으로 말하자면 친일파의 낙인이 찍힌 유진오(兪鎭午)이다. 실제로 유진오는 남조선과도입법의원뿐만 아니라 이승만이 이끄는 독립촉성 국민회, 우파계 한국민주당으로부터도 초안 작성을 의뢰받았으며, 또 한 제헌국회가 구성되자마자 국회헌법기초위원회에 헌법초안의 원안 을 제출하기도 했다. 유진오는 저명한 개화사상가의 유복한 가정에서 자라 1924년 그해에 막 설립된 경성제국대학에 수석으로 합격했다. 우 수한 성적으로 법과를 졸업한 후 보성전문학교에서 헌법과 행정법을 강의하였으나 유진오가 가장 힘을 발휘하고 또한 두각을 나타낸 것은 문학창작에서였으며 사상적으로는 사회주의에 심취했다. 결국 일제에 의해 사상전향을 강요받아 서서히 학도병 동원 고무 등의 시국활동에 빠져들어갔다. 그리고 해방 후에는 정부의 법제처장 지위에 오르지만 친일파로 규탄되어 사임할 수밖에 없었다. 그후 여기저기서 헌법제정에 관여하였으며 후일 고려대학교 총장이 되었다.

이와같이 대한민국헌법은 친일파와의 관계 속에서 만들어졌다. 한국의 민간학술단체인 민족문제연구소는 2005년 8월「친일인사명부」1차분 3090명을 발표하고 그속에 유진오의 이름을 넣었는데, 이에 앞서 1948년 제헌국회의원의 과반수가 친일행위의 전력이 있다는 것을 알게 되었다고 밝히고 있다(『경향신문』 2005.7.6). 사상적인 측면에서 말하자면 일본국헌법의 제정이 강고한 반공사상을 가진 지배층에 의해 주도됐던 것과 마찬가지로 한국의 헌법제정도 한국민주당 등의 우파정당과 반공 정치가들에 의해서 주도됐다. 다시 말하자면 일본과 달리 한반도 남부에서는 좌우격돌의 폭풍이 부는 가운데 반공주의는 신성불가침한 초헌법적인 이데올로기와 같은 기능을 하고 있었다고 해도 좋을 것이다.

몇가지 쟁점과 국명(國名)문제

여기서 헌법제정의 경과에 관한 상세한 내용은 생략하기로 하고 해방공간에서 좌파와 우파를 나눈 쟁점은 크게 말해서 정치체제의 형태, 농지개혁문제, 친일파 청산의 세 가지였다고 할 수 있으며, 이것은 당연히 헌법내용 그 자체에 관한 쟁점이 되었다. 1948년 7월 17일 대한민국헌법은 이승만 제헌국회의장 아래 공식적으로는 전원기립에 의한 만장일치로 승인되었다고 하지만, 실제로는 기립하지 않은 세명의 반대 속에서 가결·성립되었다.[44] 전문에는 "대한민국은 기미 3·1운동으로 대한민국을 건립하여 세계에 선포한 위대한 독립정신을 계승하여 (…)"라고 무엇보다도 대한민국임시정부의 '전통'에 국가의 정통성을 두고 있다.

대한민국헌법은 독일의 바이마르헌법을 본보기로 했다고 한다.[45] 제헌국회에서는 처음에 의원내각제로서 초안이 제출되었지만 이승만의 의향으로 막판에 대통령제로 변경된 경위를 가지고 있다. 그것은 차치하고 대한민국헌법이 가진 문제점을 중점적으로 몇가지 들어보면 무엇보다도 국가형태의 근거, 즉 국가 정통성의 근거가 애매하다. 미군정이 중국땅에 있던 대한민국임시정부를 부인한 것은 이미 서술했는데, 주석이었던 김구 자신이 귀국 후에는 신탁통치안에 반대했을 뿐만 아니라 통일정부 수립을 향하여 최후까지 단독정부 수립에 반대했다. 임시정부 자체가 성립 초기와 해방 직후에 망명정부로서의 (국제적 승인은 얻지 못했다 하더라도) 연합정부적인 정통성을 가졌다고는 하지만 도중의 기간은 정통성을 가진 정부라고 말할 수 없다. 즉 대한민국은 역사적 정통성을 가진 한반도의 통일정부가 아니라 어디까지나 남반부의 단독정부에 지나지 않는다. 임시정부 운운하는 것은 거기에 일종의 '신화'의 역할을 담당하게 했을 뿐이다.

또한 제4조 영토에 관한 규정도 이와 관련해서 모순으로 가득 차 있다. 보통 헌법에 영토규정을 삽입하는 것은 연방제 등의 경우가 세계의 통례임에도 불구하고 "영토는 한반도와 그 부속 섬들로 되어 있다"고 일부러 명기한 것은 대한민국이 한반도 전체이 유일한 합법국가라는 것을 선언하기 위함이다. 이것은 한반도 북부에서 1948년 9월 9일에 조선민주주의인민공화국이 창건된 점을 보더라도 대한민국헌법이 '분단헌법'이라고 하는 사실을 왜곡하는 것으로 해석할 수 있다.

농지개혁에 관해서는 우파와 자본가 중심이 된 헌법제정이었던 만큼 제86조에 단순히 '법률로써 정한다'고 규정되어 있을 뿐 실질적으로는 식민지시대부터의 잘못된 농지개혁, 소작인제도의 개혁은 거의 포기한 것이나 마찬가지다.

또한 친일파 처벌에 관해서는 아무리 우파 중심의 제헌국회라도 일제시대의 반민족행위자를 처벌하기 위한 규정을 전혀 넣지 않을 수는 없었으며 오히려 "그때의 정세로는 누구든지 그것을 주장하고 나서기만 하면 아무도 감히 반대할 수 없는 그러한 형편이었다."[46] 그렇기 때문에 결과적으로는 부칙 제101조에 "이 헌법을 제정한 국회는 단기 4278년(1945년) 8월 15일 이전의 악질적인 반민족행위를 처벌하는 특별법을 제정할 수 있다'라고 명기하여 결착을 도모하였다. 여기에서 '이 헌법을 제정한 국회'라는 조건은 헌법의원들의 의도를 반영하는 것이며, 또한 '8월 15일 이전의 (…)'라는 것도 해방 후 한층 악랄해진 친일파(=친미파)의 보신을 도모하기 위함이었다. 어쨌든 이 헌법의 규정에 기반을 두고 대한민국 건국 직후의 제헌국회는 9월 7일에 곧바로 재석의원 141명 중 103명의 찬성, 6명의 반대라는 압도적인 다수로 '반민족행위처벌법(반민법)'을 가결하고 조사활동을 개시하지만 그것이 이승만 대통령에 의해 파탄나는 것은 이미 서술한 대로다.

여기서 국가형태의 근간을 이룬 국가명에 대해 서술하면 '대한민국'이라는 국명은 그 탄생부터 복잡한 의미를 가지고 있었다. 원래 해방 후 한반도 남부에서는 장래 수립되어야 할 국가형태에 관해서 사회주의가 가장 큰 지지를 받고 있었다. 미군정이 1946년 8월에 실시한 8천여 명에 달하는 설문조사에 의하면 장래 수립되어야 할 정부형태, 즉 사람들이 지지하는 정치이념은 사회주의 70%, 자본주의 14%, 공산주의 7% 등의 순이었다고 한다(『동아일보』 1945.8.13; 『한겨레신문』 2003.11.28). 그 후 좌우의 갈등이 격화되는데 당시 정부형태와 밀접한 관련을 가지는 국호를 둘러싼 논쟁에서는 우파가 '대한', 좌파가 '조선', 중간파가 '고려'를 선호하고 있었다. 실제로도 1947년 7월에 공표된 조선신문기자회의 여론조사에 의하면 대한민국 24% 강, 조선인민공화국 70% 약, 그외 1%, 기권 5%였다.[47] 친일적이고 보수적이었던 유진오도 1948년 5월에 사법부 법전편찬위원회에 제출한 스스로의 헌법초안에서는 "제1조 조선은 민주공화국이다"라고 쓰고 있다.

제헌국회에서의 헌법초안 심의에서도 국호에 대해서는 예상 이상으로 심각한 논의가 있었다. 위원회에서는 여러가지 의견이 표명되었으나 표결 결과는 대한민국 17표, 고려공화국 7표, 조선공화국 2표, 한국 1표였다. 대한민국은 당연히 조선왕조 말기의 대한제국 및 망명임시정부의 국명을 계승하는 의미를 가지고 있다. 이에 대하여 대한민국에 반대하는 쪽에서는 첫째로 대한은 일본침략의 과도기에 자주성이 없는 국명으로 사용된 것, 둘째로 '대(大)'는 제국주의의 표상이며 존대라는 것, 셋째로 해방 이후 의식적이든 무의식적이든 대한민국이라는 호칭에 반감을 갖는 사람이 많다는 것을 이유로 들었다고 한다.[44] 2006년에 한국에서 호평을 받은 KBS 텔레비전 드라마 「서울 1945」에서도 해방공간은 '조선'이라는 말이 일상적으로 사용되고 있었음을 알 수 있다.

이렇게 국가형태를 둘러싼 논의에서 말하면 일본이 천황제의 존속이 중심이었던 것에 비해 한반도 남부에서는 정치체제 및 국명의 선택이 중심이 되었으며 그것은 남북분단의 현실과 연결되어 있다. 더욱이 독립 후의 한국에서는 1948년 12월에 반국가단체 활동을 규정한 국가보안법이 제정·시행되었는데, 이것은 일제시대의 치안유지법을 모방한 것으로 대한민국헌법과 표리일체를 이루는 것이었다. 즉 국가보안법은 정부를 가칭하거나 그것에 부수하여 국가에 소란을 일으킬 목적으로 결사 또는 집단을 구성하는 것을 금하고, 위반자에게는 최고 무기징역의 형벌을 주는 것을 규정한 것으로, 제주도 4·3사건 그리고 여수·순천에서의 국군반란사건 등과 같은 사회소란의 빈발과 남북의 긴장 격화를 배경으로 하는 것이었다.

이러한 상황하에서 대한민국의 헌법공포와 국가수립을 찬양하는 시는 있어도 남북분단국가 수립을 슬퍼하는 시는 거의 만들어지지 않았다. 나 자신이 몇권의 시집을 조사해보았으며 또한 일본이나 한국에서 몇명의 연구자나 시인에게 물어보았지만 당시 남북분단의 비극을 읊은 시를 본 적은 없었다고 한다.

두 가지 헌법의 이념과 현실

그런데 여기서 일본국헌법과 대한민국헌법을 비교해보면 일본국헌법은 미일합작이면서도 헌법제정 과정에서 GHQ 초안의 '일본화' '법안의 알맹이 빼기'가 상당히 의도되었던 것에 비해서 대한민국헌법은 미군정 당국의 협력을 얻었으면서도 스스로 남북대결을 강하게 의식하는 것이 되었다. 더욱이 일본국헌법이 이윽고 '평화헌법'으로 평가되는 가운데 실제로는 과거의 아시아 침략이나 식민지 지배의 죄과가 망각되었던 것과 마찬가지로 대한민국헌법도 자유평등을 높이 외쳤음에도 불구하고 실제 국정운영에서는 반공우선의 입장에서 그 정신이 무시되어 과거청산이라는 점에서도 매우 불완전한 것이 되었다. 그것은 한국의 대표적인 역사학자 강만길(姜萬吉)이 적절하게 표현했듯이 "한국의 역사학은 '국가의 정통성'과 '친일파'의 문제를 회피해왔다"라고 하는 것과 관련이 있다.

여기서 일본국헌법과 대한민국헌법을 비교해보면 일본이 의원내각제를 취한 것에 비해 한국은 대통령제를 취했다. 그것은 이미 서술한 바와 같이 한국의 제헌국회에는 처음에 의원내각제로 초안이 제출되었으나 이승만의 의향을 받아들여 급거 대통령제로 변경되었던 것이다. 유진오의 헌법초안에도 의원내각제가 주장되고 있었지만 그것을 '대통령병'에 걸린 이승만이 뒤엎은 것이다. 그로 인해 대통령제는 실질적으로 봉건군주보다도 강대한 권한이 부여되었으며, 이후 국정의 구석구석에서 반공의 이름하에 강권을 발휘하게 되었다. 실제 대통령제는 이승만의 독재정치뿐만 아니라 박정희(朴正熙) 등의 군사독재정권을 제도적으로 지탱하는 근거가 되었다.[48]

한편 일본국헌법과 대한민국헌법의 공통점을 한 가지 들어보면 그것은 모두 주권자로서 '국민'이라는 말을 사용한 것이다. 일본제국주의 아래 일본 및 조선 사람들은 그 실태는 차치하고라도 모두 '황국신민'으로서 취급되었다. 패전 후 일본에서 GHQ가 제시한 매카서 헌법초안에서는 처음에 '인민'(외무성 번역)이라는 말이 사용되었으며 외국인을 포함한 모든 인민(=자연인)의 기본적 인권이 보장된다고 강조하여 표현했다. 이러한 가운데 한반도 남부에서도 해방 후 유진오 등은 처음 헌법초안에서 '조선인민'이라는 말을 사용했다. 이 '인민'은 일본이든 조선이든 영어의 people이나 person에 상당하는 말이었으며, 국가가 범할 수 없는 자유와 권리의 주체를 의미하는 말이었다.

그러나 실제로 헌법제정 과정에서 일본에서는 '인민'이 '국민'으로 교체되었고 기본적 인권의 보장도 '국민'에 한정되었으며, 외국인 특히 실질적으로는 구식민지 출신자인 재일조선인·대만인은 배제되었다.[49] 당시의 일본에서 '외국인'이라는 말은 일본어 안에서도 가장 기피하는 경향을 갖는 것으로 '외국인'이 된 재일조선인은 일본의 헌법에 의해 보장되지 않는, 즉 '아무래도 좋은 존재'였다. 제주도에서 간신히 일본으로 밀항한 김시종(金時鐘)은 20세 때 오노 토오자부로오의 『시론』에 충격을 받아 시를 쓰기 시작했는데, 『이까이노 시집(猪飼野詩集)』(토오꾜오신문출판국 1978)의 첫머리에서 '아무래도 좋은 존재'를 읊고 있다. 지금은 그 지명도 사라진 오오사까 이꾸노구(生野區)의 조선인 밀집지대 '이까이노'를 노래한 시로 구획정리로 지명마저 빼앗긴 재일조선인의 비애를 간략한 서정성으로 묘사한 것이다.

없어도 있는 동네
그대로 고스란히
사라져버린 동네
전차 소리 멀리서 달리고
화장터만은 잽싸게
눌러앉은 동네
모두가 다 알지
지도에 없고
지도에 없으니까
일본이 아니고
일본이 아니니까
사라져도 좋고
아무래도 좋으니
마음 편하다네

「보이지 않는 동네(見えない 町)」
『계간 삼천리(季刊 三千里)』 창간호, 1975.2

조금 본론에서 벗어났으나 '인민'이라든가 '국민'이라는 말로 돌아오자. 한반도 남부에서도 유진오의 표현을 빌리자면 "('인민'이라고 하는)

좋은 단어 하나를 우리는 공산주의자에게 빼앗긴 셈"[46]이며 헌법제정 과정에서 '국민'이라는 말로 바뀌어버렸다. 그래도 헌법에서 '외국인'이 라는 말을 말소한 일본과는 달리 한국에서는 헌법 제7조에 "외국인의 법적 지위는 국제법과 국제조약의 범위 내에서 보장된다"라고 '외국인' 의 기본적 권리를 제한하면서 보장하는 조문을 넣고 있다. 단 일본이든 한국이든 시민혁명을 거치지 않은 토양이 개인주의의 발전이나 책임과 권리를 자각한 시민의 성장을 현저하게 저해하게 된 것은 명확하다.

여기에서 잊어서는 안될 것은 대한민국헌법이 한글에 의한 표기를 정본으로 하였다는 것이다. 이는 해방 후 남북조선에서 일본어의 추방 과 한글전용이 강력하게 추진되었던 것과 밀접한 관계가 있다. 즉 해방 후의 조선에서 식민지시대에 강요된 일본어를 청산하는 것은 단순한 언어정책의 문제가 아닌 민족재생과 신국가 건설의 근간을 이루는 탈 식민지화 정책의 기축을 이루는 것이었다. 해방되자마자 한반도 남부 에서는 일제시대에 탄압받은 조선어학회가 재건되어 1945년 9월에 제1 회 국어강습회를 개최함과 동시에 '한자폐지실행회'를 조직하여 한자 폐지와 한글전용을 요구하는 운동을 시작한다. 일본식 한자교육을 포 함한 일본어의 청산과 조선민족문화 진흥을 의도한 것이었지만 그것은 머지않아 미군정의 의향과도 중복되어 1945년 12월 조선교육심의회에 서 한글 철자·가로쓰기의 '한글전용' 결의로 이어졌다.

이렇게 해서 한글전용이 급속하게 시대의 흐름이 되었지만 국한자 혼용의 주장도 끈질겨서 한글전용론과 국한자혼용론 사이에 걱심한 논 쟁이 반복되었다. 교과서에서 한자가 폐지되었다고는 하지만 사회 전 체에서는 반드시 100퍼센트 한글만 사용됐던 것은 아니다. 이윽고 국 회가 개설되자 헌법의 한글 표기를 요구하는 청원이 각 방면에서 모아 졌으며, 거듭된 논쟁의 결과 1948년 7월의 헌법제정에서는 정본은 한

글을 사용하면서 동시에 국한자 혼용표기본도 작성하는 것으로 결론을 보았다. 8월 15일 정부수립 후 9월에는 국회에서 한글전용에 관한 법안이 논의되었으나 결과적으로는 10월에 "대한민국의 공용문서는 한글로 쓴다. 다만, 얼마 동안 필요한 때에는 한자를 병용할 수 있다"라는 겨우 1조로 된 '한글전용(완전하게 사용하는 것)에 관한 법률'이 제정되었다. 또한 같은 1948년에는 국어정화위원회에 의해 '우리 언어 되찾기' 방침이 제시되어 일상생활에서 자주 쓰이는 일본어를 대신하여 한글 표기의 대체어를 사용할 것이 장려되었다. 패전 직후의 일본에서도 한자 폐지·로마자화의 움직임이 일부 있었지만, 탈식민지화가 지상과제였던 한국에서의 한글전용은 내셔널 아이덴티티의 중요한 축을 담당하는 문제였다.[50]

또한 대한민국헌법과의 관련에서 한반도 북부에 관해 말하자면 조선민주주의인민공화국 헌법이 최고인민회의에서 승인되어 성립된 것은 공화국 창건 전날인 1948년 9월 8일이었으며 그때 수도는 서울로 정해졌다. 수도가 평양이라고 명기된 것은 1972년 개헌 때다. 해방 후 북쪽에서도 사용되었던 태극기 대신에 '감홍색기'(한국에서 말하는 '북괴기' 또는 '인공기')가 게양되기 시작한 것은 그보다 앞선 1948년 7월 24일의 일이었다.

2. 좌익과 우익의 언어체계

사상이란 무엇인가

패전/해방 후 일본과 조선을 생각할 경우 정치나 국제관계가 가장 중요한 것은 당연하지만 사상이라는 측면에서 생각하는 것도 그에 못지않게 중요하다고 생각된다. 이에 관해서 나는 이제까지 패전/해방 후 일본과 조선의 사상사에 대해 적지 않게 써왔지만 여기서는 가능한 한 중복을 피하면서 조금 다른 각도에서 써보고자 한다.

사상이란 과연 무엇인가를 정의하자면 「서문」에서 쓴 것처럼 그것이 야말로 철학적인 무거운 과제, 또는 끝을 알 수 없는 깊은 문제가 될 것이다. 사상은 어떻게 살 것인가를 생각하고 실천하며 검증하는 것이며 그 자체가 일어난 사건이자 변혁과 약동의 원천이라고 생각한다. 그런 의미에서 사상은 존재형태와 연결되는 것이라고 말할 수 있다.

그럼 사상이나 의식이 생활의 모든 것인가를 묻는다면 물론 결코 그렇지는 않다. 사상 내지 의식은 아무리 높아졌다고 해도 그것은 인간생활의 모든 것이나 인간존재의 구석구석까지 모두 다 파악할 수 있는 것은 아니다. 바꾸어 말하면 사상이나 의식이 인간생활이나 존재 그 자체와 어깨를 나란히하거나 또는 지배할 수 있다고 생각할 때, 그때 인간은 독선에 빠지거나 또는 전체주의 내지 파씨즘의 노예가 되어 있다고 생각하는 편이 좋다. 이른바 사상의 영위는 궁극적인 진리라든가 원리원칙을 해명하는 것이 아니라 현실적으로 발생하는 구체적인 '문제' 해결에 몰두하는 것, 또는 '문제' 해결의 이치를 개척해나가는 데 있는 것은 아닐까.

그러한 점과 관련해서 대한민국이 성립한 1948년에 사회적으로 주목을 받은 것에 관해서 한두 가지 써두고자 한다. 이 해에 「검사와 여선생」이라는 무성영화가 선풍을 일으키는데 그것은 사상 최초의 일이라고 말할 수 있다. 가난하지만 영리한 학생을 여선생이 따뜻하게 지켜준다. 학생은 열심히 공부해서 고시(사법시험)에 합격해 검사가 된다. 마침내 살인의 억울한 누명을 쓴 여선생과 법정에서 만나 갈등하면서도 무죄판결을 쟁취한다고 하는 줄거리이다. 해방 이후 기존의 가치체계가 무너진 상황에서 공부-고시합격-출세라고 하는 성공담이 돌풍처럼 선풍을 일으키는데 이것은 삶의 방식의 하나로서 "진학열"을 사람들의 뇌리에 각인시키는 결과가 되었다.

또 한 가지는 이 해에 윤동주(尹東柱)의 시집『하늘과 바람과 별과 시』가 간행되어 사람들에게 커다란 감동을 일으킨 일이다. 윤동주는 북간도에서 태어나 1938년 서울(옛 경성)의 연희전문학교(현재 연세대학)에서 수학했다. 비밀리에 조선어학자 최현배(崔鉉培)로부터 조선어를 배우고 또한 영시 등을 배우면서 시작(詩作)에 힘썼다. 그 7년 후 시인은 유학을 간 일본에서 독립운동에 관여한 혐의로 체포돼 후꾸오까(福岡)형무소에서 옥사한다. 향년 28세로 해방까지 겨우 반년 남은 싯점이었다. 다행히도 윤동주의 조선어 시는 단지에 넣어서 땅 속에 숨겨두었다가 해방 후 1948년이 되어 출판되었다. 일제하에서 조국해방을 꿈꾸었던 윤동주의 시는 민족정신과 기독교신앙에 충만해 있었지만 남북분단의 상황 속에서 사람들에게 열광적으로 받아들여졌다. 시집의 첫머리에 놓인 "민족적 서정시"의 전형이라고 해도 좋을 「서시」는 1941년 11월의 작품이다.

죽는 날까지 하늘을 우러러
한 점 부끄럼 없기를
잎새에 이는 바람에도
나는 괴로워했다
별을 노래하는 마음으로
모든 죽어가는 것을 사랑해야지
그리고 나한테 주어진 길을 걸어가야겠다

오늘 밤에도 별이 바람에 스치운다

윤동주 「서시」

윤동주의 시에는 부끄러움이 그 핵심에 있다고 해도 좋으며 그것은 개인이나 가족, 주위의 사람들, 공동체, 민족 전체에 관통하는 것이 아닐까 생각된다. 더욱이 윤동주의 시에는 정치적 언어가 사용되고 있지는 않지만 그래도 여기서 사상이라는 것을 생각할 때 가장 중요한 것은 역시 해당하는 시대의 가장 큰 모순·과제는 무엇인가 하는 것을 추궁하는 일일 것이다. 일본과 조선의 식민지 지배/피지배의 시대에서 말하자면 일본에게 가장 중요한 문제는 일본의 민족·국가의 존재형태와 타민족 지배의 현실을 어떻게 인식하고 해결하려고 했는가 하는 점이다. 조선측에서 말하자면 당연히 식민지 피지배의 현실을 어떻게 인식하고 벗어나려고 했는가 하는 점이다. 그런 의미에서는 민족이나 국가의 문제가 극히 중요해지는데, 다만 민족이나 국가를 논하면 모든 것이 끝난다고 할 만큼 문제는 간단하지 않다. 사실 민족이나 국가에 의해 규정되기 쉬운 민족감정이나 국가의식이라는 것은 무거운 의미를 가지지만 그것과는 구별되는 인간들의 평소 생각이나 감정, 이른바 민중감정이라는 것도 소홀히할 수 없다. 실제로 민족감정이나 국가의식을 기점으로 한 논의에 시종일관하는 한 막다른 처지에 빠지는 경우도 적지 않으며 '문제'의 본질이나 사고의 조리가 도리어 애매해져버리는 경우도 있다.

그런 점에서 패전/해방을 계기로 일본과 조선 사이에서 권력간의 지배/피지배가 일단 끊어진 후 일본과 조선에서 제각기 사상의 존재형태와 문제점을 되물어보는 것은 매우 중요하다고 생각된다. 물론 이렇게 말한다고 해도 그 문제의 소재는 무수하여 실제로는 표적을 한정해서 논할 수밖에 없다. 그런 의미에서 역시 패전 후의 일본에서는 천황제, 해방 후의 조선에서는 남북분단이 무엇보다도 중요한 사상과제였다고 생각된다.

패전 후 일본의 사상문제 — 천황제와 조선

패전 후 일본의 사상과제는 첫번째로 천황제라고 할 때 그것은 국가 씨스템이나 지배질서로서의 천황제인 것은 물론이지만, 여기에서는 오히려 패전에도 불구하고 천황제가 지배의식으로서 사람들을 어떻게 속박했는지, 또한 천황제가 신국가 출발에 즈음해서 어떻게 이용되었는가 하는 문제와 관련해서 논하고자 한다. 패전 후의 천황제와 관련된 논의로 말하자면 역시 뭐니뭐니해도 사까구찌 안고(坂口安吾)의 「타락론」「천황소론」「속 타락론」 등이 머리에 떠오른다. 이 글들은 1947년 6월에 긴자(銀座)출판사에서 『타락론』이라는 제목의 한 권의 책으로 간행되어, 스스로 '무뢰파(無賴派)'를 자칭한 안고는 일약 문단의 총아로 인기를 끌게 된다. "인간은 가련하고 취약하기 때문에 어리석지만, 끝까지 타락하기에는 너무 약하다. (…) 사람은 바르게 타락하는 길로 끝까지 떨어지는 것이 필요하다. 그리고 사람과 같이 일본도 역시 타락하는 것이 필요한 것이다. 그리고 인간과 마찬가지로 일본도 또한 완전하게 타락할 필요가 있을 것이다. 타락하는 길로 떨어짐으로써 자기 자신을 발견하고 구제해야 한다"라고 말한 안고는 타락이라는 부(負)의 가치가 반대로 패전 후 가치기준의 상실을 구하는 논거가 될 수 있다는 것을 제시했다.

특히 안고는 일본인에게 있어서 천황제의 의미를 근저부터 생각하는 논리를 보였다. "일본은 천황에 의해 종전의 혼란에서 구원받았다고 하는 것이 상식이지만 그것은 거짓말이다. (…) 천황의 이름으로 무기를 버렸다고 하는 것은 교활한 표면에 지나지 않고 내심 누구나 어떻게든 전쟁을 그만두고 싶다고 생각하고 있었으며 정치가가 그것을 이용하고 인민이 또한 그것을 이용한 것에 지나지 않는다." "일본국민 제군, 나는 제군에게 일본인 및 일본 자체의 타락을 외친다. 일본 및 일본인은 타락해야 한다고 외친다. 천황제가 존속하고, 관계된 역사적 계략이 일본의 관념에 얽혀 남아 작용하는 한 일본에 인간의, 인성의 정확한 개화는 바랄 수 없는 것이다"라고 안고는 천황제가 가지는 역겨움, 정치적 폭력성을 고발한다.

그러나 이것은 안고에게 바로 천황제의 존재 그 자체를 근저부터 부정하는 것으로 이어지지는 않았다. "일본적 지성 안에서 봉건적 기만을 없애기 위해서는 무엇보다도 천황을 단순한 천황가가 되게 할 필요가 있으며 역대 산릉이나 삼종의 신기 등도 당연히 과학의 검토대상으로서 모든 신격을 없애는 것이 절대적으로 필요하다"라고 말하면서 그래도 "일본인의 생활에 천황제가 필요하다면 필요에 따라 천황제를 만들면 된다"라고 갈파했다. 즉 '인간으로부터 신을 떼어내는 것은 불가능하다'는 명제를 인정하고 먼저 천황을 단순한 인간으로 되돌리는 것이 패전 후의 일본에서 절대적으로 필요한 일이라고 강조했다.

여기에는 사람들의 천황에 대한 숭경심을 인정한다 하더라도 그 천황제는 군부나 정치가에 의해 이용되고 사람들도 여기에 가담했다는 인식이 있다. 그러나 안고는 그래도 특공대는 군대가 아니라 병기가 되었다고 말하면서 특공대를 강요받은 젊은이들의 "장렬한 죽음과 사투, 인간의 고뇌, (…) 연소, 순국의 정열"은 "최대의 찬미로 경애하고 싶다"고 단언한다. 즉 안고는 인간존재의 불합리나 모순을 직시하면서도 어떻게 살아가야 하는가를 고민하는 특공대를 "영원히 찬미한다"고 하는 확고한 생각을 나타냈다. 그것은 당시 혼란스런 상황 속에서 인간의 주체성에 관련된 하나의 중요한 문제제기가 되었으며, 사실 이러한 안고의 주장을 계기로 문학이나 사회과학 분야에서 주체성론이나 전쟁책임론, 지식인론 등이 보다 한층 화려하게 논의돼갔다.

안고에게 천황제는 현실을 가리는 허망의 으뜸가는 것으로 보였던 것 같다. 더욱이 그 천황제의 허망을 없애는 것과 특공대의 헌신, 고뇌, 정열을 어떻게 정리한 형태로 이해할 수 있는지, 그것이야말로 안고의 사상적 고뇌의 하나의 핵심이었다. 단 안고는 천황제와의 관련에서 근현대의 일본과 조선과의 관계에 대해서는 직접적으로 아무것도 말하지 않은 것 같다. 하긴 안고의 고대사관에서 볼 때 조선에 관심을 가지고 있었던 것은 확실하다. 사실 안고는 일본의 고대사를 연구하여 천황가가 조선계라는 것, 조선의 역사가 일본에 반영되고 있다는 것 등을 『안고 사담(安吾史譚)』『안고 신일본지리(安吾新日本地理)』『안고 신일본풍토기(安吾新日本風土記)』 등에서 기록하고 있으며 천황가와 조선을 친근감있는 관계로 파악하고 있는 것으로 생각된다.

여기서 근현대의 일본에서 천황제와 조선은 가장 커다란 사상과제로 존재해왔다는 것의 의미에 관해서 설명해두고 싶다. 그것은 무엇보다도 근대국가 일본의 틀이 절대주의든 상징주의든 천황제에 의해 결정적으로 규정되었으며, 더구나 그것이 아시아를 희생시킴으로써 유지·재생산되어왔다는 점과 관련한다. 전전의 아시아 침략은 물론이고 1945년 8월의 패전 이후도 일본은 아시아를 망각하고 업신여겨 역사에 대한 반성을 게을리해왔다. '민족적 통일의 중심'으로서의 천황 및 천황제라는 사고방식 자체가 자민족 중심의 국가주의, 배외주의를 만들어 아시아 특히 '이익선의 촛점'(야마가따 아리또모山縣有朋)이 되었던 조선을 한단계 낮게 내려다보고 있다. 즉 천황제 다시 말해 '황국사관'에는 분명 조선을 핵으로 하는 아시아 멸시관이 얽혀 있다. 사상적으로 엄밀하게 말하자면 황국사관(= 천황주의)과 국가주의는 일단 구별해야 하는 것일지도 모르지만, 근현대 일본에서 양자는 크게 겹치는 것으로 존재했다는 점은 분명하다. 그런 의미에서 이른바 근대일본의 성립을 생각할 때 천황제와 조선멸시관은 표리관계이며 사상적으로 근간의 위치를 차지해왔다고 생각할 수 있다. 그것은 또다른 면에서 일본에서 국가의 형태를 생각하는 힘을 약화시키는 역할을 해온 요인이기도 하다. 사실 전전이든 전후든 일본인의 의식 속에는 항상 천황제와 조선이 침잠해왔음에도 불구하고 그것은 어떤 일이 발생할 때마다 일시적으로 화제가 되었을 뿐 그 극복을 향해서 진지하게 다루어졌던 적은 거의 없었다.

원래 천황제와 조선이라고 할 때 그것은 비단 근대 이후의 문제는 아니다. 5세기에 중국의 책봉체제에 들어간 왜(倭)의 왕권은 고구려·신라·백제 등과 경합하면서 세력확대를 꾀하였으며, 6세기에 일단 책봉관계에서 이탈한다. 이후 수당제국의 출현으로 재차 조공을 개시하지만 663년 왜국·백제 유민의 연합군과 당·신라 연합군과의 백촌강전투에서 패한 후 중국으로부터 이탈을 도모하였다. 마침내 7세기 말에 '천황'이라는 칭호가 성립하는데 그것은 '일본'이라는 국호가 성립하는 것과 거의 같은 시기로 전해진다. 이 '천황' 호(號)는 정권의 정통성의 근거를 제시함과 동시에 중국의 황제에 대항하려고 한 권위적 호칭이다. 천황 즉 황제라고 말하는 한 중화제국의 축소판, 즉 '동이(東夷)의 소제국'(이시모다 쇼오石母田正)으로의 지향을 체현하는 것이었다. 당연히 그것은 중국과 같이 조공국을 따르게 함으로써 성립되는 호칭이다. 그러나 그 시기 당을 중심으로 하여 발해·신라·일본이 주변에 배치되어 있는 형태로 고대 동아시아 세계는 완성의 영역에 도달해 있었다. 여기에서 천황이 천황이기 위해서는 조선의 복속이 불가결하다고 생각되어 당을 '인국(隣國)'으로 함과 동시에 신라를 '번국(蕃國)'으로 위치지었다. 즉 처음부터 허구를 수반한 '일본'의 '천황'은 역사적으로 조선 국가들이 천황의 덕을 흠모하여 조공을 바쳤다는 이야기를 날조하는 것을 필연으로 했다. 실제로도 이러한 허구 아래 조선 각국이 천황에게 복속하였다는 것을 강조하는 역사의 창작이 행해졌으며, 그 결과 『일본서기(日本書記)』에 진구(神功)황후의 신라 정벌과 삼한 조공, 임나일본부의 기술 등을 짜넣었다. 이른바 천황은 그 개념의 근본에서 조선을 복속시킨 존재였으며 조선을 따르게 하지 않은 천황은 있을 수 없었다고 말할 수 있다.[51]

실로 조선을 하위에 두는 역사의 위조이자 '일본' 국가정통성의 날조이지만 그렇게 만들어진 천황 호칭도 사실 중세·근세에는 거의 사용되는 일이 없었다. 실제 『만요오슈우(万葉集)』에도 한번도 사용되지 않고 있으며 보통은 미까도(ミカド)·다이리(ダイリ)·슈죠오(主上)·텐시(天子) 등의 용어로 사용되었다고 한다.[52] 천황 호가 전면에 나오지 않는 상황에서 동아시아에서는 중국을 중심으로 한 책봉체제의 '화이질서'가 존재하였으며 그 속에서 일본과 조선은 중국과의 관계에서는 동격의 위치였다. 이를 뒤엎은 것은 토요또미 히데요시(豊臣秀吉)의 조선침략이었으나 그것이 실패하여 토꾸가와 이에야스(德川家康)가 천하를 잡자 조선과의 관계를 수복할 필요가 생겼다. 즉 일본이 동아시아의 질서 속에 복귀하기 위해서는 조선과의 우호관계 회복이 불가결한 조건이었으며 그것은 토꾸가와 측의 쯔시마(對馬) 소오씨(宗氏)를 통한 적당한 반성, 즉 애매한 형태의 '사죄'를 거쳐 조선통신사의 파견 속에서 실현되었다. 여기서 국서의 왕래가 이루어졌는데 토꾸가와 측의 국서에서는 일관해서 조선을 한단계 아래에 두는 의미에서 '국왕' 호가 은밀하게

'일본국 미나모또 히데따다(日本國源秀忠)'라든가 '일본국 미나모또 이에미쯔(日本國源家光)'라는 말로 바뀌었다.[53]

물론 그동안 천황 호칭은 사용되지 않았지만 그것이 오랜 공백기를 지나 다시 사용되기 시작한 것은 메이지유신의 변혁기에 들어서부터다. 즉 신격을 이용한 초월적 권위성을 전면에 내세우기 위해서 유신정권이 선택한 것이 천황 호칭이다. 이른바 유신정권의 등장에 의해 이제까지의 전통적인 화이질서를 전제로 하는 일본／조선 관계의 구도가 일변한 것이다. 구체적으로는 메이지 원년에 쯔시마번을 통해서 조선정부에 건네진 서계(書契)에는 '황(皇)' '칙(勅)' 등의 이례적인 글귀가 사용되어 일본이 주도하는 국교 교섭은 처음부터 도발적인 의미를 내포하고 있었다.[54] 그야말로 "조선국은 (…), 실로 황국 보전의 기초"(외무권대승 야나기하라 사끼미쯔柳原前光)가 되었던 것이다.

그러한 도발행위로 조선정부의 반발을 끌어내어 강화도 앞바다에서 군사도발을 성공시키고 불평등조약의 체결로 나아간 것이 일본의 주도에 의한 조선과의 근대 개막이었다. 실제로 천황제와 조선은 불가분의 관계로 역사에 각인되어 있다. 1910년 대역사건과 한국병합이 그것을 증명하고 있으며, 또 그후 일본의 조선지배에서 천황의 권위가 항상 최대한 강조되었던 것은 새삼 말할 것까지도 없다. 해방 후 언제부터인가 현재에도 한국의 신문 등에서 '천황'이라는 말이 기피되고 종종 '일왕(日王)'이라고 표기되는 것도 이러한 역사적 경위가 있기 때문이다.

천황 히로히또의 조선관에 관해서 말하자면 쇼오와 천황의 전시하의 육성을 전하는 제1급 사료로 전해지는 「오구라 쿠라지 시종일기(小倉庫次侍從日記)」(『文藝春秋』 2007년 4월호)의 1942년 12월 11일 항에 "나의 가장 좋았던 시절은 (20년 전 황태자 시기의) 유럽 방문 때였다고 생각한다. 당시 조선인 문제와 같이 싫은 것도 있었지만 자유롭기도 하고 가장 좋은 때였다"고 기록되어 있다. 조선인 문제의 무엇이 싫었는가는 명시적이지 않더라도 시기적으로 1919년 3·1독립운동이나 1923년 관동대지진에서의 조선인 학살을 상기시킨다. 그러나 어느 쪽이든 천황 히로히또에게 인생 최대 기쁨의 대극에 조선인 문제가 자리하고 있었던 것은 분명하다.

그런데 문제는 패전 후의 사상공간에서 천황제를 중심으로 하는 사상의 영위가 어떤 것이었는가 하는 점이다. 이 시기 GHQ 주도의 전후개혁이 냉전구조의 심화에 의해 역코스를 걷기 시작하여 결과적으로 천황 히로히또의 면책과 상징천황제의 성립으로 귀결된 것은 이미 서술한 바와 같다. 여기서 '전후 사상'이라는 말을 사용한다면 그것이 민주주의나 자유주의, 개인주의 등과 같이 서양에서 시작된 개념을 배경으로 성립되기 시작했다는 것은 부정할 수 없다. 따라서 근대의 보편적 목표라고도 할 수 있는 민주주의국가 수립이 전후 일본에서 논의되기는 하지만 상징천황제의 성립에서 알 수 있듯이 전후 사상은 그 출발부터 큰 제약을 가지고 있다.

원래 전후 사상의 과제가 민주주의나 자유주의, 개인주의 등의 근대적인 보편개념을 어떻게 추구해가는가에 있었다고 하더라도 이미 서술한 바와 같이 거기에는 천황제와 조선이라는 일본 고유의 문제와 어떻게 씨름하는가가 불가결한 과제로서 존재하고 있었다. 더욱이 근대 초두의 메이지유신 당시와 달리 패전 후의 전후 사상은 전쟁책임의 추궁과 전쟁체험의 사상화라는 또다른 그러나 매우 중요한 과제를 끌어안게 된다. 바꾸어 말하자면 사상이 단순한 사건이나 현상의 설명 내지는 해설이 아니고 어떻게 살아갈 것인가를 생각하고 실천하며 검증하는 것이라고 한다면, 전후 사상의 목표는 천황제와 조선 그리고 전쟁책임의 추궁과 전쟁체험의 사상화를 이루면서 어떻게 근대의 보편성을 추구해갈 것인가를 과제로 삼아야 했을 터이다. 그것은 어쩌면 사까구찌 안고의 고뇌, 즉 천황제의 허망을 없애는 것과 특공대의 헌신, 고뇌, 정열을 어떻게 정리된 형태로 하나의 사상으로 제시할 수 있는가 하는 문제였을지도 모른다.

그러나 결론부터 먼저 말하면 패전 직후는 물론 현재에 이르기까지 일본에서는 이러한 '전후 사상'의 과제에 정면에서 임했던 지식인은 매우 드물거나 또는 거의 없었던 것이 아닐까 생각한다. 하니 고로오(羽仁五郎)는 "패전 직후에 일본의 인쩰리겐찌야는 모두 어딘가로 도망가서 입을 다물고 있었다"[32]고 말했는데, 그것은 기묘한 형태로 오늘날까지 이어지고 있다. 사실 천황제의 허망을 없애는 과제 하나를 보더라도 천황제의 폐지를 포함하여 하나의 사상으로서 명확하게 제시된 적이 과연 있었는지 의문이다. 오히려 반대로 전후 사상의 담당자는 극히 일부의 천황제 논의를 제외하고는 대부분이 침묵을 지키거나 또는 사고정지에 빠졌다는 것이 실정이며, 따라서 천황제에 연결되는 조선, 아시아 그리고 전쟁책임의 추구나 전쟁체험의 사상화의 과제도 등한시되어 왔던 것이 아닌가 생각된다. 천황제의 논의가 터부시될 때 조선, 아시아, 전쟁책임, 전쟁체험에 관해서도 말하기 어려워진다. 더구나 문제는 천황·천황제의 논의가 터부시됨으로써 그것을 축으로 일본사회 전반에서 비판적 지성이 광범위하게 쇠퇴해가는 점이다. 터부가 터부를 불러 사회 전체에 사고정지와 침묵이 자각하지 못하는 사이에 침잠해버린다. 인간은 무력하기 때문에 무리를 이루는지 아니면 무리를 이루기 때문에 무력하게 되는지는 어려운 문제이지만, 아마도 후자가 진실이며 거기에 우원(迂遠)한 형태이나마 천황제가 얽혀 있는 것은 아닌가 생각된다.

민주주의문제

물론 이렇게 말한다고 해서 전후 사상의 영위가 모두 헛되었다는 말은 아니다. 단 전후 사상을 논할 때 무엇이 핵심문제이며 무엇이 과제인가를 명확하게 해두고 싶을 뿐이다. 그런 의미에서 1945년 말경부터 비로소 시작된 지식인 등의 사상적 영위에 대해서 최소한의 정리를 해두자면, 그 중심과제는 '민주주의' 문제였다고 말할 수 있다. 이 민주주의의 논의는 당연하지만 나름대로 천황제의 재편이나 전쟁책임·전쟁체험, 평화와 독립의 이념, 주체성의 새로운 확립이라는 광범위한 문제와 교착하는 형태로 전개되었으나, 다만 거기에는 아시아에 관한 논의는 거의 존재하지 않았다.

당장 천황제 파씨즘론자가 사라진 후의 사상조류를 간략하게 보면, 아베 요시시게(安倍能成), 와쯔지 테쯔로오(和辻哲郎), 쯔다 소오끼찌(津田左右吉), 타나까 코오따로오(田中耕太郎) 등 전전 자유주의자의 무리였던 보수파의 '코꼬로(心)'그룹, 마찬가지로 전전 자유주의자이면서 전후의 '민주화'에 일정의 힘을 다한 난바라 시게루(南原繁)나 야나이하라 타다오(矢內原忠雄), 스에까와 히로시(末川博), 요꼬따 키사부로오(橫田喜三郎) 등의 민주주의적인 지식인들, 그리고 서구적 이상의 근대시민사회 논리를 내세우면서 등장한 마루야마 마사오(丸山眞男) 등의 '근대주의자', 또한 일본공산당을 중심으로 활동한 맑스주의자와 같이 크게 4개로 나눌 수 있다.[55]

와쯔지 테쯔로오를 대표로 하는 '코꼬로'그룹의 보수파는 침략·전쟁으로 날을 지샌 전전의 천황제가 위기에 직면한 가운데 천황 대권의 제한 내지 부정, 상징천황 즉 비정치적 군주의 용인이라는 형태로 국민주권을 실현하고 국가를 초월한 '도의·문화·평화'로 향하는 길을 열어가고자 했다. 그 사상적 거점은 와쯔지가 특히 강조한 것과 같이 '일본'이

120

라는 문화공동체이며, 계급대립을 끌어안는 형태의 '국민으로서의 민족공동체'였다. 실제로도 와쯔지 등은 상징천황제의 실현에 사상적 측면에서 가장 중요한 공헌을 하게 되었다. 단 거기에는 전전의 아시아 침략이나 식민지에서의 황민화정책 등은 고의로 잊혔을 뿐만 아니라 상징천황하에서의 배타적 국민통합의 정당성이 주장되기도 하였다. 이른바 와쯔지 등으로 대표되는 '코꼬로'그룹은 전전의 천황제 파씨즘론자를 대신하여 전후의 사상공간을 채우면서 전전·전후 일본인의 민족적 아이덴티티의 연속성을 보증하는 형태로 상징천황제의 기초를 만들고 그 안에서 아시아 침략의 역사적 사실을 은폐하려고 했다.

이에 대해 난바라 시게루 등은 한발 밖으로 내디딘 온건한 학자·민주주의자의 외모를 띠고 '인간'이나 '평화' '조국' '학문' '진리' 등을 설명하면서 교육개혁 등으로 지도적 역할을 하여 패전 후의 국민에게 큰 영향을 주었다. 다만 '전후 민주주의'라고 하면 전전부터의 자유주의자라고 하기보다는 역시 전후 새롭게 무대 밖으로 등장한 마루야마 마사오나 미야자와 토시요시(宮澤俊義) 등이 중요한 역할을 했다고 할 수 있다. 물론 그렇게 말해도 예를 들면 마루야마의 천황제 파씨즘 해명 및 새로운 국민주체의 설정이 천황제와 조선·아시아라는 시대의 사상과제에 정면에서 대응하는 것이었는가 하는 점에서는 상당한 의문이 남는다.

상세한 논의는 생략하더라도 마루야마 마사오는 그 뛰어난 사상사 연구의 성과에도 불구하고 과거 문제와의 관련에 대한 안이한 인식, 이론적인 추궁의 빈약함을 가지고 있다고 말할 수 있다. 천황제에 대해 말하자면 마루야마의 사상은 패전 후의 '국민주의'적인 천황제론과 근접성을 가짐으로써 상징천황제에 대한 비판이 곤란할 수밖에 없었으며 천황제 비판도 시국론적인 의미를 강하게 가졌다고 생각할 수 있다. 거기에는 아시아로의 시선이 약하고 천황의 책임이라는 것도 실제로는 천황제 자체의 문제와는 구별되는 천황 개인의 정치적 책임을 논하는 것이었다고 말할 수 있을 것이다.

그런 의미에서는 패전 후 재출발한 일본공산당 및 그 주위에 집결한 맑스주의자가 당시의 사상과제에 그나마 성실하게 대면했다고 생각할 수 있다. 원래 일본공산당은 점령군을 '해방군'이라고 오인했고 또한 현실의 노선을 둘러싼 동요나 투쟁전술에서 우유부단한 태도를 보인 것은 분명하다. 그러나 그럼에도 사람들의 지지를 단기간에 얻은 일본공산당이 재일조선인과 연대하여 '혁명'을 지향하는 등 가장 투쟁적인 집단이었음은 틀림없다. 실제로 패전 후의 지식인은 일반적으로 일본공산당에 과잉할 정도의 동반자적 의식을 품고 있었지만 그 일본공산당은 예를 들면 1945년 11월 6일의 '인민전선강령'에도 보이듯이 천황제 타도 및 인민공화정부 수립이나 전쟁범죄인·학정(虐政)범죄인의 엄중 처벌 등을 가장 중요한 과제로 내세웠다. 같은 해 11월 제4회 대회의 행동강령에서 "조선의 완전한 독립, 노동조합의 국제적 제휴"라는 문장이 추가된 점에서 보더라도 아시아와의 연대가 슬로건으로서 제시된 것은 사실이다.

다만 실제로는 현실의 '일본인민'이 천황제적인 옛 의식으로부터 아직도 해방되지 않은 상황에서 천황제 타도의 슬로건이 구체적으로 어떤 의미를 가졌는가 하는 문제가 남는다. 또한 전쟁책임의 추궁도 '당파성'으로의 종속이라는 기본적 편향을 가지고, 전쟁책임이나 전향의 문제를 좌파와 우파로 구별하는 문제로 바꿔치기하는 등 임시방편의 정치역학이나 조직의 관점에서 처리하려고 한 것은 아닌가 하는 의문도 따라다닌다. 그리고 후에 다시 논하게 되겠지만 일본공산주의자의 조선 인식은 전전과 마찬가지로 전위정당의 그것으로서는 상당히 낮은 수준에 지나지 않았다는 불만도 있다.

그런 점에서 볼 때 패전/해방 직후의 싯점에서는 재일조선인 공산주의자 편이 자유로운 사고태도를 견지하여 시작(詩作) 등에서도 '당파성'보다는 민족 그리고 '조국'에 대한 한결같은 생각을 노래할 수 있었을 것이라고 생각한다. 시인 허남기(許南麒)도 그 가운데 한 사람인데, 그의 시는 예를 들면 『조선 겨울이야기(朝鮮冬物語)』에 수록된 「한밤중의 노랫소리(夜中の歌聲)」에 나타나고 있듯이 평이하면서도 비유가 교묘하고 적확하여 민족적 긍지가 넘쳐난다. 당시 신일본문학회의 서기장이었던 나까노 시게하루(中野重治)가 『조선 겨울이야기』를 격찬하여 허남기의 이름은 민주주의문학 진영뿐만 아니라 일본의 시단에 선풍을 일으키게 되었다.

귀를 기울이면
노랫소리가 들린다.
깊은 밤
눈을 뜨고 귀를 기울이면
아득히 먼 구름 위로 노랫소리가 들려온다.

(…)

그것은
토까이도선과 산요오선으로 큐우슈우 하까따까지 가고,
거기서 다시 3만엔의 밀항선으로 현해탄을 넘어
머나먼 저쪽 나라에서 들려오는 것이 틀림없다,
하기에 그것은

고추 냄새가 난다,
하기에 그것은
내 몸을 떨리게 한다,

내 고향의 산이 노래하고,
내 고향의 강이 노래하고,
그리고 저 많은 슬픈 마을 사람들이 노래하고,
그리고 저 많은 슬픈 역사가 노래하는
오랜 세월을
어둡고 추운 밤 속에서 지내고
오늘 또 어둠 속에 쫓겨온
조선의 흙이 노래하는 노랫소리에 틀림없다,
(…)

허남기 「한밤중의 노랫소리」

조선 '해방공간'의 사상과제 ─ 남북분단과 친일파

패전 후 일본의 사상 상황과는 또 다르게 한반도 남부에서의 사상
상황은 혼미한 것이었다. 이른바 '해방공간'에서의 사상으로서, 그것은
해방 후의 미군에 의한 단독점령, 남북분단의 기정사실화, 좌익/우익
의 대립격화 속에서의 대한민국 수립이라는 격동하는 정치정세 속에서
실로 어떻게 살 것인가라는 명제 그 자체와 관련된 것이 되었다. 이 경
우 일본에서 '천황제와 조선'이 가장 중요한 사상과제였다고 한다면 한
반도 남부에서는 '남북분단과 친일파'가 가장 중요한 사상과제가 되었
으며, 그 친일파문제는 마침내 친미파문제와 중복되는 것이었다. 사실

남북분단 자체의 가장 큰 책임은 종주국이었던 일본이며, 미군정을 등에 업고 분단체제를 추진·고착화해간 가장 큰 세력도 친일파(=친미파)였다. 원래 해방 후의 한반도 남부가 혼란한 시대가 되었다고는 하지만 사상사적으로는 결코 암흑이나 침체의 시대는 아니었다. 오히려 사회적 혼란이 증대하는 가운데 스스로의 운명과 밀접하게 관련된 사상적인 영위는 전에 없이 활발하게 전개되었다고 생각해도 좋다.

원래 식민지시대의 조선지식인은 어쩔 수 없이 주변적 존재가 되었고 일종의 지적 망명자가 될 것을 강요당했다. 식민지 지식인의 본성에서 보면 양심적으로 살고자 하는 한 그 사상적 입장은 기본적으로는 민족주의일 수밖에 없었다. 해방을 맞이하자마자 그러한 지식인의 노력은 당연히 민족의 미래를 여는 새로운 민족주의의 제시로 향하였다. 구체적으로 예를 들면 사회경제사학자 백남운(白南雲)은 1946년 4월 1일부터 10회에 걸쳐 『서울신문』에 「조선민족의 진로」를 게재하여 당시의 정치상황에서 계급보다도 민족에 중점을 둔 '연합성 민주주의'가 민족적 통일과 자주독립국가의 수립에 유효하다고 주장하고 있다.[56] 또한 역사학자 손진태(孫晋泰)는 1948년에 『조선민족 문화의 연구』를 저술하는 등 '신민족주의'를 제창하여 좌우의 정치적 대립이 격화되는 가운데 민족성원 한사람 한사람의 존엄을 호소하고 동시에 민족단결의 중요성을 강조하는 논리를 전개하고 있다.

백남운은 후일 체포되어 석방되자마자 월북해서 초대 교육상 등의 요직에 취임하고, 손진태는 한국전쟁 당시에 납치되어 행방불명이 되는 등 운명적인 인생을 걷게 되지만, 이외에도 해방공간에서는 새로운 민족주의의 제시가 여러 지식인에 의해 시도되었다. 더욱이 민족주의적 사상의 모색은 그대로 국가의 형태와 관련된 논의가 되었는데, 그런 점에서 해방공간의 사상을 생각하고자 할 때 '계급문제'를 시야에 넣는 것은 당연한 일이지만 그 이상으로 '민족문제'가 기본구조였다는 점을 잊어서는 안될 것이다. 뿐만 아니라 남북분단·냉전의 심화라는 시대상황 속에서 과거의 천황에 대신하는 것은 '반공'이라는 멍에다. 즉 거기에서도 해방공간의 사상을 생각할 때에는 '계급문제'와 함께 '민족문제' 그리고 '반공주의'를 사고의 축에 둘 필요가 있다는 말이 된다. 사실 친일파 즉 친미파가 기득권 옹호를 위해 무엇보다 의지하려고 했던 것이 반공주의이다. 그런 점에서 일본에서의 반공주의가 일부 지배층을 제외하고는 애매모호한 성질을 띠고 있었던 것에 비해서 한반도 남부에서 그것은 사람들의 운명을 좌우할 정도의 강렬한 의미를 갖게 되었다.

여기서 해방공간에 있어서 보수세력의 형성과 관련해서 말하자면, 해방공간에서 보수세력은 일제에 의해 온존됐던 지주층 및 일부 민족 자본가를 중심으로 형성되었다. 한국민주당의 당 설립 선언문에도 있듯이 그들은 일제의 패배를 환영하고 표면적으로는 대한민국임시정부에 전폭적인 신뢰를 보내면서 민족독립국가의 수립을 희망했다. 그것은 노동자·농민 중심의 좌익정권과는 구별되는 '자유민주주의' 정권이며, 스스로의 기득권을 옹호하는 국가형태이다. 그러나 이승만은 이러한 본래적인 의미에서의 보수주의·민족주의와 처음부터 조금 취지가 다른 의향을 나타내고 있었으며 친미의식·미국추수주의를 노골적으로 선언하고 분명하게 해갔다. 더욱이 미군정에 의한 임시정부의 부인, 신탁통치를 둘러싼 좌우대립의 격화, 그리고 특히 친일파의 미군정 의존이라는 사태가 심각해지는 가운데 보수세력은 당연히 미군정과 손을 잡고 이승만과 결탁하는 방향으로 향해갔다. 이른바 '친일'과 '반공'이 본래적인 의미에서의 보수세력을 깨뜨리면서 친미 단독정부 수립으로 치닫고 있었다고 말할 수 있다. 이때 북에서 도망온 월남 반공세력이 남쪽의 친일파와 합세하여 이후 극우반동 반공세력의 중심을 이루고 있었다는 점을 잊어서는 안된다.

이러한 가운데 민족분단의 상황에서 본래의 보수주의자가 '보수주의'의 가치를 지키려고 한다면 그것은 어쩔 수 없이 극우반동의 반공세력에서 저절로 이반할 수밖에 없다. 김구나 김규식 등 민족주의자가 남북분단을 저지하기 위해 1948년 4월에 평양에서 열린 남북연석회의에 마지막 기대를 걸고 참가한 것도 그 본래적인 의미에서의 보수주의·민족주의의 신념에 의한 것이었다. 김구의 경우 일기(『백범일지』, 1947)에도 기록하고 있듯이, '대한독립'이 생애의 꿈이며 가장 귀중한 정치이념은 자유라고 하면서 공산당이 주장하는 소련식 민주주의는 가장 철저한 계급독재 이외에 아무것도 아니라고 비난하고 있다. 그래도 '반미구국' '민족통일'을 내걸고 남북조선의 정당·사회단체의 대표가 사상이나 신조, 주의주장의 차이를 넘어서 비로소 한곳에서 만나는 남북연석회의에 참석한 것이지만 그때 김구의 심정은 알고도 남음이 있다. 노구를 이끌고 38도선을 넘을 때 김구가 "친애하는 3천만 자매형제여!"라고 호소한 성명은 실로 해방공간에서 고충에 가득 찬 사상의 응축이 아니었을까 생각된다.

그만큼 김구는 반공주의보다도 통일국가 수립을 위해서 민족주의를 우선시한 것인데, 그런 점에서 이승만은 민족주의보다도 반공주의에 중점을 두고 자기의 이익을 우선시하여 남측만의 단독정부 수립의 길을 선택하게 된다. 그 결과 김구는 1949년 6월 한국 육군의 현역군인에 의해 암살됐다. 또한 장준하(언론인), 함석헌(咸錫憲, 종교가), 문익환(文益煥, 목사), 계훈제(桂勳梯, 사회운동가), 김수영(金洙榮, 시인), 리영희(언론인) 등 후일 반독재투쟁에서 활동하게 되는 보수적 색채를 띤 지식인들도 일단은 침묵 속에서 시간을 보내지 않을 수 없게 되었다.

해방공간은 그 자체가 극단에서 극단으로 움직이며 이루 헤아릴 수 없는 정치적 사건과 비련·비참의 연쇄가 되었다. 사상도 역시 마찬가지로 거기에는 일견 낙천적으로도 보일 수 있는 자유주의, 민주주의에서 계급독재의 공산주의까지, 나아가서는 백색테러를 용인하고 혹은 당연시하는 주장까지 가지각색이었다. 그러나 사상사적으로 뒤돌아볼 때 해방공간에는 역시 좌우합작을 추진해야 한다는 사상 내지 주장이 사람들에게 가장 많이 수용되었으며 또한 역사에 빛을 발하는 것으로서 각인되었다고 할 수 있다. 하긴 좌우합작운동을 긍정적으로 평가하는 움직임은 한국에서도 미소냉전 종언 후의 비교적 근년의 일이며 독재정치가 장기간 계속되던 시대의 현대사 연구에서는 무시되었다.

원래 좌익/우익의 대립구도에서 무엇보다 중요한 것은 이념과 계급적 입장이었으며 민족적 입장은 아닐 터이다. 반민족행위를 범한 친일파가 좌우항쟁 속에서 살아남은 이유도 거기에 있으며, 또한 계급을 중시한 박헌영이 이끄는 남쪽의 공산주의 세력이 통일전선 형성에 소극적이 되어 좌우합작운동에서 제외된 이유도 적지 않게 거기에 있었다. 그것은 반대로 말하면 좌우합작 사상은 무엇보다도 민족적 기초 위에 서는 정치적 합작을 의미했다. 좌익과 우익의 언어체계에서 '민족'이 특별하게 중요한 의미를 갖는 것도 여기에 이유가 있다. 남북분단의 비극은 '민족'을 사고의 중심에 두어야 비로소 해결로 이끌어갈 수 있는 것이었다. 그런 점에서 좌우합작의 중심적 지도자였던 여운형이 오랫동안 우파로부터는 '빨갱이'라고 비난받고 좌파로부터는 '기회주의자'로 간주되었던 것은 그만큼 현대사 연구나 미디어에서 계급편중의 이념이나 기득권 옹호의 수구사상이 위세를 떨쳐왔기 때문이다.

평화주의와 내셔널리즘

전후 일본에서 내셔널리즘이라고 하면 천황주의와 함께 헌법 제9조를 기반으로 한 '평화주의' 내지는 '평화와 민주주의' '전후 민주주의'라는 말을 떠올리게 된다. 앞서 서술한 사상 조류에서 말하자면 상징천황제의 '코꼬로' 그룹, 난바라 시게루나 마루야마 마사오 등의 민주주의 사상, 일본공산당의 맑스주의 등은 정도의 차이는 있지만 '평화주의'라는 사상의 범위 안에 있었다고 말할 수 있다. 물론 자세한 경위를 보면 전쟁체험의 차이나 계급적 입장의 차이 등에서 제각기 다양한 문제제기를 하여 적지 않게 서로 다른 점을 내포하고 있으며 또한 '전후 혁신'의 최고 좌익을 자인한 일본공산당은 마침내 '반미애국'의 기치를 내걸기 시작했다고는 하지만, 전체로서는 보수도 혁신도 '평화주의'를 공통의 가치기준으로 삼았다고 해도 이상하지는 않다. 거기에는 "전쟁은 안된다"고 하는 평화주의가 전후 일본의 경제적 번영을 보완하는 기능(자기긍정)을 하고 있었다고 해도 좋을 것이다.

그러나 그 '평화주의'는 한반도 남부에서 말하는 민족주의는 물론이거니와 전후 일본에서 말하는 내셔널리즘으로서도 명확하게 의식되지 못하고 오히려 일종의 '기분'과 같은 것으로서 인식되어 일본 특유의 '민족문제'의 존재를 덮어 감추는 역할을 하였다고 생각한다. 그런 가운데 '평화주의'는 천황제 없는 내셔널리즘이었다고 주장하는 경향도 있지만 일본사회의 구석구석에 천황제적인 것이 따라다니고 있다는 사실을 부정하기는 어렵다. 어쨌든 좌익과 우익의 언어체계는 같은 말을 사용해도 일본과 한반도 남부에서는 상당히 의미가 다르다고 생각된다. 실제로 전후 일본에서는 피점령의 현실이나 그후의 강화조약 조인 및 독립회복의 과제가 일부 '민족문제'로서 자각되는 일이 있었다고는 해도 그것이 천황제나 전쟁책임 추궁 등과 밀접하게 얽힌 문제로서 명확하게 의식되었다고는 말하기 어렵다.

좌우간 전후 초기 일본에서는 민주화의 추세에 호응하여 히노마루

(日の丸)에 대한 반발이 갖가지 형태로 나타나고 키미가요(君が代)를 대신한 새로운 국가(國歌)를 만들려는 시도가 있었다는 사실은 기억해 두어도 좋다. 마이니찌신문사는 1946년 10월에 「신일본의 노래(新日本の歌)」를 호소하였으며, 요미우리신문사는 1948년 1월에 '국민에게 새로운 노래를'이라고 제창하였다. 아사히신문사는 1948년 8월에 NHK의 후원으로 국민애창가를 모집하여 「마음의 푸른 하늘(こころの青空)」을 발표했으며, 닛꾜오소(日教祖)는 1951년에 조합원을 대상으로 국민가를 모집하여 신국민가 「푸른 산하(みどりの山河)」를 탄생시켰다. 이것들은 모두 키미가요에 대한 위화감을 배경으로 한 것으로, 그런 의미에서는 쌘프란씨스코 강화조약 체결 후인 1953년에 양주(洋酒) 코또부끼야(壽屋, 후일 산또리)가 대대적으로 신국민가를 모집하여 응모 총수 5만 823편 가운데 「우리는 사랑한다(われら愛す)」*를 선택하여 전국의 발표회에서 호평을 받은 것 또한 평화주의 내지 내셔널리즘과도 관계되는 하나의 사회적 사건이었다고 할 수 있다.[57]

우리는 사랑한다
가슴 미어지는 뜨거운 열정으로
이 나라를
우리는 사랑한다
밤바다 불빛 눈아린 쓰꾸시(筑紫, 북큐우슈우의 지명—옮긴이)의 바닷가

....

* 노래 「우리는 사랑한다(われら愛す)」는 2차 세계대전 후 1953년에 공모하여, 일본의 국가인 키미가요 대신에 국민국가(國民國歌)로 만들어진 곡으로 일본과 그 헌법을 사랑하는 마음을 담고 있다. 그러나 정식으로 채용되지 않아, 현재 이 곡을 아는 젊은이는 거의 없다. 다음 싸이트에서 멜로디를 들을 수 있다.
http://bunbun.boo.jp/okera/mawa/warera_aisu.htm

아름다운 시나노(信濃, 나까노현에 있는 지명)의 산기슭

우리는 사랑한다

눈물 흘리며

이 나라의 푸른 하늘이여

이 나라의 푸른 물이여

(…)

하가 슈지로오(芳賀秀次郎) 작사 · 니시자끼 요시따로오(西崎嘉太郎) 작곡

하지만 새로운 국가를 요구하는 이러한 민간의 움직임은 보수적인 정치가나 문부성 등의 정부기관에 의해 견제되었으며, 특히 문부성은 키미가요 옹호의 선두에 섰다. 실제로 키미가요는 1977년에 학습지도 요령 개정에서 '국가'로 명기되어 실질적으로는 위로부터 강제되어갔다.

3. 한국전쟁과 사상의 혼미

남북분단 확정에서 한국전쟁 발발로

1948년 8월 15일 대한민국 성립과 같은 해 9월 9일 조선민주주의인민공화국의 수립은 미소냉전이 심화되는 가운데 동아시아 정세의 큰 전환점이 되었다. 한국의 대통령에는 친미 일변도의 이승만이 취임하고, 공화국의 수상에는 항일빨치산 출신의 김일성이 취임했다. 해방시에는 누구도 예상하지 못했던 남북분단의 확정이었지만 소련군은 1948년 말까지 철수를 종료했으며, 미국도 일본 점령과는 달리 한국의 전략적 가치를 중시하지 않고 1949년 6월에 철수를 완료시켰다. 다만 분단되

었다고는 하나 남북조선은 원래 하나의 민족이며 남북은 함께 통일을 갈망하여 긴장이 계속되었다. 그사이에 한국은 실업과 식량난, 좌우의 격돌 등으로 혼란이 극에 달했으며 사회 내부의 균열이 극대화하여 절망적 상황에 빠졌다.

한편, 일본에서는 미군이 계속 주둔하는 가운데 영미파의 외교관 출신인 요시다 시게루(吉田茂)가 정권을 잡고 '강화(講和)', 즉 일본의 독립회복 시기가 모색되었다. 국내에서는 전면강화인가 단독강화인가로 국론이 이분되어 논쟁이 격렬하게 전개되었으며, 요시다 내각이 서방 국가들과의 단독강화를 추진한 것에 비해 공산당 및 지식인 집단인 평화문제간담회는 전면강화를 외치며 첨예하게 대립했다. 그런 가운데 중국에서 국공내전이 치열해지고 끝내 장 제스(蔣介石)의 국민당 정부를 대만으로 축출하여 1949년 10월 1일 마오 쩌둥의 중국공산당이 중화인민공화국을 수립했다. 때맞추어 일본에서는 경제의 침체에 의한 노동자의 대량해고와 관련해서 시모야마사건(下山事件)·미따까사건(三鷹事件)·마쯔까와사건(松川事件)의 3대 사건이 발생하는 등 사회적 소란이 이어졌다.

여기서 일본과 한국의 지도자에 관해서 말하자면, 엘리뜨 외교관 출신이었던 요시다는 전전·전후를 통틀어 항상 국가적 영광과 영미와의 협조노선을 모색해온 존황(尊皇) 정치가이며 재군비에는 소극적이었으나 아시아와의 관계에 대해서는 취약했다.[58] 보다 정확하게 말하자면 요시다는 조선에 관해 멸시관을 갖고 있었으며 특히 재일조선인은 경제부흥에 장애가 된다고 하여 GHQ에 조선인 전원의 강제송환을 요구할 정도였다. 더구나 한국전쟁 전야인 1949년 9월에는 GHQ의 레드퍼지(빨갱이사냥＝공산주의자의 추방)의 일환으로 '단체 등 규제령'에 의해 재일조선인의 민족단체에 해산명령을 내릴 정도였다.

이에 비해 같은 반공·친미주의자였던 이승만은 원래 반일주의자였다고도 하지만 실제로는 친일파를 정권에 다수 등용한다. 사실 건국에서 1960년 4월까지의 이승만정권하에서 국내외 독립운동의 경험을 가진 각료는 12.5%뿐이었던 반면 친일협력의 전력을 가진 각료는 31.3%를 차지할 정도였다.[59] 재일작가 김석범은 대한민국 건국 직후의 제주도를 무대로 『간수 박서방(看守朴書房)』(1957)을 썼는데, 거기에는 제주도에서 간신히 간수 일에 취직한 박서방이 친일경찰에 의해 억울하게 누명을 쓴 여자 죄수에게 아련한 애정을 품고 결국은 스스로도 처형되는 가혹한 운명이 묘사되고 있다. 이때 주인공은 마지막으로 단 한마디 "나는요, 아무래도—— 대한민국이 확실하지 않은 것 같아"라고 무심코 말하는데, 그 말은 마치 정권의 자리에 앉은 이승만에 대한 민중의 심정을 대변하는 것처럼 생각된다.

이런 가운데 1950년 6월 25일 북쪽의 조선인민군이 돌연히 38도선을 넘어서 진격하였으며 순식간에 서울을 점령했을 뿐만 아니라 나아가 전격전의 기세로 남하해갔다. 한국군은 완전히 무너져 패주하였으며 인민군은 3개월 만에 한반도 남부의 90%를 점령한다. 이에 대해 미국은 소련이 중국의 대표권 문제로 결석한 국제연합 안전보장이사회에서 한반도로 국제연합군을 파견한다는 결의를 얻어 참전했다. 마침내 미군 중심의 연합군은 인민군을 중국과 조선의 국경지대까지 밀어붙였으나 이번에는 중국이 의용군을 투입해서 전쟁이 장기화되기 시작했다. 수세에 몰린 연합군 최고사령관 매카서는 중국 본토에 대한 핵공격이니 다이완군의 중국침공을 주장하여 트루먼 대통령으로부터 해임되었으며 결국 이 한국전쟁은 쌍방 모두 교착상태를 해결하지 못한 채 1953년 7월 27일 판문점에서의 정전협정 조인으로 휴전한다. 그사이 한국전쟁이 한창이던 1951년 10월에는 미국정부의 지시로 일본과 한국

사이에 국교를 열기 위한 한일 예비회담이 개시되었다.

이 전쟁은 당초 일본에서는 '조선동란'이라고 보도되어 선전포고 없는 내전이며 국제전쟁은 아니라는 뉘앙스로 받아들여진 듯하다.[60] 실제로 스딸린과 마오 쩌뚱의 지지를 얻은 김일성도 내전으로 이어지는 '해방전쟁'으로 파악하였으며, 더욱이 이승만 자신은 '북진통일'을 외치면서 한국군에 의한 38도선을 넘는 기습공격을 반복하였다. 즉 본래는 '내전' 또는 '통일전쟁'이었던 이 전쟁은 미국이 연합군의 이름으로 개입함에 따라 국제전쟁으로 발전하였으며, 남북 쌍방에서 사망자·행방불명자 400만명 이상, 미군 사망자 3만 3천명 이상, 중국군 사망자·행방불명자 등 90만명, 남북 이산가족 1000만명을 낼 정도에 이르렀다.[14] 근래에는 사회학자 김동춘(金東椿) 등에 의해 전쟁과정에서 미군이나 한국군에 의해 100만명에 달하는 민간인학살이 자행됐다는 것도 명확해지고 있다(『아사히신문』 2008.1.28).

이 전쟁은 결국 '한국전쟁'이라는 호칭으로 정착되지만 그것은 패전/해방 후 일본과 조선이 처음으로 경험한 공통의 대사건이다. 조선반도에는 매일같이 재일 미군기지로부터 전투기가 날아올랐고, 또한 일본 전국토가 군수물자의 공급지가 되어 '조선 특수'가 일어났다. 또한 특히 미군정하의 오끼나와는 전쟁과정에서 극동의 군사거점으로서 전략적 중요성이 재인식되어갔다. 이런 가운데 재일조선인 및 일부 일본인은 한국전쟁에 항의하였으며 특히 일본에 주둔하던 미군이 한반도로 출격하는 것을 저지하는 운동을 전개하였다. 한국전쟁 2년째인 1952년 6월 25일 오오사까에서의 이른바 '쯔이따사건(吹田事件)'은 일본과 조선의 청년노동자와 학생에 의한 천수백명의 데모대가 죽창, 곤봉, 화염병을 가지고 조선으로 보내는 군사수송의 거점이었던 국철 쯔이따 조차장(操車場)에 난입한 사건이다. 재일조선인이 주역이며 1951년 2월의 사전협(四全協)에서 무장투쟁노선을 결정한 일본공산당이 가담했다. 이 사건은 표면적으로는 화염병 투쟁이라는 이미지로 받아들여졌으나, 그 진실은 미국제국주의 및 그것을 추종하는 일본에 반대하는 반전투쟁이다. 시인 김시종은 "군수열차를 한시간 늦추면 조선동포 1천명의 목숨을 구한다"고 말했다고 한다.

일반적으로 일본의 현대시는 지나치게 서정성·추상성으로 흘러 비평으로서의 리얼리즘이 결여되기 쉽다. 다만 나중에 서술하겠지만 한국전쟁이 한창일 때 반전 평화의 시가 많이 지어졌다는 것은 사실이다. 그중에서도 오노 토오자부로오와 하마다 찌쇼오(浜田知章)는 일본인의 정신구조를 응시하여 조선과의 관계를 예리한 시선으로 바라보았으며, 특히 한국전쟁에서 미국의 학살행위를 가차없이 고발한 아주 드문 시인으로서 기억되고 있다. 여기에서는 하마다 찌쇼오의 시「경성(서울)의 비(京城(ソウル)の雨)」의 한 절을 소개해두고 싶다.

비(雨)다
심야를 흔드는 맹렬한 비가
우메다(梅田) 정차장의
횅뎅그레한 보도에 불어오지만
동시에 같은 시각에
쯔이따(吹田) 조차장(操車場)을 나와 서쪽으로 향하는 화물열차의
폭탄포, 짚차 위에도
그 비는 하염없이 내린다
부산 길모퉁이에서
김치를 팔고 있는 할머니 눈에도 내리고 있겠지
새벽 일찍 38도선 구릉에 서 있는

소년 빨치산의 용기 넘치는 볼에도 흘러내리겠지

(…)

그 비는

병기수송 차량 밑으로 흘러내리는 피를 닦는다

일본 기지의 하늘을 덮는 짙은 안개를 누르며 흐른다

세게 내려치듯 흐르는 것이다.

(…)

『하마다 찌쇼오 시전집(浜田知章全詩集)』, 本多企畫 2001

한국전쟁의 진행과 함께 일본 국내에서는 강화논쟁이 격렬하게 타올랐으나 이윽고 일본은 냉전에 주체적으로 가담하는 형태로 '독립'을 선택한다. 사실 1951년 9월 쌘프란씨스코에서 열린 강화회의에 중국은 초대되지 못했고 대한민국도 일본과의 사이에서 교전관계가 아니었다는 이유로 초청되지 못한 채 서방국가들을 중심으로 한 단독강화라는 형태로 조약이 조인되었다. 강화조약 자체는 일본 안보조약의 체결과 함께 이루어졌으며 일본은 미국에 종속하면서 아시아를 경시하는 노선을 스스로 선택한 것이었다.

한국전쟁의 평가 — '침략전쟁'인가 '내전(=통일전쟁)'인가

그런데 한국전쟁은 해방 후의 조선 현대사에서 최대의 사건이며 비극이다. 당연히 그것을 어떻게 평가할 것인가는 사상사적으로도 현재에 이르기까지 최대의 이슈가 되어왔다. 특히 한국에서는 이승만정권 후에도 오랫동안 군사독재정권이 이어짐에 따라 한국전쟁에 대한 객관적 평가가 저해되었지만, 그래도 학계나 매스미디어의 저류에서는 항상 전쟁의 기원이나 성격, 자리매김 등이 문제시되어왔다고 할 수 있다. 그런 점에서 볼 때 한국전쟁을 평가하는 데 있어서도 누가 38도선에서 처음으로 총을 쏘았는가는 그다지 중요하지 않다. 그러한 총격전은 이미 일상적으로 다반사였다. 문제는 역시 '침략전쟁'인가 '내전(= 통일전쟁)'이었는가 하는 점이다. 실제로 전쟁 발발 당시 소련·중국·영국 등 외국의 대다수는 '내부문제'라는 점을 강조하여 '불개입 의사'를 명확하게 했다고 한다.[61] 그런 점에서 보면 당연히 전쟁은 '내전' 내지는 '국지전'으로 끝날 정도의 것이었다. 그러나 실제로는 미국이 의외로 국제연합을 움직여 강력한 대항조치를 리드해갔다.

대략적으로 말하자면 1970년대 이후가 되어서야 비로소 한국 민주화운동의 과정에서 역사학계의 진보적 연구자를 중심으로 한국전쟁은 침략전쟁이 아니라 '내전이자 통일전쟁'이었다는 주장이 적지 않게 제기되어왔다고 생각할 수 있다. 이러한 주장에서는 만약 '남침'이었다고 한다면 왜 연합군은 38도선을 넘어 압록강·두만강까지 공격했는가. 또 '북침'이라고 한다면 왜 조선인민군·중국군은 부산까지 공격했는가. 모두가 통일을 달성하기 위한 것이었으며 더욱이 한국전쟁 개시 당시 남측은 사실상 '일제(친일파)' 및 미국의 지배하에 있었다. 북측에서 친일파를 추방한 사회체제가 구축된 것에 비하여 남측의 이승만정권은 정부고관·고급관료의 대다수가 친일파에 의해 차지되고 있었으며 그것은 북측에서 보면 '해방'의 대상으로 보여도 할 말이 없는 사회체제였다고 하는 논의가 이루어졌다.

한국전쟁을 국가간의 전쟁으로 보면, 남북분단의 실태를 오해하고 또한 구종주국이었던 일본이나 전쟁에 개입한 미국의 책임회피로 연결된다. 미국의 1급 연구자인 브루스 커밍스(Bruce Cumings)도 한국전쟁은 해방 후의 '내전'과 '혁명'의 성격을 띤 가열한 투쟁(10만명 이상의 인명을 잃었다)의 연장선상에 있는 것으로, 그 주된 요인은 이른바 일제 잔재세력('친일파')의 존재형태와 계급모순의 격화에 있다고 시사하고 있다.[30]

물론 논자에 따라 주장은 다양하며 한국전쟁의 역사적 성격을 하나의 정리된 형태로 제시하기 어려운 것은 당연하다. 다만 그래도 한국전쟁을 '침략전쟁'으로 규정하면 그것은 보복전쟁을 당연시하는 위험성을 가지게 되고 또한 중국의 국공내전과의 정합성도 유지하지 못하게 될 우려가 있다. 더욱이 현실문제로서 남북분단이 계속되고 국가보안법이 여전히 존재하는 한국에서 한국전쟁을 내전(=통일전쟁)이었다는 것을 주장하는 것은 곧 대한민국의 국시에 반하는 이적행위로서 처벌을 면하지 못하게 된다. 사실 사회학자인 강정구(姜禎求, 동국대학교)는 근년 '통일내전'론을 주장하여 냉전의 성역을 무너뜨리려고 노력해왔지만, 그로 인해 '친북좌파 교수'라는 지탄을 받았을 뿐만 아니라 국가보안법 위반으로 기소되어 교직에서도 쫓겨날 수밖에 없는 사태를 맞기도 했다. 그만큼 한국의 여론이 오늘에 이르기까지 전쟁의 비극과 국민의 고통을 등한시해왔다는 것을 의미한다.

50년대와 제각기의 '민족문제'

한국전쟁에서 전형적으로 보이듯이 한국 현대사는 국제적인 제반 관계 속에서 '민족문제'를 어떻게 서술할 것인가에 그 핵심이 있다고 말할 수 있다. 조선 근현대사의 존재형태와 관련해서 말하자면 민족문제는 계급문제와 함께 가장 중요한 문제로서 자리매김되어왔다고 할 수 있다. 일반적으로 식민지 종속국(지역)의 민족문제는 피억압민족이 억압에 저항하고 민족독립이나 민족적 통일을 실현하고자 할 때에 발생하는 문제를 의미하며, 구체적으로는 민족형성과 민족국가 수립의 문제, 그것을 위한 민족해방운동 전과정을 포괄하는 문제로서 이해된다. 그러나 그 민족문제는 내부의 계급적 입장차이에 의해 인식과 대응의 방법도 달라져 구체적으로 민족모순과 계급모순으로서 역사에 각인되어왔다.

역사 추진의 변혁주체라는 점에 관해서 억압된 종속적 지위에 놓인 조선 근대에서 그것은 노동자나 농민 등의 민중과 지식인들의 반제반봉건세력이 담당해왔다. 민족운동의 힘도 일부 민족자본가의 그것을 포함한다고 치더라도 기본적으로는 민중을 주된 담당자로 하는 민족주의, 즉 민중적 민족주의를 원천으로 했다. 실제로 조선의 근대사 그리고 현대사에서도 민족주의는 반일·반제의 문제이고 자주성과 민주주의의 문제이며 또한 향토·조국 그리고 동포·민족에 대한 애정의 문제이며 궁극적으로는 통일된 민족국가 건설의 문제였지만, 그것은 주로 반일·반미·반외세의 민중이나 지식인에 의한 고난으로 가득 찬 투쟁의 역사로 채색되어왔다고 생각할 수 있다. 물론 해방 후에는 한반도에서 남북분단이 핵심적 문제가 되지만 그것은 단순한 지역문제가 아닌 약소국과 미국 중심의 국제문제라는 점을 잊어서는 안될 것이다.

어찌됐든 한국전쟁은 민족사적·사상사적 또는 정신사적으로 깊은 상흔을 각인시키게 된다. 더욱이 공화국에서는 남로당계의 박헌영이나 임화가 '미제국주의의 스파이'로 체포되어 마침내 처형당하게 된다.

산과 산이 마주 향하고 믿음이 없는 얼굴과 얼굴이 마주 향한 항시 어두움 속에서 꼭 한 번은 천둥 같은 화산이 일어날 것을 알면서 요런 자세로 꽃이 되어야 쓰는가.

저어 서로 응시하는 쌀쌀한 풍경. 아름다운 풍토는 이미 고구려 같은

정신도 신라 같은 이야기도 없는가. 별들이 차지한 하늘은 끝끝내 하나
인데…… 우리 무엇에 불안한 얼굴의 의미는 여기에 있었던가.

  (…)

박봉우(朴鳳宇) 「휴전선」[18]

  슬픈 시이지만 그것은 차치하고 여기서 일본의 사상 상황에 관해서
보면 1950~51년의 한국전쟁 발발과 단독강화 체결을 경계로 크게 변
화해간 것을 알 수 있다. 전후의 일본에서는 GHQ의 주도로 '민주화'
정책 아래 내셔널리즘이 일종의 공백기를 맞이하여 '민주주의'나 '자유
주의' '사회주의' 등의 모든 사상이 전면에 등장하지만 그 내실은 외부
로부터 강제적으로 주입되었다고 하는 성격을 띠고 있을 뿐만 아니라
때로는 국가주의를 기초짓는 논리가 그대로 민주주의의 근거로서도 이
용됐다는 모순으로 가득 차 있었다. 그리고 그 민주주의도 중국혁명 후
의 한국전쟁·강화체결을 전후로 한 시기에는 일본의 전통적인 사회구
조를 변혁하는 원리라는 점에서 점점 멀어져 오히려 전통적인 사회구
조를 온존시킨 채로 그 위에 구축된 상징천황제 국가씨스템이나 사회
질서를 옹호하면서 좌익세력과 대결하는 보수의 원리로 전환하는 방향
으로 향하기 시작했다. 내셔널리즘의 부활이기도 하지만 그러한 반동
적 내셔널리즘의 대두와 대립하는 형태로 공산당 중심으로 제기된 것
이 대미독립을 주선율로 하는 '민족의 문제'이다.
  사실 1950년대 초반 일본에서 좌익의 중심에 자리하고 있던 일본공
산당이 가장 비판한 것은 이 대미종속의 문제다. 즉 일본공산당은 단독
강화 다시 말해 '일본의 독립'은 미국제국주의의 식민지 종속국화라고
규정하고, 반미애국의 민족해방 민주혁명의 투쟁을 호소하였다(일본공

산당 1951년 강령). 이것은 스탈린이 주도한 1950년 코민포름의 일본 공산당 비판이라는 외부로부터의 계기와 결합한 노선전환이지만 그 기저에는 '피억압민족'이라는 주로 피해자 의식에 사로잡힌 자기인식이 있었다.

일본공산당으로 말하자면 출옥한 지도부가 「인민에게 호소함(人民に訴ふ)」을 발표한 이후 일본 변혁의 과제를 담당한 전위정당이며 또한 '내면적 아시아(內なるアジア)'라고도 할 수 있는 재일조선인과 가장 친밀한 관계를 가진 정치세력이다. 실제 일본 좌익세력의 기반이 아직 약한 가운데 공산당의 조직활동이나 공산당계의 집회에서는 항상 재일조선인이 큰 역할을 했다. 그러나 마침내 동아시아에서 중소와 미일의 대결이 선명해지고, 그것은 일본 국내에서의 공산당·재일조선인과 GHQ·요시다 내각과의 결정적인 대결로 발전했다. 그리고 코민포름의 일본공산당 비판으로 공산당이 심각한 내부분열에 빠지면서 GHQ·요시다 내각은 재일조선인·공산당에 대한 탄압을 강화해갔다. 당시의 이러한 긴박한 상황 속에서 일본공산당은 이른바 근대에 있어서 일본의 좌절을 무시하고 동시에 가해의 자각을 결여한 식민지 종속국론을 제창하여 '반미애국'을 전면에 내세웠다.

그래도 일본공산당의 '민족의 문제'는 각 방면에서 적지 않은 영향을 끼치게 되었다. 패전 후 하니 고로오는 '인간의 역사학'을 제창하였는데, 1950년대에 들어와 역사학 연구의 중핵단체가 되었던 역사학연구회는 '민족의 문제'를 정면에서 받아들여 맑스주의 역사학자 이시모다 쇼오(石母田正)나 토오마 세이따(藤間生大)를 중심으로 '국민적 역사학' 운동을 제창했으며 또한 그것이 연구회나 학생, 그리고 현장의 노동자·농민의 마음을 사로잡아가게 된다. 거기에서는 지식인이 '소시민'적 내지 '코스모폴리탄'적인 성격에 빠지기 쉬운 가운데 그것을 극복하여

'민족' 또는 '국민'의 일원으로서 시대의 과제에 맞서려고 하는 자세를 읽을 수 있다.

이렇게 단독강화 전후부터 좌익진영 측에서 '민족의 문제'나 내셔널리즘 문제가 제기되었을 때 일본공산당의 노선을 중심으로 한 전후 일본사상의 존재방식에 근본적인 비판을 가한 것이 타께우찌 요시미(竹內好)였다. 실제로 타께우찌는 일본 맑스주의자의 태도는 '밖'으로서의 권위에 대해서는 약하고 '안'으로서의 '민중'에 대한 책임감은 결핍된 노예적인 정신구조의 표출이라고 비판하고, 일본인의 정신구조 그 자체의 변혁이 불가결하다고 하면서 근대주의 비판, 공산당 비판, 근린 아시아 민족에 대한 전쟁책임 문제 등에 대해 격렬한 논진을 펼쳤다. 그것은 안이한 내셔널리즘의 주장은 재차 울트라내셔널리즘에 빠질 위험성이 있다고 하는 것이며, 과거의 아시아 침략을 지탱한 민족주의와의 대결을 피한 근대주의·맑스주의·자민족중심주의를 공격의 대상으로 삼은 것이었다.

여기서 타께우찌는 식민지 지배를 떨쳐버리는 과정에서 혁명과 내셔널리즘을 결합시킨 혁명 중국의 민족저항사 즉 자기형성사를 지표로 하면서, 근대주의 및 맑스주의·일본공산당을 "민족을 사고의 통로에 포함하지 않는 것"이라고 비판했다.[62] 역사학자 토오야마 시게끼(遠山茂樹)도 당시 민족의 문제란 타민족과의 관계에서 자민족을 파악하는 것이었다고 하면서 타께우찌 요시미가 일찍부터 일본은 근대화에 성공하고 중국은 실패했다고 하는 통설에 비판을 시도하여 일본의 근대화가 국민으로부터 저항의 힘을 잃게 하고 진보의 환상 속에서 혁명의 힘을 잃게 했다고 논한 점을 높이 평가하고 있다.[63]

오늘날의 관점에서 말하자면, 당시 보수진영에 의한 반동적 내셔널리즘이 대두하는 가운데 공산당을 중심으로 제기된 '민족의 문제'나 그것에 대한 타께우찌 요시미의 비판 등은 일본의 민족적 위기 다시 말해 식민지화에 대한 위기의식뿐만 아니라 아시아의 내셔널리즘에 대한 국민적 관심의 고조와 연동하고 있었다고 할 수 있다. 그런 점에서 강화를 전후한 시기에 타께우찌가 변혁하는 '중국상'을 제공하는 데 힘을 쏟은 것은 당시 일본정부가 냉전을 이용한 미국의 조종에 편승하여 아시아를 무시하는 것에 경종을 울리고, 전후 일본의 '왜곡된 주체성' 형성을 저지하려고 생각한 것임에 틀림없다. 하긴 타께우찌의 아시아에 대한 관심도 현실적으로 치열한 전화를 겪고 있는 남북조선이나 또한 프랑스와의 식민지 해방투쟁이 한창이던 베트남에 대한 것이라기보다는 오로지 혁명 중국에 대한 것이었다고 생각할 수 있다.

그런 점에서 오오꾸마 노부유끼(大熊信行)가 『국가악(國家惡)』(中央公論社 1957) 등에서 국가론·전쟁책임론·평화론을 논하여 전후 지식인의 '민주주의론' '평화사상'이 스스로의 역사적인 존재형식을 망각하고 국가의 문제, 충성의 문제, 전쟁책임론을 결락시킨 추상론에 빠졌다고 지적한 것은 민족의식의 내부에 둥지를 틀고 있는 국가의 문제를 깊게 고찰하고자 한 의미에서 중요하다.[64] 단, 앞서 서술한 바와 같이 근현대 일본의 사상과제는 '천황제와 조선'이라고 하는 시점에서 볼 때 아시아의 피해자와 통하는 형태로 민족, 국가, 천황제, 민주주의, 전쟁책임의 추궁 등의 제반 문제가 사상의 영역에서 펼쳐지는 이치는 여전히 그대로 폐쇄되어 있었다고 말할 수 있다.

물론 강화조약 체결에서 독립을 회복한 일본에게 1950년대 중반은 패전 이후 처음이라고 할 수 있는 커다란 전환기가 되었다. 1955년 2월의 총선거를 거쳐 10월에 일본사회당이, 11월에 자유민주당이 출현함에 따라 '55년체제'가 성립하지만 그것은 국제적인 냉전구조에 대응한 노사대립을 배경으로 하는 국내에서의 대결체제였다. 이 55년체제는 상징천황이 된 천황 히로히또가 '평화주의'를 내세우면서 최종적으로 퇴위를 거부하고 전쟁책임 문제를 흐지부지하게 하는 가운데 자유민주당이 '반공주의와 민족주의(미풍양속)'를 외치고 또한 사회당이 '헌법옹호와 민족주의(평화와 민주주의)'를 내세워 항쟁하는 구도였으며,[65] 거기에는 대미종속하에서 경무장·경제중시의 노선이 실천되어갔다고 이해할 수 있다. 덧붙여 말하자면 정부 여당의 개헌 움직임을 저지하고자 한 사회당을 중심으로 '헌법옹호국민연합'이 결성되었던 것은 1954년이다. 마침내 국내에서는 경제적 '고도성장'이 의식되기 시작하였으며 동시에 반동적인 노선을 강화하는 보수정치에 대항하는 형태로 원수폭금지운동이 전개되고, 그것은 이윽고 1960년의 일미안보조약(日米安全保障條約) 반대의 격렬한 투쟁으로 이어지게 된다.

한편 한국에서는 전쟁에 의한 괴멸적인 타격에 의해 사람들이 도탄의 고통을 맛보는 가운데 전쟁에 따른 사회변화가 급속하게 진행되었다. 북에서 남으로 대규모의 인구이동이 발생했으며, 농촌에서 도시로의 이주 증대와 맞물려 전통적인 지배질서나 가치관·신분의식이 크게 동요하기 시작했다. 이러한 한국사회의 변화는 1960년대 일본의 고도성장에 의한 변화보다 파괴적이었으며, 사회혼란 속에서 암거래나 유통업 등으로 부를 축적한 신흥재벌이 사회의 전면에 등장했다. 이러한 사회혼란은 이승만정권에게는 정권기반을 강화하는 절호의 기회가 되었으며, '반공'을 대의명분으로 반대파에 대한 협박, 감금, 고문, 테러를 일상다반사로 하는 강권정치를 가능하게 했다. 친일파 출신의 경찰 관료기구, 월남자가 다수 포함된 우익조직, 그리고 비대화한 군대가 이승만정권의 지지기반이 되었으며, 이들 세력은 신흥재벌과의 결탁과 더불어 한국정계의 부패를 급속하게 진행시켰다. 더구나 이승만은 개헌과 부정선거를 통해서 권좌에 집착함으로써 학생·지식인의 격분을 불러일으키게 된다.

해방 후 한국의 문학상황

여기서는 시점을 바꾸어서 패전/해방 후의 문학에 대해 다시 서술해보자.

한반도 남부에서는 해방 다음날인 8월 16일에 '조선문학건설본부'가 결성되었으며, 17일에는 '조선프롤레타리아문학동맹'(KAPF)이 설립되었다. 이 두 단체는 식민지시대의 카프 조선프롤레타리아예술가동맹의 흐름을 잇는 것이지만 머지않아 활동주체의 분열을 반성하는 목소리가 일어나 12월 13일에는 합동기관으로서 '조선문학가동맹'이 결성되었다. 그러나 해방공간 자체가 남북분단을 배태한 것이었던 만큼 문학단체의 결성 자체는 처음부터 정치적 움직임과 밀접하게 연동해 정치적 입장이나 문학이념, 나아가서는 세대간 차이 등에 의해 혼란스럽고 분열된 것이 되었다. 당초는 좌익정당에 직결하는 카프계열의 문학단체가 기세를 잡았지만 마침내 그것과 대립하는 형태로 민족주의의 입장에 선 박종화(朴鍾和) 등에 의해 1945년 9월 18일 '중앙문화협회'가 설립되었다. 이른바 해방공간의 문학계는 처음부터 좌익진영과 민족진영으로 나뉘어 출현하였고 그 이합집산도 격렬했다.[66]

문학사적으로 말하자면 1946년 2월에 서울 종로의 기독교 청년회관에서 '제1회 조선 전국 문학가대회'가 열렸으며 이것이 문학활동의 본격적 시발점이 되었다. 대회에는 친일협력자를 제외한 91명의 문학가가 참가했는데 주도적인 역할을 담당한 것은 시인·평론가인 임화, 작가 이태준, 문학사가 김태준(金台俊) 등 주로 좌익진영에 속한 사람들이었다. 열기로 가득 찬 대회에서는 '결정서'가 채택되었는데, 조선문학의 기본임무는 '민족문학의 수립'이고 그것을 위해서는 일제 문화지배의 잔재와 봉건주의적인 유물을 청산하는 것이 당면과제이며 민주주의적 국가건설을 위해서도 조선은 세계 민주주의전선의 일익을 담당해야 한다는 것이 강조되었다.[67]

이른바 "민주주의적 민족문화의 창조"가 해방공간에서 문학의 기본 과제가 되었으나 정치정세의 변화는 그대로 문학단체 및 문학이념의 변화·변질을 초래하여 점차로 좌익계열은 열세에 서지 않을 수 없게 되었다. 사실 제1회 조선 전국 문학가대회에서 활약한 주요 문학가는 다음해 1947년부터 미국 점령군과 이승만정권의 박해를 받아 월북을 할 수밖에 없었으며 한국전쟁 발발 전에 조선문학가동맹은 붕괴되었다. 좌익문학단체가 괴멸하는 가운데 1947년 12월에는 보수·우익계의 '한국문학가협회'가 결성되었다.

좌익문학운동의 중심에 있었던 김태준은 마지막까지 남쪽에 남아 남로당 특수정보부장으로 활약했는데 1947년 11월에 '이적간첩죄'로 총살형에 처해졌다. 김태준은 군사재판에서의 최후진술에서 "지금 조선에는 고전을 수집하고 정리하고 고증하는 것이 중대한 일이므로 앞으로 용인된다면 상아탑에서 이러한 일을 하고" 싶다고 말했지만 결국 당의 기밀을 끝까지 지키면서 전향을 거부했다.[68] 그에 비해 북으로 옮긴 임화나 이태준 등은 한국전쟁이 휴전된 후 미국의 스파이라는 오명을 쓰고 처형되거나 또는 행방불명되는 운명을 겪었다. 식민지시대에 친일작가로서 활약한 문학가에 대해 말하자면 그 우두머리라고도 할 수 있는 이광수는 1948년에 『나의 고백』을 써서 친일행위의 변명에 치중하고 다음해 1949년에는 반민특법으로 수감됐으며 1950년 한국전쟁 발발로 인민군에 의해 납북되는 경과를 겪는다.

해방 후의 문학에 대해서 실제로는 더욱 상세하게 서술할 필요가 있지만 여기서는 단지 문학활동이 정치와 밀접한 형태로 매우 다채롭고 활발하게 그리고 격렬한 대립을 포함한 형태로 전개되었다는 것만을 기술해두고자 한다. '혁명'에서 목숨을 잃은 문학가가 속출한 것이 해방 후 조선의 문학사였다고 한다면 지나친 말일까.

그보다도 오히려 여기서는 동족상잔의 한국전쟁의 비극이 아이러니하게도 민족과 국가 사이에서 고뇌하는 인간을 묘사하는 절호의 소재를 제공했다는 점을 강조해두고 싶다. 실제로 해방공간에서의 문학창작을 잇는 형태로 전쟁 발발 후 문학잡지 등에서 갖가지 문학표현이 시도되었는데, 그 내용은 전쟁의 추이에 입각해서 전투에서의 가혹한 체험과 고통, 인민군 점령하에서의 생존형식과 내면의 갈등, 포로 체험과 실존인식, 피난 체험과 윤리, 혹은 퇴폐적인 생활상이나 정신의 방황 등과 같이 지식인이나 민중의 삶의 진실을 생생하게 묘사하려고 한 것이었다. 다만 전쟁의 비참함에서 보더라도 한국전쟁의 비극이 우수한 시나 문학작품, 음악 등으로 결실을 맺기까지는 역시 적지 않은 시간을 요구했다.

현재 한국에서 '국민적 가곡'으로 유명한 「비목」은 1963년에 후일 음악평론가가 되는 한명희(韓明熙)가 중대장으로서 전투가 치열했던 철원(현재 38선 부근) 부근에서 복무를 하고 있을 때 녹슨 철모나 카빈총, 그리고 이름도 없는 비목(나무 비석) 등에 우연히 마주쳐 죽은 병사의 혼을 위로하기 위해서 작사한 것이라고 한다. 그 시에 작곡가 장일남이 1967년에 곡을 붙여 「비목」이 탄생한다. 이 노래는 전장의 비참함과 갈 곳 없는 고독과 애수를 느끼게 하는 아름다운 선율이며, 텔레비전 드라미의 주세가가 되어 널리 퍼졌다고 한다. 내가 가장 좋아하는 가곡이기도 하다.

초연이 쓸고 간 깊은 계곡 깊은 계곡 양지녘에

비바람 긴 세월로 이름 모를 이름 모를 비목이여
먼 고향 초동 친구 두고 온 하늘가
그리워 마디마디 이끼 되어 맺혔네

궁노루 산울림 달빛 타고 달빛 타고 흐르는 밤
홀로 선 적막감에 울어 지친 울어 지친 비목이여
그 옛날 천진스런 추억은 애달퍼
서러움 알알이 돌이 되어 쌓였네

문학작품도 그것이야말로 너무 많아서 이루 헤아릴 수가 없다. 그중에서도 1988년에 겨우 간행된 이태(李泰)의 『남부군』(안우식 번역 일본어판은 1991년 간행)은 한국전쟁 속에서 '북'과 호응하면서 빨치산으로 싸운 체험적 수기로서 제1급의 증언적인 작품이다. 저자 이태의 경력은 그 자체로 『남부군』이 탄생한 역사를 잘 나타내고 있다. 1923년 충청북도에서 태어난 이태는 태평양전쟁 말기에 일본군으로 징용되어 남방으로 종군했으며, 1947년 귀향하여 해방 후에 설립된 언론인 양성기관인 조선신문학원에서 수학하여 서울신문과 합동통신 기자가 된다. 1950년 6월 25일 '한국전쟁 발발'의 제1보를 특종 보도했으며 인민군의 남하와 함께 북의 조선중앙통신 기자에 임명되어 마침내 남쪽 빨치산부대에 소속된다. 후에 빨치산의 전설적인 총수로 일컬어지는 이현상(李鉉相)이 이끄는 주력부대 '남부군'에 전속되어 지리산 지역에서 활동하면서 전사기록계도 맡았다. 1952년 봄에 경찰부대에 체포되어 남원의 수용소에 수감됐다가 특사로 출옥한 후 60년대에는 야당 국회의원에 한차례 당선됐다. 1997년에 사망했다.

『남부군』은 미군정이나 이승만정권하에서 사회적 정의를 희구하는 사람들이 한국전쟁 속에서 '북'과 호응하면서 빨치산으로 싸웠던 모습을 생생하게 묘사하고 있다. 농민, 학생, 시인, 구일본군 출신의 군사지도자 등 실로 다양한 젊은이들이 참가한 각지 빨치산부대의 생태, 남부군과 호응하는 노동당과의 협조와 불협화음, 빨치산 투쟁 속에서의 사랑과 이별, 험준한 산봉우리를 건너면서 피투성이가 된 싸움, 식량조달의 냉엄함 등등 극한상황에서 살았던 사람들의 비길 데 없는 기록이다.

시인 고은은 1973년 출판해 2005년에 재간한 『1950년대: 그 폐허의 문학과 인간』에서 "6·25는 현실에 속해 있지 않다. 그러나 그것은 이후의 세대에게 근원적인 원체험이 되고 있다"고 하여, "6·25문학이야말로 한국문학의 가능성"을 열었다고 말하고 있다. 즉 그때까지의 문학이 모두 자연화한 토속의 흔적을 대상으로 한 "성황당문학" "일종의 민속문학"의 성격을 띠고 있었던 것에 비해서 비참한 전쟁체험을 가진 6·25세대는 언어화에 시간을 보냈지만 사회적·역사적 기능을 가진 내면성 풍부한 문학을 발전시켜가게 되었다. 이러한 고은의 말은 1950년대 한국문학의 좌절과 슬픔, 공허를 실제로 체험함으로써 비로소 말할 수 있었던 것이다.

패전 후 일본의 문학상황

한편 전후 일본문학은 히라노 켄(平野謙)의 『쇼오와문학사(昭和文學史)』(筑摩書房 1963)에 의하면 저널리즘의 부흥과 함께 먼저 기성 노대가들(老大家)의 부활이었다고 서술하고 있다. 전쟁중에 어쩔 수 없이 폐간됐던 『쮸우오오코오론(中央公論)』 『카이조오(改造)』 『분게이슌쥬우(文芸春秋)』 『닛뽄효오론(日本評論)』 『신죠오(新潮)』가 다시 간행되고, 새롭게 『세까이(世界)』 『닌겐(人間)』 『텐보오(展望)』 등이 창간됐다. 점령하에서 저널리즘은 먼저 무난한 노대가인 마사무네 하꾸죠오(正宗

白鳥)·나가이 카후우(永井荷風)·타니자끼 준이찌로오(谷崎潤一郎)·
시가 나오야(志賀直哉) 등에게 조명을 비추지만, 머지않아 전전의 프롤
레타리아 문학계의 쿠라하라 코레히또(藏原惟人)·나까노 시게하루·미
야모또 유리꼬 등의 작가들이 활동을 개시하여 1945년 12월에는 '신일
본문학회'가 결성되었다. 마침내 거기에 새로운 문제의식을 가진 이시
까와 준(石川淳)·사까구찌 안고(坂口安吾)·다자이 오사무(太宰治)·이
또오 세이(伊藤整) 및 노마 히로시(野間宏)·시이나 린조오(椎名麟
三)·하니야 유따까(埴谷雄高)·오오오까 쇼오헤이(大岡昇平) 그리고
타께다 타이쥰(武田泰淳)·미시마 유끼오(三島由紀夫)·홋따 요시에(堀
田善衛)·아베 코오보오(安部公房) 등 다채로운 전후파 문학도 등장하
는데, 이것은 전전의 모더니즘 문학의 흐름을 잇는 것이다. 이른바 패
전 후의 일본문학은 대충 말해서 ①노대가의 문학 ②프롤레타리아문
학 ③전후파 문학의 3가지로 채색되어 있는데, 창작활동과 함께 비평
활동도 활발하게 행해졌으며 기본적으로는 맑스주의와 서구적인 자유
주의 내지 개인주의가 대립했다고 한다.

전후 일본의 사상과제가 '천황제와 조선'이었다는 관점에서 볼 때
주관적이기는 하지만 그것에 가장 열심이었던 것은 새로운 민주주의
문학의 창작을 호소한 프롤레타리아 문학계의 작가들이었다. 그 조직
인 신일본문학회는 『신닛뽄분가꾸(新日本文學)』를 발행하여 천황제와
전쟁책임을 문제로 삼았으며, 그것과는 별도로 아라 마사히또(荒正
人)·사사끼 키이찌(佐佐木基一)·오다기리 히데오(小田切秀雄) 등 근
대문학파 동인들이 창간한 『문학시표』도 전쟁책임 문제에 임하였다.
특히 『신닛뽄분가꾸』는 창간호(1946년 3월)에서 '문학가의 전쟁책임 추
구'를 명기하였고, 중앙위원에 뽑힌 오다기리 히데오가 6월호에서 전
쟁책임을 져야 할 문학가로서 25명을 지명했다. 다만 전쟁책임 추궁의

중심이 되어야 할 신일본문학회는 발족 당초부터 혼란을 거듭하였으며 결국은 일본공산당의 노선상의 혼란과 상응하여 충분한 결과를 올리지는 못했다. 뿐만 아니라 『신닛뽄분가꾸』는 그 자체가 패전의 충격이나 전쟁체험의 사상화라는 전후문학의 기본과제에 대해서 미약한 대응밖에 보일 수 없었다. 지난호를 펼쳐보아도 시로 말하자면 미약한 형태로나마 패전이나 전쟁책임을 다룬 것이 등장하는 것은 비로소 1947년 6월호에서이다.

내친김에 말하자면 타께우찌 요시미가 1951년에 쓴 「내셔널리즘과 사회혁명」[69]에서, 이시까와 타꾸보꾸(石川啄木)의 조국과 민족에 대한 애정, 즉 내셔널리즘과 사회혁명을 결합하고자 했던 타꾸보꾸의 고뇌에 대해 쓰면서 일본의 프롤레타리아문학이 타꾸보꾸를 어떻게 계승했는가에 대해 주의를 환기시키고 있는 것에 유의하고 싶다. 즉 타께우찌는 타꾸보꾸를 계승한 것으로 보이는 프롤레타리아문학에 대해 "그러나 계승한 것은 사회사상의 표면이었을 뿐 타꾸보꾸가 그것과 결합하려고 고뇌했던 내셔널리즘의 반면(半面)은 프롤레타리아문학에서 분리되어버렸다. 그리고 그것이 일본과 중국의 프롤레타리아문학의 차이점이기도 하다"고 말했다. 이것은 전쟁문학, 그중에서도 천황제나 전쟁책임을 문제로 삼는 프롤레타리아문학을 생각할 때 중요한 의미를 가지는 것이 아닐까 생각한다.

1950년대를 전후한 시기는 일본 각지에서 써클활동이 갖가지 형태로 전개되었는데 그것은 전후 계몽을 상징힘과 동시에 다분히 계급적 관점을 겸비하는 것으로 생각된다. 무쨔꾸 세이꾜오(無着成恭)가 1951년에 『산울림학교(山びこ學校)』를 편집·간행한 것이 그 좋은 예로서 이 책은 1955년 말까지 8쇄 10만부가 나왔다고 한다. 『산울림학교』는 생활글짓기 교육의 실천으로서 큰 반향을 일으켰는데, 그것은 전후 교

육에 도입된 사회과 교육의 한 방법으로도 이해되었으며 동시에 후일 '시민교육인가, 계급교육인가' 하는 논쟁을 불러일으키는 내용을 포함하고 있었다. 다만 『산울림학교』에는 전쟁에 대한 내용을 포함한 것이 있었다고는 하지만 직접적으로 전쟁책임이나 아시아 침략 등을 다룬 내용을 포함하고 있지는 않았다고 할 수 있다. 이른바 전후 계몽이 암묵적으로 민족주의적 색채를 가지면서도 아시아를 소거한 형태로 주제화되어 있었다는 것을 말해주고 있다.

그런 점에서 나 나름대로 보면 1950년 4월에 창립된 극단 민예(民藝)가 보다 직접적으로 그러한 문제를 포함한 사상표현을 시도하였다고 평가할 수 있다고 생각한다. 극단 민예는 1947년 발족한 민중예술극장＝제1차 민예를 계승하여 타끼자와 오사무(瀧澤修), 시미즈 마사오(清水將夫), 우노 쥬우끼찌(宇野重吉) 등에 의해 "많은 사람들의 살아가는 기쁨과 격려가 되는" 민중에 뿌리내린 연극예술을 만들어내려고 깃발을 들었던 것으로, 출발부터 전쟁책임이나 아시아 침략 등의 문제를 시야에 넣은 것이었다고 할 수 있다.

전후문학의 문제로 돌아가면 여기서 상세하게 서술할 필요는 없다고 생각하기 때문에 바로 폐허에서 부흥해가는 전환점이 되었던 한국전쟁과 관련된 의미에서 두 가지에 관해 서술하고자 한다. 한 가지는 1951년에 아꾸따가와상(芥川賞)을 받은 홋따 요시에의 『광장의 고독(廣場の孤獨)』이고, 또 한 가지는 역사학자 토오마 세이따(藤間生大)가 조선의 현대시를 읽고 쓴 『민족의 시(民族の詩)』(東大新書 1955)를 둘러싼 '논쟁'에 관한 것이다.

홋따 요시에의 『광장의 고독』은 한국전쟁 발발 후의 레드퍼지와 공산당 내부의 항쟁 등 전후의 격동하는 정세를 배경으로 한 지식인과 저널리스트의 정치적 실존의 모습을 묘사하고자 한 것이다. 주인공은 신문사의 임시수습으로 한국전쟁 직후였던 7월에 위기와 격동을 전하는 전문의 번역을 담당하고 있다. 실제로 『광장의 고독』은 한국전쟁의 동정을 전하는 "전문은 2분 정도의 간격으로 장단이 뒤섞여서 쉴 새 없이 흘러들어왔다"라는 문장으로 시작하고 있다. '북조선' 즉 (일본의) '적'이라는 번역어에 위화감을 가지는 주인공, 전쟁의 음지에서 거액의 부를 얻고자 하는 국제적 전쟁브로커, "조선의 전쟁은 분명히 해방전쟁일 것이다"라고 혁명의 성취를 조용히 기대하는 공산당원 등 다채로운 등장인물은 그러나 최종적으로 인간존재의 고독으로 연결된다.

일본의 고독, 인간의 고독, "이 '소설'의 제목은, 그렇다, 먼저 'Stranger in Town' 이것을 의역하여, '광장의 고독'으로 한다"라고. 전쟁 말기에 상하이로 건너가 거기에서 패전을 맞이하여 국민당에 징용된 경험이 있는 홋따 요시에는 다시 전쟁의 시대를 살아가는 인간의 혼에 대해 추구하고자 했다. 작품 중간에 나오는 "벌거벗은 것은 자네 혼자만이 아니네, 일본 전부가 그럴지도 모르지"라는 말은 '전선기지'인 일본의 현실에 대해 스스로 주체적인 의견을 가질 수 없는 일본인 모두에 대한 비판이기도 할 것이다. 사고정지, 그것이 바로 '광장의 고독'이다. 이 작품이 아꾸따가와상을 받을 당시에 시대의 거친 파도 속에서 그래도 양심적으로 살아가고자 하는 저널리스트의 모습은 특히 젊은이들에게 큰 영향을 주었을 것이다. 다만 지금 이 작품을 다시 읽어볼 때 왠지 공허함을 느끼지 않을 수 없다. "다시 일본도 전쟁을 하게 된다"고 하는 긴장감은 있어도 한국전쟁은 자신과는 관계없는 나라에서의 사건이라는 뉘앙스를 준다. 패전 후 5년의 싯점에서 그것은 부득이하다는 느낌이 있었는지도 모르지만…… 이와 관련해서 문학가의 전쟁책임이 애매하게 되는 가운데 이 시기에는 한국전쟁의 특수에 의해 각종 문학전집 등이 상당히 팔렸다는 점은 기억해두자.

한편으로 토오마 세이따의『민족의 시』는 한국전쟁의 초연이 아직도 사라지지 않은 시기에 조선의 현대시를 처음으로 소개한 것으로 일본 현대시와 비교하면서 이것저것을 이야기한 것이다. 그 전해에 간행된 김소운(金素雲)의『조선시집』(岩波文庫)을 읽고 난 후의 비평인데, 책이 간행되자마자 김달수(金達壽)가 이에 대해 언급했으며, 여기에 김소운이 책 내용에 대해 비판하고 토오마가 반론하는 일종의 '논쟁'이 일어났다. 일본의 조선 식민지 지배라는 역사를 배경으로 그들의 논의는 가차 없는 것이었지만 또한 패전/해방으로부터 그다지 경과하지 않았다고 하는 시기적 제약도 있어서 그다지 깊은 논의는 아니었을지도 모른다. 다만 오늘날의 관점에서 보더라도 여러가지 의미에서 중요한 문제가 제기됐다고 생각한다.

토오마는『민족의 시』의「집필후기」에서 집필동기에 관해서 얼마 전에『야마또따께루노미꼬또(日本武尊)』를 출판할 때, 그 첫머리에 "고향을 노래한 현대시"를 넣고 싶다고 생각했으나 찾지 못했다. 그때 왜 희망하는 '고향의 시'를 찾을 수 없었는지 의문이었다. 그러나 김소운의『조선시집』을 보았을 때 희망이 일거에 이루어졌다. 희망하는 시가 무수하게 있었다. 그때부터 메이지 말기 이래 일본에서 역사와 시의 발전 방식에 큰 문제가 있는 것은 아닌가 하고 생각하게 되었다고 서술하고 있다.

때마침 일본공산당의 영향하에 역사학계에서 '민족의 문제'가 정면으로 거론되어 이시모다 쇼오나 토오마 세이따 등이 '국민적 역사학' 운동을 전개해 나름대로 성과를 얻고 있던 시기다. 일본에는 민족과 계급으로 결합되는 '고향'은 근대화과정에서 내버려졌다. 일본에서는 고향과 시가(詩歌)라고 해도 키따하라 하꾸슈우(北原白秋)의「추억」이나 이시가와 타꾸보꾸의 시밖에 떠오르지 않는다. 그러나 조선의 시인의 경우에는 자신들의 세계와 고향의 세계는 별개의 것이 아니라 그 고향의 울퉁불퉁한 지반 위에서밖에 근대적인 자아의 해방은 있을 수 없었다. 조선의 시는 근대의 치장이라는 점에서는 민요와 같이 소박하지만 일본의 시인이 가지는 취약성을 간파하는 조건을 가지고 있다. 민족과 계급을 의식한 프롤레타리아 시, 향토와 민족의 운명, 그리고 계급의 역할을 적확하게 과제로 한 시와 같이 프롤레타리아 시라도 일본과 조선의 그것은 기본선이 다르다는 것이다.

여기서 이 책을 둘러싼 '논쟁'의 상세한 내용에 관해서는 서술할 여유가 없지만 토오마가 민족이나 계급 문제에 구애되어 특히 1950년대 초반의 일본이 세계제국주의에 의한 지배의 근원에 있으며 일본의 노동자계급이 그것과 투쟁하여 민족적 해방을 실현하기를 바라고 있었던 것은 잘 알려져 있다. 이때 토오마는 아시아 여러 민족, 특히 조선민족에게 배우는 것으로 실천적 과제를 찾아내려고 한다. 그러나 실제로 현실의 일본사회에서는 "민족의식이 매우 낮다"는 것을 유감스럽지만 인정해야만 하고, 그것을 타개하기 위해서도 민족적인 자긍심이나 민족 영웅 등을 소재로 하여 탐구하고 제공하는 것이 중요하다고 생각했다.[70] 토오마는 당연히 재일조선인 등 피억압민족과의 연대를 중시하는 자세를 보이지만, 다만 오늘날의 시점에서 보면 당시의 토오마는 여전히 식민지 지배의 실상에 대한 이해가 깊지 않았으며 또한 전쟁책임 추궁이나 전쟁책임 자각에 약했을 것이라는 의문을 떨쳐버릴 수가 없다.

토오마가 읽은 김소운의 『조선시집』은 "나는 들에 핀 국화를 사랑합니다/빛과 향기 어느 것이 못하지 않으나/넓은 들에 가엾게 피고 지는 꽃일래/나는 그 꽃을 무한히 사랑합니다//나는 이 땅의 시인을 사랑합니다/외로우나 마음대로 피고 지는 꽃처럼/빛과 향기 조금도 거짓 없길래/나는 그들이 읊은 시를 사랑합니다"(이하윤 「들국화」)라고 읊고 있는 것처럼, 20세기 초두부터 40여년에 이르는 역사의 불행에 저항하면서 식민지시대를 살았던 조선인의 정신사를 솔직하게 표현한 120편의 시를 번역한 주옥같은 시문의 선집이다. 김소운 최초의 『조선시집·우윳빛 구름』이 카와데쇼보(河出書房)에서 출판된 것은 1940년이었으며 그것은 일본 시인들의 칭송을 받았다. 그것을 이은 것이 이와나미문고판인데 그 대다수가 개인의 내면적인 세계를 표현한 서정시라고 할 수 있으며, 토오마는 억지로 거기서 민족의 영웅이나 신화, 민족의 역사를 이야기한 서정시를 찾아내려고 했는지도 모른다. 그것도 일본을 위해서 조선의 현대시를 이용한다는 형태로.

이러한 토오마의 자세는 당시 일본인은 미국 종속하의 피압박민족이라고 이해한 일본공산당의 인식에서 보면 어쩔 수 없었던 것일까, 아니면 식민지 지배하의 문학작품을 읽을 때의 입장차이라고 말해야 하는 것일까. 어느 쪽이든 시적 표현에 관심을 가진 이와사끼 미노루(岩崎稔)가 서술한 것처럼 "이시모다(및 토오마) 등에게 보이는 서사시적인 갈망은 국민적 역사학 운동의 핵심에 대한 요구이며 감수성이었다. 그러나 실제로 거기에는 자신들 일본민족은 누락되고 결여된 민족으로서 먼저 주체화하는 것이 요구되었으며, 그것에 대해서 조선민족이나 아시아의 다른 민족해방투쟁을 한 민족이야말로 본이 되는 민족으로서 파악되었"다는 것은 틀림없는 듯하다.[71] 거기에는 분명 이시모다 등의 "논하는 바가 지나치게 깔끔하여" "자신의 생활의 고난이나 연구의 모순에 관해서 쓰지 않고 있다"는 비판을 받을 여지가 있었다고 말할 수 있다.[72] 그런 점에서 말하자면 타께우찌 요시미의 시점을 포함하여 전쟁책임이나 전후책임의 문제, 그리고 '민족의 회로', 나아가서는 일본인에게 있어서 '민족의 전생(轉生)'의 의미를 다시 한번 생각해볼 필요가 있지는 않을까.

그런데 전후시라고 하면 1940년대 말 특히 50년대 전반 써클운동의 일환으로서 전개되었던 써클시운동이 중요한 의미를 가진다. 일본 전국에서 시창작써클이 만들어지고 그것은 노동자의 정치적 투쟁에서 중요한 의미를 가졌다. 널리 주목받았던 시잡지는 『진민(人民)』 『진민분가꾸(人民文學)』 『시집·시모마루꼬(下丸子)』 『이시쯔부떼(石ッブテ)』 『렛또오(列島)』 등이 있는데, 작가 노마 히로시는 『렛또오』의 발간사(1952. 3)에서 다음과 같이 쓰고 있다. "시가 일본 전토를 덮으려고 하는 시대가 오고 있다. 현재 일본의 어떤 곳에 가도 시잡지, 시 리플릿, 시집, 시 광고지가 나돌지 않는 곳이 없다. (…) 일본인은 지금 일본의 위기를 확실하게 느끼면서 모든 곤란이나 압박, 고통을 떨쳐버리고 일본의 독립을 만들어나가는 투쟁을 하는 데 있어서 무엇보다도 시가 필요하다는 것을 알았다."

잡지 『겐다이시소오(現代思想)』 2007년 12월 임시증간호의 특집 「전후 민중정신사」는 그러한 써클시운동에 대해 케이힌지구(京浜地區) 시모마루꼬·남부에 촛점을 맞춘 연구성과의 발표였는데, 거기에서 시의 핵심은 반전평화다. 미찌바 찌까노부(道場親信)의 논고[73] 등을 참조하면서 나 나름대로 말하자면 당시 집회 등에서 널리 불렸던 노래에 「민족독립행동대의 노래」(야마기시 잇쇼오山岸一章 작사, 오까다 카즈오岡田和夫 작곡)라는 것이 있다. 레드퍼지 반대투쟁 현장에서 쓰인 이 가사는 "민족의 자유를 지켜라/궐기하라 조국의 노동자여/영원한 혁명전통을 지키라/피에는 피로 때려 내쫓아라/민족의 적 나라를 판 개늘을/(…)" 라고 하는 것이다. 이것은 실로 반전평화의 '민족적' 외침을 소리 높여 부른 것으로, 그런 의미에서는 전후 민주주의 그리고 진보·좌익운동의 하나의 큰 성과이기는 하다.

써클시운동에서 문학표현 자체는 '민족문학'적 색채를 가지는 것이지만, 단 공산당의 영향을 음으로 양으로 받은 반전평화 반미애국, 즉 피해자의식에 사로잡혔던 자기인식을 기조로 하는 한 한반도나 재일조선인과 구체적으로 어떤 연대를 가질 수 있었던가는 반드시 확실하지는 않다. 시인 김시종에 의하면 1950년대 초반 오오사까를 중심으로 재일조선인도 써클시운동을 전개하여 일본인과의 사이에서 써클끼리의 교류를 가졌다고 한다.[74] 또 예를 들면 『진민분가꾸』(1950년 11월 창간)를 보면 허남기 등 재일조선인의 시도 때로 게재되었고, 그 나름대로 교류가 있었다는 것은 확실할 것이다. 이 『진민분가꾸』는 정치적·사상적으로는 『신닛뽄분가꾸』와 대립적 관계에 있다고 하지만 그러한 점도 포함하여 당시의 써클시운동에서 재일조선인과의 교류가 어느정도 폭과 의미를 가졌는가에 관해서는 흥미로운 부분이다. 다만 그것을 지금 상세하게 검증할 수는 없으며 하물며 일본인의 써클시운동이 조선·조선인에 관하여 어떤 인식을 가지고 있었는가에 대해서는 앞으로의 과제라고 할 수 있다.

여기서 전쟁 초기의 대표적 시잡지라고 하면, '전후시의 신풍'이라고 불린 『아레찌(荒地)』를 들 수 있다. 동인시로서 간행된 것은 1947년 9월에서 1948년 6월까지이며, 또 1년에 한 차례의 『아레찌시집』 1집이 나온 것은 1950년 8월이다. 아유까와 노부오(鮎川信夫)·타무라 류우이찌(田村隆一) 등이 중심이 되어 전후시의 원형이 되었던 시운동이라고 일컬어지지만 성격적으로는 전전 모더니즘 시의 재판이라는 의미를 띠는 것이라고 생각된다. 『아레찌』 자체는 1939년에 창간한 같은 이름의 문예지의 후속지이기도 하지만, 이 '아레찌'라는 이름은 1922년 T.S. 엘리어트의 같은 이름의 시에 기인하는 것이다. 앞에서 서술한 바와 같이 식민지시대에 엘리어트 등의 영향을 받은 모더니즘 시운동에 선구적 역할을 한 김기림(金起林)이 해방을 계기로 모더니즘을 극복하고 계급문학으로서 민족시의 길을 걸어간 것과는 상당히 양상이 다르다. 원래 조선문학가동맹 일원이었던 김기림은 대한민국 정부수립 후에 전향을 시도했고, 한국전쟁이 발발한 후에는 북으로 납치돼버리지만……

이와는 별도로 『아레찌』의 사상적 의미와 관련지어볼 때 '천황제와 조선'이라는 문제관심을 가지고 읽어보면 '아레찌'파의 시 전체에 관하여 말할 것은 거의 아무것도 없는 것처럼 생각된다. '아레찌'파가 역사주의적·정치주의적인 것에 대한 부정을 전제로 하는 한 그것은 당연한 귀결일지도 모른다. 이것은 일본 전후시가 이후 한층 더 역사나 정치를 결여한 서정으로 흘러가는 것과 관련되는 점이라고 생각할 수 있다. 그런 점에서 오히려 '전쟁문학'이 화려한 이 시기에 조선에 대해서는 차치하고라도 문학가가 천황·천황제에 어떻게 대치했는가가 마음에 걸리지만, 명확한 형태로 비판하고 고발한 예는 그렇게 많지 않은 것 같다. 하니야 유따까(埴谷雄高)가 차별이나 천황제에 관해 비판적 언사를 반복한 것은 알려져 있지만 이즈음의 천황제 비판이라고 하면 역시 시로야마 사부로오(城山三郎)를 들게 된다.

1927년생인 시로야마는 『대의의 끝(大義の末)』(五月書房 1959. 1)에서 천황제 권력에 청춘을 빼앗긴 기억이 아직도 생생한 가운데 천황의 행차 등에서 "힘을 다해도 편승해오는" 것과 같은 상징천황제의 존재형태에 분노를 나타내고 있다. '대의'라는 것은 국민을 전쟁으로 내몰았던 천황제에 대한 태도겠지만, 그것은 전쟁중에 그토록 일본인의 윤리적 중심을 이루고 있었음에도 불구하고 전후에는 헌신짝(망가진 짚신)처럼 버려진 것이었으며 그만큼 인간의 신념과 관계되는 것이다.

『대의의 끝』이 출판되고 황태자의 결혼퍼레이드(4월)를 거친 후 시로야마 사부로오는 『후진꼬오론(婦人公論)』 1959년 6월호에 「천황제에 대한 대결」이라는 글을 쓴다. '결혼붐'으로 일본 전체가 끓어오르는 가운데 뭔가 이 붐에 편승하지 않는 이질적인 것을 잡지에 실을 책임이 있다고 생각한 편집자 사와찌 히사에(澤地久枝, 이후 작가로 활동)의 의뢰에 의한 것이었으나, 이 글은 비평가 사따까 마꼬또(佐高信)가 말하는 바와 같이 "항상 밖에서 비판하는 것이 아니고 안에서 물어뜯는 비판가"였던 시로야마 사부로오의 진면목을 보여준다. "(책이 나온 이후) 많은 독자들로부터 편지를 받았는데 그것은 모두 약속이나 한 듯이 두터운 편지로 제각기 사람들이 거쳐온 천황제와의 대결을 고발한 것이었다. 극우에서 극좌로 옮긴 청년, 모든 것을 이해할 수 없게 된 서른이 넘어서 신제 고등학교에 다시 들어간 회사원, 황거의 잡초 뽑는 봉사에서 간신히 구제받은 여성──제각기 코스는 달라도 '천황'이라는 관념에 어떻게 대응할 것인가로 그 청춘은 끝나 있었다. 그리고 청춘은 끝났어도 마음속의 싸움은 아직 끝나지는 않았다."[75]

3장

냉전체제하에서 상호인식의 구조 1955~64

1. 재일조선인과 그 사회적 의미

'제국신민'에서 '외국인'으로

패전/해방 당시 일본에는 약 240만명의 조선인이 생활하고 있었다고 알려져 있다. 그 95%는 조선반도 남부 출신이다. 오늘날 일본에 거주하는 조선인은 '재일조선인'이나 '재일한국인' '재일코리안' 등 여러 가지로 불리고 있으며, 또한 가장 포괄적이고 단편적인 표현으로 단순히 '자이니찌(在日)'라고 불리는 예가 많지만 역사적 개념으로시는 역시 '재일조선인'으로 부르는 것이 정확하다고 생각된다. 해방을 맞이한 재일조선인 가운데는 독립조선의 건설에 의욕을 불태워 귀국한 사람도 많지만 일본에 그대로 잔류한 사람도 적지 않다.

대략적으로 말하자면 재일조선인은 2000년대 초까지 적게는 50만명, 많게는 70만명 전후로 추이해왔다. 법무성 출입국관리국 발표의 통계에 의하면 2005년 말 현재 재일조선인(한국/조선 국적)은 약 60만명이며 그 가운데 특별영주자는 약 45만명이라고 한다. 이 '특별영주자'는 1991년 11월에 시행된 일본법률 '일본국과의 평화조약에 의하여 일본국적을 이탈한 자 등의 출입국관리에 관한 특례법'(입관특례법)에 의해 정해진 재류자격으로, 전함 미주리호에서의 일본 항복문서 조인일 (1945.9.2) 이전부터 계속해서 일본에 거주하고 있는 평화조약국적이탈자(조선인 및 대만인)와 그 자손을 대상으로 하고 있다. '8월 15일'이 아니라 수십만명의 조선인이 자비로 조선반도로 돌아간 후인 9월 2일을 기준일로 정한 것에 일본정부의 음습함이 엿보이지만, 그와 별도로 본래적인 의미에서의 '재일조선인'은 지금은 특별영주자와 거의 동의어라고 할 수 있다. 그 대다수는 지금 2세, 3세, 4세가 차지하고 있다.

재일조선인은 일본의 조선 식민지 지배의 소산이며 일본의 가혹한 이민족지배를 가장 예리한 형태로 체현하는 역사의 살아있는 증인이다. 근대일본의 모순을 가장 비참한 모습으로 보여주는 역사적 존재라고 해도 좋을 것이다. 그것은 재일조선인을 둘러싼 제반 문제가 무엇보다도 일본 역사와 사회 내부에서 원인이 시작되는 것이며, 또한 분단조선 그리고 불행한 역사를 새긴 근현대의 일본과 조선의 관계사에서 야기된 것이기 때문이다. 일본인의 사상과제가 '천황제와 조선'이라고 할 때도 그 구체적인 실상은 재일조선인을 응시할 때 가장 선명하게 될 것이다. 이 책이 주제로 하는 일본과 한국의 사상을 둘러싼 문제도 재일조선인문제에서 가장 예리하게 나타난다고 생각해도 이상하지 않다.

1910년 '한국병합' 이후 조선인은 '제국신민'이 되었으며 혹은 '일본국민'이라고 여겨졌다. 그리고 일본을 점령통치한 GHQ는 점령 2개월 후에 내놓은 '초기 기본지령'에서 재일조선인은 '해방민족'이라고 하면서 동시에 필요한 경우에는 '적국인'으로 취급해도 좋다고 하고 있다. 더욱이 GHQ를 방패로 재일조선인에 대한 시책의 중심이 된 일본정부는 전시동원이나 징병을 위해서 '일본국민'이라고 했던 전전의 표면상의 방침을 일거에 던져버리고, 패전 후에는 사실상 재일조선인을 구식민지 출신자 즉 배제해야 하는 '외국인'으로 처우한다. 거기에는 역시 '국체(천황제) 호지'를 지상과제로 하는 자민족중심주의가 관철되어 있다. 재일조선인은 그 존재 자체가 정치문제임과 동시에 치안문제로서 인식되었던 것이다. 1945년 12월의 '중의원의원선거법' 개정에서 일본정부는 그 부칙에 '호적법의 적용을 받지 않는 자의 선거권 및 피선거권은 당분간 이를 정지한다'라고 '호적 조항'을 첨가함으로써 구식민지 출신자인 재일조선인(조선 호적) · 대만인(대만 호적)의 참정권을 박탈해버린다. 그 정책입안 과정에서 당시의 중의원 의원이었으며 '의회제도 조사특별위원회'의 중심 멤버였던 키요세 이찌로오(清瀬一郎, 이후 중의원 의장)는 「내지 재주의 대만인 및 조선인의 선거권, 피선거권에 관해서」라는 문서를 작성하는데, 거기에는 "(구식민지 출신자에게) 선거권을 인정하게 되면 그 수가 2백만에 이른다. (…) 최소 10명 정도의 당선자를 획득하는 것은 용이할 것이다. 또는 그 이상에 이를지도 모른다. (…) 만약 이 일이 사상문제와 결합하면 (…), 다음 선거에서 천황제의 폐지를 외치는 자는 아마도 국적을 조선으로 하고 내지에 주소를 가진 후보자다'라고 기록하고 있다.[76] '천황제 호지'에 집착하는 지배층의 집념이 엿보이는 부분이다.

이런 경과를 거쳐 일본정부는 1947년 5월 2일, 즉 신헌법 시행 전날에 최후의 칙령으로 '외국인등록령'을 공포 · 시행하여 구식민지 출신자를 '외국인'으로 취급하는 난폭한 행동에 나선다. 신헌법 조항에 한번도 나오지 않는 '외국인'으로 취급한다는 것은 전혀 보호대상으로 하지 않으며 기본적 인권도 인정하지 않는다는 것이다. 생각해보면, 식민지 지배하에서 조선인이 '제국신민' 내지 '일본국민'이었다는 것도 사실이 아니며, '국적법'의 적용조차 계속 거부해온 기만적인 술책으로 다루어졌다고 말해야 한다. 당연히 1952년 4월의 '평화조약' 발효에 의해 조선인(및 대만인)이 일본국적을 상실했다고 하는 것도 완전한 거짓일 수밖에 없다. 일본국헌법은 제10조에서 "일본국민이 되는 요건은 법률로 이를 정한다"고 규정하고 있음에도 불구하고 재일조선인의 '국적 상실(박탈)'은 법무부 민사국장의 '통달(通達)'로 너무나 간단하게 '실시'되었으며, 그럼에도 이의도 제기하지 않고 오늘날에 이르고 있다. 이런 점에서 보더라도 전후 일본의 '평화주의'와 그것을 규정지었다고 하는 '평화헌법'은 출발부터 커다란 기만을 내포한 것이었다.

여기서 한가지 잊어서는 안될 것은, 1950년 12월에 나가사끼현 오오무라시(大村市)에 설립된 '오오무라 입국자수용소'의 존재다. 이 오오무라 수용소는 강제퇴거 처분을 받은 재일조선인이나 한국전쟁의 피난민·밀입국자를 수용하여 한국으로 강제추방하기 위해 만들어진 시설이다. 점령군으로부터 출입국관리 권한을 회복한 일본정부가 출입국관리청을 신설하여 외국인의 관리·강제퇴거 등의 일원적인 수행을 개시하고 얼마 지나지 않은 일이다. 초기 수용인원은 상시 500명 전후였으며 가장 많을 때는 1500명이 수용되어 있었는데, 여기에서 집단송환된 조선인의 수는 50년대만 해도 1만명 이상에 이른다고 한다. 시설은 형무소나 포로수용소와 거의 같았으며 가혹하고 비인도적인 대우가 있었다는 증언이 끊이지 않는다. 60년대에 들어서 이 오오무라 수용소는 한국의 군사정권으로부터 도망온 사람들을 강제로 되돌려보내는 반공시설로 변했다. 덧붙여두자면 오오무라 소용소에는 '조선민주주의인민공화국 공민자치회'가 조직되어 그 속에 '오오무라 조선문학회(大村朝鮮

文學會)'라는 써클이 있었으며 일본의 써클운동과 교류했다고 한다.[73]

전생(轉生)으로의 고투와 운동의 조직화

한편 해방을 맞이한 재일조선인은 일반적으로 조국의 해방을 기뻐하며 독립국가의 건설에 매진하고자 했다고 생각해도 좋다. 사실 재일조선인은 해방과 동시에 동포조직 만들기에 착수함과 동시에 독립된 민족의 일원으로 소생하는 길을 향해서 움직이기 시작했다. 그러나 현실적으로는 하루하루의 식량에도 어려움을 겪는 엄혹한 생활난에 직면하였으며 돌아가야 할 조국은 남북 분단통치 때문에 혼란이 점점 깊어져가기만 했다. 더욱이 조선에서 태어나 자란 1세의 적지 않은 사람들도 포함한 재일조선인에게 있어서 자신을 응시하면서 내면에 자리잡은 '황국신민'의 잔재와 맞서 '조선인'으로 다시 태어나는 것은 가장 지난한 과업이었다. 이른바 천황을 정점으로 하는 일본의 권위적인 질서를 내면화해온 조선인에게 해방은 어떤 매개도 자기변혁도 없이 맞이한 정치적 사변이었다. 사실 "일본이 패했다고 하는 것을 믿을 수가 없어서 이틀 밤도 삼일 밤도 밤새 울었으며, (…) 좋든 싫든 극단에서 극단으로 자기를 바꿀 수밖에 없었다"(시인 김시종)거나 "일본인에 동화되었다가 조선인으로서 바로 서는 것은 내 생애에서 일대전환점이었다. (…) 모국어를 몰랐다"(역사가 박경식朴慶植) 같은 말은 재일조선인의 자서전 등에 등장하는 지극히 일반적인 술회이다. 김시종은 자신의 기념해야 할 제1시집 『지평선』(1955)의 첫머리 「자서(自序)」에서 다음과 같이 읊고 있다.

혼자만의 아침을
너는 바라서는 안된다

밝은 곳이 있으면 어둔 곳도 있는 법.

무너질 리 없는 지구의 회전만을

너는 믿으면 좋다.

(…)

다다를 수 없는 곳에 지평이 있는 게 아니다.

네가 서 있는 그 지점이 지평이다.

(…)

 쿄오또 출신의 나로 말하자면 성장과정에서 기억이 명확한 것은 한
국전쟁 직전부터이다. 그렇다고 하더라도 한국전쟁 자체에 대해서는
잘 모르지만, 그전에 조선반도로 돌아가기 위해서 쿄오또부(京都府)
마이쯔루(舞鶴)의 수용소에 들어갔을 때의 기억이 선명하게 남아 있
다. 정확히 다섯살 정도일 때 일가 모두가 귀국하기 위해 마이쯔루에
가서 수개월을 보낸 적이 있다. 마이쯔루에 관해 말하자면, 관부연락선
으로 취항하고 있던 쿄오안마루(興安丸)가 패전 후에 귀국선으로 지정
되어 하까다(博多)·센자끼(仙崎, 야마구찌현山口縣)·마이쯔루에서 부산
사이를 왕복하면서 일본인의 귀국과 재일조선인의 귀국운송에 종사한
것으로 알려져 있다. 쿄오안마루가 운행된 것은 1947년 4월까지였지만
쿄오안마루 외에도 몇척인가가 왕래한 것으로 알려져 있다. 처음 수용
소에 들어갔을 때 입구에서 머리나 등에 살충제인 DDT가 분사되어 피
부가 따끔따끔 아팠던 것을 기억하고 있다. 또한 최대의 기쁨은 배급되
었던 건빵 속에서 별사탕을 발견했을 때였다. 지금 생각하면 DDT도
별사탕도 완전히 미국의 점령하에 있던 일본의 쓸쓸한 풍물시다. 귀국
선이 오기로 한 아침에 한국전쟁이 일어났다고 하여 결국 배에는 타지
못하고 끝났는데, 돌아갔다면 전쟁으로 이미 이 세상에 없을지도 모른

다. 머지않아 쿄오또로 돌아와서 니시진(西陣)에 정착했으며 거기서부터 나의 재일생활이 시작됐다.

재일조선인에게 있어서 역사의 변화가 그대로 내면의 전환으로 이어진 것은 아니다. 사실 창씨개명 때문만이 아니라 일본사회의 엄혹한 민족적 편견 등으로 인해 재일조선인이 일본성을 계속 썼던 것도 전후 상당한 기간 동안 극히 흔한 광경이다. 당연히 조선인으로서의 주체형성을 이루어가는 필사의 노력은 일본 역사와 사회에 대해서 비판적으로 대처해가는 일이었으며, 그것을 위해서라도 스스로의 내면에 자리잡고 있는 '황국신민'의 잔재 다시 말해 "내적인 천황제"와 좋든 싫든 대결해 갈 수밖에 없었다. 이런 점에서 천황제와의 대결을 애매하게 피할 수 있었던 일본인과의 차이 내지 격절은 역력했다.

뿐만 아니라 재일조선인은 그 출발부터 어쩔 수 없이 '분단시대'를 살아가야 했으며, 남북조선 나아가서는 현실에서 생활하고 있는 일본이라고 하는 3개 국가의 틈새에서 신음하게 되었다. 사실 상시 휴대하도록 의무화되었던 외국인등록증의 국적란은 처음에 '조선'이라는 지역명(기호)으로 통일되어 있었지만 이후에 이윽고 '한국'국적이 등장했으며, 또한 일본국적을 취득하는 자도 나타나게 되었다. 더욱이 남북분단의 정치현실이 심각해지면서 이데올로기 혹은 사상이나 자이니찌조직 문제뿐만 아니라 가족 내부의 갈등이나 균열도 일상생활을 무겁게 짓누르게 되었다. 원래 전시체제하에서 조선인의 억압·통제조직이었던 협화회 등에서 일본관헌의 앞잡이로 일했던 '친일파' 재일조선인에게 패전/해방의 현실은 바로 생활의 근저를 뒤흔드는 중대한 일이 될 수밖에 없었다.

민족적 편견이 뿌리깊은 일본사회에서 자이니찌 1세를 중심으로 조선인은 부락에 모여 거주하였으며 육체노동이나 폐품수집, 음식점 등

으로 생계를 이어갔다. 이러한 재일조선인 사회의 기본구조는 1950년
대를 통해서 유지되어가는데, 자이니찌 1세의 "몸으로 부닥친다"고 하
는 강인한 힘은 무엇보다도 일본에서 '조국'이라고도 해야 할 민족단체
의 조직화와 가장 중요한 사업인 민족학교의 건설로 실현되어갔다.
1945년 10월에 설립된 재일본조선인연맹(조련)은 전전의 재일조선인
의 민족운동이나 노동운동의 역사를 계승하는 것으로, 사회주의·공산
주의를 지향하는 사람들과 민족주의 사상을 가진 사람들의 통일전선적
인 조직이다. 그 중심은 일관해서 일본제국주의와 대결해온 맑스주의
자였으며, 조련의 주도권도 맑스주의자가 장악했고 그 지도하에서 해
방 후 일년 만에 일본 전국에 500교가 넘는 민족학교가 건설되었다. 이
에 대해 반공 그리고 다분히 친일적인 민족주의자들은 1945년 11월에
조선건국촉진청년동맹(건청), 다음해 1월에는 신조선건국동맹(건동)
을 결성하지만 그것은 같은 해 10월에 설립한 재일본조선거류민단(민
단, 후일 재일본대한민국거류민단으로 개칭)으로 이어진다. 다만 그 기
세는 반드시 강한 것은 아니었다고 생각해도 좋다.

　재일조선인운동이 이렇게 기본적으로 해방 전부터 반제반봉건 투쟁
을 권장해온 맑스주의자·민족주의자에 의해 주도된 것은 일본사회에
큰 영향을 미치게 된다. 세계규모의 냉전이 심화되고 특히 그 대리구조
를 이룬 남북조선의 대립이 심화되어가자 재일조선인에 대한 GHQ·일
본정부의 압력은 날로 강화되어 1948년 봄 한신지구(阪神地區)에서 민
족학교 봉쇄조치 강행과 1949년의 조련 강제해산으로 이어졌다. 이것
은 조선반도 남부에서의 좌우대립 격화, 특히 1948년 4월 제주도에서
의 반군정 봉기를 탄압한 4·3사건 등과 연동하는 사태의 추이였다. 이
른바 미군정은 조선반도 남부에서의 강경정책과 일본에서의 조선인 억
압을 하나의 맥락으로 파악하고 있었으며, 한국 및 일본의 정권은 그

충실한 추종자 역할을 솔선해서 다했던 것이다.

여기서 덧붙여두자면 자이니찌 지식인 김찬정(金贊汀)은 『자이니찌 의용병 귀환하지 못하고——조선전쟁비사』(岩波書店 2007)에서 한국전쟁 으로 존망의 위기에 처한 조국을 구하고자 642명의 재일청년이 연합 군·한국군 측에 지원하여 전장으로 향한 역사를 파헤치고 있다. 거기 에는 본국에 대한 일편단심, 일본사회에서 차별받아온 울분 등이 있었 다고 생각되지만 그것을 받아들인 미군도 그들을 알선한 한국 주일대 표부도 실제로는 어중간한 대응을 했으며, 또한 일본정부도 군복무 종 료 후의 재입국을 인정하지 않는 등 한미일 삼국의 의도에 의해 청년들 은 이용되고 농락당했다. 결국 참전자 642명 중 135명이 전사하거나 행 방불명되고 242명이 일본으로의 재입국을 거절당해, 최종적으로 가족 이 기다리는 일본으로 귀환할 수 있었던 것은 약 40%에 지나지 않았다 고 한다.

일본공산당과의 '공투(共鬪)'와 이별

그런데 해방 후의 재일조선인운동에 대해 이야기하려면 필연적으로 일본공산당과의 관계에 관해서 서술해야만 한다. 반대로 그것은 일본 의 전후 경험 가운데 일본공산당이 차지한 위치와 그 과정에서 책임을 다한 재일조선인의 역할에 대해 언급하는 것이기도 하다. 패전을 계기 로 한 일본공산당의 재출발에 즈음하여 재일조선인, 특히 조선인 공산 주의자가 큰 역할을 했다는 것은 이미 서술했는데, 그것은 일본제국주 의에 반대하는 패전/해방 전의 공산주의운동에서 일본인 및 조선인이 '동지적인 관계'를 가진 데서 유래하고 있다.

패전/해방을 계기로 재개한 공산주의운동에서 조선인 공산주의자의 목표는 당연히 '조선의 독립' '조국의 건설'이었다. 일본 전국에서 5천명

의 대의원을 모아 토오꾜오에서 조련 중앙총본부가 결성된 것은 1945
년 10월 15, 16일이었는데, 일본공산당이 출옥간부의 성명 「인민에게
고함」을 기관지 『아까하따(赤旗)』 제1호에 게재하고 활동을 개시한 것
은 그후인 10월 20일의 일이었다. 조선인 공산주의자 가운데 이 조련조
직과 일본공산당 양쪽에 소속되어 있는 자가 적지 않았으며, 조련 결성
시의 「선언」이나 「강령」에 명시된 바와 같이 조선인 공산주의자에게
'일본국민과의 우의 보전'은 당연한 목표였다. 그것은 물론 조선의 독
립·건설이 '일본의 민주화'와 표리일체하는 것으로 인식되었다는 것을
나타낸다. 한편 일본인 공산주의자에게 '일본의 민주화'는 전전의 식민
지 지배·타민족 억압에 대한 반성을 철저하게 하는 데서 출발해야 하
는 것이었지만 실제로 그러한 반성은 애매모호한 상태로 시종일관했으
며 오히려 일본공산당은 전쟁책임이나 식민지 지배 책임과의 대결을
소홀히하는 방향으로 향해갔다.

　패전/해방 후의 일본공산당과 재일조선인의 관계에 관해서 서술한
논고는 적지 않은데, 거기에서는 일본공산당의 각 시기의 강령에 관해
분석하고 있으며 또한 일본공산당의 최고간부를 지냈던 김천해(金天
海)나 김두용(金斗鎔)의 언동에 관해서 말하고 있다. 우선 무엇보다도
일본공산당 중앙위원이 된 김천해(공산당 조선인부 부장)가 다름 아닌
조련 결성대회에서 "조선의 완전독립과 통일의 달성"과 함께 "천황제의
타도와 민주정부의 수립"을 호소한 일이 중시되고 있다. 또한 마찬가지
로 공산당 중앙위원 후보(조선인부 부부장) 김두용은 공산당 중앙기관
지 『젠에이(前衛)』 제1호(1946. 2)에서 「일본에게 있어서 조선인문제」를
쓰고 있는데, 그 글에서 "일본에게 있어서 조선인문제는 하나의 민족문
제이다. 그것은 조선 내에서 조선민족의 정치적 동향과 연결되며 다른
한편으로는 일본 국내에서 혁명상태와 결부되어 있다"고 서술했으며,

"조선의 완전한 독립, 인민공화국 건설"은 '천황제 타도'와 밀접하게 연동하고 있다고 시사하고 있다. 실제로 김두용은 다른 논문에서도 "일본의 천황제 존폐문제는 일본국민 하나의 문제가 아니며, 그것은 조선민족에게도 또한 중대한 관계를 가지는 국가적이며 국제적인 문제다"[77]라고 분명하게 말하고 있다. 이것은 '일국일당' 노선하에서 일본공산당의 최고간부 위치에 오른 조선인 공산주의자로서는 나름대로 당연한 그리고 이해할 수 있는 발언이었다고 생각된다.

사회사상사를 전공한 나까노 토시오(中野敏男)에 의하면 일본공산당은 '천황제 타도'를 선명하게 내세움으로써 재출발했지만 '조선의 완전한 독립'을 과제로 명시한 것은 단 한차례 1945년 12월 제4회 당대회에서 채택된 행동강령에서뿐이라고 한다. 뿐만 아니라 천황제 타도라는 과제도 이후 애매하게 되어 타협의 자세를 보였으며, 당의 첫번째 목표를 일본의 주권회복과 민주주의적인 국가기구의 정비로 삼으며 천황제문제는 한없이 뒤로 밀렸다고 한다.[78]

실제로도 한국전쟁 발발 후 일본공산당은 사전협(四全協)에서 비공식적인 조직체제하에서 군사적 투쟁을 전개할 것을 제시했으며, 그러한 가운데 '재일 소수민족과의 연대 강화'를 호소했다. 요시다 내각에 의해 조련이 강제해산된 후 1951년 1월에 재일 조선통일민주전선(민전)이 결성되었으나 이 공산당의 방침은 재일조선인을 독립국가의 민족으로 인정하지 않고 어디까지나 '일본인민'에게 봉사해야 하는 존재로서 위치짓는 것이었다. 이것은 일본공산당이 일본인 전체의 민족적 편견과 그리 다를 바 없는 형태로 침략전쟁이나 식민지 지배에 대한 충분한 반성을 하지 않고, 또한 민족문제를 계급투쟁으로 해소한다는 계급투쟁 지상주의에 빠져 조선문제·민족문제를 자각하지 못하고 결과적으로 국민의 사상변혁에 대한 자신들의 책임을 소홀히하게 된 것이라고 말할 수 있다. 또는 와다 하루끼(和田春樹)가 개탄한 바와 같이 "역시 일본공산당에서도 조선문제를 일본인의 문제로 파악하는 태도가 극히 미약하거나 혹은 결여되어 있었다고 말할 수밖에 없다"[79]는 말이 되는 것일까.

여기서 역사의 한 장면을 기록해두는 의미에서 요미우리신문(讀賣新聞)그룹 회장 겸 주필인 와따나베 쯔네오(渡邊恒雄)의 말을 소개해두고 싶다. 토오꾜오대학 출신으로 원래 일본공산당원인 와따나베는 요미우리신문사에 입사한 후 주간신문 『요미우리위클리』 기자로 있었으며, 1952년 일본공산당 산촌공작대(山村工作隊)의 취재로 오꾸따마(奧多摩)의 아지트에 잠입했다가 감금되었다. 일본공산당의 무장투쟁노선에 따른 군사훈련의 취재였는데, 공작대의 심문에 "나는 신문기자다. 당신들의 이야기를 들으러 왔지 경찰의 앞잡이가 아니다"라고 답했으나, "군말은 필요 없다. 빨리 죽여버리자"라고 공작대의 젊은이가 말을 험하게 했다. 그러나 그때 "살인은 용서 못해"라는 공작대 리더의 한마디에 살았다고 한다. 자칫 잘못하면 오꾸따마의 산중 어딘가에 매장되는 순간이었는데, 이때 공작대 리더는 재일조선인으로 후일 작가로서 활약한 고사명(高史明)이었다고 한다.[80] 일본공산당이 지령한 무장노선의 한 장면을 말해주는 것이지만, 와따나베 자신은 이 사건의 특종을 인정받아 정치부로 이동했으며 이후 요직을 전전하게 됐다.

어쨌든 전위당이었던 일본공산당은 처음에 미군을 해방군으로 규정했으며 점령하에서도 혁명은 가능하다고 보았으나, 결국 냉전의 심화와 반공의 레드퍼지, 나아가 코민포름에 의한 평화혁명론 비판에 직면하여 군사투쟁노선으로의 전환이라는 과오를 되풀이했다. 결국 일본공산당은 1955년 7월 육전협(六全協) 직전에 조선인 공산당원의 이당을 결정하게 된다. 같은 시기에 재일조선인 공산주의자도 스스로 일본공산당으로부터 이탈해가는데, 그 직접적인 계기는 1948년 9월에 창건된 조선민주주의인민공화국이 스딸린 사후 국제정세의 변화 속에서 대외 정책을 근본적으로 평화공존 외교로 전환시킨 데 있었다. 즉 한국전쟁 의 휴전 실현 후, 1955년 2월에 공화국의 남일(南日) 외무상이 「대일관 계에 관한 조선민주주의인민공화국 외무상의 성명」을 통해 일본과의 국교정상화에 대한 의사를 명확하게 한 것이 전환점이 된 것이다. 이 남일 외무상의 성명에 응하여 한덕수(韓德銖)를 중심으로 1955년 5월 에 공화국을 사회주의 조국으로 하는 재일본조선인총연합회(조선총련) 가 결성되었으며, 이 재일조선인운동의 노선전환은 혁명적 의의를 가 질 뿐만 아니라 재일조선인과 일본공산당의 인적·조직적·이념적 의미 를 포함한 결정적인 이별의 계기가 되었다.

이후 일본공산당은 공식적인 당사(黨史)나 혹은 관련 자료집 등에서 도 1952년에 정점에 달한 재일조선인과의 '공투(共鬪)'에 관해서 또는 투쟁사의 분수령을 이루었던 집단탈당에 관해서도 일절 언급하지 않았 다. 한국의 『한겨레신문』 기자가 2005년 공산당 간부이며 당사(黨史) 집필에 종사한 일이 있는 요시오까 요시노리(吉岡吉典)를 인터뷰한 바 에 의하면, 재일조선인은 공산당의 '은인'이지만 당의 기록에서 빠져 있 는 것은 조선인이 '외국인'이기 때문이라고 말했다(『한겨레21』 제571호, 2005.8.9). 어쨌든 일본공산당이 혁명의 '동지'였던 재일조선인을 공식 기록에서 말소한 것은 일본인의 조선인 멸시관을 가장 단적으로 말해 주는 일이 아닌까 생각된다.

50년대 조선인에 대한 시선

1950년대 중반으로 말하자면, 일본 전국에서 써클운동의 일환으로 각종 코러스써클이 조직되었으며 지역에 뿌리내린 우따고에(歌聲: 노랫

소리)운동이 고조돼가는 시기다. 1955년 일본의 우따고에 제전과 관련해서 공모된 애창가에 「행복의 노래(しあわせの歌)」*가 있는데, 이것은 1954년의 「원폭을 용서하지 않으리」에 이어지는 히트곡으로 전국에서 불렸다.

    행복은 나의 바람
    일은 아주 힘들지만
    흐르는 땀에 미래를 담아

    밝은 사회를 만드는 것
    모두 노래하자
    행복의 노래를
    울려퍼지는 메아리를
    따라가자

    (…)

    행복은 모두의 바람
    아침노을의 산하를 지키는
    일하는 자의 평화스런 마음을
    세계인에게 보여주는 것
    모두 함께 노래하자

....

* 다음 싸이트에서 멜로디를 들을 수 있다. http://bunbun.boo.jp/okera/saso/siawase_
  uta.htm.

행복의 노래를

울려퍼지는 메아리를
따라가자

이시하라 켄지(石原健治) 작사·키노시따 코오지(木下航二) 작곡

다만 여기서 말하는 '행복'이 앞서 말한 점에서도 짐작되듯이 재일조
선인의 행복으로 연결되는 것이었는지에 관해서는 여전히 유보할 수밖
에 없다. 물론 일반적인 일본인 가운데도 그렇지만 개별적인 인물을 보
아도 조선인에게 친근감을 가지고 또한 특히 조선인을 위해서 투쟁한
일본인이 없었던 것은 아니다. 변호사 후세 타쯔지(布施辰治)는 그 대
표적인 인물로 전전엔 의열단사건의 변호를 맡았고, 관동대지진 때는
학살사건의 조사·항의, 박열(朴烈)사건 변호 등 무보수로 재판 변호를
했으며 '재일조선인 노동산업 희생자 구원회'를 결성하기도 했다. 패전
/해방을 맞이하자마자 1945년 12월 1일 "조선의 독립건국 촉진운동에
궐기한 모든 동지의 한 벗으로서", 「조선건국헌법초안사고」(『世界評論』
1946. 4. 1)를 기초했으며 폐허 속에서 조선의 '헌법'을 여론에 묻기도 했
다. 전후에도 후세는 민족교육탄압의 코오베(神戶)조선인학교 사건, 절
도용의자에 대한 경관 발포사건(후까가와사건 深川事件) 등 다수의 조
선인 관련 사건을 변호하기도 했다. 2008년 5월에는 『후세 타쯔지와 조
선(布施辰治と朝鮮)』이라는 책이 NPO법인 코오라이(高麗)박물관에서
간행되었다.

그러나 역사적 사실을 볼 때 이런 사례는 소수에 속하는 듯하다. 생
각해보면 전후 일본의 부흥에 힘이 된 것은 하나는 조선 특수이며 다른

하나는 암시장경제라고 말할 수 있으며, 이 모두가 재일조선인과 깊은 관련을 가진다. 그렇지만 패전 후의 일본의 행보 속에서 조선이나 조선인·재일조선인에 대한 이해는 크게 결여되어 있다. 전전과 마찬가지로 전후에도 조선의 역사나 사회를 계통적으로 연구·교육하는 일은 거의 없었으며, 이시모다 쇼오 등이 활약했던 국민적 역사학 운동도 조선멸시관을 극복하는 데 어느정도 공헌했는지 의심스럽다. 오히려 그런 운동에서 강조되었던 '민족'이나 '민중'이라는 말은 반대로 자민족 중심·타민족 경시의 방향으로 기능하는 경향조차 가졌다고 할 수 있다. 그 근저에는 전쟁책임이나 식민지 지배 책임을 내포한 '민족문제'·'식민지문제'라는, 패전 직후에 먼저 문제가 되었어야 할 과제가 소홀히 다루어져 가해의식이 봉인됨과 동시에 피해의식이 전면적으로 해금되어갔다고 하는 시대적인 특징이 있다.

여기서 지금 맑스주의 역사가인 이시모다 쇼오의 이름을 거론했는데, 패전 후의 사상공간에서 이시모다는 그래도 시대의 고뇌를 자신 속에 담고 조선인에 관해 곰곰이 생각한 소수의 지식인 중 한 사람이다. 이시모다는 『역사와 민족의 발견(歷史と民族の發見)』에 수록되어 있는 「단단한 얼음을 깨는 자」(1948. 3)와 「어머니에 관한 편지」(1951. 9)에서 일본인에게 조선인이 갖는 의미를 진지하게 말하고 있다. 「단단한 얼음을 깨는 자」는 전전 이후 프롤레타리아 시인·작가 나까노 시게하루(中野重治)의 유명한 시 「비 내리는 시나가와역」(1929)에서 다음의 한 절을 인용하면서 시작하고 있다.

자네들은 출발한다
자네들은 간다

잘 가거라 신(辛)

잘 가거라 김(金)

잘 가거라 이(李)

잘 가거라 이(李)씨 여인

가서 저 굳은 두꺼운 미끄러운 얼음을 때려 부숴라

오래 막혔던 물로 하여금 솟구치게 하여라

(…)

여기에서 '미끄러운 얼음을 때려 부숴라'라는 것은 나까노가 조선인 친구들을 향해서 발산한 것으로 약간의 위화감도 있지만, 이시모다의 '단단한 얼음을 깨는 자'라는 제목의 유래이기도 하다는 것은 틀림없을 것이다. 이시모다는 소수의 가난한 조선인과 교류가 있었으며 서로 대화를 하기도 했는데, 처음에는 조선민족으로 태어나지 않은 것을 행복이라고 생각하는 기분을 가졌으나 친해지게 되자 반대로 일본민족으로 태어난 것을 불행이라고 생각하는 기분이 자기 안에 성장했다고 한다. "생각해보면 나도 조선민족의 고뇌와 해방에 대한 노력에 관해 단편적인 것 이외에는 아무것도 알지 못하는 것이다. (…) 일본인의 생활과 자유에 직접 관계가 없는 일처럼 보이는 조선민족에 대한 압박을 자신의 문제로 삼고 있는 사람은 의외로 적었다고 생각한다. 그것은 의식 밖에 있었던 만큼, 의식하지 않아도 지내올 수 있었던 만큼, 징신을 해치는 것이 매우 위험하다는 것을 알아차린 사람은 더욱더 적었다고 생각한다. 이 문제에 관심을 가지고 있던 사람도 패전에 의해 조선은 일본으로부터 분리했으며 그것으로 홀가분해졌다는 정도로 생각하고 있는 사람이 많지 않을까. 일본은 식민지 지배를 그만두었다, 일본인은 자유로운 세계시민이 될 수 있으며 되어야만 한다고 다수의 사람은 생각했으며, 한걸음 나아가 그 눈을 미국과 유럽에 고정시키고 있다. 그러나 이 문제는 지적이며 동체가 없는 세계시민들이 잊어버리는 것처럼 단순한 것은 아니라고 생각한다. (…)"라고.

실로 통찰력있는 정직한 문장이며 문제의 소재를 적확하게 나타내고 있다. 「어머니에 관한 편지」에서는 재일조선인 시인 허남기의 장편 서사시 「화승총의 노래」를 제재로 조선인 특히 어머니의 고통, 조선인민의 운명을 인내하려는 용기, 지배계급에 대한 원망 등 조선민족의 역사적 존재양식에 관해 말하면서 그에 비해 일본인은 '민족'에 대한 '통절함'이 약하다고 서술하고 있다. 그 근저에는 이시모다의 학문적 과제인 천황제에 대한 비판, 일국사로 파악할 수 없는 동아시아사라는 관점, 그리고 개인의 일상 속에서 살아가는 일의 불안이나 타자와 관련되는 것의 기쁨을 찾아내고자 하는 역사관이 틀림없이 있다고 말할 수 있다. 이시모다는 막 출발한 전후의 역사학 연구에 큰 영향을 주었는데, 후일 토오꾜오대학 문학부의 조선사 강좌를 담당한 젊은 타께다 유끼오(武田幸男)는 "눈앞에서 일류학자의 개성적인 풍모, 본격적인 연구상의 논의에 접하고 때로는 선생님이 가지고 있는 사소한 습관에도 접하면서 역사학 연구에 대한 진지한 생각에 촉발되어 무심코 내 몸을 긴장시켰다"라고 그 '대학자'의 감화력을 칭찬하고 있다.[81]

전전·전후를 관통하는 조선인의 친구로 말하자면 이시모다도 존경하는 나까노 시게하루에 관해 언급할 필요가 있을 것이다. 사실 나까노는 「비 내리는 시나가와역」 이외에도 「조선의 딸들」이라는 조선에 관련된 시와 소설을 썼으며, 또한 전후에는 허남기나 작가 김달수 등과 교우를 깊이 하였으며, 일본의 민주주의 문학운동 발전에 공헌한 뛰어난 문학가로서 알려져 있다. 「비 내리는 시나가와역」은 쇼오와 천황의 즉

위식전에 대비해 불온분자로 간주되었던 조선인이 일본에서 조선으로 추방당한 일에 항의하여 쓴 작품으로, 천황제 비판과 조선문제가 하나의 축으로 파악되고 있다. 이보다도 나까노는 천황·천황제문제를 생각하는 하나의 중요한 축으로 조선문제를 위치짓고 있다고 말할 수 있다. 사실 「비 내리는 시나가와역」 이외에도 초기의 단편습작 「국기(國旗)」나 소년시대를 자전적으로 묘사한 전후의 장편 『배꽃(梨の花)』은 그런 작품의 대표적인 예다.[82] 나 나름대로 말하자면 이것을 포함하여 나까노의 시나 문학에 보이는 서정성은 전체적으로 인간의 나약함이나 위험을 응시하면서 민중의 움직임 속에서 혁명적인 순간을 찾아내려고 한 것이었다고 말할 수 있다.

사상사가 이시도오 키요또모(石堂清倫)는 나까노 시게하루는 전전·전중·전후 일본을 가장 성실하게 살아온 문학가이며, 또한 프롤레타리아 작가들 중에서 누구보다도 천황·천황제에 연연되면서 조선문제의 중요성을 논한 문학가였다고 서술하고 있다. 나까노는 전향 경험을 가지고 있는데, 전향이 천황제와의 타협이었다고 하는 점도 잘 알고 있었다고 한다. 일본인은 조선이나 중국을 희생시키는 것으로 천황제와 타협을 도모할 수 있었지만, 자기의 민족적 생존을 부인할 수 없는 조선인이나 중국인은 타협의 여지가 없는 것이 많았다. 나까노가 일관해서 조선문제를 들추어낸 것은 이러한 결과를 수반하는 일본인, 특히 사회주의자의 민족주의적 원죄를 의식했기 때문은 아니었을까라고 한다.[83] 나까노 자신은 「조선문제에 관하여」라는 짧은 문장에서 "조선문제를 이해하는 것은 일본인에게 있어서 일본문제를 이해하는 것에 가깝다"[84]라고 서술하고 있다.

어차피 패전/해방 후에 재일조선인의 존재는 전쟁책임이나 식민지 지배 책임을 애매하게 하는 일본사회에서 중요한 의미를 띤다. 그러나

GHQ 검열하의 일본 신문을 비롯하여 전후 일본의 매스미디어는 1950년대 중반에 보급되기 시작한 텔레비전도 포함하여 재일조선인문제가 본질적으로 일본사회의 내부문제임에도 불구하고 항상 분단조선과의 관계에서 정치적으로 파악하려고 했다. 또한 재일조선인 사회를 민족주의·이기주의의 대표라도 되는 것처럼 표상하였으며, 일본 내부의 문제를 은폐하려고 하는 경향을 가졌다. 거기에는 재일조선인이 조선/일본, 피지배/지배, 피해자/가해자라는 이항대립 속에서 발상(發想)하였으며 언동을 쉽게 하는 경향이 있었다는 지적도 성립할 수 있을지 모르지만, 그러나 그것은 일본사회의 비역사적·반조선적 민족적 편견을 반대로 반영하는 것은 아니었을까 생각된다.

그러한 가운데 잡지 『쮸우오오코오론』 1952년 9월호가 특집 「재일조선인의 생활과 의견」을 꾸며서 생활인으로서 재일조선인의 목소리를 활자화한 것은 전후 초기에 특필할 만한 의미를 가지고 있다. 그 특집을 보면 「조선적자(朝鮮籍者)의 경우」 「한국적자(韓國籍者)의 경우」 「일본인의 반성」이라는 세 가지 좌담회가 열려 재일조선인이 이질적인 존재가 아니라 지극히 보통의 생활인이라는 것이 지적되고 있으며, 또한 후세 타쯔지의 발언 등을 통해서 재일조선인이 때때로 '범죄자'로서 보도되는 기사의 작성방법 혹은 매스미디어의 문제 등도 거론되었다.

사실 내 기억에서 보아도, 1950년대 후반 텔레비전 뉴스 등에서는 매일 저녁마다 재일조선인의 범죄가 보도되어 조선인이 일본인에게 얼마나 위험한 존재인가가 뇌리에 깊이 새겨졌다. 더욱이 당시의 텔레비전에서는 '일본의 국민적 영웅' 역도산(力道山)이 외국인 프로레슬러를 카라떼(空手)로 쓰러뜨리는 모습이 박수갈채를 받고 있었지만, '천황 다음으로 유명했다'고 여겨지는 그는 사실은 식민통치하의 조선반도 북부에서 태어나서 자란 재일조선인 1세였다. 나도 라디오가게에 설치된 텔레비전 앞에서 꼼짝도 않고 역도산에 열광했는데, 재일조선인 대부분도 역도산이 동포였다는 것을 몰랐을 것이다. 일본 프로레슬링 중계를 수신할 수 있었던 한국의 부산에서 역도산의 분투는 '동포'의 활약으로서 소문이 전해졌다고 하지만[85] 진위의 정도는 알 수 없다. 일본 국내에서 역도산의 본명이 김신락(金信洛)이라는 것이 처음 활자로 공개된 것은 그가 활약한 시대로부터 약 20년 후의 1978년이 되면서부터다.[86] 이렇게 되면 역도산을 보고 용기를 얻은 당시의 '일본인'은 도대체 무엇이었는지, 매스미디어는 왜 허구의 세계를 계속 방영했는지, 도저히 이해하기 어렵게 된다.

이같이 일본사회에 만연한 조선인에 대한 민족적 편견은 전전·전후를 관통하는 것이었으나 그것은 역시 국가권력에 의해 주도된 것이라고 말할 수밖에 없다. 그러한 가운데 1958년 8월 토오꾜오 도립 코마쯔가와(小松川)고등학교 옥상에서 여고생이 살해되는 사건이 일어난다. 범인은 경찰에 도전하여 신문사에 전화로 범행상황을 암시했다. 마침내 체포된 범인은 18세 조선인 고교생 이진우(李珍宇, 일본명 金子珍宇)로서 찢겨진 '반(半)일본인'이라는 출생이 세간의 화제가 되었다. 동포나 일본인의 구명탄원도 허무하게 결국 1962년 11월 이진우는 22세의 젊은 나이에 교수형에 처해졌다. 이진우의 내면은 법정진술과 체포 후에 누나와 사모하는 관계에 있던 박수남(朴壽南)과 주고받은 왕복서간에서 토로됐으며, 그것은 박수남 편 『죄와 죽음과 사랑』(三一新書 1963), 『이진우 서간전집』(新人物往來社 1979)으로 역사에 남겨졌다. 이 이른바 '코마쯔가와사건'은 재일조선인의 비극을 서술한 것이지만 그것은 또한 일본사회의 음습함을 고발하는 것이기도 하다.

천황제나 조선에 관해 문제의식을 갖고 있던 『후진꼬오론(婦人公論)』 편집자 사와찌 히사에(澤地久枝)의 의뢰로 작가 오오오까 쇼오헤이(大岡昇平)는 「이 소년을 죽여서는 안된다」(1960년 10월호)라는 글을 쓰고 있다. 여기서 오오오까는 "현재 이 소년 구명탄원운동이 재일조선인 사이에서 고조되지 않는다는 것이 특징이다. 왜인가——그 사정을 나는 모른다. 알려고 해도 단서가 없을 정도로 복잡하다. 다만 확실한 것은 나 자신을 포함하여 우리 일본인이 재일조선인문제에 무관심하다는 것이다"라고 서술하고 있다. 어찌됐든 이러한 불행의 연장선상에서 1959년 12월 일본적십자에 의해 조선민주주의인민공화국으로의 귀국사업이 시작되었으며, 극심한 차별과 빈곤에 가망이 없다고 포기한 일부 재일조선인이 '북'으로 돌아가게 된다.

해방 후 '자이니찌'의 언론·문학

애당초 식민지시대에 조선인은 교육의 좋은 기회가 주어졌다고 말할 수 없는 상황이었다. 그러나 그 가운데는 민족차별이나 곤궁 속에서도 지적인 욕구를 충족시키기 위해서 혹은 얼마 안되는 상승의 기회를 찾아 학교에서 수학하여 인생의 가능성을 열어가고자 했던 사람들도 있다. 해방 후의 재일조선인 지식인은 기본적으로 그러한 부류에 속하는 사람들이 아니었을까 생각한다.

해방 후에 재일조선인이 창간한 최초의 신문은 1945년 10월 10일자의 『조선민중신문』이다. 1946년 3월 25일자 제14호부터 『민중신문』으로 이름을 바꾸었는데, 월 6회 3만부를 발행했다고 한다. 11월에는 『대중신문』이 오오사까에서 월 6회 5만부 발행되었으며, 이외에 『조선국제신문』『조선신문』『조선건국신문』『공화신문』『조선민보』『세기신문』 등이 각지에서 발행되었다고 한다. 개인에 의한 신문도 『국제타임스』나 『조선신보』『신세계신문』 등이 역에서의 판매나 택배를 통해서 6만부에서 10만부 발행되었다. 점령기 신문·잡지를 수집한 '프랑게문고'

(Gordon W. Prange Collection) 소장자료에 의하면 패전/해방 직후부터 재일조선인이 발행한 신문, 뉴스·편지는 1949년까지 100타이틀 이상이며 잡지는 20타이틀 이상에 달한다고 한다.[87]

박경식 편『재일조선인관계자료집성(전후편)』(不二出版 2001)에는 당시에 발행된 다채로운 신문의 이름이 기록되어 있으며, 그외에 재일조선인의 투쟁과 관련한 삐라나 팸플릿도 많다. 그리고 '시선집'이나 '가요집'도 적지 않게 보이는데, 구식민지 출신자로서는 세계사적으로 보아도 단기간 안에 상당한 신문을 발행했다고 해도 틀림없다고 생각된다.『자료집성』에는 1946년 4월에 발행한『조련문화』창간호를 비롯해, 1954년 2월분까지의 잡지리스트가 역시 게재되어 있다.『조련문화』『평화』『청년회의』『건국』『전진』『조선청년』『조선평론』『새로운 조선』『평화와 교육』『고려문예』『백민』『신아』『군중』『대동강』『조선시』『보리』『진달래』『진달래통신』『예협』『무대』『조선영화』『조선미술』등인데, 일반적인 잡지에 더해 문학이나 연극 관계도 적지 않다는 것을 알 수 있다. 여기에는 자이니찌문학의 발전에 크게 공헌한『민주조선』(1946년 3월 창간)이 들어 있지 않지만, 어찌되었든 재일조선인이 해방 직후부터 활발한 언론활동을 전개했다는 점은 분명하다.

자이니찌 지식인이 활약했던 무대의 하나는 시나 문학의 창작이다. 특히 해방부터 1960년대 초반 귀국사업 전성기까지의 '정치의 계절'에 있어 재일조선인의 창작활동은 모국어 그리고 보다 많이는 일본어로 이루어졌는데, 그것은 일본땅에서 '조국'에 대한 그리움을 토로하는 것이 되었다. 오늘날 말하는 이른바 일본어문학에 속하는 '자이니찌문학'의 출발로서 실제로 일본어에 의한 잡지『민주조선』이 창간되었으며, 또한 김달수의 소설이나 허남기의 시집 등이 잇달아 출판되고 있었다. 엄밀하게 말하면 당시는 아직 '자이니찌문학'이라는 호칭은 유포되지 않았지만 피지배의 역사와 민족과 조국의 문제, 거기에 실존하는 삶의 문제가 시나 문학 속에 묘사되었다.

김달수는 10살 때 조선반도에서 일본으로 건너와 니혼(日本)대학 예술과에 재학중이었던 1940년에 최초의 작품 「위치」를 발표했는데, 실질적으로는 해방 후의 『민주조선』에 연재를 시작한 장편소설 『후예의 거리』가 출발이 되었다. 뼈 굵은 문체의 이 작품은 '조선적인 것' '민족적인 것'이 축을 이루었으며, 이후 『현해탄』(1954) 등을 발표하여 자이니찌 1세 작가로서의 존재를 알려나갔다. 한편 허남기는 조련 등의 민족조직에서 활동하였으며 『민주조선』 편집장 등도 역임하면서 조선어로 시작(詩作)을 함과 동시에 일본어로도 시집을 출판한다. 『조선 겨울 이야기』(1949), 『일본시사시집(日本時事詩集)』(1950), 『화승총의 노래』(1951), 『허남기시집』(1955) 등에서 '투쟁하는 서정'[88]이라고도 불리는 그 명성은 민주주의문학 진영뿐만 아니라 일본의 시단에도 선풍을 불러일으켰다. 김달수에게도 허남기에게도 거기에는 국가·계급·저항과 관련된 민족의 운명이 아로새겨져 있다.

자이니찌문학에 밝은 이소가이 지로오(磯貝治郎)에 의하면 '자이니찌문학' 초기의 특질은 '민중을 묘사한다'는 것으로, 그 민중은 민족으로 근저에서 통하며 일본국가와 첨예하게 대치하면서 일본으로의 동화를 거부하고 민족통일의 원기가 되는 아이덴티티를 확립하려고 하는 것이었다고 한다. 다만 실제로는 천황(제) 비판을 정면에서 주제로 하는 문학작품은 의외로 적었으며, 일제시대를 소재로 한 작품에는 천황(제)은 그늘처럼 작품의 배경을 지배하고 있다고 한다.[89] 확실히 재일조선인에게 스스로의 내면을 속박한 천황제는 중요한 문제이며, 오임준(吳林俊)의 『조선인 안의 "천황"』(邊境社 1972)이나 안우식의 『천황제와 조선인』(三一書房 1977) 등의 문학평론이 있다고 해도 천황제의 해부,

그것과의 격투가 극히 불충분했던 것은 틀림없다. 더욱이 일본과 조선에 관한 한 '천황제적' 사고에 빠지기 쉬웠던 일본공산당에 관해 묘사한 작품도 거의 없다고 말할 수 있다. 굳이 말하자면 고사명(高史明)이 후일 『밤이 한때의 발길을 어둡게 할 때』(筑摩書房 1971)에서 자신의 과거와 관련하여 1950년대 초기 공산당 내부에서의 스파이 사문(査問)·린치 사건을 다루어서 온몸을 바친 당으로부터 배신자의 낙인이 찍혀 끝을 알 수 없는 깊은 어둠으로 빠져버리는 불안을 묘사한 정도였을 것이다.

2. 4·19학생혁명과 일미안보조약 반대운동

천황제와의 대결을 결여한 일본의 전후

1956년 2월 소련공산당 제20회 대회에서의 스딸린 비판 이후 세계는 미소 양진영의 대립이 계속되는 가운데 어느정도 안정된 상황을 보였다. 일본의 경제백서가 "이미 전후가 아니다"라고 규정한 것은 1956년이다. 55년체제하에 일본에서는 하또야마 이찌로오(鳩山一郎) 내각이 일소 국교회복과 국제연합 가입을 실현하지만 남북조선이나 중국 등 아시아와의 관계는 단절된 채였다. 그사이에 각종 써클에 의한 문화운동은 50년대 전반에 하나의 정점을 맞이했으며 계속해서 일본 각지에서 적지 않은 변화를 불러일으키고 있었다. 한편 전후의 정치운동에서는 1948년 9월에 결성된 전일본학생자치회총연합(전학련)이 1955년 공산당 육전협과 다음해 스딸린 비판을 계기로 새로운 전개를 재촉했으며, 기성 좌익과의 대항관계 때문인지 오로지 급진적이고 주체적이고자 하는 신좌익의 자세를 나타내게 된다. 더욱이 그런 신좌익운동에서는 50년대 전반에 꽃피운 써클운동 등은 계승되지 못했으며 공산당에 그나마 남아 있던 문화운동이 잘려나가는 경향을 가졌다.

한국에서는 한국전쟁 후의 혼란과 갈등이 계속되지만 50년대 후반이 되면 사회 내부에 나름대로의 안정을 보이기 시작했으며 또한 민주주의를 지탱하는 기반도 서서히 뿌리내리기 시작했다. 그러나 분단체제하에서 이승만정권은 농민층을 회유할 수는 있어도 학생·지식인·도시생활자 등의 중산층을 수중에 넣을 수는 없었으며, '반공' '친미'를 기치로 부패·타락의 독재정치를 일삼았다. 전쟁과정에서 표면적으로 좌익은 일소되었다고 하지만 반공의 범위 안에서 독재정치에 반대하며 자유나 민주주의를 요구하는 재야세력은 건재했다.

이렇게 일본과 한국은 국교가 개시되지 않은 채 격리된 상태로 제각기 다른 행보를 보이지만, 양국은 동일하게 소련과 대결하는 미국의 동아시아정책 속으로 편입되었다. 이윽고 1960년 4월에 한국에서는 학생의 결기로 친미반공의 이승만정권이 무너지고, 또한 6월에는 일본에서 키시 노부스께(岸信介) 내각의 일미안전보장조약(日米安全保障條約) 개정에 반대하는 대규모의 데모가 강행되었다. 그러한 가운데 일본과 남북조선 삼국 사이에서 살아가는 재일조선인은 다수가 사회주의 조국의 깃발을 올린 조선총련하에 결집했으며, 1959년 12월 이후 약 9만 3천명이 공화국으로의 귀국을 선택했다.

그런데 먼저 일본의 경우를 보면 전전·전후를 관철하는 천황제 씨스템하에서 국가의 형태나 국가체제의 전환을 요구하는 운동이나 투쟁은 거의 없었다고 말할 수 있다. 여기서 천황제와 대결하지 않았다는 것은 단순히 씨스템과의 대결뿐만 아니라 사람들의 정신이나 공동체에 만연해 있는 천황제적인 의태(擬態), 그리고 그것에 연결되는 전쟁책임이나 식민지 지배 책임 등과 같은 과거청산과의 대결이 애매하게 되었다

는 점을 의미한다. 특히 전위당인 일본공산당에 관해서 말하자면 공산
당이 강령 등에서 천황제 폐지를 내세우는 일은 있었다 해도 그것이 어
디까지 진지한 것이었는가는 의심스러울 뿐이다. 사상사가 타께우찌
요시미는 이미 1950년 4월에 "일본공산당에 대한 나의 불만을 추궁해
가면 그것은 결국 일본공산당이 일본의 혁명을 주제로 하고 있지 않다
는 점에 도달하지 않을까 하고 생각한다"고 단언하고 있다. 코민포름의
비판에 대해서 우왕좌왕하는 일본공산당의 태도는 "권위 앞에 납작 엎
드리는 노예의 모습"[90]이라고 비판하기도 했다. 거기에는 천황제적인
지배구조를 근대주의적으로 뒤집은 것과 같은 일본공산당의 체질을 간
파했으며 공산당은 오히려 일본의 정신구조 그 자체의 포로가 되어 있
다는 통찰이 있었다고 볼 수 있다. 실제로 일본공산당의 천황제 비판은
예를 들면 『젠에이(前衛)』 창간호(1946. 2)의 미야모또 켄지(宮本懸治)
의 「천황제 비판에 관하여」로 대표되듯이 제도나 기구에 대한 비판에
집중하고 있으며 천황제에 대치해야 할 사람들의 정신구조의 존재방식
을 소홀히하는 경향이 현저했다고 말해도 좋다.

그런 점에서 사상사가 이시도오 키요또모가 35년간에 걸쳐 혁명운
동 내부에서의 경험, 인상, 고통, 기쁨, 비판 등을 묘사한 나까노 시게
하루의 장편 『갑을병정(甲乙丙丁)』(1969)을 염두에 두고, 나까노에 입각
해서 다음과 같이 서술하고 있는 점에 유의하고 싶다. "미야모또 켄지
는 절대주의 천황제의 역사적·정치적 특징을 들고 있다. 언뜻 보기에
'과학적'이다. 일반적으로 공산당 이론가는 제도나 기구를 설명하는 섯
만으로 만족하며 천황제 반내의 행동을 규정하는 이데올로기 구조는
묻지 않는다. 그러면서도 천황제 타도의 행동이 가능하다고 믿는 점 등
은 비밀종교적이라고밖에 할 말이 없다. 아마도 이데올로기적인 상부
구조를 단순하게 생각하고 국민·인민 사이에 천황제 이데올로기를 내

세우고 있는 헤게모니를 프롤레타리아 헤게모니로 전환하기 위한 장기에 걸친 사상적인 준비를 게을리한 것이 과거의 실정이다. 나까노는 천황제와 천황 그 사람의 현세적·인간적 측면을 중시했으며 천황 개인을 천황제로부터 해방하는 일 없이 국민을 반봉건성으로부터 혁명적으로 해방하는 일은 가능하지 않을 것이라고 한다. 이것은 이해하기 어려운 부분이 있지만 「다섯 잔의 술」(1947)은 그것을 말하려고 한 것일 것이다. 「유태인 문제에 관해서」에서 맑스가 정치적 해방과 사회적·인간적 해방관계를 논한 것과 매우 비슷한 사고라고 생각된다. 천황제의 변혁을 민족도덕의 확립이라고 하는 것이 그것이다."[83]

나 나름대로 말하자면 「다섯 잔의 술」에서 말하는 것처럼, 천황제 폐지의 문제는 일본의 민족도덕 수립의 근본문제이다. 나까노로 말하자면 전전의 프롤레타리아문학, 맑스주의문학을 대표하는 작가로서 탄압의 시대를 지나 전후에 일본공산당에 재입당했으며 한때『신닛뽄분가꾸』편집장도 역임했다. 그런 나까노의 천황제 폐지론이 일본적인 심성·일본적인 공동체의식에 사로잡힌 애매한 것이라는 비판이 있는 것은 사실이지만, 거기에 문학가로서 윤리의 자각을 전제로 한 비길 데 없는 사상의 에너지, 거짓 없는 육성이 있다는 점은 부정할 수 없다. 그런 의미에서 여기서는 먼저 나까노가 천황제를 씨스템의 문제임과 동시에 민족도덕이나 이데올로기, 의식의 존재방식과 관련해서 파악하고자 한 점을 확인해두고 싶다. 그러고 보면 시마꾸라 찌요꼬(島倉千代子)가 「토오꾜오예요 어머니」를 노래해 대히트한 것은 1957년이다. 종교학자 야마오리 테쯔오(山折哲雄)가 썼는데,[91] 그 가사에는 첫번째에 '니쥬우바시(二重橋: 천황신앙)', 두번째에 '쿠단자까(九段坂: 야스꾸니신앙)', 세번째에 '아사꾸사의 관음(淺草の觀音樣: 불교신앙)'이 나온다. 거기에는 일본인의 종교적 심성이 깊게 새겨져 있지만 다른 관점에서 보면 당시 일본인 의식의 존재방식을 나타내는 것이기도 했다.

그것은 접어두고 학생조직 전학련(全學聯)은 1950년대에 들어가면 오로지 공산당의 지도를 받아 산촌공작대나 화염병투쟁 등의 격렬한 운동을 전개한다. 이윽고 무장투쟁 포기로 노선을 전환한 공산당의 육전협 이후 당내 투쟁으로부터 생겨난 흐름은 공산주의자동맹(분트) 창설로 이어져 전학련의 주도권을 잡았지만 불행히도 충분한 조직적 준비시간도 거의 없는 채 1960년 안보투쟁(安保鬪爭)을 담당하지 않을 수 없게 되었다. 실제로 1959년 11월 이후 자주 국회 돌입을 도모하는 등 직접적인 행동을 격화시켰으며 안보에 대한 국민의 강한 반발을 대변하는 행동을 취한다. 일반적으로 정치와는 무연한 쌜러리맨·주부·고교생도 결집하여 수백만명의 규모가 되었다. 데모를 이끄는 등 '투쟁하는 전학련'은 사회에 큰 인상을 주었다. 안보투쟁 패배 후 전학련은 일시적으로 사분오열하지만 이윽고 1966년에는 다시 통합되었으며(제2차 분트), 반일공계(反日共系)의 좌익으로서 60년대 후반의 전국적인 대학투쟁이나 1970년 안보투쟁을 둘러싼 상황에서 학생운동 주류 당파로서의 역할을 다하게 된다.

되돌아보면 기성좌파를 포함한 그런 투쟁에서는 전후 계몽에 대한 반대명제에서였는지 '반미애국' '민주주의' '전쟁의 기억' 등이 강조됐지만, 과거의 극복이나 아시아문제를 희박하게 한 채 오히려 자기우위의 급진주의를 경쟁함으로써 에너지의 소모·자멸의 길을 걸어갔다. 그런 점에서 다양한 형태의 시민적인 집합이었던 써클운동측이 일핏 분산적이며 과제의식이 미약한 것처럼 보이지만, 공동체의 하부였던 사람들의 연대의식을 중시하면서 문제의 본질에 입각해 새로운 문화창조, 의식변혁의 근거가 될 가능성은 가지고 있었던 것으로 생각된다. 실제로 전후의 써클운동에서 가장 큰 역할을 담당했다고 말할 수 있는 우에노 에이신(上野英信), 타니가와 간(谷川雁) 등의 큐우슈우써클연구회(『써클촌』 발행)를 비롯하여 써클운동은 사회의 저변에서 시대의 과제에 응대하려고 했다.

　정치·외교적으로 일본과 한국이 격리되어 있었을 때 학술이나 매스미디어에서도 일본과 한국은 단절된 상황에 있었다. 일본과 한국의 신문은 서로 외국통신사 등을 이용한 외신보도에 의지했으며, 또한 잡지 등의 논단도 인접국을 취급하는 일은 극히 드물었다. 사실 전후 일본의 종합잡지에서 중심적 위치였던 『세까이』가 조선에 관해서 처음으로 게재한 논단은 1946년 5월호의 스즈끼 타께오(鈴木武雄)의 「조선통치의 반성」이었으며, 그 내용도 실제로는 식민지 지배 변호에 시종일관한 것이었다. 그것은 창간 당초의 『세까이』가 타이쇼오(大正) 교양주의의 자유주의적이며 보수적인 성격을 가지고 있었다는 점을 반영한다. 더욱이 한국전쟁이 발발한 후에도 1952년 7월호에서 소특집 비슷한 것을 편성했다고는 하지만 내용은 그리 깊은 것이 아니었으며, 다음해 1953년 6월호에 비로소 특집 「조선동란 3년」을 편성했을 정도였다. 사실 그대로 말하면 50년대의 잡지 『세까이』는 일본 자신의 진로가 불안정한 가운데 조선반도에는 그다지 관심을 보이지 않았다고 말해도 좋다.

한국의 논단상황──『사상계』를 중심으로

　한국측을 보아도 사정은 거의 마찬가지다. 해방 후 한국에서 대표적 종합잡지로는 『사상계(思想界)』를 들 수 있다. 『사상계』는 한국전쟁중인 1952년 9월에 『사상』이라는 이름으로 창간된 뒤 1953년 4월부터 『사상계』라고 이름을 바꾸었으며, 1970년 5월에 김지하(金芝河)의 담시 「오적(五賊)」을 게재하여 정간될 때까지 한국의 논단을 대표하는 종합잡지로서 타의 추종을 불허했다. 이 『사상계』에 일본에 관한 논고가 실린 것은 1954년 2월호가 처음이었으며, 그후 1958년 2월호에 짧은 「일본견문기」가 게재되었던 것을 제외하고 일본을 본격적으로 논한 것은 1958년 7·8월호의 특집 「오늘의 일본」에 의해서다. 즉 창간 이후 6년이 지나 처음으로 일본 특집이 나올 정도로 한국의 논단에서 일본을 논하는 일은 어려웠다는 말이 된다.

그런데 잡지 『사상계』는 일본 식민지시대를 거쳐 월간 종합지로는 처음으로 본격적으로 간행된 잡지다. 정치·경제·사회·철학·문학 등 다방면에 걸쳐 논단을 게재하고, 반독재정권의 거점으로서의 역할을 담당했으며, 또한 신인문학상이나 동인문학상을 제정하여 신인작가를 발굴하거나 혹은 기성작가의 창작의욕을 고무했다. 잡지 간행의 중심은 장준하가 담당하여 1954년 말까지는 혼자서 편집의 책임을 맡았다. 그후 편집은 주간 중심의 편집위원회 방식을 취했는데, 『사상계』의 특징은 무엇보다도 일제시대부터 '개명(開明)적'이라고 인식된 '서북지역'(북방의 평안도·황해도 일대)의 '문화주의'에 기반을 둠과 동시에 '민족의 근대화'에 이념의 중심을 둔 것이라고 한다. 50년대 말에는 당시 유력 일간지였던 『동아일보』나 『조선일보』의 발행부수가 10만을 넘지 않는 가운데 『사상계』는 월 5만부의 발행부수를 과시하였으며 전국 각지에서 문화강연회도 개최하였다. 여기서 『사상계』가 저널리즘과 아카데미즘 그리고 문학을 결합시켜 붕괴 직전의 한국 지식인사회를 재건한 역량을 볼 수 있다.[92]

『사상계』가 '서북지역'의 문화주의를 배경으로 하고 있다는 점은 장준하가 평안북도 의주 태생이라는 것과 관계가 있다. 개화기 이후 조선반도 북부의 서북지역은 기독교의 포교가 활발하게 전개되어 유교의식이 강했던 남부에 비해 개명적이었다고 한다. 일제 말기에는 조선 개신교신자의 60%가 서북지역 거주자였다고도 전해진다. 그런 의미에서 식민지 지배/해방/한국전쟁의 과정에서 남으로 내려왔던 이른바 '월남지식인'은 한국의 문화적 발전에 크게 기여하게 된다. 덧붙이면 1915년에 출생한 장준하는 해방 전에 일본의 신학교에 입학하였으나 학도병으로 중국에 보내졌다가 6개월 후에 일본군을 탈출하여 한국광복군 훈련반에 입대했다. 해방 후 『사상계』 등 재야언론인으로 활약하였으며 이윽고 국회의원에도 당선되어 민주화운동을 이끌었지만 1975년 8월 등산중에 의혹의 추락사를 했다. 1901년 평안북도 용천 태생인 기독교도 함석헌이 적극적으로 사회적 발언을 개시하는 것도 이 『사상계』에서다.

장준하의 사상이 어떠한 것이었는가는 매우 흥미로운데, 일단 자유민주주의, 민족주의, 기독교적 순교정신, 반공주의, 로맨티시즘, 리얼리즘, 반일주의 등이라고 생각해도 크게 틀리지 않다고 생각된다. 이 경우 반일은 현실적으로 해방 후에 발호한 '친일파' 비판으로 파악해야 할 것이다.[93] 이렇게 장준하 사상의 존재방식을 보면 예를 들어 일본 잡지 『세까이』의 이념이나 집필진과는 저절로 차이가 있다고 생각해도 좋다. 적어도 한국에서 말하는 민족주의나 기독교적 순교정신, 그리고 반공주의라고 하는 것은 사상의 존재방식의 차이를 나타내는 것이라고 생각할 수 있다.

또 한가지 이승만정권 이후 한국에서는 공적으로 공산주의에 가담하는 일은 금기가 되었다. 이 반공주의는 1950년대에는 '자유민주주의'라는 한국적 용어로 표현되었는데, '빨갱이'라는 딱지가 붙는 것은 설령 그것이 권력에 의한 누명이라 할지라도 바로 죽음과 직결될 수 있는 일이었다. 당연히 일본과는 다르게 맑스주의적이거나 '좌파적' 내지 '진보적'인 사상은 모두 금기시되었다. 하지만 그렇다고 해도 최근의 연구에 의하면 한국전쟁 후의 50년대 후반 이승만독재하에서도 사상적으로는 결코 암흑기는 아니었다는 점이 분명해지고 있다. 그런 점에서 한국 현대사를 고찰할 때에는 한국을 중심으로 하면서도 조선반도 전체를 시야에 넣고, 거기에서 현대사의 객관적인 구조와 변혁운동의 주체적인 전개를 변증법적 과정으로서 파악하는 것이 중요하다고 할 수 있다. 실제로 해방공간에서의 변혁운동, 그리고 한국전쟁기의 빨치산투쟁 등의 경험을 가지는 좌익활동가들이 50년대 후반에 조선노동당의 남로당 재평가에 의해서 한국 각지에서 상호부조 조직의 계나 친목회, 등산동호회, 독서회 등의 형태로 소규모 활동을 전개한 것이 명확해지고 있다.[94]

다만 『사상계』가 그런 것처럼 한국의 변혁운동을 기성좌익의 관점으로만 생각하는 것은 부적당하다. 그런 의미에서는 최근에 와서 재평가되고 있는 1958, 59년의 '진보당사건'을 사상이라는 관점에서 재조명해볼 필요가 있을 것 같다. 진보당사건은 1956년 5월의 대통령선거에서 야당이 기세를 올린 것과, 이승만이 야당후보의 급사로 겨우 3선을 이루었던 것에서 시작하고 있다. 급사한 야당후보에 대신하여 급거 출마한 것이 진보당의 조봉암(曺奉岩)이었으며 득표율 30%를 얻어 이승만을 위협하는 결과를 초래한다. 조봉암은 박헌영 등과 함께 일제시대와 해방 후에 민족독립·사회주의 건설을 목표로 하여 조선공산당 간부로서 활약했지만, 모스끄바 3상회의 후의 찬탁·반탁 논쟁 속에서 공산당의 비대중적 노선에 의문을 품고 결국 박헌영 등과 선을 긋는 형태로 신국가 건설에 정진해갔다. 이른바 반공의 범위 안에서 개혁과 평화통일을 목표로 한 '제3의 길'을 내걸고 영구집권을 노리는 이승만독재에 도전한 것이었으나 위협을 느낀 이승만은 조봉암을 국가보안법 위반혐의로 체포하고 진보당을 해산으로 몰아갔다. 최종적으로 조봉암은 대법원(최고법원)에서 사형판결을 받아 1959년 7월에 형장의 이슬로 사라졌다. 그 직전인 4월에는 국민의 반독재여론을 대변하고 있던 『경향신문』이 폐간에 몰리기도 했다.

역사학자 강만길에 의하면 일제시대에 공산주의자였던 조봉암은 남북분단하의 양극단의 정치상황에서 민족통일의 길은 양극단을 배제하는 것 이외에는 없다고 판단하고 사회민주주의적인 개혁과 평화통일에서 정치적인 활로를 모색하고자 한 것이며, 그것은 정치가로서 당연한 '변신'이었다고 논하고 있다(『한겨레신문』 1999. 3. 30). 이것은 당연히 '전향'과는 구별되는 정치이념의 전환이었지만, 이승만은 자신의 권력유지를 위해 '선각자'를 '스파이'로 매장했던 것이다.

하긴 한국전쟁 후의 1950년대 후반에 한국에서는 극히 적었지만 자생적인 의미에서 새로운 세대의 맑스주의자가 자라나고 있었다. 예를 들면 당시 서울대학교 문리대학은 고려대학교나 연세대학교보다 진보적이며 싸르트르(J. P. Sartre)나 하이데거(M. Heidegger) 등의 실존주의가 세력을 떨쳤으며, 정치학에서는 맑스주의에 친화성을 가지는 러스킨(J. Ruskin)을 긍정적으로 가르치고 있었다. 금서가 된 좌익서적은 동대문의 고서점가에서 싼값에 대량으로 팔리고 있었으며, 대부분은 패전/해방 전에 카이조오샤(改造社) 등에서 출판된 일본서적으로 정전 후에 고서점으로 반입된 것이라고 한다. 『자본론』『공산당선언』『모순론』『실천론』『유소기논문집』『국가와 혁명』 등 무엇이든 있었다고 한다. 한자를 찾으면 일본어를 읽는 것은 그리 어렵지 않아 신입생은 1년 만에 완전히 맑스주의자가 되었다고 하며, 서울대 문리대학에는 혁명을 지향하는 '신진회'나 '정치문학회' 등의 써클이 있었다고 한다.[95]

집단귀국의 꿈과 현실
이 시기 북의 공화국에서는 휴전 후의 분단고정화하에서 '천리마운동'에 의한 사회주의 경제의 약진이 계속되었으며, 정치적으로는 김일성주석의 개인숭배적인 '유일지도체제'가 확립돼갔다. 재일조선인사회에서도 식민지시대에 사회주의·공산주의가 희망의 깃발이었다는 기억을 계승하여 공화국은 사회주의 조국으로서 존경의 대상이 되었으며, '해외 공민'의 이름하에 다수의 동포가 총련으로 결집했다. 거기에는 '외국인'으로서 배제됐던 일본사회에 있었던 만큼 조선인이 공화국을 빛나는 피안으로 생각하고 있었다는 점뿐만 아니라, 공화국과 일본이 모든 측면에서 단절되어 있는 가운데 공화국의 실정이 재일동포에게 정확하게 전달되지 않았다고 하는 사정도 있다.

이런 가운데 재일조선인의 공화국으로의 집단귀국은 적십자국제위원회가 중재하는 가운데 일본정부와 공화국정부의 양해하에 양국 적십자간의 협정으로 실시되었으며, 최종적으로는 1984년까지 약 9만 3천 명의 재일조선인과 일본인 부인, 그 아이들(다수가 일본국적)이 공화국으로 건너갔다. 일본의 각 정당이나 매스미디어도 '인도주의'의 이름으로 적극적으로 지지했으며, 일반인들도 호감을 가지고 받아들였다. 그러나 실제로 공화국으로의 귀국은 '귀국운동' '귀국사업' '귀환업무' '북송'이라는 갖가지 호칭으로 불린 것처럼 일본과 남북조선의 사이에서 복잡한 성격을 띤다. '귀국운동'은 총련이 담당했던 대규모 운동이라는 의미가 있으며, '귀국사업'은 공화국의 국가사업이라는 의미가 있다. '귀환업무'는 공화국을 국가로서 인정하지 않았던 일본정부의 호칭이었으며, '북송'은 한국측에서 본 호칭이다.[96]

내 기억으로 볼 때 당시 공화국으로의 귀국은 기쁜 일, 격려해야 할 일, 꿈이 있는 일, 당연한 일이라고 다수의 사람이 받아들였던 것으로 생각된다. 일본사회 전체가 좌익에 호의적인 분위기 속에 있었으며, 일본사회당이나 일본공산당 그리고 일조협회(日朝協會) 등 각종 단체는 총련과 친밀한 관계에 있었다. 재일사회 전체가 '반미' '반키시(岸)정

권' '반이승만'이었으며 동시에 "김일성원수 만세"였다고 말해도 좋다. 차별적인 사회인 일본을 포기하고 전재산을 가지고 귀국하는 일은 인생의 일대 전기는 되어도 결코 모험도 도박도 더구나 악몽도 아니었다. 1962년에 상영되었던 요시나가 사유리(吉永小百合) 주연의 영화 「큐폴라가 있는 거리(キューポラのある街)」에 이 집단귀국의 모습이 묘사되고 있는데, 그 정경은 많은 사람이 서로 기뻐하며 격려하고 이별을 아쉬워하는 장면이었다. 자이니찌 시인 강순(姜舜)은 공화국의 마크를 붙인 소련 선박 크릴리온호를 보내면서 '귀국선'이라는 제목을 붙여 다음과 같이 읊고 있다.

악수
악수
뜨거운 악수
아픈 악수

연방 폭발하는 환호
끊어지지 않는 만세소리
거친 바다처럼 물결친다
이 우레와 같은 함성은 절정이 없다

보내는 자
떠나는 자
밝은 얼굴들이
눈물의 결정(結晶)을 서로 확인한다

이 이별 속에는
비원(悲願)이 있고
획득이 있고
탈출이 있고
새로운 포옹이 있다

오색 테이프가 잘리는
니이가따에서는 오늘도
뱃머리를 북으로 향해
크릴리온(Crillion) 호는 동해의 파도를 탄다
크나큰 내일을 담기 위해
(…)

강순 「귀국선」

집단귀국은 총련에게는 동포의 '지상낙원'으로의 귀국이었으며, 공화
국정부에게는 노동력의 확보가 주요한 목적이었다고 생각할 수 있다.
공화국정부에게는 집단귀국을 일본과의 국교정상화 교섭과 연결시키
려는 의도가 있었으며, 또한 한국의 반대를 물리치고 국제정치에서 공
화국의 우위를 확보하고자 하는 생각도 있었다고 생각된다. 어느 쪽이
든 일본정부는 집단귀국을 '인도주의'의 이름으로 지원한 것이 되지만,
일본정부의 진의가 치안의 대상인 구식민지 출신자의 국외퇴거를 도모
하여 식민지 지배의 책임으로부터 벗어나는 데 있었다는 점은 상상할
수 있는 일이다. 그러한 가운데 한국측에서 보면 냉혹한 남북대립 속에
서 '북'을 이롭게 하는 일은 용납하기 어려운 일이었다. 실제로 한국에

서는 1959년 2월부터 12월까지 전국 각지에서 '북송' 반대데모가 확산됐다. 2월 14일부터 3월 5일까지의 21일 사이에만 전국에서 4312회 총 736만명이 참가하는 반대데모가 있었다고 한다. 이 데모는 여야당이나 소속이 어디든 상관없이 '반일' '반공'이 결합한 것이었는데, 다만 실제로 이것은 조직적으로 계획되었으며 데모참가자의 적지 않은 부분은 강제적으로 동원되었던 것이라고도 한다.[97]

그러나 시간의 흐름은 잔혹한 것이다. 집단귀국이 실현되고 몇년도 지나지 않는 사이에 귀국동포의 생활난, 사상적 억압, 수용소에의 수감 등 참상이 전해져 집단귀국 그 자체의 평가가 암전(暗轉)하기 시작했다. 최근의 연구에서는 공화국으로의 집단귀국은 총련이나 공화국정부의 의도와는 별개로, 그것보다 먼저 일본정부가 의도적으로 본래 중립기관이어야 할 일본적십자에 '국익'을 대행시킨 것이었다는 점이 분명해지고 있다. 소수자의 역사에 관심을 가지는 테사 모리스 스즈끼(Tessa Morris Suzuki)가 밝힌 바에 의하면, 일본정부와 일본적십자가 재일조선인을 귀찮은 존재로 취급하여 공화국으로 귀국시키려고 획책하기 시작한 것은 1955년의 일이었다고 한다. 그것은 당연히 집권여당이나 정부고관의 양해를 얻은 것이었지만, 실제로도 일본적십자 외사부장이 1956년 국제적십자에 보낸 서간에는 "많은 수의 조선인, 그들의 매우 난폭한 성질, 나아가서는 그들이 여러 종류의 당파로 분열되어 있다고 하는 사실에 비추어볼 때 언제 어떤 순간에도 불행한 사고", 즉 '유혈사태'가 발생하는 결과를 초래할 수 있다고 기록되어 있다. 중개한 적십자 국제위원회는 일본 측의 의도를 의심하면서도 재일조선인이 일본 국내에서 차별받고 있는 상황에 대해 무지했다고 한다.[98]

이런 사실을 보면, 비유적으로 말해서 재일조선인은 올 때는 강제연행됐으며 돌아갈 때는 추방되었다고 말해야 할까. 그것을 지탱한 것은

"거국일치" 일본의 민족적 이기주의였다고도 말할 수 있는데, 어찌됐든 집단귀국은 귀국자의 인생뿐만 아니라 일본에 남은 다수의 친척 연고자나 친구들의 인생도 또한 바꿔버리게 된다.

1950년대 후반부터 60년대 초기로 말하자면 아시아·제3세계의 해방투쟁이 한층 세계적인 규모로 꿈으로서 이야기되던 시대다. 1961년 9월에는 유고슬라비아의 띠또, 이집트의 나쎄르, 인도네시아의 수까르노, 인도의 네루 등의 호소로 제1회 비동맹제국 수뇌회의가 베오그라드에서 열리기도 했다. 공화국 그리고 총련도 반미투쟁을 내세우는 아시아·제3세계의 일원으로서 자리하고 있었다. 일본도 자민당정권에 의한 미국 추종노선에도 불구하고 일반적으로는 반미감정이 상당히 침투해 있었다고 생각해도 좋다. 그 하나의 현상은 50년대 후반에 토오꾜오를 중심으로 '노랫소리 찻집(歌聲喫茶)'이 생기고 60년대에 큰 붐이 되었던 것이다. 안보소동 전후에는 러시아민요가 인기를 끌었으며, 또한 공화국에서 만들어진 노래도 애창되었다. 안보 이후에는 일본의 「어머니의 노래」「석별의 노래」「기타가미야곡(北上夜曲)」 등이 전국적인 히트곡이 되었는데, 조선의 「임진강」「평양은 마음의 고향」「통일열차는 달린다」 등도 애창되었다. 그만큼 남북분단의 비애가 공유되었는지는 판단할 수 없으나 어찌됐든 당시의 공화국이 다수의 일본인·조선인에게 플러스 이미지로 받아들여졌다는 것은 확실하다.

당시에 다수의 사람들을 매혹시킨 「임진강」은 1957년에 '북'에서 불리기 시작한 것으로 조선반도의 남북 군사경계선 부근을 흐르는 상에 조국통일을 기원한 노래다.

임진강 맑은 물은
도도히 흐르고

물새들 자유롭게
무리지어 넘나드네
내 조국 남쪽 땅
추억은 머나먼데
임진강 맑은 물은
도도히 흐르네

북쪽의 대지에서 남쪽의 하늘로
날아다니는 새들이여 자유의 사자여
누가 조국을 둘로 나누었느뇨
누가 조국을 나누어버렸느뇨

임진강 하늘 멀리
무지개여 뻗어주오
강이여 내 마음을 전해주려오
내 고향 언제까지나 잊지 않으리오
임진강 맑은 물은
도도히 흐르네

박세영 「임진강」*

생각해보면 재일조선인이 집단귀국을 하는 이 시기에 조선민주주의 인민공화국은 일본인으로부터도 재일조선인으로부터도 가장 호의적으로 받아들여졌는지 모른다. 그러나 역사의 사실은 공화국으로의 귀국이 재일조선인의 역사에서 더할 나위 없이 비참한 일이었다는 것을 드러내게 된다.

4·19혁명에서 군사쿠데타까지

1960년 4월 학생봉기에 의한 자유당·이승만정권의 붕괴는 한국현대사에 획기적인 전환을 가져왔으며, 60~70년대 이후의 학생운동과 민주화운동의 이념적·정신적 버팀목이 되었다. 이 학생봉기는 일반적으로 '4·19혁명' 내지 '4월 학생혁명' 등으로 부르고 있다. 장기집권을 획책한 이승만이 1960년 3월 정·부대통령 선거에서 대규모 부정을 행한 것에 항의해 전국의 고교생·대학생이 들고일어났으며, 결국 맨손으로 독재정권을 무너뜨리는 데 성공했다. 대구·마산의 고교생에 의한 부정선거 규탄데모를 시작으로 4월 18일 이후 서울 각 대학의 궐기로 이어졌으며, 경찰대의 발포에 의해 187명의 사망자와 6천여명의 부상자를

임진강 맑은 물은 흘러흘러 내리고
뭇새들 자유로이 넘나들며 날건만
내 고향 남쪽 땅 가고파도 못 가니
임진강 흐름아, 원한 싣고 흐르는가.

강건너 갈밭에선 갈대만 슬피 울고
메마른 들판에선 풀뿌리를 캐건만
풍년벌 이삭마다 물결 위에 설레니
임진강 맑은 물을 가르지는 못하리라.

냈다. 서울대학교 학생 결의문은 말했다. "우리의 대열은 이성과 양심과 평화, 그리고 자유에의 열렬한 사랑의 대열이다"라고.

한국 육군에서 국제연합군과의 연락장교 등으로 일하다 퇴역한 리영희는 31살 때 당시 한국에 하나밖에 없었던 통신사인 합동통신 외신부에서 일하고 있었는데, 4월 24일 밤에 합동통신사 정문 앞에서 계엄군과 학생데모대가 막 충돌하려는 순간을 조우한다. 그때 그는 순간적으로 양자 사이에 비집고 들어가 "이승만은 하야한다, 국민은 승리했다"고 외쳐 충돌의 비극을 막는 데 한 역할을 했다고 한다. 그에 의하면 희생자가 된 학생 다수는 이전에 구만주에서 헌병에 종사한 친일파에 의해 창설된 육군특무대의 손으로 살해되었다고 한다. 더욱이 이승만의 퇴진을 독촉한 미국에서는 소련의 인공위성 스뿌뜨니끄 발사 성공(1957. 10. 4) 이후 '일본 중심의 동북아시아 반공체제 구축'에 있어서 이승만의 반일정책이 큰 장애로 비쳐지고 있었다고도 한다.[99]

구세구민의 동학사상을 계승한 신동엽(申東曄)은 「껍데기는 가라」라는 시를 읊어 4·19혁명 이후 한국민중의 투쟁에 하나의 이미지를 주었다. 현실의 본질적인 리얼리티를 상징적으로 지휘한 시로도 알려져 있다.

껍데기는 가라.
사월도 알맹이만 남고
껍데기는 가라.

(…)

껍데기는 가라.
한라에서 백두까지

향그러운 흙가슴만 남고
그, 모오든 쇠붙이는 가라.

신동엽 「껍데기는 가라」, 『52인시집』, 1967

　학생 중심의 데모에 의한 이 정변은 고전적인 시민혁명에 비유해서 '혁명'이라고 불리고 있지만, 단지 정권교체를 실현했을 뿐 정치구조의 변혁이나 사회경제구조의 변혁에 이르지 못한 나약함을 가지는 것이 되었다. 사실 이승만의 하야 후 내각책임제의 개헌 실현, 총선거에 의한 구야당 민주당의 압승, 윤보선(尹潽善) 대통령·장면(張勉) 수상 선출에 의한 제2공화국 출범으로 이어지지만 그것은 기본적으로는 반공 우익적인 보수정치의 계속이었으며, 실제로 반년여 만에 3번의 내각개조를 거쳐 정치·행정은 혼미 속에서 헤맨다. 원래 4·19혁명은 반독재 민주주의운동으로 출발했으며 당초에는 분단체제를 극복하고자 한 것은 아니었다. 장면(張勉)정권도 반공·친미의 범위 안에 머무르는 것이었으나, 일단 독재의 속박이 풀리자 그때까지의 어용단체를 대신하여 혁신노조나 진보당의 흐름을 조직한 혁신정당이 생겨 민중운동은 민족통일운동으로 급선회해갔다. 즉 4·19혁명은 순식간에 해방공간에서의 '좌우합작'의 중요성을 재인식시켜 혁신정당과 사회단체를 망라한 '민족자주·평화·민주'를 내세운 민족자주통일중앙협의회(민자통) 결성과 각 대학의 민족통일조직을 결집한 '민족통일전국학생연맹' 설립으로 이어졌다. 공화국이 1960년 8월에 통일에 대한 과도기적 조치로서 남측에 '남북연방제'를 제기한 점도 크게 영향을 끼쳤다. 사상사적으로 말하자면 이승만에 의해 유린당한 식민지시대 이후의 '민족사관'이 4·19혁명에 의해 재정립되려고 했던 셈이 된다.

이러한 가운데 1961년 5월 16일 박정희를 선두로 하는 육군장교들이 군사쿠데타를 일으킨다. 쿠데타 당일의 미명은 민족통일의 물결이 완전히 최고조에 달했던 때였다. 5월 13일 민자통과 학생조직은 공동으로 '남북학생회담 및 통일촉진 결기대회'를 열어 민중에게 남북통일을 호소했다. 그리고 "가자 북으로, 오라 남으로, 만나자 판문점에서!"를 슬로건으로 서울에서 출발한 학생데모는 순식간에 10만명에 달했다. 더욱이 문민의 장면정권에는 남북학생회담을 저지할 힘이 전혀 없었다. 지금까지 박정희의 군사쿠데타가 미국의 사전 양해를 얻었는지는 분명하지 않다. 그러나 자유와 민주주의를 짓밟고 민중의 통일에 대한 의욕을 차단하는 일은 틀림없이 미국의 본심에 따른 것이었다. 실제로 권력을 장악한 군사정권은 통일운동에 정진했던 『민족일보』 사장 조용수(趙鏞壽) 등을 처형했으며, 다수의 통일운동가, 민족운동가, 노동운동가, 언론인 등을 체포하여 고문하고 투옥시켰다.

4·19혁명은 자유, 평등, 민주주의를 요구하는 학생을 중심으로 한 반독재 민중투쟁이었다.[100] 그러나 4·19혁명은 관점을 바꾸면 강준만이 말하는 것처럼 "준비 안된 혁명" "주인 없는 혁명" "좌절의 혁명"이다. 그후의 발자취에서 볼 때 그것은 '미완의 혁명'에서 '빼앗긴 혁명'도 된다. 처음에는 투쟁을 지도하는 이념도 당조직이나 학생조직도 없었으며 사람들의 사상이나 의식수준도 매우 낮았다. 하야 선언을 하고 대통령 관저의 경무대를 나가는 이승만에 대해 바로 조금 전까지 '독재자'라고 매도했던 시민들은 박수로 이별을 아쉬워하며 배웅했다고 한다. 강준만은 이런 사태의 추이와 관련해서 조선왕조 말기부터 조선인의 삶을 가장 강하게 지배해왔던 행동양식은 '기회주의'라고 보았으며, 해방 후에 난무한 그것은 4·19혁명을 거쳐 박정희가 등장한 1960년대에 완성되어 한국은 완전히 '기회주의 공화국'이 되었다고 개탄한다.[101]

더욱이 4·19혁명 후의 총선거에서 혁신정당은 사분오열하여 참담한 패배를 경험하고 사회변혁의 좋은 기회를 놓쳐버릴 정도였다.

역사학자 서중석(徐仲錫)에 의하면 4·19혁명에서 다음해 군사쿠데타에 이르는 시기는 '민족민주운동세력'에게도 '극우반공세력'에게도 새롭게 변화해야만 하는 과도기였으며 그런 의미에서 역사의 분수령이었다. 4·19혁명에서 1년이 지날 즈음 학생운동은 반봉건·반외세·민족자주, 즉 '민주·통일·민족자주'의 슬로건을 전면에 내세울 정도로 성장했지만 결과적으로는 학생을 포함한 민족민주세력은 군사쿠데타에 의해 물리적으로 압도돼버렸으며 새로운 극우반공체제에 의해 지배되게 되었다고 한다.[102]

여기서 민주·통일·민족자주는 원래 반미뿐만 아니라 반친일파를 포함한 반일을 암묵적인 이해사항으로 하는 것이다. 그런 의미에서 4·19혁명은 약간의 유보가 있다고는 하지만 아시아·제3세계에서 탈식민지화투쟁으로 이어지는 것이며 사회적으로도 큰 영향력을 가지는 것이 된다. 다만 거기에서 성장하기 시작한 좌익·진보세력은 패전/해방시에 만주국 육군중위였던 박정희를 선두로 하는 군부독재체제의 등장에 직면해 사상적·이념적으로 자기를 어떻게 무장해갈 것인가, 어떻게 통일전선을 만들어갈 것인가 하는 극히 중요한 과제를 떠맡게 된다.

안보투쟁 — 내부로부터의 패배

일본의 경우 안보투쟁은 반미·반자민·애국의 국민적 투쟁이었지만 실제로는 '적'과의 싸움에서 패배했을 뿐만 아니라 전위적인 힘의 분열을 초래했다. 사상사적으로 말하자면, 안보투쟁이 반제(반미)·민주주의 투쟁이었다는 점은 자명한 일일 것이다. 그것은 안보투쟁을 총괄한 타니가와 간, 요시모또 타까아끼(吉本隆明), 하니야 유따까(埴谷雄高),

모리모또 카즈오(森本和夫), 우메모또 카쯔미(梅本克己), 쿠로다 칸이찌(黑田寬一)의 공저『민주주의의 신화: 안보투쟁의 사상적 총괄(民主主義の神話: 安保鬪爭の思想的總括)』(現代思潮社 1960.10)이나 전학련 주류파·분트를 만든 장본인이자 서기장이기도 했던 시마 시게오(島成郎)의 기념문집『분트서기장 시마 시게오를 읽다』(情況出版 2002)의 기술에서도 분명하다.

시인 타니가와 간은『민주주의의 신화』에서 안보투쟁은 본래적으로 대미종속적인 정신의 제반 특징을 치명적으로 타격하는 '의식의 혁명'으로서 진행시켜야 하는 것이었지만, 실제로 투쟁과정에서는 하부의 창의를 짓밟았던 '통일' '민주집중'의 슬로건이 횡행했으며, 투쟁의 내용은 급속하게 공동화(空洞化)해갔다고 비판적으로 총괄한다. "분명하게 말해서 안보투쟁에서 사공(社共) 양당——국민공투회의라는 지도라인은 없는 편이 좋았다"고까지 단언한다. 즉 안보투쟁은 내측에서부터 패배했다고 하는 인식이며 전위당 신화의 붕괴와 좌익전국시대의 도래를 초래하게 되었다.

타니가와 못지않게 안보투쟁에 중대한 관심을 가진 요시모또 타까아끼도 마찬가지로 "안보투쟁 속에서 가장 기묘한 역할을 한 것은 일본 공산당일 것이다. 어설프게 전위라는 이름을 써왔기 때문에 시민 속에 매몰할 수도 없고, 그렇다고 모든 운동의 선두에 설 수도 없기 때문에 구가(舊家)의 심술궂은 노파처럼 대중행동의 한가운데로 끼어들어와 모든 창의와 자발성에 물을 끼얹고 다닌다" "안보과정에서 시민·서민의 행동성은 시민·민주주의 사상가의 계몽주의와 다를 뿐 아니라 오히려 전혀 무연하기까지 하다" "적어도 국민공투회의나 시민주의 관념학파에는 없는 파괴력이 이들 시민이나 서민 안에 없었다고 생각하는 것은 이데올로기적인 맹목에 지나지 않는다"라고 말한다. 안보투쟁이 '전후 민주주의의 허망'으로서 기억되는 이유이기도 한 것일까.

원래 전후 민주주의는 사상으로서는 전전 일본의 식민지주의·침략주의를 부정하는 내실을 가지는 것은 아니라고 생각해도 좋다. 그러나 그것은 별도로 하더라도 '민족독립' '반미애국'을 외친 안보투쟁은 전후 일본의 상징천황제 특히 천황 히로히또가 미일안보체제의 "수호자"였다는 것을 경시하였으며,[103] 또한 1960년 봄에 한국에서 투쟁한 4·19혁명의 의미에 관해서는 거의 아무것도 상기하지 않는 것이었다. 이른바 거기에는 천황제와 조선으로 연결되는 의미에서의 '민족'문제가 쏙 빠져 있다고 말할 수 있다. 그보다도 별도로 한국에 대한 것을 가지고 나올 필요도 없이, 같은 '일본'영토로 되어 있는 오끼나와에서의 시선조차 무시하는 것이었다고 말할 수 있다. 오끼나와의 뛰어난 시인이자 평론가인 아라까와 아끼라(新川明)는 당시의 그런 일본을 「일본이 보인다」라는 제목으로 다음과 같이 읊고 있다.

일본이 보인다
일본이 보인다
여기는 오끼나와 북부 절벽
나하(那覇 ; 오끼나와 수도──옮긴이)에서 삼천리
헤도미사끼(邊戶岬)* 바위 위에서
손으로 이마를 가리고 보면

* 헤도미사끼(邊戶岬)는 오끼나와섬 최북단에 있는 아름다운 기암절벽으로 현재 국립관광지로 지정되어 있다. 오끼나와가 미국의 통치를 받고 있을 때, 일본 본토와 가장 가까운 이곳은 일본 본토복귀를 주장하는 해상집회(海上集會)가 열렸던 장소로 유명하다. 오끼나와가 1972년 일본에 복귀되고 나서 여기에 '조국복귀투쟁비(祖國復歸鬪爭碑)'가 세워졌다.

우리의 '조국'
가난한 우리의 '조국'
일본이
거기에
가난함과
의지할 데 없는 것이
덩어리가 되어
파도에 떠 있다.

(…)

일본이여
조국이여
저기까지 와 있는 일본은
우리의 외침에
무뢰(無賴)한 얼굴을 돌리고
오끼나와해
일본해
그것을 구별하고
북위 27도선은
파도에 녹아
잭나이프처럼
우리 마음을 칼부림한다.

아라까와 아끼라 『시와 판화 오끼나와(詩と版畵 おきなわ)』, 1960[104]

이 아라까와의 시는 북위 27도선으로 구분되어 미군정하에 있던 오끼나와인의 '조국'에 대한 격렬한 그리움과 그 그리움에 냉담한 '일본'에 대한 분노를 발산하는 것이다. 그런 점에서 특히 아시아를 장기간 여행하고 막 돌아온 오다 마꼬또(小田實)가 적절하게 말한 의미를 생각할 필요가 있을 듯하다. 즉 "안보투쟁으로 소란하게 되었지만 그것이 세계와 어떻게 연결되는가. 뭔가 위화감이 있었다" "아무래도 세계와 안보투쟁의 관계가 잘 연결되지 않았다"라고.[105]

이것과 관련해서 말하자면 『일본의 민족운동』(弘文堂 1960)이나 『조선인』(감수 日本讀書新聞出版部 1965) 등을 저술하여 가장 먼저 민족문제·식민지문제 나아가서는 재일조선인이나 오끼나와·피차별 부락 등 '내적인 차별'을 고발했던 후지시마 우다이(藤島宇內)가 다음과 같이 말하고 있는 점이 시사에 넘친다.[106] "『세까이』 5월호에 「중국인 강제연행의 기록」이 실렸다. 다수의 사람들이 새삼스럽게 과거 일본인이 행한 중국인에 대한 잔학행위에 놀랐으며 통절하게 도의적인 책임을 느꼈다. 그러나 이 경우 일본인의 반성방법의 큰 특징은 문제를 중국인만으로 한정해서 반성한다는 점이다. '연행행위'는 중국인에 대해서만 행해진 것이 아니라 조선인에 대해서도 더욱 대규모로 장기간에 걸쳐 행해졌던 범죄였다는 것은 이제 와서 지적할 것까지도 없이 일본에서는 상당히 널리 알려져 있을 것이다. 그러나 이에 대해서는 일말의 반성도 나타내지 않는다. (…)" 여기서 후지시마는 일본인의 '대국'주의적인 발상에 경종을 울리고 있다고 생각해도 좋지만 한발 나아가서 "일본에는 가령 혁신적 입장에 있는 사람들일지라도 '대민족은 존중하지만 소민족은 가볍게 본다'는 사고방식이 뿌리깊게 남아 있으며, 더구나 자각하지 못하고 있다"고 단정하고 있다.

3. '민족' '국민' '시민' 개념과 내셔널리즘

전후(戰後) 사상의 전환기에서의 천황제

1960년대 전반에 세계는 '꾸바사태', 중소대립의 격화, 케네디 미국 대통령 암살사건, 미군에 의한 북부베트남 폭격 등 대형사건이 끊이지 않았다. 한국에서는 군사정권이 수립되었으며 한편으로 일본에서는 기술혁신에 힘입어 고도경제성장이 시작된다. 그동안 일본정부는 미국의 요청을 받아 군사적인 이유만이 아니라 스스로의 경제성장을 지속시키기 위해서라도 한국에 접근하게 되었으며 또한 미군기지로 둘러싸인 오끼나와의 '본토귀환'문제에 두팔을 걷어붙이게 되었다.

그러한 가운데 안보개정을 계기로 혁신세력은 새로운 반미내셔널리즘을 모색하기 시작했으며 보수우익은 거꾸로 지금까지의 반미내셔널리즘을 버리고 반공을 축으로 일미안보를 용인하는 친미우익으로 크게 변질되어간다. 하야시 후사오(林房雄)가 「대동아전쟁긍정론(大東亞戰爭肯定論)」(『中央公論』 1962.9)을 썼고, 한편으로는 이에나가 사부로오(家永三郎)가 교과서검정에 대한 민사소송을 일으켜 역사인식문제가 정치적 이슈로 부각되었다. 오다 마꼬또, 쯔루미 슌스께(鶴見俊輔), 카이꼬오 타께시(開高健), 타까바따께 미찌또시(高畠通敏) 등에 의해 평화운동이 전개되었던 것도 1965년이다. 이른바 60년대는 전후 일본의 사상이 새로운 씨스템, 구조를 형성하는 전환기가 된다. 여기서 전후 일본에서 논의되어왔던 '민족'이라든가 '국민' '시민'이라는 용어개념이 새롭게 문제가 되었으며 내셔널리즘 현상 그 자체가 적지 않게 전위(轉位)되어갔다.

일본의 내셔널리즘을 문제로 삼을 때 먼저 천황제, 그것도 일본국헌법에서 규정하고 있는 상징천황제에 대해 생각하지 않을 수 없다. 이 경우에 전후 일본에서 천황제에 대한 논의가 1960년『풍류몽담(風流夢譚)』사건 이후 논단에서 점차 금기시됐다는 점에 주의할 필요가 있다. 후까사와 시찌로오(深澤七郎)가『쮸우오오꼬오론』1960년 12월호에 발표한『풍류몽담』이란 소설에서 황태자비가 민중에게 살해당하고, 혹은 민중들이 황거를 습격하는 것에 대한 묘사가 불경하다고 우익들이 항의한 것에서 비롯된 언론탄압 사건이다.

원래 '천황제'란 카미시마 지로오(神島二郎)가 정의를 내렸듯이 천황 씸벌을 중심으로 한 정치체제를 의미한다. 코민테른의 1932년 테제에서 처음으로 사용된 적대적인 의미를 지닌 정치용어지만 전후 일본에서는 사회과학적 용어, 나아가 일본적인 용어로서 사용하게 됐다. 천황 씸벌을 중심으로 한 정치체제라고 보는 한 그것은 씨스템을 의미하는 단어가 되지만, 그러나 천황제 문제는 씨스템 그 자체일 뿐만이 아니라 그것을 이용하여 자기 이익을 꾀하려는 정치적 계산이 중요한 요소를 이룬다. 더구나 '전통적인 천황제'라는 말투가 종종 사용되듯이, 여기서 말하는 정치적인 요소의 핵심은 "귀의한다(받들어 모신다)"는 데 있다.[107] 이러한 귀의이데올로기는 '공동체(무라村)'의식이라는 말에서도 살펴볼 수 있듯이, 일본사회 내부의 공동체와 집단, 나아가 개개인에게 침투된 강력한 피구속력을 가지는 것이 된다. 혹은 다른 말로 바꾸면, 천황제 국가의 지배원리는 모든 조직과 집단이 각각의 서열에서 개인을 끌어안는 동심원적 공동체로 편성되어 그 총람지인 천황에게 궁극적인 가치를 부여하는 것이었다고 말하는 것이 좋을지도 모르겠다. 더 말하자면 미야따 노보루(宮田登)의 민속학연구가 시사하고 있듯이[108] 오히려 천황제는 유일하고 절대적인 것이 아니라 이른바 방방곡곡에 몇개나 되는 천황제가 있으며 그것을 통해 천황제가 수용되고 긍정되며 유지돼왔다고 생각하는 것이 알기 쉬울지도 모르겠다.

상징천황제는 군사력과 밀착된 전전(戰前)의 천황제와는 구별되며 오히려 전통적인 천황제에 가까운 것이다. 그러나 상징천황제가 공화제 확립을 전제로 하는 민주주의와는 철저히 배치되는 것이라는 점은 확실하다. "일본에서는 현재까지 봉건적 관계가 잔존하고 있다"(하니 고로오), "군주제를 애호하는 정신은 무책임을 애호하는 정신과 공통되며 또한 그러한 이유에서만이 군주제의 존속이 가능하게 되어 있다"(카이노오 미찌따까戒能通孝), "주여 어디로 가시나이까 식의 천황제의 성격은 상징으로서의 천황제 이후에도 계속되고 있다 (…) 명백한 사색의 정지 상태다"(하니 고로오).[107] 이러한 비판은 마루야마 마사오가 전전 천황제 국가를 핵심으로 하는 초국가주의의 정신구조를 분석하여 패전 후의 사람들 사이에서도 살아남아 있는 '억압이양의 원리'나 '무책임의 체계'를 정식화한 것과 서로 통한다.

논리적으로 사고하는 한 천황제는 씨스템으로서나 혹은 그 이상으로 이데올로기로서 불합리할 뿐만 아니라 결국에는 파탄을 면할 수 없는 존재다. 헌법학자 코바야시 나오끼(小林直樹)는 그러한 점을 명확하게 논파하고 있다. "(상징)천황은 "일본인의 마음의 고향"이라는—천황제 지지자 다수에게 공통하는—감정은 삶의 지주를 스스로의 내부에서 찾으려고 하지 않는 자들의 응석일 뿐이다. 실권자들은 천황의 권리를 이용해 적대세력을 물리쳤을 뿐만 아니라 스스로의 내면적인 책임도 무장해제시켰던 것이다"라고.[109]

나 나름대로 근현대 일본의 역사와 그 과정에서의 일본인의 아이덴티티 현상에 대해서 생각해볼 때 크게 세개의 기둥이 있는 것은 아닐까 하는 생각이 들었다. 하나는 서구의 일본 침략, 즉 서구 입장에서 보면 새로운 자본주의시장의 획득이었고, 두번째는 그에 대항하기 위해 일본이 천황제 국가를 창출하여 천황 중심의 국가건설과 국민통합을 꾀한 것이며, 그리고 세번째는 그러나 그것만으로는 현실의 강대한 침략에 대항할 수 없으니까 스스로의 독립을 확보하기 위해서 아시아를 침략해 들어갔던 것이다. 국가이데올로기장치인 국민교육에서 말하자면 서구 숭배사상, 천황제 이데올로기, 아시아 멸시관이란 세기둥이 일본 '국민'의 아이덴티티를 만들어나갔던 것이 된다.

여기서 서구 숭배와 아시아 멸시관은 동전의 양면을 구성하는 관계로 그 내실은 이질적인 타자에 대한 차별과 편견이다. 그 장치가 씨스템으로서의 천황제이며 또한 사람들의 내면에 최면을 걸어 속박시키는 천황제적인 심정과 행동거지다. 실제로 이미 많은 논자가 분명히 밝혀왔듯이 천황제는 '일본'의 고유성과 우월성을 주장하는 내셔널리즘의 중핵을 형성하고, 대내외적으로 억압적·배타적인 기능을 담당해왔다. 그 과정에서 조선이 일본인에게 가장 부정적인 존재로서 각인되었다. '천황제와 조선'이 표리의 관계에 있고 근대일본에서 사상적으로 중심적인 줄기의 위치를 차지해왔다고 생각하는 것은 이것 때문이다.

이 경우에 천황제를 근저에서 지탱하고 있는 것은 좁은 의미에서 정치적 차원이라기보다는 인간의 더욱 본질적인 부분이 아닐까 하는 생각이 든다. 타께우찌 요시미가 「권력과 예술」[110] 등의 논고에서 천황제는 정치기구로서만이 아니라 전(全)정신구조로서 존재하는 것을 역설하고 있는 것은 그런 의미에서 이해할 수 있다. 그리고 타께우찌는 상징천황제하에서도 "나무 한그루 풀 한포기"에 편재되어 있고 '피부감각' 그 자체에 달라붙어 있는 천황제적인 민족적 심성 즉 내셔널리즘 속에서 내셔널한 것을 분화시키려고 시도함으로써 자연의 생활감정을 매개로 하고 있는 민족에게 집착하고자 하였다. 바꾸어 말하자면 '국민적' 내셔널리즘을 확립하는 것을 민족 전체의 사상과제로 삼으려고 한 것이다.

그런 점에서 문화인류학·민속학자인 코마쯔 카즈히꼬(小松和彦)는 보다 단적으로 천황제를 논하면서 무엇보다도 중요한 과제는 천황제의 상징적 기능이라고 하며, 천황 씸벌을 중심으로 한 정치체제라는 관점에서 논지의 요점을 주창하면서 일종의 기호학적 관점에서 접근할 필요가 있다고 강조하고 있다. 그러한 형태의 천황제론으로는 1960년대의 미시마 유끼오(三島由紀夫)의 「문화개념으로서의 천황제」, 요시모또 타까아끼(吉本隆明)의 「공동환상으로서의 천황제」, 그리고 약간 뒤에 나온 야마구찌 마사오(山口昌男)의 「왕권의 상징성」이 있다고 하겠다.[111]

그런데 이러한 형태의 천황제론의 경우에도 역시 조선 다시 말해 아시아에 대한 문제의식은 약하고 그것은 현재도 계속되고 있다고 생각된다.[112] 작가 미시마 유끼오가 「문화방위론(文化防衛論)」(『中央公論』 1968.7)에서 "일본은 세계에서도 보기 드문 단일민족으로서 단일한 언어를 가진 국가이며 (…) 일본에는 현재 심각한 민족문제는 없다"고 단언하고, 당시 한일조약체결 논의와 관련하여 '단일민족국가관'의 정식화를 꾀하면서 "재일조선인 문제는 국제문제이며 리퓨지(난민)문제이기는 해도 일본국 내부의 문제가 될 수 없다"고 강변한 것은 그 하나의 사례라고 할 수 있다. 거기에는 (일본)열도 내부의 입장만 고집함으로써 전전에 그처럼 깊이 관계를 맺고 있던 아시아와, 그 결과로 초래된 '자기 안의 아시아' 즉 구식민지 출신자 문제가 완전히 통째로 절단되어 있다. 미시마는 '전후파 문학'의 기수였는데 같은 전후파에서도 미시마는 다른 작가들과는 현저하게 이질적인 존재다. 오히려 미시마는 전전부터 일관되게 일본적인 전통미와 에로티시즘을 찬미했던 카와바따 야스나리(川端康成)와 유사한 작가였다고 할 수 있으며, 두 사람 모두 전후의 진보적인 사상동향에 대해서 반시대적인 미(美)에 집착하여 '일본적인 것' '내셔널한 것'을 표현하는 것에 목숨을 걸었던 것이라고 생각된다. 더구나 이 두 사람은 일본문학의 한 축을 대표하면서 국제적으로도 평가를 받게 되지만 굳이 자살에 의해 생을 마감하는 선택을 하게되는 배경에 경제성장기 일본의 딜레마, 그러한 점에서의 '미의 세계' '허구의 세계'와의 실질적인 괴리감이 미묘하게 작용하고 있었다고 생각된다. 문학 전체에서 말하자면 역시 1960년대 후반 이후는 내셔널한 것이 현저하게 분극화 내지는 다양화하는 시대였다고 파악할 수 있다.[3]

자기인식의 뒤틀림 — 민족적 자각의 결여

사상적인 문제로 말하자면 일본인의 자기인식, 특히 민족적 자각이라는 점에서는 일반적으로 말해서 중대한 뒤틀림이 잠재되어 있다고 말해도 좋을 것이다. 원래 '민족'이라고 하면 패전 후 1950년대를 통하여 일본공산당을 중심으로 한 좌익·진보지식인이 '민중'과 '인민'이라는 용어와 함께 즐겨 사용하던 말이다. 그러던 중 독일사 연구자인 우에하라 센로꾸(上原專祿)는 1952년에 민족의 자각과 관련한 논고를 집중적으로 저술해 일본인에게 나타나는 민족의식의 표현방식, 민족의식의 역사적 형태, 민족의 자각과 조국애 등에 관해 논하고 있는데, 그것은 "현대 일본국민으로서 1950년대 세계에서 민족의식의 자기형성에 심대한 실제적 관심을 기울이지 않을 수 없었기" 때문이라고 한다.[113] 그래서 우에하라는 무엇보다도 대부분이 일본인들에게 민족의 자각은 지금도 여전히 옅은 것처럼 보인다고 지적하고 있다. 전전부터 대부분의 일본인들은 민족과 국가를 구별하지 않았고, 민족의식이라고 이야기되었던 것들은 실은 국가의식이 아니었던가 하는 의문을 제기하고 있다. 민족과 국가는 애매한 형태로 혼동되어왔다는 의미일 것인데, 그것은 달리 말하자면 일본인의 민족의식이라고 말해오던 것은 실제로는 천황의식과 절대주의적인 국가의식이었다는 것이다. 그렇다면 '민족의 역사적 자각'은 희박하며, 당연한 것이겠지만 시대의 과제를 짊어져야 할 일본인으로서의 자기인식은 왜곡된 것, 혹은 불완전한 것이었다고 한다.

타께우찌 요시미가 「근대주의와 민족의식」이라는 논문(『文學』 1951.9)에서 전쟁책임 문제와 관련해 일본인의 민족의식·내셔널리즘 현상을 비판한 것도 바로 같은 시기였다. "소박한 민족의 심정이 권력지배에 이용되고 동화되어갔던 비참한 전과정을 되짚어보지 않고 그것과의 대결을 피하면서 오늘날 민족을 말하는 것은 불가능하다. (…) 내셔널리즘과의 대결을 피하는 심리는 전쟁책임에 대한 자각이 부족하기 때문이라고 할 수 있다. 바꾸어 말하자면 양심이 부족하다. 그리고 양심 부족은 용기 부족 때문이다. 자신을 다치게 하는 것이 무서워서 피범벅이 되어 있는 민족을 잊으려고 한다. '나는 일본인이다'라고 외치는 것을 망설인다. 그러나 잊어버린다고 해서 피는 정화되지 않는다"라고. 이러한 타께우찌의 말은 전후 민주주의의 틀 그 자체, 울트라내셔널리즘(초국가주의)을 부정하면서도 소박한 내셔널리즘의 심정 다시 말해 민족의식을 소중히 여기고 그 위에서 우에하라와 같이 민족의 역사적 자각의 중요성을 호소한 것이었다고 이해해도 좋을 것이다.

내 방식대로 말하자면, 타께우찌의 말은 역사학자인 이노우에 키요시(井上淸) 등과 같이 '일본인으로서의 민족적 자각'이라는 단어의 중량감을 주장하는 것이다. 그러나 전후 일본사상의 흐름을 살펴볼 때 실제로는 전후 개혁의 '보편주의'라는 가면 속에서 '민족'문제가 한없이 왜소화되고 잠재화되기를 강요받아 오히려 가해의식이 봉인되면서 민족의 피해의식이 전면적으로 표출될 수밖에 없었다고 생각된다. 사실 전후 일본에서는 시간이 흐르면 흐를수록 '민족'이라든가 '민족주의' 그리고 특히 '민족적 자각'이라는 단어는 가장 금기시되고 싫어하는 단어가 되었고 입에 담아서는 안되는 것이 되어버렸다. 아무튼 좌익·진보적인 지식인 사이에서 그러한 단어는 전전 회귀 즉 황국사관 사상이라고 혼동되어 거부감을 가지게 하는 경향이 강해져갔다고 할 수 있다.

그런 점에서 재일조선인은 다른 양상을 보여주었다. 즉 재일조선인은 인간답게 살고자 할 때에는 반드시 민족이란 회로를 거치지 않으면 안되고 민족적 주체성의 확립 내지는 민족적 자각을 갖는 것이 필연적이었다. 그것은 재일조선인이 스스로의 민족에 대한 잘못된 인식을 강요받는 것에 의해서 인간다움이 손상되었던 것과 관련이 있다. 더구나 재일조선인의 경우 작가 오임준(吳林俊)에게 나타나고 있듯이 그 민족적 자각은 적지 않은 고뇌의 퇴적을 거쳐 조선말을 배움으로써 쟁취된 것이었다.

> 오오, 너는 왜 이상할 만치 엄청난 기쁨을
> 보내주었는가
> 너는 윤전기처럼 매끈하게
> (…)
> 이전에 너는 움직이지 않았다
> 묵묵히
> 말하려고 하지 않고
> (…)
> 헐떡이며 몸부림치고
> 욕먹고 들볶아져
> 밟혀 살아온 10년간
> (…)

그렇지만 봄바람은 소리 없이
태양은 그림자를 안은 채였다

그 한가을!
(…)
조용히 그러나 강하게 암흑을 통하여 흘러오는 노래 한곡 들었다
그 노래 이름을 묻지 마라
또 듣지 마라
헐떡이며 몸부림치며
욕먹고 들볶여
갖고 있는 모든 것을 빼앗겨도
아직 남은 민족의 마음은
조선말의 노래가 되어 타오른 것이다
(…)

오임준 「우리 조선말에 보내는 노래」

　가해의 역사를 지닌 일본인들이 '민족적 주체성'이라든가 '민족적 자
각'이라는 단어에 거부반응을 나타내지 않을 수 없다는 것은 한편으로
이해가 되지 않는 것도 아니다. 그러나 현실에서는 '민족'과 관련한 사
고를 거부하는 것은 역사에 대한 성찰을 게을리하는 것과 연결된다. 전
후 일본의 사상을 볼 때 이러한 민족과 관련된 문제를 가장 열심히 논
한 것은 타께우찌 요시미였다. 타께우찌에 의하면 일본의 민족(개념)을
새로이 정립하자는 것은 곧 아시아에 대하여 깊이있게 생각하는 것이
고, 시대의 상황과 비타협적으로 싸우는 것이기도 하다. 그러나 타께우

찌의 투지를 타오르게 만든 것도 1960년 안보 때까지였다고 추측이 되는데, 이후에는 점차 전후 민주주의를 '환상'이라고 단정하는 방향으로 향해갔다.[114] 그것은 일본 전체가 고도성장을 향해 일직선으로 달리기 시작하면서 과거는 일방적으로 망각되는 존재로 전락해가는 시대였다.

그런데 이렇게 보면 한국에서 '민족'이나 '민주주의'가 어떻게 논해지고, 그것이 사회변화에 어떻게 작용했는지 궁금해진다. 한국에서 '민족'은 해방·남북분단·건국·한국전쟁이라는 가혹한 역사의 수레바퀴 속에서 민족 전체의 운명은 국가건설·사회변혁의 근간과 관련된 것으로 논해졌고, 그것이 또한 실천활동과 직결되고 있었던 것을 알 수 있다. 잡지 『사상계』의 「창간사」(최초 잡지명은 『사상』 1952. 9)를 보면 한국전쟁이 한창일 때였던 탓도 있어서 공산주의와의 투쟁이 강조되고는 있지만, 기조는 민족의 역사와 전통을 탐구하여 민족의 생명·정기·혼을 발휘 선양하는 것이 무엇보다도 중요하다고 지적하고 있다. 잡지 발간의 목적 자체가 "우리 민족의 교양재로서 또한 모색하는 지성의 길잡이로서 이 민족의 활로를 개척할 역군이 될 것을 자부하고 나서게 되는 것이다"라고 선언하고 있다. 그만큼 민족에 최고의 가치를 두고 있는 것이 되는데, 4·19혁명의 경우에도 '민주·통일·민족자주'라는 슬로건에서 보더라도 그 정신의 핵심에는 '민족'이 자리매김하고 있었다.

『사상계』를 창간한 장준하의 사상에 따르면, 그는 스스로를 '민족주의자'라고 규정하고 있다. 장준하는 「민족주의자의 길」이라는 제목의 글에서 다음과 같이 적고 있다. "민족주의자가 가야 할 길은 무엇인가? 한 인간이 민족적 양심에 따라 자기의 생애를 살아가는 길은 무엇인가? 그것은 자기의 개인적인 삶, 고달픔과 보람을 민족의 그것과 함께하는 것이리라. 민족적인 삶이 헐벗고 굶주리고 억압받고 있을 때 민족적인 양심에 살려는 사람의 눈물과 노력은 모두 이런 민족적인 난관을 극복하려는 데 바쳐진다. 하물며 민족이 민족으로서 존재조차 없어지려 하는 어두운 시절에는, 민족이 외세의 침략에 눌리어 그 마지막 숨통이 끊어지려 하는 암울한 시절에는, 민족주의자는 자기의 생명조차 민족적인 삶을 되찾는 싸움 속에서 불태우지 않을 수 없다. (…) 민족적인 생명과 존재와는 따로 있는 자기, 민족의 생명이 끊어진 뒤에도 살아있는 자기, 민족이 눌리고 헐벗고 있을 때 그렇지 않은 자기는 이미 자기 아닌 자기이며, 그렇기에 자기의 생명을 실현하는 인간이 아닌 것이다. (…) 애국자의 길과 매국노의 길, 민족적 사랑의 길과 배신의 길이 갈리는 길목인 것이다."(1972)[115]

조금 인용문이 길어졌지만 말하고자 하는 바는 명백하다. 사회과학적 언어는 아니지만 거기에는 개인과 민족, 국가의 일치가 주장되고 소박한 민족의 심정과 그것에 근거한 양심, 용기, 책임이 나열되고 있다. 여기서는 아마도 그 민족정신은 기독교적인 순교정신과 융합하고 있는 것 같기도 하다. 장준하 스스로 그 인간상은 "맑고 의롭고 용기있다"고 평가받고 있다.[116] 어디까지나 문제의 중심은 조선인(한국인)으로서의 자기인식이었고 민족의 역사적 자각이었다. 그것을 방해하는 것은 외세이며 또한 그것과 연결된 안에 있는 반동세력이며 그리고 자기 이익만을 추구하는 개인의 생활태도다. 사실 애국인가 매국인가 하는 양자택일적인 선택을 강요받는 것은 피억압자인 조선인에게는 도망갈 수 없는 무거운 사상문제 그 자체였다. 실제로도 해방 후 한국에서 '친일파'라는 낙인이 찍히는 것은 전전의 일본에서의 '비국민' 이상으로 사회적인 비난을 받는 것이었다.

또한 그렇게 말하더라도 식민지시대와 해방공간, 그리고 한국전쟁으로 이어지는 시대에 민족을 자각하고 애국적인 언동을 행하는 것은 그 자체가 아름다운 것이었다고 하지만 그것은 본인과 가족, 주위 사람들에게는 종종 '불행'의 씨앗이 되었다. 일제하의 애국열사와 해방 후의 '애국자'가 비참한 최후를 맞이하고, 이산가족이 된 그 유가족이 빈곤한 생활을 할 수밖에 없었다는 것은 한국에서는 극히 일상적인 이야기다. 더구나 시대는 이미 친일파 박정희의 군부독재시대를 맞이하고 있었고, 거기에 갇힌 지식인 및 민중은 싫건 좋건 간에 착종된 삶을 강요받으면서 살게 되었다. 강준만이 말하는 '기회주의'가 한국에 전국적으로 만연하게 되었던 것도 부득이한 것이었다고 해야 할 것인가.

조선민족은 흰옷을 좋아해서 '백의민족'이라고 불리기도 하지만 학교교육에서는 '오천년의 역사'를 가진 '위대한 민족'이란 점이 강조되고 있다. 실제로 대륙에서 돌출되어 있는 조그마한 반도에서 조선민족은 중국이나 일본과는 다른 독특한 문화를 창조하고 셀 수 없이 많은 외세의 침략을 견뎌왔다. 때로는 민족의 시조인 '단군'신화가 강조되는 적도 있지만, '만세일계'의 천황이 가지는 속박의 권력과 비교해볼 때 그것은 훨씬 폐해가 적은 것이다. 조선민족이 타민족을 침략한 것도 극소수의 예외를 제외하면 거의 없고, 그런 의미에서도 조선에서 '민족'을 말하는 것은 부정적이지 않다고 생각된다. 더구나 식민지 경험이 있는 조선에서 민족을 논하는 것은 본질적으로는 그 자체가 자유와 민주주의를 희구하는 것과 연결된다. 시인 김수영은 '자유'를 주제로 노래하고 있으며 4·19혁명의 좌절을 읊었던 「푸른 하늘을」은 그 대표적인 작품이다. 그것은 역시 민족의 운명과 분리할 수 없을 정도로 굳게 결합되어 있는 시로, 실제로 박정희의 군사쿠데타에 외해 무침하게 짓밟힌 사람들의 암울한 정신과 고독, 그 속에서 또한 자유에 대한 희망을 대변하는 것이었다.

        푸른 하늘을 제압하는

노고지리가 자유로웠다고
부러워하던
어느 시인의 말은 수정되어야 한다

자유를 위해서
비상하여본 일이 있는
사람이면 알지
노고지리가
무엇을 보고
노래하는가를
어째서 자유에는
피의 냄새가 섞여 있는가를
혁명은
왜 고독한 것인가를

혁명은
왜 고독해야 하는 것인가를

김수영 「푸른 하늘을」[117]

　　민족은 자유와 민주주의와 뗄 수 없을 정도로 결합된 것이라고 하더
라도 한국에서 '민족'을 말하는 것이 늘 긍정적인 것만은 물론 아니다.
예를 들어 '민족의 이름으로'라는 형태로 '민족'이 권력에 의한 민중탄
압이나 자기정당화에 이용된 적이 종종 있다. 더구나 민족을 강조하는
것이 봉건적인 사회관계, 가부장주의를 온존·강화시켜 자유와 민주주

의라는 보편적인 가치의 발전을 저해하는 경우도 있다. 실제로 해방 후의 한국을 보더라도 통일민족국가 건설을 목적으로 하는 '민족'운동이 여러 국면에서 개인과 가족, 집단의 존엄을 해치는 일이 있었던 것도 틀림이 없다. 대외적인 면에서 말하자면 자민족에 대한 집착이 일본 등 타국과 타민족에 대한 시선을 흐리게 만드는 것도 물론이다. 조선인은 금방 성을 낸다고 야유를 당하는 이유가 되기도 하지만 그래도 약자가 강조하는 '민족'은 강자가 말하는 '민족'보다도 훨씬 긍정적인 의미를 가지는 것은 분명할 것이다.

식민지시대를 거쳐 해방 후의 한국에서 '민족'은 기본적으로는 신성한 것, 선한 것이라고 인식되어왔다고 해도 좋다. 그러나 남북분단과 한국전쟁 나아가 계속 타격을 가했던 군부독재 등 정치적 혼란을 경험하고, 자민족에 대한 심각한 반성의 언설이 이야기되어왔던 것도 분명하다. 기독교도 함석헌도 그중 한 사람인데, 그는 많은 사람들이 읽은 『뜻으로 본 한국역사』[118]에서 조선민족(한민족)의 최대의 결점은 '자기상실'에 있다고 했다. 일제의 지배에서 해방되었을 때 나라가 메마르고 기술은 부족하고 국가사상의 결핍과 사상의 빈곤이 현저했다. 이것들은 민족의 정신적 파산을 말하는 것으로 크게는 조선왕조 오백년의 결과이기도 하다고 논하고 있다. 끊이지 않은 '당쟁'은 민족의 생명력을 파먹었고 정신을 메마르게 하고 양심을 질식시켜갔다. 그 원인은 반드시 유교에서 찾을 수 있는 것은 아니며 오히려 민족 전체가 자아를 잃어버린 것, 자신을 추구하려고 하지 않았던 것, 결국 민족으로서의 사상을 가지지 못하고 대동단결할 수 없게 되어버렸던 것 때문이라고.

재일조선인 문학평론가인 안우식은 식민지시대에 강요되었던 천황제는 조선인에게는 전혀 이질적인 것이 아니었다고 더 날카로운 언어로 비판하고 있다. 천황제적인 것을 받아들일 수 있는 심리적 토대는 이미 조선인 안에 있었다는 것이다. 조선왕조 오백년간 중앙집권적인 통치, 유교사상의 철저화, 엄격한 신분제도의 틀 등이 그 원인이며, 그것들이 해방 후의 조선에 '유사 절대주의 천황제'를 초래했다고 한다.[119] 이것은 '군주'에게 거스르면 안된다는 기회주의와도 통하지만, 신랄하기는 해도 조선'민족'의 한 단면만을 지적하고 있는 것처럼 생각된다. 최근의 역사학연구 성과에서 보면 조선왕조가 오백년이란 장기간 동안 존속할 수 있었던 것은 왕조 전기, 즉 토요또미 히데요시(豊臣秀吉)의 조선 침략 이전 시기에 유교가 나름대로 합리성을 갖고 있었기 때문이라고 하는 점에서 볼 때 조선왕조 전체를 부정적으로 취급하는 것은 부적절하다는 생각이 든다.

그보다는 사회과학적으로 말하자면 김동춘이 적절하게 지적하고 있듯이 국가주의의 통제가 강한 한국사회에서 민중의 생존논리는 무엇보다도 가족이기주의로 내면화되었다고 생각하는 편이 좋을지도 모르겠다. 이는 전통사회의 효의 윤리를 기초로 한 가족주의에 물질주의와 공리주의라는 요소가 첨가되어 현대적으로 변용돼버린 것이라고 한다.[120] 또 하나 한국에서 민족을 말하는 것은 곧 '민족주의'를 말하는 것으로 생각하기 쉽겠지만 엄밀하게 말하자면 민족주의라는 용어는 정치권력과의 관계에서 미묘한 자리매김을 당하는 것이다. 실제로 4·19혁명 이전인 1950년대에는 한국에서 '민족주의'라는 용어는 사실상 금기시되고 있었다고 한다. 50년대의 한국은 자유주의 진영의 일원이라는 것을 자부하고 있었지만 현실적으로는 북쪽의 공화국과 비교해 체제의 정통성이나 우월성을 나타내는 역사적·현실적 근거는 빈약했다. 사회주의권에서 말하는 평등주의는 물론이지만 통일과 자주·주체를 말하는 민족주의도 존립의 여지가 없고 그 용어 자체가 정치권력에게 기피되는 상황이었다.[121] 그런 의미에서 한국에서는 '민족' 특히 '민족주의'라는 말이 일본처럼 개인이 자기규제를 할 때보다는 권력정치에 의해 적지 않게 규제를 받았던 것이라고 할 수 있다.

'민족'이라든가 '민족주의'와 관련하여 무언가 부정적인 것만 나열한 것은 아닌지 모르겠지만, 그렇다고 해도 1960년대에 들어가면 한국에서는 민족주의가 가장 가치있는 이념으로서 받아들여지고 자유와 민주주의라는 가치도 민족의 존엄과 결합되는 것으로 이해되게 된다. 이러한 '민족'이나 '민족주의'는 역사적으로는 1960년대의 반제반봉건투쟁 속에서 태어나고 성장해간 것이다. 『사상계』 1961년 5월호에는 "현재 민족주의는 새로운 의의를 갖고 세계사에 등장하고 있다. 민족주의는 (…) 동양·아프리카의 신생 제국가에 있어서 대단히 중요한 의의를 갖고 있다. (…) 민족주의가 민족의 자유와 독립의 주장"[122]이라고 명확하게 서술되기도 했다. 더구나 진정한 민족국가는 민족구성원에게 경제적 평등을 보장하지 않으면 안된다고 강조하고 있기도 하다.

'국민'과 내셔널리즘

한국에서 '민족'이라는 단어가 '국민'이라는 단어와 같이 사용되고 있는 것은 말할 것도 없다. 근대의 '국민'개념이 국토와 혈연의 고유성·연속성, 언어와 문화의 일체성·우수성이라는 일종의 '환상'을 덧칠해놓은 것이라는 점은 분명하다. 그러나 해방 후 남과 북에서 그것은 또한 단순한 '환상'이라고는 할 수 없는, 의심할 여지가 없는 실태이기도 했다. 원래 국민이라고 하더라도 국가 우위의 성격이 분명한 한국에서는 오히려 국가에 대한 충성·의무만이 강요되기 십상이었다. '국민'이라는 단어가 본래 통치의 대상과 공동체를 만드는 주체라는 두 가지 의미를 가지는 것이라고 한다면 한국에서는 통치의 대상 그 자체로 규정되기 십상이라는 의미다. 실제로 1949년 7월에 문교부가 제정한 「우리의 맹세」는 국가에 대한 무제한의 봉사를 강요하는 '반공국민'의 맹세다. 「우리의 맹세」는 교과서뿐만이 아니라 모든 서적 뒤에 빠짐없이 인쇄되었고 암기할 것을 강요하였는데, 그 스타일이나 내용은 1937년 10월에 조선총독부가 식민지 조선인에게 제창하도록 제정한 3개조로 이루어진 「황국신민의 서사」를 베껴놓은 것이었다.

첫째, 우리는 대한민국의 아들 딸, 죽음으로서 나라를 지킨다.
둘째, 우리는 강철같이 단결하여 공산침략자를 쳐부수자.
셋째, 우리는 백두산 영봉에 태극기 휘날리고 남북통일 완수하자.

생각해보면 조선왕조시대의 '백성(민중)'은 일제시대에 '황국신민'이 되었다가 해방 후에는 대한민국 '국민'이 되었는데 그것은 같은 동족인 '인민 즉 빨갱이'와 대결하는 '반공국민'이었다. 한국전쟁·미소냉전의 대립구도를 그대로 표현한 '빨갱이'는 반민족일 뿐만 아니라 사실상 "금수"만도 못한 존재였다. '자유진영'에 속한다면서도 한국에는 '시민'이란 단어는 있어도 실제로는 시민이 존재하지 않은 사회였으며, 더구나 70년대에 들어서는 군사독재정권에 의해 '국민총화'라는 미명하에 사람들은 한층 더 감시당하고 통제되는 '국민'으로 봉쇄되어갔다.[123]
최근 한국에서는 '국민'개념의 형성에 대해서 상당한 논의가 이루어지고 있다. 개화기에 처음으로 형성되기 시작하여 일제시대를 거쳐 박정희시대에 완성되었다거나 해방 후의 국민개념은 일제 파씨즘의 유산에 불과하다는 등 여러가지 주장이 있다(『한겨레신문』 2003.10.4). 그러나 어쨌든 지식인을 비롯해서 한국의 적지 않은 사람들이 장기간에 걸쳐 그러한 '국민'개념에 자기를 동일시하는 것을 주저했던 것은 확실하다. 재향군인회를 중심으로 한 어느 연구에서는, 한국인에게 분단국가의 성립·한국전쟁을 통해서 "대한민국 국민이 된다"는 것은 "폭력성"을 동반하는 것이었다고 한다. 군복무와 이어지는 치열한 전투 등의 경험을 통해 특히 남성은 '국민'이라는 것을 의식하게 되고, 그 의식 내지는 자각이 재향군인회의 조직 및 그곳에서의 활동 등을 통해 유지·계승되었다고 한다.[124]

한편 일본의 경우 전전의 '황국신민'은 패전·신헌법 제정을 계기로 '일본국민'으로 전환되었다. 사상적으로 보면 상징천황제에 대한 이론적 기반을 제시했던 와쯔지 테쯔로오(和辻哲郎)가 '국민으로서의 민족공동체'라는 단어를 정착시켰는데,[125] 거기에는 피해자이며 일찍이 황국신민의 일원이었던 조선인 등 아시아인은 보기 좋게 잘려나갔고 아시아의 여러 민족에 대한 시선·공감은 전혀 찾아볼 수 없다. 그것은 일본정부가 구식민지 출신자를 '외국인'으로 방출시켜버린 것과 궤를 같이하고 있다고 해도 과언이 아니다.

한국에서는 '민족주의'라는 단어가 자주 사용되고 있지만, 일본에서는 '민족주의'라는 말은 거의 사용되지 않고 있으며 대신 '내셔널리즘' 그리고 '국민주의'라는 용어가 비교적 많이 쓰이고 있다. '국민주의'는 '일본국민'이나 '일본인'이라는 용어를 상기시키며 전전에 많이 사용되었던 '일본민족' 내지는 '야마또(大和)민족'이라는 단어와는 거리가 있다. 전후 사상가들 중에서 '국민'과 '민족' 혹은 '민중'과 '민족'을 거의 같은 의미로 사용했던 경우도 적지 않았다. 특히 진보·좌익운동 등에서 일정 기간 '민족'이란 단어가 '평화'나 '민주주의' 등과 위화감 없이 공존하기는 했지만 그 '민족'에게 타께우찌 요시미가 강조한 역사에 대한 반성이나 아시아에 대한 시선은 결핍되어 있었고, 더구나 '민족'이 반미·독립 등 저항의 언어가 될 수 있었던 것은 어디까지나 과거에 대한 망각이라는 댓가를 치르고 나서다.

이것은 전후 일본에서 '민족'이라는 단어는 이미 언급해온 '천황제와 조선'이라는 사상과제와 결합시켜 생각하기 어려웠다는 것을 의미한다. 최근의 연구를 보면 전후 사상을 다룬 역작인 오구마 에이지(小熊英二)의 『'민주'와 '애국': 전후 일본의 내셔널리즘과 공공성('民主'と'愛國'——戰後日本のナショナリズムと公共性)』(新曜社 2002)은 고명한 지식인을 논한 대단히 두꺼운 책이지만 '천황제와 조선'이라는 전후 일본의 사상과제가 체계적으로 포함되어 있는 것은 아니다. 우선 '조선'이 포함되어 있지 않다. '조선'이라는 주제가 너무 협소하다면 전쟁책임이나 전쟁체험의 사상화 혹은 식민지 지배·아시아 침략 문제 나아가 여성과 소수민족 등에 관한 차별문제라고 해도 좋을 것인데 그것이 과제로서 충분하게 다루어지고 있지 않다.

일본의 전후시로 말하자면 역시 민족과 전쟁책임·전쟁체험의 사상화를 직접적인 제재로 한 것은 좀처럼 찾아보기 어렵다. 다만 전쟁을 기억한다는 형태로 일본인으로서의 책임을 상기시키는 것은 있다. 이시가끼 린(石垣りん)이 「조사: 『쇼꾸바신문』에 게재됐던 105명의 전몰자 명부에 부쳐서(弔詞 職場新聞に揭載された一0五名の戰沒者名簿に寄せて)」라는 제목으로 읊은 것이 그 하나의 예라고 해도 좋을 것이다.

여기에 써진 하나의 이름에서, 한 사람이 일어선다.

아아, 당신이군요.
당신도 죽은 것이네요.
활자로 하면 4자일지 5자일지.
그 저편에 있는 어떤 하나의 생명. 비참하게 닫혀진 한명의 인생.
예컨대 에비하라 스미꼬(海老原壽美子) 상. 키가 크고 쾌활한 젊은 여성. 1945년 3월 10일 대공습에, 모친과 서로 끌어안고, 시궁창에서 죽어 있던, 내 친구.

당신은 지금,
어떤 잠을
자고 있는 것일까.
그리고 나는 어떻게, 깨어 있다고 말할 것인가?

죽은 자의 기억이 멀어질 때
같은 속도로, 죽음은 우리들에게 다가온다.

이시가끼 린 『표찰 등(表札など)』, 思潮社 1968

민족 · 국민 · 시민

한편으로 국민주의 혹은 내셔널리즘이라고 이해하고 거기에 '민족'이 결락되어 있다는 것은 전후 사상의 전체 속에서 '천황제와 조선'에 관련된 시대과제가 정당하게 논의되지 못했다는 것을 말해준다. 그렇다고 해도 지금 여기서 전후 사상의 전체에 대해서 말할 수 있는 능력이 있는 것도 아니고 또한 전후 사상의 출발점에서의 제반 문제에 대해서는 이미 「전후 사상의 출발과 아시아관: 와쯔지 테쯔로오 · 마루야마 마사오 · 타께우찌 요시미를 중심으로」란 논문을 쓴 것이 있으므로 그것을 참조하면 도움이 될 깃이나.[126]

그래도 여기서는 일부 중복될지도 모르겠지만 한두마디 정도는 하고 넘어가야 할 것 같다. 무엇보다도 '전후 민주주의의 리더'로 손꼽히는 마루야마 마사오가 전후 일본을 대표하는 사상가로서 최근에도 계속 유행하고 있는 것에 대해 위화감을 지울 수 없다. 마루야마가 아무리 위대한 사상가라고 하더라도, 적어도 전후의 출발점에서 민주주의와 내셔널리즘의 종합이 근대화 즉 국민국가의 건설에 불가결하다고 생각하고 새로운 국민주의의 창조를 제기했을 때, 거기에 천황제의 지속 및 상징천황제에 대한 명확한 반대·거절이 없으며 또한 민족 고유의 식민지 지배·아시아 침략과 전쟁체험의 사상화라는 중대한 과제도 시야에 들어 있지 않았다. 마루야마는 먼저 초국가주의를 비판함으로써 전전·전후의 단절을 말하면서 상징천황제를 고대 이래 '일본적인 것'의 표현이라고 간주하고, 와쯔지 등의 상징천황제론을 보완하는 형태로 정당화하고 있다. 그후 마루야마가 상징천황제를 비판의 대상으로 삼아야 한다는 것을 가까스로 자각하고 천황제 폐지를 주장하게 된 것은 1950년대 전반이 되어서의 일이었다.[127] 또한 마루야마가 '강화문제'와 '안보투쟁'의 두 국면에서 큰 공헌을 한 것은 분명하지만 그 자체가 아시아와의 관계에서 적지 않은 문제가 있다는 것은 전술한 바와 같다.

또 하나 민족의 역사적 자각을 강조한 우에하라 센로꾸가 전후 사상에서 독자적인 위치를 차지하고 있는 것은 물론이지만 거기에는 역시 사상적인 약점이 있다는 것을 지적할 수 있다. 실제로 우에하라의 저작집을 봐도 민족의 역사적 자각을 강조하는 것치고는 전체적으로 천황제 비판과 식민지 지배·전쟁범죄에 대한 반성은 매우 약하다는 느낌이 든다. 그러한 우에하라는 일본교원노조의 국민교육연구소(1957년 개설) 운영위원장(나중에는 연구회 의장)이 되어 활약하는데, 거기서 제창된 '국민교육'은 민주주의의 옹호와 민주교육의 발전을 목적으로 하고 있고 재일조선인의 민족교육에 대해서도 적지 않은 동정·공감을 보내는 것이었다. 그러나 그 '국민교육론'은 민족 내지는 계급적 관점에서 비판을 받게 되는데, 특히 '국민' 개념의 애매모호함이 지적되었으며 또한 그 근대주의적 사고에 적지 않은 의문점이 표명된다. 즉 '국민교육' 론은 그 주관적 의도와는 달리 국민 혹은 국가의 틀 속에 교육을 속박시키는 것이며, 실제로 '국민교육'론에서 전전 교육에 대한 부정은 어디까지나 자유·평등·인권의 보편주의에 의한 것이라고 하여 국내의 피차별·피억압자 및 아시아의 민중을 시야에 넣고 있는 민족집단으로서의 일본인의 반성·자각에 의한 것이라고 말하기는 어려웠다. 실제로도 우에하라가 연구소를 떠나고 일본이 고도경제성장을 이루어가면서 일본 '국민'이 끝없이 국가에 흡수되어가는 과정에서 '국민'을 주제로 한 일본의 교육운동은 적지 않은 내부 균열을 초래하지 않을 수 없게 돼갔다.

한편으로 전후 일본에서 '시민'이라는 언어가 사용되기 시작한 것은 1950년대 후반부터다. 오구마 에이지에 의하면 처음에는 '쁘띠부르주아지'와 동의어라는 반감을 공산당 주변으로부터 받게 되는데, 안보투쟁 과정에서 공산당의 권위가 실추하면서 내셔널리즘과 모순되지 않는 단어로 점차 일반화돼갔다고 한다. 더구나 안보투쟁 당시 '시민'이라는 용어의 등장은 사상의 변화라고 하기보다는 오히려 용어체계의 변화였다고 한다. 즉 말투의 차이라고 할 수 있는 것으로, 같은 시기에 '민족'이라는 용어도 '단일민족'을 강조하는 형태로 보수파 쪽에서 사용하게 됐다고 한다.[128]

이러한 '단일민족'론은 전전에도 주장된 적이 있었지만 아시아를 일본 판도 속으로 집어삼키던 시대의 흐름 속에서는 오히려 '혼합민족'론이 주류를 이루고 있었다. 그런 의미에서 '단일민족'론은 선후 일본에서 강조되기 시작한 것이라고 할 수 있다. 덧붙여 말하면 1960년대 이후 '국민' 그리고 '시민'은 병행하여 사용되고 있으며 일본공산당의 경우 1961년 제8회 당대회에서의 강령은 '인민' 개념으로 일관되고 있었고 '국민'이 '인민'을 능가하게 되는 것은 1970년도를 경계로 하고 있다고 생각해도 좋을 것이다.

마루야마 마사오가 "회한(悔恨)의 공동체"라고 불렀던 전후 지식인 세계에서는 일본공산당이 위신과 영향력을 발휘했으며 맑스주의가 커다란 힘을 갖고 있었다. 그러나 생각해보면 천황제 국가라는 틀 속에 사로잡힌 일본에서는 맑스주의와 맑스레닌주의의 저항과 혁명의 '이론'으로서보다는 실천성을 동반하지 않는 하나의 학설로, 굳이 말하자면 체계적이고 비판적인 사회과학으로 수용되었던 것은 아닐까 생각된다. 달리 말하면 예를 들어 사상사학자인 후지따 쇼오조오(藤田省三)와 같이 맑스주의 방법론에 의존해 끊임없이 시대와 격투하고 시대정신을 서술함으로써 시대의 중압감에서 스스로를 해방시키고 새로운 사회를 구상하려는 노력이 과연 얼마나 있었는지 염려스럽다고 말하는 편이 더 나을지도 모르겠다.

실제로 전후 사상계에서 '진보적 문화인'으로서 활약했던 시미즈 이꾸따로오(淸水幾太郎)가 1960년 안보투쟁의 "패배"를 거쳐 결국은 보수우익의 길로 걸어갔던 점에서 전형적으로 나타나듯이, 안보투쟁을 거치면서 정치적 좌절 내지는 심신이 피폐해진 것을 계기로 실천활동을 중지하거나 혹은 "진보"에서 "보수"로 말안장을 바꿔탄 사례가 계속되었다. 뿐만 아니라 1960년대 이후 많은 지식인들이 '고도성장'의 파도에 휩쓸려 내적인 저항감각을 상실해갔던 사례도 일일이 열거하기에는 지면이 부족할 정도다. 이것은 일종의 '전향'으로 배신자 취급을 당할 수도 있겠지만 그 점에 대해 쯔루미 슌스께가 『전향 공동연구(轉向共同硏究)』 상권(사상의 과학 연구회, 平凡社 1959)에서 전전의 자유주의자가 군국주의 지지로 전향했던 것을 염두에 두고 전향이란 "권력에 의해 강제되었기 때문에 생겨난 사상의 변화"라고 규정했던 것은 의미가 크다고 하겠다. 다만 덧붙여 말하고 싶은 것은 쯔루미 슌스께 등의 전향에

234

대한 연구와 거의 동시에 자이니찌 1세인 김달수가 소설『박달의 재판(朴達の裁判)』을 발표하는데(『新日本文學』 1958.11) 거기서는 이승만정권 하에서 몇번이나 체포당하며 그때마다 '전향'한다고 맹세하고 석방되면서도 결국에는 자기 나름대로의 민족주의를 관철시켜나가는 모습이 묘사되고 있다. 이것은 명시적인 것은 아니라고 하더라도 쯔루미 등의 전향연구에 대한 비판적인 관점을 포함하고 있는 것은 아닐까 하는 생각이 든다.

60년대의 문학

그건 그렇다고 하더라도 1960년대 중반 일본과 한국에 대해서 문학 작품을 통해서 풀어보면 거기에는 기묘한 공통성과 미묘한 차이점이 있는 것 같다. 일본에서 시바따 쇼오(柴田翔)의 『그래도 우리의 나날들(されどわれらが日日─)』(文藝春秋新社)이 제51회 아꾸따가와상을 수상하고, 또한 한국에서 김승옥(金承鈺)이 「무진기행」[129]을 잡지『사상계』에 발표하여 호평을 얻었던 것은 같은 1964년의 일이다. 기묘한 공통성은 시대의 전환기에 자신이 있어야 할 곳을 둘러싸고 생겨나는 전신에 퍼져나가는 고통스러운 우울·공허·상실감이고, 미묘한 차이는 공통적으로 불안에 가득 찬 새로운 생활로 접어드는 과정에서 한편에서는 정치나 경제와 단절된 곳에서 청춘이 끝났다고 스스로 인정하면서도 살았던 것에 만족해야 한다고 스스로에게 납득시켜가는 방향이며, 또 한편에서는 세상의 비웃음을 사면서도 자기기만이리고 해아 할 '출세가도'를 전력질주하려는 삶의 방식의 선택이다. 실제로 이 시대는 일본에서는 미일안보투쟁을 전후한 학생운동의 투쟁 속에서 수많은 젊은이들이 상처를 입었고, 또한 한국에서도 4·19혁명 후 한일조약 반대투쟁을 맞이해 정치의 계절이 이어졌으며 박정희정권에 의한 경제성장노선이

막 시작되고 있었다.

시바따 쇼오는 독일문학 연구자이기도 한 작가로, 그의 소설에서는 토오꾜오대학 코마바(駒場)캠퍼스 등을 무대로 벌어지는 일상생활을 묘사하면서 공산당의 극좌노선과 그 최후, 당과 그 사상의 무오류성을 믿고 있던 사람들의 동요와 낙담 그리고 자기붕괴를 배경으로, 가야 할 길을 잃고 방황하는 지식인의 고뇌가 적나라하게 나타나 있다. 거기에는 정치·문학·사회주의·초조감·고독감을 극한까지 언어화하려는 시도가 나타난다. 이윽고 소설에서는 삶의 공허함과 슬픔의 의미를 곱씹으면서 "나 자신의 공허함은 일시적이고 상황적인 것이 아니라 나 스스로와 공허함은 같은 의미라는" 것을 깨닫기에 이른다. 청춘이 끝남과 동시에 남겨진 인생의 의미를 풍요로움에 대한 갈망이 아니라, 내일로 가야 하는 발걸음을 차마 떼기 어려운 숙명으로 혹은 숙명 이상의 것으로 받아들일 필요가 있다는 것을 호소하는 듯하다. "일을 통해 스스로 견딜 수는 없는 것일까. 이것이 내 생활이라는 것을 발견할 수는 없는 것일까." 시행착오를 겪으면서 살아가는 것, 그러한 것을 납득하고 싶다는 것일 게다.

김승옥은 김지하와 동기생으로 서울대 불문과를 졸업하고 1962년 「생명연습」이 『한국일보』 신춘문예에 당선되어 문단에 데뷔한다. 이후 작가활동을 계속하며 민주화운동, 특히 김지하 구명운동에도 참가한다. 「무진기행」은 장인어른이 경영하는 대형 제약회사의 전무로 선출될 주주총회를 앞두고 있는 주인공인 '내'가 성묘를 핑계삼아 안개로 유명한 무진으로 향하는 장면에서 이야기가 시작된다. 33세인 '나'는 학생 시절 6·25(한국전쟁)가 일어나자 어머니 말씀대로 무진의 허름한 창고 건물에 숨어 지냈다. 이윽고 결혼을 계기로 실업가로서 출세의 계단을 올라갈 수 있는 기회를 얻게 되고, 그것은 세상의 시선에 대한 부끄러움과 자기상실이라는 우울증을 동반하는 것이었다. 그런 '나'는 무진에서 자신과 비슷한 정신적 성향을 가진 '연인'과 만나게 되지만 결국은 그녀의 영혼을 구할 수도 없고 절망과 자기기만을 내면 깊숙이 감추어 둔 채 대도시인 서울에서 '출세가도'를 달려가기로 결심한다.

「무진기행」이 발표된 것은 박정희정권하에서였고, 당연히 세간의 젊은이들은 경제성장의 출세가도를 탈 것인지 아니면 고통을 분담하는 민주화운동의 길로 들어설 것인지의 선택을 강요당하고 있었다. 아직 대다수가 빈곤에 허덕이는 가운데 소설에서는 언론통제로 인해 정치적인 묘사는 전혀 할 수 없었지만, 인간의 내면성이 정치에 크게 규정당하는 사회와의 관련 속에서 흔들거리고 있었다는 것을 읽어낼 수 있다. 일본사회가 정치적 억압과 상실감이 없는 가운데 경제성장을 이루어갔다고 한다면, 한국에서는 사회 전체가 정치라는 용광로 속에 삼켜져 있어서 경제성장 자체가 정치와는 분리될 수 없는 것이었다. 김승옥의 작품이 조용한 환영을 받았던 것도 한국전쟁 후 처음으로 찾아온 '감수성의 혁명'이자 집단에 매몰되지 않은 개인의 내면을 묘사하는 데 성공했기 때문이 아니었을까 하는 생각이 든다.

사족을 달자면 '순문학'에 대한 지향성이 강한 한국에서 '추리소설' '탐정소설'의 선구자적인 존재가 되는 김성종(金聖鐘)이 문단에 등단한 것은 1969년이었다. 나중에 한국의 '마쯔모또 세이쬬오(松本淸張)' 라고 부를 정도가 되지만 한국전쟁의 상흔을 테마로 삼으면서 70년대 사회파 미스터리 작품을 발표했던 것은 한국사회에 어느정도 여유가 생겼기 때문일지도 모른다.[130]

4장

국교수립과 상호이해의 곤란 1965~79

1. 한일조약 체결과 타자인식

마찰의 기점 '만주국'의 망령

2006년 2월에 간행된 이와사끼 미노루(岩崎稔)·우에노 찌즈꼬(上野千鶴子)·나리따 류우이찌(成田龍一) 편『전후사상의 명저 50』(平凡社)은 전후 일본의 역사·사회·사상을 생각하는 데 귀중한 책인데, 이 책은 전후 사상의 시대구분을 ① 전후 계몽의 성립과 전개(1945년~50년대), ② 전후 계몽의 상대화와 비판(1960년경~70년대), ③ 포스트모넌·포스트냉전·포스트전후(1980년경~90년대)의 세 시기로 구분하고 있다. 나 나름대로 생각해도 이 책에서 제시한 전후 사상의 시대구분은 매우 타당하다는 생각이 든다.

1960년대의 안보반대투쟁이 전후 일본의 분기점이 되었다는 것은 지금까지 많은 논자에 의해 주장되어온 바다. 다만 일본과 한국, 일본과 아시아라는 관점에서 보자면 1965년의 한일기본조약의 체결이 좀더 커다란 의미를 갖고 있다. 이른바 전후 일본이 아시아와 재회하여 아시아와의 관계를 본격화해나가는 것은 1965년 이후의 일이며, 그것은 '자기 안의 아시아'라고 할 수 있는 오끼나와와 재일조선인 문제를 포함하고 있다. 『전후사상의 명저 50』에서의 시대구분으로 보자면, 첫번째 전후 계몽이 전적으로 국내문제에 시선을 한정하고 있는 것에 비해서 두번째인 전후 계몽의 상대화와 비판은 오끼나와, 재일조선인 그리고 국내의 피억압자와 하류사회를 시야에 포함하고 있으며 나아가 한국과 베트남, 중국 등 아시아와 관련되는 것을 필연시하고 있다. 다시 말하자면 '상대화와 비판'이란 그때까지 내부에 폐쇄되어 있던 계몽의 주체가 시대의 흐름 속에서 아시아 내지는 그것과 관련되는 것과 새로운 관계를 가져나가는 속에서 타자를 어떻게 인식하고 있었으며 또한 어떻게 인식하려고 했던가 하는 타자인식의 문제에 직면하고 있었던 것을 의미한다.

패전/해방 후 20년을 거쳐 일본이 먼저 재회한 아시아는 분단국가 한국이었다. 그러나 이러한 아시아와의 재회에서 일본정부는 과거를 반성하거나 보상하지도 않고 극히 오만한 태도를 취하면서 시작되었다. 일본/한국에서 1965년 6월에 체결된 한일기본조약이 그것인데, 그것은 1951년 11월 한일 예비회담 개시 이래 실로 14년이라는 기나긴 시간이 필요했던 것이었다. 국제정치의 관점에서 볼 때 이 한일기본조약은 베트남전쟁에 발목이 잡힌 미국의 요구를 배경으로 부활한 일본의 독점자본이 한국에 다시 진출하려는 행동을 강화하고, 동시에 군사쿠데타로 성립한 박정희정권이 일본의 자본을 끌어들여 근대화노선을 수행함으로써 권력기반의 강화를 꾀했기 때문에 실현 가능했던 것이다.

한일조약의 주요한 내용은 한국정부가 사실상 유엔총회 결의 제195호(1948.12.12) 등에 의해 명시된 바와 같이 조선반도 유일의 합법정부로 인정받고, 동시에 1910년 8월 22일 이전에 대일본제국과 대한제국 사이에 체결된 모든 조약 및 협정은 이미 무효라는 것이 확인되었다는 점이다. 일본측에서 보자면 천황제 국가가 저지른 조선 침략의 죄과를 일체 인정하지 않고 식민지 지배·전쟁범죄 보상을 거부하는 자세를 강경하게 관철시킨 것이 된다. 사실 한일조약의 체결에 의해 양국은 국교가 열리는데 그것은 이른바 한일유착의 출발점이 되었으며, 나아가 오늘에 이르기까지 역사인식의 격차와 사죄·보상을 둘러싼 논쟁·분규 등 한일마찰의 출발점이 되었다. 더구나 이 한일조약 체결에 의해 일본에게 일차적인 책임이 있는 조선반도의 남북분단이 고착화되어감과 동시에 북쪽의 조선민주주의인민공화국을 적대시하고 사실상 미·일·한 군사동맹의 틀을 만들어나가게 됐다.

재일조선인과 관련해서 말하자면 한일조약 체결과 동시에 재일조선인(한국인)의 법적 지위를 결정하는 '한일 법적지위협정'이 체결되었는데, 이를 통해 일본 국내에서 박정희정권의 반공정책이 관철됨으로써 재일조선인의 이분화·적대화를 초래하게 되었다. 당시 박정희정권은 재일조선인의 인권보다는 적인 '북'과 이를 지지하는 조총련을 타도하는 것이 최대의 목적이었으며, 신청에 의해 일본정부가 부여하는 '협정 영주권'을 미끼로 당시까지 '기호'로서의 '조선'에서 '국적'으로서의 '한국'으로의 전환을 강력하게 추진해나가게 되었다.

이러한 한일조약이지만 한국민중은 당연히 '일제의 재등장'과 '굴욕외교'를 비난하면서 대규모 반대운동을 전개했다. 최종국면에 접어든 한일회담이 진행중이던 1965년 1월 7일 일본 측 수석대표인 타까스기 신이찌(高杉晋一)에 의한 기자회견 발언도 한국측의 격분을 사게 되었다. 일본에서는 비공개로 처리되었지만 일본공산당 기관지 『아까하따 (赤旗)』가 최초로 폭로하고 이어서 『동아일보』에서도 1면 톱기사로 보도되었으며, 이를 다시 『아까하따』가 상세히 보도했다. "일본이 조선을 지배했다고 하지만 우리나라(일본)는 좋은 일을 하려고 했다. 산에 나무가 한그루도 없다고 했는데 그것은 조선이 일본에서 이탈했기 때문이다. 한 20년만 더 일본의 식민지로 있었으면 그런 일은 없었을 것이다. 일본은 조선에 공장과 주택, 산림 등 모든 것을 두고 왔다. 창씨개명도 잘한 일이다. 조선인을 일본에 동화시켜 일본인과 동등하게 취급하기 위해 취해진 조치였고 착취라든가 압박과 같은 것은 아니다"(『赤旗』1965.1.21)라고. 이것은 타까스기 혼자만의 생각이 아니라 그후 일본 정치가나 경제인들이 반복하게 되는 망언의 전형이었다.

한국에서의 반대운동은, 한일조약 체결이 자주적 평화통일의 저해요인이 될 뿐만 아니라 일본에 대해 정치적·경제적으로 종속되는 길을 열게 하는 것이며 나아가 총액 8억달러의 유상·무상 경제원조는 식민지 지배에 대한 배상을 명시하지 않고 속임수를 쓰는 것이라는 논리였다. 이에 비해서 일본에서의 반대운동은 식민지 지배에 대한 책임추궁과 재침략 비판론은 적었고 오히려 박정희정권에 가담하는 것과 저임금을 무기로 한 독점자본의 한국 진출 등을 비판하는 것이었다.

일본/한국의 국교 개시 후 양국은 약간의 시간적 차이와 질적 차이점을 보이면서도 매우 비슷한 시대를 걸어가게 된다. 고도경제성장과 반체제운동이 그러한데, 그러나 이 또한 다른 각도에서 보면 일본과 한국의 경험은 의외로 일찍이 '오족협화(五族協和)'라는 이념을 내걸었던 괴뢰국가 '만주국'이 그림자를 드리우고 있었다고 해도 틀리지 않을 것이다. 원래 한일조약 체결 당시의 최고 정치책임자는 한국의 박정희대통령과 일본의 사또오 에이사꾸(佐藤榮作)수상인데, 사또오의 형이 일미안보조약 당시의 수상이었던 키시 노부스께였으며 그리고 키시의 후계자가 되었던 이께다 하야또(池田勇人)도 한일조약 체결을 적극적으로 추진했다.

박정희는 식민지통치기 경상북도에서 태어나 대구사범학교를 졸업하고 문경보통학교 교사를 하다가 야심을 가지고 만주국의 신징(新京) 군관학교를 거쳐 일본 육군사관학교에 유학하였으며, 패전/해방 당시 만주국 육군중위였다. 해방 후 미군정하에서 조선경비사관학교에 들어가 군인의 길을 걷게 되는데, 한편으로 남조선노동당(남로당)에 입당하여 군 내부의 당세포 지도자로 활동하였다. 이윽고 제주도 민중봉기 진압을 명받았던 한국군에 대한 저항, 즉 여수·순천 국군반란사건 후 숙군(肅軍)운동에서 발각·체포되어 사형선고를 받았는데, 남로당의 3천여명에 달하는 지하조직망 정보를 제공해 겨우 목숨을 부지할 수 있었다.[131] 박정희는 경력으로 보면 '친일파'이지만 오히려 한국전쟁중에 살아남기 위해서 상관과 미군에 대해 비굴한 태도를 취했으며 4·19혁명 이후 남북학생회담을 저지하고 정치무대에 등장하면서 친일파이자 친미파로서의 본령을 발휘하게 됐다.

이러한 박정희에게 있어서 일찍이 만주국의 이념과 만주 인맥이 커다란 의미를 갖게 되는데, 한일회담의 진전·타결 그 자체가 만주국에서 함께 꿈을 키워왔던 일본측의 만주 인맥과 결탁하는 것이었다. 한일 국교정상화를 적극적으로 추진했던 키시 노부스께, 그리고 한일기본조약에 서명했던 시이나 에쯔사부로오(椎名悅三郎)는 모두 만주국의 성부고관으로서 권력을 휘둘러 '금(金) 키시, 관록있는 은(銀) 시이나'라고 불리던 사이였다. 키시는 토오죠오(東條)내각의 상공대신으로서 태평양전쟁 개전 조칙에 서명했고, 패전 후에는 A급 전범용의자로 체포되어 토오죠오의 스가모(巢鴨)구치소에 수감되었다. 그러나 냉전의 격화와 더불어 미국이 대일정책을 크게 전환시켜가는 가운데 키시는 전범불기소 처분을 받고 토오죠오 등 7명의 A급 전범이 처형당한 다음날 석방되었다. 더구나 최근의 연구에 의하면 전후 일본 고도경제성장 자체가 만주국에서 배양된 인맥에 크게 의지하였다고 한다. 일본제국은 붕괴했지만 전쟁을 지탱했던 경제체제는 살아남았다는 것이다.[132]

조약반대투쟁과 일본 비판

한일조약 체결은 베트남전쟁에 개입했던 미군의 보완과 일본자본주의 재생산구조의 배출구라는 성격을 갖는다. 실제로 일본민중의 재침략에 반대하는 힘이 미약한 가운데 박정희는 재빨리 반공법을 공포해 '굴욕외교'를 비난하는 여론을 억압하는 한편, 미국에 대해서는 한국군의 베트남 파병을 추진했다. 이에 대해 한국의 지식인·학생·민중은 한일조약 체결을 민족의 존립위기로 받아들여 거세게 반대행동을 전개했다. 해방 후 한국을 대표하는 시인 박두진(朴斗鎭)·박남수(朴南秀)·조지훈(趙芝薰) 3인에 의한 연작시 「우리 또다시 노예가 될 수 없다」가 『사상계』(1965년 긴급 증간호)에 발표되었던 것은 바로 한일회담 반대 목소리가 기세를 올리던 싯점이었다.

일본의 식민지였다고는 해도 해방 후 20년간이나 일본과 단절상태였던 한국에서 전후 일본의 변화에 대한 인식은 천박한 것이었다. 신문, 잡지 등 논단에서도 본격적인 일본론은 없는 것이나 다름이 없었으며, 1959년 이후가 되어 겨우 일본에 관한 기사와 논고가 나타날 정도였다. 잡지 『사상계』를 보면 특집으로 「한일문제의 기반」(1960.6) 「또다시 대일교섭론」(1960.7) 「재일교포 문제의 해결책」(1961.1) 「일본의 재인식」(1961.12) 「한일관계의 저류」(1963.6) 등이 게재되었고, 재일조선인 '북송'문제와 한일회담의 진척상황 그리고 전후 일본의 정치·경제·사회·문화 전반에 대한 소개·분석도 점차 행하게 되었다. 그동안 재일 한국민단계 지식인에 의해 발행되었던 잡지 『한양(漢陽)』(편집·발행인 김인재 金仁在, 1962.3~84.1·2 합병호)이 반공이라는 틀 안에서 논지를 전개해 본국 사람들에게도 적지 않은 영향을 주었던 것을 잊어서는 안 될 것이다.

이러한 흐름 속에서 한국인들이 전후의 일본에 대해서 전체적으로 재인식하는 계기가 되었던 것이 한일조약의 체결이었고, 특히 그것을 전후한 시기의 조약반대투쟁이었다. 거기에는 일본과 관련된 미묘한 심리적 갈등이 따르게 마련인데 그래도 이 시기에 『사상계』만이 아니라 『동아일보』『조선일보』 등 각 신문과 『청맥』(1964.8. 창간), 『신동아』(1964.9. 복간) 등 잡지에서도 일본 관계 기사가 비약적으로 증가했다. 1966년 1월에 문학중심의 종합지 『창작과비평』이 백낙청(白樂晴)에 의해서 창간됐는데 이들 신문, 잡지의 논조는 전체적으로 조약체결에 대한 위기감을 표명하면서 민족 전체의 입장에서 반일감정을 드러내는 것이었다.

다만 그 와중에도 한국에서는 공안당국에 의해 적발되는 공안사건·조직사건이 계속 발생했다. 반일은 군사독재정권에 반대하는 투쟁과 직결되는 것이었고, 대일 굴욕외교 반대데모가 확산되는 가운데 중앙정보부가 발표한 '(1차) 인민혁명당사건'(1964) 그리고 그후의 '통일혁명당사건'(1968) 등의 적발은 그 대표적인 것이다. 대검찰청 수사국 발행 『좌익사건실록』 전11권(1965~75)에는 '남로당 지하조직 공작'을 주로 하는 그러한 사건이 관헌측에서 상세히 서술되고 있는데, 거기서는 오히려 사회주의를 신봉하는 지식인이 그다지 적지 않았다는 것을 알 수 있다.

이 시기에 몇명의 지식인이 일본 비판의 논진을 펴게 되는데, 민족주의자 백기완(白基玩)은 그 대표적인 인물이다. 그의 논고는 『항일민족론』이란 제목으로 1971년에 간행되어 많은 독자를 획득했다(일본어판은 코스기 카쯔지小杉鬼次 번역, 1975). 이 책에서 백기완은 "내가 일본을 싫어하는 이유는 일본이 우리 민족사의 발전에 피해를 주었고 그 가해자 근성을 지금도 여전히 체제화하고 있기 때문이다"라고 하면서 『항일민족론』은 "현대일본"을 "그 역사적 경험에 비추어 민족문제에 대한 저해요인으로서 증명해 보이기" 위한 것이었다고 간행동기를 밝히고 있다. 일본어판의 번역자인 코스기 카쯔지는 「해설」에서 이러한 백기완의 자세는 "단순한 민족주의적 항일론이 아니라 근대일본·현대일본을 이웃나라 민중이 어떻게 바라보고 있는가를 단적으로 보여주는 강렬한 반일론이라고 할 수 있다"고 평가하고 있다. 그런 의미에서는 『항일민족론』은 해방 후 한국 민중투쟁의 가장 중요한 과제인 반일투쟁의 사상적 원점을 분명히하고 있다고 할 수 있다.

한일조약이 체결된 1965년을 보면 일본은 전해의 토오꾜오올림픽 개최를 큰 전환기로 삼아 고도경제성장의 길로 달려가고 있었다. 토오꾜오를 비롯한 도시경관은 완전히 바뀌고 토오까이도오(東海道) 신깐센(新幹線)의 영업 개시, 토오꾜오-나고야(名古屋)를 잇는 토오메이(東名)고속도로 개통 등 선진문명을 구가하는 활동적인 시대로 접어들고 있었다. 자유민주당이 한국으로의 재진출을 서두르는 가운데 안보투쟁에서 반미 색채를 강화했던 일본사회당은 1965년의 한일조약에도 반대했다. 1961년 제8회 당대회 이후로 헌법옹호·의회투쟁 중시라는 정치노선으로 한층 더 기울어갔던 일본공산당도 한일조약에는 반대했는데, 반대이유는 한·미·일 군사동맹의 형성, 공화국정부의 부정, 일본독점자본의 한국 진출이라는 세 가지였다. 일찍이 일본공산당은 조선노동당 및 조총련과 우호관계에 있었지만, 공화국이 1967년에 유일사상체계를 확립하고 1968년 1월에는 청와대를 습격하기 위해 무장게릴라를 남파하자 비판의 눈을 돌리기 시작하더니 끝내 조선노동당과 대립하게 됐다. 그래서 조선노동당은 사회당에 기대를 걸게 되는데 50년대에 남북 등거리외교(等距離外交)를 주장했던 사회당도 공화국과의 야당외교를 스스로가 떠맡는 방향으로 나가게 되었다.[133]

한일조약 반대투쟁을 거치면서 한일 양국간에 이웃국가에 대한 관점이 새롭게 싹트게 되었고 타자인식이 서서히 생겨나게 되는데 그것은 미디어의 보도와 연동하는 것이었다. 신문에서는 『아사히신문』이 한일조약 체결에 찬성을 표시함과 동시에 "북조선과도 우호관계를 증진하고 장래에 정상적인 관계를 수립해야 한다고 생각하고 있다"(1965. 6. 23)고 하여, 기본적으로는 남북 등거리 자세를 나타냈다. 그러나 조선반도가 갖는 역사적 위치에 대한 인식은 약했고, 그것은 '한일 법적지위협정'에 대한 아연실색할 「사설」에서도 잘 나타나고 있다. 이른바 "자손의 대에 이르기까지 영주가 보장되고 더구나 그러한 광범위한 내국민 대우를 확보하게 되면 장래에 이 좁은 국토 안에 이질적인 그리고 해결 곤란한 소수민족문제를 끌어안게 되지는 않을까. 출입국관리에서 일반외국인과 비교해서 너무나 "특권적"인 법적 지위를 향유하는 것이 과연 재일한국인을 위해서도 도움이 될 것이라고 전체적으로 단정할 수 있는지 없는지"(1965. 3. 3)라고. 그렇게 보면 1959년 3월 창간되어 지식인을 중심으로 널리 읽힌 『아사히저널』도 한일조약과 재일조선인 문제에 대해서는 냉담하기 그지없었고 한일조약에 관한 특집도 보양새만 갖춘 것이었다.

'양심적'인 미디어라고 이야기되던 아사히신문사에서조차 이런 수준에 머물러 있는 가운데 출판사인 이와나미쇼뗀이 겨우 '조선'의 중요성을 깨닫기 시작했는지 잡지 『세까이』를 통해서 한일회담 그 자체에 반대하는 논진을 펼치면서 조선문제에 관해서 독자적인 견해를 제시하기 시작했다. 『세까이』는 1964년 2월호에서 소규모 특집「한일회담을 검토한다」를 꾸몄고, 1965년에는 5월호에서「긴장하는 한국의 봄」을 게재했으며, 한일조약이 체결되자 9월호에서「한일조약 조인 이후」를 특집으로 편집했다.

잡지의 경우 1960년 안보투쟁 이후 『쮸우오오꼬오론』과 『세까이』의 영향력이 저하됐다고 한다. 특히 『쮸우오오꼬오론』은 『풍류몽담』 사건 이후 현실주의라고 불리는 체제를 긍정하는 잡지가 돼버렸다. 대신에 1960년대 후반부터 70년대에 걸쳐서는 『겐다이노메(現代の眼)』(1961.1. 창간)를 대표로 하는 반체제 지향의 종합잡지가 활약했다. 특히 『겐다이노메』는 60년대 후반부터 70년대 전반까지 학생들에게 바이블처럼 읽혔다고 한다.[134] 『겐다이노메』는 1965년 10월호에「한일조약」이라는 특집을 꾸렸고, 아시아 민족혁명과 한일조약의 관계, 한국의 국내정세, 한일조약의 문제점 등을 다루었을 뿐만 아니라, 특히 재일조선 지식인을 등장시켜 일본인의 조선관이나 민족문제를 드러내려고 했다. 다만 전체적으로는 당시 잡지만이 아니라 일본의 전체 미디어의 편성이 약했고, 특히 한일조약 체결을 스스로의 역사·민족·국가의 기본문제와 관련된 것으로서 논한 것은 적었다고 할 수 있다. 그러한 가운데 1965년 9월에 중국에서 활약했던 불굴의 조선인 혁명가 김산(金山) 평전이 『아리랑의 노래──조선인 혁명가의 생애』(님 웨일즈 저, 안도오 지로오安藤次郎 역, みすず書房)라는 제목으로 간행됐던 것은 특기할 만하다.

생각해보면 안보투쟁 후 일본을 둘러싼 국제상황은 오끼나와의 미군기지, 베트남전쟁 그리고 한일조약이라는 세 가지가 서로 얽혀 있었고 그것들은 모두 미국의 아시아정책의 틀 속에 있었다. 그러나 일본의 매스미디어와 사람들의 의식에서는 오끼나와나 베트남 문제와 한일조약 즉 조선문제는 별개의 것으로 존재하고 있었다. 당시 일본 국내에서는 학생운동이 전성기를 맞이하고 있었지만 1966년 12월에 결성된 '3파 전학련(三派全學連)'을 보더라도, 베트남전쟁을 둘러싼 일련의 반전투쟁은 중시했지만 한국문제에 대해서는 관심이 희박했다. 실제로 당시 각종 자료와 최근의 전학련·전공투에 관한 기록·회고록 어느 것을 보더라도 한일조약 반대투쟁에 관련된 기술은 전혀 없거나, 혹은 있어도 한줌도 안되는 것뿐이다. 기껏해야 한일조약 반대투쟁은 70년대 학생운동의 '서곡'이었다고 할 수 있을 정도다.

상호인식의 격차

여기서 한일조약문제와 관련해 재일조선 지식인의 글을 기술해두고 싶다. "최근 일본에서는 아메리카 제국주의의 베트남 침략에 의한 잔학행위가 생생하게 폭로되고 있다. 그러나 같은 아메리카 제국주의가 조선인민에게 자행한 학살행위나, 또 8·15 이전 일본제국주의가 조선인민에게 자행했던 학대·학살 행위 등에 대해서는 그다지 알려져 있지 않다. 오히려 은혜를 베푼 것처럼 선전하고 있다. (…) 현재의 일본은 많은 점에서 8·15 이전과는 다르지만 조선·조선인관에 한정시켜 보면 8·15 이전의 사고방식과 그다지 바뀐 것은 없는 것이 아닌가 하는 느낌이다"(박경식 「민족대립과 이간(離間)정책」).[135] "'한일회담'은 이른바 '일미안보조약'의 구체적 실행이자 그것의 연속이었음에도 불구하고 일본인 전체의 그것에 대한 투쟁은 (…) 저 '일미안보조약' 때의 그것처럼 분위기가 상승되지 않았던 것은 사실이다. (…) 안으로부터의 윤리적 요청 같은 것, 좀더 분명히 말하자면 하나의 동정무드 같은 것 (…)이라는 의미다"(김달수 「한일조약'에 대한 자세—조일 양국 인민의 새로운 연대를 위하여」).[136]

참으로 냉엄한 말이지만 동정과 선의, 나아가 속죄라는 것에서는 이웃국민, 아시아인, 인간으로서 연대·투쟁이 생겨날 리가 없었다는 말일 것이다. 그런 점에서 전후 일본에서 혁신세력과 운동권이 민족문제·식민지문제를 가볍게 여기고, 또한 냉전구조의 틀에서 벗어나지 못하고 교조주의적 경향에 빠져서 베트남문제는 취급하면서도 한일문제에는 주저하기 십상이었던 것은 과거의 죄과를 명확하게 자각할 수 없었던 데서 오는 약점이었다고 생각해도 좋다. 시인 허남기는 『겐다이노메』 1965년 10월호에 「시인 빈곤(詩人貧困)」이라는 시를 기고하고 있다.

나는 요즘
시를 읽지 않기로 했다
어떤 시도
바싹 메말라빠져
대구포처럼
환상도 동화도
바로 옛날에 완전히 사라져
한쪽 잘게 찢어 입에 넣고
씹으면
바다 향기 대신에
뜨거운 항구에 불어오는
메마른 먼지랑 티끌이
입속에서
슬픈 모래소리만을
내고 있기 때문이다

(…)

나는 심야
라디오 주파수를
토오꾜오로 돌리거나
서울로 돌리거나
바다 저편의 아메리카에
돌리거나 하면서
말 그대로 위대한 시인의
뛰어난 시라도 들을 생각으로
그들의 저
검은 것을 희다고 얼러 맞추는
농간
그들의 저
밤을 낮이라고 얼러 맞추는
속임수
그 너무도
대단한 거짓말
너무도
산뜻한 속임수에
일종의 황홀감조차 품으며
귀담아 듣고 있는 것이다
(…)

이 시는 마지막에 "남조선에서도/일본에서도/시인은 보잘것없기 때문에/(…)"로 계속되면서 끝을 맺고 있다. 일본의 시인이 민족문제나 식민지문제 혹은 차별·억압이라는 사회의 가장 근간에 해당되는 문제에는 거의 관심을 갖지 않았던 것은 분명하다고 하더라도, 한국의 시인은 예민한 눈초리로 그것을 바라보며 노래하고 있었다는 것을 잊어서는 안된다. 앞에서 언급했던 박두진·박남수·조지훈의 연작시 「우리 또다시 노예가 될 수 없다」는 바로 그러한 격조 높은 시 가운데 하나다. 그런 점에서 허남기가 정말로 한국의 시인을 부정적으로 보고 있는지 아닌지는 어려운 판단이 되겠지만, 다만 허남기는 당시 이미 조총련 산하 재일본조선문학예술가동맹(在日本朝鮮文學藝術家同盟, 문예동) 위원장을 역임하고 1965년 11월에는 조총련 중앙문화부장에 취임하는 등 공화국 지향의 정치활동에 종사하면서 시나 문학을 정치에 종속시키는 방향으로 나아가고 있었다. 조총련에 소속되어 있던 시인·문학가·예술가들이 정치라는 질곡에 빠져 신음하다가 조직으로부터 적지 않게 이탈되어갔던 것도 60년대, 70년대가 아니었는가 생각된다.

시기적으로는 바로 이때 일본공산당과 조선노동당·조총련의 관계도 악화되어갔다. 그것은 기본적으로는 공화국에서의 김일성 '숭배'와 관련된 것이라고 생각된다. 다만, 그전에 일본공산당 자체가 남북조선에 대해서 정확한 인식을 갖고 있지 않았다. 사실 일본공산당은 한일조약을 일본제국주의 부활이란 측면에서 파악하지 못하였고, 일본민족은 기본적으로 미국에 종속된 피압박민족이라고 간주하면서 일찍이 식민지배의 잔재를 불식하고 민족적 멸시를 극복하는 것에 대한 중요성을 자각하지 못한 채로 있었다.[133]

실제로 안도오 진베에(安東仁兵衛)의 『전후 일본공산당 사기(戰後日本共産黨私記)』(文春文庫 1995, 원저는 1976·80년 출판)를 읽어보면, 안도오는 1948년에 일본공산당에 입당했고 토오꾜오대학 법학부에 진학한 후 토오꾜오대학 세포와 학생운동의 리더로 활약한 후 조선인이 다수 거주하는 지역인 토오꾜오-요꼬하마(橫濱) 지역간의 오르그(organizer) 등으로서 활동하다가 안보투쟁 후 탈당했다. 그러나 420면이 넘는 한권의 책 속에 '조선'이나 '조선인'이란 단어는 불과 수차례밖에 나오지 않고, 조선·조선인과의 연대는 물론이고 문제의식 자체가 거의 아무것도 없다. 같은 토오꾜오대학 세포로 공산당원이었던 친구이자 작가인 쯔지이 타까시(辻井喬, 본명은 쯔쯔미 세이지堤淸二)가 이 책의「해설」을 쓰고 있는데, 안도오에게는 같은 공산당원인 조선인 동창생이 몇명이나 있다고 알려져 있으며, 직접 그렇다고 들은 적도 있다. 안도오의 책에는 '천황제'라든가 '천황제 타도'에 관한 기술도 거의 없다. 이 점은 비단 안도오 혼자만의 문제는 아니겠지만 바로 '전위당'이 되어야 할 일본공산당 그 자체가 내포한 본질적인 결함을 드러내는 것 외에는 아무것도 아니라고 생각된다.

여담이 될지도 모르겠지만, 안도오 진베에는 구조개혁파의 논객으로서 1959년 5월에 나가스 카즈지(長州一二)와 함께 잡지『겐다이노리론(現代の理論)』창간에 참여하고(같은 해 9월 종간), 또 안보투쟁 후에 공산당을 탈당한 다음 1964년 1월에 제2차『겐다이노리론』을 창간하여 편집과 발행의 중심이 되었다. 그러나 그『겐다이노리론』에서는 민주주의와 사회주의·맑스주의, 헌법과 학생운동·평화운동, 미제국주의와 베트남전쟁 그리고 중국문제와 내셔널리즘·유로코뮤니즘 등에 관한 특집은 있지만 한일문제는 아무런 관심이 없다고 해도 좋을 징도로 냉담했다. 1966년 1월 단 한번「한일조약 강행체결과 의회민주주의」라는 대담 및 편집부가 주관한 간단한「중간 총괄」을 게재한 것이 확인될 뿐이다. 전부 다 확인한 것은 아니지만 천황제 비판과 같은 논고도 거의 없는 것 같다. 안도오는 공산당 탈당 후 사회민주주의의 길을 걷게 되는데,

그런 그에게 마음의 지주가 되었던 것은 '영구혁명으로서의 민주주의'를 설파하는 마루야마 마사오였다고 한다(『전후일본공산당사기』 및 『아사히신문』 2006.2.22). 안도오에게 마루야마의 사상이 어느 정도 영향을 미쳤던가는 흥미로운 점이다.

한편으로 1965년 한일조약의 체결이라는, 패전/해방 후 역사의 중요한 전환점에서 일본과 한국에서의 상호인식·이웃관에 커다란 낙차가 있었고, 특히 일본측에서 전전의 식민지 지배에 대한 반성이 전혀 불충분했었다는 것을 알 수 있다. 그 점에 대해서 후지시마 우다이(藤島宇內)는 「38선의 형성과 우리 국민감정(三八度線の形成とわが國民感情」이라는 논고에서 일본인의 한국에 대한 우월의식과 조선에 대한 인식의 왜곡에 대해 다음과 같이 집중적으로 논하고 있다(『아사히저널』 1965.6.27).

식민지로서 지배했던 조선인에 대한 일본인의 지배의식, 우월자의식은 오늘날에도 여전하다. 이 왜곡은 중국에 대한 것보다도 지독하다. 예를 들어 오늘날 일중우호운동에 참가한 일본인은 이전에 중국생활 경험자가 새로운 중국의 거대한 힘을 인정하고 그 과거를 반성했다고 하는 경우가 많다. 그러나 일조우호운동에 참가하는 일본인은 조선생활을 경험하지 못한 일본인이 많고, 한편으로 옛날 조선에서 지배민족으로서 경험을 가진 일본인은 식민지 지배에 대한 반성을 하는 사람은 적으면서 또 오늘날 한일회담 지지자가 되어 있는 사례가 많다. (…) 일본의 교전상대국이 아니고 그 독립의 필요성을 일본인이 이해하기 어려웠던 조선에 대해서는 일본인의 국민감정은 아직도 미로를 헤매는 생쥐와 같이 스스로가 벽에 머리를 부딪치는 시행착오를 겪지 않고서는 바른길을 찾을 수 없는 상태에 있었다고 해도 좋을지도 모르겠지만.

말하자면 사상적으로 돌파구를 찾을 수 없는 상황이었다고 말하는 편이 좋을지도 모르겠지만, 그러나 그후의 역사적 흐름에서 본다면 그러한 흐름 속에서도 비록 조금씩이었지만 일본과 한국 쌍방이 서로 이해하는 길의 윤곽이 열리게 되었다.

'베헤이렌'의 조선문제 인식

여기서 1965년 4월에 결성된 '베트남에 평화를! 시민연합(ベ平連, 베헤이렌)'에 대해서 간단히 언급해야 할 필요가 있겠다. 베헤이렌은 미군의 본격적인 군사개입이 발생하자 작가 오다 마꼬또, 철학자 쯔루미 슌스께, 작가 카이꼬오 타께시, 정치학자 타까바따께 미찌또시 등이 만든 것인데, 베트남전쟁 자체는 사악한 미국제국주의와 그에 저항하는 베트남인민의 투쟁이라는 알기 쉬운 구도였다. 더구나 한국은 박정희정권하에서 1965년 이후 1973년까지 연인원 32만명의 병력을 베트남에 투입했다(전사자 5천여명, 부상 1만 1천명). 남북조선과 남북베트남은 해방·분단·혁명의 시도라는 점에서 유사한 역사를 갖고 있는데, 여기서 한국은 침략자의 한쪽 팔 구실을 하게 된다.

이 베헤이렌은 당초에는 '안보반대'조차 내세우지 않고 베트남전쟁 반대데모만 고집했는데, 사상성보다는 심정적인 부분이 커다란 위치를 차지하고 있었다. 중심인물들은 좌익적이며 반미적이었지만 맑스주의 신봉자는 아니었다고 하며, 과거의 군인 등 전쟁체험자가 적지 않게 참가했다고도 한다. 조선반도에 대한 시선은 역시 약했는데 그래도 일본 전후사에서 베헤이렌의 역사적 의미는 크며 사상적으로는 역시 조선인식의 개선으로 연결되었다고 할 수 있다. 그 점은 베헤이렌이 전쟁 등에 의한 피해자적 의식이 강한 일본사회에서 미국의 베트남 침략에 가담해 돈을 번다는 가해자적 측면을 드러내었던 것, 또한 베헤이렌이 기성의 조직과 질서에 의지하지 않는 시민주의, 즉 시민이 개인으로서 참가하는 느슨한 조직형태를 만들어낸 것과 관련이 있다. 바꾸어 말하자면 패전과 빈곤 속에서 전전 식민지제국이었던 사실을 망각하고 있던 개인으로서의 일본인에게 베헤이렌은 전전의 식민지 지배 문제, 식민지제국의 실태를 상기시키는 실마리를 제공하였다고 생각된다.

프루스트(M. Proust)의 『잃어버린 시간을 찾아서』를 혼자서 완역한 것으로 유명한 불문학자 스즈끼 미찌히꼬(鈴木道彦)는 1968년에 일어난 재일조선인 2세 김희로(金嬉老)사건, 즉 스마따꾜오(寸又峽)온천의 여관에서 인질을 잡고 농성하며 조선인을 차별하는 경찰과 대치했던 사건의 특별변호인을 맡았는데, 한일조약 반대투쟁이 "일본민족의 주체는 빠져버리고 일방적으로 죄를 미국제국주의에 덮어씌우는 형태로 전개되었다"고 주장하고 이 시기의 일본인으로서 책임은 무엇인가를 밝히려고 하면서 그것을 민족책임이라고 표현했다(「'민족책임'을 둘러싸고('民族責任'をめぐって)」).[137] 그러는 가운데 베헤이렌은 1967년 11월 항공모함 '인트레피드(Intrepid)'호에서 탈주한 4명의 미군병사를 지원·구출하는데, 이윽고 탈주병 지원운동은 국가를 초월하는 과제라는 것을 깨닫고 탈주병 지원조직 만들기 등으로 스즈끼 미찌히꼬에게도 도움을 청했다. 결국 탈주병 지원의 행동목표는 미군병사뿐만이 아니라 베트남 파견을 거부하고 일본으로 망명을 신청했던 한국병사도 포함하게 되었고, 그 과정에서 베헤이렌에 참가하고 있던 지식인들은 일본에게 한국(조선)이 가지는 의미를 자각하기 시작하게 되었다. 당시 나가사끼의 오오무라수용소에는 베트남행을 거부하고 밀항하다 쯔시마섬에서 붙잡힌 김동희(金東希)의 망명신청이 기각되어, 총살형이 기다릴지도 모르는 한국으로 강제송환될 날을 기다리고 있었다. 김희

로사건도 그렇고 한국의 탈주병사건도 스즈끼에게 있어서 명확히해야 할 것은 평화헌법하의 일본 내셔널리즘의 추악한 가면을 벗기는 일이었다.[138]

『무엇이든 봐두자(何でも見てやろう)』가 베스트셀러가 되었던 오다 마꼬또는 한일조약 당시 반드시 조선문제의 중요성을 명확하게 이해하고 있었다고 말할 수 없을지도 모른다. 그러나 오다는 실은 한국정부의 초청을 받아 한일조약 체결 전인 1963년에 한국을 방문했었다. 한국정부가 오다의 이름을 이용하려고 한 것이지만, 남북조선에 대한 이해가 깊어짐에 따라 오다는 남북 양국과의 국교수립을 주장하여 한국정부, 나아가 공화국으로부터도 미움을 받는 '기피인물'이 되어갔다.[139]

이와는 달리 미국에서 철학을 공부했던 쯔루미 슌스께는 베헤이렌을 만들 당시에는 조선문제가 포함되어 있다는 자각이 없었다고 한다. 미군 탈주병이 나온 싯점에서도 한국병사가 나타날 것이라고는 예상하지 못하였고, 요꼬하마에 백인전용 수용소가 있는 것은 알고 있었어도 나가사끼에 식민지였던 지역의 거류민전용 수용소가 있는 것도 몰랐다. 그러다 신문을 통해 김동희사건을 알았을 때 놀라서 지원·구출운동을 일으킬 것을 결심했다. 쯔루미 슌스께는 김동희의 망명신청서에 "일본국헌법 전문 및 (제9조) 전쟁의 포기를 규정한 평화주의를 관철시키려고 노력하고 있는 일본국에 망명"을 요청한다고 씌어 있었다고 하면서, 일본의 평화헌법이 그를 불러들였다고 생각했다고 한다.[140] 김동희 자신은 결국 일본정부의 일종의 타협책에 의해서 조선민주주의인민공화국으로 송환되어 일단 결착을 보게 되는데, 한국이라는 범주에서 일본의 평화헌법 제9조의 전쟁포기 규정이 긍정적으로 의식되었던 것은 이것이 처음이 아닌가 생각한다.

쯔루미 슌스께는 실용주의자로 사상적으로는 꽤 자유로운 입장을 취하는데, 남북조선과 재일조선인 문제에 대해서는 이후에 확고한 자세로 일관하게 된다. 그 쯔루미가 동지로 삼은 사람이 쿄오또 베헤이렌의 중심인물이었던 농경제학자 이이누마 지로오(飯沼二郎)였다. 이이누마는 음악과 등산을 애호하는 독실한 기독교도이자 연구자였는데 베트남 반전운동 그리고 야스꾸니문제와 일본국기 히노마루·일본국가 키미가요 문제에 대한 관여는 학문과 신앙의 증거가 되었고, 그것은 재일조선인문제에 대한 착실한 관계로 연결되었다. 여기서는 자이니찌 1세이면서 한국에서 빨치산활동을 해서 사형선고를 받고 일본으로 밀입국한 후 체포되어 한국으로 강제송환되었다가 다시 밀입국해서 오오무라수용소에 수용되었던 임석균(任錫均)의 석방운동이 개재(介在)되어 있다.

이이누마 지로오는 우연히 만났던 임석균의 강제송환을 저지하기 위해 모든 노력을 경주했다. 이이누마 자신의 말을 빌리자면, 그때까지 "단 한명의 조선인 친구도 없고, 재일조선인은 나에게 있어서 하나의 추상명사에 지나지 않았다. 임씨라는 구체적인 인격에 접해보고 강제송환을 저지하는 운동을 계속하면서 재일조선인문제에 전혀 무지했던 내 눈에도 점차로 그 중요성이 분명해졌다"[141]고 한다. 그리고 이이누마는 1969년 7월부터 '쬬오센진샤(朝鮮人社)'를 주재하면서 잡지『쬬오센진: 오오무라수용소를 폐지하기 위하여(朝鮮人: 大村收容所を廢止するために)』를 발간하게 된다. 대학교수로서 연구하는 한편으로 잡지의 편집·제작·발송 등만으로도 매일 2시간씩을 쓰면서 더구나 매호 발간 때마다 5만엔의 적자를 보면서 말이다(『계간 마당季刊まだん』제1호, 1973.10).

이이누마 지로오에 의하면 일본사회 속에서 특권에 의존하지 않고 또한 진보적인 것을 말하지 않더라도 평범한 마음으로 생활하고 있으면 눈에 보이게 되는 것이 있다고 한다. 조선과 조선인이 그것이며, 그것은 좌익사상을 매개로 하지 않고 또한 대학교육을 매개로 하지 않더라도 맨눈으로 볼 수 있는 것이라고 한다.[137] 현실로도 전전·전후를 통해 조선·조선인을 편견 없이 대했던 일본인이 적지 않게 존재했던 것도 사실일 것이다. 다만 1960년대 후반의 싯점에서 시민운동과 신좌익이 크게 늘어가던 일본이었지만 조선과 조선인은 여전히 기본적으로는 보이지 않는 숨겨진 존재인 채로 있었다.

'써클촌'운동의 문제제기

그런 가운데 전후 일본에서 특기할 만한 것은, 강제연행 등으로 재일조선인이 다수 거주하고 있던 큐우슈우 찌꾸호오(筑豊)지역 탄광지대에서 재일조선인 등 일본사회의 하류에서 살고 있는 사람들이 문학으로서 기록되어지고 또한 일상적인 연대생활과 운동이 있었다는 점이다. 다름 아닌 1955년경이 전성기였다고 이야기되는 이른바 써클운동의 일환인데, 원래라면 조금 더 앞장에서 언급했어야 될 사항이었는지도 모르겠지만 여기서는 일본인의 조선·조선인 인식과 관련지어 언급하고 싶다. 큐우슈우 찌꾸호오에서 전개된 운동은 큐우슈우 써클연구회를 중심으로 한 '써클촌'운동인데, 그 중심이 된 기록문학작가 우에노 에이신은 히로시마에서 피폭을 당하고 정신이 완전히 피폐해져서 절망의 늪 속을 방황하다가 쿄오또대학 중국철학과를 중퇴하고 마치 몽유병자처럼 비틀거리며 찌꾸호오로 흘러들어가 탄광 광부가 되었다고 한다. 거기서 일본을 바라보게 되었고 전쟁의 참상이란 무엇인가, 일본자본주의는 탄광에서 도대체 무엇을 해왔던가, 밑바닥에서 살고 있는 노동자의 비참함은 어디에서 오는 것일까 하는 등의 근본적인 문제를 생각하게 됐다.

저질석탄산은

이루 말할 수 없을 정도의 역사를 숨기고 있다

무진장 석탄이 묻혀 있을 때도

탄광 천장에서 무너지는 돌과 탄진(炭塵) 폭발로 많은 사람이 죽을

때도

붉은 깃발의 데모와 전투 개시의 함성이 산 전체를 덮을 때도

묵묵히 노란 연기를 토해내며

활활 붉은 화염을 올리고

침묵하고 있다

(…)

저질석탄산은

냉이에 덮여

지그시 쇠퇴해가는 산 마을을 응시하고 있다

시바 타께오(芝竹夫) 편저『광부 아이들의 작은 가슴은 타오르고 있다(炭鑛
の子等の小さな胸は燃えている)』, 文理書院 1967

이 시는 고등학교 1학년 여학생 하따나까 쿄오꼬(畑中京子)의 시
「폐석탄산의 역사」인데, 한국전쟁 '특수경기'가 끝나고 광산이 줄줄이
문을 닫던 시대에 거기서 일하고 있던 광산노동자들은 버림받은 신세
가 되었다. 노동자들은 정말 비참했다. 그러나 사실 그것은 석탄에서
생겨난 자본주의 일본의 비참함이며 근대일본의 비참함이기도 하다는
것이 우에노 에이신의 생각이었다. 우에노는 학력을 위조해서 광부가
되었지만 그것이 들통나서 해고당했고, 그런 일이 몇번이나 반복되다
가 결국 자기 집에 '찌꾸호오분꼬(筑豊文庫)'를 설립해 일생 동안 '탄
광'과 그곳에 살고 있는 밑바닥 인생들에 대한 기록을 계속해갔다. 피

차별부락문제와 조선인 광부들의 고난을 기록하고 또한 차별과 버림받은 이들의 중층구조의 배후에는 천황제문제가 존재하는 것으로 보기도 했다. 우에노는 「천황제의 '업보'로서(天皇制の '業擔ぎ として)」 등의 천황제를 고발하는 글을 다수 저술하고 있는데, 그것은 천황제야말로 일본자본주의, 근대일본의 비참함의 중심이라고 깨닫고 있었기 때문이다. 문예평론가 마쯔바라 신이찌(松原新一)도 우에노 에이신이 대결한 것은 "절대주의 천황제와 독점자본주의가 공존"하는 "일본 근대의 총체적 '비참함'"이었다고 말한다. 그리고 "찌꾸호오의 깊숙한 곳을 보며 자기해방의 길을 문학창조라는 방법으로 추구하면서 암중모색한 결과, 그 구체적·실천적인 과제 수행을 '기록문학이란 갱도를 파는' 데서 찾아내게 되었다"[142]고 적고 있다.

큐우슈우 써클연구회의 기관지 『써클촌』이 창간된 것은 1958년 9월이었다(1960년 5월 종간). 창간 당시 편집위원은 우에노 에이신, 타니가와 간, 모리사끼 카즈에 등이었으며 회원은 찌꾸호오를 중심으로 수십개 써클에 소속된 200여명이었다고 한다. 동인(同人)으로는 이시무레 미찌꼬(石牟禮道子), 나까무라 키이꼬(中村きい子) 등이 있다. 타니가와 간은 일본 근대의 밑바닥으로 더욱 깊이 내려갈 것을 제창한 예민한 시인이다. "밑으로, 밑으로, 뿌리로, 뿌리로, 꽃이 피지 않는 곳으로, 암흑이 가득 찬 곳으로, 거기에 만물의 어머니가 있다. 존재의 원점이 있다"는 유명한 문구는 주문(呪文)과도 같이 당시 학생들을 매료시켰다고 한다.[2] 또한 식민지 조선에서 태어났던 모리시끼 카즈에는 일본과 소선에 중첩되는 자신의 아이덴티티를 찾는 것에 고심하고 있다. 이 운동은 지역주민들 사이에서 자주적인 교류를 촉진하였고 기존의 조직이나 운동과 구별될 수 있는 연대를 만들어내는 것을 지향하는 것이었다. 전후 일본의 대표적인 사회파작가 이노우에 미쯔하루(井上光晴)도 사세보

(佐世保)의 사끼또(崎戶) 탄광에서 노동을 한 적이 있다고 하는데, 그의 작품에는 강제연행되었던 조선인과 탄광의 열악한 노동환경, 전쟁과 천황제, 공습과 원폭 등이 묘사되고 있다.[143]

『써클촌』의 문학표현은 한마디로 말하면 '일본인' 그 자체를 응시(凝視)하는 것이었다. 일본인의 입장에서 '일본인'을 응시하는 것은 예나 지금이나 가장 어려운 일이다. 그러한 일본인의 입장에서 우에노 에이신의 작품을 읽는 것은 독자에게 '고통'을 강요하는 것이었다. 그것은 독자 한사람 한사람에게 현실의 삶의 방식에 대해 날카롭게 문제제기를 하고 있기 때문이다. 우에노 스스로가 1971년에 발표한 글에서 다음과 같이 언급하고 있다. "혹시라도 우리 일본인은 민족으로서 고독함을 알지도 못하고 알 수도 없는 민족인 것은 아닐까. 그리고 그것이 우리 일본민족의 가장 커다란 불행의 원인인 것은 아닐까 하는 일방적인 생각이 최근 그 빈도가 더욱 많아지고 있다. 그렇게 생각하면 나의 병적인 고독은 돼지처럼 점점 비대해져갈 뿐인데……"(『돼지의 고독(豚の孤獨)』)라고.[144]

큐우슈우의 탄광지대에서 이와같이 천황제와 조선에 관련된 운동이 전개되었다고 하는 것은 전후 일본에서는 극히 드문 일이었다. 마쯔바라 신이찌에 의하면, 우에노 에이신은 "우리 아이들에게 남겨줄 수 있는 유산이 있다고 한다면 찌꾸호오의 비참함을 영혼 속에 각인시켜주는 것이라고 선언하면서 그것은 남들 앞에서 똑바로 얼굴을 들 수 있는 인간이다"라고 이야기한다. "써클촌"이 "환상의 꼬뮌"으로 끝난다고 하더라도 그 시대는 "아마도 이상적으로 존재해야 할 사회의 상태, 이상적으로 존재해야 할 인간의 모습이란 무엇인가를 다수의 일본인이 진심으로 내 일처럼 생각하고 고뇌하면서 추구해갔던 시대였다." "눈에 보이는 '비참함'은 사회의 주변으로 쫓겨나고 눈에 보이는 것은 소비사회의 밝은 풍경밖에 없게" 되어가는 가운데 우에노는 "일본 미래에 대한 환상"을 모두 버리고 점점 더 고독감 속으로 빠져들어갔다고 한다.[142]

물론 차별사회 일본에서도 사상과 운동의 문제 이전에, 예를 들어 재일조선인이 일본인의 선의에 의해서 일상생활을 영위하는 경우는 있었다. 그것이 결코 보편적인 것은 아니었다고 할지라도 적어도 일본의 일상적인 풍경이었다고도 할 수 있다. 1958년에 출판된 재일조선인 소녀 야스모또 스에꼬(安本末子, 안말자)의 『니안짱(にあんちゃん: 오빠)——열살 소녀의 일기』(光文社)는 사가현(佐賀縣) 히젠쬬오(肥前町) 키지마(杵島)탄광 오오쯔루(大鶴)광업소가 폐광을 앞둔 시절의 가난한 생활을 기록한 일기로, 간행된 후 학교에서 가정으로 알려지고 이윽고 베스트쎌러가 되었으며 NHK라디오방송에 나오게 되면서 나중에 이마무라 쇼오헤이(今村昌平) 감독에 의해 영화화되었다. 양친을 잃은 4명의 형제자매가 곤경에도 굴하지 않고 주위의 도움을 받아가면서 밝게 살아가는 모습을 그린 것인데, 거기에는 "음습하거나 비참하지도 않은 투명하고 건전한 가난함"이 그대로 그려지고 있다는 평가도 있었다. 시와도 같은 그 일기의 첫머리는 다음과 같은 문장으로 시작되고 있다.[145]

오늘이 아버지가 돌아가신 날부터 49일째입니다. (…) 오빠는 지금 이미 3년 전부터 석탄 닦기 하는 석탄차를 운반하며 일하고 있지만, 특별임시이기 때문에 급료는 적습니다. (…) 요시다 아저씨 말로는 오빠가 쬬오센진이기 때문이랍니다.

지식인의 조선에 대한 이해와 조선사 연구

그러나 그렇게 말을 하더라도 천황제와 조선을 지식인의 문제로 생각해볼 때 전후 일본의 지식인은 전체적으로 사상과 이데올로기, 주장의 여하를 막론하고 그 일상에서는 가장 천황제적이고 반조선적인 태도, 즉 권위주의적 태도를 종종 나타내왔다고 해도 틀린 말은 아닐 것이다. 먼저 '맑스주의자'는 그 맑스주의적 이데올로기에도 불구하고 제대로 된 역사인식이 결여된 채 역사로부터 도피하여 결과적으로는 천황제·비아시아적·반민중적(식민지 지배·전쟁책임의 망각·차별·억압에 대한 무지각) 국가 논리 내지는 당파성에 사로잡히거나 매몰되어왔다고 생각해도 좋은 것은 아닐까. 그것은 안보투쟁과 한일조약 반대투쟁 혹은 학생운동 과정에서 폭로된 '진보적' 지식인의 허상이었다고도 말할 수 있을 것이다.

다만 그러한 가운데 한일조약 체결을 전후해서 조선·조선인을 바로 보려는 지식인이 적지 않게 나타나기 시작했고, 민족문제·식민지문제·제국일본의 진실에 눈을 뜨게 되는 경우도 있었다. 하긴 그런 경우에도 거기에 전위당의 당조직이나 당파성이 개입되면 잘 안되는 경우가 많았다. 한국전쟁중이었던 1952년 6월에 설립된 '일조협회(日朝協會)'를 예를 들어보자. '일조협회'는 일본공산당 계열의 활동가가 중심이 되어 재일조선인도 참가한 단체인데, 한일조약의 체결 그리고 일본공산당과 조선노동당의 관계가 악화되면서 70년대 초부터 활동은 정체되게 되었다.

조선관련 민간단체라고 하면 또 하나 테라오 고로오와 후지시마 우다이를 중심으로 1961년 11월에 설립된 일본조선연구소가 있다. 구성원의 다수는 일본공산당원과 무당파 학자·연구자·저널리스트·운동가들로서 월간지 『조선연구월보(朝鮮研究月報)』, 이어서 『조선연구(朝鮮研究)』가 발행되었다. 토오꾜오 니혼바시(日本橋)에 있는 연구소 설립총회 날짜는 5·16군사쿠데타로 정권을 장악한 박정희가 미국방문 도중 일본에 들렀던 역사적인 날이며, 그 긴박한 정세 속에서 조선문제를 일본인의 입장에서 일본인의 문제로 삼아야 한다는 것을 결의했다. 조선연구소라는 명칭 앞에 일부러 '일본'이라는 단어를 덧붙인 것은 그런 강한 결의의 표명이었다고 한다.[146] 연구소는 전체적으로 공화국을 지지하는 경향을 보이고 있었는데 한일조약 체결 후인 60년대 후반에는 역시 공산당과의 알력이 표면화되었다. 또한 테라오 고로오는 1959년에 조선방문기『38도선 이북(38度線の北)』(新日本出版社)을 출간하였고 그것을 읽은 많은 재일조선인이 공화국으로 귀국할 것을 결심하게 되었다고 한다. 나중에 귀국자의 참상이 전해지면서 테라오는 '북'을 지나치게 미화했다고 비판을 받게 된다.

다만 이 일본조선연구소는 그후에도 일조관계만이 아니라 한일관계에서도 커다란 역할을 담당하게 된다. 특히 1972년의 '7·4공동성명'과 그 이듬해인 1973년의 '김대중사건'을 계기로 연구소는 일본/한국 연대운동을 사상·이론적으로 지지하는 역할을 담당하게 되었고 그것은 80년대경까지 이어져갔다. 시기에 따라 사람은 바뀌었지만 이 일본조선연구소는 전후 일본의 조일관계·한일관계를 연구와 운동이라는 양측면에서 담당하는 인물이 출입하는 거점이었다고 할 수 있다. 초기에는 시까따 히로시(四方博), 하따다 타까시(旗田巍), 우부따 나오끼찌(幼方直吉), 와따나베 마나부(渡邊學), 우에하라 센로꾸(上原專祿), 안도오 히꼬따로오(安藤彦太郎) 등의 역사학자들과 카지무라 히데끼(梶村秀樹), 미야따 세쯔꼬(宮田節子), 사꾸라이 히로시(櫻井浩), 오자와 유우사꾸(小澤有作) 등의 젊은 연구자가 출입하였고, 후기에는 잡시『세까이』의 편집장이 되는 야스에 료오스께(安江良介), 러시아사 전공의 와다 하루끼(和田春樹), '조선인 BC급 전범'을 연구하는 우쯔미 아이꼬(內海愛子) 등이 출입하였다. 일조협회 니이가따(新潟)지부를 전담하고 있던 사또오 카쯔미(佐藤克巳)가 토오꾜오에 와서 연구소 사무국장이 된 것은 1965년이었다.

조선멸시관이 만연한 가운데 조선·조선인을 이해하고 연대·공동투쟁하며 나아가 일본의 변혁을 생각하기에는 무엇보다도 조선을 정당하게 자리매김하는 역사인식이 불가결한 것은 말할 필요도 없다. 그러나 전후 일본에서 조선역사를 배우는 것 자체가 매우 어려운 일이었다. 전후 일본인의 손에 의해 쓰여진 조선역사책은 1951년에 간행된 하따다 타까시의 『조선사』(岩波書店) 정도에 불과했다. 해방 후 예를 들어 임광철(林光澈)의 『조선사독본(朝鮮歷史讀本)』(白揚社 1945)과 같이 재일조선인의 손에 의해 일본어로 된 책이 서둘러 출판되기도 했지만, 조선 그리고 재일조선인의 역사를 공부하는 것은 그야말로 어둠 속을 손으로 더듬는 상태에 불과했다. 더구나 조선의 역사를 배운다는 것은 단순히 조선·조선인을 이해하는 것뿐만이 아니라 일본·일본인을 알기 위해서도 불가결한 것이었다.

역사가 이시모다 쇼오는 1950년에 「'서평' 임광철 『조선사독본』」에서 조선사를 배우는 것에 대한 의미를 다음과 같이 논하고 있다(『歷史評論』 제21호). "과거 조선의 역사만큼 비통한 역사를 나는 알지 못한다. (…) 그것은 대륙과 일본의 사이에 위치하며 두개의 민족의 교량 역할을 담당했던 민족의 숙명이 아닐까 하는 착각을 일으킬 정도다. 중국민족과 일본민족이라는 이른바 동양에 있어서 지배적 제민족의 역사를 배우는 역사가는 한번은 조선민족의 역사가 가진 비통함을 체험하지 않으면 진정한 역사를 서술할 수 없는 것은 아닐까 하는 생각이 들 정도로 심각한 역사다."

그런 가운데 전후 일본에서 조선사 연구는 1959년 1월에 창립된 '조선사연구회'에 의해서 겨우 본격적으로 시작되었다. 그 중심멤버였던 아직 20대 전반의 미야따 세쯔꼬와 카지무라 히데끼 등은 처음에는 중국사에 관심을 갖고 있었는데 곧 조선사의 중요성을 깨닫고 공부를 시작했다고 한다. 아직 어느 대학에서도 조선관계 강좌가 없던 시대였다. 미야따와 카지무라에게 있어서 조선사 공부는 놀라움의 연속이었다고 한다. 카지무라의 경우를 보면, 왜 조선사 공부를 시작했는가에 대해서는 한마디로 말할 수 없다고 하면서도, 굳이 말하자면 자신을 둘러싼 환경의 중압에서 '탈출'하기 위한 것이었다고 한다. 필연이 아닌 우연적인 것이었다고 하는데, 실제로 공부해보니까 어렴풋이 느끼고 있던 수동적이고 보잘것없는 이미지와는 다른 조선상(朝鮮像)을 발견하는 놀라움을 겪었고, 또한 그 놀라움은 다름 아닌 자기들이 만들고 있던 일본사회에서 조선인이 얼마나 곤란하게 살아가고 있는가 하는 문제와 겹쳐지면서 그 '어려움'을 공유하고 싶다는 생각을 했다고 한다. 그것이 "왜 조선사 공부를 계속해왔는가"에 대한 해답이기도 하다고 하는데,[147] 미야따 세쯔꼬도 거의 같은 말을 하고 있다. 즉 "열손가락으로 꼽을 정도로 그 수가 적은 재일조선인 역사연구자의 얼굴 (…) 이런 친구들의 '연구자' 운운하는 틀 속에서는 아무리 해도 다 갈무리할 수 없는 그 강렬한 인간적 매력에 끌려서 어느새 나는 조선사에 계속 관심을 가질 수밖에 없게 되어버렸다"라고.[148]

사상 형성의 경위—와다 하루끼의 경우

러시아사를 전공하고 나중에 한국 민주화운동뿐만 아니라 남북조선 문제에 깊이 개입하게 되는 와다 하루끼의 사상 형성경위는 한사람의 일본인 지식인이 조선·조선인을 이해하기까지의 경로를 알기 쉬운 형태로 나타내고 있는 것은 아닌가 하는 생각이 든다.[149] 와다는 중학교 졸업을 목전에 둔 1952년에 타께우찌 요시미의 『현대중국론』을 읽고 "역사와 사회에 눈을 뜨게 되었다". 이어서 이와나미문고 코오또꾸 슈

우스이(幸德秋水)의 『사회주의의 진수(社會主義神髓)』를 읽고 사회주의자가 될 것을 결심하는데, 그 사회주의의 중심은 평화주의와 민주주의였다고 한다. 고등학교에 들어가 타께우찌 요시미의 『일본이데올로기(日本イデオロギイ)』를 읽었는데 그속의 일본공산당론을 통해 아무것도 알지 못하면서도 일찌감치 일본공산당에 위화감을 갖게 되어버렸다. 그리고 『일본이데올로기』에서 추천하고 있는 이시모다 쇼오의 『역사와 민족의 발견』을 읽고 감명을 받는데, 거기서 배웠던 중요한 것은 타께우찌에게는 없던 조선인식이었다고 한다. 특히 이시모다의 「두꺼운 얼음을 깨는 것」은 노년이 되어서 전후에 나온 조선문제에 관한 가장 깊은 사상을 담고 있는 글이었다고 평가할 정도였다고 한다.

그후 와다 하루끼는 허남기의 「화승총의 노래(火繩銃のうた)」 등에도 매료되는데, 사상적으로는 "타께우찌는 내게 신과 같은 존재였다"라고까지 말하고 있다. 그만큼 타께우찌가 전후 일본사상에서 커다란 위치를 차지하고 있다는 것을 시사하는 것이 아닐까 하는 생각이 든다. 이윽고 한일회담 당시 쿠보따(久保田)의 망언, 즉 일본은 식민지 지배과정에서 한국에게 은혜를 베풀었으니 한국측이 청구권을 주장한다면 일본도 청구권을 주장한다는 폭언을 알게 되면서 타께우찌의 방법, 이시모다의 조선사 인식을 기반으로 민족문제·식민지문제에 대한 자신의 입장을 굳힐 수가 있었다고 한다. 1953년 9월호부터 『세까이』를 계속 구독하게 되었고 『세까이』가 자신을 키웠다고까지 말하고 있는데, 평화문제담화회의 설립자 가운데 한사람이었던 마루야마 마사오의 글은 "거의 읽지 않았다"고 한다. 더구나 그로부터 20년이나 지나서 타께우찌의 글을 다시 읽어보고 "타께우찌의 시선에는 일본인과 중국인밖에 보이지 않았다"는 것을 알게 되었다고 술회하고 있다. 와다가 카지무라 히데끼를 처음 만난 것은 1965년 한일조약 반대투쟁 때였다고 하

는데, 카지무라 등에게서 조선에 대해 배우면서도 와다가 결국 한국에 대해 본격적으로 매료되는 것은 1973년 김대중사건이 일어나고 나서 였다.

와다 하루끼는 스스로를 사회주의자라고 했지만, 딱히 사회주의 등 '좌익'이 아니면 민족문제·식민지문제를 이해할 수 없다는 의미는 아 닐 것이다. 전후 일본에서 '자민당의 한마리 외로운 늑대' '보수의 이 단' 등으로 야유를 받았던 정치가 우쯔노미야 토꾸마(宇都宮德馬)는 아 버지가 3·1운동 당시 조선군사령관·육군대장이었는데 스스로 "공산주 의자도 사회주의자도 아니다. (…) 군이 말하라면 급진적 자유주의자" 라고 공언하면서 일본의 조선 식민지 지배 및 남북분단의 책임의 일단 을 짊어지는 활동을 계속했다.[150] 또한 전후 일본에서 기독교신자와 불 교도 등 종교인이 침략전쟁을 반성하고 조선 등 아시아와 크게 연계되 어갔던 것도 잘 알려져 있다.

그건 그렇다고 해도 와다 하루끼가 스스로의 사상 형성을 말하는 가 운데 중요한 것은 타께우찌 요시미에게는 조선인이 없다는 것, 마루야 마 마사오의 저작을 거의 읽지 않았다는 것이 아닐까 생각된다. 물론 와 다의 사상 혹은 그 사상 형성의 과정이 절대적인 것이라는 의미는 아니 지만, 그러나 그것은 일본지식인의 하나의 '전형'을 보여주는 것이라고 생각해도 이상하지 않을 것이다. 그리고 와다가 타께우찌의 논의에는 "가해자로서의 일본인과 피해자로서의 중국인밖에 나오지 않는다"[151] 고 하는 것은 '서구'와 '동양'/'일본'과 '중국'/'침략'과 '저항'/'가해'와 '피해'라는 이분법적인 이항대립적인 사고와 연결되는 것임과 동시에 조선·조선인이 빠져 있다는 것을 의미하고 있다.

실제로 아시아에 중심축을 두고 있다는 타께우찌의 저작을 읽어보면 거기서 이야기되는 "아시아"란 대부분 중국만을 의미하고 있다. 그것이 타께우찌의 '대국의식(大國意識)'의 표현이었는지 어떤지는 별도로 치더라도, 적어도 타께우찌의 하나의 결점이며 한계였다고 할 수 있다. 더욱이 타께우찌 자신이 "조선에 관한 지식은 거의 전혀 없는 상태였다"(「서평 김달수」, 『朝鮮』, 1958)고 말하고 있는데, 그렇다고 해서 결코 조선·조선인을 전혀 무시했던 것은 아니라는 점을 덧붙여놓을 필요가 있을지도 모르겠다.

사실 타께우찌는 고등학교 때 3년간 공동생활을 했던 조선인 옛 친구를 잊지 못하고 단 한번 조선을 방문했던 1932년 여름에 일부러 지방까지 찾아가서 옛 친구와 재회한 후 "그 가족의 단란한 교제의 현장에 한번이라도 참가할 수 있었던 것은 일본인으로서 행복한 경험이었다"고 기록하고 있다.[152] 또 1970년의 일이었던가, 우에노 에이신의 자택 찌꾸호오문고를 방문했을 때 식당 벽에 한글 자음 모음 일람표가 커다란 괘도로 만들어져 있는 것을 보고 여력이 있으면 지금부터라도 조선어를 배우고 싶으며 남들에게도 권하고 싶다는 생각을 한 적이 있다고 한다. 일본이 조선인에게서 한번은 완전히 그 모국어를 빼앗았는데 그 부당성은 감각적으로는 이해할 수 없는 것이며, 조선어를 아는 것은 그 때문이라도 최소한도로 필요하다는 것이었다.[153]

와다 하루끼가 마루야마 마사오의 저작을 거의 읽지 않았다는 것은 생각하기에 따라서는 의미심장한 것이다. 마루야마의 사상이 완전히 무용하다는 것은 아닐 것이며 읽을 시간이 없었던 것도 아닐 것이다. 명시적이진 않지만 러시아사를 연구하고 남북조선에 관계하면서 마루야마의 저작은 그다지 의미가 없다는 것을 알고 있었다는 정도로 생각해도 좋을 것이다. 그렇게 생각하는 것은 지금까지 논해온 것에 대응시켜 말하자면 일본의 민족문제와 식민지문제, 나아가서는 일본인의 사상변혁에 마루야마의 저작은 그다지 도움이 되지 않는 것이라고 말하면 너무 지나친 것일까? 마루야마는 '강화문제'와 '안보투쟁'에서 활약한 '전후 민주주의의 승리자'로 알려져 있다. 그러나 '전후 민주주의' 그 자체에 '천황제와 조선'이라는 사상과제는 들어가 있지 않았고, 사실 그것을 정면에서 다루려고 할 때 마루야마의 저작은 그다지 임팩트가 없었다는 정도로 이해하면 될 것 같다.

최근의 '마루야마 붐'이란 것은 그것을 만들어낸 학자와 저널리스트, 편집자, 출판사의 문제이기도 하다. 지금 내가 갖고 있는 최신간(2007년 현재)으로는 카루베 타다시(刈部直)의 『마루야마 마사오: 리버럴리스트의 초상(丸山眞男―リベラリストの肖像)』(岩波新書)과 마쯔자와 히로아끼(松澤弘陽) · 우에떼 미찌아리(植手通有) 편 『마루야마 마사오 회고담(丸山眞男回顧談)』하권(岩波書店)이 마루야마와 조선과의 관련을 약간 소개하고 있는데, 그 내용은 어느 것이나 평이하고 남의 일로 보거나 혹은 높은 곳에서 내려다보는 느낌을 준다. 『마루야마 마사오 회고담』하권에서는 패전 전에 징병되어 조선에 갔을 때의 경험과 관련하여 "군대에서 조선에 대한 차별이 없었습니까?"라는 질문에 마루야마는 "없었지요. 조선인 상관에게도 자주 얻어맞았습니다. 그런 점에서는 군대라고 하는 곳은 대단해요. 계급밖에 없으니까요"라고 대답하고 있다. 또 "식민지는 역시 식민지지요. 패전 후 하루 만에 일본인에 대한 조선인의 태도가 바뀌었다고 하지요. 그때 나는 조선에 없었어요. 조금 더 있었더라면 직접 목격할 수 있었겠지만"이라고 말하고 있다.

토오꾜오제국대학 법학부를 졸업하고 이미 법하부 조교수로 있으면서 싱집되어 이등병으로 조선반도에 배치되었던 마루야마 마사오가 식민지 지배의 구조와 실태에 대해 상상력을 발휘하지 못하고, 또한 차별 · 억압의 고통에 공감할 수 있는 타자의식을 갖지 못했을 때 거기에 민족문제 · 식민지문제의 가혹함 · 중요성을 이해하는 비판적 지성은 생겨나지 않았다고 해야 할까. 군대에서 같은 '조선 체험'이라고 하더라도 진죠오(尋常)고등소학교 학력에 불과한 마쯔모또 세이죠오(松本淸張)와는 전혀 정반대였다고 할 수 있다. 원래 마루야마의 내면의식이 어느 정도의 것이었는지 헤아릴 수 없지만, 이 문제는 전후 일본의 자유주의자·시민주의자가 적지 않게 갖고 있던 함정이었던 것은 아닐까 하는 생각이 든다. 마루야마가 후꾸자와 유끼찌(福澤諭吉)의 정치관을 "전형적인 시민적 자유주의"로 파악한 것 자체가 후꾸자와가 아시아에 대한 멸시와 아시아 침략에 선도적인 역할을 한 사실에서 볼 때 지나치게 무리한 평가라고 할 수 있다.[154] 어쨌든 전후 일본에서 논해진 '자유주의' '시민주의'가 전전(戰前)의 반성에서 비롯된 탓인지, 민족과 국가에 대립하는 성격을 적지 않게 띠고 있었고 거기에 치중한 나머지 그것이 오히려 역설적 의미에서는 민족문제·식민지문제를 이해하는 점에서는 약점이 되었다는 것을 잊어서는 안될 것이다.

그런 점에서 마루야마의 '불초 제자'라고 자칭했던 후지따 쇼오조오(藤田省三)는 마루야마와는 역시 사상적으로 상당히 다르다는 느낌을 지울 수가 없다. 후지따는 저서가 적지만 마루야마학파를 대표하는 리버럴한 사상사학자다. 호오세이(法政)대학 법학부 교수로 재직하고 있었는데 대학분쟁이 한창이던 1971년에 스스로 사직하고 10년 후에 복직될 때까지 '낭인시대'를 보냈다. 후지따는 시대의 변화와 흐름을 경시하던 일반적인 이론과 사상을 말하는 것이 아니라, 그때그때의 시대 구조와 인간정신의 상태를 파악하려고 애를 썼다. 그러나 일관되게 '일본인'의 '정신'혁명의 가능성을 추구하였고 지식인으로서의 사명을 다하려고 하였다. 젊어서 『천황제국가의 지배원리』를 저술했던 후지따의 저작 일람을 보면 천황제와 파씨즘에 대한 비판으로 일관하고 있는 것은 물론이고 안보투쟁과 한일조약 반대투쟁을 거쳐 60년대 후반 이후에는 시민주의의 가능성을 의심함과 동시에 기성 조직과 체제에 의존하는 모습을 비판하면서 '소수파'와 '이론파(異論派)' '정신적 야당'의 입장에 서려고 하였다. 그것은 이윽고 '안락'을 향한 전체주의 속에서 주류와 대세에 거스르면서 '불량정신'과 '자기희생' '고난의 공유' 속에 살아가는 사람들의 '품위' '품격'을 칭송하는 것으로 이어진다.

실제로..예를 들어 『후지따 쇼오조오 저작집』 제8권(みすず書房 1998)의 「전후정신의 경험 II」는 전후 일본의 '정신'의 찬란함을 전해주는 주옥과 같은 문장으로 점철되어 있다. 거기에는 재일조선인의 고통에 대한 공감은 물론이고 개별적으로 타께우찌 요시미, 이시모다 쇼오, 요시노 겐자부로오(吉野源三郎), 라찌 찌까라(良知力), 코자이 요시시게(古在由重), 타니가와 간, 이노우에 미쯔하루(井上光晴) 등의 빛나는 '정신'을 논하고 있다. 또 『후지따 쇼오조오 대화 집성』 전3권(みすず書房 2006~07)을 보면 거기에는 풍요로운 학식을 담고 있으면서도 전후 사상의 여러 문제, 그리고 조선·아시아 나아가 민족문제·식민지문제에 대해 확실하게 정면으로 대응하려 했던 후지따의 '정신' 그 자체가 투영되고 있다.

2. 한국민주화운동의 전개와 연대의 맹아

국교 개시 당시의 일본과 한국

한국은 원래 대부분이 농촌사회였고 봄에는 수십만호의 '춘궁농가'가 발생하는 빈곤한 사회였다. 그러던 중에 조약체결을 강행했던 박정희정권은 '북'과의 대결을 지상과제로 삼으면서도 정권의 '정통성'을 확보하기 위해서라도 경제건설에 힘을 쏟으려 했다. 1963년 12월에 박정회는 군복을 벗고 대통령에 취임하는데 민정이관에 앞서 제정된 신헌법에서는 의원내각제를 부정하고 강력한 대통령중심제를 부활시켜놓았다. 경제운영도 국가주도체제로 정비되었고 무엇보다도 국민을 감시하기 위해 중앙정보부를 창설했으며, 또한 국민을 동원하기 위해 여당인 민주공화당도 만들었다. 이 시기에는 일본의 '경제원조'와 미국, 유럽, 일본 등으로부터의 외자도입이 한국경제성장을 지탱하게 된다. 한편으로 일본 입장에서도 한국과의 국교 개시는 무엇보다도 경제적 이익의 확보에 유효한 존재가 되었다.

한국과의 국교 개시 후 일본에서는 오끼나와 반환 그리고 중국과의 국교수립이 현실적 정치일정으로 그 모습을 드러내게 된다. 실제로 한일조약 조인 직후인 1965년 8월에 사또오 에이사꾸 수상은 역대 총리로서는 전후 처음으로 오끼나와를 방문하여 "오끼나와의 조국복귀가 이루어지지 않는 한 일본의 전후는 끝나지 않는다"라고 발언했다. 이윽고 미국 대통령에 취임한 리처드 닉슨(R.M. Nixon)은 1969년 7월 괌에서 닉슨독트린을 발표하고 이후 오끼나와 반환, 베트남전쟁 종결, 미중접근이라는 닉슨전략을 구체화시켜나간다. 1972년 5월에 오끼나와 반환이 실현되었으며 또한 9월에는 일중 국교가 수립되는데, 다만 오늘날의 관점에서 볼 때 오끼나와 반환과정에서 표면적으로 오끼나와에는 "일본본토와 같이 비핵화를 추진한다"고 언급했음에도 불구하고 실제로는 미일 양국간에 미군의 핵 재반입 등을 인정하는 '밀약'이 있었던 점에 유의할 필요가 있다(『아사히신문』 2007.10.8).

여기서 '일본에 복귀(병합)'한 오끼나와에 대해서 말하자면 "정치의 계절"과 그 좌절, 방대한 미군기지를 끌어안은 채 급격한 "일본본토 일체화"와 그에 대한 반발 속에 사람들은 개인의 실존과 정체성의 위기라는 과도기의 괴로움을 맛보게 된다. 시로 예를 들면 원래 오끼나와의 현대시는 국가에 대한 집착, 눈에 보이지 않는 억압에 대한 분노, 그속에서 신음하는 영혼의 외침을 노래하고 자립을 추구한다는 성격을 갖추고 있었는데, 복귀 후의 시 표현은 다극화·중층화되었으며 때로는 무정부주의적으로 변해갔다. '조국복귀'라는 정치이념을 거부하면서 "감수성"과 "애증" 그리고 "실존"을 노래하고 사상화하려는 경향을 보이게 되었다고 할 수 있는데, 그 대표적인 시인으로 신죠오 타께까즈 (新城兵一)를 들 수 있다.[155]

하나의 꽃잎이
하얗게 변하는 속도로 해체하는 한낮
암소 눈의 허무를
마음 바다에 감춘 사람들은
어둔 굶주림의 창공에
제비꽃 색의 미래를 본뜬다
(…)
희망을 말해서는 안된다
하물며 혁명이라고
보이지 않는 확실한 적들에게
이를 꽉물고 저항하며
쇠사슬 같은 생업에 시달려
가령 우리들이 유순하게 보인다 해도
거기에서
말없이 참아온 시간의 퇴적(堆積)은
부딪쳐도 뒷걸음치지 않는다
투쟁의 무기가 되지 않으면 안된다

(…)

피폐한 백성의 딱딱한 침묵 속에서

멸망치 않는 고독한 투쟁을 조직한다

「싸움의 서장(鬪いへの序章)」,
『미결의 수인 신죠오 타께까즈 시집(未決の囚人 新城兵一詩集)』, 國文社 1976

　　1970년대 일본에서는 사또오내각이 물러나고 타나까 카꾸에이(田中
角榮)내각의 '일본열도 개조정책'으로 상징되듯이 대담한 경제정책이
추진되었다. 원래 전후 일본이 목표로 한 것은 크게 말해서 네 가지라
고 한다. 그 첫번째가 평화헌법하에서의 국가운영이고, 두번째는 '부국
강병'이라는 메이지시대 이래의 국가목표를 대전환하여 경제대국을 목
표로 한다. 세번째는 경제대국을 목표로 하면서도 일부의 자본가를 위
한 것이 아니라 이른바 수정자본주의라는 형태로 격차가 적은 중산계
급국가를 목표로 한다. 네번째는 '국토의 균형있는 발전'이라는 독자적
인 정책을 전개하여 산업간의 격차, 도시와 농촌의 격차 확대를 줄이려
한 것이다. 더구나 이들 국가목표는 여러가지 모순된 점들을 끌어안고
있으면서도 1970년대 말에는 거의 달성되었다고 한다.[156]
　　이러한 관점에서 한국의 발자취를 보면 박정희정권의 국가목표는
근본적으로 달랐다고 할 수 있다. 남북의 군사적 대립 속에서 군사 위
주의 병영국가 건설, 일부 독점기업 중심의 산업개발, 지역격차·계급
격차 확대의 방치 등인데, 단적으로 말하면 자본주의경제에서 노동과
소비의 '핵심'인 중산계급, 그것도 민주주의적 사상을 가진 중산층의 광
범위한 형성을 무시했다고 할 수 있다. 실제로 박정희는 열악한 노동조
건에 허덕이는 노동자들을 구제하려고 하지 않았을 뿐만 아니라 노동

조건의 개선을 요구하는 그들에 대해서 강권을 발동했으며, 야당세력이 강한 호남지방에 대한 반감을 선동하는 등 지역감정을 정치적으로 선동하고 이용하는 술책을 폈다. 또한 박정희는 국가안보라는 미명하에서 1969년 대통령 3선을 금지한 헌법의 개악을 강행했고, 그 신헌법하에서 실시된 1971년 대통령선거에서 야당의 김대중 후보와 격전을 치르면서 막대한 정치자금과 관헌의 개입을 배경으로 아슬아슬하게 승리를 거두었다. 한국에서 정치적으로 만들어진 지역감정이 대규모로 노출되었던 것은 이때가 처음이었다.

국내정세가 긴장되는 가운데 박정희정권은 비상계엄령을 발동해 격렬해지던 학생데모를 봉쇄함과 동시에 비밀리에 공화당과 짜고 민족통일이란 대의를 내세워 체제유지를 꾀하였다. 1972년 7월에 발표된 '남북공동성명'이 그것인데, 그것은 표면적으로는 평화·민주·대동단결의 3원칙을 내세운 것이었다. 그러나 박정희정권은 이를 위해서는 국민적 총화합이 필요하다고 하면서 그후 곧 국회를 해산하고 정당활동의 금지, 대학 폐쇄 등 독재체제를 강화해갔다.

여기에서 박정희정권의 통치수단으로서 일제시대의 식민지 총동원체제에서 채택하고 있었던 '신체 규율과 동원'이란 방법이 그대로 이용되고 있는 점에 주목할 필요가 있다. 즉 일제의 패배와 조선이 해방된 이후 총동원체제에 입각한 '신체 규율과 동원'은 일본에서는 거의 소멸했지만 한국에서는 박정희시대부터 노골적으로 부활되어 일제시대보다 오히려 그 이상으로 강력한 사회적 통제기능을 담당했다. 실제로 1970년내에는 총력안보를 내세운 준(準)전시동원체제, 국민교육헌장, 징병제, 교련, 주민등록제도, 청년단, 체력장, 학교의례, 집단체조 등 1940년대의 총동원체제의 유산을 그대로 계승했다.[157] 이른바 국가의 군대화를 추진한 것인데, 드디어 박정희대통령은 영구집권을 가능하게 하기 위해 1972년 12월에 '유신헌법'을 제정하고 '유신체제'를 출범시킴과 동시에 격화되어가던 반정부운동에 대해 가혹한 탄압을 가하게 된다. 이를 위해서라도 박정희는 '북'과의 대결자세를 노골적으로 드러내게 되었다. 참고로 말하자면 남북공동성명이 발표된 1972년까지 한국이 '북'으로 파견해서 행방불명되거나 사망한 공작원이 7726명에 이르고, 생환한 사람까지 포함하면 1만명이 훨씬 넘는다고 한다.[158]

덧붙여 말하자면 한일조약 체결 후 북의 공화국은 한미일 군사적 포위에 대한 위기감을 강하게 가지게 되며, 1966년 10월 조선노동당 대표자회의에서는 소련·중국과 거리를 두는 자주독립노선을 선명히함과 동시에 자주방위력의 강화를 꾀하면서 남조선에 대한 베트남식 무력해방노선을 제시하였다. 이 노선은 "남조선에서 혁명세력을 강화하고 혁명투쟁을 발전시키는" 노선으로, 이듬해 1967년 12월에 공화국정부 10대 강령에서 더 명확하게 제시되어 자주·자립·자위의 '주체사상'으로 확립되었다.[159] 1968년 1월의 무장게릴라에 의한 청와대 습격사건 및 미국 정보수집함 '푸에블로'(Pueblo)호 나포사건 등은 이러한 노선을 배경으로 발생한 것으로 생각되며, 실제로도 1968년 8월에는 한국의 중앙정보부에 의해 '통일혁명당 지하간첩단 사건'이 발표되었다.

여기서 1963년 이후 1978년까지 적지 않은 한국인이 "서독 파견광부" 내지는 "서독 파견간호사"로서 서독에 돈벌이로 갔던 점에 대해 언급해두자. 60년대 초 한국에는 대량의 실업자가 있었고, 한편 한국과 같이 동서냉전하의 분단국가였던 서독은 심각한 노동력 부족에 고심하고 있었다. 이 때문에 서독이 월급 600마르크(160달러)라는 조건으로 루르탄광 등에서 일할 한국인 노동자를 모집하자 정원의 100배가 넘는 노동자가 쇄도했다. 합계 7936명의 서독 파견광부가 광산에서 노동을 했는데 그 노동은 극히 가혹한 것이었다고 한다. 거의 같은 시기에 월급 440마르크의 조건으로 합계 10032명의 한국인 여성이 간호사로 서독에 파견되었는데, 그녀들도 또한 시체처리 등 독일인이 싫어하는 중노동을 담당하면서 격무에 시달려야만 했다. 서독 파견광부 및 서독 파견간호사들이 본국으로 송금한 돈은 차관경제가 본격화되기 전의 한국에게는 귀중한 외자수입이 되었다. 그중 4500여명 정도가 그대로 서독에 남아 대학에 진학하거나 가정을 꾸리고 또한 장사를 하는 등 재독한인사회 건설에 참가했다. 한국인끼리 결혼한 것이 300쌍, 국제결혼을 한 한국여성이 500여명 정도라고 한다.

　동서로 분단되어 있던 시대의 독일을 생각할 때 음악가 윤이상(尹伊桑)을 포함한 유럽 거주 한국인 교수·유학생 등을 한국 중앙정보부가 대량으로 체포해 서울로 불법연행한 1967년 7월의 '동백림사건'을 잊을 수가 없다. 윤이상은 해방 전 일본에서 음악의 기초를 배웠고 그후 고국 한국에서 반일운동 등으로 체포되면서도 음악에 종사하다가 나중에 프랑스에 이어 독일에서 음악공부를 거듭하여 세계적인 작곡가로 이름을 날리게 된다. 윤이상은 베를린에서 서울로 자신을 '납치'한 음모에는 일본 첩보기관이 관여하고 있었다는 것을 확신을 가지고 말하고 있다.[160] '사건'에서는 동베를린 주재 '북'대사관과 접촉했고 한국에 대한 스파이활동 등을 했다는 이유로 194명의 한국지식인이 체포되었는데, 윤이상은 서울에서 고문을 받았지만 국제적인 항의와 서명활동에 의해 결국 석방되어 독일로 돌아간 후 독일국적을 취득했다. 독일 거주 한국인들은 그후 재독 민주한인회를 결성하고 동포 농지간의 친목과 한국민주화운동에 대한 지원을 계속해갔다.

민주화운동 개시의 봉화

　한국현대사에서 가장 중요한 10년간은 1970년대라고 말해진다. 그

70년대를 보는 시각은 크게 둘로 나누어볼 수 있는데, 그것을 상징하는 단어는 '경부고속도로'와 '전태일(全泰壹)'이라고 한다.[161] 1970년 7월에 개통한 경부고속도로는 전쟁의 참화에서 다시 일어선 한강의 기적을 상징하는 것이었다. 외자의존·수출지향의 고도경제성장 속에 사회 전체가 급속도로 '근대화'라는 용광로 속에 휩쓸려들어가 사람들의 생활양식과 가치관도 크게 변화해갔다. 한국 근대사에서 처음으로 노동자계급이 본격적으로 형성되고, 또한 농촌개조를 외치는 '새마을운동'이 전개되었다. 다만 그러한 강권체제하에서 군부·관료 중심의 권위주의체제에 비판적인 역사주체가 서서히 성장해갔고 세계사적으로도 드물게 학생·지식인을 중심으로 하는 '민주화운동'이 전개되어가게 된다. 1970년 11월 23세의 재단사였던 전태일이 서울 평화시장 앞에서 가혹한 노동조건에 항의하여 노동자의 권리와 민주주의 옹호를 주장하며 분신자살한 것은 민주화운동의 개시를 알리는 봉화(狼煙)를 의미하는 것이었다.

실제로 한국에서 민주화운동이 본격화되는 것은 1970년부터라고 말할 수 있다. 5월에는 시인 김지하가 권력층과 재벌 등의 부패를 고발하는 담시 「오적」을 발표하여 반공법 위반으로 체포되었다. 또한 전태일이 육탄으로 내던졌던 '인간선언'은 노동자 전체의 공감과 환호와 분노를 불러일으키게 되는데, 그것은 사회의 저변을 살아가는 각성된 인간의 사상이었고 근본적인 변혁의 사상, 행동의 사상이었다고 한다.[162] 어쨌든 전태일사건이 커다란 계기가 되어 한국에서는 각종 노동운동, 학생운동, 언론자유수호운동 그리고 인권침해반대운동 등이 격렬하게 전개되어갔고 그속에서 지식인도 급속도로 눈을 뜨게 되었다. 서울대학교 법대에서 학생운동의 중심인물이었던 조영래(趙英來)도 전태일의 분신자살에 커다란 충격을 받은 한사람으로, 그는 이후 어려운 상황에서도 운동을 계속하면서 한편으로 『전태일 평전』 집필에 몰두했다. 이 평전은 처음에는 저자가 공표되지 않은 채 1983년에 출판사 돌베개에서 간행됐다. 저자의 이름을 명기한 전태일의 평전이 세상에 모습을 드러낸 것은 조영래가 병사한 직후인 1991년 1월의 일이다.[163]

1970년대 민주화운동의 최전선에 섰던 것은 학생과 기독교 교인들이었다. 한국 기독교의 뜻있는 성직자는 1973년 5월 '한국 기독교인 선언'을 발표하는데, 그것은 유신정권에 대한 사실상의 선전포고였다. 당시 민주화운동의 최전선에 섰던 박형규(朴炯圭) 목사는 기독교 교회가 민주화운동에 참여하는 이유를 간결하게 언급하고 있다. "한국 기독교는 1970년대에 들어가 사회문제에 적극적으로 참여하면서 종래의 보수적·보신적 기독교가 아니라 한국의 구체적인 현실에 입각하여 소외되어 있는 사람들, 마음이 가난한 사람들 편에 서는 기독교로서 걸어가고 있다. 한국사회 혼란의 근원이 민족의 분단에 있는 한 교회가 설 자리는 38도선 현장밖에 없다. 더구나 진심으로 민족을 위해서 일하고 민중을 위해서 발언하려고 할 때 무엇보다도 가장 무서운 것은 공산주의자, 용공분자 취급을 받는 것이다. 이러한 슬픈 현실에서 기독교도 특히 성직자는 민족과 민중을 위해서 활동을 하더라도 '빨갱이' 취급을 하기는 어렵다. 대다수의 민중과 지식인이 위험에 직면했을 때 기독교도가 자신들의 '특권'을 발판으로 활동하는 것은 지극히 정당한 것이다"[164]라고. 박형규 목사는 한국민주화운동연합 공동의장, 한국기독교 인권위원회 위원장 등 한국 국내에서 민주화운동의 대표를 역임했고 여섯차례나 투옥을 당한 경력을 가진 만큼 그의 말에는 무게가 있다.

김대중사건의 충격

1973년 1월 빠리에서 베트남평화협정이 조인되어 베트남민족해방전선의 승리와 미국의 패배가 결정됐다. 같은 해 8월 한국의 대선후보였던 기독교도 김대중이 한국 중앙정보부의 손에 의해 토오꾜오의 호텔에서 납치되는 사건이 발생했다. 박정희정권의 상층부 입장에서 보면, 강권정치에서 탈출해 해외에 있던 김대중을 처단함으로써 민주화운동을 억제하려는 의도가 있었다고 생각된다. 그러나 이 사건은 발생하자마자 한국 국내뿐만 아니라 국제적으로도 커다란 반향을 불러일으켜 김대중의 목숨이 간신히 구원되고, 동시에 이후 민주화운동이 해외의 지원을 받아 연대해나가는 데 커다란 계기가 되었다. 그중에서도 이 '김대중사건'은 그때까지 한국에 대해 그다지 관심이 없던 일본의 언론에게 '한국문제'의 중요성을 알리는 계기가 되었고, 또한 고도경제성장 속에서 사상적으로 겉돌고 막힌 상태에 있던 일본지식인에게 패전/해방 후의 한일관계사에 한 획을 그을 정도의 지적 충격을 주었다. 일본지식인에게는 패전 후 중국혁명과 베트남전쟁에 버금가는 대외적 사건이었는데, 한국의 민주화운동은 우선 그들 자신의 정신의 내면 깊숙이 둥지를 튼 민족문제·식민지문제와 관련되는 문제로 다가왔다.

민주화를 위해 투쟁하는 한국인들의 입장에서 보면 일본은 일찍이 식민지 지배자였고, 그 당시도 여전히 과거를 반성하지 않은 채 재침략해오고 있는 숙적이었다. 박정희정권에 의한 새마을운동은 그 자체가 일제하의 친일작가 이광수의 '민족개조론'을 상기시킬 정도로 '근면·자조·협동'을 강요하는 일종의 민족성 개조운동인 동시에 농촌 전체의 체제화를 겨냥한 것이었다.[161] 그런 가운데 일본기업에 대한 특혜와 보호가 보장된 마산 수출자유지역을 중심으로 한국에 진출한 일본기업에 고용된 한국인 노동자들은 저임금으로 인해 날마다 열악한 근무실태 속에서 '일본'을 실감해가게 됐다. 뿐만 아니라 70년대 들어 급증하고 있던 일본인의 '기생관광'은 매춘 그 자체를 목적으로 하는 것으로 한국

사회 전체의 일본인식을 한층 더 악화시키는 요인이 됐다.

그런데 한국의 민주화운동이란 도대체 무엇인가. 그 주장은, 그 목표는 무엇이었는가? 김대중이 1973년에 토오꾜오에서 납치당한 날은 마침 김대중의 인터뷰를 실었던 『세까이』 9월호(특집 「한국의 현상과 일본인의 조선관」)의 서점판매가 시작된 날이었다. 이러한 우연이 겹쳐 김대중은 일본국민에게 강한 인상을 남기게 됐고, 민주화운동의 주장·목표도 널리 알려졌다. 김대중의 인터뷰 「한국 민주화로 향하는 길—박정희정권의 모순은 확대되고 있다」에서 주장한 것은, 간결하게 요약하자면 박정권의 독재정치를 비판함과 동시에 한일유착에 의한 경제부패를 비난하고 민주주의 확립과 남북의 화해·교류의 추진을 주장하면서 이를 위해 일본의 협력을 요청한다는 것이었다.

『세까이』의 같은 호에는 정경모(鄭敬謨)의 「한국 제2의 해방과 민주화」란 논고도 실려 있다. 정경모는 1945년 8월 15일에 사람들은 '해방'의 기쁨을 만끽했지만, 현실적으로는 조선총독부는 소멸해도 그것을 대신하는 '한국총독부'가 나날이 그 존재를 노골적으로 드러내고 있다고 논하고 있다. 정경모는 한국전쟁중에 영어실력을 인정받아 미국 국방성에 근무한 경력이 있는 기독교도로 정치적 박해를 피해 1970년에 한국에서 일본으로 사실상 망명한 지식인이다. 그는 여기서 민주화운동은 "한국 제2의 해방"을 지향하는 것, 혹은 한발 더 나아가 민주화운동은 그 자체가 식민지하 민족독립운동의 연장선상에 있는 "건국운동"이라고 주장하고 있다. 거기에는 스스로의 힘으로 해방을 쟁취하지 못했던 한국지식인의 회한이 담겨 있으며 그러한 인식은 전후 일본의 지식인과는 매우 다른 차이점을 보여주는 것이라고 생각된다. 정경모가 토오꾜오에서 한국문제 전문잡지 『씨올의 힘』을 편집·간행하기 시작하는 것은 1979년의 일이다.

운동의 전개와 탄압

1970년대 민주화운동 과정에서 발표된 선언·결의의 종류는 일일이 열거할 수 없을 정도로 많다. 일본어로 번역된 것도 많은데, 예를 들어 서용달(徐龍達) 편역 『침묵에 항거하여: 한국지식인의 발언』(筑摩書房 1978)에 그 주요한 것들이 게재되어 있다. 「민주수호선언」(1971.4.19)과 「3·1 민주구국선언」(1976.3.1) 등에는 독재정권에 대한 비판, 자유·민주주의 수호, 민족의 자주독립과 민족통일, 한일협약 비판, 일본의 신군국주의 비난, 차관경제·외국자본 비판, 노동자 인권옹호 등이 주장되고 있지만 기본적으로는 '반공'이란 틀 속에 사로잡혀 있었고 반미적인 색채는 없었다고 이해해도 좋다.

제세구민(濟世救民)이라는 동양사상을 배경으로 하고 있는 참여시인 신동엽은 장편서사시 『금강』의 1절 「누가 하늘을 보았다 하는가」에서 4·19혁명 이후의 한국민주화운동에 하나의 이미지를 제공했다고 말해진다.

누가 하늘을 보았다 하는가
누가 구름 한 송이 없이 맑은
하늘을 보았다 하는가.

네가 본 건, 먹구름
그걸 하늘로 알고
일생을 살아갔다.

네가 본 건, 지붕 덮은

쇠 항아리,

그걸 하늘로 알고

일생을 살아갔다.

(…)

신동엽「누가 하늘을 보았다 하는가」

이렇게 긴박한 정세 속에서 박정희정권은 일찍이 일제의 권력까지도 능가하는 가혹한 탄압을 계속했다. 전국 각지에 정보망을 깔아놓고, 교회·신문사·방송국·대학·공장 및 기타 주요 시설에 정보원·경찰관·우익단체원 등을 배치하고 학도호국단과 민방위대 등을 편성해 사회 전체의 병영화를 서둘렀다. 1974년의 민청학련사건, 이듬해 1975년에 8명을 무참하게 처형한 제2차 인혁당사건, 기타 '내란예비음모 및 내란선동'이라는 말도 안되는 죄명을 동원해서까지 수많은 사건을 날조하고 검거하여 고문·투옥을 하고, 노동자·학생·지식인·정치가 등 다수의 생명을 빼앗았던 것이다. 약간이라도 정치의식을 가진 학생·지식인의 대부분은 한번 정도는 체포·감금·투옥 혹은 고문을 받았다고 할 정도였고, 일본에서 모국으로 유학을 와 있던 재일동포까지 '학원침투 간첩단사건'(1975)으로 투옥하는 지경이었다.

운동의 지도적 담당자: 기독교인·지식인

1970년대의 민주화운동에서는 기독교인이 커다란 역할을 담당했고 지도자 중에는 적지 않은 기독교인이 있었다. 1901년생인 함석헌은 『사상계』가 김지하의 담시「오적」을 게재하여 폐간되는 것과 배턴터치라도 하듯이 1970년 4월에 월간 종합잡지 『씨올의 소리』를 창간하여 그야말로 고난의 70년대를 투쟁해나가게 된다. 1920년대 후반에 일본에 유학했던 함석헌은 우찌무라 칸조오(內村鑑三)의 성서연구회를 통해 기독교와 민족을 사랑하는 신앙의 모습에 매료되어 일제 식민지시대부터 투쟁하는 기독교인이 됐다. 1962년에는 그동안 썼던 원고를 한권의 책으로 묶어 『뜻으로 본 한국역사』(일본어판은 김학현金學鉉 역 『고난의 한국민중사—뜻으로 본 한국역사』, 新敎出版社 1980)를 출간했는데, 그것은 '고난'이 "우리 민족사를 이끈 힘의 원동력이었다"고 하는 신념에 근거한 것이었다. 『사상계』의 창간자이며 1975년 등산 도중에 의문의 죽음을 당한 장준하도 그 투쟁은 기독교인의 영혼을 원천으로 하는 것이며, 동시에 한 사람의 인간으로서 민족적 양심에 의한 것이었다. 또한 원주성당 사제인 지학순(池學淳)은 제2차 바티칸공회 이후의 세계 가톨릭교회의 개혁흐름에 따라 한국 가톨릭교회의 사회변혁파를 대표하는 존재로서 활약했다.

장준하를 계승하는 형태로 민주화운동에 주력하였던 문익환은 미국 극동사령부에서 근무한 다음 성서학자로서 연찬에 힘썼는데, 1976년 3월에 '3·1 민주구국선언'사건 이후 민주화운동에 매진하게 되었다. '3·1 민주구국선언'은 문익환이 전심전력으로 기초한 문장이며, 58세 때 처음 투옥된 이래 1980년 5월의 '김대중 내란음모사건'까지 세번 투옥되었고 여섯번의 생일을 감옥에서 맞이했다고 한다. '늦게 나타난 청년투사'로서 1986년에도 네번째로 체포·투옥되었으며 그가 재직하고 있던 한신대학교는 민주화운동의 일대 거점으로 변모해갔다.

이렇게 보면 기독교인 지도자들은 스스로를 민족주의자로 규정하고 사회주의·공산주의와의 사이에 일정한 선을 그은 것은 사실이지만, 독재체제가 강요하는 반공친미에 얽매이지 않고 투쟁의 현장에서 민중과 함께 자기변혁을 이루어갔으며 민주화와 민족통일에 더욱 커다란 목표를 두게 되었다고 할 수 있다.

물론 민주화운동을 리드했던 지식인은 기독교인만이 아니었다. 학자로서는 민족경제론을 주창했던 박현채(朴玄埰), 한국 근현대사학을 개창했던 강만길, '민족문학'의 과제를 제시했던 백낙청, 한국 사회학의 개척자로 '민중의 아버지'로 불리던 김진균(金晉均), 그리고 이미 언급한 리영희 등을 들 수 있다. 이들 지식인은 소년시절부터 좌익활동에 참가했던 '젊은 빨치산' 박현채를 제외하면 맑스주의 사상과는 동떨어진 곳에서 사상 형성을 시작했고, 성장함에 따라 한국사회의 현실에 눈을 뜨고 사회변혁을 지향하게 됐다. 분단과 독재 그리고 여러가지 식민지적인 과부하에도 인내하면서 자주와 민주주의를 위해서 헌신했다. 이들 지식인은 대체로 1930년대에 태어나 60년대에 혈기왕성한 삼십대로서 학계에 등장하였고, 4·19혁명세대임과 동시에 70년대 이후의 민주화운동이라는 변혁의 시대를 짊어지게 됐다. 그들에게 민족과 민중은 거의 동의어였으며, 한 시대를 구분할 수 있는 문제의식을 확고하게 가지고서 독자적인 학문, 그것도 사회변혁에 기여하는 실천적인 학문을 구축하는 데 전력을 다했다.

지금 언급한 연구자는 모두 한국사회에서는 '엘리뜨'적인 존재들이다. 그러나 그들은 동시에 민주화운동의 중요한 담당자이기도 했다. 그만큼 한국의 연구자는 군사독재정권과 격렬하게 대치하고 실제적인 변혁운동에 관여하면서도 일정 정도 노동자 등 기층민중과 적지 않게 관련을 맺고 있었다는 것을 의미한다. 금후의 논의와도 관련해 언급해두자면 역사학자 강만길은 '민족사학' '민중사학'의 확립 그리고 분단극복을 위한 역사학과 '통일전선' 개념의 확립 등에 노력한 것으로 알려져 있다. 특히 1978년에 간행한 『분단시대의 역사인식』은 그 시대를 살았던 학생과 지식인에게 커다란 지적 충격을 주었다고 한다. 또한 약관

28세에 『창작과비평』을 창간했던 백낙청은 군사정권에 의해서 종종 박해를 받으면서도 오늘에 이르기까지 지식인을 고무하는 잡지를 계속 펴내고 있다. 그의 '민족문학론'은 반식민지·반봉건 시민혁명이란 과제를 설정해 분단극복운동으로서의 문학을 계속 주장하는 것이었다. 또한 문학과 관련해서 보면 1974년 11월에는 '자유실천문인협의회'가 설립돼 민주화운동에서 커다란 역할을 담당하기 시작했다.

여기서 합동통신 외신부에 있었던 리영희에 대해서 다시 한번 살펴보자. 그는 1971년 43세 때 군부독재·학원탄압에 반대하는 '64인 지식인선언'에 서명하여 해고를 당했는데, 이듬해 운좋게 한양대학교 신문방송학과에 자리를 얻은 이후 학구파의 길을 걷게 되었다. 이후 『전환시대의 논리』(1974) 『우상과 이성』(1977) 『8억인과의 대화』(편역, 1977) 등 잇달아 저서를 간행해 커다란 반향을 불러일으키게 된다. 그의 저작은 투쟁하는 민중의 계몽서로서 많은 지지를 얻었으며 또한 그들에게 커다란 영향을 주었다. 즉 반공·냉전이라는 허위의식에 사로잡혀 있던 지식인·학생들에게 '의식해방'의 돌파구가 됐으며 발상의 전환, 의식의 각성, 시대에 대한 자각을 열어주게 됐다. 시대의 숨겨진 진실을 전달하고 반공교육으로 인해 왜곡된 젊은이들의 의식전환을 재촉하는 그 모습은 '의식화의 원흉'으로서 수사당국의 분노를 샀고 반복되는 투옥과 고문·해직 등의 고난을 겪게 됐다. 21세기에 들어선 오늘날 리영희가 해방 후 한국이 낳은 "비판적 계몽의 선구자"(홍윤기, 『한겨레신문』 2006. 11. 16)이며 "한국 현대사의 길잡이"(강준만)[165]라고 평가되는 것도 이 때문이다.

리영희의 자서전 (임헌영과의 대화) 『대화 : 한 지식인의 삶과 사상』(한길사 2005)을 읽어보면 그가 시대를 리드하는 사상가가 되어가는 성장과정을 알 수 있다. 신문기자로서의 하루하루의 체험이 커다란 의미를 가진 것은 말할 것도 없지만 더불어 대외적인 것과 관련해 두 가지 포인트가 있다는 생각이 든다. 하나는 4·19 이전부터 『워싱턴 포스트』(The Washington Post)에 한국의 실정을 알리는 익명기고자가 되었던 경험이고, 또 하나는 일본서적이 사상 형성에 커다란 위치를 차지하고 있었다는 점이다. 전자는 한국 사회변혁에는 국제여론, 특히 미국의 지원이 불가결하다는 것과 여론을 움직이는 데는 언론이 주요한 역할을 담당한다는 것을 깨닫게 해주었다. 후자는 사회인식에 있어서 일본에서 손에 넣은 좌익서적을 포함한 일본서적이 극히 중요한 역할을 담당했다는 것이다. 즉 1959년에서 60년까지 미국에 체류하고 있었던 리영희는 귀국 도중 토오꾜오에 들러 마루젠(丸善)이나 이와나미 등의 서점에 처음 가보게 되는데 거기서 일본문화·일본서적의 거대한 분량에 압도되어 한국지식인의 한 사람으로서 커다란 교훈을 얻게 되었다. 그후 그는 독재정권의 감시의 눈을 피해가면서 기회만 있으면 좌익서적 등 일본서적을 입수하는 데 애를 쓰면서 사상 연마에 노력했다. 일반적으로 민주화운동시대에 젊은 학도들이 한자를 매개로 일본문헌에서 사회주의를 배웠던 것은 잘 알려져 있는데 리영희는 그 선구자였던 것이다.

김지하의 사상─고발과 연대를 위한 호소

한편, 민주화운동의 사상·이념을 말할 경우 먼저 김지하에 관해서 말하지 않을 수 없다. 김지하는 전라남도 목포시에서 태어나 중학생 때부터 시를 쓰기 시작했고, 서울대학교 미술대학 미학과에 재학할 때부터 시를 발표했나고 한다. 4·19혁명에는 참가하지 않았으나 그후 학생운동을 주도하다가 체포당한다. 본명은 김영일(金英一)이고, 필명인 '지하(芝河)'는 '지하(地下)'라는 의미가 포함돼 있다고 한다. 1970년 5월 담시 「오적」을 발표한 이래 김지하는 한국을 대표하는 시인으로 일본에도 널리 알려지게 되는데, 1970년 11월 우익작가 미시마 유끼오(三島由起夫)가 자살했을 때 미시마의 죽음과 국화꽃에서 '소름이 끼치는' 공포심을 느낀다면서 종합잡지 『다리』(1971. 3)에 다음과 같은 시를 기고하였다.

별것 아니여
조선놈 피 먹고 피는 국화꽃이여
빼앗아간 쇠그릇 녹여버린 일본도란 말이여
(…)
네 죽음은 식민지에
주리고 병들고 묶인 채 외치며 불타는 식민지의
죽음들 위에 내리는 비여
역사의 죽음 부르는
옛 군가여 별것 아니여
벌거벗은 여군이 벌거벗은 갈보들 틈에 우뚝 서
제멋대로 불러대는 미친 미친 군가여

김지하 「아주까리 신풍──미시마 유끼오(三島由紀夫)에게」[166]

그러던 중에 1974년 7월 9일 밤, 시인 김지하 등 7명에 대해 대통령 긴급조치 제4호에 근거해 군법회의에서 사형을 구형했다는 뉴스가 일본에 전해졌다. 김지하는 한국 내에서 이미 날조된 '자필진술서' 등에 의해 '반공법'을 위반한 공산주의자라는 취급을 당하고 있었다. 김지하의 진실을 전하는 「양심선언」(1975.5)이 옥중에서 비밀리에 밖으로 전해져 해외에서 공표되었던 것은 바로 이즈음이었다. 후일 이 「양심선언」

은 김지하가 아니라 변호사 조영래가 쓴 것으로 밝혀지지만.

「양심선언」은 한마디로 엉터리로 날조된 '자필진술서'가 가지는 무서운 음모에 대한 반증과 폭로였고, 억압과 독재에 반대하고 자유와 정의, 그리고 양심을 지키기 위해서 독재정권에 대항하여 싸울 것을 맹세하는 것이었다. "부패와 특권, 독재야말로 적화(赤化)의 황금교(黃金橋)이다. 독재와 억압을 유지시키는 것은 안보가 아니다. 독재와 억압을 회피하고 자유와 민주주의를 지키는 것이 진정한 안보다"라고. 여기서 김지하는 스스로가 가톨릭신자이며 공산주의자가 아니라고 명확히 말하고 있다.[167] 나아가 그는 이미 맑스주의와 마오 쩌뚱의 저작을 다 섭렵했고 가톨릭주의의 보편적 원리를 한국에 토착화·민중화함으로써 다른 기독교인 지도자들과 같이 반공이라는 두꺼운 벽을 뛰어넘고자 했다고 할 수 있다.

김지하는 옥중에서도 또 감옥 밖에서도 수없이 자신의 민주화운동에 대한 사상과 이념을 말했는데 일본인들에게 향한 것도 적지 않았다. 그 가운데 하나로 「선언 1975.3.1 일본민중을 향한 제안」에서는 다음과 같이 격렬하게 논하고 있다.

56년 전의 3월 1일 (…) 당신들 일본민족은 우리 민족을 야수와 같이 침략하여 억압과 착취를 원하는 대로 했습니다. 그러나 그날 우리들은 당신들 일본민족을 단지 원수로 여겨 복수하려고 한 것이 아니라 스스로의 주권과 독립을 비폭력적 평화적 운동으로 선언하는 것에 의해 피해자인 우리 민족뿐만이 아니라 잔인무도한 가해자인 당신들 일본민족까지도 동시에 구원받기를 염원한 것입니다. (…) 현재 당신들 일본민족은 흘러간 36년간의 저 비인도적인 한국 침략보다도 한층 더 교활하고 한층 더 야만적인 농간으로 우리 민족의 생존을 위협하고 인간으로서의 존엄과 권리를 짓밟음으로써 다시 한번 우리들을 지상에서 추방하려고 하고 있습니다. (…) 마산수출자유지역에서 일본인이 단지 어린 여공들의 노동력을 착취하는 것에 그치지 않고 그녀들의 정조까지도 유린하려는 사태를 우리들은 어떻게 봐야 할까요. (…) 물론 이러한 혐오스런 사태는 당신들 일본인들의 잘못에서만 초래된 것은 아닙니다. 현 정권의 죄업의 크기를 우리들은 충분하게 인식하고 있습니다.[167]

여기서 한국의 민주화운동이 그 사상·이념 속에 일본에 대한 고발과 동시에 일본과의 연대를 포함해 공동투쟁을 호소하는 것이었다는 점은 특기할 만하다. 정경모가 타나까 카꾸에이 정권과 박정희정권에 의한 김대중납치사건에 대한 불투명한 '정치적 수습'에 분노를 표현하면서, 잡지 『세까이』에 「부끄러운 자들의 연대」(1974.1)를 썼던 것도 같은 문맥에서 읽어낼 수 있다. 「부끄러운 자들의 연대」는 일본/한국의 연대의 맹아를 의미했다. 더구나 그것은 전후 일본지식인이 처음으로 조선반도문제에 주체적으로 진지하게 관심을 가짐과 동시에 스스로의 내부에 둥지를 튼 민족문제·식민지문제와 격투하는 것을 의미했다.

1970년대 들어와 일본지식인의 아시아관은 적지 않게 변화하였다. 미국의 극동정책 전환과 관련된 오끼나와 반환과 일중 국교수립, 베트남전쟁 종결 등의 요인이 겹친 탓도 있지만 무엇보다도 한국 민주주의운동에서 받은 충격이 큰 의미를 가졌다. 1970년의 김지하와 전태일의 투쟁을 접하면서, 또한 1973년의 김대중납치사건에 조우하면서 다양한 형태의 구원운동·지원운동이 전개되었던 것이 그것을 말해준다. 신문과 잡지에는 점차 조선관련 기사가 늘어났고 재일조선인에 관한 문제도 취급하게 되었다.

잡지 『우시오(潮)』 1971년 9월호는 '특별기획'이라는 제목으로 「일본인의 조선인에 대한 학대와 차별: 식민지 지배와 강제연행의 기록」을 내고 좌담회와 르뽀 그리고 리버럴 내지는 진보적인 지식인을 모두 출현시키기라도 하듯이 「일본인 100명의 증언과 고백」을 게재했다. 책 앞머리에는 식민지 지배의 잔학성을 보여주는 일본군대가 조선인을 처형하는 사진이 몇장이나 실려 있었고, 또한 1965년에 토오꾜오의 고다이라시(小平市)에 설립된 조선대학교와 일본 각지의 민족학교에서 공부하는 재일동포 어린 학생들의 생기발랄한 사진도 실려 있었다. 『우시오』는 종교단체 계통의 잡지인데 이 시기에는 치열한 세계사적 변화에 일본이 어떻게 대응할 것인가에 대해서 고뇌하고 있었던 것 같다. 같은 호에 「미중 접근과 고립하는 일본」이란 '긴급특집'이 있는 것을 보더라도 편집자의 의도는 조선반도와 융화를 모색함으로써 일본의 곤란을 타개하고 싶어하는 것이었다고 생각된다. 사실 「편집후기」에는 "이 역사적 전환기에 분위기만 타고 있다가는 일본 및 일본인의 아이덴티티 결여가 한층 더 추악한 모습으로 압박해올 것만 같은 느낌이 듭니다" "일중 국교회복의 움직임이 급피치를 올리고 있는 가운데, 조선 및 조선인의 문제가 (일본인의) 의식 속에 떠오르지 않는 것은 도대체 왜일까"라고 솔직하게 시대의 변화에 대한 대응에 답답한 심정을 드러내고 있다.

잡지 『세까이』와 조선문제

한국의 민주화운동을 말할 때 무엇보다두 이와니미쇼뗀의 삽지 『세까이』가 결정적으로 커다란 역할을 담당했다. 재일조선인의 귀국문제와 한일회담·한일조약 등에 관해서 특집을 꾸몄다고는 하더라도 1960년대 말까지 『세까이』는 반드시 조선반도와 재일조선인문제를 적극적으로 취급한 것은 아니었다. 같은 이와나미쇼뗀에서 간행되고 있던 학술잡지 『시소오(思想)』가 처음 조선을 특집으로 한 것은 1969년 3월호 「근대조선과 일본」이었다. 그러나 70년대에 들어서 『세까이』는 논문·인터뷰·르뽀·대담·좌담회 등 다양한 형태로 조선문제에 관한 기사를 게재했다. 그것이 가능했던 것은 야스에 료오스께라는 매우 드물게 뛰어난 인물이 『세까이』의 편집을 담당했던 점을 지적할 수 있다. 실제로 야스에는 1958년에 이와나미쇼뗀에 입사한 이래, 당시 혁신지방정부의 토오꾜오 도지사였던 미노베 료오끼찌(美濃部亮吉)의 특별비서로 일시적(1967~70)으로 회사를 떠났던 때를 제외하고는 일관해서 『세까이』의 편집에 관여했으며, 특히 편집장으로 재직한 1972~88년에 걸쳐 남북조선·재일동포 지식인들과 폭넓은 교우관계를 유지하면서 변함없이 조선문제에 관심을 기울였다(후일 이와나미쇼뗀 사장에 취임).

잡지 『세까이』가 잡지 이름을 조선으로 바꾸어야 한다고 야유를 당할 정도로 조선문제에 집착했던 것은 물론 일본·일본인의 입장에서 조선·조선인의 중요성을 정확하게 인식했기 때문이었다. 김대중사건 후 1974년 1월호에는 『세까이』의 조선관계 기사에 관한 목차'가 게재되어 실렸는데, 이것은 그때까지 조선문제를 취급해왔던 것에 대한 반성의 뜻을 표하는 것이었다고 할 수 있다. 야스에가 세상을 떠난 후 『세까이』 2003년 2월호에 「조선문제에 관한 본지의 보도에 관하여」라는 기사가 있는데, 그것을 보면 조선문제에 대한 『세까이』의 기본자세를 알 수 있다.

"본지가 적극적으로 조선문제를 취급하기 시작한 것은 1970년대에 들어와서부터다. 1973년부터 한국의 민주화운동의 주장을 전달하는 지하통신 「한국으로부터의 통신」(T·K생)이 시작됐고 1988년까지 16년간에 걸쳐서 연재됐다. 1973년 한국의 야당지도자였던 김대중씨가 토오꾜오에서 납치돼 서울로 끌려간 사건(김대중납치사건)이 발생하자 그후 사건을 둘러싸고 일본, 한국 각계의 움직임, 발언 등을 극명하게 추적했던 「다큐먼트·김대중씨 납치사건」이 1980년의 김대중 연금해제까지 6년 반 동안 연재됐다. 이러한 것은 모두 월간지로서는 이례적인 장기 연재였다. 왜 본지는 이웃나라의 문제에 이렇게까지 깊이 관여했던 것일까. 그것은 조선반도와의 관계야말로 일본인이 짊어지고 있는 가장 무겁고 뿌리깊은 과제라고 생각했기 때문이다."

『세까이』의 자세는 한마디로 말하자면 일본에게 있어서 조선은 스스로를 반성하는 거울이라는 의미일 것이다. 어쨌든 1970년대, 특히 그 전반기는 일본정부뿐만 아니라 혁신정당과 운동단체 등도 아직까지 냉전구조의 대립적인 사고에 사로잡혀 있었고 특히 진보적인 지식인은 '북조선 지지'로 굳어 있던 시대였다. 한국의 '민중'은 아직 눈에 띄는 존재가 아니었고, 한국이라는 이름 자체가 신문 등에서 괄호를 쳐서(즉 '한국(韓國)'이라고: 제대로 된 국가 취급을 받지 못했다는 의미—옮긴이) 사용되고 있던 시대였다. 다만 한일조약 반대운동 이후 일정한 정도 한일 쌍방의 '연대'투쟁이 고양되는 과정에서 일본의 지식인·민중의 일부는 한국의 지식인·민중과의 사이에서 일본/한국 연대의 가능성을 찾는 것, 즉 한국의 지식인·민중과 지극히 기본적인 측면에서 서로 통할 수 있는 입각점을 한국 내부에서 찾아냄으로써 지금까지 한국을 표기할 때 괄호를 쳐서 부를 정도로 아무것도 몰랐다는 것에 대하여 부끄럽게 생각하게 되었다.[168] 그러한 의미를 포함하여 『세까이』가 조선문제를 정면으로 취급한 것은 전후 일본저널리즘에서는 특기할 만한 것으로 평가할 수 있다. 먼저 「한국으로부터의 통신」 연재를 통하여 일본인은 (그리고 재일조선인 등도) 한국 민주화운동의 실상을 알고, 또한 한국 민중의 참모습을 실감해갔다고 할 수 있다. 부언하자면 나중에 이 T·K생은 당시 토오꾜오에 체재하고 있었던 한국지식인 지명관(池明觀)이라는 것이 밝혀졌다. 다만 '천황제와 조선'이라는 사상과제에서 볼 때

『세까이』가 당시 천황제문제를 취급한 것은 확실하지만 그 취급방식은 조선과 비교해보면 상당히 약한 것이었다고 할 수 있다. 더욱이 당시 『세까이』가 존재했던 한편, 보수·우파의 잡지들이 노골적인 반공, 반민주화운동, 반조선캠페인을 확대시키고 있었던 점도 잊어서는 안될 것이다. 분게이슌쥬우사(文藝春秋社)의 『쇼꾼(諸君)』이 창간된 것은 1969년 7월이고(1970년 1월부터 『쇼꾼!』), 산께이신문사의 『세이론(正論)』은 1973년 10월에 창간되었다. 그리고 PHP연구소가 『보이스(Voice)』를 창간한 것은 1977년 12월의 일이다.

일본에서의 한국민주화운동 지원의 확대

1970년대 일본인과 한국이 관련된 것의 하나는 기생관광이었고 또 하나는 민주화운동에 대한 지원·연대였다. 그중 민주화운동에 대한 지원·연대는 일본 국내에서 활발하게 전개되기 시작한 공해반대운동과 페미니즘 등 각종 시민운동의 전개와 유기적인 관계를 가지면서 재일조선인운동과도 연계된 것이었다. 실제로 70년대 전반 일본인과 재일조선인에 의한 민주화운동 지원운동은 일본 국내에 들불처럼 번져갔고 각지에서 크고 작은 조직이 만들어져 미니코미 잡지(mini communication의 약칭. 매스컴, 즉 매스커뮤니케이션과의 대칭의 의미도 있음. 특정 시민그룹 등 소규모 집단의 잡지—옮긴이)나 전단이 다수 인쇄되어 배포되었다. 계엄령하 한국에서의 민중탄압에 대한 정보가 비교적 자유롭게 한국을 왕래할 수 있었던 기독교인들에 의해 반출되어 일본을 경유하여 세계로 발신되었던 것이다.

그러는 가운데 1974년 4월에는 '일본의 대한정책을 바르게 개혁하고 한국의 민주화운동과 연대하는 일본연락회의'(일한연대연락회의)가 결성되었다. 또한 7월에는 대통령 긴급조치 제4호 위반으로 김지하 등

7명에게 사형이 구형되었다는 소식이 전해지자 일본인과 재일조선인들로 구성된 '김지하를 지원하는 모임'이 만들어졌다. 그중 아오찌 신(靑地晨) 대표와 와다 하루끼 사무국장이 주도하는 일한연대연락회의는 김대중·김지하 구원운동, 한국정치범·재일동포 및 일본인 피구속자 석방운동, 『동아일보』 자유언론투쟁 지원운동, 공해수출 반대운동 등을 전개하면서 한국의 민주화운동에 대한 지원의 거점으로서의 역할을 담당하였으며, 또한 세계 각지의 지식인과 국제기관에 보내는 호소 등을 통해서 국제연대의 확대에도 진력하였다. 그리고 일본 국내의 프로테스탄트 합동교회인 일본기독교단은 처음부터 한국 기독교회와 연계하여 민주화운동 지원에 나서게 되었다. 일본기독교협의회(NCC) 총무 쇼오지 쯔또무(東海林勤) 목사가 중심적인 역할을 담당하게 되는데, 이것은 전쟁중에 전적으로 전시체제에 공헌할 수밖에 없었던 과거를 반성하고 1967년의 「제2차대전하에서 일본기독교단의 책임에 대한 고백」(통칭 「전쟁책임고백」)을 거쳐 참회와 새출발의 실천이었다고 할 수 있다. 1973년 3월에는 사와 마사히꼬(澤正彦, 장인은 시인 김소운) 목사가 서울 수유동교회(나중에 송암교회)에 일본기독교단 파견목사로 부임하여 일본/한국 기독교회의 중요한 가교 역할을 담당하기도 했다.[169]

일본인이 왜 한국 민주화운동을 지원하고 연대했는가. 아마도 이 질문은 일본인의 현상 전체를 되묻는 문제이기도 한데, 지원운동에 참가했던 작가 요시도메 로쥬(吉留路樹)는 이에 관해 다음과 같이 언급하고 있다. "우리 일본인은 태어난 순간부터 조선 및 조선인 대중과 떨어지려 해도 떨어질 수 없는 '네거티브한 유산(負)' 관계에 있다. 구체적으로 말하자면, 현대를 살고 있는 일본인 모두가 일찍이 칼과 게따(下駄)로 조선의 대지와 민중의 머리 위에 군림하던 자들이 아니면 그 자손이며,

(…) 여전히 이웃의 고통에 대해 그 어떤 것 하나도 그것이 자신의 고통이라고 느끼지 못하고 있기 때문이다. (…) 한국 국민대중의 오늘날의 불행은 분명히 박정희정권의 등장으로 인해 순식간에 확대됐다. 그러나 그 맹아는 제2차 세계대전 후 남북분단에서 생겨났다고 할 수 있다. (…) 궁극적으로 남조선을 뒤덮고 있는 오늘날의 불행의 씨앗은 역시 일본과 일본인이 뿌린 것이 된다. (…) 조선은 하나이고, 우리들과 손을 잡을 상대는 권력이 아니라 3천만의 한국민중, 5천만의 전 조선인 대중이다. (…) 우리들은 지금, (…) '무엇을 하지 않으면 안되는가'를 진지하게 생각하고, 그 '무엇을' 하기 위해서 논의를 확대하지 않으면 안된다. '무엇을'이란 무엇인가. 그것은 '일본이 해야 할 일'이며 나아가서는 한국의 대중들과의 연대로 연결되는 운동이기도 하다".[170]

한국 민주화운동 지원에 참가한 일본인은 물론 다양한 사람들이 있었지만, 이또오 나리히꼬(伊藤成彦)로 대표되는 진보적 지식인이 중심적인 위치를 차지하고 있었다. 지금 그러한 사상적 의미를 이해하기 위해 와다 하루끼를 예로 들자면, 와다는 앞에서도 말했듯이 김대중납치사건을 계기로 한국 민주화운동 지원에 깊이 관여하기 시작해 리영희와 백낙청 등에게서 커다란 영향을 받기 시작했다. 조선어를 배우기 시작한 와다는 1977년에는 민주화운동에 참가하고 있는 한국의 다양한 지식인들과 교우관계를 맺고, 1978년에는 리영희가 체포당한 사건을 계기로 『창작과비평』영인본 전10권(1호~38호)을 구입해 논문 선집을 중심으로 번역·출판을 준비했다. 운동의 추진에서 중심적인 역할을 담당하면서도 한편으로는 한일연대연락회의가 그때까지 정부와 사회를 향해 정치적 언어로 정면공격을 해왔다는 점에 대한 반성이 있었고, 한국을 더욱 깊게 배우는 것이야말로 참된 한일협력의 길을 제시할 수 있는 것은 아닐까 하는 생각이 있었다.[171] 이른바 와다는 한국의 역사와 사회, 문화 그리고 민중의 참된 모습을 아는 것이 무엇보다도 소중한 것이라고 깨닫기 시작한 것이다.

한국에서 민주화운동이 점차 격렬해짐에 따라 일본 각지에서는 한국을 배우고 지원하고자 하는 운동단체와 써클단체가 생겨났다. 대학과 노동조합 내부조직만이 아니라 민간의 다양한 형태의 회합도 만들어졌으며, 그것이 이윽고 조선어(한국어) 학습의 정례화, 역사·문화 공부로 이어졌고 또한 일본의 역사를 다시 배우는 계기가 되기도 했다. 그 대표적인 것으로서는 코오베(神戶)에서 1971년 1월에 설립된 '무궁화회'를 들 수 있다. '무궁화'는 식민지 조선에서 저항운동을 상징하는 꽃이다. '무궁화회'는 일본인을 중심으로 한 써클로 매월 두 차례, 코오베학생청년쎈터에서 모임을 열어 조선의 문화·역사·풍속·언어를 공부하고, 또한 '무궁화총서'라는 이름으로 조선 및 재일조선인에 관한 역사와 문학, 중국의 조선족, 일본의 출입국관리 행정 등에 대한 각종 서적을 발행하였다.

민주화운동과 노래

『무궁화통신』을 보면 1976년 5월 30일 발행된 제36호부터 「노래·우따(ノレ·歌)」의 연재가 시작됐다. 이후 매호에 조선노래가 소개되기 시작했는데 「밀양아리랑」을 시작으로 해서 「가고파」 「봉선화」 「노란 셔츠 입은 사나이」 「타향살이」로 이어지고 있다. 조선의 유명한 가곡만이 아니라 민요·동요, 일제시대 대중가요, 한국의 대중가요 그리고 공화국의 노래도 소개하고 있는데, 이것은 써클활동에서도 실제로 노래를 불렀던 것을 나타내고 있다. 이것들을 모아 1985년 6월에 『무궁화 애창곡집』으로 자비 출판하였는데, 그만큼 한국민주화운동에서 노래가 커다란 의미를 가졌고 또한 그 노래가 일본의 민중운동에서도 중시됐다는 것을 보여준다.

한국에서 민중가요가 민중운동과 본격적으로 맺어지게 된 것은 1980년대 들어서라고 한다.[172] 그러나 70년대 민주화운동에서도 노래가 중요한 위치를 차지했던 것은 틀림없다. 전후 일본의 경우에도 민중가요가 사람들에게 삶의 용기를 주고 적지 않게 자유와 단결로 이어지는 에너지를 만들어냈던 것은 분명하다. 전후 일본사회의 암흑과 예능계를 추적했던 르뽀작가 타께나까 쯔또무(竹中勞)의 표현을 빌리자면,[173] 음악 특히 노래는 계급의식보다도 뛰어난 혁명성을 가지고 사람들의 내면 깊숙이 침투한다. 혁명이란 인간 본연의 자유와 문화를 쟁취하는 투쟁이라는 것이다. 때마침 60년대 이후 서구제국을 중심으로 각국의 젊은이들이 국가권력과 기성 권위에 격렬하게 이의제기를 하고 공민권운동과 베트남반전운동, 대학기구의 민주화 등을 요구하는 다양한 운동을 추진해갔다. 기타를 둘러맨 조운 바에즈(Joan Baez)의 반전 포크운동은 미국 국내뿐만이 아니라 세계에 커다란 영향을 주었고 일본과 한국에도 영향을 미쳤다.

일본에서는 만주의 하얼삔 출생으로 학생운동의 리더 후지모또 토시오(藤本敏夫)와 옥중 결혼을 했던 카또오 토끼꼬(加藤登紀子)가 일관되게 학생운동에 공명하는 노래를 불렀던 것은 잘 알려져 있다. 카또오는 학생운동이 왕성하게 전개되던 고등학생 때 안보투쟁에서 희생된 토오꾜오대학 학생 칸바 미찌꼬(樺美智子)의 부음을 듣고 마음에 느낀 바 있어 토오꾜오대학에 입학한 60년대 후반 이후에 젊은층의 인기가수가 되어서도 학생운동에 강하게 매료돼갔다. 또한 신따니 노리꼬(新谷のり子)가 스스로 학생운동의 투사로서 산리즈까(三里塚)투쟁 등에 참가하면서 내부폭력에 의해 상처를 입어가던 학생운동의 현실에 번민하면서도 반전가수로서 노래를 계속한 것이 기억에 남는다.

한국 민주화운동의 경우 투쟁은 노래와 함께 있었다. 여공과 노동자의 파업과 농성 그리고 학생과 대중의 데모는 노래를 부르면서 이루어졌다. 1970년에 등장한 「아침이슬」은 김민기(金敏基)가 작사·작곡하고 양희은(楊姬銀)이 불렀던 포크송이다. 양희은에게는 데뷔곡이며, 한국 가요의 수준을 한꺼번에 세계 수준으로 끌어올렸다는 평가를 받았다고 한다. 당시 대학생이었던 김민기도 절찬을 받았고 70년대 초의 통기타 선풍을 불러일으켰다. 가사는 정치와는 아무런 관계도 없는 것이었지만 군부독재시대에 한국의 젊은이들이 노래를 통해 사회의 모순을 느끼고 새로운 세상을 갈망하는 투쟁 속에서 애창됐다. 대학가에서는 저항가요의 대명사가 되었다고 한다.

긴 밤 지새우고 풀잎마다 맺힌
진주보다 더 고운 아침이슬처럼
내 맘의 설움이 알알이 맺힐 때
아침동산에 올라 작은 미소를 배운다
태양은 묘지 위에 붉게 떠오르고
한낮의 찌는 더위는 나의 시련일지라
나 이제 가노라
저 거친 황야에
서러움 모두 버리고 나 이제 가노라

민주화운동에서는 「선구자」도 즐겨 불러 대열을 지어 행진하는 데모대가 이 노래를 부르면서 필사적인 투쟁을 전개해나갔다고 한다. 「선구자」는 「가고파」에 이어서 한국에서 애창되는 노래라고도 하는데, 다만 그후 이 노래의 작사가 및 작곡가가 일본 패망 이전의 가혹한 상황 속에서 친일행위에 몰두했던 것이 밝혀져 비판의 대상이 되고 있다. 아무리 훌륭한 노래일지언정 그것은 지금도 여전히 양식있는 사람에게는 가시가 되어 박혀 있으니, 조선역사의 복잡함이 음악세계에도 파고들어가 있는 것을 여기서도 확인할 수 있다. 또한 1975년에는 대통령 긴급조치 제9호를 근거로 세차례에 걸쳐 「아침이슬」을 포함한 222곡의 대중가요가 금지곡 처분을 받아 발매금지에 처해졌다. 그러나 민중가요가 민주화운동에서 불가결한 것이었다는 것은 분명하며, 80년대에 들어서서는 안치환이 부른 「솔아 솔아 푸르른 솔아」가 크고 작은 데모의 현장과 집회·회식 자리에서도 합창으로 불려졌다.

드라마 「여로」와 한국사회의 변용

민중가요로 말하자면 여공의 애환을 노래한, 김민기 작사·작곡으로 양희은이 부른 「서울로 가는 길」도 잘 알려져 있다. 송효순 저 『서울로 가는 길』(유광석 역, 敎文館 1983)에도 묘사되고 있는데, 1970년대 박정희 정권에 의한 외국차관·외국자본 도입으로 고도경제 '성장'이 진행되고 도시와 농촌의 격차가 격심해지는 가운데 병상에 계시는 부모님을 남겨놓고 서울로 일하러 갈 수밖에 없는 여성노동자의 애환을 노래한 것이다. 농촌의 젊은이들이 도시로 나가는 것은 결코 꿈을 이루려는 것이 아니라 집안을 경제적으로 도와야만 하는 현실적인 괴로움을 말해주는 것이었다. 또한 왜곡된 형태라고 하더라도 경제 '성장'을 이루어가는 가운데 한국사회에는 하나의 커다란 변화가 생기고 있었다는 생각이 든다. 1972년 4월 3일부터 KBS가 매일 방영하던 텔레비전 연속극 「여로」가 불러일으킨 현상이 그것을 보여주고 있다(『한국일보』 2004. 10. 4).

「여로」가 방영된 시기는 극심한 정치적 탄압 속에서도 경제성장에 의해 사람들의 생활에 조금씩 여유가 나타나기 시작할 무렵이었는데,

이 드라마의 방송시간인 오후 7시 반이 되면 거리에도 대중목욕탕에도 사람 모습을 구경할 수 없었다고 한다. 또한 영화관에서도 「여로」 방송 시간이 되면 관객들이 영화를 보다 말고 휴게실에 있는 텔레비전 앞에 모여들었다고까지 전해지고 있다. 텔레비전 수상기가 아직 널리 보급되지 않았던 시절이라 드라마가 끝나고 관객이 다시 극장 안으로 돌아가는 것을 기다려서 영화상영을 재개했다고 한다. 드라마의 무대는 식민지시대부터 1950년대 한국전쟁 때까지로, 여주인공의 기구한 인생편력을 그린 것이었다. 지능이 조금 떨어지지만 마음은 순박한 남자에게 시집간 가난한 집안 출신의 주인공이 주변의 냉대와 시어머니의 학대를 받아가면서도 부부애를 유지하며 살아간다는 내용이었다. 한국의 라디오·텔레비전에서 「여로」의 히트는 사상 최초라고 이야기되고 있다. 마치 1952년에 일본에서 라디오드라마 「그대의 이름은(君の名は)」이 방송되었을 때, 방송이 시작될 시간이 되면 거리에는 사람들의 그림자가 끊어지고 공중목욕탕에서 사람들이 사라졌다고 이야기되던 것과 유사한 현상이었다.

「그대의 이름은」은 토오꾜오 대공습이 있던 날 밤 소이탄이 비 오듯이 떨어질 때 만났던 남녀가 서로 이름도 모르는 채 다시 만날 것을 약속하고 운명의 역경에 희롱을 당하는 이야기이다. 한국전쟁과 군사독재정권에 상처를 입으면서도 「여로」에 열중했던 사람들, 전쟁의 상처를 끌어안고 살면서도 「그대의 이름은」에 매료되었던 사람들. 거기에는 20년이란 시간의 격차는 있을지언정 뒤틀린 구조 속에서도 경세성상을 실감하기 시작했던 한국과 한국전쟁 특수경기의 은혜를 입었던 일본이라는 기묘한 일치점을 발견해낼 수 있다.

물론 '개발독재'라는 박정희정권이 물질적 근대화를 우선시했던 당시에 「여로」가 체제이데올로기 주입에 이용되었던 것은 말할 필요도 없다. 대중문화, 특히 텔레비전 드라마의 이데올로기성에 대해 비판적인 이도흠(李都欽)이 「여로」는 인내와 복종을 미덕으로 삼는 여성상을 강요하는 가부장적 이데올로기와 폐쇄적인 민족주의로 채색된 것으로, 그것은 여전히 식민지 지배에 대한 패배감, 콤플렉스에 사로잡혀 있던 시청자를 위안하는 역할을 담당한 것이었다고 언급하고 있는 점에 유의해야 할 것이다.[174]

그것은 그렇고 민주화운동 속에서 희생되거나 혹은 항의의 뜻으로 스스로 자살을 했던 사람의 유족들의 모임이 나중에 전국민주화운동유가족협의회(유가협)로 발족되는데(1986), 거기서 민주화운동 개시의 발화점이 되었던 전태일이 열사 제1호로 받들어졌다. 열사란 독립운동과 민주화운동 등에서 뜻을 이루지 못하고 쓰러져간 사람들을 가리키는 말이다. 그들의 장절한 죽음은 뒤를 잇는 사람들에게 깊은 영향을 주었고 거대한 사회적 에너지를 만들어내게 되었다. 유교사회인 한국에서 부모보다 먼저 죽는 것은 최대의 '불효'에 해당되는데, '효'의 논리에 등을 돌리면서까지 죽음을 거꾸로 적극적으로 받아들이고 이들을 받드는 의식을 집행함으로써 열사의 유족·친지들이 운동추진의 강력한 담당자가 되도록 재의식화되게 한다. 마나베 유우꼬(眞鍋祐子)는 『열사의 탄생—한국 민주화운동에서의 '한'의 역학』(平河出版社 1997)에서 대체로 그러한 입장을 분명히하고 있는데, 실제로 70, 80년대 민주화운동에서는 신화화된 전태일의 존재가 커다란 위치를 차지하고 있다. 마나베가 저서에서 인용하고 있는 강경대 열사에 대한 문익환 목사의 조시(弔詩)는 당시 운동권의 심정을 남김없이 전해주고 있다.

누가 널 죽었다 하느냐
너는 죽지 않았다

우리의 숨결 속에
우리의 외침 속에
우리의 사랑 속에
너는 아프도록 살아있다
우리의 장엄한 민주 대장정 속을 너는
우리와 함께 오늘도 걸어가고 있다
끊겼던 조국의 허리 다시 이어지는 날 너는
뜨거운 눈물로 녹아내릴 것이다
칠천만 네 겨레의 함성으로

너는 이미 강민조·이덕순의 아들
선미의 동생 경대가 아니다
너는 우리의 조국이다
빛나는 희망으로 일어서는
너는 영원한 조국이다

강경대의 모교인 명지대학교 정문 옆에 설치된 기념비에 새겨져 있는 시다. 격렬한 투쟁이 계속되는 가운데 학생·지식인 중심의 민주화운동이 이윽고 노동자를 포함한 전국민적 내지는 전민중적인 것으로 크게 변하는 것은, 1979년 10월 중앙정보부장에 의한 박정희 암살과 그 뒤에 일어난 80년 5월 광주민주항쟁을 계기로 해서다.

3. '민중'을 둘러싼 언설, 그리고 옥중체험

투쟁의 전개, '민중'의 시대

1970년대 말 한국에서는 박정희정권 유신체제가 모든 면에서 파탄을 드러내었고 민주화세력은 한층 더 과감한 투쟁을 전개해갔다. 1978년 2월에는 재야세력에 의한 제2의 민주구국선언이 나왔고, 1979년 3월에는 종교계, 언론계, 정계 등의 유력자와 각종 민간조직이 총결집하여 '민주주의와 민족통일을 위한 국민연합'이 결성됐다. 이러한 날카로운 긴장관계 속에서 계속 파급되는 소란에 대한 대응을 둘러싸고 정권 중추부에 균열이 생기기 시작했다. 드디어 1979년 10월 26일 박정희대통령은 하필이면 측근 김재규(金載圭) 중앙정보부장에 의해 연회석상에서 사살되어 18년에 걸친 박정희정권은 그 막을 내렸다. 다음날 제주도를 제외한 전국에 비상계엄령이 선포되었고 국무총리에서 대통령 권한대행으로, 이어서 대통령으로 취임한 최규하(崔圭夏)가 이윽고 김대중 등 시국 관련자 687명을 복권시켜 이른바 '서울의 봄'이 꽃을 피우는 것처럼 보였다.

전국 각지에서는 반정부·민주화의 함성이 확산되고 있었지만, 곧 보안사령관인 전두환이 '숙군(肅軍)'을 명분으로 군 내부의 쿠데타를 통해 실권을 장악하고 노동쟁의와 학생운동에 강경한 수단으로 대처하기 시작했고, 결국에는 1980년 5월에 비극적인 '광주민중항쟁'이 일어났다. 당시 광주에서 주한미군과 연계된 한국군의 탄압에 의해 약 2천명의 시민이 학살되었다고 전해지는데, 한국의 민중은 이 사건을 계기로 미국이 '수호자'가 아니라 '침략자'라는 것을 깨닫게 되었고, 이후 민주화와 더불어 반제·반미에 몸을 바치는 투쟁이 더욱 확대되어갔다. 바야흐로 80년대는 '민족민주화운동'의 '혁명의 시대'가 되었고 '민중'이 역사의 전면에 등장했다.

한국의 민주화운동은 그 자체가 학생·지식인뿐만이 아니라 농촌 출신자와 저임금노동에 신음하는 민중이 하나가 된 죽음을 불사한 투쟁이었다. 그때 이웃나라 일본에서는 광주민중항쟁을 계기로 김대중이 불법으로 다시 체포되었다는 사실에 여론이 분노했으며, 정부와는 다른 국민적 수준에서 '김대중 구출운동'이 전개되기에 이르렀다. 이것은 아마도 일본과 조선(한국)이 처음 맺게 되는 본격적인 민중연대로 그 출발점은 한국에서의 정치적 탄압에 대한 반발·지원이었다.

나까무라 마사노리(中村政則)의 『전후사(戰後史)』(岩波書店 2005)에 의하면, 일본은 1973년 이후 '전후의 동요기'를 맞이해 1990년까지 계속되었다고 한다. 억압과 저항이라는 극도의 긴장에 동요하고 있던 한국과는 상당히 다른 양상이었는데, 그 기반은 전후 일관된 경제의 지속적 성장에 있었다고 할 수 있다. 물론 타나까 카꾸에이 내각의 일본열도 개조정책 이후 일본경제는 항상 불안정 요소를 지니고 있었고 오일쇼크, 버블경제의 붕괴 등 곤란한 상황에 수차례나 직면했지만 다른 국가들이 경제운영에 고뇌하는 속에서도 일본은 계속하여 경제대국의 길을 달려갔던 것은 분명하다. 그런 가운데 일본은 사회적으로는 70년대 중반 이후 '신중간층 논쟁', 80년대에 들어와서는 '편차치(偏差値) 사회 비판', 그리고 '보수주의의 위기' '아시아에서의 전쟁책임 추궁' 등 적지 않은 문제를 계속 끌어안고 있었다.

한편으로 1970년대 일본은 공해(公害)반대, 페미니즘 등 각종 시민운동이 꽃피웠고, 또한 당시까지 자명한 것으로 치부되어왔던 근대의 여러가지 사항들이 재검토되기 시작하는 시대였다. 이른바 70년 전후부터 일본에서는 전후 민주주의에 대한 환상이 붕괴되기 시작했고 근대비판, 지식인의 권위 실추가 현저해졌으며 전후적인 사상의 틀이 무너짐과 동시에 문화와 풍속이 크게 변하면서 가치관의 전환이 진행되어갔다. 결국 그때까지 변혁주체로서 생각되기 일쑤였던 인민과 국민이라는 시각에서가 아니라, 맑스주의와 근대화론이 공유했다고도 할 수 있는 근대 시민주의의 폭력성과 그 자체를 비판하는 '민중'이라는 시각이 중시되기에 이르렀다. 그에 따라 국민국가가 만들어낸 '차별'을 그 근대성에 비추어 비판하는 지적 작업이 진행되었으며 일본사회를 비판하는 저작들이 차례로 발표되었다. 이것은 한국에서 '민중'이 사회변혁의 전면에 등장한 것과 언뜻 비슷한 것처럼 보이지만, 한국의 민중이 실로 '혁명'에 의한 체제변혁을 과제로 삼고 있었던 것에 비해서 일본의 민중은 '혁명'의 전망을 상실한 55년체제하에서의 운동에 시종일관하게 된다. 그러한 일본과 한국, 나아가 공화국과의 사이에서 옥죄임을 당하고 있던 재일조선인은 한일조약 후 일본/한국 양국 정부에 의해 협격(挾擊)을 당했을 뿐만 아니라 가혹한 사회적 편견과 차별 속에서 스스로의 존엄성을 찾기 위한 필사적인 투쟁을 계속해갈 수밖에 없었다. 더구나 그것은 1975년 2월에 자이니찌 문학가와 연구자가 힘을 합해 잡지 『계간 삼천리』를 창간한 데서 보이는 것처럼(1987년 제50호로 종간), 남북의 국가권력과 결합한 자이니찌 민족단체를 초월하여 북도 아니고 남도 아닌 하나의 '민족'으로서의 절실한 '민중'의 바람이었다.

일본 역사학에서의 '민중'의 시좌(視座)

그런데 일본에서 민중이란 시점이 점차 분명해져갔다고 할 때 그것은 먼저 역사학이라는 학문연구의 영역에서였다. 전후 일본에서 꽃피게 된 역사학은 사회과학의 지주가 되는데, 이른바 '전후 역사학'이라고 불리는 것으로서 맑스주의적인 인민투쟁사의 색채가 강한 것, 혹은 맑스주의의 영향을 강하게 받으면서도 보다 광범위한 학문적 배경 위에 서 있는 것이 병존하고 있었다고 할 수 있다. 이러한 전후역사학은 패전 후의 일본사회의 변혁을 담당하려는 의지를 가지고 있었으며 그런 점에서 신선함과 역동성을 갖추고 있었다. 그러나 한편으로는 동시에 '과학주의적'인 편향성과 '일본'을 주어로 하는 일국사로 수렴되는 약점도 함께 갖게 되었다. 그 내부에서는 다원성 및 외부세계 내지는 타자와의 연계성에 눈을 돌리지 못했다는 것인데, 그 때문인지 고도경제성장 시대의 흐름 속에서 전후역사학은 학문으로서 설득력을 잃어버리게 되고, 그것을 내부로부터 극복하려는 시각의 획득이 모색되기에 이르렀다. 여기서 등장한 것이 민중사, 지역사, 여성사, 사회사이며 나중에는 국민국가론이었다. '투쟁하는 인민(=국민)'을 포착하지 못한 역사가의 위화감과 반발이 '일본' 및 '국민국가'를 상대화하는 흐름을 만들어냈다고 할 수 있으며, 그것은 한편으로 일본의 역사학연구가 변용되어가는 모습이기도 했다.

그속에서 민중사는 1960년대 이후 주로 일본 근대사연구에서 사회사상사의 형태로 서술되었다. 거기서는 맑스주의를 중심으로 한 유럽에서 건너온 사상사적 방법론과는 다른 각도에서 민족과 국가, 계급으로 수렴되지 않는 다양한 역사주체를 수면 위로 부상시키는 시도가 이루어졌다. 이로까와 다이끼찌(色川大吉), 카노 마사나오(鹿野政直), 야스마루 요시오(安丸良夫)가 그 중심이었는데, 이로까와는 『메이지(明治)의 문화』(1970), 『신편 일본정신사』(1973), 『지유민권』(1981) 등의 저작을 통해 민중을 중심으로 한 생생한 역사를 전체적으로 파악하면서도 또한 맑스주의적 방법론을 고집하며 '전근대적인 민중'의 실상에 접근하려고 하였다. 카노는 사상을 '질서에 대한 위화감'으로 파악하는 시점에서 당시까지 경시되어왔던 여성사·오끼나와사 등을 파고들어가

기존의 틀을 뛰어넘는 민중에 뿌리를 둔 독자적인 사상사의 영역을 구축했다. 그에 비해 야스마루는 착종된 '일상의식(=사상)'의 포로인 민중을 주체로 한 민중운동론을 서술하여 민중사상사를 정립하는 데 적지 않게 공헌을 했다.

『일본의 근대화와 민중사상』(青木書店 1974) 등에 나타난 야스마루 요시오의 민중론은, 그때까지 사회사상이라고 불려왔던 것은 '이데올로기'이며, 그것과는 구별되는 '민중'의 '생활의식'에 밀착된 '일상의식(=사상)'이야말로 분석의 대상이라고 한다. 즉 막말(幕末)과 같은 사회체제 변혁기가 찾아오면 일상적인 생활자인 민중은 그동안은 사실성으로서 수용할 수밖에 없었던 사회적인 제반 제도와 권력, 질서원리 등에 대해서 기존의 의미를 무너뜨림과 동시에 민중 스스로가 납득할 수 있는 일상적 소망에 새로운 의미와 내용을 포함시켜서 발전시켜나가려하게 된다고 한다. 이른바 사회변혁을 지향하는 운동과 연결되는 민중동원의 계기는 추상화·질서정연한 형태의 '이데올로기'라기보다는 오히려 분절되지 않고 불투명한 '일상의식(=사상)'이라는 것이다. 여기에는 근대화론과 맑스주의 방법론으로는 보이지 않았던 문제에 빛을 비추려는 의도가 포함되어 있으며, 그런 점에서도 야스마루는 이로까와 다이끼찌의 업적을 높이 평가하며 특히 '정신구조로서의 천황제'라는 사고방식에 주목했다.

이로까와 다이끼찌의 『메이지의 문화』(岩波書店 1970)는 전통의 토착사상에 주목한 것인데, 이 책에 수록되어 있는 「정신구조로서의 천황제」를 읽어보면 근대천황제는 무엇보다도 정치기구로 파악될 수 있지만 천황제에 의한 지배는 전부 일정한 환상을 통해서 민족적 공동환상을 매개로 함으로써 비로소 민중의 마음속에 파고들어갈 수 있었던 것이라고 강조한다. 이른바 '환상 속의 천황제'로 그러한 천황제는 민족의 어두운 그림자가 되어 내셔널한 것의 흑점이 되었던 것이며, 그것은 타께우찌가 말하는 "정신의 노예구조"의 확산이 되었다고 한다. 그런 관점에서 볼 때 천황제는 다만 부정되어야 할 존재로서만 논해도 불충분하며, 천황제 내지는 천황제의 전통을 그 내부에서 극복하기 위해서는 그 형성기와 변혁기로 거슬러올라가 학문적으로 반드시 분석해야 한다는 것이다. 당연히 그것은 마루야마 마사오와 그 영향을 받은 마루야마 학파의 천황제 연구방법론과는 다른 것이다. 거기에는 아마도 '초국가주의의 논리와 심리'를 비롯한 마루야마의 논리에는 천황제에 중독된 민중을 계몽하려는, 어떤 의미에서는 대중혐오, 민중멸시 사상이 있는 것은 아닌가 하는 의혹이 있었다는 생각이 든다.

원래 이로까와 다이끼찌가 민중사상사에 착안했을 때는 자유민권기의 민중운동연구에서 보이듯이 민중의 능동성, 혁명성에만 주목했던 것은 아니었을 것이다. 오히려 민중이 체제와 권력에 의해 도저히 참을 수 없을 정도로 억압을 받으면서도 왜 봉기하지 않았는지. 민중 스스로의 내부에 자신들을 강하게 속박하고 있었던 것은 도대체 무엇이었는지에 대한 민중의 근원적인 정신구조를 해명하는 데 뜻을 두고, 거기에서 '정신구조로서의 천황제'와 대결하는 것을 과제로서 자각하기에 이르렀다고 해도 좋을 것이다. 야스마루 요시오는 『메이지의 문화』(岩波書店 겐다이문고판 2007)에 기고한 「해설」에서 그런 이로까와의 일본의 정신사적인 전통과 대결하려는 의욕, 그 대결의 논리의 계보를 찾으려는 노력을 높이 평가하고 있다. 다만 한국이 민주화운동을 거다란 계기로 하고 있는 일본/한국 연대의 맹아·발전이라는 1970년대의 싯점을 고려할 때 이로까와뿐만 아니라 야스마루의 민중사연구가 그러한 시대의 과제에 따른 학문적 의미 내지는 유효성을 정말 가질 수 있는 것인가에 대해서는 의문의 여지가 있다. 민중사는 이윽고 약간 차원을 달리하는 아미노 요시히꼬(網野善彦)의 일본 중세사연구와 아베 킨야(阿部謹也)의 유럽 중세사연구 등의 사회사로 연결되고 이후 국민국가론으로 전개되어간다.

'민속학 붐'과 '일본인론'

여기서 잊어서는 안되는 것이 야나기따 쿠니오(柳田國男)가 죽은 후 특히 1960년대 후반에서 70년대에 걸쳐서 야나기따와 관련된 언설이 논단의 중심을 형성하기 시작하면서 '민속학 붐'이 일세를 풍미한 점이다. 민속학 용어로서 '상민(常民)'이라는 용어도 널리 확산되는데, 그것은 민중보다 더 애매하고 균질적이며 일체적인 '일본인상'을 부각시키는 것이었다.

민속학이라고 하면 명저로 꼽히는 미야모또 쯔네이찌(宮本常一)의 『잊혀진 일본인(忘れられた日本人)』(未來社 1960; 岩波文庫版 1984)이 있다. 1939년 이래 저자가 일본 전국을 두루 답사하고 각지의 민간전승을 속속들이 조사하여, 상민문화를 구축하고 지탱해온 전승자로서의 '노인'이 어떤 환경에서 살아왔는가를 그들 자신이 말하는 라이프스토리를 섞어가며 생생하게 묘사한 것이다. 이른바 일본 근대사의 서민의 문화와 생활, 정신의 현상을 '민속학적'으로 재구성한 것으로서 패전 후 1958년부터 '민화(民話)의 회'의 기관지인 『민와(民話)』(未來社)에 연재되었다. 메이지유신 이후 1945년 8월까지의 일본 근대사는 이로까와 다이끼찌가 말하듯이 러일전쟁·태평양전쟁을 제외한다 하더라도 절반 이상의 기간을 연 15회에 걸쳐 전쟁으로 날을 새고, 그 대부분이 조선·중국에 대한 침략전쟁으로 일관하던 시대다.[175] 일본 전국 방방곡곡에 전쟁의 참화를 경험한 '노인'이 살고 있었던 것은 말할 것도 없다. 실제로 『잊혀진 일본인』에서도 한몫 챙기려고 조선이나 대만으로 건너갔던 일본인의 모습이 묘사되고 있으며 청일전쟁과 러일전쟁에 관한 글도

실려 있다. 그러나 '전쟁체험의 사상화'라는 언어를 사용하자면, 그것과 관련된 기술은 전혀 없고 전쟁과 상민문화, 전쟁에 관련된 인생경험이라는 종류의 기술도 거의 보이지 않는다. 미야모또의 업적은 1968년 이래 『미야모또 쯔네이찌 저작집』(未來社)으로 간행되기 시작해 현재 49권까지 나와 있고, 그중 제2권에는 「전쟁체험을 살리는 길」이라는 글도 있다. 그러나 거기에 '조선'과 '조선인'이라는 용어는 나오지만 그 사상적 깊이는 별것이 없다는 느낌이 든다. 도대체 '전승'이나 '민속학'이란 무엇인가 하는 커다란 의문에 부딪히지 않을 수 없게 된다.

민속학이 '야나기따(柳田)민속학'을 비롯하여 식민지주의를 그 학문 내적 영역에 포함하면서도 전후 일본에서는 그것을 은폐하는 형태로 '일본민속학'이 성립되었다는 것은 무라이 오사무(村井紀)의 『난또오(南島)이데올로기의 발생: 야나기따 쿠니오와 식민지주의』(福武書店 1992)와 이와모또 요시떼루(岩本由輝)의 『야나기따민속학과 천황제』(吉川弘文館 1992), 카와무라 미나또(川村湊)의 『'대동아민속학'의 허실』(講談社 1996), 혹은 코야스 노부꾸니(子安宣邦)의 『근대지(近代知)의 고고학: 국가와 전쟁과 지식인』(岩波書店 1996) 등에서 분명히하고 있는 바다. 야나기따민속학에서 농정학(農政學)·식민지정책학자로서 '한국병합'에 깊이 관여했던 야나기따의 스캔들이 감춰져 있는 것은 잘 알려진 사실이다. 민속학은 동질적인 '일본-일본인'을 정치적 작위로 만들어냈고, 이를 위해서라도 '외지(外地)'인 조선·대만·만주에서의 '민속'을 잘라버리려고 한 것이며 더구나 전후 일본민속학은 그 식민지주의의 과오를 아무것도 추궁하지 않고 있다.

뿐만 아니라 그 민속학에는 야나기따 쿠니오의 언설에서도 대표적으로 나타나듯이 '일본인'과 '천황'의 운명적인 관계가 정서적인 형태로 짜맞추어져 있다.[176] '인간선언'에서 천황에 대한 '사이비 전승〔擬似物

語]'이 붕괴된 후, 야나기따는 그것을 '조상의 혼백(祖靈)'으로 재구축하려 했다고도 할 수 있다. 물론 민속학자 고또오 소오이찌로오(後藤總一郞)가 말한 것처럼 일본 '상민'의 심성에는 '고유신앙'에 근거한 '종교성'으로서의 천황에 대한 감정이 잠재되어 있고, 더구나 그것은 결코 권력체계로서 천황신앙이 아니라 이른바 비권력체계로서의 천황신앙 이미지였다고도 말하고 있다(「'상민'에게 잠재된 천황신앙」).[177] 그러나 그렇다고 하더라도 야나기따민속학에 대해서 말하자면 이와모또 요시떼루가 앞의 저작에서 말하는 것처럼 "자신들이 하는 것이 민중의 역사라고 하면서도 그 대상을 상민이라는 틀에 두들겨맞춘 민중으로 한정하고 천황 혹은 천황제의 본질 해명을 회피하는 모습이야말로 문제가 있다"고 생각해도 좋을 것이다.

원래 민속학은 전승과 전통과 관련되면서도 당해 시대를 살았던 사람들의 사상과 정신의 현상과 관련시켜 논의되어야 하는 것이라고 생각한다. 그러나 그런 점은 각설하고 여기서는 1971년에 경제학자 무라까미 야스스께(村上泰亮) 등에 의해 전개된 '신중간층 논쟁' 이후 일본에서는 '신중간층'이나 '신중간 대중' '개인주의' '중류 환상' 등의 용어가 유행했으며, 고도성장기 이후의 '풍요로운 사회'의 사회분석 내지는 사람들의 아이덴티티 현상을 고찰하는 '학문적'인 영위가 왕성해져갔던 점에 유의할 필요가 있다. 지금 이러한 흐름을 일괄해서 논할 여유는 전혀 없지만, 그러나 적어도 거기에는 전후 일본이 과제로 삼아왔던 외부세계, 타자 아시아, 그중에도 조선이 그 구조 속에서 제대로 취급받지 못하고 있다는 것은 분명하다.

나아가 전후 일본에서 종종 유행했던 '일본인론' '일본문화론'에 대해서 논하자면, 그것은 주로 타자를 매개로 하지 않는 자기완결적이고 폐쇄적인 자기인식으로서 등장했는데, 특히 1960년대 후반에서 80년대 중반에 걸쳐 일본의 경제적 성공과 정치적 안정을 구가하는 언설로서 논의되었다. 이른바 '일본'이라는 '특수성'을 긍정적으로 파악하는 것으로서, 일본인 '집단' 및 '조직'의 원리에서의 '종적(縱的) 특성'을 높이 사고 또한 일본문화의 독자성을 이데올로기적으로 논하며 '넘버원 재팬'(Japan as No.1)이라는 형태의 일본적 경영의 우수성을 강조하는 것이었다. 이것에는 일본 근대사를 어떻게 이해할 것인가 하는 역사인식의 문제가 결정적으로 결여되어 있었다.

이미 언급한 것처럼 전후역사학을 대표하는 이시모다 쇼오는 일본 고대사·중세사를 전공하였고 또한 토오마 세이따(藤間生大)는 일본 고대사·고대 동아시아사에 집중하였다. 그러나 두 사람은 동시에 역사학의 여러 문제에 대해서도 깊은 관심을 표하면서 특히 패전/해방 후의 조선과 재일조선인이 가지는 의미를 이해하고 이를 위해서라도 일본인의 민족의식의 현상을 문제로 삼았다. 여기서 토오야마 시게끼(遠山茂樹) 등 다른 역사학자를 일부 덧붙여도 좋을 것이다. 그 점에서 민중사가 전후 역사학을 계승하면서 정신구조로서의 천황제에 착안하여 변혁기 민중운동의 의의를 해명하려고 했던 점은 높이 평가될 수 있다. 그러나 그 점에서 전후 일본의 과제라고 할 수 있는 민족문제·식민지문제에 중점을 두는 문제의식이 충분하게 반영되지 못했다는 것은 정말 애석한 일이다. 막말·메이지시대의 변혁주체를 논하면서도 동시대사로서 전후 일본의 역사추진 주체를 어떻게 문제로 삼을 것인가 하는 과제의식이 거기에는 결여되어 있다고 하지 않을 수 없으며, 그것은 약간 다른 형태이기는 하지만 사회사연구나 국민국가론에서도 마찬가지라고 해도 그리 틀린 말이 아닐 것이다. 그런 의미에서는 민중사 이후의 일본 역사연구는 전후 일본역사학의 귀중한 재산을 제대로 계승하지 못했다고도 할 수 있으며, 그만큼 역사학은 사회변혁 과정에서 영향력을 약화시켜가게 되었다고 생각한다. '민중'이라는 용어로 말하자면 그것이 가지는 추상성·애매성은 그후에도 보완되지 못했으며, 서구적인 의미에서 근대 '국민'으로 편성되어간 일본의 민중이 가지는 아시아적인 의미, 즉 아시아 침략과 그로부터 기인하는 탈식민지화에 대한 문제의식이 명확하게 의식되지 않은 채로 남아 있다.

물론 이렇게 이야기한다고 해서 민중사와 사회사, 기타 분야의 역사연구자가 조선이나 재일조선인에게 관심이 없거나 등한시하였다는 것은 아니다. 내 경험에만 비추어봐도 그러한 연구자의 대다수는 한국민주화운동의 전개에 대해 연대라는 용어를 쓰면서 재일조선인의 어려운 처지에 대해 마음 아파했다. 그러나 그것과 학문연구의 내실이나 성과는 또다른 문제다. 여기서 그러한 학문연구의 내실과 성과를 가볍게 논할 수도 없고 또한 그것을 평가할 자격이 내게 있는 것도 아니다. 그러나 적어도 역사연구가 현실의 문제를 등한시할 때 나타나는 역사에 대한 관심은, 고도성장기에 반복되었던 '역사 붐' '고대사 붐', 나아가 '민속학 붐'이라든가 '사회사 붐' 등과 같은 정신적 안정이나 오락의 문제로 왜소화될 우려가 있다. 오해를 받을지도 모르겠지만 고도성장 이후 언어를 매개로 성립되는 학문이 현실과 구체적으로 어떻게 관련되어가는가 하는 문제를 소홀히 여기고 자각하지 못하는 사이에 폐쇄된 체계를 만든다고 하는 일종의 회피현상, 도피현상을 드러내고 있었던 것은 아닐까 하는 생각조차 든다.

식민지 체험자의 문학표현

원래 사회과학 분야에서 민족문제·식민지문제를, 그것도 민중의 차원에서 취급하는 것은 매우 곤란한 과제라고 생각된다. 서적이나 자료를 통해서 그것에 접근하려고 해도 일찍이 식민지에서 살았거나 혹은 일상생활에서 재일조선인과 접한 원체험이 없는 한 그 작업은 상상의 영역을 벗어나지 못하는 것이 될 수밖에 없다. 그런 의미에서 민족문제·식민지문제는 학문연구가 아니라 오히려 다른 방법에 의해서 서술되는 것이 쉬웠을지도 모르겠다. 실제로 그러한 작업은 1950년대 이래로 특히 1970년대에 들어가면서 조선에서 출생하고 성장했던 식민지체험을 갖고 있는 일본인, 그것도 식민자 2세들에 의해서 문학의 영역에서 적지 않게 형상화돼왔다고 할 수 있다.

1927년 경상남도에서 태어나 패전 후 귀국했던 코바야시 마사루(小林勝)의 경우는 한국전쟁이 일어났던 1950년대부터 활발한 문학활동을 펼치면서 스스로의 조선체험과의 가차없는 격투를 문학작품으로 승화시켰다. 「포드·1927년(フォード・一九二七年)」(『新日本文學』 1956.5) 등의 작품에서는 자신의 조선에 대한 향수를 통해 그곳에 살고 있는 사람들의 끝없는 저력에 대해서 언급하면서 그것을 확인함으로써 향수를 사랑으로 변화시키고 자기의 재생으로의 길을 펼치려고 했다.[178] 더구나 코바야시 마사루는 생전에 조선의 고향을 "'그립다'고 말해서는 안된다"고 스스로를 경계했다고 한다. '그립다'고 생각하는 것은 식민지 지배의 수난 속에 살아왔던 조선인을 짓밟는 일이 되며 그 수난을 강요했던 식민자·일본인으로서 자신에 대한 척결을 불가능하게 하는 것이라는 점을 알고 있었기 때문이라고 한다.

이윽고 1970년대에 들어서서 1924년 조선 경성에서 태어난 무라마쯔 타께시(村松武司)가 『조선식민자』(三省堂 1973)를 저술하여 단순한 '과거의 식민사'가 아니라 "역사와 현재를 관통하는 일본인 총체로서의 '나'"를 "현재의 일본인들을 향해서" 썼다. 조선에서 생활하면서 피식민자·조선인을 볼 수 없었다는 것이 '민중'의 한사람인 일본인을 식민자로, '파씨스트'로, '지배자'로 만들었다는 것이다.[179] 무라마쯔에게는

『조선해협』(小山書店 1960)과 『조국이 있는 자와 없는 자』(同成社 1977)라는 시집이 있는데, 두 작품에 나오는 시는 모두 식민자의 고뇌를 노래하는 것이었다.

물론 조선 출생 식민자 2세에 의한 문학활동이라고 하면 다른 누구보다도 이미 언급했던 모리사끼 카즈에의 이름이 떠오른다. 모리사끼는 신라의 고도 경주에서 보낸 10대의 나날들이 스스로의 정신적인 풍토를 형성하는 데 지우기 어려운 영향을 미쳤다고 한다. 패전 후 일본에서 생활한 모리사끼는 이윽고 찌꾸호오의 탄광지대에 조직된 '써클촌'에서 문화운동과 탄광노동자운동에 관여하면서 '성(性)'과 '계급'을 축으로 '민중'의 현상에 관해서 예리한 글을 써나간다. 그것은 사회과학적인 사고를 깊이있게 해나갔다고 하기보다는 약자를 중심으로 다양한 사람들과의 만남을 통해 심정세계에 뿌리내린 내적 대화를 깊이있게 해나간 것이었다고 하겠다.

모리사끼 카즈에는 1995년부터 약 2년간 이시무레 미찌꼬(石牟禮道子) 등과 여성교류지 『무메이쯔우신(無名通信)』을 발행했는데 창간호 권두언에 다음과 같이 쓰고 있다. "우리들은 여자에게 씌워진 호칭을 반납합니다. 무명으로 돌아가고 싶습니다. (…) 어머니·처·부인·딸·처녀 등 (…) 우리들의 호칭에 이러한 도덕적인 악취를 풍기게 만든 것은 가부장제(아버지주의)입니다." 이러한 주장은 1970년 10월 국제반전의 날 데모행진 속에서 출현하는 '우먼 리브'(Woman Lib)의 선구가 되는데, 모리사끼 자신은 '제3의 성'이라는 관념을 제창하고 있다. 더구나 모리사끼는 그 많은 저작 속에서 식민지에서 보낸 유소년기의 체험에 대해 언급하면서, 예를 들어 "내가 17살 때까지 조선인 어린이부터 노인에 이르기까지 그들의 시선에서 집단간(集團姦)을 느껴보지 않은 적은 한번도 없었다"고 말하고 있다. 즉 모리사끼는 계급사회에서 성역할의 강제와 여성에 의한 성역할의 내면화를 래디컬하게 비판함과 동시에 피지배민족의 지배민족에 대한 강렬한 증오심 속에서도 섹슈얼한 함의(含意)를 읽어내고 있다.[180]

　태어나서 자란 조선과 친숙해지기 어려운 일본, 더구나 식민자=가해, 피식민자=피해라는 도식을 받아들이기 어려운 굴절감과 자기모순. 이윽고 모리사끼는 20년 이상 세월이 지난 1968년에 한국을 다시 방문했을 때부터 '어머니의 나라' 조선과 일본/일본인의 관계성에 대해 깊이 고뇌하고 그것을 사상화하려고 시도했다. 모리사끼는 「길 떠날 때(旅ゆくところ)」라는 시를 읊고 있다.

　　　태어난 곳 그곳이 고향이라고
　　　그렇게 나에게 말할 수 있을 리가 없다
　　　그것은 당신의 고향
　　　갓난아기는 잠자고

　　　태어난 곳 그곳이 고향이라고
　　　그렇게 나에게 말할 수 있을 리가 없다
　　　그곳은 당신의 혼
　　　갓난아이는 잠자고

　　　(…)

　　　태어난 곳 그곳이 고향이라고
　　　그렇게 말하는 사람들과 산다
　　　하늘을 우러러보는 초목처럼

여기는 땅바닥

여행 떠나는 곳

생명의 뿌리의 나라, 여행의 하늘

『대나무 피리 하나(ささ笛ひとつ)』, 思潮社 2004

　모리사끼 카즈에는 1970년 이후 평론집 『어머니 나라와의 환상결혼』
(現代思潮社 1970), 『이민족의 줄기』(大和書房 1971), 『고향의 환상』(大和書房
1977), 『경주는 어머니가 부르는 소리』(新潮社 1984) 등의 저작을 차례차
례로 발표했다. 『어머니 나라와의 환상결혼』에서는 다음과 같이 말한
다. "아무리 생각해도 나에게는 일본민중이 조선민중에게 저지른 죄는
차별 등등이라고 하는 개념조차 불명확한 심정적 차원 따위가 아니라고
할 수밖에 없다. 직감적인 결론을 말하자면 일본인 민중의 생활의식(전
통적인 민중의 생활정신)이 민중 총체의 의지적인 기능이 되어 타민족
에게 직접 작용하게 되었을 때, 그 방법론의 오류가 이웃나라 민중에 대
해 정면으로 대응하는 가해가 되었다고 생각한다. 그것은 지배권력인
제국주의적 죄악과 중복되어 있기도 하지만, 한편으로는 그것과는 전혀
다른 이질적인 차원을 형성하는 곳에서 민중이 자기 전통을 민중이라는
주체로서 스스로 민족성이라고 이해하고 그것을 타민족에게 강요하려
고 한 행위였다." 그리고 "일본인 대다수는 나는 조선인을 차별하지 않
았다. 그것은 동화를 위해서였다고 한다"라고 하며, 일본인은 (그리고
조선인도) 동화라는 형태로밖에 타자를 바라보지 못하였고 따라서 정치
에서 선긋기가 바뀌었을 때 바로 잊어버리고 말았다고 언급하고 있다.
　일본의 식민지 지배가 그러했고 전후 일본의 노동운동·반체제운동

내부에 있던 문제도 그러했으며, 나아가 재일조선인의 조국지향에서도 그러한 동화주의라는 함정이 도사리고 있었다고 말하는 것이다. 코마쯔까와사건의 범인 이진우 구명운동에 분주하게 활동하던 박수남(朴壽南)에게 보낸 편지에서는 다음과 같이 언급하고 있다. "피해의식을 아무리 분석해보더라도, 또한 가해라는 죄를 일본민족 안에서 추궁해보더라도 그 역사적 사실을 뛰어넘을 수는 없는 것이며 어느 민족에게도 충격을 줄 수 없습니다. 우리가 되살아날 수 있는 것은 서로서로가 독창성이 풍부한 문화를 창조하고, 서로 인정하고 또한 그것이 세계사에 작용할 수 있는 힘을 얻었을 때라고 생각합니다." "당신들 2세, 3세들이 모국과 유사성을 가진 자신들을 찾기보다도 민족적인 본질을 단절적으로 계승하고 있는 것에 관한 내실을 사상화해서 그 안에 가공되어 들어온 채로 편입되어 있는 일본적인 질(質)을 찾아내서 일본인의 시계(視界)를 부숴버리고, 그러한 역량을 모국의 민족들에게 충격으로서 안겨주시기를 진심으로 바라는 바입니다"라고. 여기서는 스스로 조선과 일본의 중간에서 고심하는 모리사끼의 가해·피해를 넘어선 자기변혁, 그리고 역사의 비극을 극복하려는 연대사상이 들어 있다고 말할 수 있다. 그것은 "어머니의 나라" '조선'을 모국으로서 찾아내려는 여로(旅路)이며, 그것을 받아들여줄 일본 그리고 조선(한국)을 찾아내고 싶다는 소망이었다고 이해할 수 있다. 실제로 모리사끼는 1968년 4월 경주중고등학교 초대 교장이었던 돌아가신 아버지를 대신해 개교 30주년 기념식전에 초대받아 전후 처음으로 한국을 방문하게 되는데, 그때 "한국은 울퉁하게 변화하고 있다. (⋯) 아니 태어나고 있었다"[29]고 경탄한다.

덧붙여서 모리사끼 카즈에가 천황제를 비판한 직접적인 표현은 그다지 많지 않지만 예를 들어 「토오꾜오에 계신 분을 향해서 절하는 것이 좋다」(『천황제』 논집, 三一書房 1974)에서는, 메이지유신 전후의 하층민중은 천황을 제외한 '일본'이라는 애칭이 일상용어가 되어 있었음에도 불구하고 메이지정치체제의 확립과 더불어 국민의식이 천황제 관념에 의해 통일적 실태로서 나타나기 시작했다고 한다. 원래 그것과는 별도로 모리사끼가 '모국 조선'이라고 할 때, 거기에는 이미 반천황제 사상이 포함되어 있으며, 또한 민족과는 불가분의 자기책임이라는 생각도 포함되어 있다고 하겠다. 그런 의미에서도 모리사끼의 언어는 한없이 소중한 것이다.

식민자 2세 작가라고 하면, 그외에도 히노 케이조오(日野啓三), 후루야마 코마오(古山高麗雄), 고또오 메이세이(後藤明生), 카지야마 토시유끼(梶山季之) 등이 있는데, 그들은 1970년 전후에 일제히 작품을 출간하기 시작한다. 원래 식민자 2세에게 있어서 조선이라는 고향을 그리워하는 것은 인간으로서의 본성이며, 그것은 자기의 출신에 대한 고뇌의 원점이기도 했다. 조선에서 태어난 자이니찌 1세에게도 마찬가지로, 그것은 언젠가 조국으로 돌아가는 '꿈'으로 계속 이야기되고 있다. 그러나 1922년생인 시인 카야마 스에꼬(香山末子, 조선이름 김말자金末子, 호적 이름 김말임)에게 조선의 고향은 다시 볼 수 없는 '몽상'일 뿐이었다. 20세에 일본에 와서 1944년에 발병하고 1945년에 한센병 요양소에 들어갔던 카야마는 맹인이 되었고 더구나 손과 발에 장애를 얻게 되었다. 그 내적 세계는 망향에 대한 사무친 향수와 이별한 가족에 대한 그리움으로 가득 차 있다. 카야마는 「고추가 있는 풍경(唐辛子のある風景)」이라는 시를 지었다.

내 고향에는 초가지붕뿐
가을이 되면 초가지붕엔
새빨간 고추가 말려진다

어느 집 지붕도
가을 하늘 아래 고추가 빛나
눈부실 지경이다

일본의 지붕에는
샛빨간 매실이
바구니에 담겨 일광에 말려지고 있다
나는 열이 날 때마다
샛빨간 매실을 입에 댄다

한국의 저 샛빨간 경치는
지금 어떻게 되어 있을까?
눈에 떠올랐단 사라지지 않는 열이 나던 날

카야마 스에꼬 『꾸사쯔 아리랑(草津アリラン)』, 梨花書房 1983

연대와 교류의 심화

1970년대 한국 민주화운동에 대한 일본/한국의 연대 움직임은 중요한 의미를 가진다. 그 연대의 움직임 속에서 일본인 특히 지식인은 적지 않게 '민중'을 문제로 삼게 되었다. 그것은 먼저 투쟁하는 한국민중을 이해하고, 연대·지원함과 동시에 그 투쟁에 호응하는, 혹은 호응해야 할 일본민중을 논하고 어떻게 연대·지원의 폭을 넓혀갈 것인가 하는 점이었다. 더구나 그것은 학문연구와 문학표현이라기보다는 현실의 긴장에 가득 찬 연대운동·변혁운동 속에서다. 패전 후 일본의 사회운동에서는 50년대의 '국민적 역사학' 운동에서 일부 '민중'이 문제가 된

적이 있지만, 70년대 이후의 일본과 한국의 연대운동에서 더욱 전체적이고 현실적으로 문제가 되었으며, 생각하기에 따라서는 학문연구의 대상으로서도 '민중'을 본격적으로 연구할 가능성을 열어주게 되었다고 할 수 있다.

일본/한국의 연대운동에는 많은 일본지식인이 참가하였는데 그중에서 민중과 관련된 논고를 가장 많이 쓴 사람은 카지무라 히데끼(梶村秀樹)였다. 조선사연구자였던 카지무라는 조선사연구회와 일본조선연구소에서 주도적인 역할을 담당하면서 조선사·일조관계사와 일본인의 역사인식의 현상과 관련하여 많은 글을 남겼고, 또한 재일조선인운동을 지원하는 논고도 많이 저술했다. 너무 무리를 한 탓인지 1989년 5월 53세를 일기로 서거하였는데, 『카지무라 히데끼 저작집·별권』(明石書店 1990)의 연보를 보면 가혹할 정도의 일정으로 집필·강연·운동을 계속하는 생활이었다. 대학교수로서 강의는 물론이고 정말 동분서주하는 바쁜 틈을 이용한 집필활동이었다. 매달 몇편이나 되는 논고·번역·서평·해설·강연록·기사 등을 각종 잡지에 기고했고, 또한 저서·공저·번역서 등도 다수 출판했다. 일본사회에서는 거의 등한시되고 있던 조선어교육에도 진력했는데, 1970년 10월에 토오꾜오 요요기(代代木)에 조선어강좌 '현대어학숙(現代語學塾)'을 발족했고, 또한 근무하고 있던 카나가와(神奈川) 대학에서 1969년 4월에 '자유강좌 조선론'을 개강했으며, 이어서 1974년 4월에는 조선어강좌를 개강했다.

카지무라 히데끼와 동지로서 한국 민주화운동에 진력했던 사람이 와다 하루끼였다. 러시아사 전공인 와다는 한국민중의 투쟁에 호응하는 형태로 본격적으로 조선문제에 관심을 갖고 교류와 연대를 깊게 하면서 적지 않은 논고를 『세까이』를 비롯한 여러 잡지에 발표하게 된다. 와다는 『세까이』 1975년 11월호에 기고한 「한일연대의 사상과 운동」에서 스스로의 활동의 의미를 다음과 같이 명확하게 하고 있다. 그것은 1972년에 쯔루미 슌스께가 오산의 결핵요양소에 수감되어 있던 김지하를 면회했을 때 김지하가 말한 이야기를 전해들은 것이었다.

"'Your movement cannot help me. but I will add my voice to help your movement'(당신들의 운동은 나(김지하)를 구원할 수 없을 것입니다. 그러나 나는 기꺼이 당신들의 운동을 구원하기 위해서 힘을 보태고 싶습니다). 여기에는 일본인의 안이한 지원운동, 연대운동을 준엄하게 거부하는 자세가 있다. (…) 이 말이 의미하는 것은 김지하를 도와주기 위해 시작된 일본인의 운동은 김지하를 이렇게 가두어두고 있는 박정권을 일본이 도와주고 있다는 놀랄 만한 상태에서 일본인 스스로를 구원하려는 운동이 되어야 할 것이라는 점이다. 우리들은 오히려 생사기로에 서 있는 김지하에게서 도움을 받고 우리들 스스로를 구원하게 되는 것이다. 실은 바로 이때 우리 스스로에게 있어서도 억압적인 틀 속에 있는 우리 자신들의 모습을 발견하고 거기에서 스스로를 구원하게 된다는 구조논리에 우리들은 부딪히게 되었다"라고.

이렇게 해서 카지무라 히데끼와 와다 하루끼를 비롯하여 수많은 지식인·학생·노동자 등이 재일조선인과 더불어 조선역사와 일본/한국(조선)관계의 사실을 배우고 조선어를 공부하고 운동의 대열에 동참하여 때로는 데모와 단식투쟁을 행하고 각종 미니꼬미잡지와 팸플릿을 인쇄·배포했다. 그러는 가운데 와다 하루끼의 『한국민중을 응시하는 일』(創樹社 1981)은 김대중납치사건 이후 일본/한국이 연대운동에 참가했던 저자가 주로 역사가와 문학가들과 교류했던 것을 정리한 것으로, 일본인의 입장에서 한국 민주화운동이 가지는 의의, 한국민중 그리고 지식인에게서 무엇을 배울 것인가 등에 대한 응축된 사고를 보여주고 있다.

1970년대 후반에서 80년대에 걸쳐서 한국 민주화운동에 관한 서적

이 다수 출판되었는데, 그것은 무엇보다도 민주화운동의 상징적 존재였던 김지하에 관한 소개와 번역에서 출발했다고 할 수 있다. 시부야 센따로오(澁谷仙太郎: 시부야는 필명이고, 본명은 하기와라 료오萩原遼—옮긴이) 번역『기나긴 암투의 저편에』(中央公論社 1971), 김지하작품집 간행위원회 편역『민중의 소리: 극형의 감옥에 있는 남조선 행동시인의 격문시집』(サイマル出版會 1974), 김지하간행위원회 편역『고행: 옥중에서의 나의 투쟁』(中央公論社 1978) 등이 그 대표적인 것이다. 이어서 서용달(徐龍達) 편역『침묵에 저항하여: 한국 지식인의 발언』(筑摩書房 1978), 와다 하루끼 외 편역『한국민중의 길: 정신·생활·역사』(三一書房 1980), 그룹 쿠사노네(草の根: 풀뿌리) 편역『민중의 결정(結晶): 한국 민주화운동의 저류에 있는 것』(現代書館 1981), 와다 하루끼·카지무라 히데끼 편『한국의 민중운동』(1986),『한국민중: 학원에서 직장까지』(1986),『한국민중: '새로운 사회'로』(1987, 이상 勁草書房) 등, 한국의 지식인·민중의 목소리를 각종 잡지 등에서 소개·번역한 것이 출판되었다. 그 논점은 역사·정치·일본/한국관계·노동운동·문화운동·여성운동·교육운동, 기타 모든 분야에 걸쳐 있으며 민주화운동의 기본적인 특질을 파악할 수 있도록 되어 있다. 전후 일본에서 타국의 생생한 목소리를 전해주는 번역서 등이 이렇게 단기간에 대량으로 나온 것은 이것이 처음이자 마지막이 아니었나 하는 생각이 든다.

　더구나 한국민주화운동에서 문학과 각종 민중예술운동이 투쟁의 주요한 무기가 되었던 점에서 문학과 민중예술에 대한 소개와 번역이 적지 않게 이루어졌다. 김학현(金學鉉) 편역『조선의 저항문학: 겨울 시대의 증언』(拓植書房 1977),『제3세계와 민중문학』(社會評論社 1981), 안우식(安宇植) 편역『한국 민중문학론: 백낙청 평론집』(三一書房 1982) 그리고 양민기(梁民基)·쿠보 사또루(久保覺) 편역『가면극과 마당극: 한국의 민중연극』(晶文社 1981) 등 주로 재일조선인의 손에 의한 것이 많은 데, 이것은 전후 일본에서 문학과 예술운동이 사회변혁의 무기가 되기 어려웠던 것과는 대조적이었다고 할 수 있다. 굳이 말하자면 전후 일본에서는 잡지 『신닛뽄분가꾸』가 문학·예술을 사회운동의 무기로 파악하고 있었다고 할 수 있는데, 실제로 한국민주화운동과도 관련되어 「특집 격동의 한국·그 민중문화」(1980.8), 「특집 한국의 민중적 전통과 오늘의 창조」(1982.10), 그리고 「특집 한일 민중연대의 미래를 찾아서」(1985.6) 등이 나왔다.

지금 여기서 말한 서적은 한국민주화운동과 관련된 것의 일부에 지나지 않는다. 실제로는 더 많은 서적이 출판되었다. 그것은 일본인이 패전 후 처음으로 한국과 본격적인 관계를 가졌던 것을 의미하는데, 그 점에서는 1970년대 후반 이후 한국에 유학하는 일본인이 조금씩 나타나게 되었고 또한 그 기록이 유학 후에 일본에서 출판되었던 것의 의미도 컸다고 하겠다. 문학가이자 현대어학숙 초창기의 조선어교사였던 죠오 쇼오끼찌(長璋吉)가 저술한 『서울 유학기: 나의 조선어 소사전』(北洋社 1978)은 조선어와 관련된 마음이 훈훈해지는 기록문학이다. 70년대라고 하면 또 경찰관과 자위대의 자위관 정도밖에는 조선어를 배우지 않았던 시대였는데, 한국민중의 모습을 생생하게 전해주었던 공적은 큰 것이었다. 앞에서 말한 사와 마사히꼬(澤正彦) 목사는 『서울로부터의 편지: 한국 교회 속에서』(草風館 1984)를 간행하였고, 또 경제학자인 타끼자와 히데끼(瀧澤秀樹)는 『서울 찬가: 한국 유학기』(田畑書店 1984)를 출판해 한국어를 공부하는 즐거움, 포장마차에서의 대포 한잔과 논쟁, 한국노래를 부르는 기쁨 등 서울에서의 생활을 흥미롭게 묘사하고 있다.

아무튼 위에서 말한 서적들은 일본과 한국의 민중 그리고 지식인이 대등한 형태로 처음으로 만났던 것을 보여주고 있는데, 한국의 민중을 논하는 것은 즉 일본의 민중을 논하는 것이었다. 그런 의미에서는 1970~80년대 일본에서의 '한국민중론'은 일본인의 손에 의해서 이루어진 '민중론'의 정화(精華)이며 또한 일본과 한국의 연대운동에 대한 일본인 스스로의 자기성찰 내지는 그것에 대한 의지를 나타내는 것이었다고 할 수 있다. 거기에는 물론 나중에 언급할 재일조선인과 관련된 '자이니찌론(在日論)'도 포함되어 있었다고 생각된다.

변혁의 주체로서의 '민중'

한편 한국 민주화운동과정에서 전개된 한국의 민중론에 대해서 말하지 않을 수 없다. 이에 대해서는 이미 졸저『현대한국의 사상』(岩波書店 2000; 한국어판『현대한국의 사상흐름』, 당대 2000)에서 자세히 언급했다. 그 책을 일부 참조하면서 다시 한번 생각해보고 싶은데, 이미 언급한 것처럼 해방 후 한국에서 '국민'은 '반공국민'으로서만 그 존재가 허락되어 있었다. 사회학자 김동춘에 의하면 1970~80년대 민주화운동은 이러한 '국민'='반공국민'의 논리에 정면에서 저항하고 대결한 것이었으며 그것을 탄압하는 정부권력의 공식적인 논리는 지금까지와 마찬가지로 '빨갱이' 논리였다고 한다. 말을 듣지 않는 '국민'은 '빨갱이'이고, 가족 구성원 중에 혹은 이웃집에 있는 '빨갱이'='불순분자'를 신고하지 않으면 신고하지 않은 사람도 역시 '빨갱이' 취급을 받았던 극단적인 파씨즘의 논리가 항상 준비되어 있었다. 원래 국가가 강요하는 상상의 공동체로서의 '국민'은 다양한 한계를 가진 존재인데, '빨갱이'가 거의 사라지고 20여년이 지난 70년대 한국에서 일어섰던 민중들은 '인간 취급을 받지 못하는' 새로운 '국민'이었다. 즉 자본주의적 산업화와 더불어 형성된 노동자·빈민 집단이며, 그들은 재산이 없는 '별도의 국민'='2등 국민'으로서 취급되었다고 한다.[120]

한국 근대사에서 '민중'이라고 하면 언제나 근대 초기의 민중종교였던 동학의 '민(民)' 개념이 머릿속에 떠오른다. 동학은 '인내천(人乃天)'에 의한 '보국안민(保國安民)'을 교의의 근본으로 삼고 절대적인 가치기준은 초월적인 신이 아니라 만인의 마음속에 있는 한울님이라고 한다. 일제하 항일운동에서도 이 동학의 '민' 사상이 중시되었는데 한국 민주화운동에서도 마찬가지였다. 다만 1970년대 한국에서는 같은 '민'이라도 그것은 기독교에서 말하는 '민'으로 이해되곤 했다. 민주화운동에서 기독교도가 많은 부분을 지탱하고 있었기 때문이기도 하지만, 실제로 기독교신학의 측면에서 '민' = '민중'이 종종 논해졌다.

시기적으로는 1970년대에는 아직 민중개념이 추상적인 단계에 머물러 있었다고 할 수 있다. 잡지 『사상계』 등에서 무교회주의 기독교도인 함석헌이 고난 속에 살아가는 '씨올'을 논한 것은 종교적 민중론의 대표적인 것이다. 『함석헌 전집』 제4권 「씨올에게 보내는 편지」(한길사 1996)를 읽으면 씨올의 의미가 다양하게 논해지고 있다. "사람은 빵으로만 사는 것이 아니다" "씨올은 소리를 내야 씨올입니다" "생각하는 씨올이라야 삽니다" "평화는 씨올이 만드는 것입니다" "씨올이여 일어나라"라는 등의 말이 나오고 있고, '고난의 역사'를 살아가는 각오와 기독교의 순교정신을 배워야 하는 필요성이 강조되고 있다.

1970년대 초 이래 성서학자 안병무(安炳茂)와 조직신학자 서남동(徐南同) 등에 의한 '민중신학'의 제창은 '신의 백성'으로서의 민중론이며, 그것은 군사독재정권에 의한 반공체제리는 틀 속에서 아직은 벗어나지 못하는 것이었다. 신학자 김용복(金容福)은 「메시아와 민중」이란 논고에서 "역사의 주체로서의 민중"을 강조하면서도, 민중과 맑스주의에서 말하는 프롤레타리아트는 근본적으로 다르다고 역설하고 있다. 그는 프롤레타리아트는 사회·경제적으로 정의된 것이지만 민중은 정치적으로 인식되는 것이라고 말한다. 역사적으로 볼 때 민중은 항상 지배당하는 상황이었고 그 때문에 민중이라는 이름 아래서의 정치적 독재, 그중에서도 전체주의적 독재(프롤레타리아트의 지상성至上性)를 정당화하는 것은 허용할 수 없다는 것이다.[181]

여기서 보는 민중신학의 민중론을 비롯해서 1970년대의 민중론은 전체적으로 민중을 여전히 미분화된 관념적인 실체로서 파악함으로써 민중을 구성하는 모든 계급·계층의 생활상의 요구와 정치적인 입장에 대해 구체적으로 파악하지 못한 채로 민중의 피억압상태를 추상적으로 논의하는 수준에 머물러 있었다고 할 수 있다. 다만 거기에는 안병무의 주장에서 분명히 알 수 있듯이 '민중 없는 민족주의'가 비판됨과 동시에 '민족의 주체로서의 민중'을 전면에 등장시킴으로써 「마태복음」에서 말하는 이른바 '민중적 민족주의'와 연결되는 이념의 정립이 의도되고 있었다고 이해할 수 있다.[182]

이러한 민중론이 그 추상성을 탈피하고 '과학적'으로 논의되기 시작한 것은 1980년대 중반이 되어 한국사회의 변혁논리가 다양하게 논의되면서부터다. 즉 민중개념을 둘러싼 논의는 군사정권하의 곤란한 조건 속에서 가까스로 맑스주의가 다양한 경로를 통해 침투되는 가운데 한국자본주의의 성격이라든가 사회구성에 대한 파악, 변혁노선의 선택, 변혁주체의 설정 등에 관한 논의가 깊어지는 것과 관련해 확대돼갔다. 80년대 후반 이후 자본주의 발전에 의해 사회구조가 급속도로 변화하고 민중의 계급적 분화가 진전되면서 거기에 대응하는 노동운동이 활발해지는 등, 사회운동이 급속하게 발전해가는 가운데, 더구나 군사독재정권의 민중탄압이라고 하는 정치적 조건 속에서 민중론은 깊이를 더해갔다. 이 경우에 '압축된 근대'라고 할 수 있는 한국에서는 80년대에 들어와 광범위하게 증가한 중산층을 어떻게 파악할 것인가 하는 '중

산층 논쟁'이 동시에 일어났으며, 중산층의 계급적 자리매김이나 민주
화운동에서의 세력배치에 관한 문제도 논의되기에 이르렀다.

더 상세하게 논할 수 없는 것이 유감이지만 1980년대의 민주화운동
이 '민족민주화운동'임과 동시에 '민중민주주의운동'이었다는 점에서
볼 때 어찌되었건 '민중'이 변혁의 주체로서 자리매김되었다는 점은 틀
림이 없다. 실제로 투쟁의 현장이나 학계, 언론에서는 '민중'이란 용어
가 난무하였고, 거꾸로 국가권력 및 자본가가 가장 싫어하는 용어도
'민중'이었다. 역사학에서는 특히 변혁주체로서의 민중을 강조하는 역
사서술이 중시되어 '민중사학' '민중사관'이 학계를 풍미하였다. 더구나
여기서 말하는 '민중'의 개념은 실제로는 '통일운동시대의 역사인식'과
관련된 변혁주체론이며, '계급연합적' '통일전선적' 의미를 지닌 것이었
다고 강조되기도 했다.[183]

다만 이 '민중사학' '민중사관'이라는 호칭은 시기적으로는 1980년대
말부터 왕성하게 사용되었는데, 그 의미와 내용에 대해서는 오늘날에
이르기까지 아직 본격적으로 정리된 것은 아니라고 할 수 있다. 그 점
에서 70년대에 논의되었던 일본의 민중사와 매우 비슷하다고도 할 수
있으며 한국의 민중론·민중사학·민중사관은 무엇보다도 현실의 민주
화운동을 지탱하는 역할을 했다는 점에서 일본의 민중사와는 커다란
차이점이 있다. 더구나 일본의 민중사가 맑스주의적인 사고에서 탈피
해가는 과정에서 논의되는 경향이 있었던 것에 비해서, 한국의 민중사
학·민중사관은 맑스주의와의 만남 속에서 논의되었다는 점은 기억해
둘 만하다.

옥중체험의 사상화

한국의 민주화운동을 말할 때 빼놓을 수 없는 것은 군사독재정권에

의해서 많은 사람들이 체포·투옥됐다는 점이다. 또 그렇게 체포·투옥된 사람들이 가혹한 옥중체험을 강요당했고 더구나 그것을 적지 않게 정신의 내면 깊숙이에서 사상화하려고 했던 점이다.

전후 일본에서 전쟁체험을 사상화하는 과제가 있었다는 것은 이미 여러 차례 언급했는데 그것은 실제로는 극히 일부의 지식인 등을 제외하고는 거의 볼 만한 성과를 내지 못하였다. 전후 일본에서는 전쟁책임·식민지 지배 책임이 등한시되었고 그 결과 전쟁체험의 사상화도 경시되어버렸다. 그것과 비교해볼 때, 한국에서는 식민지시대의 저항체험을 사상화하는 작업은 개인적으로도, 또한 학문연구와 문학표현 등의 형태로 다양하게 행해져왔다고 할 수 있다. 다만 저항과는 반대의 의미에서의 친일행위, 즉 친일파의 사상 형성의 점검과 해방 후의 그 극복작업은 역시 등한시됐고 그것이 해방 후 한국의 발자취에 커다란 마이너스 요인이 되었다는 것은 이미 언급한 대로다.

그러한 전제하에서 여기서 강조하려는 민주화운동 시기의 옥중체험은 식민지시대의 사상의 영위와는 또다른 의미를 갖고 있다. 무엇보다도 민주화운동이 제2의 건국운동의 성격을 갖고 있는 가운데, 옥중체험의 사상화는 그 자체가 민주화운동의 추진만이 아니라 오늘에 이르기까지 한국 사회변혁운동에서 극히 중요하고 커다란 의의를 계속 가지고 있다. 실제로 21세기 현재 한국사회의 중추를 차지하고 있는 사람들의 다수——혹은 적지 않은 부분이라고 할까——는 1970~80년대의 옥중체험자이고 그 양과 질에서도 세계사적으로도 보기 드문 사례라는 점은 틀림이 없다.

그 점에서 전후 일본에서는 안보투쟁과 기타 사회운동에서 학생·지식인이 체포·투옥되었어도 장기간에 걸쳐 더구나 가혹한 옥중체험을 한 경우는 적었다고 할 수 있다. 물론 한국에서도 같은 옥중체험이라고 하더라도 당시 40~50대였던 대학교수 등 지식인이 계급모순이 격화되기 전의 농촌사회를 알고 있고 분단의 아픔도 실제로 경험한 민족적인 정서를 갖고 있었던 것에 비해, 이른바 '386세대' 즉 '80년대에 대학생으로서 민주화운동을 경험한 60년대 출생의 30대'가 상당히 다른 사고방식과 정서를 갖고 있었던 것은 그 나름대로 상상할 수 있다. 다만 그렇다고 하더라도 아무튼 옥중체험이 어느 쪽에게도 그후의 삶의 방식에 강한 영향을 미친 것은 확실하다.

옥중체험 그것은 군사독재정권하에서는 무엇보다도 '죽음의 공포'와의 투쟁이었다. 김지하는 1975년 5월경 옥중에서 자신의 심경을 다음과 같이 기록하고 있다.

못 돌아가리
한번 딛어 여기 잠들면
육신 깊이 내린 잠
저 잠의 저 하얀 방 저 밑 모를 어지러움

못 돌아가리
일어섰다도
벽 위의 붉은 피 옛 비명들처럼
소스라쳐 소스라쳐 일어섰다도 한번
잠들고 나면 끝끝내
아아 거친 길
나그네로 두번 다시는

(…)

뽑혀나가는 손톱의 아픔으로 눈을 흡뜨고
찢어지는 살덩이로나 외쳐 행여는
여원 넋 홀로 살아
길 위에 설까
(…)

김지하 「불귀(不歸)」

옥중체험은 대부분의 경우 옥중서간의 형태로 외부에 전해졌는데,
일본어 번역판 중 대표적인 책은 김지하간행위원회 편역 『고행: 옥중에
서의 나의 투쟁』(中央公論社 1978), 와다 하루끼·김학현·타까사끼 소오
지(高崎宗司) 공역 『김대중 옥중서간』(岩波書店 1986), 정경모 감수 번역
『꿈이 찾아오는 새벽: 문익환 옥중서간집』(シアレヒム社 1986) 등이 있
고, 또한 재일조선인과 관련한 것으로는 서경식(徐京植) 편역 『서형제
옥중에서 보낸 편지: 서승, 서준식의 10년』(岩波書店 1981) 등이 있다. 모
두 다 저명한 지식인의 것인데 그외에도 이름없는 이들의 옥중체험기
도 많이 있다.

사상가 한양대학교 교수 리영희는 1976년에 해직당하고 1978년에
반공법 위반으로 복역했다. 1980년에 복직했다가 전두환정권하에서 다
시 해직됐는데, 당시의 체포·투옥의 현상에 대해서 다음과 같이 말하
고 있다. "당시의 정보부나 군 수사대에 끌려간 사람들의 취조과정은
다 비슷했겠지요. 모든 것이 다 고문이지. 사흘 동안 잠을 재우지 않고,
4명의 대공반 수사요원이 번갈아가면서 심문을 하지요. 자신들이 미리
짜놓고 요구하는 답변을 끄집어내기 위해서 같은 사항을 계속 반복해

서 물어요. 자기들이 원하는 답변이 안 나오면 몇백번이고 반복합니다. 결국 누구나 지쳐버리게 되지. 무지막지한 고문이지. 도저히 빠져나갈 수 없는 절대적 좌절감과 공포감에 빠지게 만들어요. 버틸 장사가 없어. 나흘 닷새 지나면 결국은 요구하는 대로 대충 쓰게 되지요. 끝내는 대충 그자들이 각본을 짰던 대로 무인을 찍어주게 돼요. 우선 살고보자는 생각에서."[184] 당연히 고문을 받는 도중에 죽음을 당하는 사람도 적지 않았고 또한 허위자백에 의해 감옥에 들어가게 된 사람도 많았다.

옥중서간은 이러한 경과를 거쳐 고독과 공포가 가득 찬 옥중에서 그것도 오로지 생명의 연장만을 소원하면서 써내려간 것이라고 생각된다. 더구나 앞에서 말했던 김지하와 김대중, 문익환의 옥중서간을 읽어보면 때로는 절망감에 사로잡혀, 또 질병에 고통을 당하면서도 민족과 국가, 민중 그리고 사랑하는 가족에 대한 그리움, 조국통일에 대한 기대 등 미래의 희망을 잃지 않는 심정을 엿볼 수 있다. 시적이며 정감이 풍부한 그들의 글에는 조선민족이 가꾸어온 문화와 전통이 모두 담겨 있는 듯한 착각조차 들게 된다.

1977년 4월 16일 실형이 확정된 후 전주(全州)형무소에 이감되었던 문익환은 부인에게 보낸 첫 편지에서 이렇게 쓰고 있다. "이곳 들어서던 날/감방 쪽으로 돌아서는 길목에서/말없이 지켜보던 개나리 꽃봉오리들/활짝 피며 흩날릴 그 금싸라기들은/영영 볼 길이야 없겠지만……"(『꿈이 찾아오는 새벽: 문익환 옥중서간집』).

이들의 옥중서간에는 예외없이 일본에 대한 성찰이 포함되어 있다. 일찍이 종주국이었고 지금도 박정희정권을 지원하며 조국을 유린하고 있는 일본──그 사실을 어떻게 이해하고 어떻게 대처해야 하는가. 그 의미에서 옥중서간은 조선 근대사뿐만 아니라 일조관계사·한일관계사 나아가 아시아 근대사를 둘러싼 스스로의 사색·갈등의 궤적이며, 역사관·역사인식 그 자체를 고백하는 공간이기도 했다. 실제로 옥사에 묶여 있던 '정치범·사상범'이 가장 즐겨 읽었던 것은 문학과 역사에 관한 책이었다. 시대는 바야흐로 독재냐 민주주의냐, 외국에 예속될 것인가 민족자립인가, 남북분단인가 민족통일인가를 둘러싸고 격동하고 있던 한국 현대사의 하나의 분수령이었다.

옥중서간 중에서도 내가 본 바로는 신영복(申榮福)의 『감옥으로부터의 사색: 신영복 옥중서간』(돌베개 1998)이 출중하며, 옥중체험의 사상화라는 의미에서는 가장 뛰어난 것 중의 하나라고 생각된다.

신영복은 1941년생으로 경제학도였는데 1968년에 통일혁명당사건(이하 통혁당사건)으로 구속되었다. 『감옥으로부터의 사색』에는 사형선고를 받았던 1969년 1월의 남한산성 육군형무소 시대부터 1988년 전주형무소에서 출소하기까지의 20년간, 옥중생활 전기간에 썼던 기록과 엽서가 수록되어 있다. 죽음의 공포라는 극한상황에서 화장실 휴지에 써내려갔던 사색의 흔적, 사랑하는 가족에게 보낸 엽서, 소박하고 인간적인 향기가 물씬 풍겨나는 삽화 등에서 옥중의 체취와 고뇌 그리고 시심(詩心)을 엿볼 수가 있다. 그 옥중서간의 출판은 이윽고 사람들의 마음을 사로잡았고 특히 젊은 지식인들을 분노로 일어서게 만들었다. 역사학자인 한홍구(韓洪九)에 의하면, 신영복은 감옥생활에서 죄수 중에 노인이 많은 것을 발견하고 저변의 생활실태를 알게 되면서 젊은 탓에 생기는 관념성을 타파하고 인간과 사회에 대해서 새로운 이해를 심화시켜나갔다고 한다. 이른바 옥중생활은 그 자체가 새로운 역사인식의 획득에 의한 자기개조·인간개조였다고 한다.[185] 출소 후에 신영복은 성공회대학교 교수가 되는데, 성공회대학이 진보적 지식인의 거점이 되어 기존의 이해관계나 이데올로기에서 벗어나 민중과 함께하는 '아웃싸이더'적인 존재가 되었던 것도 신영복의 옥중체험이 얼마나 중요한 의미를 갖고 있는가를 가르쳐주고 있다.

그건 그렇다고 치고 지금 1970년대의 지식인, 그중에서도 대학교수에 대한 탄압에 대해서 언급하면 1972년 10월 유신개헌 후 한국의 각 대학에서는 정권에 비판적인 교수들에 대한 연행이 시작됐으며, 그것과 보조를 맞추어 문교부가 교수 재임용을 거부하는 사례가 증가해갔다. 1975, 76년경에는 그런 사태가 눈에 띄게 되었고, 1976년 이후의 통계만으로도 해직교수의 숫자는 전국 98개 대학 181명이나 되어 거의 모든 대학에서 나타나는 현상이었다. 박정희가 죽은 후 최규하정권이 등장하고 1979년 12월에 해직교수의 복직이 허용되었는데, 해직교수의 전체 숫자는 300명 혹은 400명이라고도 하지만 강사나 젊은 연구자를 포함하면 상당한 숫자에 이르렀다고 한다(『아사히신문』 1980. 4. 3). 이른바 기골있는 대학교수는 거의 전부 체포·투옥됐다고 생각되는데, 그것은 거꾸로 한국 민주화운동이 얼마나 광범위하고 강력한 것이었는가를 보여준다.

1980년 3월의 신학기, 이른바 '서울의 봄'에 대학에는 지금까지 있던 경찰관이 사라지고 추방됐던 교수가 복귀하여 몇년 만에 복직교수에 의한 강의가 시작되었고 학생들도 연일 집회와 데모를 했다. 4월에는 벌써 『다시 하는 강의』(새밭 1980)라는 복직교수들에 의한 책이 출판되었는데, 그 저자는 고전문학·영문학·신학·역사·정치·사회학·기타 분야에 걸친 당대 일류학자 20명이었다. 그 책의 서문에는 다음과 같이 쓰여 있다. "여기에 기고한 우리들이 1974년 이전에는 서로 모르는 사이도 많았다. 교수 해직이 시작되면서 처음에는 우리는 더러 다방에서 만나서 같이 의논하고, 여름에는 정릉 계곡의 정자를 찾아서 서로의 소식을 들으며, 이 시대의 대학을 염려하고, 겨울에는 우리들 가정에 식사초대를 받고 모여서 몇차례 성명서도 작성하고, 혹은 공판정, 혹은 기도회 또 혹은 교도소 등 여러 장소에서 만나는 사이에 우리는 깊은 우정으로 연대하게 되었다. (⋯) 오래간만에 다시 강단에 서서 강의로써 학생들을 대한다는 것은 여간 기쁜 일이 아니다. 그리웠던 학생들이다. (⋯) 우리는 그때 떠날 때도 언젠가는 다시 만날 것을 믿었지만, 이제 이렇게 만날 때도 다시 떠날 것을 염려하고 있다. 이 심포지움은 그러한 염려의 표시다'라고. 때는 바야흐로 광주민중항쟁이 일어나기 한달 전이었다.

'같이 산다는 것은 같이 투쟁하는' 것이리라. 앞에서도 말했듯이 사람은 왕왕 무력하기 때문에 무리를 짓는 것일까. 아니면 무리를 짓기 때문에 무력하게 되는 것일까. 아마도 후자가 진실이겠지만, 그렇게 되지 않기 위해서는 자신의 위치라는 것을 항상 '아웃싸이더' 혹은 '마이너리티'로 간주하는 것이 필요할지도 모르겠다. 민주화운동의 과정에서 사람들이 어떻게 사귀고, 어떻게 투쟁하고, 어떻게 우정을 키워가고, 어떻게 연대의 폭을 넓혀나갔던가 하는 점을 잘 알 것 같은 생각이 든다.

그런데 한국에서의 옥중체험과 비교하기 위해 전후 일본의 옥중체험기에는 어떤 것이 있는지를 조사해봤다. 그리 많지는 않지만 일본대학 전학공투회의(日本大學全學共鬪會議, 약칭 전공투) 의장을 지냈던 아끼따 아께히로(秋田明大)의 『옥중기: 이상의 일상화 속에서』(全共社 1969)와 1970년대 전반 연합적군사건의 주역 및 동아시아 반일무장전선 '전사'들의 옥중서간을 수록한 『신좌익운동 옥중서간집』(新泉社 1994) 등이 있다. 일본의 신좌익운동이 왜 내부 항쟁으로 지새다가 사람을 살육하는 극좌의 '파멸'에 이르게 되었던가. 전후 일본의 학생운동·신좌익운동에 관한 다른 문헌 등도 포함하여 조사해보니 거기에는 '쎅트주의'와 '혁명이론'으로 가득 차 있었지만 '민중'이라는 관점이 약했다는 생각이 들었다. '정치'와 '사상' 그리고 '인생'에 대해 이러쿵저러쿵 떠들어도 '천황제'와 '조선'이라는 근간이 되는 문제는 명확하게 반영되고 있지 않은 듯하다. '죽음과의 대결' 내지는 '죽음에 대한 공포'라는 극한 상황이라고까지는 말하지 않는다 하더라도 민족과 국가를 시야에 두고 극한에 이르기까지 고뇌하고 사고한다는 것도 그다지 볼 수가 없다는 느낌이 든다.

그 점에서 오히려 1968, 69년의 이른바 '연쇄사살사건(連續射殺事件)'의 주인공 나가야마 노리오(永山則夫, 체포당시 19세)가 옥중에서 썼던 『무지의 눈물(無知の淚)』(合同出版 1971; 증보신판 河出文庫 1990)이 가슴에 와닿는다. 그 서두에는 "킨노따마고(金の卵: 황금달걀. 귀중한 인재라는 의미로 1964년 당시 인재부족 시기 중졸 고졸 취업자를 가리키던 유행어—옮긴이)인 중졸자 제군에게 바친다"라는 헌사가 있는데, 이것은 자기들이 집단 취업을 했던 중졸 '킨노따마고'이면서도 그 실태는 단순한 저임금노동력에 지나지 않았던 것에 대한 깊은 사고가 내포되어 있다. 그러한 나가야마는 자기의 빈곤·무지 그리고 범행의 의미를 찾아가는 고난의 행적 속에서 코마쯔가와사건에 대한 박수남 편 『죄와 죽음과 사랑』을 읽고 이진우에게 동정을 느꼈고, 또한 천황제의 죄악을 고발하면서 그 폐지를 주장한다. 폐쇄된 공간에서 실천이 동반되지 않은 사상의 영위라고 하더라도 그것은 바로 처형을 목전에 두고 있는 자의 자기탐구이자 벽돌로 만들어진 벽에 머리를 부딪쳐가면서 계속 자문(自問)했던 증언이며, 시심(詩心)을 가지고 사랑과 우정, 그리고 무엇보다도 모든 선입관과 이데올로기를 배제하고 진실을 추구했던 한 청년의 고백이었다고 할 수 있다.

시인이여 왜 사람을 죽였나
(…) 그것은 운명이다 나는 강하게 살고 싶다

천황은 나에게 무엇일까?
일본인이란 나에게 무엇인가?
형벌이란 나에게 무엇인가?

떨면서, 겨울날을 지내며 입김을 토한다
인생의 의의에 대해 지금이라면 확실히 말할 수 있다
그 전에 만약 허락되어진다면
가장 사랑하는 쪽으로 가고 싶다 거기서 자고 싶다
(…)

『무지의 눈물』에서

5장

한국민주화투쟁과 상호인식의 갈등 1980~89

1. 한국민주화운동의 고양과 조선관련 보도의 변화

광주항쟁 후의 탄압과 투쟁

1980년 5월의 광주민중항쟁이 일단락되자 실권을 장악한 전두환(全斗煥)이 1980년 9월에 대통령에 취임하였고, 그후 6년에 걸쳐 신군부의 강권지배가 이어지게 되었다. 아무런 정통성도 없는 전두환정권은 국가안전기획부(안기부)와 보안사령부(보안사)를 주축으로 한 공포정치에 의해서 유지되었다. 다만 1983년 말부터 이듬해에 걸쳐 신군부정권이 '화합노선'을 표방하면서 반정부세력에 대해 일련의 유화정책을 취함으로써 민주화운동은 일거에 활기를 띠게 되었고, 70년대의 노동운동을 지탱해왔던 기업별노조도 다시 활발하게 움직이기 시작해 각지에서 파업 결행과 동시에 기업의 틀을 초월한 각종 연대투쟁을 강화해나갔다. 1983년 12월에는 해직교수협의회가 결성됐고, 해방 40주년을 맞이한 1985년에는 전국학생총연합(전학련)이 발족함과 동시에 분극화되어 있던 민주세력의 중심이 민주통일민중운동연합(민통련)으로 통합됐다.

그사이 민중문화운동협의회(민문협)와 해직언론인협의회가 설립되었고, 또한 자유실천문인협의회가 재출발하고 교육·문화·언론 분야에서 민주세력이 다시 결집하는 등 민주화운동 그 자체가 보다 열기를 띠며 전개되어갔다. 더구나 학계·'운동권' 등 맑스주의에 대한 수용이 본격화하는 가운데 투쟁노선의 책정과 관련하여 '한국자본주의 논쟁'과 '사회구성체 논쟁'이 활발하게 확산되어갔다.[186] 1985년 5월에 서울에 있는 미국문화원이 학생들에 의해 일시 점거당한 사건은 광주민중항쟁 이후 대미의식의 변화를 상징하는 의미를 가진 것이었다.

그동안 일본에서는 타나까 카꾸에이 내각에 이어 미끼 타께오(三木武夫), 후꾸다 타께오(福田赳夫), 오오히라 마사요시(大平正芳), 스즈끼 젠꼬오(鈴木善幸) 등의 각 내각이 단명으로 물러난 다음 '전후 정치의 총결산'을 외치는 나까소네 야스히로(中曾根康弘) 내각의 등장에 의해 1970년대까지의 이른바 '보수 본류'를 대신할 '신보수주의'의 흐름이 주류를 이루게 되었다. '신보수주의'는 영국의 새처리즘(Thatcherism), 미국의 레이거노믹스(Reaganomics)와 관련된 정치이념인데, 정책적으로는 세계적인 움직임에 연동하는 '거대 정부'에서 '작은 정부'로의 전환을 의미했다.[60] 사회의식에서 말하자면 친미적 경향이 한층 더 농후해지는 가운데 천황의식은 세대에 따라서 차이가 있다고는 하지만 70년대 말·80년대에 들어가는 싯점에서 무감정이 40%, 존경·호감을 합쳐 50% 이상이며 반감은 매우 적은 상황이었다.[187] 이른바 상징천황제를 지지하는 의식은 여전히 흡착력이 강했고 한편으로 남북조선에 대해서는 전전과 변함없는 멸시감이 지배적이었다고 볼 수 있다.

앞에서 일본 근대사에는 세개의 기둥이 있는데, 그 하나는 서구에 의한 일본 침략이고, 두번째는 천황제 국가의 창출이었으며, 세번째는 아시아에 대한 침략이었다고 말했다. 그러한 관점에서 지금 조선 근대사의 세개의 기둥을 들어보면, 첫번째는 실패했다고는 하지만 반제반봉건투쟁이었고, 두번째는 일본제국에 의한 식민지근대화의 강요였고, 세번째는 해방에서 현재에 이르기까지의 남북분단이라고 생각해도 될 것이다. 당연히 남북조선 사람들의 입장에서는 이 세 기둥과 관련된 사고가 필요하겠는데, 민주화운동은 바로 이러한 과제를 해결하려고 하는 반제반봉건·탈식민지화·남북통일 투쟁 그 자체였다. 덧붙여 말하자면 일본과 조선 양쪽에서 규정당하고 있는 재일조선인은 여기서 말하는 일본 근대사의 세 개의 기둥과 조선 근대사의 세 개의 기둥에 입각한 역사에 대한 과제를 자각해야 한다는 것을 계속 강요받아왔다고 할 수 있다.

군사독재시대에 대한 평가

원래 한국현대사는 격동의 역사이지만 그 근저에는 남북분단과 그 고착화가 있다. 분단을 이용한 독재정권의 민중탄압·반공정책이 계속되면서 역사에는 음울한 사건의 연쇄가 각인되었다. 이러한 한국의 통치체제, 특히 박정희정권 이후의 군사독재정권에 의해 민중은 어떻게 통합되었고 또한 저항했던가를 이해하는 것은 중요한 문제다. 민중은 오로지 강압적으로 통치당한 것뿐이었을까. 혹은 몇차례의 직·간접 대통령선거·총선거에서 여당이 승리한 것을 보면 민중은 자진하여 그러한 통치를 받아들인 것일까. 혹은 민중은 압제에 저항하여 일관되게 투쟁을 전개했던 것일까. 같은 시기에 일본이 55년체제하에서 자민당이 민의를 장악하고 상징천황제가 지지를 받는 가운데 대중소비사회의

'합의에 근거한 통치, 나름대로의 안정된 시대'를 보낸 것과는 어떠한 의미에서 대조적인 것일까.

군사독재시대의 통치실태를 어떻게 평가할 것인가는 한국 현대사 및 비교사회학 연구 등 학계의 중요한 논점이지만, 그 대부분은 '강압이냐 동의냐'라는 이분법적 구조 내지는 사고로 파악되기 쉽다는 생각이 든다. 그것은 자칫하면 정치적 탄압만을 강조하거나 혹은 거꾸로 경제적 성장을 높이 평가하는 논리, 즉 '민주주의'와 '경제성장' 중에 어느 한쪽만을 과대평가하는 논조로 빠지기 쉽다. 더구나 군사독재정권이 친일파라는 식민지시대의 유산을 이어받고 있는 점에서도 '강압이냐 동의냐'라는 논점은 독재정치에 협력하였고 거슬러올라가면 식민지통치를 지지한 사람들을 정당화시키려는 결론을 초래할 수도 있고 나아가서는 현대일본이 한국과 접해왔던 방식을 용인하는 결과로 연결될 수도 있다.

사회학자로서 민주화운동의 각 단계에서 영향력있는 발언을 해왔던 조희연(曺喜昖)은 「박정희시대의 강압과 동의: 지배·전통·강압과 동의의 관계를 다시 생각한다」[188]라는 논고에서 이러한 문제를 주로 박정희시대를 중심으로 고찰하고 있다. 학문적으로 말하자면 거기에는 임지현(林志弦)을 대표로 하는 '대중독재론'과 안병직(安秉直)에게서 나타나는 '민중의 일상의식'이라는, 최근에 문제시되는 시각이 있다. 전자는 식민지 지배와 군사독재의 파씨즘체제의 배후에는 '대중이라는 동조자'가 존재한다는 것이고, 후자는 대중의 일상생활에 있어서 의식의 현상은 독재에 대한 협력인가 저항인가라는 단순한 것이 아니라 오히려 협력과 저항 사이의 '회색지대'에 속하는 것이라고 한다. 양자 모두 역사와 사회를 다시 생각하는 새로운 요소를 갖고 있는 것은 인정할 수 있지만, 그러나 조희연이 말하듯이 양자 모두 지배에 대한 동의를 강조하는 과정에서 "누가 누구를 탓할 수 있나" "모두가 공범자" "큰 친일과 작은 친일이 무슨 차이가 있는가"라는 식의 식민지 지배와 파씨즘 지배에 대한 문제의식, 즉 과거청산의 문제의식을 희석화시킬 가능성을 초래하게 된다는 것은 명확하다.

이러한 전제 아래서 조희연은 지배라고 하는 것은 모두 강압과 동의의 복합물이며 "동의적 강압"이라든가 "강압적 동의"라는 형태로 존재하는 것이라고 한다. 또한 지배의 전통화와 민중의 주체화라는 상호관계에서 대중의 태도는 고정된 것이 아니라 부단히 변화하는 것이라는 점을 강조한다. 그 위에 박정희체제의 반공주의적 성격에 대해서 수동적인 동의가 존재하였고, 또한 그 개발주의적 성격에 대해서 일정한 능동적인 동의가 존재했는데 그것이 박정희시대의 지배 일반에 대한 능동적 동의로 발전한 것은 아니었다고 한다. 이른바 박정희정권은 적극적인 동의를 광범위하게 창출함으로써 정권을 안정적으로 유지했다고 하기보다는 포스트식민지 지배권력 자체의 불안정과 정치적 정당성의 부재로 인해 항상 커다란 정치적 위기 속에서 애를 써가며 정권을 간신히 유지할 수밖에 없었다고 결론짓고 있다. 바꾸어 말하자면 박정희정권은 부분적으로 능동적인 동의를 얻을 수 있었지만 지배 일반의 위기는 최후까지 유지되었고, 박정희 사살이라는 비극으로 끝났다는 것이다.

이같은 평가는 기본적으로 동의할 수 있고 실제로도 한국의 민주화는 항상 반공적·보수적 세력과 대치하는 가운데 우왕좌왕하면서 계속적으로 발전해왔다고 생각된다. 더구나 거기서 가장 중요한 것은 운동과 이론 내지는 논의의 중심에 항상 '민중'이 위치하고 있었고, 그 '민중'이 실제로 가혹한 탄압 속에서 단결하고 연대하여 계속적으로 사회변혁의 중핵세력의 역할을 담당했다는 것이다. 그 시기 한국 민주화운동에서는 남북대립이라는 정치구조하에서 '북'이 음으로 양으로 '남'에 영향을 미쳤고 그 지도이념인 '주체사상'·남조선혁명노선을 거의 공공연하게 지지하는 이른바 "주사파"가 학생운동에서 일정한 힘을 가지고는 있었지만, 그러나 기본적으로는 지식인·학생·노동자 등 아래로부터의 논의의 축적이 커다란 힘이 되었던 것이 중요한 의미를 가진다고 생각해야 할 것이다.

생각하기에 따라서는 한국에서는 독자적인 전위당이 존재하지 않았던 것이 다행이었는지도 모른다. '북'의 조선노동당도 그렇지만 일본의 전위당을 표방한 일본공산당 자체도 미야모또 켄지(宮本顯治) 체제하에서 대외적으로 '자주독립', 국내적으로는 '의회주의' 노선으로 나아갔는데, '민주집중성(民主集中性)'의 조직원칙은 실제로는 그 명분과는 달리 당내 언론의 자유를 말살하고 민중의 의지를 가볍게 여기는 지도부의 절대권력을 보장하는 제도에 불과했다. 그것은 유럽의 공산당이 자유로운 토론을 거쳐 선진국혁명의 새로운 방향(유로꼬뮤니즘)을 구축해갔던 것과는 정반대였고, 당중앙에 거슬리는 유능한 사람은 차례차례 제명당하거나 궤도수정을 강요당했다(타찌바나 타까시立花隆, 『아사히신문』 2007. 8.7). 천황제를 비판하면서도 그 당조직은 천황제와 유사했고 남북조선과 재일조선인에 대한 대응도 냉담하기 그지없었다고 한다면 지나친 표현일까.

더구나 1970년대에는 이미 심각한 퇴조국면을 맞이했던 일본의 신좌익운동이 세월과 더불어 현저하게 당파간의 항쟁으로 폐쇄되어갔고 스스로의 상상력·활동력의 자원을 다 먹어치웠다고 하는 것은 비참하다고밖에 말할 수가 없다. 사상사에 관심을 가진 이와사끼 미노루(岩崎稔)에 의하면 70년대 전반에서 중반까지 학생운동과 좌파 노동운동을 궤멸적인 국면으로 몰아갔던 당파 동지간의 습격사건, 즉 내부폭력으로 통산 사망자 113명과 5천명에 이르는 부상자를 냈고, 더욱이 그러한 변혁기도의 경험에 대해서는 오늘에 이르기까지 제대로 된 역사서술조차 이루어지고 있지 못하다고 한다. "일본에서는 일찍이 래디컬리즘의 흔적은 완전히 사라져 연속성을 갖지 못하고" 있다는 것은 바로 전후사에 있어서 "일본의 참상" 그 자체였다고 한다.[189] 실제로 내부폭력, 적군파로 대표되는 폭탄과 총에 의한 무장투쟁으로의 급경사와 연합적군 내부의 동지 살해 등이 발각되는 과정에서 학생들은 썰물이 빠지듯이 학생운동에서 멀어져갔다. 이러한 점을 생각하더라도 1970~80년대에 일본에서 한국 민주화운동을 지원하고 연대하려는 움직임이 확대되어갔던 것은 전후사에 있어서 획기적인 의의를 가지는 것이었다고 말할 수 있다.

저항의 민족주의 = 민중주의

여기서는 일본과의 관련 내지는 일본과의 비교라는 것을 염두에 두면서 한국민주화운동의 중요한 문제에 대해서 몇가지 언급하고 싶다. 전체적으로 말하자면 반공주의의 경직성 내지 엄격성과 이것에 대항한 민중의 투쟁심의 격렬성, '압축된 근대'에 있어서 급격한 노동자계급의 형성과 그 계급의식의 강인함, 또한 거기서 '여공'이 가지는 특별한 의미, 노동운동에서의 학생 출신 지식인들의 역할, 여성운동의 출발과 의의, 민주화운동에서의 민중문화운동의 중요성, 지식인과 노동자의 만남의 장이 되었던 노동야학·민중야학의 전국적인 전개, 제3세계라고 하는 세계사의 흐름에 따른 독자적인 자리매김, 민족문학·민중문학의 발전 등등이 그것이다.

원래 한국민주화운동에서는 혹은 그후에도 한국사회에서는 지식인이 압도적인 영향력을 계속 가지고 있고 그속에서 민중은 거대한 사회변혁의 힘을 발휘하게 되는데, 그것은 아마도 식민지시대와 남북분단 및 한국전쟁 과정에서 억압받고 축적되어왔던 다양한 감정, 창조적인 사고가 짧은 기간에 커다란 에너지가 되어 분출한 것이라고 이해할 수 있다. 더구나 거기에는 민족과 민중은 거의 동의어로서 받아들여져 민족은 민중이며 민중은 민족이었다.

잠깐 샛길로 가보자. 한국의 사상가 리영희와 일본작가 야마구찌 이즈미(山口泉)가『세까이』(2006. 12)에서 재미있는 대담을 했다.

야마구찌 일본은 유사 이래 단 한번도 진정한 공화국이 되었던 적이 없습니다. 그러니까 민중을 탄압하기 위해서 투옥할 필요조차 없는 것입니다. 한사람 한사람 모두가 스스로 눈에 보이지 않는 감옥에 들어가 있기 때문에, 그것도 때로는 희희낙락하면서.

리영희 일본인은 천황에 의해 안심입명(安心立命)을 얻는다고 할까…… 천황제에 자기마취를 당한 부분이 있는 것은 아닙니까?

리영희 이 나라(한국)는 세련되지 못해요. 따라서 마모되지 않았지요. 매수되지도 않았고. 한국에서는 인간의 원형질에 저항심이 있어요. 그래서 이 나라는 어떠한 조화로 일체화시키는 것이 어렵지요. 박, 전, 김…… 어떠한 통치자도 그것이 불가능했어요. 어느 시기에도 일관해서 사회와 개인 간에는 긴장감이 있었어요. (…) 체제에 복종하고 환경에 순응하여 마을축제에 모두가 나와서 가마를 메는 것과 같은 행동은…… 이 나라에서는 아마도 불가능하겠지요. 벌거벗고 '영차! 영차!' 하고 소동을 벌이는 것은. 그런데 일본은 달라요. 무어라고 할까. 그……

야마구찌 화(和)의 정신이지요. '국체의 본의'를 관철시키는……

한국민주화운동이 '압제에 저항하는 민족주의'＝민중주의를 그 이념으로 삼고 있었다는 것은 틀림이 없다. 민족주의 혹은 내셔널리즘이라면 일본에서는 금방 인상을 찌푸리는 경향이 있는데, 그것은 침략자·가해자의 입장에 있는 하나의 '논리적' 귀결이다. 논리만 가지고 말하자면, 예를 들어 침략자·가해자의 입장이라고 하더라도 진정으로 과거 역사에 대해 청산하려는 의지가 있다면 저항자·피해자와 서로 상통하고 연대할 수 있는 '민족주의' 내지는 '내셔널리즘'의 획득과 연결될 수 있어야 할 것이다. 그 점에 대해서는 나중에 다시 언급하겠지만, 어찌되었건 민주화운동 시기에 민족주의·민중주의의 이념이 불타올랐던 것은 분명하며 그것은 무엇보다도 독재체제에 대한 저항이었다. 전두환정권 시대에 민주화운동이 불타오르자 정권이 주도하는 반공이라는 공격도 치열해져서 민주화운동은 용공분자의 소행이라고 했다.

예를 들어 1986년 11월에 간행된 『좌경: 그 실상과 음영』(정경연구소)에서는 대학가에 지금 좌경사상에 경도된 과격학생이 증오와 파괴의 차가운 바람을 일으키고 있다며 국시를 뒤흔드는 용공의 실상을 폭로하고 대학과 지하써클 학생들이 의식화되는 과정을 전하면서, 부모나 애인과도 연을 끊고 자해행위·분신조차도 두려워하지 않는다며 친공·반미사상을 집중공격하고 있다. 이러한 서적과 반공적인 책자·팸플릿 종류는 국비로 대량으로 인쇄되어 국내외에 뿌려졌는데, 실제로 한국 재외공관은 체제선전·반공에 대한 공격의 홍보기지로서의 역할을 다하는 것이 기본임무였으며 세계 각국으로 다수의 정보원이 파견되었다. 한국에서 여권을 발급받으려면 서울에서는 관광공사, 지방에서는 자유총연맹 지부에서 먼저 '수양(반공)교육'을 빌는 것이 의부화되어 있었다(1990년대 초까지). 시대는 바야흐로 보수·진보의 갈등·대립이 격렬해지는 가운데 경제성장과 더불어 크게 성장하기 시작한 '중간층' '중산세력'을 체제·반체제의 어느 편으로 끌어들일 것인가,[190] 또한 그 열쇠를 쥐고 있는 대중문화·언론문화·방송미디어를 어느 쪽이 장악할 것인가[191] 하는 투쟁을 전개하고 있었다.

1980년대 중반에 이르러서도 한국에서는 '북'에 관한 정보는 거의 왜곡된 것이었다. '북한'이라는 것이 보통의 호칭이 되겠지만 실제로는 사전에도 없는 '북괴'라는 말이 상용되었고, 민족의 절반이 무조건 '나쁜 놈'으로 취급되었다. 한국에서 제대로 된 '북한'연구가 시작된 것은 60년대 후반 이후라고 할 수 있다.[192] 실제로 한국에서는 민주화운동의 투쟁노선과 관련하여 남로당을 어떻게 평가할 것인가 하는 논쟁을 활발하게 전개하게 된다.[193]

체제에 의한 강력한 공격 속에서 민주화운동에 참가하는 것은 그야말로 인생 전부를 바친다는 목숨을 건 행위였다. 한국 내무부가 '남조선민족해방전선(남민전) 사건'을 대대적으로 공표한 것은 그 충격적인 박정희대통령 사살사건이 일어나기 불과 2주일 전인 1979년 10월이었다. '남민전'은 임헌영(任軒永)과 같은 평론가로 알려진 지식인이 일부 포함되어 있었다 하더라도 전체적으로는 무명의 생활자들로 구성되었던 것으로, 미국·일본의 신식민주의 및 박정희 독재정권의 타도와 민족모순의 해결을 최대의 목표로 하는 것이었다. 더구나 그것은 '자생적 사회주의'라는 형용사가 부여될 정도로 한국의 운동사 속에서 독특한 존재였다고 한다.[194] 이 '남민전'이 적발된 싯점에 당시엔 아직 무명이었던 전라남도 해남 출신의 김남주(金南柱)도 체포당했는데, 그는 현실에 저항하는 상냥하고 부드럽고 겸허한 시인이었다. "시는 혁명을 준비하는 문학적 수단이며 시인은 전사가 되지 않으면 안된다"는 것이 그의 시론이었는데, 대표적인 시로는 「눈을 모아 창살에 뿌려도」가 있다.

지하의 시간이다
눈을 모아 창살에 뿌려도

그리움의 햇살 빛나지 않고
귀를 모아 벽에 세워도
그리움의 노래 담을 수 없다
(…)
오 지하의 시간이여 표독한
야수의 발톱에 떨어진
살점이여 살점으로 뒹구는
육신이여 영혼이여
죽어서는 안된다
살아남아야 한다
살아서 이 어둠을
불살라버려야 한다

김남주 「눈을 모아 창살에 뿌려도」

　죽음을 삶의 절정이라고 간주하고 지하의 삶을 출발점으로 삼는 김남주에게 이 세상은 두려울 것이 없는 지하시대였다고 생각된다. 두려운 것을 알지 못하기 때문에 진실을 지키려 하고 인간의 영혼 그 자체로 살아갈 수 있었다고 해야 할 것인가. 가업인 농업을 도와가면서 일단은 농민으로서 살아가려고 결심했던 김남주였지만 현실에 의해 찢겨진 정신은 죽음을 각오하고 투쟁하러 나갈 수밖에 없었다.

　우리가 지켜야 할 땅이
　남의 나라 군대의 발 아래 있다면
　어머니 차라리 나는 그 아래 깔려

밟힐수록 팔팔하게 일어나는 보리밭이고 싶어요

날벼락 대포알에도 그 모가지 꺾이지 않아

남북으로 휘파람 날리는 버들피리이고 싶어요

(…)

김남주 「조국」

노동자계급·'여공'의 투쟁

그런데 한국민주화운동은 산업화과정에서 급속도로, 그리고 대량으로 형성된 노동자계급이 큰 힘이 되었다. 이 경우 노동자의 투쟁을 단순히 노동조합운동으로서가 아니라 노동자계급의 형성으로서, 즉 노동자계급이 스스로 고유한 계급적 정체성과 계급의식을 쌓아가는 과정으로서 이해하는 것이 중요하다. 이를 위해서 필요한 노동자 자신의 수기와 운동의 기록, 기타 문헌자료가 대량으로 남아 있다. 그러한 관점에 서 있는 명저 『한국의 노동자: 계급형성에서의 문화와 정치』(타꺼자와 히데끼瀧澤秀樹·고용수 역, お茶の水書房 2004; 한국어판은 신광영 역 『한국 노동계급의 형성』, 창비 2002)를 저술한 한국 출신의 구해근(具海根)은 "노동자의 생활체험과 투쟁의 역사야말로 1960년대에서 90년대에 이르는 한국의 산업화과정의 핵심을 이루고 있다"고 말하고 있다. 『한국의 노동자: 태동하는 투쟁과 그 사상』(이승옥 편역, 사회평론사 1979)에 기고한 카지무라 히데끼도 "최근 2년간 『대화』 『씨올의 소리』 『신동아』 등에 게재된 한국노동자들의 수기를 통독하고 나는 숨이 막히는 듯한 긴장감을 느꼈다"고 회고하고 있다(「한국의 노동자와 일본」).

수출주도형 산업화를 지탱해왔던 공장노동자는 하루 10시간에서 12시간의 노동을 보통으로 생각하고 몇푼 되지도 않는 잔업수당을 받으면서 15시간에서 18시간 노동까지도 다반사로 했다고 한다. 일제시대 탄광에서의 강제노동을 연상시키는 실태였지만 구해근에 의하면 "한국 노동자에게 깊은 분노와 한을 불러일으키고 강력한 노동운동을 촉진시켰던 것은 소득이 적어서 힘들었던 것보다는 잔인한 노동세계의 경험이었다"고 한다. 실제로 어느 노동자는 수기에서 이렇게 말하고 있다. "마침내 저는 우리들을 장시간의 고역스런 노동에 얽매이게 하고 우리를 계속 빈손이게 하는 것은 일하는 사람들의 무능력의 소산이 아니라 사회적 소산이라는 확신을 갖기에 이르렀습니다. (…) 노동자의 사회적 힘의 위력을 알고 공장노동자에 대한 자부심을 갖기에 이르렀습니다. 지금 제 관심은 '무능한 부모 덕에 공장노동자가 된 것을 개탄'하는 처지에서 완전 역전되어 어떻게 우리 노동자들이 더욱 떳떳하고 제 권리를 확보해낼 수 있겠는가 하는 데에 집중되어 있습니다"(『현장』1. 돌베개 1984.9).[195]

더구나 같은 노동자라고 하더라도 '여공'은 민주화운동에서 특별한 의미를 갖는다. 유신체제시기의 여성노동자의 투쟁으로는 동일방직과 YH무역 두 가지가 잘 알려져 있는데, 1976년 6월 동일방직의 노동쟁의 때는 70여명의 여성노동자가 이제 막 습격하려는 전투경찰대를 앞에 두고 돌연히 작업복을 벗어버리고 나체로 저항하는 세계 노동운동사상 전대미문의 처절한 저항을 행하였다. 또한 1979년 8월 회사의 위장폐업에 항의하여 생존권 보장을 요구하는 YH무역의 여성노동자 187명은 야당 신민당 당사에서 농성을 하는 비상수단을 쓰면서 투생했다. 사태에 놀란 경찰은 전투경찰 천여명을 동원하여 습격했는데 이 충돌에서 여성노동자 한사람이 무참한 모습으로 의문사를 당하고 말았다. 이 사건이 방아쇠가 되어 박정희정권은 방향타를 잃은 채 질주를 계속했고 결국 10월의 박정희대통령 사살로 이어지게 된다.

사망한 여성노동자 김경숙(金景淑)은 당시 22세로 어려서 부모님을 여의고 남동생만큼은 공부를 시켜야 되겠다는 생각에 처음에는 큰 뜻을 품고 서울로 왔다. 그러나 꿈은 곧 깨어지고 가혹한 노동에 지고 새는 나날을 보내는 동안에 노동자로서 자각하여 노동조합 대의원이 되었는데, 이것은 민주화운동에서 활약하던 여성노동운동의 지도자·중견간부의 대부분이 걸어갔던 길이었다. 덧붙이면 김경숙은 1970년 분신자살을 했던 전태일과 비견되는 존재로서 역사에 기록되어 있다.

민주화운동 과정에서 여성노동자는 중요한 위치를 차지하고 있다. 수출경쟁력 확보를 위해 값싼 노동력 확보와 저가 농산물이 필요했던 체제 측은, 장시간 노동·저임금 여자노동자와 가사노동에 순종하는 농촌여성을 제물로 삼아 부당한 희생을 강요했다. 더구나 남성이 보수적·가부장적이었던 속에서 자연스럽게 여성노동은 노동시장의 가장 말단부분을 형성하게 되었고, 계급차별뿐만이 아니라 성적인 차별대우를 한몸에 받게 되었다. 한국의 여성운동은 이렇게 여성노동자의 노동운동을 중심으로 70년대에 착실히 성장하는데 80년대에는 더욱 활발한 전개양상을 보이게 된다. 이 단계에서 여성노동자는 한국의 산업화를 지탱하는 주인공이었고, 민주화운동과 사회변혁을 담당하는 주체로서 자리매김하게 되었다고 할 수 있다.

실제로 최근 한국에서는 민주화운동 시기의 여성노동자에 대한 연구가 각광을 받고 있으며, 근대일본의 여성노동자관, 예를 들어 사회정책학자인 오오꼬오찌 카즈오(大河內一男) 등에게서 보이듯이 '여공'을 무지·무자각·맹종 등 저항의식이 결여된 사람으로 취급하는 이른바 '품팔이'론이라든가, 『여공애사(女工哀史)』에서 나타나는 생산관계·계급투쟁의 시점이 결여된 관점 내지는 연구방법론에 대한 비판이 일어나고 있다.[196] 전후 일본의 경우에는 1950년대의 써클운동 등과 관련된 여성노동자의 의식현상·변화를 연구한 예는 있지만, 그것도 역시 어느 정도 인권의식·사회의식의 고양이 논해지기는 했지만 사회변혁을 담당하는 주체라는 자리매김까지는 보이지 않는 것 같다.[197]

여기서 1980년대 한국 현대시로 눈을 돌려보면, 전체적으로는 반체제 내지는 노동자적 색채를 띤 것만이 아니라 서정적인 것, 모더니즘적인 것 등 다양한 성격을 가지고 있지만 그래도 역시 반체제 내지는 노동자적인 색채를 띤 것이 광채를 발휘하고 있는 것은 확실하다. 1977년에 고등학교를 졸업한 박노해(朴勞解: 노해는 노동해방의 줄임말. 본명은 박기평朴基平)는 공장을 전전하면서 노동운동·통일운동에 몸을 바쳤고, 사상적으로는 리영희·백낙청·김지하 등에 이끌렸으며, 결국은 사회주의에 눈을 뜨게 되었다. 1984년 9월에 첫번째 시집 『노동의 새벽』을 간행하는데, 거기에는 공장노동으로 지새우는 아내와의 생활을 노래한 「신혼일기」라는 시가 실려 있다.

길고긴 일주일의 노동 끝에
언 가슴 웅크리며
찬 새벽길 더듬어
방안을 들어서면
아내는 벌써 공장 나가고 없다

지난 일주일의 노동
기인 이별에 한숨지며
쓴 담배연기 어지러이 내어뿜으며
바삐 팽개쳐진 아내의 잠옷을 집어들면
혼자서 밤들을 지낸 외로운 아내 내음에

눈물이 난다

깊은 잠 속에 떨어져 주체 못할 피로에 아프게 눈을 뜨면
야간일 끝내고 온 파랗게 언 아내는
가슴 위로 엎으러져 하염없이 쓰다듬고
사랑의 입맞춤에
내 몸은 서서히 생기를 띤다

박노해 「신혼일기」

'학생 출신 노동자'

민주화운동에서 노동자와 관련해 또 하나 언급을 하자면, 학생 출신 지식인이 스스로가 원해서 대량으로 노동운동의 현장으로 들어갔다는 것인데, 이는 매우 중요하다. 학생이나 학생 출신 지식인들이 노동운동에 참가한 경우가 전후 일본에서도 있었는지는 모르지만, 한국에서는 1960년대, 70년대에도 일부 그러한 움직임이 있었다고 한다. 서울대학교 사회학과 정근식(鄭根植) 교수에 의하면 60년대는 '향토개척단'이라 하고, 70년대에는 '현장 투신'이라는 용어를 사용했다고 한다. 60년대에는 그 수가 매우 적었고 용어가 정착되어 있었는지 아닌지도 명확하지 않다. 그에 비해 80년대 학생 출신 지식인의 경우에는 '학생 출신 노동자(학출)'라는 용어로 호칭되고 있다.

한국의 노동운동은 70년대 이후 본격화된다. 70년대에는 주로 도시산업선교회와 가톨릭노동청년회 등 종교단체의 지원을 받고 있었는데, 그것은 노동자들이 지원을 받을 수 있는 곳이 교회 이외에는 없었기 때문이다. 1970년 11월 전태일 분신자살로 인해 학생·지식인은 커다란

쑈크를 받았으며 이후 노동자·노동운동에 대한 관심을 증대시켜갔고, 노동운동이 어느정도 성장했던 80년대에 '노학(勞學)연대'로 나아가게 되었다. 광주민중항쟁 이후의 일이지만 학생 출신자가 노동운동에 참가하게 된 원인으로는, 노동자들이 70년대 노동운동의 경험에 의해 노동자로서의 계급의식을 어느정도 형성하고 있었다는 점, 학생 출신자의 거주지역과 노동운동의 활동지역이 가까웠다는 점, 1983년부터 전두환정권에 의한 '화합노선'이 노학연대의 계기를 만들었다는 점 등을 지적할 수 있다.[198]

이하 전술한 구해근의 저서를 참고하면서 말하자면, 1980년대 초 학생운동 내부의 격렬한 이념투쟁 속에서 급진적인 학생들 가운데 노학연대가 지배적인 전략으로서 등장했다고 한다. 그후 학업을 도중에 팽개치고 공장에 들어가거나, 졸업 후에 혹은 반정부데모 등으로 제적당한 후에 공장에 들어가는 경우도 있었다. 학생 출신 노동자가 가장 많았던 1983년부터 86년까지 매년 수백명의 학생들이 공장으로 들어갔다. 80년대 중반에 대체로 3천명 이상의 학생들이 공장에 들어갔다고 보고 있는데, 그 절반 정도가 여성이었다고 한다. 출신을 숨기고 '위장취업자'로서 들어간 그들이 가혹한 공장생활에 익숙해짐에 따라 점차 노동자들에게 정직하고 신뢰할 수 있는 사람으로 받아들여졌고 이윽고, 여러가지 형태의 학습·토론·레크리에이션 활동 등을 통해 노동자계급의 아이덴티티와 계급의식 확립을 위해 밤낮으로 분투했다고 한다. 1985년 대우자동차 부평공장의 총파업 등에서 학생 출신 노동자는 노조지도자로 활약했는데 경영자들이 이들의 전력을 조사하는 바람에 들통이 나서 결국은 축출돼버렸다.

학생 출신 노동자 중에는 중산계급 출신자도 많았는데, 재학중 써클 활동 등에서 일본어로 좌익서적을 읽으면서 한국사회의 현실에 눈을 뜨게 되어 '현장으로 들어갈 것'을 결심했다고 한다. 그 경우 대학생활은 주로 공장노동자가 되기 위한 준비과정이 되었고, 학생데모에 참가하는 것도 의식적으로 자제하면서 학생운동의 전력이 경찰기록으로 남지 않도록 조심했다. 80년대 초 대학가에서는 공장에 들어갈 것을 선언한 학생은 가두데모에 참가하지 않아도 됐다고 한다. 그러한 학생 출신 노동자에게는 공장생활은 비참함의 극치를 맛보는 것이었고, 상대적으로 내성적이고 사색적인 성격의 사람들과 주로 인도주의적인 동기에서 들어간 사람들은 스스로의 역할에 의문을 느끼고 이른 시기에 공장에서 빠져나간 예도 많았다고 한다. '지식인'과 '노동자' 사이에서의 갈등과 고뇌였지만, 서울대학교에 제출된 석사논문 가운데 하나는, 2000년대부터 현재에 이르기까지 노동현장을 떠나지 않고 남아 있는 학생 출신 노동자는 결국은 이미 학생 출신이라는 명칭이 어울리지 않을 정도로 완전히 "한명의 (선진)노동자"가 되어버렸다고 논하고 있다. 즉 '지식인'과 '노동자' 사이에서의 갈등·고뇌는 "지식인 부정"으로 해결됐다는 것이다.[199]

민중문화운동의 고양

1970년대, 80년대의 민주화운동 시기에 민중문화운동이 담당했던 역할은 매우 중요한 것이었다. 오히려 "한국의 민주화운동, 그 시작에는 문화가 있었다. 굿이나 민중의 노동과 놀이를 순환시키는 춤과 노래, 시와 그림이 합쳐지면서 정치운동이 전개되어갔다"[200]고 보는 것이 정확한 것일지도 모르겠다. 실제로 4·19학생혁명 당시까지 거슬러올라갈 수 있는 민중문화운동은 70년대에 들어 민족문학의 태동 등 문학운동을 중심으로 성장하기 시작했고, 70년대 후반 이후에는 탈춤과 마당놀이, 노래 등 다양한 발전을 보이기 시작했다. 특히 대학가에서는 탈춤과 마당놀이 등 전통적인 민족문화에 대한 관심이 폭발적으로 확대됐고, 그중에서도 탈춤은 민주화운동의 상징처럼 되었다. 이들 민중문화는 무엇보다 다른 어떠한 표현수단보다도 곤경에 처한 민중의 이미지를 대변할 수 있었고, 유신독재에 대한 저항정신을 공공연하게 표현할 수 있었다. 사실 탈춤과 마당놀이는 노동과 농사 현장에서 다양한 형태로 연출되었으며 즉흥성·오락성도 있었기 때문에 민중의 의식화와 투쟁에서 주요한 무기가 되었다. 또한 노래는 이미 언급한 바와 같이 70년대 초의 포크송에서 출발했는데, 이윽고 각 대학에 노래패가 생겨나 전투적인 운동가요로 정착하게 되었고 그것이 노동현장과 농촌에도 유입돼갔다.

1980년대에 들어가면 이러한 민중문화운동은 노동운동 등의 급속한 발전에 탄력을 받아 민중의 삶의 애환과 저항의 모습을 묘사하고 운동현장과 직접 연결되게 된다. 재일조선인 작가인 김달수의 「나의 역사 속의 최승희」라는 글에 의하면 일본의 마쯔리(마을축제)에서는 '오미꼬시'(신여神輿)가 중심이지만 한국에서는 춤이라고 한다. 무슨 일이 있으면 노래와 춤이 나오는데 조선민중의 춤은 형식미에 사로잡히지 않고 역동감이 넘치는 리드미컬한 것이 대부분이라고 한다.[201] 더구나 당시에 '현장' 혹은 '공동체'라는 이름이 붙어 있는 잡지가 적지 않게 발행되었는데, 민중문화운동을 지탱했던 이념은 무엇보다도 현장이었고 또한 공동체였다. 여기서 "공동체"라는 것은 개인에 대비되는 개념으로서 좀 과장해 말하면 운명과 생활을 함께하는 "공동사회"를 의미한다. 이른바 고립되고 소외당한 개인, 단편화돼버린 개인에게 건강한 동료의식을 갖게 만듦으로써 사회 전체를 하나의 공동체로 만들어가려는 생각을 나타내는 것이다. 더구나 민중문화운동에서는 "신명이 난다"는 개념도 강조되는데, 신명이란 말의 의미는 원래 인간을 초월한 경지에 있는 신의 힘이라는 의미가 있고 흥에 겨워 유쾌한 기분, 혹은 넘쳐나는 흥겨움, 나아가서는 도취된 정신심리상태를 표현하고, "공동체"와 더불어 시와 연극·창작·판소리·춤·민요 등에 광범위한 영향을 주었다.

여기서 한국의 민중문화라고 할 때, 그 노래·민요는 힘이 넘치고 고저강약이 있는 리듬이라서 일본의 리듬과는 사뭇 다르다는 것을 알 수 있다. 그 점에 대해 민족음악학을 전공하는 쿠사노 타에꼬(草野妙子)는 '한국의 전통적인 음악의 리듬은 거의 세박자로서 이웃나라인 일본과 중국에 많은 두박자와 네박자 리듬이 왜 적은지 의문'이라고 한다. 더구나 '조선의 세박자는 유럽음악에 보이는 강약약의 규칙적인 세박자를 단순히 반복하는 리듬이 아니다. 한국의 대표적인 민요로서 세계에 알려져 있는 「아리랑」과 「도라지」는 단순한 세박자로 불려지고 있지만, 조선민중이 실제로 부르면 그 세박자는 보다 복잡한 구조를 갖게 된다. 조선어 자체가 순수하게 그 소리의 흐름으로 들으면 일본어에는 없는 격렬한 파열음과 강약이 있고 언어의 흐름 속에 일종의 고저강약을 느낄 수 있다. 때로는 싸우는 것이 아닐까 오해할 정도로 강렬한 폭포수와도 같은 언어의 선율을 들을 때도 있다. 그러한 언어의 흐름에는 일본어보다도 조선어가 자음과 모음 숫자가 많다는 언어학상의 문제만이 아니라 사람들의 사고방식, 표현방식과 몸짓 등에도 나타나고 있어 일본과 한국의 리듬의 차이를 느낀다'고 한다.[202]

제3세계 문학에서 국민적 문학으로

한편 이 시기에 사회과학과 문학 측면에서 중요한 것은 한국을 '제3세계'라는 시각에서 파악하려는 사고방식이 대두되고 있는 점이다. 세계체제는 중심과 주변(혹은 반주변)으로 구분되어 주변에 위치하는 한국은 미국과 일본 등 중심에 종속하는 관계에서 발전해왔다고 하는 점에 주목하고 있는 것이다. 이러한 시각은 특히 문학에서 제기되어 1970년대 중반 이후 제3세계 문학이 토론되기에 이르렀다. 그와 동시에 분단의 현실을 어떻게 파악하고 규명할 것인가 하는 문제의식을 가지고 있었다. 70년대 후반에는 역사학을 포함한 한국의 사회과학 그리고 문학 등이 전체적으로 '민족' '민중'이란 시점을 획득해가게 되는데, 문학도 4·19혁명을 거쳐 여러 차례에 걸쳐 순수문학 대 참여문학의 논쟁을 거친 다음에 리얼리즘문학론, 시민문학론, 농민문학론 등이 점차 형태를 갖추기 시작했고 그것들이 70년대 이후에는 민족·민중문학론으로까지 깊어져갔다.

이 시기의 문학논쟁에 대해서는, 일본어로는 김학현 편역 『제3세계와 민족문학: 한국문학의 사상』(社會評論社 1981)이 도움이 되는데, 전술한 바와 같이 한국에서 문학은 투쟁의 무기였다. 그것을 가장 잘 표현하고 있는 작가는 한국 현대문학을 대표하는 황석영(黃晳暎)이 아닐까 생각한다. 그의 연보를 찾아보면, 만주에서 태어나 1962년 『사상계』 신인문학상 수상, 1966년 해병대원으로 베트남에 파병, 1972년 동국대학교 동양철학과를 졸업한 후 1973년에 구로공단 연합노조 준비위원회를 결성하고 스스로도 노동자가 되었다. 그즈음 중단편소설과 공장, 탄광에 대한 르뽀르따주를 발표하였고, 1974년에는 처음으로 중단편소설집 『객지』를 출판하였으며, 같은 해 7월부터 1984년 7월까지 10년간 『한국일보』에 대하소설 『장길산』을 연재했다. 그사이에 군사독재정권에 항거하여 자유실천문인협의회 창설에 참가했고 '현장실천문화운동조직위원회'에도 참여했다. 1977년에서 79년에는 전라남도 해남에서 '사랑방 농민학교'를 설립했고, 그뒤 광주에서 '민중문화연구소'를 설립하여 노동자와 농민을 위한 각종 활동에 참가했다. 계엄법 위반으로 구속되어 기소유예 처분을 받은 다음, 1980년 광주민중항쟁 이후 지하방송

'자유 광주의 소리'에 관련되어 지하녹음테이프를 제작해 전국에 배포하는 활동에 종사했다. 『장길산』을 전체 10권으로 간행했고, '민중문화협의회'를 창설하여 공동대표가 되었다. 1985년 광주민중항쟁의 기록인 『죽음을 넘어 시대의 어둠을 넘어』를 비밀리에 지하출판했다. 또한 베트남전쟁을 배경으로 한 『무기의 그늘』을 출판했으며, 1989년에는 당시의 실정법을 무시하고 '북한'을 방문하는 등 통일운동에 적극적으로 관련한 탓으로 망명생활과 감금생활을 강요당했다.

정말 파란만장한 인생이라고 할 수 있는데, 한국의 문학가와 학생, 활동가, 그밖에 적지 않은 이름도 없는 민초들은 이렇게 민주화운동의 시기에 전심전력을 다하여 살아왔다고 할 수 있다. 작가 조정래(趙廷來)의 경우에는 『태백산맥』 전10권(1986~89)을 저술하여 일본의 식민지 지배에서 해방된 조선반도를 무대로 이데올로기 대립에 의해 같은 민족·형제까지도 골육상쟁을 하기에 이르는 혼란기를 그리고 있는데, 특히 민족경제론을 주장했던 박현채를 모델로 삼은 '빨치산부대의 소년 전사'의 삶은 사람들에게 커다란 감동을 불러일으켰다. 실제로 『태백산맥』은 지금까지 600만부가 팔렸을 정도로 '국민적인 문학작품'인데, 그런 점에서 볼 때 사람들의 정신구조 깊숙한 곳에는 과거를 정면에서 바라보려는 역사의식, 그리고 혼란과 갈등 속에서도 여전히 인간성의 진실함을 믿고 싶다는 희망과 신념이 확고하게 자리매김하고 있다고 생각해도 좋을 것이다. 추측을 섞어서 말하자면 이른바 '반공국민'이기를 강요당했던 한국인들은 민주화운동이라는 '건국운동'의 과정에서 비로소 역사를 바로 보게 됨으로써 '대한민국 국민'으로서의 정체성을 획득할 수 있었던 것은 아닐까 하는 생각이 든다.

거기에는 물론 일본에 대한 매서운 시선이 지속되고 있다. 1980년대 초라면 암울한 사회상황 속에서 『오월의 시』와 『생의 문학』 『시와 경

제』『분단시대』 등의 시잡지가 앞을 다투어 발행되던 시기였다. 와세다
대학에서 교편을 잡고 있는 시인이자 평론가 김응교(金應敎)에 의하면
80년대 초에는 젊은 동인들이 이른바 '유격전'과 같은 창작시운동을 확
산시켜 한국시의 역사에서 서정시의 리얼리즘을 확고하게 추진했던 시
기였다고 한다. 그중에서 도종환(都鐘煥)은 부드러우면서도 강직한 시
인, 앞에는 아름다운 서정을 두면서도 뒤에는 굳은 의지를 두고 결국에
는 이것을 일치시키는 시인으로 칭해졌다고 한다. 그는 당시 그다지 알
려지지 않았던 일본군 성노예('종군위안부')문제를 '기생관광'문제와
연결시켜 「죠센 데이신따이(조선정신대)」라는 제목으로 시를 썼다.

> (…)
> 이십만 못다 핀 조선처녀 군화발로 밟아간
> 그전 니또헤이 고쬬들이 아직도 살아남아
> 관광 비행길 타고 제주도에 서울에 내려
> 사업인지 합작투자인지 꽃 같은 이 나라 처녀
> 몇 넌이고 몇 달이고 데불고 살다
> 버리고 달아나도 또 오십사 뱃길을 열어주고
> 누구 하나, 쓰다달단 말 한마디 없다믄요
> (…)

도종환 「죠센 데이신따이」[203]

조선에 대한 보도의 변화와 한국 붐

그런데 1990년대 중반은 일본 미디어에 의한 조선관련 보도가 크게
변화하는 시기다. 타까사끼 소오지에 의하면(『아사히신문』 2004.7.18) 80년

대까지 일본 보도기관이 조선반도에 관심을 가졌던 시기가 몇차례 있다고 한다. ①1950년 한국전쟁의 개시, ②1959년 귀환사업 개시, ③1965년 한일기본조약 체결, ④남북한 대화분위기가 조성된 1970~72년, ⑤김대중납치사건이 일어났던 1973년에서 수년간, ⑥랑군 폭파사건 등 '북조선'에 의한 행위로 여겨지는 테러사건이 일어났던 1983년에서 수년간이라고 하는데, 다만 기본적으로는 일본사회의 조선반도에 대한 관심은 옅었다고 평가한다. 그중에서 '북조선'에 대한 의심이 신문에 나온 것은 70년대 후반부터인데, 그 시기는 귀환사업이 끝난 1984년경이었다고 한다. 그 전해에 랑군 사건이 일어났고, 1984년에는 김원조(가명)가 '북'의 실태를 기록한 『동토의 왕국』(원제는 『동토의 공화국』)이 화제가 되었으며, 또한 1988년 서울올림픽까지 한국의 민주화가 급속히 진행되어 총체적으로 공화국에 대한 의심이 공공연하게 드러나게 된다. 기자가 세대교체되어 일본/조선의 실태를 모르는 기자가 늘어난 것도 기사 톤의 변화와 관계가 있을지도 모르겠다.

이와같이 타까사끼 소오지는 '북조선'을 하나의 축으로 전후 일본 미디어의 조선보도에 대해 소개하고 있는데 기본적으로는 그러한 이해도 좋다고 생각된다. 다만 공화국에 대한 보도가 비판적인 것만 있었던 것은 아니고 또한 공화국·조총련과 관련된 재일조선인의 움직임, 특히 민족교육 등과 관련된 보도를 포함하면 반드시 공화국관련 기사가 부정적인 의미로 가득 차 있었다고 할 수는 없을 것이다. 설사 그렇다고 하더라도 1970년대에 한정해서 보면 일본지식인의 공화국 인식·재일조선인에 대한 대응은 그리 우호적인 것은 아니었다고 할 수 있다. 김희로사건 재판에서 1972년 1월 사또오 카쯔미(佐藤克巳)는 다음과 같이 증언하고 있다. "(일본인이) 왜 이 정도로까지 경직되게 조선문제를 거부하고 있는가 하면 그것은 일찍이 조선을 식민지 지배해온 사람들

내지는 조선인이라는 존재는 당연히 범죄자라고 인식하고 있는 사람들이라면 나름대로 이해할 수 있습니다. 그런데 입만 열면 세상을 바꿔야 한다든가, 민주주의라든가, 쓸모없는 새대가리들이라고 떠들어대는 여러분이 상당히 거부반응에 가까운 태도를 취하고 있습니다".[204]

다만 일본인 중에서 (재일)조선인의 진정한 친구도 적지 않게 있다는 것도 사실이다. 자이니찌 시인 강순(姜舜)이 1987년 12월에 세상을 떠나자 『계간 자이니찌문예 민도(民濤)』 제2호(1988. 2)에서 「추도 강순」 특집을 꾸렸는데, 시인 이시까와 이쯔꼬(石川逸子)는 「『나루나리(なるなり)』의 소리로—강순씨에게」라는 글에서 다음과 같이 노래하고 있다.

> 사람은 흙으로
> 언젠가는 돌아갈 운명이면서
> 나라를 빼앗긴 까닭에
> 젊을 때 고향을 떠나 방황하다 나와
> 다시 돌아갈 수 없는 채
> 그 고향을 빼앗은 이국의 한 구석에서
> 뼈가 되어버린
> 당신을 생각하면
> 감개무량하다
> (…)
> 얼마 안되는 만남인데도
> 당신이 남기고 간 것의 풍부함에
> 지금, 놀라고 있습니다
> 강순씨

그건 그렇다 치더라도, 일본 언론은 광주민중항쟁을 탄압했던 전두환정권에 대해 비판적이었지만, 1983년 1월 나까소네 야스히로 수상이 한국을 방문해서 '한일 신시대'를 강조하자 실제로 일본/한국 관계는 정부 및 민간의 각종 영역에서 긴밀함이 증가되어간다. 그런 가운데 전두환정권은 일본에서 공부한 유학생 등을 정권에 등용해 적극적인 대일공세, 문화교류, 인적교류를 꾀하게 되었다. 그러한 결과 때문인지 이윽고 일본 미디어에서는 일종의 '한국 붐' 현상이 일어나 신문·주간지·잡지 등에서 한국관련 기사가 적지 않게 늘어나게 되었다. 물론 그것은 과거의 역사를 포함하는 온당한 것일 리가 없고 오히려 섹슈얼한 것을 포함한 흥미 위주가 중심인 경우가 많았다.

지금 말한 나까소네 야스히로 수상의 방한은 일본 수상으로는 처음인 공식적인 방한이었는데, 당시 전두환대통령과의 공동성명은 "조선반도에서 평화와 안정의 유지가 일본을 포함한 동아시아의 평화와 안정에 긴요하다" "한국의 방위노력이 (…) 조선반도의 평화유지에 기여하고 있다"는 등, '미일안보체제'를 기조로 하는 '한일군사동맹' 선언이라고 할 수 있는 성격을 띠고 있었다. 이는 1965년 이후의 '한일조약체제'가 새로운 단계에 들어갔다는 것을 나타내는 것이었다. 1984년 9월의 전두환대통령의 일본 공식방문은 그것을 더욱 긴밀하게 하는 것이었다. 한국 민주화운동을 적극적으로 지원했던 『신닛뽄분가꾸』는 1985년 6월호에서 「특집 한일 민중연대의 미래를 찾아서」를 꾸리고 있는데, 거기에는 하류우 이찌로오(針生一郎)의 「창조적 과제로서의 한일연대 : 한국 민중문화예술운동을 거울삼아」와 니시나 켄이찌(仁科建一)의 「'한일 문화교류' 비판 : '한국 붐'의 배경에 있는 것」이라는 논고가 나란히 게재되어 있다. 이른바 일본/한국 관계는 정권 측과 민중 측의 양극화로 향하면서 긴장과 대립·마찰의 골을 깊게 만들게 된다.

'한국 붐'의 앞잡이 역할을 담당했던 것은 세끼까와 나쯔오(關川夏央)라고 한다. 그의 저서 『서울 연습문제: 이문화에 대한 투시노트』, 『해협을 넘어간 홈런: 조국이라는 이름의 이문화』(두 권 모두 1984년)는 역사를 제외시킨 이문화와의 접촉, 해외여행 안내서 등의 종류로서, 식민지 지배도 남북분단도 일본인의 조선멸시관도 재일동포에 대한 차별도 아무것도 언급하지 않은 채 '문화', 그것도 민중과 함께하는 문화가 아니라 상업문화 내지는 음식, 스포츠, 오토바이 등을 소재로 한 것으로서 한국의 상업문화와 일본의 그것을 연결시키는 시도에 불과하였다(앞의 니시나 켄이찌 논문 참조). 그 이외에도 쿠로다 카쯔히로(黑田勝弘: 현재 산께이신문 서울지국장)가 『한국을 걷다: 이렇게 즐길 수 있는 이웃나라』(1986), 『한국인의 발상: 코리안 파워의 허와 실』(1986) 등을 계속해서 간행하는 등 당시 '한국 붐'을 부채질하는 저서가 적지 않게 그 모습을 드러냈다.

또한 동시에 일본에서는 한국 내지 조선을 정확하게 보려는 저서도 적지 않게 출판되었다. 역사·문화·문학 그리고 다른 많은 분야에서 뛰어난 책들이 나왔고, 그것들은 일본인의 조선인식을 바르게 하고 일본/한국 민중의 연대에 적지 않게 기여하게 된다. 이른바 문화영역에서 진보와 반동이 힘겨루기를 하는 양상이 나타나게 되는데, 다만 일본 출판계 전체에서 보면 진보가 차지하는 부분은 극히 일부에 불과했다.

전후 출판계에서 이름을 날렸던 마쯔모또 마사쯔구(松本昌次)가 출판사 미라이샤(未來社)에서 편집자로 30년을 근무한 다음 1983년 6월에 카게쇼보(影書房)를 설립한 것은 조선 속에 일본인의 근대의 악이 모두 집중되어 있다고 생각하여 조선을 보는 것을 통해서 자신의 정신을 바로잡고 일본을 변화시키기 위해서였다고 한다(『민족시보』 2005. 8. 1)

그 때문에 마쯔모또는 조선관계 그리고 전후문학 관련 책을 정력적으로 출판하는데, 1983년 8월에 곧바로 니시 쥰조오(西順蔣)의 『일본과 조선 사이』가 간행되었다. 마쯔모또는 출판사 이름의 "카게(影: 그늘, 그림자)"는 사회의 그늘을 의미하고, 거기에다가 빛을 비추게 하는 것이 편집·출판의 임무라고 말한다.

그런데 앞에서 1984년에 김원조가 공화국을 비판한 수기 『동토의 왕국』을 펴냈다고 했는데, 80년대에 들어 계속해서 본격적인 공화국비판·김일성주의 비판 책들이 간행되었다. 임성굉(林誠宏)의 『배신당한 혁명: 김일성주의 비판서설』(創世記 1980), 하수도(河秀圖)의 『김일성수상 비판: 유물론과 주체사상』(三一書房 1980), 와다 요오이찌·임성굉의 『'옹석꾸러기가 된' 조선: 김일성주의와 일본』(三一書房 1982), 하수도의 『김일성주의 비판: 주체사상과 조선의 통일』(三一書房 1984) 등은 이른바 폭로성 책과는 구별돼야 할 것으로서, 저자들도 재일조선인운동에 관여해왔던 사람들이었다. 출판의 배경에 어떠한 정치적 의도가 있었다고 하더라도, 남북분단이 고정화되어가는 가운데 '북'의 현상을 비판적으로 보는 하나의 움직임이 일본에서 출현했다고 보아도 좋다. 러시아사를 전공한 와다 하루끼가 잡지 『시소오(思想)』 1985년 7월호에 「김일성과 만주에서의 항일무장투쟁」을 쓰는 등 "조선연구"에 학자로서의 생명을 걸었다"(『한겨레신문』 2007.2.9)는 것도 거의 같은 시기였다.

2. '자이니찌'의 투쟁과 '용어'의 위화감

세 나라 사이에서

한국민주화운동 시기 일본에서는 '자이니찌'의 투쟁이 날로 커져가고 있었다. 여기서 말하는 '자이니찌'란 1970년대 후반 이후 주로 일본에 사는 조선인을 가리키는 의미로 쓰이게 된 용어다. 한일조약 체결 이후의 복잡한 정치상황 속에서 자이니찌는 단지 '조선'국적과 '한국'국적이라는 국적(표시)의 차이를 초월하여 일본과 남북조선 세 나라 사이에 갇힌 채 살아가고 있는 재일조선인을 총칭할 뿐만이 아니라 젊은 세대의 삶을 나타내는 일종의 사상과 이데올로기 또는 역사적인 상호 의미를 포함하는 것으로서 인식됐다. 이윽고 시인 김시종이 사용하기 시작했다는 "자이니찌를 살아간다"는 용어가 널리 쓰이게 되는데, 거기에는 단순한 삶의 지속에 대한 소망만이 아니라 인간해방에 대한 뜨거운 사상이 깔려 있었다.

실제로 '자이니찌'는 무엇보다도 식민지 지배를 받았고 전후 일본에서도 그 속박 아래서 계속 살아가는 민족이며 민중이다. 즉 여차하면 민족이라든가 계급이라는 사회과학의 원리적인 것이 무시되고 몰역사적·비주체적인 사고방식이 주류를 점하는 경향이 있는 가운데 '자이니찌'는 일상생활에서조차 그러한 원리적인 것을 생각하지 않을 수 없는 구조 속에 놓여 있었다. 1970년대 이후 그러한 자이니찌의 젊은 세대는 그래도 일본의 고도경제성장의 파도를 타기 시작했고, 세대교체의 진행과 더불어 스스로의 삶의 방식을 추구하며 갈등과 고뇌를 반복해가게 되었다.

한일조약 체결 이후 자이니찌의 주요한 역사·투쟁을 연대순으로 들어보면 1966년 이후 '한일 법적지위협정'에 의한 '협정영주권' 신청 개시 및 '국적 변경', 박정희정권과 결탁한 일본정부에 의한 민족교육탄압에 따른 세번에 걸친 '외국인학교법안'의 국회상정, 1968년의 김희로사건, 1969년부터 네번에 걸친 '출입국관리법안'의 제출, 1970년부터 시작하는 히따찌(日立)제작소 취업차별소송 및 각종 '국적조항' 즉 국적에 따른 차별과의 투쟁, 그리고 80년대에 들어 '검지의 자유'(외국인등록 증에 검지의 지문을 찍는 것에 대한 반대투쟁을 말함—옮긴이)를 내건 지문날인거 부운동의 전개 등이 있다. 그동안 일본정부는 일관되게 자이니찌를 억 압과 관리체제로 묶어두고, 재류자격 기타 모든 분야에서 법적 차별을 행하고, 또한 '한국'국적 · '조선'국적 구별에 따라 처우의 차별과 남북의 구분을 당연한 것으로 치부하고 있었다.

거기에는 긴장된 남북조선관계 및 일본과 남북조선 각각의 관계가 커다란 그림자를 드리우고 있었다. 1970년대라고 하면, 1974년 8월 15 일 서울의 국립극장에서 열린 '광복절' 기념행사에서 연설중이던 박정 희대통령이 재일조선인 문세광(文世光)에게 저격을 당해 대통령 부인 이 죽음을 당한 이른바 '문세광사건'이 발생하는데, 이 사건은 한국정부 가 일본정부에게 '북' · 조총련에 대한 제재를 강력하게 요구하는 하나의 계기가 되었다. 한국 측은 "사건의 배후에는 조총련이 있다"는 평계를 댔는데, 시인 김남주가 "38선은 38선 위에만 있는 것은 아니다"라고 노 래했던 사태의 심각성이 바로 70, 80년대 자이니찌를 둘러싼 상황이었 다. 사실 한국정부의 통제하에 있던 한국민단에 대해서 말하면, 일본 각지에 있는 민단 지부에서는 한국에서 온 유학생 등을 포함한 사무원 이 배치되어 있었고 더구나 여권 발급을 신청하는 동포는 민단에 단비 를 지불하는 것이 의무화되어 있었다. 그런 탓도 있었던지 1973년에 민 단에서는 유신체제 지지파로부터 민주파가 갈라져나오기도 했다.

1985년에 일본국적법이 개정된 이후 출생과 동시에 일본국적을 취 득하는 자이니찌가 증가하고 있다. 다만 이 시기에 세 나라 사이에 가 로막혀 살아가던 자이니찌에게 있어서 조총련 및 조선민주주의인민공 화국의 자리매김은 여전히 중요한 것이었다. 70년대 초를 정점으로 조 총련 산하에 있는 동포가 30만명 혹은 40만명이라고도 말하던 시대였다. '북'에 대한 비판이 음으로 양으로 확대되어갔다고는 하지만 대다수의 자이니찌에게 있어서 공화국은 차별이 없는 이상향, 즉 '피안의 이상향'이었다. '해외공민'으로서 자부심도 있고 특히 조총련의 활동가는 일본에 살면서도 머릿속으로는 평양에서 살고 있는 사람들 같았다. 거기에는 반일무장투쟁이라는 "역사적 정당성"에 대한 신뢰와 이데올로기적인 지지뿐만이 아니라 일상생활에서의 동포들간의 인간적 유대, 민족학교 동창생, '북'으로 돌아간 육친이 있는 등의 인간적으로 얽히고설킨 관계가 있었다는 것은 말할 필요도 없다.

다만 그동안 조총련은 한편으로 조국추종·권위주의·관료주의 등 경직된 외길만을 걸어옴으로써 젊은이들에게 가슴 아픈 상처와 심각한 교훈을 남기기도 하였다. 우선 표면적으로는 예를 들어 의장인 한덕수(韓德銖)가 '위대한 수령 김일성수상 탄생 60주년 기념'에서 『60만 동포가 바치는 충성의 노래: 장편서사시』(조선화보사 1972)를 헌사한 것처럼 산하의 동포는 찬란한 사회주의 조국과 위대한 수령을 전심전력을 다해 경배하는 것이 명분이 되었다. 일본 각지에서 운영하던 각급 민족학교와 금융기관인 조선은행(약칭 조은)이 조총련의 두 기둥이었는데, 민족학교는 일본 전국에 백수십개교가 있었고 일본 대학에 재적하는 동포학생은 재일본조선유학생동맹(유학동)으로 조직되어 최고 전성기에는 약 8천명이 소속되어 있었다고 한다. 이들을 재정적으로 지원했던 것은 일본 전국에 산재해 있던 빠찡꼬, 음식·오락·부동산·금융업·폐품회수업 등에 종사하고 있던 동포 상공인들이었다. 조총련 산하 재일동포 2명이 일본 재입국허가서를 얻어서 처음으로 공화국에 갔다온 것이 1965년 12월이고, 조국단기방문사업이 시작된 것이 1979년 8월이다. 해방 후 20년이 지나서야 겨우 일본과 공화국 사이에 조국 자유왕래가 실현되었다는 것이다.

여성과 어린이, 고령자, 오끼나와, 자이니찌 등 "보다 목소리가 작은 측"(오찌아이 케이꼬落合惠子) 편에 서고자 했던 수필가 오까베 이쯔꼬 (岡部伊都子)는 아시아 침략과 식민지 지배에 대한 죄의식에 마음 아파했고 그후에 일본군 성노예('종군위안부') 문제에 대해서도 뛰어난 문장을 남기고 있는데, 오끼나와반환 후인 1970년대에 「참된 해방(眞の解放)」이라는 제목의 다음과 같은 문장을 남기고 있다.

"한국국적의 재일조선인은 자유롭게 외국에 나갈 수 있는데, 조선국적인 재일조선인은 일본에서 한발자국도 밖으로 나갈 수 없다. (…) 이러한 구조 때문에 지금까지 네 개의 섬에서 밖으로는 나갈 수 없었던 재일조선인 친구가 복귀한 오끼나와에 여행을 갔다. 그리운 고향내음을 오끼나와에서 찾아보려는 마음이었던 것 같다. (…) '그런데 오끼나와사람들은 모두 본토를 미워하고 있어요. 깊은 한이 있지요. 나는 오끼나와도 일본이라고 생각하고 있었습니다만 전혀 달랐어요.' 지금까지는 오끼나와의 아픔이 이해되지 않았던 그 친구의 마음에 다음과 같은 오끼나와의 목소리가 스며들게 된 것이다. '조선인들이 부럽다. 나라가 크니까 독립할 수 있었다. 하지만 오끼나와는 작고 류우뀨우왕국은 멸망당한 채로 있다. 독립할 힘이 없는 것이다.' 이 말은 조선인이니까 들을 수 있는 말일 것이다. 나는 그런 말을 들을 수가 없다. '분단된 조국, 빈곤과 비참한 인격손상을 강요당해온 재일조선인, 지금도 계속 차별당하고 있는 조선인을 부러워하는 경우는 처음이에요. 할 말이 없었어요.' 친구는 기쁜 듯이 미소를 지었다. 나는 한숨을 쉰다."[205]

다시 조총련에 대해 말해보자. 조총련 입장에서는 1972년 삿뽀로(札幌) 동계올림픽 이후 공화국에서 오는 대표단의 방일도 늘었고 비교적 안정된 시기를 맞이한다. 그러나 1984년 9월 공화국에서 공동출자법이 발표된 이후 재일상공인의 출자에 의해 라면공장과 케미컬슈즈, 직물

제조, 공작기계 등 200개 이상의 공장이 공화국 각지에 건설되었는데 불과 몇년이 지나지 않아 거의 대부분이 실패로 끝나버렸다. 공화국을 뒤덮고 있는 관료주의의 폐해가 그 첫번째 원인이지만 그 결과 재일상공인의 실망, 나아가 상공인의 세대교체에 의한 '조국애'의 저하도 겹쳐져 80년대 후반 이후 조총련의 재정과 위신은 점차 저하되어갔다.

여기서 당시 공화국에서 재일조선인이 어떻게 인식되고 있었던가는 중요한 문제인데, 공식적으로는 물론 '해외공민'이며 '재외동포'였다. 그러나 '귀포(귀국동포)'라는 줄임말이 잘 말해주듯이 공화국에서는 일반적으로 귀국동포는 일본에서 보내주는 송금으로 부유한 생활을 하는 자라고 여겨지면서도 실제로는 음험한 차별의 대상이 되었다. 말투에서부터 '귀포'는 반공독재체제하의 한국사회에 널리 퍼졌던 '반쪽발이〔半日本人〕'라는 재일동포에 대한 멸시용어와 상통하는 측면이 있다. 이른바 재일조선인은 남북 양쪽에서도 '골치 아픈 존재'였고 차별의 대상이며 나아가 남북대결의 '최전선에 대치하고 있는 장기판의 졸'에 불과한 존재였다. 이렇게 말하면 너무 슬프다고 해야 할까.

한국의 일본연구자인 권혁태(權赫泰)에 의하면 한국에서는 재일조선인을 '반쪽발이'라든가 '(조총련계의) 빨갱이' '재일교포' '재일동포' '재일조선인' 등으로 다양하게 호칭하고 있다고 한다. '반쪽발이'와 '빨갱이'는 별도로 치더라도, 해방 후 1940년대 후반에는 '재일동포'가 많이 사용되었고 한국전쟁 후 '북송'과정에서 '재일교포'라는 일종의 '대결적 용어' '멸시적 용어'가 전면적으로 사용되기 시작하면서 '재일동포'라는 호칭은 사라져버렸다. 그러다 1970년대 중반 이후 '재일교포'에서 '재일동포'로 다시 비중이 옮겨가게 되는데, 한일 국교수립과 고도경제성장을 배경으로 조총련계 동포를 대상으로 동화·회유의 차원에서 이루어진 것이라고 한다. 최근에는 예를 들어 『한겨레신문』처럼 역사적

개념으로서 '재일조선인'이란 말을 점차 사용하게 되었다.[206]

권혁태는 같은 논문에서 날카로운 남북대립하에 1971년부터 1990년까지 한국에서 정치범으로서 투옥된 재일조선인은 109명이라고 언급하고 실제로는 더 많았을 것이라고 추측하고 있다. 역사적으로 보자면 여기서 말하는 재일동포 정치범이 '북의 위협'을 선전하고 '멸공통일'을 외치는 군사독재정권에 의해 '북의 스파이'로 날조되어 선전에 이용되었던 것은 분명하다. 이에 대해 한홍구는 60년대 말에 대규모 무장공작대 남파에 실패했던 조선노동당이 1970년 11월 제5차 당대회에서 대남공작에 대해 커다란 전환을 꾀한 이후 '북'에서 보내는 남파공작원이 대폭 감소되었고, 한편 그 때문에 '남'에서는 스스로 '간첩'을 날조할 필요성에 몰리면서 재일동포간첩단 사건 등이 날조되었다고 한다.[192]

다만 덧붙여 말하자면 당시 '북'의 노선이 여전히 남조선혁명의 완성에 있었다는 점에서 볼 때, 민주화운동기간에 검거·투옥된 한국 국내 및 재일동포 정치범이 모두 '날조'된 것이었다고 단언할 수는 없을 것이다. 정치범의 주체성은 그렇다고 치고, 그동안 조선노동당 및 그 지도하에 조총련이 강력한 대남공작을 실시하고 있었던 것은 주지의 사실이다. 한광희(韓光熙 : 전 조선총련 중앙본부 간부)의『우리 조선총련의 죄와벌』(文藝春秋 2002) 등을 비롯한 대남공작의 실태를 기록한 책들을 어떻게 평가할 것인지는 어렵지만, '북'에 의한 십수명에 달하는 '일본인 납치'(1977~83) 사실에서 보더라도 이런 점은 역시 명확하게 염두에 둘 필요가 있다고 할 수 있다. 실제로도 노무현(盧武鉉)정권하에서 설치된 한국 국방부의 '과거사진상규명위원회'는 2007년 11월에 1970~80년대 국방부 산하기관인 당시 국군보안사령부가 발표한 재일동포 관련 간첩용의 사건 73건 중에 16건을 선별해 조사한 결과 1건은 용의자가 '북'으로 밀입국하여 간첩교육을 받은 사실을 확인하였다고 한다. 즉 간첩용의 사건 대부분은 고문과 협박에 의해 조작된 것이라고 하면서도 일본을 경유한 '공작원' 파견의 사실이 있었다는 점을 확인하고 있다(『아사히신문』 2007.11.13).

아이덴티티 확립 투쟁과 교육문제

한편 이러한 남북분단의 고착화·대립격화 속에서 한국의 군사독재 체제 및 공화국의 폐쇄체제가 알려지면 알려질수록 자이니찌의 젊은 세대 사이에서는 민족단체와 거리를 두고 일본에서의 시민권 획득을 향한 움직임이 활발해지게 되었다. 그것은 무엇보다도 '본명을 사용하는' 것으로 상징되는 자이니찌의 아이덴티티 확립 투쟁이었는데, 사실 자이니찌든 누구든 간에 이름이 아이덴티티의 기본이라는 점은 당연하다. 본명으로 불리는 것, 그것은 일본사회에 견고하게 뿌리내린 차별과 투쟁하는 것과 동시에 진행되었다. 1970년부터 3년간 투쟁한 '히따찌(日立)취업차별재판'은 그러한 자이니찌의 반차별운동의 대표적인 사건이다. 이 사건은 일본 고등학교를 졸업한 박종석(朴鍾碩)이라는 18세의 재일조선인 청년이 히따찌제작소라는 일본 대기업에 입사지원을 하여 처음에는 '일본이름'으로 채용통지를 받았으나 나중에 '호적등본' 제출 때 '외국인' 즉 일본국적이 없다는 것이 알려지면서 채용취소 처분을 받은 것에서 비롯되었다.

당시에도 자이니찌 젊은이가 일본의 기업에 취직하는 것은 거의 불가능했다. 남자의 경우 대학을 졸업하면 민족단체에 들어가 재일조선인운동·통일운동에 참가하든가, 가업을 잇든가, 혹은 어느정도 성공한 기업인의 딸과 결혼하여 같이 사업에 뛰어드는 것이 주로 선택할 수 있는 방법이었다. 나 자신도 1968년 3월에 대학을 졸업했는데 취직 따위는 생각해본 적조차 없고 그렇다고 해서 민족단체나 기업인과 관련도 없었다. '고등 룸펜'이 되는 것이 두려워 '어쩔 수 없이' 대학원에 진학했던 기억이 있다. 일본육영회의 장학금도 당시에는 국적 조항 때문에 받을 수 있는 자격이 없었다. 그러한 가운데 취업차별에 반대하는 전대미문의 재판에서는 최종적으로 원고가 전면승소를 거두었는데, 이 재판 진행과정에서 원고가 민족주체성을 회복하게 되었고, 동시에 재판투쟁을 지원했던 일본인 청년들이 힘든 자기변혁의 과정을 걸어가게 되었던 것 또한 커다란 수확이었다.[207] 일본이름을 사용하고 조선어로 말할 수 없는 한 청년이 차별규탄투쟁 최전선에 서서 승리를 거둔 것은 확실히 일본사회 변혁의 첫걸음을 의미하는 것이었다.

이렇게 1970년대 이후 국적 조항과의 투쟁이 시작됐다. 국민건강보험, 일본육영회장학금, 변호사자격이 문제가 되었고, 1980년에는 공단주택, 주택금융공고, 국민금융공고, 1981년에는 국민체육대회 참가자격, 국민연금, 아동수당 3법, 1982년에는 국공립대학 외국인교원의 임용 등 여러 분야에서 국적 조항과의 투쟁이 벌어지게 되었고 적지 않은 차별적 제도가 개혁되거나 폐지되기에 이르렀다. 그러나 80년대에 들어서도 대도시 역 앞에서 다리나 팔이 없는 백의의 상이군인이 아코디언을 연주하면서 지나가는 사람들에게 구걸을 하고 있었는데 그들 대다수는 '국적 조항'으로 인해 '전상병자 전몰자유족 등 원호법'(원호법으로 약칭) 등 원호제도에서 제외되어 있던 재일조선인이었다. 어찌되었건 자이니찌의 투쟁은 치열한 양상을 보이게 되는데 특히 1949년생인 김경득(金敬得)이 최고재판소(대법원)를 상대로 국적 조항의 부당함을 주장하여 외국인으로는 처음으로 사법연수생이 되었던 것이 가지는 의미는 매우 큰 것이었다.

자이니찌의 투쟁은 그후에도 지문날인이나 입국관리법의 부조리를 개혁하는 운동 등으로 전개되는데, 시대적으로 그것은 한국의 민주화운동과 연동하는 것이었다. 이른바 한국민주화운동과 자이니찌의 투쟁 그리고 그것을 지원하고 연대했던 일본인의 운동은 유기적인 관계를 가지는 것이었고, 그속에서 상호간에 자기변혁의 움직임이 나타났던 것이다. 이 기간에 자이니찌와 관련된 잡지와 책자, 팸플릿 등도 다수 출판되었는데 거기에는 일본과 남북조선 그리고 재일조선인 나아가 일본인에게도 근원적인 것이 문제가 되어 격렬한 갈등·고뇌의 모습이 적나라하게 나타나고 있다. 그것은 마치 "자이니찌를 살아간다"는 것에 대한 탐구이자 투쟁이며, 거기서도 자이니찌를 둘러싼 언설은 '자이니찌론'이며 또한 일상의 삶과 밀착된 '민중론' 그 자체였다고 할 수 있다.

민족차별을 받는 자이니찌 젊은이들에게 민족적 정체성을 획득하는 것은 불가피한 과제였다. 실제로 '시민'이나 '코스모폴리탄'이란 것도 일단 '민족의 회로'를 거쳐야만 가능하였고, 그것이 없을 경우에는 단순한 '부엽초'나 '허무주의자'가 될 수밖에 없었다. 그런 의미에서 당시 조총련계가 대부분을 차지하고 있던 민족학교는 그 나름대로의 모순을 안고 있었다 하더라도 자이니찌의 입장에서는 커다란 존재의의를 갖고 있었다. 그러나 한국의 군사독재정권 입장에서 보면 조총련계의 민족교육은 '빨갱이 양성'이라는 공산주의 교육에 다름이 아니었으며, 그러한 관점에는 자이니찌의 교육 자체에 대한 내재적인 이해는 없었다.[208] 그런 중에 한국 군사정권의 압력에 의해 (일본)정부·자민당의 맹렬한 반대에도 불구하고 미노베 료오끼찌(美濃部亮吉) 혁신 (토오꾜오)도지사가 1968년 4월에 조선대학교를 각종학교로서 인가하였던 것은 전후사에 있어서 일본·조선·자이니찌의 관계에 중요한 의미를 갖고 있다.

민족학교가 일본사회에서 차별의 대상이 되고 '북조선'과 관련되어 조선 고교생들이 종종 습격의 대상이 되어온 것은 각종 미디어에 보도된 바와 같다. 「내가 가장 아름다웠을 때」와 「기대지 않고」라는 아름다

운 시를 썼던 이바라기 노리꼬(茨木のり子)는 1971년에 간행된 『인명시집』(山梨シルクセンター出版部)에 「반복되는 노래(くりかえしのうた)」라는 시를 게재하고 있다.

일본의 젊은 고교생들이
재일조선인 고교생들에게 난폭하고 낭자(狼藉)하게
집단으로 비참한 방법으로
뜻밖이라는 것이 이런 것인가
눈에 확 피가 솟는다
그냥 팔짱 낀 채 보았던 것인가
그때 플랫폼에 있던 어른들

부모 세대에 해결할 수 없었던 것 따위가
우리들도 팔짱을 낀 채
손자의 세대에서 반복되어졌다 맹목적으로

(…)

분별할 수 없는 어른들
꿈에도 생각 마라
우리 손에 책임질 수 없이 벅찬 것 따위는
손자 세대가 끊고 열어 줄 것이라는 것 따위는
(…)

아무튼 1960년대에도 자이니찌와 관련되어 일본의 전후 교육을 비판하는 견해는, 기본적으로는 국민교육에 있어서 아시아에 대한 경시를 비판하고 '타민족을 지배하는 민족에게는 자유가 없다'는 원칙에서 자이니찌 어린이를 '국민'의 논리에서 생각해서는 안된다는 것이었다. 일견 매우 타당한 논리인 것처럼 보이지만 그런 논리에 서 있는 한 자이니찌는 일본국적법·교육기본법이 보장하는 기본적인 인권의 틀 밖에 자리매김당할 뿐만이 아니라 민주교육운동에서 주장하는 '국민교육론'으로부터도 버림받는 존재가 된다. 닛꾜오소(日教組)의 교육연구집회 등에서도 "재일조선인에 대한 시각을 '비일본인'에서 '외국공민'으로 변혁시키는 것은 일본국민의 조선관에 대한 변혁에 있어서 중요한 측면을 차지한다"[209]라고 언급하고 있는데, 여기서 말하는 '외국공민'이란 주로 조총련이 말하는 '해외공민'을 가리키는 말이며, 따라서 자이니찌 어린이를 조총련계의 민족학교 문전으로 데려가는 것이 최선의 해결책이라고 하는 뉘앙스가 농후한 것이었다.

그런 점에서 자이니찌 어린이 교육을 교육 그 자체의 문제로 자각하고 일본 학교에서 배우는 자이니찌 어린이들이 보이기 시작한 것은 겨우 1970년대에 들어서고 나서였다. 자이니찌가 다수 거주하는 지역인 오오사까시를 중심으로 새로운 민족교육운동이 공립학교 현장에서 일어나 그 운동의 성과가 1971년 '오오사까 외국인교육 연구협의회'의 설립 그리고 1972년 이후의 '민족학급'의 신설이라는 구체적인 형태로 나타나게 되었다. 이러한 민족학급 내지는 민족클럽은 이후 2000년까지 오오사까부 내의 160여개 교에 개설되는데, 이것은 그후 일본사회에서 '국제화' '민족공생' 슬로건의 최초의 실천이었다고 이해해도 좋을 것이다. 그것은 다름 아닌 '본명을 선언하고 사용하는' 운동에 헌신했던 현장의 일본인 교사가 말하는 것처럼, "조선인 어린이가 자신을 드러내고 산다는 것은 부모의 삶을 알고 이해하고 부모를 괴롭혀왔던 사회의 불합리를 용서하지 않는 강한 인간이 되는 것이며, 또한 일본인 어린이들도 변화시키는 것이다".[210] 이 말의 의미는 예를 들어 말하자면 전후 일본에서 수많은 자이니찌 연예인·프로야구선수 등이 일본이름으로밖에 활동할 수 없었던 사실과 그것을 당연시했던 일본사회의 왜곡을 생각해보는 것만으로도 충분할 것이다.

여러가지 만남──주체를 따지는 것

잡지『계간 삼천리』에「가교」라는 수필란이 있어 각계의 일본인들이 조선·조선인과의 만남을 글로 표현한 것이 있다. 그것이 이이누마 지로오(飯沼二郎) 편『가교: 나에게 있어서의 조선』(麥秋社 1984)이라는 한 권의 책으로 간행되었는데, 이 책을 읽어보면 일본인이 다양한 형태로 조선·조선인과 만났던 것을 알 수 있다. 조선인이라는 존재 그리고 조선어를 최초로 의식했던 것은 1923년 관동대지진 때였다(키노시따 쥰지 木下順二), 30년대에 조선 질소비료회사에 고용되어 거기서 노동운동에 종사하였고 함흥형무소 등의 감옥에서 많은 조선인들과 만났다(이소까야 스에지 磯谷季次), 패전 직전의 시꼬꾸(四國)에 있던 일본군대에서 김씨와 같은 연대에 속해 있었다(우에하라 타다미찌 上原淳道), 1949년 9월 조련(조선인연맹의 약칭) 탄압에 반대하는 투쟁에 참여했다가 체포·투옥되어 형무소 감방에서 K씨와 같이 생활하였다(오오에 시노부 大江志乃夫), 조선인이라고 인정받지도 못하고 일본인의 전쟁책임을 짊어지고 자바 섬에 잠들어 있는 조선인 BC급 전범들을 생각하면 가슴이 아프다(우쯔미 아이꼬 內海愛子), 조선인 피폭자 수기를 읽고 일본인 피폭자는 거의 '그날 아침'의 (원폭의) 섬광에 대해 이야기하는데, 조선인의 경우는 "왜 내가 일본에 오게 되었던가"부터 (이야기를) 시작하는 것을 알았다(히라오까 타까시 平岡敬), 1980년 여름 처음으로 소련을 여행했는데 중앙아시아의 사마르칸트에서 30년대 스딸린에 의해 강제이주당했던 조선인들과 만났다(후지노 마사유끼 藤野雅之) 등 정말 다종다양한 만남이 있다.

여기서 예로 들었던 각각의 만남에 대한 이야기 속에 '지금 일본인으로서'의 자각 혹은 '싫건 좋건 간에 자신들 일본인을 향하고 있는' 책임의식, 역사인식이 있는 것은 말할 필요도 없을 것이다. 철학자 쯔루미 슌스께는 수필가 오까베 이쯔꼬와의 대담에서 "지식인들이 아시아와의 연대라든가 여러가지로 이야기하지요. 그런 말에서는 정말 진정성이 느껴지지 않아요. (…) 일본에 있는 70만 재일조선인들과 어떻게 교류를 할 것인가 하는 문제가 (…) 더 중요하다고 생각해요"[211]라고 말하고 있는데, 정말로 정곡을 찌른 지적이다. 한국 민주화운동·자이니찌의 투쟁이 전개되는 속에서 많은 일본인이 눈에 보이는 형태로 조선(한국)·조선인 그리고 재일조선인과 만났던 것은 틀림이 없다.

앞에서 인용했던 프랑스문학가 스즈끼 미찌히꼬가 "민족책임"이란 말을 사용한 것도 이것과 관련이 있다. 이 경우 스즈끼는 "민족책임"이란, 먼저 전전·전후 일본민족의 범죄를 도려낼 것, 두번째로 조선인을 이민족으로 보는 시선을 확립할 것, 세번째는 그러한 것의 근간을 이루고 있는 천황제로 귀속되는 사상과 체제를 변혁하는 지향을 견지할 것이었다(「민족책임을 둘러싸고」).[137] 일본인 여성을 살해했던 코마쯔가와사건의 이진우가 남긴 왕복서간집 『죄와 죽음과 사랑』에 충격을 받았던 스즈끼는 "민족책임"이야말로 베트남전쟁 탈주병인 김동희의 구원활동, 라이플총으로 무장한 채 여관에서 인질극을 벌이며 경찰과 내치했던 김희로와의 만남과 8년 반 동안이나 지속되었던 재판지원활동, 그리고 타자에 대한 공감을 실마리로 해서 자이니찌론이라는 것을 시도하게 되었던 기본적인 이유이기도 했다. 실제로 스즈끼는 1960~70년대에 재일조선인 지원운동을 열정적으로 전개하는데 그것은 유학을 경험했던 프랑스에서 프랑스와 식민지 알제리와의 역사적 관계를 응시했던 싸르트르를 비롯한 프랑스 지식인들의 동향에서 배운 문제의식에 시작된 것이었다.[212]

스즈끼 미찌히꼬는 "일본인인 이상, 아무리 선의를 갖고 있어도 존재 자체가 날마다 그들을 압박하고 있는 것이 된다"며 끊임없이 반복해서 말하고 있는데, 그것은 현실의 일본에서는 상상 이상으로 내성적이며 성실한 언어라고 해도 좋을 것이다. 그것은 스즈끼가 "민족책임"을 논하면서 천황제로 귀속되는 사상과 체제를 변혁하고자 하는 지향성을 견지해야 하는 것에 대한 중요성을 역설하는 것과 연결되고 있는 점에서도 잘 알 수 있다. 즉 근본적인 의미에서 일본인의 주체의 현상에 대해 의문을 제기하는 것이 되는데, 그 점에서 조선·조선인과의 만남, 지원·연대 그리고 이를 위한 자기변혁을 시도하려고 하는 한 천황제가 불가피한 문제로 떠오르게 된다. 당시 자이니찌의 문제에 가장 마음을 쓰고 있었던 카지무라 히데끼도 이러한 문제에 대해 날카로운 문제제기를 하고 있다.

카지무라 히데끼는 『논집·천황제를 생각한다』(亞紀書房 1985)에 수록된 「조선인 차별과 천황제」라는 논고에서(초간본 원제는 「조선을 통해서 본 천황제 사상」)[213] "조선인이 천황제 사상의 최대의 피해자였다"고 하면서 "타자로부터의 시선, 그중에도 아시아로부터의 비판에 대해 너무 둔감하다기보다는 정확하게는 단호하게 이것을 자신의 인식에서 배제하려고 하는 자세가 천황제 사상의 한 가지 특징이다"라고 언급하고 있다. 현실로는 "천황이 없으면 일본인은 통합성을 잃어버리고 뿔뿔이 흩어져버리는 것은 아닐까"라는 불안감이 만연해 있고 "현대 천황제 사상을 기층에서 유지하고 있는 것은 이같은 스스로의 내부에 확고한 생활신조를 갖고 있지 못한 것에서 오는 막연한 공포심 내지는 불안에 불과한 것은 아닐까'라고 간파하고 있다. 일본인의 주체에 관한 문제로서 말하자면, 조선·조선인과의 만남이 천황제 문제를 생각하는 단계에까지 갈 수 있는가 아닌가 하는 점이 더 깊은 의미에서의 사상의 과제라고 할 수 있겠다.

무엇보다도 자이니찌가 일본인의 주체를 문제시하는 것은 거꾸로 일본인에게 재일조선인의 주체를 문제시하게 만드는 것을 의미한다. 김희로 재판에 의거해 말하자면, 특별변호인을 맡았던 스즈끼 미찌히꼬는 재판과정에서 인간의 주체를 위태롭게 만드는 위험을 드디어 깨닫게 되었다고 한다. "나는 김희로가 카께가와(掛川)의 어느 순사에 대해서 진술하는 것을 듣고 만일 그 순사가 본서에 통보했더라면 사건은 미연에 방지할 수 있었을 것이라는 식으로 사건의 책임을 전가하는 것을 보고 이것만큼은 절대 승복할 수 없었다. 그래서 나는 처음에는 주저에 주저를 거듭하다가 나중에는 상당히 집요하게 김희로에게 그 자신의 주체와 책임에 대해 추궁하지 않을 수 없었다. 물론 일본인인 내가 이런 말을 입에 담게 되는 것에 대해 강한 거부감을 느끼면서였지만—그러나 이 문제를 그에게 끈기있게 설득할 수 있는 조선인은 없었다—그런데 김희로는 나의 지적에 대해서 결코 동의하려고 하지 않았다. (…) 김희로와의 관계는 나에게는 어떤 의미에서 검찰관이나 판사를 대하는 것보다 힘든 일이었다'라고. 다른 말로 바꾸면 "다른 사람만이 나쁘고 자기들은 어찌되었건 피해자라고 고집을 피우는 태도는 언제나 정신의 퇴폐를 초래할 위험성을 내포하고 있다"(「민족책임을 둘러싸고」)[137]는 것이다.

다만 이후에 스즈끼 미찌히꼬는 이러한 자이니찌의 주체의 문제를 자이니찌 시인 김시종이 선명하게 지적한 점을 밝히고 있다. 즉 1971년 12월 재판에 증인으로 출정했던 김시종은 자신이 김희로가 있는 피고

석에 앉아 있지 않은 것은 "기적에 가까운 요행(僥倖)"이라고까지 말하면서도 "자신의 불행의 전부가 일본인에 의해서 초래된 것"이라고 말하는 듯한 김희로의 사고방식을 날카롭게 비판하고 있다. 김시종은 또 김희로가 한국인 여성과 옥중 결혼을 한다거나 한국에서 보내온 조선민족 의상을 입고 출정한다거나 하는 행동에 대해 언급하면서, 그러한 '형식적 행위'로는 '진정한 조선'에 다가갈 수 없다는 점을 지적하였다.[212] 피해만을 강조해서는 안된다는 주장이었지만, 실은 이러한 자이니찌의 주체라고 하는 문제는 일본사회가 서서히 변화하고 또한 일본인과 자이니찌의 교류가 깊어짐에 따라 그후 점차 중요한 문제로 떠오르게 된다.

이렇게 말하면 논리적으로는 정말 그렇지만 "전전과 전후 일본사회에 의해 만들어진 모순을 전부 자기 한몸에 뒤집어쓴 존재와 같은"(스즈끼 도시히꼬) 재일조선인, 특히 젊은 세대는 이중 삼중으로 막힌 벽 앞에서 우왕좌왕할 수밖에 없는 것이 그 실상이다. 당시의 시대상황에서 보자면 자이니찌 젊은이들에게는 무엇보다도 본명을 선언하고 조선어로 말하는 것이 하나의 '규범'으로 요구되었다고 할 수 있다. 일본명(＝통명)을 사용하는 것이 '보통'으로 취급되고, 모어(母語)가 일본어인 자이니찌 젊은이들에게 그러한 '규범'을 만족시키는 것은 너무 어려운 과제였다. 그러나 '동화 혹은 배제'의 논리가 그대로 통용되는 일본사회에서 '조선계 일본인'의 존립은 여전히 정당성을 얻을 수 없었으며 현실적으로도 '귀화'한 동포가 자신의 출신을 감추고 '일본인'으로 살아갈 수밖에 없을 때, 자이니찌에게는 '조선인'이 되는 것이 스스로가 살 길이었다는 것은 부정할 수 없다. 실제로 당시 그러한 '규범'이 젊은이들에게 차별을 극복하고 미래를 모색할 수 있는 에너지의 원천이 되었던 것도 사실이다.

민족학교에서 배우는 젊은이들은 이 '규범'을 어느정도 채울 수 있었지만, 다만 거꾸로 폐쇄적인 '조총련 사회'에 머물러 있는 한 외부세계와는 통하기 어려운 '자신과잉'에 빠지는 경우가 적지 않았다고 할 수 있다. '귀화' 혹은 일본인과의 결혼 등을 통해 일본국적을 얻거나 법적 명칭이 일본명이면서도 민족명으로 불리면서 살겠다는 젊은이들이 '민족명을 회복하는 모임'을 결성하고 조선어 학습에 열중하는 경우도 있었다.[214]

그런 가운데 1970년대 이후 적지 않은 자이니찌 2세들이 민족적 정체성을 갈망하며 한국으로 유학을 떠나는데, 그 결과는 반드시 긍정적인 것만은 아니었다. 어려운 정치상황 속에서 어떤 이들은 죄수의 몸이 되고 다른 이들은 배타적인 분위기에 참을 수 없게 되고, 또다른 이들은 조선어(한국어)를 배우는 것에 질려서 아무런 성과도 없이 일본으로 돌아오는 경우도 있었다. 작가 서경식(徐京植)에 의하면 당시의 자이니찌론은 "조국 지향인가 자이니찌 지향인가" "네이션인가 마이너리티인가" "정치인가 문화인가"라는 이분법 속에 찢겨져나갔다고 하는데, 군사독재를 지지하지 않는 재일동포에게 7,80년대의 한국은 유학·비즈니스·친족방문 등을 위해 가볍게 왕래할 수 없는 긴장된 공간이었다. 뜻한 바 있어 '진정한 한국인'이 되겠다고 유학을 가더라도 그것은 '이룰 수 없는 꿈'이 될 수밖에 없었고 도리어 정체성의 위기, 자기분열에 빠져버리는 경우도 적지 않았던 것이다.[215]

재일조선인 문학

1970년대 이후의 자이니찌론을 논할 때 재일조선인 문학이 담당한 역할을 높이 평가할 필요가 있다. 자이니찌 1세에 의한 문학표현에 대해서는 이미 약간 언급했는데 60년대 중반 이후 '재일조선인 문학'이라는 호칭이 나왔고, 그것이 일본어문학에서 독자적인 장르를 형성하기 시작했다. 김석범, 김학영, 이회성, 고사명 등이 활약하였고, 자이니찌의 불우한 역사성과 현재를 출발점으로 민족적 자아의 갈등과 주체에 대한 탐구를 실존적으로 주제화하려고 하였다. 이이오 켄시(飯尾憲士), 다찌하라 마사아끼(立原正秋: 조선명 김윤규)도 활약을 했는데 당시는 일본명을 썼던 까닭에 재일조선인 문학이라고는 의식되지 않았다. 여기서 재일조선인 문학을 생각할 때 기본적으로는 그것이 일본어 작품이었다는 점일 것이다. 이 경우에 일본어로 작품활동을 하는 것이 자이니찌의 역사성과 문학성을 훼손시킬 것이라고 생각하는 것은 매우 잘못된 생각이다.

물론 김석범이 부끄러움을 무릅쓰고 지적한 것처럼 "모국어를 상실한 채 예전의 지배자의 언어로 (작품을) 쓰지 않을 수 없다는 것에는 역시 통한의 심정을 면하기 어려운 점이 있다"[216]는 것도 사실이다. 그러나 현실적으로 예전의 식민지 종주국에서 살면서 일상적으로 일본어를 사용하고 또한 독자의 압도적인 다수가 일본어 사용자라는 조건하에서 일본어로 피압박민족의 역사, 차별, 신세 그리고 조국에 대한 그리움을 말하는 것은 그 자체가 비난을 받을 대상이 아니며, 오히려 재일조선인 문학에 심취되어 있는 이소가이 지로오가 말하는 것처럼 "제국언어에 순종적이지 않은" 다른 언어의 세계를 발견하는 것과 연결되는 것이다 (『민족시보』 2006.6.15). 사실 황민화교육을 받았던 김시종의 경우도 밀항으로 일본에 와서 일본어로 작품을 쓴다고 하는 것은 그 자체가 거부반응을 불러일으키는 것이었지만 일본의 전통적인 단가적 서정을 부정하는 시인 오노 토오자부로오의 가르침을 받고 나서야 겨우 일본어로 시를 쓰는 작업을 시작할 수 있게 되었다. 그것은 "내 사고방식 안에 완고하게 자리잡고 있던 일본어에 대한 나의 자학적인 상대법"이었다. 김시종이 "어디까지나 웅얼거리는 일본어로 일관하면서 세련된 일본어와는 어울리지 않는 자기 존재가 있다는 것. 그것이 내가 품고 있는 일본어에 대한 나의 복수였습니다. 나는 언제나 일본에 복수하고 싶다고 생각하고 있습니다"[217]라고 할 때, 그것은 자이니찌라는 굴레에서 고뇌하는 문학이 실제로는 세계와 보편을 향하고 있는 과정이라는 것을 깨닫게 된다. 토오꾜오에서 선술집 '로오린(狼林)'을 경영하면서 시 창작에 매달렸던 신유인은 「걸어가는 그림자」라는 시에서 일본어가 가지는 아픔에 대해 노래하고 있다.

> 하나의 마음이 둘로 찢어져
> 욱신거리는 상처에 날카로운 손톱을 세워 서로 다툰다
> 두 나라 말의 음울한 비극을
> 일본인은 누구도 모른다
> 끌리면서도 거절하지 않으면 안된다
> '니혼고'(일본어)의 고통은
> 고문에 상처받은 노예의 향수인 것을
> 자이니찌는 알고 있다.

신유인 『로오린끼(狼林記 ── 申有人著作集)』, 晧星社 1995

원래 문학은 시대를 응시하고 스스로의 생활과 사상을 표출하며 때로는 미래를 향한 지향성과 목표를 소재로 한다. 그런 의미에서는 자이니찌론이 왕성하게 표출되는 1960년대 말에서 1970년대에 걸쳐서 이회성, 김학영, 고사명, 김태생, 정승박, 정귀문, 양석일, 시인 신유인, 최화국, 평론가 오임준 등이 활약했던 것은 오히려 당연한 것이었는지도

모르겠다. 이회성은 1972년에 『다듬이질하는 여자』로 재일조선인으로는 처음으로 아꾸따가와상을 수상하였으며, 자이니찌 2세의 민족적 주체의 확립과 조국통일운동에 대한 참여를 테마로 하여 적극적인 작품 활동을 계속하였다. 80년대에 들어서는 이승옥, 안우식 등이 민족분단의 고통과 민주화운동을 다룬 한국문학을 번역·소개하기 위해 정력적으로 움직였다. 시대는 남북분단이 고착화되고 재일조선인 젊은이들이 일본에 정주하는 것을 기정사실로 받아들이면서 바로 '자이니찌'라는 새로운 호칭이 정착되어가던 시기였다. 여기에는 지금까지의 조국에 대한 감정, 민족이념과는 다른 형태의 지향성이 보이게 되는데 그렇다고 하더라도 여전히 조국과의 관계 속에서 자기를 대상화하고 조국의 사회상황·민중문화와 연계하려고 하는 지향성이 나타나고 있었다. 당연히 그 '자이니찌성(在日性)'이란 것은 일본에 거주하는 것을 전제로 하면서도 민족적 주체에 대한 의지를 포함한 것이었으며 단락적인 동화에 직결되는 것은 아니었다. 조국지향 민족이라든가 국가라는 것, 전통과 문화라는 것이 차별사회 일본의 현실과 격렬하게 부딪히면서 자이니찌의 의식이나 아이덴티티를 형성하였으며, 그것이 새로운 존재양식을 가진 재일조선인 문학으로서 표출되어갔던 것이라고 생각하는 것이 좋을지도 모르겠다.

그런 의미에서는 김학영이 자신의 데뷔작 『얼어붙은 입』(1966)에서 키쯔온(吃晉 : 말더듬이)이라는 주인공＝작가 개인의 고뇌와 재일조선인의 불우함을 중첩시켜 말더듬이 증세와 싸우는 것이 압제에 저항하고 민족의 참된 독립과 통일 투쟁에 연결된다는 것을 시사한 점은 문학적으로도 중요하다. 그런 시점에서 이해해도 좋겠지만, 재일조선인 문학에서는 이윽고 삶의 중심에 '나'를 놓아두고 개인의 외침을 행동의 기점으로 하는 작품이 등장하기 시작한다. 자이니찌사회에서 시민적 주체의식이 대두하였고 그 점에 있어서 종래로부터의 민족을 중심으로 한 주체의식이 분화되고, 민족과 시민이 결합한 새로운 주체의식이 생겨나기 시작했다고 해야 하는 것일까. 그런 점에서 1975년에 와세다대학 사회과학부에 입학했다가 곧 자퇴한 이양지가 "시종일관 감추려고, 감추려고 하는 의식과 아니야, 아니야 하며 고개를 젓고 있는 자신",[218] 즉 민족적 정체성의 확립에 고심했던 것은, 이른바 재일조선인 문학의 최후에 위치하는 것을 시사하는 것이었다고도 할 수 있다. 덧붙이면 이양지는 소설『유희(由熙)』로 제100회 아꾸따가와상(1999)을 받았다.

'쪼오센진'이라는 말

그런데 문학이라고 하면 언어인데 전후/해방 후 일본·한국·자이니찌를 생각할 때 그 언어가 갖는 의미가 상당히 미묘하고 중요하다는 것을 알 수 있다. 무엇보다도 하나의 말의 의미가 시간의 흐름 속에서 변화하는 경우도 있고 또한 전혀 새로운 말이 등장하는 경우도 있다.

전후 민주적 예술운동의 주류에 속해 있던 화가로서 일본공산당원이었던 나가이 키요시(永井潔)에게 들은 이야기인데, 자이니찌 시인이며 조총련의 간부였던 허남기는 같은 이야기를 들어도 정치가와 예술가는 웃는 대목이 달랐다고 한다. 그만큼 정치와 예술은 감성의 상태가 다르다는 것일 게다. 이 경우에 정치와 예술의 감성의 상태가 다르다고 하는 것은 조선인과 일본인의 경우에도 역시 마찬가지이고, 거기에는 미묘하게 무겁고 때로는 음울하게, 그러나 또한 때로는 찬란한 상호간의 이미를 품고 있다는 것은 예상할 수 있다. 다만 (재일)조선인의 경우 남북조선과 일본을 둘러싼 복잡한 정치관계, 그리고 조총련('조국')이라는 일종의 폐쇄적인 장에 있어서 정치와 예술의 관계는 일본인 이상으로 긴장감을 띤 것이 되지 않을 수 없었으며 그것을 나가이는 간접적으로 시사한 것이라고 생각해도 좋을 것이다.

한일조약 체결 후 특히 협정영주권 신청기간을 통해 일본 국내에서는 '한국' '한국인'이란 호칭이 점차 침투하여 '재일한국인'이란 말도 사용하게 된다. 일본사회의 일부에서는 그것에 대응하는 말로 '재일북선인' 혹은 '북조선인'이란 단어가 만들어졌고, 재일조선인 전체상이 왜곡되는 경향이 나타나기 시작했다. 일본조선연구소가 상당히 주력했던 것도 말의 문제, 단적으로 말하자면 조선인에 대한 차별어, 차별발언에 대한 적발이었다. 원래는 기관지 『조선연구』 제80호(1968. 12)에서 피차별부락에 대한 차별발언을 게재한 것이 단서가 된 것 같은데, 조선에 관한 것의 최초는 1970년 5월에 이와나미쇼뗸의 『코오지엔(廣辭苑)』 편집부에 대해서 '북선' '조선정벌' '선인'의 항목(제1판)에 관하여 항의한 것이다. 이후 1975년경까지 '경성'과 '삼국인' '북선' '남선' '선인' 등의 차별용어가 기관지를 통해서 문제가 되었다.

여기서 자이니찌론과 관련하여 일본인이 조선인과 접하면서 처음으로 낭패를 보거나 혹은 망설이게 되는 것은 조선인을 어떻게 호칭할 것인가 하는 문제이다. 보통은 '쬬오센노히또(朝鮮のひと : 조선사람)' 내지는 '쬬오센노가따(朝鮮の方 : 조선분)'라고 부르고, 대부분의 경우 '쬬오센진'이라는 말은 사용하지 않는다. 나도 이미 20여년을 대학교수로 근무해왔는데 그동안 수업시간 중의 질문이나 쎄미나수업의 토론에서 학생들은 거의 예외없이 '쬬오센노히또' 내지는 '쬬오센노가따'라고 하지 '쬬오센진'이라고는 절대로 부르지 않았다. 패전 후 이미 수십년이 지난 후 학교교육을 받았고 조선의 역사도 모르며 재일조선인과 관련도 없는 학생들이 그렇다는 것이다. 물론 그 윗세대의 일본인들도 '쬬오센진'이라고 주저없이 부르는 경우는 거의 없었다. '미국인' 혹은 '영국인'이라고 하고 '중국인'이라는 말은 있는데 왜 '쬬오센진'이라고는 하지 않는

것일까. 거기에 역사적으로 축적되어온, 일본인에게 있어서 민족문제·식민지문제의 중요성이 있다는 것은 말할 필요가 없다. '죠오센진'이라고 주저없이 부르지 못하는 것 그것이 바로 '일본인'의 문제다.

작가인 사따 이네꼬(佐多稲子)는 전후에 "죠오센노히또라고 말해서는 안된다. 정확하게 죠오센진이라고 표현해야 한다는 것을 알았을 때, '정말 그렇구나'하고 알면서도 죠오센진이란 말을 아무런 저항감 없이 나 자신의 입으로 말하는 것에 대해 나는 금방은 익숙해지지 않았다. 그 말을 하는 나 자신에게 뭔가 걸리는 것이 있었고 이른바 조심스럽게 말하지 않으면 안되었다." "죠오센진이라고 하지 못하고 죠오센노히또라고 할 수밖에 없었던 내 감각은 나 자신의 입장에서 말하자면 눈치를 보고 있었다는 것이었는데, 조선인의 입장에서는 그것은 왜곡된 것일 따름이었던 것이다"라고 한다.[219] 그렇게 말하면 작가 오다 마꼬또(小田實)는 전전시기의 국민학교에 다닐 때 '식민지'라는 단어를 몰랐다고 한다. '오까야마(岡山)현'과 마찬가지로 일본의 일부로서 '조선'이 있고 거기에 사는 사람들은 '오까야마현인'과 마찬가지로 일본인인 '반도인'이라고 배웠다는 것이다.[139]

오다 마꼬또는 2007년 7월에 타계했는데 작가 황석영은 학예종합지 『칸(環)』의 특집 「우리들의 오다 마꼬또」에서 「'세계시민'을 보내다」를 써서 오다를 추모하고 있다. 이 경우 오다의 유고(遺稿)가 되어버린 논고로서 같은 특집호에 실려 있는 『근대일본 정신사 '서설'(미완성고)』을 읽어보면, 근대일본의 사상을 생각할 때 천황제와 조선이 불가결한 과제가 되어 있다는 점을 시사하고 있다. "(천황에 의해서) 일본인의 피의 신성함이 확보되어 우리들의 피는 존귀한 것이 되는 것입니다. 존귀하기 때문에 우리들은 다른 나라를 침략해도 상관이 없다는 논리가 여기서 생겨나는 것입니다. (…) 그것 때문에 가장 먼저 문제가 되는 것이

바로 조선입니다".[220] 여기서 '세계시민'이란 어디까지나 천황제와 조선을 포함한 '일본인'이란 것을 전제로 하고 있고, 거기서 신공황후신화 이래로 조선관을 어떻게 극복할 것인가 하는 점이 과제가 되어 있다.

이이누마 지로오(飯沼二郎)가 1969년 7월부터 잡지 『죠오센진』을 간행했다고 앞에서 언급했는데, 그 잡지명에 대해 이렇게 말하고 있다. "(입국관리법 반대를 위한 어느 강연에서) 내 강연이 끝난 다음 한 청년이 일어나 '지금 당신은 죠오센노히또라고 말했는데 미국사람, 독일사람이라고 말하는가. 미국인, 독일인이라고 할 것이다. 왜 조선인만 "죠오센진"이라고 부르지 못하고 죠오센노히또라고 하는 것인가. 그것은 오히려 차별의 반증이 아닌가'라고 날카롭게 나를 비판하였다. 이 비판은 정말 옳다는 생각이 들었다. 분명 나는 나 스스로가 조선인에 대한 차별에서 벗어나 있다고 생각하고 있었는데 여전히 내 마음속에 남아 있던 차별의식을 '보기 좋게' 그 청년에게 지적당했던 것이다. 그후 나는 애써서 '죠오센진'이라고 말하고 있는데 그 말은 과거 나의 차별의식과 깊게 뒤섞여 있는 만큼 좀처럼 자연스럽게 말할 수가 없었다".[221] 그 점에서 스즈끼 미찌히꼬는 '죠오센진'이라고 부르지 못하는 일본인의 추악함, 저항감에서 벗어나기 위해서 그후 일본에서는 '재일 한국·조선인' 등의 표현이 사용되고 있는데 역시 '재일조선인' 혹은 '자이니찌'라는 말을 써야 한다고 주장하고 있다.[212]

일본인과 조선어

원래 일본인에게 조선어는 버거운 언어이다. 전체 50호가 발행된 잡지 『계간 삼천리』만 보더라도 여러번 조선어에 대한 언급이 화제가 되고 있다. 당연한 것이지만 일본어를 통해서 조선의 사물에 대해 생각하고 이미지를 떠올려보는 것과 조선어로 이야기되는 언어 속에 있는 이미지와 세계는 상당히 다르다. 카지무라 히데끼에 의하면 1950년대 중반까지는 일본어로 조선을 전부 이해할 수 있다고 믿었는데 실제로 조선어를 배우기 시작하면서 상당히 신선한 발견의 연속이었다고 한다.[222] 당시의 자료를 꺼내보면 50년대가 아니라 70년대가 되어서도 조선어를 배우는 일본인은 극히 적었고 조선연구자와 일조우호운동가 중에도 조선어를 모르는 사람이 많았던 것 같다. 오히려 조선어를 배우는 일본인은 자이니찌의 입장에서 보면 "이상한 일본인이 우리말(=조선어)을 배우고 있다"고 취급할 정도였는데 조선어학습 자체는 "일본인으로서 자기 자신에게 눈을 뜰 수 있는" 절호의 기회가 되었다.[223]

언어라고 하는 것은 원래는 사람들의 생활 속에 있는 것이다. 일본으로 말하자면 자이니찌의 세계가 있는데, 우에노 에이신(上野英信)에 의하면 메이지시대부터 꽤 많은 조선인이 이주해왔던 찌꾸호오의 탄광지대에도 일상용어가 된 조선어가 상당히 많이 있었다고 한다. 폐광이 되어 수십만의 사람들이 사방으로 흩어지는 가운데, 우스갯소리로 좌중을 한번 웃겨달라고 부탁하기도 했는데, 탄광촌의 수많은 우스갯소리 가운데서도 '케쓰와리(ケツワリ)' 이야기가 모두에게 사랑받고 친숙하여 되풀이해서 이야기되었다고 한다. '케쓰와리'는 도망·탈주의 의미로 동사로는 '엉덩이를 벌리다, 구멍을 벌리다, 전부 폭로하다, 숨겨둔 나쁜 짓이 발각되다'라는 의미, 즉 도주한 광부를 가리키는 말이다. 탄광의 사무원을 '양반'이라고 부르거나, '밥 먹어라'를 '밥모구라'라고 하는 등 조선어가 그대로 일상적으로 사용되었다. 실로 "오랫동안 피압박민족으로시 학대받고 죄수와 같은 취급을 받으면서 일본의 하층사회에 밀려들어간 사람들의 비극적인 운명을 상징하는 말이 그대로 일본의 탄광노동자들의 암담한 유랑의 발자취를 나타내는 단어가 되었다"[224] 는 것이다.

그만큼 일본 현대사에서 조선어는 하류의 비참한 위치에 있었던 언어인데, 전후 일본에서 그 조선어를 가장 열심히 배우고 활용한 것은 일본경찰과 일본자위대였다. 1952년부터 경찰은 매년 전국에서 경찰관 40여명을 모집하여 토오꾜오 나까노(中野)에 있는 경찰학교에서 반년 동안 조선어교육을 시켰다고 한다. 그중 약 반수를 선발하여 텐리시(天理市)에 있는 텐리대학 조선어학과에 위탁생으로 보내 1년 동안 매일같이 조선어 공부를 시켰다. 1년간의 교육이 끝나면 일반 대학의 조선어학과 학생보다도 조선어가 훨씬 높은 수준이 되어 졸업한다. 그들을 전국으로 배치하는데 기술직이라는 명분으로 급료가 2호봉씩 가산되었다고 한다.[225]

조선인이 치안의 대상이 되는 가운데 조선어는 바로 그 치안대책이 되었던 것이다. 그러나 이윽고 민주화운동·자이니찌의 투쟁이 고양되는 가운데 일반 일본인들 중에서 자각적으로 조선어를 배우기 시작하는 사람들이 속출하게 되었고, 그 과정에서 자기변혁을 이루게 되기도 하였다. 거기에는 물론 이문화에 대한 흥미도 있었겠지만 전후 일본 지성사에서 볼 때 일본인의 가장 양심적인 부분이 조선어를 배우기 시작했다고 할 수 있다. 덧붙여서 시인 이바라기 노리꼬가 조선어(한글)를 배우기 시작한 것은 1970년대 중반, 그녀가 50세 때였다고 한다. 그후 그녀는 한국 현대시에 깊이 매료되어갔다. 노동조합운동에 전념하다가 과로와 폐결핵으로 쓰러진 다음 창작시 활동을 하게 된 시인 요시노 히로시(吉野弘)가 조선어와 접하기 시작한 것은 1974년경이었다. 요시노는 한글이 갖는 의미와 발음에 당황해하면서 그것을 「한국어로」라는 작품으로 노래하고 있다. 일본의 시인에게도 조선어는 신선하고 매력 넘치는 언어였던 것이다.

한국어로
'馬'을 말이라고 한다.
'言語'를 말이라고 한다.
언어는 달리는 말이었다.
뜨거운 생각을 전하기 위해서.

한국어로
'目'을 눈이라고 한다.
'雪'을 눈이라고 한다.
하늘의 눈(目)이여, 지상의 무엇을 보기 위해서
눈부시게 내리고 있는 것인가.

한국어로
'一'은 일이라고 한다.
'事'를 일이라고 한다.
하나하나 수수하게 쌓이는 것이
일(事)이다.
(…)

『호꾸닝소오(北入曾)』, 靑土社 1977

다만 여기서 굳이 말하자면 요시노 히로시의 시는 서민의 생활감정에 뿌리를 내린 친근감이 있는 것으로서 인간성에 대한 이해, 사회에 대한 비평정신을 가지면서 이웃에 대한 배려심도 충분하지만, 한국 시인에게서 볼 수 있는 격렬한 저항정신이나 민족과 조국에 대한 상념 같은 것은 느낄 수가 없다. 나라가 다르고 정치상황이 다르니까 당연한 것 아니냐고 하면 달리 할 말이 없지만, 그러나 문제는 단지 요시노 한 사람만의 문제가 아니라 일본의 전후시 전체와 통하는 언어의 문제이자 이데올로기 문제, 나아가 정신태도의 문제가 아닐까 하는 생각이 든다.

그런 점에서 시인 쯔지이 타까시(辻井喬)는 한국의 시인 고은과의 대화를 통해 다음과 같이 말하고 있다. 한국 시인에게는 남북통일이라는 구체적인 행동목표가 있어서 그곳으로 돌아가려는 것에 대해 논의할 수 있지만, 일본 시인의 경우에는 돌아갈 곳이 있는가를 찾을 수가 없다. 돌아가야 할 일본을 아직 만들 수가 없는 상태에 처해 있어서 조국도 없는 정신적인 식민지 상태에 있다. 이른바 일본의 현대시는 조국을 노래할 수 없는 상태로 있고, 예를 들어 착각이라고 하더라도 소득배증에 국민의식이 집중되어 그 흐름 속에서 미국문화가 압도적인 영향력을 갖고 있는 가운데, 시인들은 '몰이데올로기적'인 것에 동조하려고 하였다.[226] 아마도 이것은 단지 예전의 식민지 지배/피지배와 관련된 문제만이 아니라 '국가의 형태'에 관련된 문제를 포함한 이해라고 생각해도 무방할 것이다.

해방 후 한국어의 문제

한편 일본과는 상당히 다른 차원에서 한국에서 조선어는 역시 중대한 의미를 지닌다. 한국과 관련된 것이니까 편의상 '한국어'라고 부르겠다. 해방 이후 사용된 한국어는 식민지 근대를 거친 역사적 필연이라고나 할까, 식민지 지배언어였던 일본어에 의해서 극심하게 '오염'돼 있었다. 당연히 한국에서는 한국어에 혼합되어 있는 '일제의 잔재'를 청산하려는 순화작업이 불가피한 과제가 되었다.

근대일본의 경우 이른바 '국어'로서의 일본어는 국가어로서의 정비나 표준어나 언문일치라는 관점에서 비롯된 국어정책은 있었지만 언어의 '오염', 그것도 타국의 지배에서 비롯된 경우는 한번도 없었다. 그러한 의미에서는 "일본인은 자신들의 언어를 다른 언어와 비교해서 그것과의 길항(拮抗)관계라는 일종의 대립상태 속에서 모국어를 새로이 인식하는 기회가 전혀 없었다"[227]는 것이 진실일지도 모르겠다. 굳이 말하자면 극작가 키노시따 쥰지(木下順二)가 민화를 배경으로 한『학의 보은』(원래 제목은 유우즈루 夕鶴)과 헤이께모노가따리(平家物語)를 제재로 한『자오선의 축제』등에서 예술어로서의 일본어를 추구했던 것이 기억에 남는다.『키노시따 쥰지 평론집 9』(未來社 1980)와『키노시따 쥰지집』(影書房 2005) 등에 수록된 주옥같은 문장에서 볼 수 있는 것처럼, 그의 생애는 아름다운 일본어를 끝없이 추구했던 과정인 동시에 조선·(재일)조선인들에게 공감을 느끼고 일본인의 의미를 되물으면서 천황제를 비판하고 반전평화를 관철시키려는 것이었다.

그런데 한국어에서 '일제의 잔재'란 무엇인가에 대해 구체적인 예를 몇개 들어보도록 하겠다. 무엇보다도 한국에서는 모든 사람들이 알고 있는 동요 중에 「고향의 봄」이 있는데, 그 처음 도입부가 '일제의 잔재' 그 자체다. 「고향의 봄」은 식민지시대 대표적인 아동문학 월간지였던 『어린이』(1923년 창간)에 1926년에 게재된 동요인데, 민족의 향수와 동심을 표현하는 노래로서 그후 널리 불려지게 된 노래다. 1925년에 당시 마산공립보통학교 5학년이었던 이원수가 작사하고 홍난파가 작곡하였는데, "나의 살던 고향은"이란 부분은 일본어 어법 그대로다. 본래 조선어적인 표현이라면 '내가 살던 고향은'이 되어야 하는데, 일제하 그리고 해방 후에도 음악교과서에 그대로 수록되어 지금도 애창되고 있다. 당연히 생각이 있는 사람이라면 그 표현에 위화감을 느끼겠지만 어쩔 수 없는 것이 지금의 현실이다.

이어서 법률을 예로 들면 한국의 국적법은 제4조에 "(귀화에 의한 국적 취득) ① 대한민국 국적을 취득한 사실이 없는 외국인은 법무부장관의 귀화허가를 받아 대한민국 국적을 취득할 수 있다. (…)"라고 규정하고 있다. 원래 한국의 법률은 일제시대 이래 일본법의 영향을 크게 받았는데, 독립이 된 지금도 일본어 특유의 '귀화'라는 단어를 아무 생각 없이 사용하고 있다. 일본의 국적법에서도 현재 '귀화'라는 단어가 사용되고 있는데, 이 '귀화'라는 말 자체는 중국의 역사책에 종종 나오는 단어로『후한서 동회전(童恢傳)』에는 "군주의 덕에 교화·감화를 받아 그 밑에 복종하고 따르는 것"이라고 되어 있다. 우에다 마사아끼(上田正昭)의『귀화인』(中公新書 1965)에 따르면 당나라 이전의 역사책에는 왜·왜인·왜국 등의 단어가 많이 기록되어 있는데, 그 왜국은 '동이의 조공국'으로 인식되었고 사실 왜국은 중국왕조에 조공을 반복했다고 한다. 더구나 그 '귀화'라는 용어는『일본서기』를 비롯한 일본의 고문헌에도 다수 나타나고 있는데 거기에는 일본중심적인 의미를 가진 것으로 사용되고 있다. 즉 일본에서 '귀화'는 단순하게 왕조를 흠모한다는 뜻이 아니라 천황의 덕을 흠모하여 일본으로 건너온 사람이라는 의미를 강하게 가지는 것으로 사용되었다. 전전의 일본에서 종종 사용된 '귀화인'이라는 것도 천황의 덕을 흠모하여 온 사람이라는 의미다. 고대 일조관계에서 보면 일본이 조선(통일신라)을 '번국(蕃國)', 즉 일본에 조공하는 노예적인 국가로 자리매김하는 것과 밀접히 관련된 용어다. 즉 그것이 한국에서 지금도 국적취득이란 의미에서 법조계뿐만이 아니라 일반 사회에서도 사용되고 있는 것이다.

다른 예를 들면, 서울대학교 일본학연구소 소장으로 한국 전통무용에도 조예가 있는 한영혜는 예전에 스승에게 무용을 배울 때 종종 "간지(감)를 잘 파악해라"라든가 "쿠세(버릇)가 안 고쳐지는 사람이 있다"

라는 말을 들었다고 한다. 그녀의 스승은 일본어를 모르는 사람이었지만, 일본어를 알고 있던 한영혜는 '간지'나 '쿠세'가 한국어에 섞여 있는 일본어라는 것을 알아차리고 상당히 놀랐다고 한다. 아마도 1930년대 중반 정도에 전통무용이 하나의 장르로서 성립하는 과정에서 적지 않은 일본어가 섞여들어간 것으로 생각되는데, 이렇게 되면 현재 한국에서 사용되고 있는 언어에 어느 정도 '일제의 잔재'가 남아 있는지 알 수 없게 돼버린다.

달리 표현하자면 식민지 근대를 경험할 수밖에 없었던 조선에서는 조선어 그 자체가 일본어와 불가피한 관계를 가질 수밖에 없었다고 생각하는 것이 좋을지도 모르겠다. 사실 사회언어학자인 이연숙은 조선의 언어적 근대화는 "단지 정치적인 역학관계에 의한 것만이 아니라, 같은 한자문화권에 속해 있고 더구나 바로 언어적 근대화의 절정에 있던 일본어의 언어구조가 조선어와 상당히 비슷했다는 언어내적인 요인에 의한 바가 컸다"고 하면서 "일본이 미치는 영향력은 조선의 근대에 실로 유례가 없을 정도의 심각한 각인을 부여했다"고 한다. 이연숙은 근대 조선어에 일본어가 각인된 사례로 '일본제 새 한자말'을 들고 있는데, '결재' '기밀' '기안' 등의 행정용어와 '사회' '개인' '자유' '독립' '애국' '주의' 등의 용어 등 홍수처럼 조선어 속에 쏟아져 들어왔다고 한다. 다만 예를 들어 '독립'이란 단어가 일본에서는 개인의 수준에서도 사용되지만 조선에서는 거의 민족과 국가의 수준에서만 사용된다는 차이점도 간과할 수 없다. 아무튼 하나하나의 말을 넘어서 일본어가 조선인의 근대 어휘와 문화 자체에 결정적인 영향력을 부여했던 것은 분명하다.[228] 원래 여기서 말하는 일본에서 만들어진 새로운 한자어라는 것의 다수가 일본지식인이 서양 근대의 각종 용어를 기존의 중국의 한학이라는 지식 속에서 일본어로 번역했던 것이라는 점도 잊어서는 안될 것이다. 그것은 이른바 근대 보편의 '식민지주의'와 관련된 문제인데, 그렇게 생각하면 조선어가 일본 식민지주의와 불가분의 관련을 갖고 있다는 것은 이른바 근대세계의 보편적인 사태의 하나로 받아들일 수 있는 것이며 그렇게 부정적으로 볼 것만은 아닌 것인지도 모르겠다.

다만 그렇다고 하더라도 식민지 지배 전기간에 걸쳐 일본어가 강요됐고 사회생활과 사람들의 사고가 일본어에 의해서 근본적으로 속박됐던 역사를 배경으로 일본어, 그것도 조선어 표현이 있음에도 불구하고 일상생활에서 빈번하게 사용되는 일본어 어휘를 추방하는 것은 독립국가 한국에서는 당연시되었다. 그 점에서 해방 직후 시작된 한글전용운동이 그 내용적으로는 '국어순화운동'이 되었던 것은 극히 자연스러운 흐름이었다. 다만 현실적으로는 사람들의 생활용어에서 일본어 어휘를 추방하는 작업은 그리 간단히 진행되지는 못했으며 1962년에야 겨우 문교부에 '한글전용특별심의회'가 설치되고 6개 분과위원회가 만들어져 한글학회의 협력하에 당시 조선어 어휘에 섞여 있던 일본어와 서양 외래어, 읽기 어려운 한자어 등을 쓰기 쉬운 조선 고유어로 바꾸는 작업이 진행되었다. 그 내용은 방대한데 그것이 때로는 '왜색' 추방이라는 반일 민족의식을 표출하는 측면을 갖고 있었던 것은 부정할 수 없다. '우동' '타쿠앙' '스시' '사시미' '쯔끼다시' '벤또' 등 생활용어가 되어 있던 일본어는 그 수가 많았고, 그중에는 '가방'이나 '구두' 등 사전에는 일본어 기원이라고 명기하면서도 '이것은 이제 이미 한국어다'라고 주장하는 사람이 많을 정도로 완전히 한국어가 돼버린 단어도 적지 않았다.

더욱이 식민지시대의 일본어가 활개를 친 것뿐만이 아니라, 해방 후 미국에 의한 점령·미군기지의 존재, 한일조약 후의 일본 재진출이라는 시대배경을 생각해볼 때 국어순화운동이 원활하게 진행될 수가 없었다. 실제로 박정희정권은 1973년에 고등학교 제2외국어로서 '일본어'를 추가하여 '중등교육'에서 '일본어'를 정규과목으로 채택하는 정책전환을 행하였고, 또한 공장 등에서는 기술지도나 기타 등등의 이유로 일본어가 확대될 뿐이었다. 일본과의 임금격차가 8대 1로 식민지시대 이상으로 크게 벌어졌던 노동현장에서는 '일제기계·일본기술·일본어'가 넘쳐나고 간부가 일본어 상용·일본숭배로 흘러가는 가운데 노동자들은 일본어 전문용어를 쓰면서도 반대로 일본을 싫어하는 방향으로 경사되어갔다.[229]

뿐만 아니라 1970년대 초의 국어순화운동은 일본어보다는 영어 등 외래어가 촛점이 되었고 그것도 박정희 개인의 자의적인 발안에 의한 경우가 많았다고 한다. 박정희가 텔레비전을 보다가 방송용어에 외래어가 너무 많다고 한마디하면, 이튿날 바로 '방송용어정화위원회'가 설치된다거나 정부정책으로 바로 실시되었다고 한다. 'MBC 페스티벌'은 'MBC 대향연'으로, '가요 스테이지'는 '가요 선물'로, '해외토픽'은 '해외소식'으로 바뀌는 따위였다. 연예인 이름이나 스포츠용어까지 '한국식'으로 바뀌었다고 하는데 거기에는 반미감정과 반일감정 등 유신체제가 당시 만나게 되는 정치정세와도 관련이 있었다고 한다.[230] 더구나 한편으로 한글학회 등이 주도하는 한글전용운동·국어순화운동은 실질적으로는 '언어민족주의·인위적인 언어순화운동'의 색깔이 강했고, 외래어를 추방하기 위해서 만들어진 신조어는 '상상된 민족' 즉 '상상의 공동체'와는 관련이 있었지만 현실의 민중으로부터는 거리기 먼 것이었다는 비판노 되풀이돼왔다.[231]

지금 다른 관점에서 파악해보면 식민지시대에 일본어로 학교교육을 받은 사람들은 해방 후에도 정신의 내부 깊숙이에는 일본어로 규제되는 나날을 보내지 않으면 안됐다고 생각해도 좋을 것이다. 특히 시인이나 문학가 등 언어를 업으로 삼고 사는 사람들은 가장 감수성이 강한 성장시기를 일본어로 보낸 결과, 언어체계·사유체계의 상당 부분이 일본어에 점유당하고 있는 것은 아닌가 하는 생각이 든다. 원래 이러한 점은 개인의 고백이나 증언이 없고 또한 그것과 관련되어 잘 정리된 연구성과도 전혀 없는 상태에서 가볍게 논할 수 있는 문제가 아니지만, 자이니찌 시인과 문학가도 포함하여 시대배경에서 보자면 식민지언어(모어)·모국어·이중언어를 둘러싼 커다란 문제가 있는 것은 분명할 것이다.

그 점에서 1933년에 태어난 시인 고은은 1947년에 군산중학교에 입학했는데 한국전쟁으로 인해 1950년 4월에 휴학을 한 이후에는 공식 학교교육과는 인연이 없었다. 20세가 된 1952년에 입산하여 승려가 되었고 이후 10년간 참선과 방랑생활을 하며 지낸다. 자살미수사건을 일으키기도 했지만 전태일의 분신자살을 계기로 역사와 사회에 정면으로 대응하기 시작했고, 이후 투옥·고문을 당하면서 민주화·통일에 생애를 바치게 된다. 말년에는 한국적 풍토에서 배양된 감성을 지닌 철학적 사색·세계적 시야를 가지고 문명에 대한 문제의식을 깊게 해나가게 되는데 그동안 일관해서 독학에 힘썼다고 한다. 그만큼 일본어에서 받은 영향은 적었다고 생각해도 좋을 것이다. "시는 역사의 음악이다"라고 말하는 고은은 80년 초 출옥하자 곧 서울에 노동학교를 설립하고 교장이 되었다. 다음의 「조국의 별」은 그후 시간이 좀 지나서 쓴 작품이다.

별 하나 우러러보며 젊자
어둠 속에서
내 자식들의 초롱초롱한 가슴이자
내 가슴으로
한밤중 몇백 광년의 조국이자

아무리 멍든 몸으로 쓰러질지라도

지금 진리에 가장 가까운 건 젊은이다

땅 위의 모든 이들아 젊자

긴 밤 두 눈 두 눈물로

내 조국은

저 별과 나 사이의 가득 찬 기쁨 아니냐

별 우러러보며 젊자

결코 욕될 수 없는

내 조국의 뜨거운 별 하나로

네 자식 내 자식의 그날을 삼자

그렇다 이 아름다움의 끝

항상 끝에서 태어난다 아침이자

내 아침 햇빛 떨리는 조국

오늘 여기 부여안을 일체의 결합의 젊음이자

고은 「조국의 별」

앞에서 언급한 쯔지이 타까시는 "고은은 자국 언어를 회복하는 데서 시인으로서 노력을 쌓아가지 않으면 안되었다"고 하면서 고은이 "일본 지배권력의 믿기 어려운 압제에 저항하면서 국민적 여망을 짊어지고 자신들의 언어를 되찾는 노력의 선두에 섰다"는 것이 뜻하는 의미의 무게를 상조하고 있다. 거기서 쯔지이는 고은의 시가 일본 현대시를 향해서 문제제기하고 있는 문제를 일단 '고은 문제'라고 이름짓고 생각해보고 싶다고 한다.[226]

전후에 조선어와 관련한 일본에서의 조선어교육의 변화에 대해서 말하자면, 1970년대에 들어와 점차 각지의 대학과 도서관, 민간학원 등에서 조선어학습이 시작됐다. 대학의 경우에는 조선어교육의 실적이 없고 또한 대학 내부의 이해가 얕았기 때문에 일부 학생이나 교수에 의한 '자주강좌' 형식으로 출발한 곳이 적지 않다. 잡지 『계간 삼천리』는 조선어, 특히 조선어학습에 관한 특집을 꾸미고[232] 나아가 각종 논고를 적지 않게 게재하고 있는데, 제83호(1984년 여름)에 「나에게 있어서 조선어」라는 칼럼집이 있다. 거기에는 15명의 일본인이 조선어학습과 관련된 자기사(自己史)를 쓰고 있는데, 모두 공통적으로 조선어를 공부하는 것에 의해 자신이 분명하게 변화했고, 가치의식이 근저에서부터 뒤바뀌면서 지금까지 얼마나 무지하고 얼마나 오만했던가를 알게 되었다고 언급하고 있다.

와세다대학에서 중국어 교수였던 오오무라 마스오(大村益夫)는 1976년 현재 일본의 대학에서 조선어를 가르치고 있는 곳은 십여개 학교가 있는데, 조선어를 한 과목 담당했던 오오무라 자신이 그러하듯이 그 대부분은 조선어를 알고 있는 교수가 겸무하든가 아니면 외부 혹은 내부에서 시간강사를 구해 진행하고 있다고 한다.[233]

『계간 삼천리』 제6호(1976년 여름)에 「NHK에 조선어강좌 조기개설을 요망한다」는 글이 게재되어 있는데, 실제로 그 명칭을 조선어로 할 것인가 한국어로 할 것인가로 분규가 발생하여 결국 그것이 「안녕하십니까 한글강좌」라는 명칭으로 라디오방송이 시작된 것은 1984년 4월의 일이다.

3. 한국 '민주화선언'과 역사교과서를 둘러싼 마찰

6월항쟁과 민주화선언

한국의 전두환 군사독재정권은 1980년대 중반 대통령직선제를 요구하는 민주세력과 강하게 대립했지만, 드디어 1987년 6월의 노동자·학생·지식인 등에 의한 대규모 민중투쟁을 계기로 정치적 타협을 할 수밖에 없었다. 이 6월항쟁은 여당 민정당 대표위원 노태우(盧泰愚)가 대통령직선제 개헌, 김대중 등 구속자 석방, 언론의 자유 보장 등 8개 항목의 시국수습을 위한 특별선언('민주화선언')을 발표하는 것으로 수습됐다. 그사이 전국에서 여러 계층·분야의 사람들에 의한 데모가 일어나 민주세력이 드디어 신군부에 승리했다. 이 승리에는 한국에서 반미의식이 만연해지는 것을 우려하는 미국 정부와 의회가 행한 한국에 대한 압력도 작용했다고 생각된다. 한국현대사에 있어 최대 규모의 이 반체제운동에는 적지 않은 희생이 있었지만, 이후 노동자에 의한 쟁의와 데모가 전국에서 분출하는 가운데 대통령직선제 개헌안이 국민투표에서 성립한다(찬성 93.1%). 그러나 야당이 대통령선거의 통일후보 선출에 실패함에 따라 12월에 노태우가 제13대 대통령에 당선됐다.

신군부에 의한 '민주화선언'은 광범위한 국민의 요구에 의해 성취된 것으로 실제로도 이후 정치와 언론 그외 여러 분야에서 불완전하나마 본격적인 민주화 작업이 시작되었다. 즉 1987년 이후, 일제시대 그리고 박정희정권 이후의 군사독재정권에서 자주 사용된 식민지주의적인 수법이 점차 해체되어감에 따라 정치와 언론뿐만 아니라 소위 '생활 속의 식민지주의'가 마침내 청산되기 시작했다. 정권기구의 재편과 각종 제도개혁이 진행되는 가운데 1988년 5월 15일에는 군정시대에 민주화를 주장하다가 직장을 잃어버린 신문기자와 민간이 중심이 되어 출자한 자금을 바탕으로 『한겨레신문』이 창간됐다(1996년 명칭을 『한겨레』로 변경. 이 책에서는 이후도 『한겨레신문』으로 표기함). '한겨레'란 '하나의 민족'이라는 의미로 처음부터 한자를 폐지하고 한글 가로쓰기를 채용했다. 정치적 으로는 반공이데올로기 탈피, 편협한 내셔널리즘 타파 등 중도좌파라 할 수 있는 입장에 서서 노태우정권과 그 뒤를 이은 김영삼의 '문민정 권'에 비판적인 태도를 취해 사회적으로 커다란 영향력을 가지게 됐다.

민주화운동이 고양되는 가운데 학생과 노동자의 집회에서 역시 노 래가 자주 불렸다. 당시 애창가 가운데 「민주」라는 노래가 있는데, 그 가사는 시집 『농무(農舞)』의 저자 신경림이 노래한 시로 원래는 친구의 딸 '민주'가 사고로 죽은 것을 애도한 것이다. 그러나 그 '민주의 죽음' 은 '민주주의의 죽음'이기도 하다고 하여 당시 이화여자대학교 성악과 학생이던 안혜경이 작곡하고 서울대학교 미술대학에 재학중이던 조경 옥이 불러 널리 퍼지게 되었다.

너는 햇살 햇살이었다
산다는 일 고달프고 답답해도
네가 있는 곳 찬란하게 빛나고
네가 가는 길 환하게 밝았다

너는 불꽃 불꽃이었다
갈수록 어두운 세월
스러지려는 불길에 새 불 부르고
언덕에 온고을에 불을 질렀다

너는 바람 바람이었다

거센 꽃바람이었다

꽃바람 타고 오는 아우성이었다

아우성 속에 햇살 불꽃이었다

(…)

신경림 「민주」

이러한 가운데 1988년 9월에 서울올림픽이 개최되고, 국회청문회에서는 신군부시대의 인권탄압이 폭로되는 등 한국은 마침내 세계를 향해 중진국의 체제를 갖추어간다. 그사이 한국에서는 제3세계와의 연대라는 사고가 점차 희박해지고 사상적으로도 운동적으로도 그 중심은 민주화, 특히 통일문제로 옮겨갔다. 정부당국은 500권에 이르는 '금지도서'를 해금할 수밖에 없었으며 전국의 주요 서점에서는 해금도서가 흘러넘쳐 사실상 방치상태가 되었다. 맑스주의, 사회주의, 혁명운동사, 미군정기와 남조선노동당(남로당)의 각종 자료, 제주도 4·3사건, 한국전쟁, '월북작가'의 문학작품, 4·19혁명, 광주민중항쟁, 그리고 민주화운동과 노동운동의 기록, 신군부정권의 부정 폭로 등 사회와 역사, 그외 제반 영역의 책뿐만 아니라 마침내 '북한'관계 서적의 출판도 조금씩 활발해졌다. 정부에 의해 '금지곡'으로 지정되었던 노래도, 월북 작곡(사)가의 작품 전체 및 개작가요와 왜색가요의 일부 등을 제외하고 해제되고,[234] 민간의 학술연구가 활발해지면서 『역사비평』 등의 진보적인 잡지가 발행되기 시작했다. 문학분야에서 본다면, 자유실천문인협회가 '민족문학작가회의'로 개명하고 새롭게 출발한 것이 1987년 9월이다. 드디어 『창작과비평』 『실천문학』이 복간되고, 『문학과지성』의 흐름을 잇는 『문학과사회』가 복간되기도 했다. 이러한 움직임에 호응하는 형태로 작가 이회성을 중심으로 일본에서 『계간 자이니찌문예 민도(民濤)』가 간행된 것은 1987년 11월이다.

그사이 민주화운동은 '민족민주화운동'의 성격을 가지지만, 사회학자 김동춘은 1980년대의 민족주의가 수행한 역할에 대해 민족주의는 자유주의나 사회주의와 같은 보편주의적인 사상이나 이념보다 더 (사회를) 전복시키는 힘이 강하고 비타협적으로 될 가능성이 크다. 한반도의 냉전질서를 균열시키고, 민족공동체라는 개념을 부활시킨 점에서 크게 기여했다고 할 수 있지만, 분단의 현실을 실질적으로 극복할 수 있는 대안적 운동으로서는 커다란 한계가 있다. 타민족·타국가·세계와 같은 보편적 문제는 특히 심각하게 생각되지 않고, 오로지 한반도의 반외세·민족단결·통일에만 관심이 집중된 적도 있다고 논하고 있다. 게다가 특히 한국의 학생운동권 등에 적지 않은 영향력을 가진 '북한'의 주체사상과 민족해방의 논리는 체제정당화에 활용하는 일종의 이데올로기로서의 성격을 가진 것으로, 민족적 일체감도 역사의 과정에서 끊임없이 변화한다는 점을 80년대의 민족주의자는 간과하고 있다는 견해를 피력하고 있다.[120]

여기서 간과할 수 없는 것은 1980년대에 한국과 관련하여 대한항공 폭파사건과 '아웅산 테러사건'이 일어나 국제사회를 놀라게 한 것이다. 1983년 9월에 대한항공기가 소련 영내에서 소련공군에 의해 피격되었으며, 같은 해 10월에는 랑군에서 전두환대통령을 노린 폭탄테러 사건이 일어났다. 서울올림픽을 앞둔 1987년 11월에는 중동에서 한국으로 향하던 대한항공기가 폭파되는 테러사건도 발생했다. 이 가운데 '테러사건'에는 북한이 관계되었다는 지적이 있고, 미국은 1988년에 북한을

'테러지원국'으로 지정해 국제사회에서도 북한에 대한 이미지가 극도로 악화됐다. 북한에서 김일성의 후계자로서 아들 김정일(金正日)이 '추대'되어 점차 권력의 중추를 담당하기 시작한 시기다.

1982년 교과서문제

고도경제성장의 한가운데 있던 일본은 1986년부터 90년까지의 5년간 이른바 버블경제를 만끽하게 된다. 일본경제가 세계에서 차지하는 비중이 갑자기 높아져 1988년에는 일본의 GNP가 세계 GNP의 거의 14%를 점하게 되었다. 그사이 실질적인 한미일 군사동맹을 전제로 나까소네 야스히로 수상이 '침몰하지 않는 항공모함 일본'을 주창하는 가운데 천황 히로히또가 전쟁책임을 전혀 지지 않고 사망한 것이 1989년 1월 7일이었다. 매스컴을 중심으로 천황의 중태가 발표된 전년 9월 19일부터 111일간 일본열도는 '자숙(自肅)'이라는 이상한 분위기에 휩싸여 천황제가 일본사회의 정치·사회구조와 얼마나 깊이 관계하고 있는가를 다시 한번 보여주게 된다.[60]

이러한 가운데 1980년대엔 일본과 한국의 관계가 심화되고 사람들의 교류도 왕성해지면서 적지 않은 갈등과 마찰이 생기게 된다. 그중 가장 중요한 것이 1982년 여름에 불거진 교과서 문제다. 그 계기는 일본의 고등학교 사회과 교과서(일본사, 세계사, 정치·경제) 검정으로, 문부성이 자민당 등의 "편향 캠페인"을 배경으로 역사적 사실을 왜곡하고 침략전쟁을 미화한 것이 밝혀져 한국·중국 등이 대일비판의 논신을 펴고 외교통로를 통해 일본정부에 교과서 서술의 시정을 요구한 것이다. 당시 문부성에 의하면 한국근대사 부분에서 조선침략은 '진출'이고, 조선민중의 3·1독립운동은 '폭동'이었으며, 강제연행은 '일본신민'에 대한 '합법적 절차'에 의한 것일 뿐만 아니라 창씨개명은 '임의신청'이고,

일본어 사용 의무는 '공용'이었으며, 신사참배의 강요는 '장려'였다. 이 때는 엄중한 외교절충을 통해서 일본정부가 한발 물러선 자세를 보여 일단 '해결'되었지만 그후의 경과가 보여주는 것처럼 사태의 본질은 문부성이라기보다는 일본정부·여당이 과거의 아시아 침략·식민지 지배의 사실을 은폐하고 일본은 전쟁 '피해자'라 하여 이에 기초한 검정자세를 계속적으로 유지한 점에 있다.

이 사건은 보통 '1982년 교과서문제'로 불리며, 나 역시 그 전모에 대해 논한 적이 있기 때문에 상세한 내용은 이전의 논의를 참고하기 바란다.[235] 이러한 전제에서 논한다면 이 사건은 단순히 교과서 검정의 문제뿐만 아니라 일본인 전체의 왜곡된 역사인식, 나아가 패전 후 일본의 아시아와의 관계에서 역사와 현실 전반에 걸친 광범위한 문제를 검정하는 대사건이 되었다. 동시에 한국측에서 볼 경우, 경제활동 전반과 일상생활이 일본과 밀접한 관계에 있는 가운데 '반일'의 소리를 높이 외치는 모순을 노정시켜 식민지 이래 "내적인 일본"과의 대결·극복을 지식인 등에게 요구하게 되었다. 사실 해방 후 한국에서 강하게 규탄받았음에도 불구하고 친일파는 한국사회의 최고위층과 지배집단의 상층부분을 계속해서 장악하여 한국의 민족적·국민적·도덕적 주체성의 형성에 커다란 장애가 되어왔다. 더욱이 냉전구조 속에서 한국에게 우호적이라고 인식되었던 여당 자민당의 국회의원을 중심으로 한 '친(親)한파'가 실은 한국의 친일파·부패층을 지원하고 교과서 왜곡을 주도하는 '침(侵)한파'였다는 점에 한국 국민은 강한 충격을 받게 된다.

그러한 가운데 외세에 의존하던 한국의 군사독재정권은 스스로의 지배권력 유지를 위해서 '극일'캠페인과 '독립기념관건립' 모금캠페인 등을 전개하여 이 위기를 극복하려고 했다. 그 중심적 역할을 담당한 것이 『조선일보』에 연재된 「극일의 길」 씨리즈다. 여기서 '일본을 알자'

라는 미명하에 실제로는 일본·일본인을 증오하면서도 현실적으로는 일본제품과 잡지·텔레비전 방송 등의 일본문화에 둘러싸인 한국 국민의 모순된 심정을 교묘하게 이용하려고 했다고 할 수 있다.

교과서 검정과 이에나가(家永)재판

전후 일본의 교과서 검정제도는 1947년에 제정되었다. 내가 아는 한 문부성의 검정에 불합격한 역사 교과서가 일반서적으로서 출판된 예는 우에하라 센로꾸와 이에나가 사부로오의 두 교과서밖에 없다고 생각된다. 그중 우에하라 감수의 『고등학교 세계사』가 짓꾜오(實敎)출판사에서 발행되어 학교에서 사용된 것은 1956년부터다. 이미 논한 것처럼 우에하라는 일본인의 민족적 자각이 지나치게 약한 상황에서, 50년대의 세계에서 민족의식의 자기형성에 커다란 관심을 가지고 여러 문명이 하나의 무대에 등장하는, 즉 세계사의 일체화라는 시대과제를 염두에 둔 교과서를 작성했다고 한다. 집필자 7명 가운데 한 사람이었던 니시지마 사다오(西嶋定生)에 의하면, 1952년 여름부터 시작된 편집회의는 한번 모임을 가질 때마다 5~10시간씩 연평균 20회를 8년간 계속했다고 한다.[236] 그 도중인 1956년 학습지도요령이 개정됨에 따라 개정판 제작이 시급해졌으며, 새롭게 작성한 교과서 원고가 1957년의 검정을 위해 제출되었다. 그때까지 세계사 교과서의 검정은 오기나 표현방식 등 거의 기술적인 문제에 한정됐다고 한다. 그러나 이때부터 문부성의 검정은 '새로운 정치동향'과 관련해 미묘하게 변화하여 특히 '국제연합' '사회주의국가' '동양의 여러 민족'에 대한 서술이 문제가 되었다고 한다. 결과는 2년 연속으로 불합격되어 하는 수 없이 1960년에 일반서적으로 이와나미쇼뗀에서 『일본국민의 세계사』로 출판되었다. 집필자 및 출판사의 열의가 느껴지지만, 여기서 알 수 있는 것은 교과서 집필에는 상당한 에너지가 투입된다는 점, 그리고 50년대에는 한국관련 기술은 그다지 문제되지 않았다는 점이다. 우에하라 감수의 교과서는 세계사였기 때문인지 이후에 쟁점이 된 조선 근대에 관한 서술은 극히 간략하고 특별한 문제도 보이지 않는다.

이 시기, 보수합동에 의한 55년체제가 성립하기 직전인 1955년 8월 일본민주당이 「우려스러운 교과서문제」라는 팸플릿을 발행하여 사회과 교과서의 좌경화 등을 비판했다. 이러한 움직임에 따라 문부성은 교과서 검정을 엄격히하여 "기본적 인권을 너무 강조하였다" "과거 일본의 군국주의에 대한 반성이 지나치게 강조되었다" 등의 이유로 많이 불합격시켰다. 이에나가 사부로오가 쓴 『고등학교 일본사』가 검정불합격이 된 것도 1957년 4월이다. 이에 불복한 이에나가는 1965년 6월 교과서 검정의 시비에 대하여 제소(제1차 소송)를 했으며, 1974년에는 불합격된 원고를 사진 복사하여 산이찌쇼보오(三—書房)에서 『검정불합격 일본사』라는 제목으로 간행했다. 소위 이에나가 교과서 재판은 1997년 8월 제3차 소송 최고재판소 판결까지 32년에 걸쳐 싸워왔지만, 결과적으로 교과서 검정제도가 위헌이라는 판단은 없었고 검정에서 쟁점이 된 부분에 대해서 일부 위헌이라고 판결되었을 뿐이다.

이에나가 교과서 재판은 일본의 진보적 역사학계 및 민주교육세력이 총력으로 지원한 싸움이었으며, 교육의 우경화에 경종을 울려 전후 교육의 민주적 발전에 적지 않은 역할을 한 것은 틀림없다. 나 자신도 재판진행 과정에서 제3자의 입장이기는 하지만 지원과 연대의 감정을 가지고 있었다. 그러나 이제 와서 냉정하게 생각해보면 도대체 이에나가 재판의 역사적 역할을 평가하려고 해도 거기에 무언가 약점은 없었는지, 특히 이에나가 개인의 역사관에 문제점은 없었는지 적지 않게 신경이 쓰인다. 이에나가 자신은 때로 '반권력적 자유주의자'로 평가된 적도 있다. 그러나 일본국헌법 공포 후 1946년 11월에 「교육칙어 성립의 사상사적 고찰」[237]이라는 논문을 발표해 메이지헌법과 교육칙어를 절찬하고 있다. 실제로 이에나가는 자전 『어느 역사학자의 발자취』(岩波現代文庫 2003; 저본은 三省堂 1977, 초판은 1967)에서 헌법제정 당시 그 획기적인 의의를 인식하지 못했지만 냉전구조 심화에 따라 GHQ 주도의 전후개혁이 역코스를 밟아나가자 비로소 사회적 인식이 변하여 신헌법의 의의도 이해하게 되었다고 반성하고 있다. 그 과정에서 이에나가는 전전의 일본이 조선과 '만주국'·중국본토·동남아시아 등의 지배지역에서 얼마나 잔혹한 짓을 했는지를 배우고 맑스레닌주의의 문헌도 적지 않게 읽었다고 한다. 더구나 그러한 과정에서 얻을 수 있었던 자기개조는 "결국 일본국헌법이 보장하는 자유에 의해 만들어진 것"이었으며, 이러한 것에서 "자유의 옹호에 전력을 기울이지 않으면 안된다"고 생각했다고 회상하고 있다. 이러한 이에나가의 자기개혁은 귀중한 것이었으며, 그런 의미에서는 이에나가가 자신의 저서가 교과서 검정에서 불합격된 것에 분노하여 재판에 열정을 불태운 것은 이 '자유의 옹호'를 위한 것이라고도 이해할 수 있다.

그러나 지금까지 논해왔듯이, 전후 일본의 자유와 민주주의는 근대 일본의 민족문제·식민지문제를 논하기에 충분한 사상적 근거가 되기 어렵다. 나 자신은 이에나가 개인과 아무런 인연이 없지만, 근현대 일본의 사상과제를 '천황제와 조선'이라는 전제에서 보면, 이에나가는 천황제에 대해 여러가지로 고민하면서도 조선에 대해서는 깊이 생각한 적이 거의 없어 보인다. 이에나가 재판에서는 확실히 '남경대학살'과 '일본군의 잔학행위' '731부대' '조선인민의 반일저항' '오끼나와전투' 등이 쟁점이 되었지만, 이에나가의 자전과 『전쟁책임』(岩波書店 1985), 『이에나가 사부로오 논집』(전16권, 岩波書店 1997~99)의 관련 논고 그리고

『이에나가 사부로오 대담집＝교과서 재판의 30년』(民衆社 1995) 등의 저작을 읽어보아도 조선에 대한 관심이 극히 미미하다는 것을 알 수 있다. 재판 전체에 걸쳐 변호인단과 증인이 되었던 연구자 등의 조선인식이 어떠한 것이었는가 하는 또다른 중요한 문제에 대해서는 나로서는 판단할 능력이 없지만, 이에나가 재판의 의의를 일방적으로 치켜세워서는 안된다는 생각이 든다. 만약 교과서 재판이 "자신의 이념에 충실하려고 한 이에나가 사부로오 한 개인의 '사상적 작품'"(松永昌三, 『아사히신문』 2002. 12. 10)이라고 한다면, 그 평가는 보류할 수밖에 없다.

이에나가 사부로오가 『검정불합격 일본사』를 간행한 1970년대 중반은 한일조약 체결을 거쳐 일본의 한국 재진출이 활기를 더하고, 한국의 민주화운동이 고양되어 이에 대한 일본지식인 등의 지원·연대운동이 활발해진 시대다. 조선사연구회를 중심으로 한 역사학계에서도 조선연구가 나름대로 진척되고, 일본지식인의 한국인식도 조금은 개선되기 시작한 시기다. 이전부터 많은 교과서 집필자가 문부성의 검정에 이의를 제기하고 교과서 관계 여러 단체와 시민모임 등이 항의의 소리를 높여온 것은 물론이다. 중국 근현대사의 뛰어난 연구자로 알려진 코지마 신지(小島晋治)의 경우 60년 이후 고교 세계사 교과서 집필자의 한 사람으로서 조선 부분의 집필에 관여하면서 1967년판, 1971년판 등 개정할 때마다 조금씩 수정했다고는 하지만, 당시의 한국인식은 시간이 지난 후 되돌아보면 꽤나 미약한 것이었으며 전면적으로 개정한 것은 1973년판 이후라고 회고하고 있다.[238]

이러한 점에서 볼 때 이에나가 사부로오는 야심적이라면 야심적이지만 고교 일본사 교과서를 혼자서 집필했다는 것 자체가 역시 '무모한 시도'였다고 말할 수밖에 없다. 1975년 10월 오오사까의 키따쯔루하시(北鶴橋)초등학교에서 민족학교에 관계하고 있던 어느 자이니찌 교사는 현장의 입장에서 다음과 같이 논하고 있다. "조선에 대한 인식은 전전·전후를 통해 큰 변화를 이루었다고 할 수 없는 것이 사실이다. 의식적이든 무의식적이든 간에 대부분의 조선관은 과거의 조선관이라고 말할 수밖에 없다. 교과서 재판으로 유명한 이에나가 사부로오 교수의 일본사 교과서조차도 조선에 관한 서술이 구태의연하다는 지적을 타산지석으로 삼지 않으면 안된다. 조선관을 바꾸려고 했지만 바뀌지 않았다. 최근의 연구, 특히 조선인의 연구에 겸허하게 귀기울일 필요가 있다."239

일본의 학교 교과서는 학습지도요령의 개정과 교과서 검정의 기준강화로 일관해서 개악되었다. 1958년의 학습지도요령 전면개정(고등학교는 1960년)에서는 애국심을 강조하여 학교행사, 의식 등에서 "국기를 게양하고 키미가요를 제창시키는 것이 요망됨"이라는 서술을 집어넣었으며, 학습지도요령을 '법적 구속력'을 가진 것으로 관보에 고시했다. 1979년 말에는 자민당이「신(新), 우려할 만한 교과서 문제」라는 팸플릿을 만들고, 1980년 1월부터 자민당 기관지『지유우신보오(自由新報)』는「지금 교과서는: 교육정상화에 대한 제언」을 연재하면서 '편향교과서 캠페인'을 시작했다. 이러한 주장을 받아들여 검정이 강화된 결과가 앞서 논한 '1982년 교과서 문제'의 발생이다. 단 이 사건의 수습책으로서 문부대신 담화로「근린제국조항」이 발표되어 이후 "이웃 아시아 각국과의 사이에 근현대의 역사적 사상(事象)을 취급할 때 국제이해와 국제협력의 견지에서 필요한 배려를 할 것"이 교과서 서술의 기준이 된 것은 그나마 다행이다.

다만 군사독재정권하의 한국과의 관계에 대해서 본다면, 예를 들어 1976년 여름 체제파의 교원조직인 대한교육연합회(1989년 한국교원단체총연합회로 명칭변경)가 제기한「일본 교과서의 한국에 관한 내용에 대한 의

견서」에는 "조선→한국, 조선민족→한민족, 북조선→북한, 남조선→
남한, 북조선군→북한공산군, 조선전쟁→북이 남침한 6·25사변, 군사
쿠데타→5월혁명" 등으로 서술되어 있어 오히려 일본 민주단체의 반발
을 낳았다.[240] 그러한 의미에서 일본과 한국의 민주세력이 교과서 문제
에 대해서 대화할 수 있게 된 것은 6월항쟁 이후 민주적 교원조직으로
서 전국교직원노동조합(전교조)이 결성된 1989년 이후의 일이라고 생
각된다.

차별문제와 정체성에 대하여

일본의 학교 교과서가 조선과 자이니찌에 그치지 않고 다양한 차별
문제에 냉담한 것에 대해서는 새삼 말할 필요조차 없을 것이다. 여성차
별과 피차별부락, 오끼나와와 아이누, 외국인, 나아가 공해병 환자 등
열거하자면 끝이 없다. 일본의 경우 '만세일계(万世一系)'의 이데올로
기가 신분적 차별 등 차별체계의 중심축으로서 기능하고 있는 것은 분
명하다고 하더라도 일본사회에 존재하는 모든 차별이 천황제에 의해
발생했다고 생각할 수는 없다. 오히려 일본사회에 살고 있는 사람들의
다양한 차별의식이 궁극적 의미에서 천황제라는 차별체계를 용인하고
묵인하고 있다고 생각하는 편이 좋을지도 모르겠다.

그건 그렇다 치고, 피차별부락의 실태와 피차별부락과 자이니찌의
관계에 대해 생각하는 것도 중요하지만, 여기서는 시인 코오라 루미꼬
(高良留美子)가 차별과의 사상적 대화를 반복하면서 「아사까(淺香)찬
가」라는 제목의 시를 읊은 것을 소개하고 싶다. 피차별부락을 주제로
시를 쓴 것은 전후 일본에서도 극히 드문 일이 아닐까 생각한다. 이 시
에는 구체적인 현실을 직시하면서 더불어 살아가는 자유로운 미래를
지향하는 의지가 잘 전해지고 있다.

전쟁은 아사까(淺香) 마을에서도 많은 젊은이를 빼앗아갔다

군대에서도 인간으로 취급되지 않았던 그들의 묘비는

지금 마을 묘지에 고요히 서 있다

마을 마을에서 젊은이가 사라지는 것과 함께

아시아 여러 나라들에서는 묘비가 늘어

묘비도 없이 죽은 자가 늘고 있었다

부락 사람들*이 손을 맞잡으려 할 때

왜 사람이 말하는 걸까 자는 아이를 깨우지 말라고

사람이란 바라고 있는지

부락민만이 무력한 존재라는 것을

단결할 수 있는 것은 자신들뿐이라는 것을

여자들이 손을 맞잡으려 할 때 미소 짓는 사람들과 마찬가지로

코오라 루미꼬『가시나무숲(しらかしの森)』, 土曜美術社 1981

사람은 무엇보다도 본인의 의지와 관계없이 운명적으로 이 세상에

....

* 천민 혹은 백정으로 불리는 부락민의 역사는 1600년 토꾸가와 이에야스 시대로 거슬러올라간다. 당시는 소수의 지배자인 무사가 평민인 백성과 더불어, '에다' 또는 '히닌'(非人)으로 불리는 천민을 지배하는 사회였다. 에도 인구의 3%에 해당했던 '천민'이 후일 '부락민'으로 불리는 부류의 원류가 된다. 이들은 제일 나쁜 곳에 살아야 했고, 복장이나 종교에서도 차별을 받았다. 메이지 신정부는 '해방령'을 발표했다. 그러나 아직도 이들은 결혼이나 취직에서 차별을 받곤 한다. 현재 일본 전국에 부락촌, 이른바 동화지구(同和地區)로 불리는 지역은 6천여곳에 이르며, 주민은 약 300만명으로 추산되고 있다.

태어난 것이고, 또한 본인의 의지나 희망과 관계없이 어느 특정한 언어를 습득하여 지식과 사고방법 등에서 하나의 정체성을 주입받는다. 즉 사람은 선택 불능한 존재로서 이 세상에 태어나지만 탄생과 동시에 다양한 부호를 붙인 역사적 존재가 되어 드디어 특정한 민족과 국가, 지역, 가정 등에 귀속되는 자로서 형성된다. 이것이 인류의 역사이기도 하지만, 하나의 사회 속에서 소수자로서 위치지어질 경우 필연적으로 약자로서의 정체성을 갖는 것이 일반적이다. 그러나 그 약자성 혹은 피차별의식이 다수자, 즉 강자가 강요한 것임을 자각할 때 약자로서의 정체성은 오히려 강한 것이 되어 차별을 중층적으로 구조화시킨 다수자 사회의 변혁에 대응하는 의지와 에너지를 획득할 수 있다. 다만 본디 차별하는 존재는 동시에 차별받는 존재이고 그 반대도 또한 진리이다.

일본의 여성차별문제와 관련해 말한다면, 앞서 논한 것처럼 모리사끼 카즈에 등이 1960년경에 찌꾸호오 탄광지대에서 여성해방에 관한 운동을 시작했다. 그리고 신좌익의 학생운동·전공투운동을 거쳐 70년대에 들어서 여성해방을 주창하는 운동이 본격적으로 전개된다. 이 운동은 모리사끼의 일을 이어받고 또한 야마자끼 토모꼬(山崎朋子) 등의 '아시아여성교류연구회'(1966)와도 관계하면서 '지성의 반란' '베트남 반전' '입국관리투쟁' '기생관광반대' '반공해운동' '오끼나와 반기지투쟁' '무국적아(無國籍兒)문제' 등 갖가지 반차별운동과 중첩되는 형태로 전개되었다.[241] 이 운동에서는 서구의 여성해방운동을 통해 배우면서 당시 급증하고 있던 고학력의 젊은 여성들이 일종의 암울감에서 벗어나는 새로운 목표로서 확인되고 있다. 그러나 이 '여성해방운동'(Women's Liberation)은 정치조직과 노동조합을 움직여 상황을 변혁하는 방향이 아니라 반대로 개인으로서의 여성이 직접적으로 남성 즉 남성우위 사회와 대결하는 것을 촉진하는 방향으로 나아갔다.[242]

한편 한국의 여성운동은 앞서 논한 것처럼 여성노동자의 노동운동을 중심으로 1970년대에 착실히 성장하여 80년대 들어서 더욱 활발한 운동을 전개하게 된다. 여성운동에 관심을 가진 사람들에게는 해방 후의 한국에서 식민지 지배가 남긴 민족적·계급적·성차별적 모순이 해결되기는커녕 한국사회를 가부장제 근대국가로 재편 강화하기 위해 보다 심화되었다고 받아들여지고 있다. 혈연, 지연, 학벌 등의 전통적 사회관계는 기득권층에게는 이익추구의 일차적인 사적 관계망이며, 이것은 여성멸시의 가부장제적 권력관계와 밀접하게 연결되어 있다. 70년대 후반 이후 이화여자대학교 등을 중심으로 수입학문으로서의 페미니즘 이론의 연구도 진전되었으며, 80년대 전반이 되면 여성운동은 민주화운동의 일환으로 자리매김하게 된다.

일본과 남북한에 걸친 여성차별 문제를 말한다면 남북한에 사는 '일본인 처(妻)'에 관한 문제가 있다. '귀국사업'으로 북한으로 건너간 약 9만 3천명 가운데는 1800여명의 일본인 처가 포함되어 있다고 하는데, 그녀들은 일본으로 고향방문도 뜻대로 하지 못하고 대부분은 연락이 두절되어 어려운 생활을 해나갈 수밖에 없었다고 생각된다. 그리고 식민지시대의 '내선결혼'에 의해 해방 후에도 그 지역에서 살아온 일본인 처가 적지 않게 존재했지만 한국의 일본인 처에 대해서는 1970년대가 되어서야 비로소 일본의 미디어에서 취급하게 되었다. 여기에는 빈곤과 일본인 멸시의 사회적 분위기뿐만 아니라 한국인 남편의 가부장적인 체질과 폭력 등도 결합된 불행의 누적이 보인다. 그리한 일본인 여성은 재한 일본인 처들의 모임인 '부용회(芙蓉會)'에 참가하여 각지의 지부에서 월 1회의 모임을 가지면서 식사를 함께하고 일본 노래와 춤 등을 즐겼다고 한다. 1972년 10월에는 '경주 나자레원'이 창설되었고 이것이 마침내 일본인 처들의 양로원이 되어 정신적인 버팀목이 되었다고 한다.

자이니찌의 입장에서 본다면 여성차별문제는 아니지만 1970년대에 들어서면서부터 자이니찌의 젊은 세대 중에서 일본인과의 결혼이 증가 하고 사회적으로도 개인적으로도 심각한 갈등과 고뇌가 나타났다. 각 지에서 동포를 대상으로 한 결혼상담소가 생겨나서 번창한 것도 이때 부터다. 1984년부터는 일본인과의 결혼이 동포들간의 결혼을 상회하게 되지만, 70년대까지는 자이니찌 부모에게는 자녀들이 동포들과 결혼하 는 것이 당연시되었다. 당시의 분위기로는 일본인 부모에게 자이니찌 젊은이와 결혼하는 것은 허락할 수 없는 행위였으며 가정불화의 커다 란 요인이 되기도 했다. 해방 전에 가족과 떨어져 일본으로 건너와 그 대로 잔류한 자나 혹은 한국전쟁을 전후한 빨치산투쟁에서 겨우 목숨 만 연명하여 일본으로 피신해온 투사들과 같이 조국에 본처를 둔 채 자 이니찌의 삶을 산 남성도 많으며, 이들 중 적지 않은 사람들은 일본인 여성과 새로운 생활을 시작했다. 그러한 일본인 처가 완전한 '조선인'이 되려고 무던히도 노력한 흔적도 있다.

그중에는 작가 야마자끼 토모꼬와 스미 케이꼬(角圭子)처럼 남편이 속한 민족단체(조총련)가 지나치게 조직·민족·조국을 전면에 내세우는 바람에 '혁명'과 '사랑'의 틈바구니 속에서 동요하면서 결국 양 민족의 '숙명적' 관계로 인해 별거할 수밖에 없는 불행도 있었다. 야마자끼 토 모꼬의 경우 남편의 친구에게서 '나도향(羅稻香)'이라는 조선이름까지 얻어 가난하지만 행복한 한 시기를 보내지만 '일본인 처'를 기피하는 조 직의 정책에는 저항하지 못하고 결국 사랑하는 남편과 쓸쓸히 헤어지 고 말았다. 남편의 형수가 중얼거리던 "일본인만 아니었으면……" 하는 한마디가 야마자끼 토모꼬에게는 평생 잊을 수 없는 고통에 가득 찬 말 이었다고 한다.[242]

여기서 자이니찌 여성으로 스스로의 반생을 일인극으로 연기한 송부자(宋富子)에 대해 논하고 싶다. 송부자는 개나 고양이도 이름은 하나인데 자이니찌에게는 왜 일본명과 민족명이 있느냐고 반문했다고 한다. 그녀는 나라(奈良)현의 피차별부락에서 2세로 태어나 일본이름을 사용했어도 "죠오센진은 꺼져"라고 차별받았다. 요절한 아버지를 대신해서 7명의 아이를 키운 엄마에게 "왜 낳았어"라고 한탄하며 자살을 시도하기도 했다. 조선인이란 것이 알려지면 일을 그만두어 20살이 될 때까지 22군데나 전직했다. 그러나 31살에 카와사끼(川崎)에서 자이니찌 남성과 결혼하고 자녀가 기독교 보육원에 들어가면서, 그곳에서 일본인 목사에게서 스스로 자이니찌의 역사를 배우는 기회를 얻고 자각하게 되었다. 그리하여 "있는 그대로의 자신으로 자랑스럽게 살아가자"고 결심하지만, 이웃 일본인은 "일본이름이 좋다"고 했으며, 일본이름으로 일하는 남편은 "이상으로는 먹고살 수 없다"고 심하게 화냈다고 한다. 결국 "차별과 편견은 뿌리깊다. 그러나 혼자서라도 나아갈 수밖에 없다"고 결심하고 연기를 계속해 지금은 한국에도 눈을 돌리기 시작했다고 한다(『아사히신문』 2007. 9. 16).

송부자가 자이니찌의 역사를 배우고 자신의 정체성을 확립한 것은 1970년대 초반이다. 마침 그때 '남성사회'였던 자이니찌 사회에서 여성이 활약하기 시작하여 80년대에 들어서는 더욱 가속되었다. 자이니찌 여성의 삶에 관심을 가진 윤가자(尹嘉子)의 「'자이니찌' 여성의 표현자들」(『신닛뽄분가꾸』 1987. 4)이라는 글에 의하면, 당시 "시를 통해 자신을 표현한" 종추월(宗秋月), "민족무용을 통해 자신을 표현한" 변인자(卞仁子), "피아노를 통해 자신을 표현한" 노유희(盧裕喜), "연극을 통해 자신을 표현한" 김구미자(金久美子) 등이 활약했다고 한다.

이들 중 시인 종추월은 『종추월시집』(編集工房ノア 1971)에서 어머니

의 신세타령과 아버지의 육체를 통한 이야기로 삶 속의 활동력과 유머를 발산시켰다. 이『종추월시집』은 자이니찌 여성으로서는 최초의 시집으로, 자이니찌 여성의 시 표현이 사회화되었다는 점에서 커다란 의의를 갖는다. 작가 성율자(成律子)는『이국의 청춘』(蟠龍社 1976)에서 남녀의 사랑을 얽어 여성의 시점에서 민족에 대한 자각과 불안을 묘사하고 있다. 80년대에 들어서면 앞에서 논한 작가 이양지가「나비타령」(『群像』 1982. 11)을 발표해 일본의 문단에 등장하는 등 자이니찌 여성작가의 활약이 두드러진다.

『계간 자이니찌문예 민도』 제4호(1988. 9)에「여성에게 있어 재일동포 사회」라는 좌담회가 게재되어 있는데 여기서는 단순히 여성차별의 문제를 넘어서서 자이니찌 사회의 구조와 남·녀의식의 존재형식 그리고 여성의 삶이 적나라하게 논의되고 있다. 일상의 일과 가사분담, 정치의식의 존재방식, 조상의 제사, 그밖에 동포 여성에게는 봉건적인 굴레가 일본인 이상으로 존재하고 있으며, 더욱이 민족학교 출신에게 그러한 굴레가 더 강한 것이 아닌가 하고 논의되고 있다. 나 자신 남자이기 때문에 읽으면서 고통스럽기도 하다. 다만 좌담회에 출석한 일본인 여성이 제각기 특색이 있다고는 하지만 일본사회와 자이니찌 사회에서 '남녀관계'에 '민족'의 차이가 없이 거의 흡사하다고 발언하는 것을 보고 가슴을 쓸어내렸다.

1980년대, 특히 후반 이후 자이니찌의 세대교체가 크게 진척되는 가운데 동화압박·배외주의의 계속과 '민족의식'이 희박해지는 현실을 앞에 두고 '자이니찌'의 시민적 권리와 정체성 및 문화의 가능성을 요구하는 갈등과 고뇌는 커져만 갔다. 1985년은 일본의 국적법이 부모양계주의로 개정되어 전후 일본사회를 규정해온 '국민' 관념도 비로소 흔들리기 시작한 시기이다. 자이니찌의 젊은 세대도 '민족'이나 '국민'의 속박에서 벗어나려 하여 '일본이냐 조국이냐'가 아닌 '제3의 길' 등 일종의 절충적 혹은 타협적이라고도 할 수 있는 삶의 방식을 '백가쟁명' 식으로 논하기 시작한다. 정갑수(鄭甲壽)를 중심으로 한 '제1회 원 코리아 페스티벌'(One Korea Festival)이 여러 자이니찌단체의 반목·알력, 그리고 다양한 경계를 넘어서 오오사까에서 개최된 것이 1985년이다. 이것은 통일조국이 지문날인 거부투쟁 등 차별철폐를 위한 자이니찌운동의 배경이 된다는 사고를 근저로 하면서 나아가 동아시아를 염두에 두고 하나가 될 것을 염원한 것이었다.[243] 당연히 이것은 일본의 '시민사회'에서 배제되어 있는 데 대한 대항전략이기도 하다. 문학에 대해서 말한다면, 일본사회에 대한 동질화를 지렛대로 자이니찌문학 세계에 새로운 현상이 나타나 '나' 혹은 '사람'을 주어로 하는 '자이니찌문학'이라 부를 수 있는 현상이 나타나기 시작한 것도 1985년 이후의 일이라고 할 수 있다.

이러한 시기에 '조선'국적으로 1968년생인 정장(丁章)은 히가시오오사까(東大阪)의 코사까(小坂)중학교에 설치된 민족학급을 통해서 자이니찌를 자각하지만 졸업식에서 예정된 '본명 선언'은 "집안 장사에 지장이 있기 때문"이라는 아버지의 반대로 포기할 수밖에 없었다. 이후 대학에 입학한 정장은 일본인 여성과 열정적인 사랑을 하고 그녀에게 본명 선언을 함으로써 '자이니찌'로서 자립한 입장을 새롭게 확립하려고 했다. 정장의 시 「일본인과 사랑을 하고」는 "너무 진지하게 자신의 질문에 올곧게 답하려고 해서 때때로 깨우침으로 발효할 시간이 부족하여 미숙한 철학적 단편에 머물러 있는"[244] 아쉬움은 있지만, 그래도 정장 본인과 당시의 자이니찌 젊은이의 심정을 잘 표현하고 있다고 할 수 있다.

일본인과 연애하고
얼마나 자기가 일본인이 아니고
조선인도 아니라는 것을
처음 알게 된 자이니찌(在日)

스스로 일본인다움을
그리고 조선인이라는 것을
그렇게도 괴로워 했던 것을
일본인과 연애해서
그 괴로움조차 먼지처럼 날려버리고
모든 것이 날려버려져
알몸으로 외롭게 얼어붙었다
그 자이니찌에게 달려드는
거대한 또다른 고통의 파도

일본인과 연애해서
조선에서도 일본에서도 밀려버렸던 자이니찌에게 또
달콤하고 교묘하게 유혹하는 일본과 한국의 더러운 손짓
이제 받아들이지 않겠다
이쪽에서 손을 내놓고 빼앗아올 뿐

『활보하는 자이니찌(闊歩する在日)』, 新幹社 2004

오끼나와와 '자이니찌'

일본에서 차별문제라고 하면 오끼나와와 깊이 관련되어 있다. 내가

대학원에 진학할 당시 동기생으로 오끼나와 출신자가 있었는데, 그에게 '오끼나와인'이라고 말을 걸었을 때 "나는 오끼나와인이 아니다. 일본인 이다!"라고 정색을 하고 반응해 깜짝 놀란 적이 있다. 일본의 내지 식민 지로 취급되어 주체성이 무시된 형태로 '일본'에 흡수된 오끼나와인이 왜 '일본인'인가. 미국에서 '칼라'로 불린 흑인은 "검은색은 아름답다!" (Black is beautiful!)라고 외치면서 공민권운동을 전개하고 흑인을 그대 로 표현하는 '블랙'이란 단어를 자랑스럽게 자칭하지 않았는가. 자이니 찌도 왜곡된 발음의 '쬬오센'에 반발하면서 '조선인'의 이름을 되찾아와 야 하지 않을까 하고 생각하게 한다. 물론 일본의 경우 천황제의 정치구 조하에서 예를 들면 선주민족의 아이누는 일본국가에 의해 토지와 언 어, 문화, 풍속, 습관을 빼앗기고 현재에도 역사 속에서 더럽혀져온 '아 이누(アイヌ: 인간)'라는 단어를 싫어해서인지 한발 물러선 형태로 '우따 리(ウタリ: 동포)'라는 이름을 자칭하고 있는 것도 알고 있다. 최근에는 1995년 인종차별철폐조약의 추인과 관련해서인지 시문 등에서 아이누 를 '아이누 민족'이라고 표기하는 예가 늘고 있지만 역시 본원적으로 아 이누는 '아이누'라 불러야 할 것이다. 실제로 우따리협회는 최근 '아이누 협회'로 명칭변경을 결정한 것 같다(『아사히신문』 2008.5.17).

오끼나와인의 정체성에 대해서 적지 않은 흥미를 가진 나는 신문과 서적을 통해 1950·60년대의 소용돌이치는 듯한 '조국복귀운동'의 기세 에 경의를 표함과 동시에 적지 않은 의문을 갖게 되었다. 자립한 '오끼 나와인'인가, 조국과 일체가 된 '일본인'인가. 이리한 문제에 내해 '오끼 나와학의 아버지'라고 불리는 이하 후유우(伊波普猷)의 존재는 중요하 며, 현실의 거대한 모순과 맞서려고 한 그의 자세는 공감할 수 있는 것 이었다. 그러나 언어학자 이하의 연구가 '일류(日琉)동조론'(일본인과 류 우뀨우(琉球)인은 민족적 기원이 동일하다는 설. 이 설은 역사적으로는 17세기에 섭정

(攝政) 하네지 죠오슈우(羽地朝秀)가 지은 『중산세감(中山世鑑)』으로까지 거슬러올라가고 메이지 이후는 이하에 의해 상세하게 전개되었다—옮긴이)의 구축을 출발점으로 삼아서 오끼나와의 민속적 가치를 재발굴하여 오끼나와인의 당연한 지위를 제창하는 사상을 제시했을 때 적지 않은 의문을 품은 것도 사실이다. '일류동조론'이라고 하면 바로 일본의 조선 지배로 강조된 '일선동조론'을 생각나게 한다. 혁신정당에게 지도받은 조국복귀운동이 일류동조라고 하는 이하의 주장을 논거로 한 것에도 납득하기 어려운 부분이 있다. 그런 까닭에 '반(反)복귀'라든가 '독립'의 활자를 보면 오끼나와에 대한 사고가 흔들리고, 이하에 대한 의문이 해소되지 않을 뿐 아니라, 자이니찌의 정체성 혼란과 중첩해서 생각하지 않을 수 없다.

이러한 점에서 아라사끼 모리떼루(新崎盛暉)가 "오끼나와는 일본의 일부이면서 틀림없는 일본이라고 단정해버리면 너무도 많은 비일본적 요소가 눈에 띈다. 그러나 역으로 일본이 아니라고 해버리면—예를 들어 근대일본이 식민지로서 지배한 대만이나 조선과 대비하면—너무도 일본적인 요소가 눈에 띈다. (…) 오끼나와는 지금도 일본에서 떨어져 있지 않고 그리고 일본 속에 있음으로써 비로소 그 독자성을 강하게 자기주장할 수 있다는 점이 있다. (…) 오끼나와는 일본을 변화시키는 것을 통해서 아시아의 일원으로서의 지위를 확립한다. 그 계기 중 하나는 아마도 천황(제)에 대한 위화감이다"[245]라고 논하고 있는 것에는 찬성할 수 있다. 국적의 존재방식을 별도로 하면 별다른 것은 없으며, 오끼나와는 '자이니찌'의 '현실'이 안고 있는 문제와 많은 점에서 중첩된다.

이념과 운동론에서 아라사끼 모리떼루와 주장을 조금 달리하는 시를 앞에서 소개한 적이 있는 아라까와 아끼라(新川明)는 '반복귀'론과

'독립'론에는 넘기 어려운 하나의 선이 있다고 하면서, 자신은 '반국가' 사상과 '비국민'적 생각을 중시하는 '반복귀'론을 추구하는 사고를 되풀이해왔다고 한다.[246] 게다가 오끼나와의 사상적 가능성은 오끼나와의 역사적·지리적으로 풍요한 조건에 의해 형성된 오끼나와인의 의식 속에 강하게 남아 있는 일본·일본인과는 '다른 의식〔差意識〕'에 존재한다고 한다.[247] 『토쇼신문(圖書新聞)』의 편집위원 요네다 쯔나미찌(米田綱路)의 말을 빌리면 그것은 현대일본의 정신적 자폐가 오끼나와인에게 '동화'를 강요하고, 그 이상으로 '동화'를 유발하고 있는 연쇄구조를 문제시하는 것이라고 한다. 여기에는 역대 일본정부가 '동화'를 오끼나와측의 '동의'로 위장하고, 실제로 위정자들 사이의 '동의'가 사람들에 대한 '동화'의 구실과 강제력으로서 작용하는 방식을 강화시켜온 사실이 있다. 더구나 여기에는 오끼나와와 일본을 연결하는 천황제의 문제가 있으며, 천황제의 속박을 끊어버리는 것 외에 정신의 해방은 있을 수 없으며, 여기서 비로소 가능한 정신의 확장과 자유야말로 '반복귀'론의 풍요이자 자립사상을 점화시켜가는 봉화라고 한다(『토쇼신문』 2001.12.1). 이것은 상당히 어려운 논리전개로 정확히 이해할 수 있을지 어떨지 의심스럽지만 '자이니찌'를 생각할 때 시사적인 논점이 되는 것만은 틀림없다.

다만 솔직히 말해서 내가 오끼나와에 대해 진지하게 고민하게 된 것은 1990년대 이후 한국의 미군기지문제가 한국에서 논의되기 시작하면서 같은 미군기지를 가진 오끼나와에 관심을 가지면서부터다. 그렇지만 이제 와서 생각하면 오끼나와의 뿌리깊은 본토에 대한 환상은 자민당 정부의 '풍요로운 현(縣) 만들기' 구상에 이용되고, 조선반도에 촛점을 둔 미일의 전략적 의도에 이용되었으며, 또한 정치 면에서는 국정선거를 통해서 전반적으로 일본국가로 기우는 현상의 요인이 된 것이 아닌가 생각한다.

'반국가'라든가 '비국민'이라고 하는 것은 말하기는 쉬워도 실제로는 어려운 단어다. 일상적으로 생각하면 반국가란 국가가 말하는 대로 하지 않는 것, 비국민이란 국가나 다수에 의해 이단시되는 것이라고 해석해도 좋을 것이다. 그것은 당연히 다수가 의거하는 국가와 국민이 소수의 불이익을 발생시키는 것을 전제로 하면서 그 차별적 소수자는 '반국가' '비국민'을 시야에 넣음으로써 다수의 의식변혁을 촉진시키고, 이것에 의해 국가와 국민의 존재방식을 바꾸어가려고 하는 것일 게다. 이것을 곰곰히 생각하면 여기서 '국가'와 '국민'은 더욱이 부정할 수 없는 것으로 엄연히 존재한다는 사실이다. 실제로 오끼나와인이나 조선인이 '반국가'나 '비국민'을 소리 높여 외친다 하더라도 그것은 어디까지나 기존의 국가나 국민의 존재방식을 바꾸려고 하는 것이지 근대의 본질적 구성요소인 국가·국민 그 자체의 부정 혹은 거부로까지는 이르지 못하고 있으며, 현실적으로도 세계사의 현단계에서 그것은 오히려 불가능한 것으로 생각해도 좋을 것이다.

그러나 또한 전후 일본에서 피차별운동을 생각할 때 오히려 국가와 국민의 개념에 기초하여 차별해소를 요구하는 예가 많았던 것은 아닌가 생각한다. 일본의 반차별운동의 기축을 이루는 부락해방운동이 '국민'이라든가 '국민운동'이라는 단어를 본의 아니게 긍정하여 '일본국민'으로서의 '법 아래의 평등'을 전제로 행정차별 반대투쟁에 커다란 역점을 둔 것 등이 그 예라고 생각한다.[248]

국가와 국민의 개념과 관련하여 다른 예를 든다면 전후 일본의 원수폭금지운동은 국민 전체가 세계 유일의 피폭국이라는 피해자 의식에서 출발하여 1970년대에 들어서기까지 그것에 속박된 채로 있었다. 그러한 가운데 『쮸우꼬꾸(中國)신문』 그리고 쮸우꼬꾸방송의 기자였던 히라오까 타까시(平岡敬)가 히로시마·나가사끼에서 피폭당한 조선인의 목소리를 잡지 『세까이』에 「묵살과의 투쟁 : 피폭 조선인·손진두(孫振斗)씨의 외침」이라는 제목으로 게재한 것이 1974년 8월이다. 이후 히라오까는 1983년에 『무원의 해협 : 히로시마의 소리, 피폭 조선인의 소리』(影書房 1983)를 출판했는데, 여기서 주장한 것은 '국가를 넘어선 평화사상'이었다. 그사이 피폭 후 조선반도로 돌아간 재한 피폭자의 몇명인가는 밀입국 혹은 자비로 도일하여 미열과 빈혈, 전신권태감에 시달리면서도 일본정부에 직접 항의하기 시작했는데, 일본정부가 그들의 항의를 거절한 이유는 '외국인이기 때문'이었다. 나이 60이 넘어 야간중학교와 정시제(定時制) 고등학교를 졸업한 1932년생의 자이니찌 여성시인 이명숙(李明淑)은 「알고 있습니까(손진두씨에게 피폭자 수첩 교부를)」라는 제목으로 다음과 같이 노래하고 있다.

　　　투하된 한 알의 핵폭탄이
　　　일순 태워 죽인 수십만 생명
　　　온몸이 방사능을 맞아
　　　피폭자라는 이름, 그 생명의 잔해를 남기고
　　　타오르는 여름날

　　　그날부터 30여년 세월을
　　　사라지지 않는 육체의 각인(刻印)을 품어 안는디
　　　저주스러운 악몽의
　　　나락에서 어찌할 방도도 없는
　　　일본 하늘에
　　　생명을 걸고

조선인 피폭자 한명이
밀항선을 타고 왔다

(…)

1967년 3월 30일
손진두(孫振斗)*씨가 밀입국했다는 이유로 원폭피해자 수첩 교부를
거부했지만, 최고 판결에 의해
피해자 수첩의 교부를 허가하고, 마침내
치료받을 길이 열렸다

(…)

이명숙 「알고 있습니까」

* 한국의 원폭피해자들 중 강제로 연행되어 일본에 갔다가 핵폭탄을 맞은 사람들이
있다. 일본정부는 일본인에 대해서는 1957년 '원자폭탄 피해자의 의료에 관한 법'을
제정해 치료를 시작했다. 그러나 한국의 원폭피해자들은 외면했다. 게다가 1965년
한일국교정상화회담 때 한국정부가 이 문제를 언급하지 않자, 1967년 한국인들이
원폭피해자협회를 조직하고 피해보상을 요구해도, 일본정부는 한일협정에서 모두
청산됐다면서 상대도 해주지 않았다. 그 무렵 부산에 사는 일본 태생의 손진두(孫振
斗)씨가 일본에 밀항했다가 체포되는 사건이 발생했다. 출입국관리법 위반으로 구
금된 그는 "나는 원폭피해자로, 원폭병을 치료하기 위해 왔으니 치료할 수 있는 건강
수첩을 교부해달라"고 호소했다. 이에 일본 시민단체들이 후원하면서, 1972년 10월
2일 후꾸오까(福岡)지법에서 소위 '원폭수첩소송'을 벌이기 시작했다. 1974년 3월
30일 후꾸오까지법에서는 "원폭피해자라면 국적이 다르다거나 밀항해온 범법자라
도 수첩을 교부해서 병을 치료할 수 있게 해주어야 한다"고 손진두씨의 손을 들어주
었다. 이 판결로 한국인도 일본에 가면 수첩을 받을 수 있고 의료혜택은 물론 수당도
받을 수 있는 길이 부분적으로 열렸다.

천황제와 조선, 그리고 '민족적 자각'

전후 일본에서는 '일본인은 단일민족'이라고 하는 발상·담론이 적지 않게 버젓이 통용되고 있는데, 이 '단일민족관'은 이미 논한 것처럼 전후 일본에서 더욱 강조되고 유포된 것으로 보이며 이것이 일본인의 조선관을 고정시킨 하나의 요인이기도 했다고 말할 수 있다.『세까이』편집장 야스에 료오스께는 1988년 초두에 "일본인의 조선관의 시정(是正)──이것은 식민지 지배가 끝난 지 43년이 지난 지금까지의 과제이기도 합니다만 오늘날 일본인이 조선을 보는 눈은 오히려 훨씬 왜곡되고 흐려져 있는 것은 아닌가라고 말하지 않을 수 없습니다. 혹은 비역사적이고, 평면적이고, 충동적이고, 자기중심적이라고도 말할 수 있겠죠"[249]라고 말해 전전부터의 조선관이 80년대 후반까지도 왜곡된 채로 있다고 인정한다.

그런데 일본의 신분차별이라고 하면 천황제와 관련시켜버리지만 천황제와 관련이 없는 조선에 신분차별·신분제도가 없었던 것은 아니다. 지식으로서 알고 있는 것은 일본의 피차별부락에 상당하는 것이 조선에서는 '백정'이라든가 '노비'로 불렸던 사람들이지만 모두 전근대에 국가권력에 의해 만들어진 피차별민이다. 근대화과정에서도 백정이 남았고 식민지하의 1923년에는 일본의 수평사(水平社)에 비견되는 해방운동조직인 '형평사(衡平社)'가 탄생한다. 그러나 그러한 피차별민인 백정은 한국전쟁과 그후의 경제성장기에 소멸되어버렸다고 한다. 그러한 의미에서 해방 후 현재에 이르기까지 한국에서 신분제도에 의한 피차별민은 없어졌다고 생각해도 좋다.[250] 더욱이 그렇다고는 하지만 해방후 학교교육 등에 의해서 '단일민족' 의식이 상당히 강하게 주입된 한국에서 이질집단에 대한 차별의식이 완전히 없어졌다고 할 수는 없을 것이다. 그 대표적인 것이 재한 화교에 대한 차별의식인데, 이것은 자이 니찌에 대한 민족차별에 비유되는 한국에서의 외국인 차별이라는 중요 문제라고 할 수 있다.

『아사히신문』2006년 3월 23일자 기사를 보면 "한국과 중국은 이웃 나라다. 그러나 '한중문화협회'의 이영일(李榮一) 총재는 '한국은 세계 에서 가장 화교가 살기 어려운 나라다'라고 회고한다. 영주권의 취득이 어렵고 토지거래도 대단히 제한되어 있기 때문"이라고 한다. 얼마간의 다른 자료를 찾아봐도 역시 한국은 화교에게는 살기 어려운 나라라고 되어 있다. 이것은 한국에서도 외국인 차별 혹은 민족차별의식이 강하 고 한국이 결코 외국인과의 공생을 실현해가는 나라가 아니라는 것을 말해준다.

역사적으로 보면 1882년 임오군란을 즈음하여 청국군 4천여명과 40 여명의 교역상인이 조선에 들어온 것을 시작으로 일본의 식민지통치하 에서 최대 10만명의 화교가 조선에 거주했다고 한다. 자이니찌가 최대 70여만명이라는 것을 생각하더라도 상당한 숫자인데, 이에 대한 조선 인의 인식은 대국(大國) 중국을 배경으로 그리 나쁜 것은 아니었다고 한다. 그러나 2차대전의 종료(해방)·한국정부 수립·중국의 공산화 (1949)·한국전쟁이라는 역사의 흐름 속에서 본국과의 무역종사자가 다 수를 차지하고 있던 화교는 60년대에 들어와서 음식업으로 직업을 바 꾸기 시작했다. 화교의 수도 한국전쟁 직후에 1만 7천여명, 60년대 초 반에 2만 3천명, 70년대 초반에 3만 2천명이었다고 한다. 한국 국민의 시선이 차가웠다고 할 수 있을지도 모르겠지만 특히 박정희정권하에서 음식점 영업에 부당한 규제가 더해지고 나아가 1961년 9월에는 외국인 의 토지소유가 전면적으로 금지되어 경제적 기반을 잃어버린 것도 화 교인구 감소의 커다란 이유라고 한다. 어느 쪽이든 한국에서 많은 수의 화교가 미국, 캐나다, 오스트리아로 이주하여 90년대 초반에는 2만명에도 미치지 않는 소수민족이 되고 말았다.[251]

보통은 국적을 바꾸지 않는 한 정주 외국인은 세월과 함께 인구가 증가하게 마련이지만, 한국에서 화교의 경우는 반대로 급격히 감소해갈 뿐이었다. 이것은 당연히 한국에서 단일혈통의 신화와 결합된 외국인 차별·민족차별이 상당히 심각한 것임을 나타내고 있으며, 이것은 또한 한국의 '민족주의'의 실태와도 관계있는 것이 아닌가 하는 의구심을 가지게 한다. 다만 그사이에 대량의 한국인이 미국, 캐나다 등으로 이민 간 것도 사실이며 이 점은 화교의 인구감소에 한국의 사회불안이라는 요소가 적지 않았다는 사실을 지적할 수 있을 것이다.

여기서 화제를 바꾸어 일본지식인의 사상의 존재방식에 대하여 본다면 문예평론가 타까노 요오이찌(高野庸一)는 1983년에 출판한 『전후전향론』(せきた書房)에서 특히 전후문학과 관련하여 지식인의 '전향'에 대하여 날카롭게 논하고 있다. "전후라는 시대는 끝나지 않았다. 더욱 추악한 형태로 완결되어버렸다. 그리고 우리들은 지금 완결된 순간 폐허화한 모습 속에 서 있다. (…) 우리들은 전전과 같은 형식의 전향을 답습하지는 않는다. (…) 권력의 강제에 의한 사상변경이라고 하는 전향론의 기본도 효력이 없어졌다. 치안유지법도 특고경찰도 없기 때문에 전향 상신서를 쓸 필요도 없다. (…) 현재의 상황은 무사상이다. 사상의 전환·이행이 아니라 그 포기라는 형태로 전향이 존재하는 것이 아닌가"라고 주장하고 이것은 고도경제성장이 초래한 것이라고 실냉한다.

타까노 요오이찌는 찌꾸호오 탄광지대에서 "아침은 깨지기 쉬운 유리니까/토오꾜오로 가지 마라 고향을 만들어라"라고 노래한 타니가와 간이 그후 '써클촌' 동지들과 헤어져 상경한 삶의 방식을 문제시한다. "토오꾜오로 가지 마라"고 하는 타니가와의 주장에 성실히 답하여 그대로 찌꾸호오를 거점으로 삼은 우에노 에이신, 모리사끼 카즈에, 이시무레 미찌꼬는 패배 후에도 그곳에 정착해서 살면서 훌륭한 일을 했다. 우에노는 그후의 광부들에 대한 다큐멘터리를 계속 기록하고, 모리사끼는 하층서민 여성들을 묘사했으며, 이시무레는 미나마따병 환자를 방문하여 『고해정토(苦海淨土): 우리 미나마따병』(講談社 1969)을 저술했다. 그러나 그들과 함께 광부들의 투쟁 속에서 혁명의 '원점'을 발견했던 타니가와는 그 원점을 살려갈 수 없었다. 나 나름대로 이해한다면 타니가와는 광부의 구체적인 삶 속에서 민중의 욕구와 감성을 탐색하면서 해방된 꼬뮌을 환시(幻視)하려고 한 싸움에서 패하고 말았다고 할 수 있을 것이다. 타니가와가 상경한 1965년은 고도경제성장의 초기 상승기로 타니가와는 이후 좌익성을 포기하고 침묵의 시간 속에서 풍경과 육체를 연결하는 단어를 잃어버리면서 교육산업의 사장으로 행동한다. 실로 고도경제성장이야말로 일상 속에서 전향의 주요한 요인이지만 마침내 고도경제성장의 종언과 함께 타니가와는 토오꾜오를 떠나 나가노(長野)현의 쿠로히메(黑姬) 고원에 거처를 마련한다.

타까노 요오이찌는 타니가와가 혁명의 '원점'을 상실했다고 한다. 이것은 설득력있는 어법이지만 그러나 나는 또다른 시각을 가지고 싶다. 타니가와가 그후에도 시와 문학을 계속해서 고집한 것은 분명하다고 하더라도 타니가와와 우에노 에이신·모리사끼 카즈에·이시무레 미찌꼬를 구분한 것은 '조선'을 포함한 역사인식의 차이다. 타니가와가 '써클촌' 이후 (재일)조선인과의 연대를 말하지 않았다고 하는 것은 아니다. 오히려 기록을 거슬러올라가면, 그러한 언동이 가끔씩 보이지만 그것은 본질이 아니다. 우에노와 모리사끼가 사상 혹은 사고의 깊은 곳에서 조선과 불가분의 관계를 가지고 있음은 이미 논했다. 이것은 조선뿐만 아니라 하층민중과의 관계라고 해도 좋지만 이시무레도 또한 미나마따의 민중과 어울리면서 조선과 관계하게 된다. 세계 최대의 수은공해병이라는 미나마따병의 발생지인 신일본질소비료주식회사는 식민지 지배하 조선의 함경북도 흥남(興南)에 대규모 화학콤비나트와 댐, 수력발전소를 연이어 건설한 재벌 일본질소 콘쩨른을 모태로 한다. 당연히 미나마따병에 대한 추궁은 일본질소가 전전부터 해오던 부당한 인권침해에 대한 추궁이 되었고 이것은 조선에 대한 식민지 지배를 포함한 식민지주의의 추궁으로 이어졌다.

이야기가 조금 빗나가지만 일본질소와 관련하여 여기서 언급해둔다면 전후의 일본에서 의약품에 의한 에이즈감염사건을 일으킨 기업 미도리쥬우지(みどり十字)의 창업자는 구일본군에서 세균·화학전 연구를 위해 생체해부 등을 했던 731부대의 간부였다. 그리고 사상 최대규모의 '모리나가(森永) 비소밀크 사건'을 일으킨 모리나가유업은 전후 일찍부터 모리나가제과에서 분리·독립한 기업인데, 모리나가제과는 전전에 조선과 중국 등 아시아대륙에 판로를 가진 식민지 기업이었다. 조선의 무희 최승희(崔承喜)를 마치 자기 자식처럼 사랑한 스승 무용가 이시이 바꾸(石井漠)의 아내 이시이 야에꼬(石井八重子)의 회상에 의하면, 회사의 초대로 최승희와 모리나가제과 공장을 견학할 때 안내인에게서 "이것은 중국과 조선에 팔 비스켓인데, 실은 이건 너무 큰 소리로 할 말은 아니지만 집을 지을 때 사용하는 벽(壁)을 섞어서 만든다"[201]고 들었다고 한다. 아시아 민중의 목숨을 가벼이 여긴 일본기업이 그 체질을 온존시킴으로써 전후 일본사회에 커다란 불행을 가져왔나고 해야만 할 것인가.

자이니찌 시인 김시종은 이시무레 미찌꼬를 "거기서 계속 살아온 사람"이라고 평하고 있는데, 그 이시무레는 맑고 투명하고 아름다운 일본어로 그야말로 흔들림없는 자세로 일관했다. 실제로 이시무레 미찌꼬

는 조선에 대한 시선을 갈고 닦아 르뽀르따주「국화와 나가사끼 : 피폭
조선인의 유골은 침묵한 채」(『朝日ジャ―ナル』 1968. 8. 11)를 통해서 조선
인 피폭자의 증언을 전한 적도 있다. 더욱이 이것은 조선인 피폭자문제
를 중앙지가 처음으로 진지하게 취급한 초기 작품 가운데 하나다. "미
쯔비시 조선에 강제연행되어온 조선인은 3천명 정도 있을 것이다. 미쯔
비시 병기에 4천명. 그리고 전멸이다. (…) 가건물의 작은 방에 수용되
었지. 개나 돼지를 집어넣듯이 해서. (…) 돼지에게나 먹이는 콩비지를
먹였지요." 그리고 "최후까지 남은 조선인 시체의 눈알을 까마귀가 와
서 먹는" 그 광경은 나중에 화가 마루끼 이리·토시(丸木位理·俊) 부부
에게 결정적인 착상을 주어 『원폭의 그림』 제14부「까마귀」의 선명하고
강렬한 회화표현으로 이어진다. 사실 마루끼미술관 홈페이지에 들어가
면 이 그림에는 "아름다운 저고리, 치마가/날아가는 조선, 고향의 하늘
로/까마귀 완성/삼가 이것을 올립니다/합장"이라는 설명이 붙어 있
다. 이 점은 타니가와의 전향('전략')은 조선과 관계가 없고 타까노가
말하는 것처럼 "지식인에 대해서는 대중이고, 대중에 대해서는 지식인
이라는 '위선'을 강요받은"[2] 타니가와의 사상의 원형 그 자체에 내재하
는 약점에서 유래하는 것이라고 생각된다.

타까노 요오이찌는 여기서 논한 타니가와의 전향이 보여주는 궤적
은 요시모또 타까아끼(吉本隆明)의 그것과 닮았다고 한다. 요시모또는
1970년대에 이르러 반(反)당파적 자립사상의 이론적 지주로서 학생운
동에 커다란 영향을 주어 일부 신좌익활동가들의 교조적인 존재로 간
주되지만, 나 자신은 요시모또의 저작을 겨우 두세 권밖에 읽지 않았
다. 따라서 그렇게 자신을 가지고 말할 수는 없지만 요시모또는 무엇보
다 전공투운동의 고양 속에서 『공동환상론』(河出書房新社 1968)을 간행하
고 여기서 인간의 심적 세계에 주목하여 국가를 정치와 권력기구로서

가 아니라 '공동환상(共同幻想)'의 한 형태라고 했다. 그후에도 요시모 또는 국가와 천황(제)에 대해 여러가지를 논하여 '대중의 원상(原像)'이라든가 '공동환상'을 화제로 삼아가지만 아시아와 조선에 대해서는 거의 아무것도 말하지 않았다. 논한 것은 '아시아적'이라는 말뿐으로 당연히 "현실적으로 존재하고 있는 아시아가 전혀 시야에 들어오지 않았"을 뿐만 아니라 '아시아적, 아시아적'이라고 아는 척하는 '아시아적' 논자라는 평가도 있다.[252] 나 나름대로 보자면 오히려 그것은 역으로 아시아 멸시, 조선멸시의 뉘앙스까지도 느껴진다고 말하는 편이 좋을지도 모른다.[253]

'천황제와 조선'이라는 시점에서 본다면, 1970년대부터 80년대에 걸쳐서 사상가 칸 타까유끼(菅孝行)가 천황제에 대해 많은 저작을 발표하고 조선·조선인에게 공감을 표한 것에 호감을 갖는다. 칸은 1973년에 발표한 논문 「천황제의 최고 형태란 무엇인가: 전후 천황제의 존재양식을 둘러싸고」(『情況』1973. 11·12)에서 "전후 천황제는 '상징천황제'를 '조문(條文)'화하는 과정에서 사상 최고도의 발전단계에 있는 천황제"이며, 패전에도 불구하고 지속되고 있는 것은 주민의 의식과 존재의 토속적 양식으로서의 '천황제'라고 한다. 즉 "천황을 의식하지 않는 천황제는 고도로 조직화된 천황제이고, 이것은 권위의 현재성을 버림으로써 익명화하고 내재화된 천황제이다. 소위 상징천황제는 의식되는 영역에서 천황을 무한히 비밀스럽게 함으로써 무의식의 영역을 무한히 천황에게 끌고 가는 천황제"라는 것이다. 그 결과 때문인지 칸은 전후 일본에서의 갖가지 정치투쟁·사회투쟁은 "상징천황제를 전혀 언급하지 못함으로써 구조적으로 전후 과정에서 일본 부르주아지에 대한 완패의 흔적을 남김없이 드러냈"다고 단정한다.

천황·천황제가 왜 문제인가 하면, 그것은 천황제를 축으로 해서 만들어진 일본 근대에서의 역할, 특히 사회의 차별구조와 아시아 침략과의 관련, 그리고 민족문제·식민지문제에서의 위치 부여, 또한 그 속에서 넓은 의미에서의 지(知)의 존재방식, 즉 사람들의 사상 혹은 의식의 존재방식과 깊이 관련되어 있기 때문이다. 당연히 전후 일본인의 역사인식에 왜곡을 가져온 것도 천황·천황제와 무관하지 않다. 더구나 천황·천황제가 '민족적 통일의 중심'으로서의 기능을 다해온 점에서 볼 때, 당연히 '민족의 회로'를 결여한 사고는 쓸모없는 것이 될 수밖에 없다.

칸 타까유끼는 『계간 자이니찌문예 민도』에 쓴 「반천황론 단장(斷章)」(제2호, 1988. 2)에서 천황제에 반대하는 자세를 가진 일본인 중에 천황·천황제를 민족의 수치라는 태도로 부인하려는 방식은 매우 흐름이 나쁘다고 논하고 있다. 그 첫번째 이유로 민족이라는 관념을 사용하는 것에 대한 저항감인데 이것은 좌익에게 뿌리깊다. 두번째로 민족이라는 것은 우익의 용어고, 자신들의 어감에는 익숙하지 않다고 느끼는 것인데 이것은 시민파에게 많다. 세번째로 수치라고 하는 감각으로 반천황의 심정과 논리를 표현하는 것에 대한 반발인데, 문제는 부끄러운가 아닌가 하는 것과는 차원이 다르다고 생각하는 사람이 많다는 것이다. 나아가 칸은 외국인, 특히 아시아인들은 왜 일본인이 민족의 수치로 생각하지 않는지 분명 이상하게 생각할 것이라고 한다.

내 입장에서 본다면 '일본민족'이라고 하는 단어는 매우 싫어하지만 왜 '일본인'이라고 하는 단어는 그렇게 쉽게 사용하는지 잘 알 수 없을 정도다. 그건 그렇다 치고 나는 지금까지 전후 일본·일본인, 그리고 자이니찌와 아시아의 문제를 생각하려고 할 때는 자유라든가 민주주의, 그리고 시민주의와 보편주의, 나아가 관용과 공생의 논리라는 것만으로는 불충분하다고 논해왔다. 그러나 그렇게 말하면서도 냉정하게 생각해보면 동시에 일본에서 '민족'은 오염된 단어로 존재하고, 일본인에게는 거부반응을 나타내는 단어라는 것, 그리고 '민족'이라는 단어가 본질적으로 타자를 배제하는 기능을 분명히 가지고 있다는 것을 생각하지 않으면 안될 것이다. 당연히 민족과 민족주의, 내셔널리즘에 대해서 논하는 것은 중요하지만 거기에는 신중함이 요구된다.

일본의 논단을 보면서 내가 언제나 불만으로 생각하는 것은 역사와 현실에서 괴리된 논의가 많다는 것이다. 그 가운데 하나는 일본의 지식인이 너무나 간단하게 민족과 국민국가를 '허구'라고 규정하는 것이다. 그러나 나는 민족과 국민국가를 '허구'만으로 취급하는 사고법에는 기본적으로 동의하지 않는다. 분명히 허구와 착각이 의식적이든 아니든 적지 않게 포함되어 있다고 하더라도 현실세계에서는 민족과 국민국가는 다양한 형태로 엄연히 존재하고 있다. 오히려 민족이라든가 국가와 관련된 기억이 망각·은폐·미화되는 방향으로 조작되어 공공화(公共化)되어 가는 가운데 '비폭력'이라든가 '관용' '공생' '화해'라는 것만이 강조되는 경향에 위화감을 느낀다. 내 입장에서 본다면 이러한 것에는 식민지지배와 민족문제의 중압감에서 벗어나려는 자세가 엿보일 뿐만 아니라, 역사인식과 가해책임을 보류하는 '공동환상'의 발상이 있는 것은 아닌가 생각한다. 현실에서는 누구라도 민족주의와 내셔널리즘, 더욱이 귀속의식이라는 것에서 자유로운 사람은 거의 없다. 따라서 민족주의와 내셔널리즘 등을 넘어선다는 것은 스스로에게 내재되어 있는 민족주의 혹은 내셔널리즘 등의 내부에서 투쟁함으로써 비로소 가능한 것이 아닐까. 이것이 개방된 민족주의라든가 내셔널리즘, 자신과 타자를 공생으로 이어주는 길이 아닌가 생각한다.

그러나 이와는 별도로 신학자 카야마 히로또(香山洋人)는 「윤건차의 민족주의론」에서 말하는 '민족'은 "국가를 넘어설 수 있는 것으로서의 민족이고 네이션(nation)과는 구별되는 시민혁명의 소산인 자유로운 개인에 의거하는 '역사적 집단'으로서의 민족이라'고 평가하고 있는 점에 유의하고 싶다. 내가 '민족주의'에 관한 '논(論)'을 정서(整序)한 형태로 제출한 적이 있는지 의문이 들지만, 일본민중이 천황제적인 일원적 사고방식의 속박에서 자립하는 출발점은 '민중 흐름의 합류'이고, 민중의 생활세계를 거점으로 천황제를 필요로 하지 않는 대항문화를 구축하는 것이며, 이를 위해 민족성(ethnicity)의 자각은 새로운 정체성으로서의 민중과 민족의 자각이라고 나의 주장을 요약하고 있는 것에는 대체적으로 찬성한다. "자이니찌에게 있어서 민족의식이란 '자신의 태생을 확인하는 역사인식'이고, 이것은 "근대일본과 조선의 경험을 세계의 역사적 경험으로서 받아들이는 '개방된 민족의식'을 의미하고 있다"고 하는 이해방식에도 무리는 없다. 단지 카야마는 그러면서도 나의 '논(論)'에 대해 "민중성의 담보"야말로 중요한 키워드가 된다고 주의를 환기시키고 있다. 그런 만큼 '민족'이라는 단어가 위험한 요소를 포함하고 있다는 말일 것이다.[254]

나는 지금까지 논해온 것처럼 일찍이 역사학자 이노우에 키요시와 사상가 타께우찌 요시미 등이 '민족의 회로' 혹은 '민족적 자각'의 중요성을 강조하고, 스즈끼 미찌히꼬 등이 "민족책임"을 강조해온 사정은 기본적으로는 지금도 변함없다고 생각한다. 단적으로 말하면 진정한 의미에서 '일본인으로서의 민족적 자각'이 희박한 현실에서 일본인과 자이니찌, 그리고 조선·아시아의 사람들과 공생할 수 있는 기초는 빈약한 채로 있다고 할 수밖에 없다. '일본인으로서의 민족적 자각'이라는 어법에 아무래도 위화감이 있다고 한다면 '일본인으로서의 역사적 자각' 혹은 '일본인으로서의 역사의식'이라고 해도 좋지만, 그 의미내용은 거의 동일하다고 생각한다.

6장

탈냉전시대와 탈식민지화의 과제 1990~현재

1. 포스트모던 논의와 일본군 성노예('종군위안부')문제

1990년 전후의 격동과 변하지 않는 '천황제·조선' 인식

1990년을 전후하여 세계에서는 역사에 획을 긋는 대사건이 발생했다. 1987년 소련에서 고르바초프정권에 의한 뻬레스뜨로이까를 시작으로 1989년에는 동구 사회주의 각국이 동요하기 시작해 1990년에는 베를린장벽이 무너지고 통일독일이 탄생했으며, 1991년에는 소련연방의 붕괴가 현실이 되었다. 이렇게 해서 동서냉전이 종료되어가는 가운데 중국에서는 1990년 떵 샤오핑에 의한 개혁·개방노선이 시작되었다. 일본에서는 1989년 1월에 쇼오와가 막을 내리고 1991년에는 일조(日朝) 국교정상화 교섭이 개시되어 한반도와의 새로운 관계가 모색되었다. 한국에서는 1987년 6월 민중항쟁 이후 1988년 2월 노태우대통령 취임,

9월의 서울올림픽 개최로 국가의 대외이미지가 제고되었으며, 1990년에는 서울에서 남북고위급회담이 열리고 소련, 중국과의 국교가 수립되었다. 1991년에는 남북한이 동시에 유엔에 가입했다.

자이니찌에게 쇼오와의 종언은 불쾌한 시대의 종료를 의미했지만 그러나 그것은 결코 희망에 가득 찬 시대의 도래를 의미하는 것은 아니었다. 자이니찌의 존재 자체가 식민지 지배의 소산이며 어려운 입장은 미래에도 영원히 계속될 것이다. 자이니찌 1세 시인 신유인은 다음과 같이 노래했다.

질릴 정도로 살아온
쇼오와의 관이
드디어 오늘 어둠 속으로 사라지려 한다
(…)

너는
나에게서 빼앗아간
내 언어를
숨긴 채 한마디 인사도 없이
연출된 어둠 속으로 사라졌다

어머니 젖이 슬프게 기른
부드러운 내 피부에
까맣게 타오르는
일본어 '인두'를 깊디깊게 찍어서
'반(半)일본인' 괴물로 변형시킨

너의 '일시동인(一視同仁)'의 자애를
나는 평생 잊지 못할 것이다

「그래도 아침은 온다(それでも朝はくる)」 1989. 3.

바꾸어 말하자면 쇼오와는 끝났지만 쇼오와가 남긴 상처는 아직도 남은 채로 있다는 것이다. 천황 히로히또의 전쟁책임을 명언한 모또시마 히또시(本島等) 나가사끼시장이 1990년 1월 우익단체 간부에게 총격을 받은 사건은 뿌리깊은 '국화(菊) 터부'를 새삼스럽게 알려주는 사건이었다. 곧이어 일본은 1990년 8월 이라크에 의한 쿠웨이트 침공이 시작되는 걸프전을 기회로 이전의 아시아 침략·식민지 지배를 청산하지 않은 채로 '유엔 평화유지활동(PKO) 참가'를 미명으로 자위대의 페르시아만 파견을 단행했다. 군사력의 해외파견은 동서냉전의 종료와 함께 분출한 아시아 각국에서의 전후 보상요구를 무시하는 것과 궤를 같이한다.

걸프전은 전후 일본의 존재방식을 근간에서부터 바꾸는 기점이 되었다. 일본은 최종적으로 130억 달러에 이르는 거액을 지원하지만 미국에게 거의 이해받지 못한 채 "부자나라 일본은 돈만 내고 피는 흘리지 않았다"고 하는 국제적 비판에 직면했다. 일본의 정부·여당은 그후 본격적으로 군사력의 해외파견을 지향하게 되며, 그때부터 '국제공헌'이라는 단어가 자주 사용된다. 자위대의 해외파견이 곧 '국제공헌'이라는 담론이지만 그것은 전후 나름대로 유지해온 '평화헌법'의 이념과 정면으로 충돌하는 것이었다. 그후 보수진영을 중심으로 '일국평화주의 비판'에 따른 유사법제와 헌법개정문제가 급부상하는 한편, 이에 대항해서 혁신진영을 중심으로 하는 호헌의 움직임이 활발해진다. 더욱이 이

시기는 거품경제의 붕괴로 사람들의 생활불안이 심각해지고 있었다. 정치 면에서는 1993년 총선거에서 자민당이 과반수 획득에 실패하여 자민-사회당 주도의 55년체제가 붕괴하고 비(非)자민 8당파에 의한 호소까와 모리히로(細川護熙) 연립내각이 성립되었다.

55년체제의 붕괴는 1980년대까지 존재했던 좌익/우익이라는 단순한 사상틀이 붕괴되었다는 것을 의미한다. 그리고 그것은 무엇보다도 걸프전에서 PKO협력법의 성립, 그리고 과거의 전쟁·식민지 지배와 관련된 아시아 각국과 어떤 관계를 유지할 것인가 하는 정치적 움직임과 관련된다. 호소까와 연립정권이 성립하자 자민당정권하에서 빈발하던 '과거의 전쟁'을 정당화하는 각료의 발언과 일선을 긋기 위해 호소까와 수상은 "나 자신은 침략전쟁이었다, 잘못된 전쟁이었다고 인식하고 있다"고 말했다. 이것은 역대 수상 중에서 예외적으로 명쾌한 태도 표명이었다. 그러나 1994년에 자민당이 신당 사끼까께와 함께 사회당의 무라야마 토미이찌(村山富市) 위원장을 수상으로 옹립하여 정권에 복귀하자 역사논쟁의 혼미가 다시 노정된다. 무라야마정권이 전후 50년에 맞추어 과거의 침략과 식민지 지배를 사죄하는 국회결의를 모색하기 시작하자 "그것은 아시아 해방, 자존자위의 전쟁이었다"고 사죄에 반대하는 의원 그룹이 자민당 내에 만들어졌다. 과거의 전쟁을 어떻게 생각하고 어떠한 자세를 취해야만 하는가. 결국 전후 50년의 국회결의는 혼란의 극에 달해, 여당의 다수가 결석한 가운데 중의원에서 채택된 결의는 '침략' '식민지 지배'라는 단어는 있지만 일본만 나쁜 것은 아니었다는 문맥이 되어버렸다.

국회는 헌법 제41조에 "국권의 최고기관이고, 국가의 유일한 입법기관이다"라고 규정되어 있다. 그러나 그 국회에서 '전후 50년 결의'가 침략전쟁으로 인한 가해책임을 어떻게 희석시킬까 하는 것에만 고심한

"윤리적인 참사"(카또오 슈우이찌 加藤周一)로 끝났을 때, 전일본인의 역사인식이 웃음거리로 백일하에 드러난 것은 분명하다. 이 점에 대해서 일본 저널리스트회의 대표는 특히 저널리스트의 존재방식과 관련하여 "그러나 웃을 수 없는 것은 이러한 국회의 역사인식을 여론형성에 직접 관련된 매스컴(저널리즘)이 장기에 걸쳐서 간과·묵인해온 것입니다. 매스컴에게도 역사책임을 엄중히 묻고 있습니다. 이 나라의 매스컴(저널리즘)에게 전후 반세기란 어떤 것이었습니까. 그 역사책임을 방치한다면 또한 반드시 미래책임까지도 포기하는 것이 되겠죠"라고 솔직하게 말하고 있다.[255]

국회결의 2개월 후 무라야마 수상은 「전후 50년의 담화」를 발표한다. "우리나라는 멀지 않은 과거의 한 시기에 잘못된 국책으로 전쟁의 길로 들어서 국민을 존망의 위기에 빠트리고, 식민지 지배와 침략으로 많은 나라, 특히 아시아 여러 나라 사람들에 대해 많은 손해와 고통을 안겨주었습니다. (…) 여기서 다시 한번 통렬한 반성의 뜻을 표하고 진심으로 사과를 표명합니다"라고. 이 담화는 이후 공식적인 사죄결정판(謝罪決定版)으로서 그후의 정권으로도 이어져 아시아 외교의 기초가 된다. 물론 이때도 정계의 뜻을 모두 모은 것이라고는 할 수 없는 것이었으나 그러나 이것이 전후 체제의 '아시아 부재'의 약점을 보완하는 역할을 한 점만은 분명하다. 단 실제로는 자민당정권의 부활과 함께 이러한 최소한의 '성과'조차 경시하는 경향이 있었음은 주지의 사실이다. 실질적으로 1996년 무라야마정권을 대신하여 하시모또 류우따로오(橋本龍太郎) 내각이 성립한 이후 제3차 교과서 공격이 시작되면서 민간에서는 같은 1996년에 '자유주의사관연구회'가 만들어졌으며, 1997년에는 '새로운 역사교과서를 만드는 모임'이 결성되었다.

지금에 와서 말할 것도 없지만, '자유주의사관'이란 '역사수정주의'라

는 단어가 사용되듯이 일본의 역사교과서는 자학사관(自虐史觀)이라고
하여 '자신의 나라에 자긍심을 갖는 역사교육'을 주장하는 것이다. 이것
에 응답하는 형태로 국회에서 '국기·국가(國旗·國歌)법'이 성립되고,
히노마루(日の丸)·키미가요가 법제화된 것도 1999년이다. 보기에 따
라 여기에는 종래의 촌락공동체적 내셔널리즘이라기보다는 공동체에
서 떨어져나온 개개인을 끌어모으는 대중영합적인 포퓰리즘이 엿보인
다고 할 수 있다. 단 한국에서 본다면 정말로 "일본은 미쳐가는"(『한겨레
21』 제296호, 2000. 2. 24) 것으로밖에 보이지 않았다.

　　보수화·군국주의화의 파고가 높아져가는 가운데 양식있는 사람들
에게 전쟁포기·전력 불(不)보유를 명문화한 일본국헌법은 무엇보다도
지키지 않으면 안되는 한줄기 희망으로 인식되었다. 그 결과는 호헌운
동의 활성화이다. 다양한 분야의 일본어 연구자로 알려진 쥬우가꾸 아
끼꼬(壽岳章子)는 1965년 이후 여성의 입장에서 호헌운동에 참여해왔
는데 1991년 2월 다음과 같은 시를 노래한다.

　　　평화헌법은 빛나는 존재
　　　인간 본연의 원전
　　　일본인이 피와 눈물로
　　　손에 얻은 이 존귀한 단어

　　　그 이상을
　　　지구인은 추구하고 싶다

　　　　　　　　　　　　　　　『오직 헌법(ひたすら憲法)』, 岩波書店 1989

여기서 한가지 주의해야 할 것은 헌법 제9조를 지키기 위한 호헌운동은 상징천황제를 옹호하는 것이기도 하다는 점이다. 호헌운동을 강력히 전개한 일본사회당(현재의 사회민주당)은 재일조선인에 대해서 지원의 손길을 가장 많이 보내준 정당이지만, 호헌을 외치는 한에서만큼은 개개인의 주관은 별도로 하더라도 천황·천황제에 대해서 침묵하게 된다. 다른 방식으로 말하면, 호헌은 헌법 제9조의 옹호로 집약되는데 주관적으로는 평화주의의 관철을 의미하는 것으로 이해되는 경향이 있다. 그러나 헌법의 제정과정에서 보면 헌법 제9조는 어디까지나 전전의 천황제의 죄과를 얼버무리고 천황제의 존속을 기도한 제1조와 일체가 되어 있다. 그런 의미에서 제9조에만 주목하는 것은 실제로는 전전의 아시아 침략·식민지 지배를 망각하는 부적절한 형태가 되는 것이다.

그런데 그 천황·천황제에 관해서 살펴보면 1992년 NHK의 천황제에 대한 여론조사에서 현재의 상징천황제 지지가 83.5%로, 권한을 강화해야만 한다 혹은 폐지해야만 한다고 하는 것은 모두 7%에도 미치지 못하여 상징천황제가 완전히 정착되어 있는 상황이다.[52] 여기서 상징천황이란 카또오 슈우이찌가 적절히 말한 것처럼 "일본국 전체의 상징인 동시에 지배층의 상징"이며, "지배층의 입장에서 보면 그들 집단의 상징이 천황이고 이것이 대중에 대해서는 일본 전체의 상징으로서 작용"하는 것이다. 달리 말하면 천황은 집락(集落)을 원형으로 하는 폐쇄적 집단의 상징이며 '대중조작의 가장 유력한 상징'으로 기능하고 있다. 더구나 카또오에 의하면 일본의 집단은 집단 외부의 상황을 변경시키려고 하지 않고 이것을 여건으로 받아들인다. 집단은 외부에서 무엇인가 변화가 일어나면 집단 전체로서 상황에 반응하여 적응하며 그 적응속도가 전통이라고 한다. 현실적으로 국제화라는 의미 없는 표어가 넘쳐나는 가운데 거의 동시에 내셔널리즘의 감정이 강화되고 있으며, 그 내셔널리즘의 근거로서 제시하는 과거 혹은 전통은 천황제로서, 그것은 실제로는 메이지 이후의 천황제라고 한다.[256]

학문연구의 측면에서 보면 1990년대의 일본 근대사 연구에서 커다란 논점이 된 것은 국민국가론이지만 여기에 천황제와 조선에 관한 시점이 분명히 각인되어 있었는지의 여부가 문제되면 기이할 따름이다. 90년대 국민국가론은 무엇보다 니시까와 나가오(西川長夫)의 『국경넘기: 비교문화론 서설』(筑摩書房 1992. 이후 『증보 국경넘기: 국민국가론 서설』, 平凡社ライブラリ 2001)을 상기시키는데, 당시 '국민국가론'이라든가 '문화의 정치학'이라는 새로운 패러다임이 많은 사람들을 사로잡은 것은 분명하다. 니시까와는 이외에도 『지구시대의 민족=문화이론』(新曜社 1995)과 『국민국가론의 사정(射程)』(柏書房 1998) 등의 저작을 통해서 국민과 민족의 허구성을 폭로하고 '국민문화'의 존재방식에 의문을 제시하고는 있지만, 내가 읽어본 바로는 일본의 전전·전후의 식민지주의 문제, 예를 들면 식민지 지배의 소산인 재일조선인 등을 생각할 때 그것이 시사하는 바가 무엇인지 아직도 잘 모르겠다.

덧붙여서 나까무라 마사노리(中村政則)의 논의에 귀를 기울이면 1980년대 이후의 역사학은 전후 역사학, 포스트모더니즘, 역사수정주의의 정립 상태인데, 젊은 연구자들에 의한 천황제 연구는 전후 역사학과 크게 달라 전체로서 천황의 절대군주제적 성격과 쇼오와 천황의 전쟁지도 등의 책임추궁에 대하여 퇴보적인 자세를 보이고 있다고 한다.[257] 그러고 보면 미국에 거주하고 있는 사상사연구자 사까이 나오끼(酒井直樹)는 일본에서 "민주적이고 평화를 사랑한다고 하는 천황 이미지를 대외적으로 선전하는 작업이 진행되고 있는 것으로 보이"며, 80년대 이후는 '문화로서의 천황제' '질서 구성장치로서의 천황제'를 찬미하는 움직임이 강해지고 있다고 지적한다.[258] 이와 관련하여 잡지

『시소오』가 특집 「천황제의 심층」을 기획한 것은 1990년 11월이고, 『세까이』가 특집 「2000년의 상징천황제」를 기획한 것이 2000년 1월호다. 이것은 이후 천황제 특집이 없다는 것을 의미하며, 설령 천황이 바뀌었다고는 하더라도 천황·천황제에 대한 논의 혹은 비판이 소홀해진 상태에서 조선과 아시아가 명확하게 보일 수 있을지 의문이다.

그런 의미에서 일본사연구가 나까쯔까 아끼라(中塚明)와 야마다 쇼오지(山田昭次)가 이 시기에 천황제와 조선·(재일)조선인을 응시한 뛰어난 일을 했다. 나까쯔까는 『근대일본의 조선인식』(硏文出版1993)과 『근대일본과 조선』(제3판. 三省堂 1994)을 저술하여 일본 근대사에서 조선의 자리매김을 명확히했다. 그리고 야마다 쇼오지는 『근현대사 속의 '일본과 조선'』(공저. 東京書籍 1991)과 『카네꼬 후미꼬 : 자기·천황제국가·조선인』(影書房 1996)을 저술했을 뿐만 아니라 관동대지진 당시 학살된 조선인의 유골을 발굴·추도하는 활동 등에도 관계하였으며, 이후에도 일본의 침략책임·식민지 지배 책임을 묻는 활동을 정력적으로 해왔다(예를 들면 『관동대지진 당시의 조선인 학살: 그 국가책임과 민중책임』, 創史社 2003).

전후 일본문학에서 본다면, 천황 혹은 천황제를 문제로 한 문학작품은 나까노 시게하루의 『다섯 잔의 술』(1947)과 시로야마 사부로오(城山三郎)의 『대의(大義)의 끝』(1959), 후까사와 시찌로오(深澤七郎)의 『풍류몽담』, 오오에 켄자부로오(大江健三郎)의 『쎄븐틴』『정치소년 죽다』(1961) 등, 미시마 유끼오(三島由紀夫)의 『영령의 소리』(1966), 키리야마 카사네(桐山襲)의 『빨치산 전설』(1983) 등 그리 많지는 않지만 시대이 흐름과 함께 문제의식이 점점 작아지거나 혹은 약해져 추상적으로 된 것은 분명하다.[259] 일본사회에서는 소수자가 저항하고 싸우고 있을 때, 승리의 가능성이 있다고 생각되면 다수자가 가세하지만 승리의 가능성이 없다고 생각되면 방관하든가 무시하는 경향이 있다. 일본인에게 천황제와 조선이라고 하는 것은 이러한 경향과 관련있는 것은 아닌가 생각한다.

문민정권과 한국사회 — '시민의 시대'

1990년대에 들어서, 특히 1993년 김영삼(金泳三) '문민정권'이 성립하자 한국사회는 새로운 양상을 보이기 시작한다. 문민정권은 신군부와 반공보수세력의 야합에 의해 탄생한 것이지만 발족 초기엔 부정부패 근절, 경제활성화, 국가의 기강확립이라는 측면에서 일정한 성과를 올릴 수 있었다. 그러나 점차 보수화의 정도를 강화하여 글로벌의 한국적 표현인 '세계화'의 추진도 일시적인 것으로 끝나버리고 곧 한국경제의 실추에 직면하게 된다. 한편 북한은 사회주의권의 붕괴로 경제부진·식량위기 문제에 봉착하고, 1993년에는 핵의혹이 부상하여 핵확산방지조약(NPT)에서 탈퇴하면서 북미관계, 그리고 북일 국교정상화를 축으로 한 북일관계도 위기에 직면하게 된다. 1994년 7월 김일성주석의 사망 후 북한은 이른바 '고난의 행진'을 시작한다.

1990년대에 한국은 표면적으로는 경제성장이 지속되는 가운데 '문화'와 '소비'가 시대의 키워드가 될 정도였지만, 1970·80년대의 민족문화·민중문화, 그리고 이것을 주도한 운동은 점차 형해화되어간다. 게다가 90년대 후반부터 세계화의 파고가 압도해오자 이전에 열창하던 민족이라든가 민중이라고 하는 사고축은 그늘로 숨어버렸다. 드디어 김영삼정권 말기의 1997년 11월, 한국은 원화의 폭락을 계기로 심각한 경제위기에 빠져 국제통화기금(IMF)의 금융지원을 받고 다음해 2월 김대중(金大中)정권의 발족과 함께 간신히 위기에서 벗어날 수 있었다.

사상적으로 보면 1970년대에는 민족주의의 정립, 80년대에는 민족과 보완관계를 가지는 민중개념의 성립, 90년대는 '시민의 등장' 혹은 '시민의 시대'로 표현할 수 있다. 나의 직감적인 인상으로 본다면 한국에서 말하는 '시민'은 반드시 민족과 국가, 그리고 민중과 대립하는 뉘앙스를 갖는 것은 아니고 오히려 상호보완할 수 있는 것이 아닌가 생각된다. 90년대의 '시민'이 80년대의 맑스주의적 뉘앙스를 띤 '민중' 개념에 대한 비판이라는 색채를 띠고 있지만, 그것은 어디까지나 연속하는 것으로 이해할 수 있다. 이것은 전후 일본에서 사용된 '시민'이 민족과 국가와 대립하는 느낌을 가진 것이었다는 점과 대비적이다. 더구나 천황제와 미국 의존의 '전후 민주주의의 불행' 속에서 평론가 쿠노 오사무(久野收)가 말한 것처럼[260] 전후 일본에서 민주주의와 시민주의가 자라지 못한 것도 분명하다.

아니면 오히려 역사의 새로운 단계에서 '시민사회'라든가 '일반시민'이라고 하는 단어가 일본사회에서 사람들을 억압하는 지배공간의 이데올로기로 기능하기 시작했다고 이해하는 것이 좋을지도 모른다. 장애자 문제에 관심을 가진 토요따 마사히로(豊田正弘)는 1990년대 말에 사람들을 '시민'이라고 하는 몰계급적 개념으로 묶는 한 사회구조나 모순은 점점 더 보이지 않게 되고 사람들의 차이는 '개성'의 차이 등으로 용인되어버린다고 논하고 있다. 즉 시민사회는 사람들을 '시민'이라고 하는 집단적 정체성, 이른바 표준기준에 동화를 강요함으로써 얼마간의 사회문제를 개별적인 것으로 해체시켜버린다는 말이다. 그리하여 지배/피지배 관계도 애매해지고, 개별적인 문제가 사회문제로서 부상하기 이전에 개별문제로서 민주주의적으로 억압된다는 것이다.[261]

아무튼 이러한 것을 생각해보면 한국의 1990년대는 '시민의 시대'였다고 하지만 어디까지나 유보조건이 붙은 표현일 수밖에 없다. 실제로 예를 들면 포스트모던·탈민족주의를 지향한 잡지 『당대비평』 통권 11호(2000년 여름호)가 「대한민국, 시민 없는 공화국」을 특집으로 '자유에 기초한 시민적 질서 짓기'라고 주창한 것도 비로소 '시민' '시민사회' 개넘이 확대되기 시작하는 시기였다. 단 그렇다 하더라도 민족주의, 민중 개념, 시민의 시대라고 하는 흐름으로 해방 후 한국의 시대상을 파악하는 것은 나름대로 의미있는 일이라 생각한다. 사실 나의 선배·친구·지인 중에도 '민족' '민중' '시민'이라고 하는 용어의 변천 속에서 일관되게 싸워온 인물들이 많다. 그 과정에서 추구된 시민사회론은 전통적인 맑스주의를 대신하여 변혁운동에서 노동자 중심의 사고방식을 넘어서 다종다양한 사람들에 의한 사회운동을 추진하고 근대의 긍정적 가치라고 하는 자유, 평등, 연대, 나아가 남북통일을 실현해가는 것을 지향한 것이라고 할 수 있다.

일본연구가 권혁태에 의하면 사회주의권 붕괴·냉전해체 후의 상황에서 일본과 한국의 시민운동은 다른 양상을 보인다고 한다. 일본의 경우 1970년대까지의 급진적인 학생운동·사회운동은 사회주의를 이념으로 하고, 그 이념의 순화를 추구하며 싸우는 과정에서 조직 내부의 분열과 내부폭력의 반복으로 붕괴하였으며, 그후 사회주의의 이념과는 단절된 형태로 각종 NGO·NPO운동이 전개되었다. 이에 비해 한국에서는 북쪽에 북한이라고 하는 사회주의의 실체를 가진 조건 속에서 민주화운동이라는 반체제운동은 그대로 자연스럽게 시민사회운동으로 이어졌다고 한다.[262]

1989년 11월 한국 시민운동의 효시라 할 수 있는 '경제정의실천시민연합'(경실련)이 결성되었는데, 비록 계급타협·개량주의의 성격을 가지고 있다고는 하지만 민주화운동의 연장선상에서 직업운동가뿐만 아니라 대학교수와 변호사 등의 참가를 통해 정치개혁, 사회복지, 교육, 인권, 보건의료 등 각 분야로 활동범위를 넓혔다. 더욱이 1994년 9월에는 '참여민주사회와 인권을 위한 시민연대'(참여연대)가 발족했다. 참여연대는 80년대의 급진적 좌익운동과 경실련으로 대표되는 90년대 시민운동의 중간 지점에 위치한 것으로 사회주의 혹은 사회민주주의의 이념과도 적지 않은 친화성을 가지는 것으로 이해된다. 즉 참여연대는 민주화운동을 계승하는 형태로 처음부터 '국가권력을 감시하는 역할'을 자임하고 적극적으로 체제개혁을 지향하려고 한 것으로, 90년대 말에는 약 5천명의 회원을 가지는 거대한 시민단체로까지 성장했다.

이러한 시민운동 등 90년대 한국의 사회운동은 문화연구가 강내희 (姜來熙)가 강조하는 것처럼 소비자본주의의 확대 속에서 사회의 '미학적 지배'가 강조됨으로써 '문화주의' '문화운동'의 색채를 지금보다 더 강하게 가지게 되었다고 할 수 있다.[263]

포스트모던, 포스트콜로니얼

여기서 한국의 문화주의·문화운동이 일본에서는 좀더 이른 시기부터 논의되었던 문제임을 알 수 있다. 정치시대를 지나서 일본에서 '문화'가 하나의 사상문제로 부상하여 변혁이란 일종의 문화적 변혁이어야만 한다고 논의되기 시작한 것은 1970년대 중반 이후라고 생각된다. 미국식 민주주의 혹은 이와 대비되었던 사회주의에 대한 실망감이 커져가는 가운데 프랑스 사상에서 출발한 포스트모던 사상이 좌익적인 사람들에게 침투되어 '문화'를 키워드로 사회문제를 포착하려고 하는 문화주의·문화운동이 확대되었다. 제4장에서 소개한『전후 사상의 명저 50』(平凡社)에서는 1980년경부터 90년대에 이르는 시기를 "포스트모던·포스트냉전·포스트전후"의 시대로 구분하고 있는데, 이 시대에는 야마구찌 마사오(山口昌男)의 『문화의 양의성』(1975)을 시작으로 카라따니 코오진(柄谷行人)의 『일본 근대문학의 기원』(1980), 니시까와 나가오(西川長夫)의 『국경 넘기』(1992), 사까이 나오끼(酒井直樹)의 『사산된 일본어·일본인』(1996) 등 문화 고찰을 축으로 하는 각종 서적이 간행됐다.

사전적으로 본다면, 포스트모던이란 '모던(근대)의 다음'이라는 의미이고 모더니즘(근대주의)이 그 성립조건을 상실했다고 생각되는 시대를 의미한다. 포스트모더니즘이란 이러한 시대를 배경으로 성립한 모더니즘을 비판하는 문화운동으로 막다른 길에 다다른 근대를 극복하려는 운동을 말한다. 포스트모던과 강하게 결합된 용어로 '탈중심화' '탈구축' '탈영역' 등이 있고, 포스트모던은 '거대담론의 종언' '보편성에 대한 회의' '자신의 해체'라는 것과 크게 관계된다. 일본에서는 포스트모던과 관련하여 컬처럴스터디즈와 페미니즘, 포스트콜로니얼 등의 담론이 유행했는데 잡지로서는 1973년 1월에 창간된 『겐다이시소오(現代思想)』(靑土社)가 이러한 일본의 새로운 지적 조류를 확대해가면서 종래의 개념인 내셔널리즘과 민족문제라는 주제로도 많은 논의를 전개해갔다.

사회사상사 연구자인 마또바 아끼히로(的場昭弘)는 일본에 수용된 포스트모던 사상이 지금까지의 외래사상과 조금 다른 점은 지금까지의 사상이 뒤처진 일본을 분석함으로써 미래의 일본을 조망하기 위한 사상이었던 것에 비해 포스트모던 사상은 과거를 반성하고 미래를 직시한다고 하는 지금까지의 사상의 역할을 벗어나 선진국에 도달한 당시의 일본을 변호하는 사상이 되었다고 한다.[264] 더구나 포스트모던 사상의 시대적 의미는 세대간 차이에 의한 것이라는 의견도 있다. 전공투운동에 관계한 코사까 슈우헤이(小坂修平)는 1980년대 이후 소비사회가 도래하면서 전공투세대의 집요함과 거만한 말투에 싫증난 젊은 세대가 사물을 지나치게 일원적으로 생각하지 않고, 폐쇄계와 그 외부라고 하는 발상에 빠지지 않으면서 보다 자유롭게 살아가려고 한 것이라고 한다.[265]

여기서 특히 한국의 포스트모던 사상과의 관계에서 1990년대에 많이 논의되었던 포스트콜로니얼 사상에 대해서 조금 논한다면, '포스트콜로니얼'(post colonial) 혹은 '포스트콜로리얼리즘'(post colonialism)을 일본어로 직역하면 아마도 '탈식민주의'가 될 것이다. 이것은 사상적으로 포스트모던 논쟁을 계승하고, 흡수하고, 전화하고, 나아가 이것을 역사적 과제와 연결하여 정치화한 것이 아닌가 생각된다. 식민지주의에 대한 저항을 주안점으로 한 비판적 시각으로 이해해도 좋겠지만 실제로는 이 포스트콜로니얼 담론은 이전에 식민지화된 지역뿐만 아니라 식민지주의적인 과거를 부정하려고 하는 것을 비판하는 담론으로서도 나타났다.

포스트콜로니얼 사상은 무엇보다 지(知)의 틀, 인식의 틀을 문제시한다. 여기에는 '세계'를 지배자 측과 피지배자 측의 두개로 분리하여 지배/피지배의 구조를 이항대립적으로 생각하려는 발상을 부정한다. 이전에 식민지였던 지역이 독립해 표면적으로는 독립한 것처럼 보여도 그 심층에는 여전히 식민지시대의 유산을 이어가고 있는 것이 현실에서는 많이 보인다. 반미·반서구·반제국을 소리 높여 외친다 하더라도 실은 그 자체가 서구에 의해 제공된 지의 틀, 인식의 틀에서 발상하고 있는 부분이 적지 않다. 포스트콜로니얼적 사상은 그러한 형태로 서구적 지(知)체계의 문화적 헤게모니와 그것을 극복하려고 하는 대항적인 지의 갈등, 상극을 탐구하는 행위라고 할 수 있다. 이것은 '제국의식'이라든가 '오리엔탈리즘'이라는 것을 어떻게 극복해갈 것인가 하는 문제이기도 하지만, 어쨌든 포스트콜로니얼 사상이 지향하는 것은 식민지 지배에 얽힌 지배/피지배의 사상·정신 문화구조를 해명하고 해체하는 것임은 분명하다. 당연히 이것은 지배당한 측만 아니라 지배한 측의 과제의식이기도 하지만, 심각한 탈식민지화 과정을 경험하지 않은 일본의 경우엔 아카데미즘의 극히 일부에서 관심사항이 된 것일 뿐, 과거를 반성하고 극복하기 위한 인식틀 혹은 인식축이 되지 못했다. 실제로 일본의 식민주의와 중요한 관계에 있는 천황제와 민족의 존재방식이 포스트콜로니얼 사상으로 진지하게 논의된 것은 아니다.

일본의 경우 포스트모던 사상은 1980년대 전반부터 주로 사회과학의 영역에서 수용되었다고 해도 좋다. 이에 비해 한국에서는 영문학자에 의해 80년대 후반에 최초로 소개되고, 잡지 『오늘의 문예비평』과 『창작과비평』 등에서 근대와 근대성에 관한 특집을 게재한 것이 1992~93년이었다. 그러나 포스트모던 사상의 유입은 맹렬한 반대를 불러오게 되고 민족문학작가회의 등으로부터 신랄한 비판을 받고 위축되지 않을 수 없었다. 비판의 선두에 선 사람은 백낙청과 강내희 등 리얼리즘 문학을 지지하는 지식인으로, 포스트모더니즘은 서구자본주의의 산물이자 주체적인 실천력을 결여하고 있으며, 사회변혁에 대한 의지가 약할 뿐만 아니라 한국의 전통적 가치관을 와해시키는 요소가 있다고 비판하였다. 즉 포스트모던 사상은 저항정신을 마비시키고 쾌락주의에 빠지는 보수적 이데올로기에 지나지 않는다고 하는 것이다. 그렇기 때문인지 한국의 포스트모더니즘 논의는 실질적으로는 1995년경에 끝나고 그후는 예술론 등의 형태로 일부가 남는 데 그치지만, 90년대 말에 이르기까지 다양한 형태로 한국사회에 영향을 미치게 된다.

1990년대 전반 한국에서의 포스트모더니즘 논의를 보면 그것은 현실적으로는 민족문제와 계급문제, 과거의 식민지 경험과 오늘날의 신식민지적 성격 등의 커다란 문제를 소홀히하는 경향을 가지며 이러한 틈새에 생긴 공간에서 환경과 여성·복지 등의 문제, 또는 철학적 내지 사변적인 논의에 관심을 나타내게 되었다. 다만 그래도 각종의 '포스트주의'라는 사조와 문화이론의 유행은 한국에서 '근대'와 '근대성'이란 무엇인가라는 문제를 지식인에게 추궁하고 그것은 곧 '식민지 근대' 및 '식민지적 근대성'의 문제, 나아가 '탈식민지'와 '탈근대'를 둘러싼 논의를 떠맡아가게 된다. 즉 포스트모던 사상이 한국에서는 '근대성'에 관련된 문제를 지식인에게 제시하게 되고, 그런 의미에서 일본보다도 식민지 지배를 받은 한국에서 더 무거운 의미를 가지게 되었다. 더구나 한국에서 근대, 탈근대와 관련하여 가장 많이 논의된 것은 역시 식민지 경험·남북분단의 계속과 관련된 민족주의 문제였다.

서구의 '근대'가 내적으로는 계급의 형성·대립에 보이는 정치적·사회적 모순의 격화를 내포하고, 외적으로는 종주국/식민지라는 제국주의적 지배/피지배관계, 나아가 중층적인 중심·반주변·주변과의 대립과 상호의존 관계를 구조화해온 것은 주지의 사실이다. 포스트모던 사상은 이러한 근대의 양면성과 모순을 문제로 삼은 것이지만, 한국에서 이것은 '식민지 근대'에서 '민족'과 '민족주의'의 문제를 어떻게 심화시켜갈 것인가 하는 심각한 문제의식을 불러일으켰다. 민족주의라고 하면 종래의 역사학계 등에서는 맑스주의를 바탕으로 한 '진보적 민족주의'가 대세였는데, 이것은 근대의 프로젝트인 통일민족국가 수립을 지향한 것이며 그런 의미에서 근대주의의 범주에 속하는 것이라 생각해도 좋다. 그러나 포스트모더니즘에 촉발되었다고나 할까, 논의의 핵심은 이전의 식민지시대와 해방 후 한국에서의 민족주의의 존재방식에 대한 비판으로 향했다.

역사학자 임지현이 그 대표적인 논자인데, 그는 저서 『민족주의는 반역이다』(1999)와 『우리 안의 파시즘』(2000) 등을 통해 한국 민족주의의 폐해에 대해 논하고 있다. 임지현에 의하면 조선 근대에서 민족주의는 도덕적 심판의 준거임과 동시에 역사적 심판의 잣대라고 한다. 한국인에게 민족주의는 통과의례라고 할 수 있는 것이며, 더욱이 식민지하에서 민족은 사실상 국가의 공백을 채워준 실체임과 동시에 신화였다. 이른바 민족주의는 역사가 한국인에게 부과한 도덕적·정언적 명령이고 사회적 규범이었다고 한다. 이러한 민족주의에 대한 이해는 상당히 비판적이고 부정적인 반향을 가진 것이지만 여기서 그는 민족에 얽혀 있는 '일상적 파씨즘'의 위험성에 대해 경고하고 있다. 즉 민족주의는 국가주의 혹은 파씨즘적 요소를 가진 것이고, 이것을 극복하기 위해서는 '시민적 민족주의'라든가 '시민공동체적 민족주의'라는 것이 필요하다고 한다.

이러한 주장에는 식민지 지배의 가혹함과 분단의 의미, 그리고 민주화운동의 의의, 나아가 친일파의 죄과 등을 과소평가한 것에 대한 비판이 있지만, 그러나 지금까지 신성불가침으로 여겨졌던 민족주의에 커다란 의문부호를 찍은 의미는 크다. 한편으로 한국에서 민족과 민족주의를 둘러싼 논의가 소홀했던 것은 당연했다. 민주화운동의 과정을 보아도 민족주의의 이념에 일부 부정적인 요소가 있었다 하더라도 그것이 역사 추진의 강력한 에너지로서 작용한 것은 명확하다. 여기서 이러한 점과 관련해서 본다면 친일파에 대한 조사·비판의 거점인 '반민족문제연구소'가 민간에 설립된 것이 1991년 2월이다(1995년 6월에 '민족문제연구소'로 개칭). 이것은 친일파 비판의 『친일문학론』[266] 등을 지은 임종국의 유지를 계승한 것으로 처음으로 진지하게 과거청산을 스스로의 손으로 이루어내려고 한 시민운동의 획기적인 성과다.

그런데 '시민권'이라고 할 때 1990년대에 들어와 자이니찌 젊은이들에 의한 시민권 획득운동이 더욱 기세를 더하여 국적조항의 철폐와 그밖에 제한적이기는 하지만 적지 않은 성과를 올린 것을 잊어서는 안된다. 1991년에 일본정부는 '출입국관리특례법'으로 전전부터의 거주자와 그 자손을 일괄하여 '특별영주자'로 하여 재입국 허가기간의 연장(당초 4년 이내, 최대 5년) 등을 인정하게 된다. 그리고 정부는 1993년에는 재일조선인 영주자에 대한 지문날인을 면제한다. 다만 이러한 조치는 한국정부와의 협의를 거쳐 어디까지나 국가간의 문제로서 개선을 꾀한 것이며, 그런 의미에서 일본정부가 자이니찌를 정치적 주체로서 인정한 것은 아니다. 그사이에 특히 90년대에 들어서부터 자이니찌 젊은이가 비로소 일본의 대기업과 교육계, 예술분야 등에 진출할 수 있게 된 것은 일본사회의 폐쇄적 체질이 극히 조금씩이지만 개방되기 시작한 것을 나타낸다.

이 시기에 자이니찌 사회는 고도경제성장 속에서 세대교체, 도시화의 파고를 정면으로 맞아 자이니찌 자체의 변용·확산이라는 현상을 보이게 된다. 뿐만 아니라 한국/일본의 교류가 급속히 진전되는 과정에서 한국 유학생이 점차 증가했을 뿐 아니라 풍요를 찾아 많은 사람들이 일본으로 건너왔다. 이른바 '뉴우까마'(ニューカマ─ : 1980년대 이후 일본으로 건너와 정주한 외국인을 지칭한다. 특히 한국인에 대해서는 식민지시기 일본에 의해 징용되거나 혹은 돈벌이를 위해 일본으로 건너온 재일조선인과 구별하기 위한 개념임─옮긴이)의 출현이다. 자이니찌 여류시인 이미자(李美子)는 「제방 아래의 조선」이라는 제목으로 다음과 같이 노래했다.

예전에 동포가 모여 사는
함석지붕 부락이 있었다
가와사끼시(川崎市) 사이와구(幸區) 도떼(戶手) 4쬬오메(丁目) 12번지
한명 또 한명
가출하고 숨 끊고
버려진 조개 같은 집은
검은 입을 열고 있다

밤의 폐옥(廢屋)에 잠입하는 그림자

돈 벌러 온 뉴우까마들은

다음날 아침, 흔적도 없이 사라진다

자신이 사라질 날을 생각하는

부락은 뒤틀린 얼굴을 보이고

더욱 딱딱해진 하천부지에 달라붙는다

잿빛 지붕의 밀집(密集)이 한 발 물에 담근 채

한 발은 모래밭에 질질 끌고 있다

(…)

『먼 제방(遙かな土手)』, 土曜美術社出版販賣 1999

일본군 성노예('종군위안부') 문제의 제기

앞서 여성차별 문제에 대해 논했는데 1990년대의 한국과 일본의 관계에서 무엇보다 일본군 성노예('종군위안부') 문제가 중요한 의미를 갖는다. 특히 일본에서 그 움직임에 반발하여 우경화의 흐름이 현저해진 것에 주의할 필요가 있다. 생각해보면 패전/해방 후 한국과 일본이 사상적으로 크게 교차(交差) 혹은 교착(交錯)한 것은 한일조약 반대운동, 민주화운동, 교과서문제 등 몇가지 사례를 들 수 있지만, 90년대 일본군 성노예('종군위안부') 문제의 부상으로 비로소 본격적으로 상호관계를 가지게 되었다고 할 수 있다. 그것은 참으로 한국과 일본의 불행한 관계를 상징한다.

일본군 성노예는 일본에서 일반적으로 '종군위안부'로 불리고 있는데, 일본의 아시아 침략시대에 일본군의 위안소에 수용되어 일본군 장병을 상대로 성적인 행위를 강요받은 여성들을 지칭한다. 이들은 일본에서 1990년대까지 완전히 방치되어 전후의 평화운동과 여성운동 안에서도 거의 무시된 채로 있었다. 냉전체제, 남북분단하의 한국에서도 거의 알려지지 않았다가 90년대에 들어와서 알려지게 되었다. 한국의 경우 '위안부' 문제가 일어난 당시부터 '여자정신대'와 혼동하여 사용된 '정신대'라는 호칭이 일반적으로 정착되어 있다. 단 1990년 11월에 결성된 '한국정신대문제대책협의회'(정대협) 등의 민간단체에서 '종군위안부'라는 단어는 올바른 표현이 아니다'라고 하여 '일본군 성노예' 혹은 '일본군 위안부'로 불러야 한다고 했다.

일본 정부당국자는 문제가 표면화되어도 처음에는 '민간업자가 데리고 다닌 것'이라는 태도를 취했다. 그러나 1991년 12월 김학순(金學順, 1997년 사망) 등 '위안부'였던 한국인 여성 3명이 일본정부의 사죄와 개인보상을 요구하는 소송을 토오꾜오지방재판소에 제소한 이후 중국과 필리핀, 네덜란드 등의 '위안부' 여성도 발언하고, 이러한 움직임에 반응하여 일본의 시민운동이 고양되자 한국정부도 사실조사를 요구했다. 결국 일본정부는 1992년 7월에 조사결과의 공표라는 형태로 전전의 '위안부' 문제에 정부가 관여했다는 사실을 일부 인정하게 되었다.

이 '위안부' '제도'는 '황군 즉 천황의 군대'의 '용맹무쌍'함을 견지하기 위해 만들어진 것으로 보아도 무방한 것으로 천황제 국가가 범한 국가범죄라고 부를 만한 것이다.[267] 아시아뿐만 아니라 네덜란드 출신 여성도 있었는데, 각종 조사에서 조선인 여성이 가장 많았음이 확인되었다. 더구나 일본정부는 위안소의 설치와 경영 등에 정부가 직접 관여한 것을 공식적으로 인정했음에도 불구하고 보상에 대해서는 한일기본조약 체결시에 이미 해결되었다는 태도를 취했으며 그후로는 사실인정 등에도 소극적인 태도를 취하고 있다. 일본의 전쟁책임 특히 '종군위안부' 문제를 일관해서 고발하고 있는 이시까와 이쯔꼬(石川逸子)는 「껶

인 꽃들을 위한 진혼곡 94년 3월 10일 '성폭력희생자 추도의 밤'에」라
는 제목으로 다음과 같은 시를 읊었다.

( ) 상
'아께미'라고 불렸던 당신
당신의 이름은 모릅니다
당신이 죽은 날도 죽은 장소도
당신의 뼈가
지금 어디에 한을 삼키며 묻혀 있는지도

( ) 상
연지빛 봉선화가 홀로 핀 것처럼
당신은 가련한 소녀였던
'여자정신대'로서 끌려가던 그날까지

'죠오센삐'*라고 멸시받아 불려진
( ) 상
내 나라의 남자들이 당신에게 한 것
속여서 빼앗고
매일 매일 당신은 인간이 아니었다 구멍만 가진 몸뚱어리처럼

『부서진 꽃들에게 레퀴엠(碎かれた花たちへのレクイエム)』, 花神社 1994

....

* '죠오센삐(朝鮮ピ)'는 종군위안부를 칭하는 차별어였다.

468

그런데 여론이 비등했기 때문인지 일본정부는 1993년 8월 코오노 요오헤이(河野洋平) 관방장관 담화로 '위안부'문제에 대한 인식과 반성, 사과의 심정을 약간 표명한다. 그리고 자민·사회·사끼까께 3당 연립정권인 무라야마 내각이 탄생하자 1995년 7월 정부와 국민이 협력하는 형태로 '위안부'에게 국민적인 보상사업 등을 행하기 위해서라는 명칭으로 '여성을 위한 아시아평화국민기금'(처음 약칭은 '국민기금' 이후 '아시아여성기금')을 발족시켰다. 이것은 '위안부'문제에 '도덕적인 책임'을 통감한 일본정부의 결정으로, 일본정부로서는 '위안부'문제에 직접 책임을 지지 않고 민간 일본인의 선의에 맡겨 일시금 지급이라는 형태로 해결하려는 태도표명이었다. 민간 일본인의 입장에서 본다면, 자민당 정권의 붕괴라는 천재일우의 '기회'를 잡은 '양심적 심정'의 토로였다. 일본정부의 출자금과 국내외의 모금에 의해 운영되고, 총리대신의 사과편지와 개인에 대한 보상금 200만엔 지급, 의료복지 지원을 실시한다는 것이 기본적인 형태였다고 한다. 한국, 타이완, 필리핀 등이 대상이 되는데 한국에서는 '위안부' 자신은 물론이고, 1998년 6월에는 한국정부도 거절입장을 취하여 '보상금' 지급사업은 중단상태에 빠져버렸다.

한국에서 위안부문제가 제기되고 운동이 전개된 것은 1980년대 여성운동, 특히 성폭력추방운동의 연장선상이었다고 한다. 한국여성운동사 연구자 야마시따 영애(山下英愛)에 의하면 90년대 초 이화여자대학교 여성학과 관계자가 중심이 되어 성폭력상담소를 개설하려고 활동하고 있을 때 재학생들 사이에서 '위안부'문제를 제기하는 움직임이 나타났다고 한다. 이것이 하나의 운동으로 성장해가는데, 이 운동 자체는 가부장주의·남성주의의 한국사회에서 가문의 수치, 여성의 수치라고 하는 지금까지의 인식을 타파하려는 의미를 가지고 있었다고 한다. 바꾸어 말하자면 '위안부'운동은 80년대 후반 이후의 성폭력문제를 제기

해온 여성운동의 성장에 힘입은 것이었다.[268]

이렇게 보면 자이니찌 가운데 오로지 혼자서 "내 마음은 지지 않았어"라고 1993년 5월 '위안부'로서 제소한 송신도(宋神道)는 토오꾜오고 등재판소에서 최종진술을 통해 "속아서 위안소에 끌려간 것은 16살 때입니다. (…) 저 외에도 '위안부'가 된 조선의 여성이 반드시 있습니다. 그러나 어느 한 사람도 이름을 밝히지 않습니다. (…) '위안부'문제를 후세에까지 남기지 않도록 용기를 가지고 분명한 해결이 될 수 있는 판결을 내려주세요"[269]라고 호소하고 있다. 결국 10년의 투쟁에도 불구하고 재판에서 패소하지만, 그 삶의 태도는 많은 사람들에게 감동을 불러일으켰다. 그사이에 1993년 4월에는 민간단체 '일본의 전쟁책임 자료쎈터'가 설립되었으며 『계간 전쟁책임연구』를 간행하여 한국의 시민단체와도 연대하면서 '종군위안부'문제와 일본의 침략전쟁·전쟁범죄, 전쟁책임·전후보상 등의 문제에 정력적으로 임하는데 이것은 일본의 전후사에서 특필할 만한 것이라고 생각된다.

사상의 전환점 90년대 ─ '잔치는 끝났다'

일본에서도 한국에서도 1990년대는 시대의 커다란 전환기였다. 동서냉전의 종식과 미국 일극체제의 강화, 경제의 세계화와 국제화 시대의 도래, 포스트모던 사상의 침투, 그리고 그러한 과정에서 과거의 악몽에 직면할 수밖에 없는 미해결 문제의 분출 등. 그러한 가운데 현대시 분야에서도 미묘한 변화가 나타나기 시작했다. 시인 사가와 아끼(佐川亞紀)에 의하면, 한국에서는 압도적으로 구어 자유시가 주류를 이루고 사상과 내용이 형식보다 중요한 것에 비해 전후의 일본에서는 하이꾸(俳句)·단까(短歌)가 우세하고 내용보다 시가의 형식과 기교에 집착하는 경향이 강했다고 한다. 90년대의 한국 현대시에 대해 보면 최영미가 1994년에 출판한 『서른, 잔치는 끝났다』(창비)가 커다란 정치가 끝난 시대의 감정과 사회를 표현하여 60만부나 팔린 베스트셀러가 되었다. 최영미의 등장은 민주화운동도 상대화하여 여성의 진출과 IT사회의 도래를 알리고 있다. 포스트모더니즘의 시도 발표되어 테마 중시에서 작품의 예술성에 대한 관심이 높아지고, 사회파도 내면굴절을 노래했다고 한다. 이른바 이 시대부터 '압축 근대'라 불리는 급진적인 발전이 가속되고, 가치관도 최첨단에서 고풍스러운 전통의식까지 혼재하게 되었다고 한다.[270] 서울대학교 재학중에 학생운동에 참가한 경험을 가진 최영미는 그 깊은 절망에서 벗어난 후의 세계를 「서른, 잔치는 끝났다」라는 제목으로 다음과 같은 언어를 꽃피웠다.

　　물론 나는 알고 있다
　　내가 운동보다도 운동가를
　　술보다도 술 마시는 분위기를 더 좋아했다는 걸
　　그리고 외로울 땐 동지여!로 시작하는 투쟁가가 아니라
　　낮은 목소리로 사랑노래를 즐겼다는 걸
　　그러나 대체 무슨 상관이란 말인가

　　잔치는 끝났다
　　술 떨어지고, 사람들은 하나 둘 지갑을 챙기고 마침내 그도 갔지만
　　마지막 셈을 마치고 제각기 신발을 찾아 신고 떠났지만
　　어렴풋이 나는 알고 있다
　　여기 홀로 누군가 마지막까지 남아
　　주인 대신 상을 치우고
　　그 모든 걸 기억해내며 뜨거운 눈물 흘리리란 걸

그가 부르다만 노래를 마저 고쳐 부르리란 걸

(…)

최영미 「서른, 잔치는 끝났다」

    이러한 점에서 일본의 현대시는 한국보다도 훨씬 혼란스럽다. 전후 세대를 대표하는 시인의 한 사람이며 동시에 비평·번역·비교시학연구 등의 활동도 하고 있는 노무라 키와오(野村喜和夫)는 우선 1980년대 후반부터 90년대 초두에 걸쳐 그럴듯하게 '현대시의 죽음'이 논의된 시대였다고 한다. 즉 "70년대 전후에 나타나기 시작한 포스트모던적인 문화현상이 마침내 현재화하고 어느새 되돌릴 수 없는 곳까지 와 있었던 것이다. 근거와 방향성의 부재, '인간'의 소멸. 덧붙여 고도자본주의하에서 대중사회 상황, 대량소비사회 상황. 그러한 가운데 세계와 본격적으로 서로 논의할 수 있다고 생각한 전후의 현대시도 또한 갈 길을 잃어버리고 배회하기 시작하거나 혹은 어떻게든 변용할 수밖에 없었으며, 그 배회나 변용이 보는 사람에 따라서는 현대시의 죽음으로 비쳤다".[271]

    그렇다고 하더라도 1990년대는 일본과 한국에서 사상의 전환점으로서 중요한 의미를 갖는다. 그 가장 큰 이유는 혁명의 좌절, 맑스주의의 종언, 경제적 '풍요함'의 실현 때문이겠지만, 그 속에서 7,80년대를 살아온 적지 않은 지식인이 스스로의 삶의 방식에 대해 근본적으로 재고하지 않을 수 없게 되었다. 이것은 사상의 변화라고 할까, 변절 혹은 전향이라고 할까, 아니면 새로운 모색이라고 해야 할까, 어떻게 표현해야 할지 어렵다. 그리고 내가 그것을 재단할 문제도 아니지만 어찌되었든 다양한 형태로 사상의 변용이 현저하게 일어난 것만은 분명하다.

일본의 경우 시인 타니가와 간이 고도경제성장의 흐름 속에서 '혁명의 원점'을 상실하고 사상적으로 방황한 것은 이미 논했다. 그 예에서 본다면 동아시아 반일 무장전선의 멤버로 "늑대"부대의 리더 격이었던 다이도오지 마사시(大道寺將司)는 '미쯔비시중공업 폭파' 등의 죄로 최고재판소에서 사형이 확정된 후 그 혼을 하이꾸 창작에 돌려 『친구에게: 다이도오지 마사시 하이꾸집』(ばる出版 2001)을 출판했다. 『친구에게』는 출판 당시 격동의 70년대를 전적으로 부정하는 순수한 혼의 고백으로 높이 평가되었다. 그리고 연합적군파의 사까구찌 히로시(坂口弘)는 폭력살인과 '아사마산장' 사건(1972년 2월 19일 연합적군파 멤버 5명이 나가노(長野)현 가루이자와(輕井澤)에 있는 아사마산장에서 산장 관리인의 부인을 인질로 잡고 10일간 경찰과 대치한 사건—옮긴이)으로 역시 최고재판소에서 사형판결을 받는데 그후 단까를 노래하는 것으로 삶의 보람을 찾고 있다. 그 『노래집 영원으로의 길』(角川書店 2007)도 평판이 좋았는데 여기에는 '전락(轉落) 인생' '비운의 인생'을 보내고 '대죄'를 범한 스스로의 회한과 희생자·피해자에 대한 참회의 염원으로 가득 차 있다. 동시에 '혁명'을 꿈꾼 투사의 뇌리에 오고간 것이 무엇인지 판단하기에 혼란스럽다. 다만 실제로 혁명운동·학생운동에 좌절한 후 새로운 길을 모색하여 전진(轉進)한 예가 적지 않은 것도 분명하다.

가수 카또오 토끼꼬에 대해서 앞에서 약간 논했는데, 그 카또오와 옥중 결혼한 반제전학련 위원장을 지낸 후지모또 토시오(藤本敏夫)는 데모로 실형판결을 받고 수감된 후 학생운동이 추구한 사회변혁의 한계를 깨닫는다. 마침내 형무소 생활에서 알게 된 '식(食)'과 '농(農)'의 키워드를 뇌리에 새겨 그것으로 진정한 사회변혁에 대한 미래를 찾아내려고 한다. 실제로 1974년 출소 후 후지모또는 '식'과 '농'에 대한 생각을 담아 친구들과 '대지를 지키는 모임'을 만들고, 생산농가와 연대한 유기농업운동, 소비생활자운동을 전개해간다. 그후 스스로 '농민'이 되어 생명연쇄, 식물연쇄의 사실적인 자각을 가지고 '식'과 '농'이야말로 역사의 접점이 된다는 것을 확인하는 인생을 살게 된다.[272]

물론 사람에 따라서 사상의 변용, 삶의 방식에 대한 변화는 다양하지만 에콜로지와 환경, 공동체, 때로는 아나키즘, 그리고 학문과 종교라는 방향으로 향한 자가 많은 것 같다. 한국의 경우 시인 김지하가 민중혁명사상에서 1980년대 이후는 환경보전, 생명사상, 그리고 우주만물 속의 영적인 마음을 구하는 율려(律呂)사상에 심취하고 유기농운동, 소비자공동체운동, 환경운동, 나아가 신인간주의운동을 주창하는 이른바 혁명전선에서 이탈, 신흥 종교운동의 길을 가게 된 것은 잘 알려져 있다. 이 김지하의 방향전환은 한국 근본주의라고 부를 수 있는 성격을 띤 것으로 동학의 '후천개벽' 사상, 나아가 고대 단군신화에 이어지는 신비적·관념적·미학적 요소조차 가지고 있다. 더구나 그 민족 논의는 자가당착적 정도를 심화한 일본비판을 포함하여 자민족의 우월성·정당성을 소리 높여 외친 것이다. 균형감각을 가진 철학자 홍윤기(洪潤基)가 김지하를 평가하여 "시적 강인함과 철학적 혼돈" 뒤에 찾아온 것은 민중개념의 추상화이고 정신적 파씨즘이었다[273]고 한 것은 이 때문이다.

한명 더, 1980년대의 대표적인 혁명시인이었던 박노해는 옥중에 있던 1997년에 저서 『사람만이 희망이다』[274]로 자신의 사상은 '비사회주의' '탈자본주의' '신생태주의(에콜로지)' '친페미니즘'이라고 말하고, 1998년 8월의 석방 후에도 그러한 사상을 심화해왔다. 그것은 한편에서는 포스트모던적, 탈중심적, 에콜로지 중시의 사상임과 동시에 조직 중심주의, 권위주의, 절대주의적인 사고방법에 대한 혐오감의 표명이었다. 박노해는 옥중에서 1개월간의 고뇌 뒤에 '준법서약서'에 서명했다고 하는데, 이것이 그의 사상변화의 커다란 요인이 된 것이라는 점은 충분히 추측할 수 있다. 그후 박노해는 분단극복에 대해 아무것도 말하지 않고 한국의 현실을 기피하는 경향을 보이며 평화교육과 이라크의 아이들을 지원하는 '글로벌 평화주의'를 외친다.

이러한 김지하와 박노해의 자세에 대해 진보진영에서 '변절'과 '전향'이라고 평가하기도 하지만, 나 자신은 앞에서도 논한 것처럼 그렇게 가볍게 재단하고 싶지도 않고 그렇게 할 능력도 준비도 되어 있지 않다. '변절'과 '전향'을 이야기하는 것은 그만큼 본인이 사상적으로 고뇌하고 사회적으로도 커다란 의미를 갖는다는 것을 말하지만, 시대의 흐름에 편승했다고 할까 그다지 고뇌하지 않고 불쑥 '변절' 혹은 '전향'한 지식인이 일본에서도 한국에서도 얼마나 많았던가⋯⋯ 어떻든 여기서는 1990년대에는 이러한 사상에 관한 중요한 문제가 있었다고 하는 과제의식을 제시해두고 싶다.

오히려 반대로 이 격동하는 시기에 '변절' 혹은 '전향' 등과는 달리 침묵을 지키거나 혹은 내면의 필사적인 노력을 쌓음으로써 스스로의 주체성을 재구축하는 예도 보인다. 문학평론가 김명인(金明仁)이 그러한데, 그는 1980년대 말의 '민족문학주체 논쟁'에서 백낙청 등 기존의 민족문학에서조차 계급적 한계에 사로잡혀 있다고 비판하고 '민중적 민족문학론'의 깃발을 올려 격렬한 논쟁을 촉발시켰다. 그러나 그는 소련·동구 사회주의권 붕괴 후, 1992년 새로운 모색을 위한 '방황'을 선언하고 7년이 지난 1999년에 다시 새로운 자세로 논단에 등장한다. 나는 전향할 수 없었다는 말을 내뱉으며 돌아온 김명인은 더이상 '계급적 당파성'에 사로잡히지 않았으며, 그 주장은 유연성 속에서 '합리적 핵심'을 소중히한다고 평가받았다(『한겨레신문』 1999.8.17). 이것은 시대를 장식하는 고무적인 것으로, 김명인은 그후 잡지 『황해문화』의 주간을 지내면서 분명한 논평을 통해 호평을 얻고 있다. 시대의 흐름, 사상의 변화 속에서 나름대로의 정합성을 가지면서 자신의 진퇴를 얼마나 일관되게 유지할 수 있는가는 지식인이 담당해야 할 가장 큰 과제일지도 모른다.

2. 동아시아의 변화와 역사인식을 둘러싼 갈등

김대중정권 시대 — '민주화 후의 민주화'

1998년에 김대중이 대통령에 취임한 것은 한국 현대사에서 획기적인 의미를 갖는다. 역대 군사정권과 투쟁하여 '독재반대' '민주주의의 실현'을 주장해온 김대중정권은 대한민국 성립 후 처음으로 국내외에서 정통성을 갖춘 정부로 평가되었다. 김대중 자신이 대통령 취임연설에서 선거를 통한 최초의 여야당 정권교체에 의한 '국민의 정부'라는 의의를 강조하는 한편 민주주의와 경제발전을 동시에 추진함으로써 IMF 관리하에 있는 경제재건을 역설했다. 김대중대통령은 경제개혁·재벌개혁 등 국내개혁뿐만 아니라 교착상태에 있던 남북관계 개선에도 적극적인 자세를 표명했는데, 이것이 '북'의 안정과 발전을 지원하는 이른바 '햇볕(포용)정책'으로 실시되었다. '북'과 적대가 아니라 '공존'을 전제로 한 정책전개로, 처음엔 북에서 이를 불신하여 남북의 정치대화는 정체상태가 계속되었지만, 이윽고 '금강산관광'과 남북이산가족 면회 등으로 실현되었다.

그 연장선상에서 김대중대통령은 2000년 6월 평양에서 북한의 최고 지도자인 김정일 국방위원장(노동당 총서기)과 분단 후 첫 수뇌회담을 열고, '6·15 남북공동선언'을 발표했다. 이 선언은 남북의 화해와 신뢰

구축에 의해 최종적으로는 평화통일 달성을 명기한 것으로, 그 결과 김대중대통령은 같은 해 노벨평화상을 수상하게 되었다. 김대중대통령의 특별수행원으로 방북한 시인 고은(민족문학작가회의 상임고문)은 평양에서 열린 만찬회에서 양 수뇌 앞에서 「대동강 앞에서」라는 시를 낭독했다.

무엇하러 여기 왔는가
잠 못 이룬 밤 지새우고
아침 대동강 강물은
어제였고
오늘이고
또 내일의 푸른 물결이리라
때가 이렇게 오고 있다
변화의 때가 그 누구도
가로막을 수 없는 길로 오고 있다
(…)

무엇하러 여기 와 있는가
무엇하러 여기 왔다 돌아가는가
민족에게는 기필코 내일이 있다
아침 대동강 앞에 서서 나와
내 자손대대의 내일을 바라본다
아 이 만남이야말로
이 만남을 위해 여기까지 온
우리 현대사 백년 최고의 얼굴 아니냐

이제 돌아간다

한송이 꽃 들고 돌아간다

고은 「대동강 앞에서」

이후 긴장·적대의 연속이었던 남북관계는 마침내 대화·화해를 향했다. 무엇보다 김대중대통령 자신은 자유주의적 기질을 가진 전형적인 보수주의자다. 김대중정권 자체도 (중도)자유주의적인 진보세력의 주도하에 보수적 성격을 띤 구지배세력의 주변집단과의 연대정권이라는 성격을 가지며, 경제정책에서도 '민주적 시장경제론'을 축으로 하는 신자유주의의 방향을 취하여 실질적으로는 IMF 즉 미국 중심의 세계금융시장에 종속되는 시장원리를 받아들였다. 단 김대중정권 자체는 민주화운동의 연장선상에서 더구나 민주적 선거에 의한 여야당의 정권교체로 성립한 만큼 경제계와 『조선일보』로 대표되는 언론계 등 기득권층의 위기감을 심화시켰다. 특히 남북화해의 진전은 보수·우파세력을 불안에 빠뜨려 전체로서 좌우의 대립이 격화되었다. 그런 가운데 보수언론은 개의치 않고 연일 정권공격을 계속했다. 2000년 1월에는 합법적인 혁신정당으로서 '민주노동당'이 탄생했다.

이른바 '민주화 후의 민주화', 즉 새로운 민주화를 달성해야 할 과제를 앞에 두고 한국사회는 커다란 딜레마에 직면하게 된다. 확실히 일정한 민주주의적 기반 위에서 노동운동과 여성운동, 환경운동 등이 다양한 형태로 전개되었으며, 또한 진보세력의 일부는 인터넷 등을 구사하여 새로운 공세에 나서게 된다. 그러나 왜곡된 정치구조의 개혁과 재벌을 중심으로 한 경제구조의 개선, 사회에 만연한 가부장제적 체질의 불식, 반공의식의 극복을 포함한 시민의식의 성숙 등 넘어야 할 과제는 정말로 다양하고 심각한 것이었다. 그러한 사회변혁의 과제를 추진하려는 이들을 '진보'라고 한다면, 기득권의 옹호에 매달린 자는 '보수'이다. 진보/보수가 권력게임에 빠져들어 이념적 빈곤이 가속화될 뿐이라고 비난받기도 했다.

2001년에 신설된 여성부의 초대장관을 지내고 이후에 총리가 된 한명숙에 의하면 "한국은 30%가 고정적 보수층"이고 또한 "30~40%가 박정희는 좋은 정치를 했다고 향수를 가진 사람들"[275]이라고 한다. 여론조사에 의하면, 한국인들의 사상은 실제로는 진보/보수의 이념이 혼재된 경우가 과반을 점하고 있으며(『한겨레신문』 2002. 6. 3), 당연하다면 당연하지만 진보/보수의 구분이 반드시 명확하지 않은 것도 사실이다.

단 부분적이지만 김대중정권에 의해 과거의 친일행위와 각종 의문사 등에 대한 진상규명 움직임이 일어난 것은 과거를 바로잡고 미래를 전망한다는 점에서 중요한 의미를 갖는다. 2000년 10월 국회결의에 기초하여 '의문사진상규명위원회'가 발족한다. 그리고 친일파 비판의 측면에서 민족문제연구소와 민족문학작가회의가 공동으로 2002년 8월에 '친일문학인' 42명의 명부를 공개했는데, 이는 해방 후의 역사에서 획기적인 사건이었다. 민주정권의 탄생에 의해 지금까지 억제되어왔던 친일파 비판의 소리가 높아지면서 정계와 학계, 그리고 각종 민간단체 등에서 친일·반민족 행위를 처벌하는 특별법 제정 움직임이 활발해진 것도 이즈음이다. 그 근저에는 민족문제연구소 소장이자 의문사진상규명위원회 위원장을 지낸 법학자 한상범이 명쾌하게 말한 것처럼 "청산 없이 용서도 없다"(『교수신문』 2002.9.2)는 생각이 있었다고 할 수 있다.

그러한 가운데 2002년 5월부터 6월에 걸쳐 한국과 일본에서 공동으로 개최된 월드컵 축구대회를 둘러싼 광경은 민주화 이후의 한국이 새로운 역사적 단계로 들어간 것을 보여준다. 경제침체, 지역대립, 세대

차이 등 중첩된 분열에 빠진 한국사회는 한국대표팀이 4강에 오르는 활약을 하는 가운데 새로운 공동체의식을 획득하기 시작했다고 생각된다. '붉은 티셔츠'와 '태극기'가 경기장뿐만 아니라 사회 전체를 뒤덮는 듯한 분위기 속에서 수백만의 국민이 열기 넘치는 응원을 전국에서 전개한 것은 '적(赤)' 다시 말해 공산주의에 대한 거부감을 넘어 지금까지와는 다른 '국가 공동체의식'을 싹틔우기 시작했다. 즉, 지금까지의 민족주의를 계승하면서도 유교적인 가부장주의 등과는 다른 곳에서 국민 전체가 하나가 되는 귀속의식을 실감하게 된 것이다.

일본과의 관계에서 중요한 것은 김대중정권하에서 일본과의 화해와 일본 대중문화의 개방이 진척된 것이다. 정치구조에서 보면 남북화해의 추진과 연동하는 형태로 한국/일본의 관계도 진전을 보았다고 생각되지만, 실상은 일본과의 협의·협력이 전제가 되면서도 단적으로 말해 김대중정권 주도하에 이루어진 것이다. 1998년 10월에 정부가 발표한 개방방침은 우선 영화, 비디오, 만화 등을 해금하는 것이었다. 여론조사에 의하면 이러한 개방방침에 대해 한국갤럽의 조사에서는 찬성 63%, 반대 37%, KBS 조사에서는 찬성 51%, 반대 25% 등으로, 전체적으로는 젊은층에서 개방에 찬성하는 의견이 많았지만 개방을 염려하는 의견도 상당히 많았다고 한다(『民團新聞』 1998. 10. 28). 즉 구세대를 중심으로 일제 지배의 상처에서 벗어나지 못하고 있다는 것을 보여주고 있지만, 현실적으로는 일본 만화와 가요가 서울 시내의 서점과 거리에 넘쳐나고 있다. 일본 대중문화의 개방은 그후 얼마간의 단계를 거쳐 계속되지만, 교과서문제에 대해 일본정부가 수정을 거부하자 한국정부에서 2001년 7월에 개방을 일시 중단하는 등 역시 우여곡절을 겪게 된다.

그만큼 식민지 지배의 후유증으로 인해 국민감정이 계속 흔들린 것을 의미하지만, 만화와 대중소설은 이미 1970년대부터 상당히 번역·출판되었다. 90년대 전후에는 일본연구의 부재·부진을 탄식했지만 마루야마 마사오의『일본 정치사상사 연구』가 번역·출판된 것은 '해방 50년'이 되는 1995년이었고 이를 전후해서 사회과학서적도 많이 번역·간행된다. 동시에 "반일"이 고착된 풍토 속에서 일본을 연구하는 대학의 강좌와 학과, 각종 연구소가 비로소 각지에 설치되었고, 본격적인 의미에서의 일본사상의 수용이 시작되었다. 더구나 일본사상을 수용하고 일본을 배우는 것은 그 자체가 식민지 근대를 경험한 한국의 지성에게는 착종된 자신의 내면을 절개하는 것으로 이어졌다. 타자로서의 일본은 동시에 자신의 내부에 자리한 일본이기도 하다.

9·11과 동아시아 정세의 전개

그런데 그사이 일본에서는 2001년 4월 코이즈미 쥰이찌로오(小泉純一郎)가 정권을 잡고 도로공단과 우정(郵政)사업의 민영화를 기치로 여론의 지지를 얻었다.『아사히신문』은 사설에서 "지지율 80%. 이것은 일종의 '기분'의 반영이기도 할 것이다. 거품경제 붕괴에서 10년, 터널의 출구는 아직도 보이지 않는다"(2001. 7. 2)라고 썼다. 그후 코이즈미는 자민당 총재선거에서 공약한 야스꾸니신사 참배를 2001년 8월에 강행하여 한국·중국 등과 심각한 외교마찰을 일으켰다. 그전 1월에 조지 부시가 미국 대통령에 취임하는데, 취임 9개월이 되는 싯점에 뉴욕에서 '9·11' 동시다발 테러사건이 발생해 세계를 놀라게 했다. 부시대통령은 2002년 1월 일반교서 연설에서 대량파괴 병기를 개빌 보유한 테러국가로 이라크, 이란, 북한을 '악의 축'이라고 비난했다. 그리고 같은 해 9월 17일 코이즈미 수상의 전격적인 평양 방문으로 일본과 북한 사이에 '평양 선언'이 발표됨과 동시에 김정일 총서기가 일본의 최대 현안이었던 일본인 납치문제에 대하여 '8명 사망, 5명 생존'이라고 회답함에 따라 일본에서는 격렬한 '반북한' 캠페인이 시작되었다. 부시정권이 '테러와의 전쟁'을 슬로건으로 이라크 침공을 개시한 것은 2003년 3월인데, 이러한 일련의 흐름 속에서 냉전 후의 동아시아 정세는 크게 변화했다. '9·11'은 일본과 한국의 지식인에게 큰 충격을 주었다. 특히 일본은 거품경제 붕괴 후의 극심한 불경기 상황에서 일본인 납치문제의 표면화('9·17')에 따라 사상적으로 우경화의 길을 달리게 된다. 일본에서는 '9·11'보다 '9·17'의 충격이 컸으며, 이후 보수·우파세력은 납치문제를 내셔널리즘의 구심력으로서 최대한 이용하게 된다. 이것은 1991년의 일본군 성노예('종군위안부') 소송에 대한 반동이기도 하지만 여론이 얼마나 흔들리기 쉬운 것인가를 증명하는 것이기도 하다. 더구나 일본의 배외주의, 내셔널리즘이 조선과 밀접한 관계를 가진 것이라는 사실을 다시금 입증하게 되었다.

실제로 당시의 진보적인 논단에서는 잡지 『세까이』와 『겐다이시소오』 『죠오꾜오』 등을 중심으로 '9·11'과 관련하여 미국의 세계전략과 '반미' '대미종속' 문제가 새롭게 논의되었고, '9·17'과 관련해서는 전후 일본의 구호였던 '평화와 민주주의'의 실종이라든가 일본사회는 정말로 성숙한 시민사회인가 등이 문제시되었다. '9·11' 후의 미국에서는 사건 직후부터 반전평화의 외침이 들려왔지만, '9·17' 후의 일본에서는 그러한 외침은 거의 미미한 것에 지나지 않았다고 할 수 있다.

'9·17' 이후 자이니찌에 대한 비난·공격에 항의하는 소리도 나름대로 있었지만 그리 강경한 것은 아니었다는 생각이 든다. 역시 전체로서는 자이니찌뿐만 아니라 한국/일본 혹은 북한/일본의 교류를 외치며 혹은 인권옹호와 반핵반전운동을 전개해온 일본의 시민은 발언하지 못한 채 숨을 죽이고 참고 있는 것 같았다. 사회당 등 혁신정당과 진보세력의 의기소침은 애처롭기 그지없었다. 난폭한 반'북한' 캠페인 속에서 전후 일본에서 그렇게나 쌓아온 전쟁책임·전후책임에 대한 추궁, 폭력과 부정의에 대한 저항, 배외주의와 인종차별, 편견·멸시에 대한 투쟁이 일거에 물거품이 되어 사라졌다.

이와는 반대로 납치 피해자를 대신한 북한 비판과 공격의 선두에 선 내셔널리스트의 흥분은 묵과하기 힘든 것이었다. 극우적인 체질을 농후하게 가진 그들 내셔널리스트는 일본의 과거를 은폐할 절호의 기회를 잡고 스스로의 역사적 책임을 방치한 채 오직 북한의 악행을 목청껏 외치고 기회만 있으면 북한의 체제붕괴까지 기대하는 말투였다. 일반 주간지뿐만 아니라 『분게이슌쥬우』는 물론 『쮸우오오꼬오론』의 논조도 상당히 저급한 수준에 머물렀다. 아사히신문사의 『론자(論座)』와 『슈우깐아사히(週刊朝日)』 『아에라(AERA)』를 포함해서 '9·17' 후의 논조에서 일본의 지적 저널리즘의 면목은 사라졌다고 해도 좋을 정도였다. 굳이 말한다면 『슈우깐긴요오비(週刊金曜日)』만이 유일하게 올바른 보도를 하고 있는 것처럼 보였다.

일본인 납치의 비극이 새삼스럽게 강조되었지만 '평양 선언'의 목적이 어디까지나 국교정상화에 있었다는 것이 중요하다. 일본인 납치문제의 '해결'을 절대조건으로 하는 일본정부의 태도에 의문을 가지지만 한가지 더 식민지 지배와 관련된 청구권 문제를 '배상'이 아니라 '경제협력'이라는 이름의 '돈'으로 해결하려고 밀어붙인 것도 역시 유감천만이다. '평양선언'에 포함된 이상 북한도 동의한 것으로 볼 수 있지만 이것은 일본의 과거청산을 애매하게 사장하려는 것이다. 식민시 시배는 했지만 그것은 '합법적'이고 나쁜 짓은 아무것도 하지 않았다고 하는 지금까지의 일본정부의 주장을 관철시키려고 한 것이다. 이것을 받아들인 북한 지도자의 책임도 물어야 하지만 문제의 핵심은 일본정부 그리고 많은 일본국민이 일본의 과거를 정확하게 이해하지 않고 왜곡된 역사인식을 계속해서 가지고 있다는 사실이다. '금기'라고 하는 단어를 사용한다면 21세기에 들어선 일본사회에서 문제의식이 약해져만 가는 '천황(제)'와 일본인 납치의 '북한'이 양극의 금기로 밀착되어 있다고 할 수 있다.

여성국제전범법정 — 젠더와 포스트콜로니얼리즘

여기서 앞서 논한 '여성을 위한 아시아 평화국민기금(아시아여성기금)'과 관련해 조금 논해두고 싶다. 이 기금은 2002년 9월에 사업을 종료하고 2007년 3월에 재단법인도 해산했다. 한국에서 강한 반발이 있었다는 것은 앞서 논한 대로이지만 실제로 한국정부는 기금에 비협력적인 자세로 일관했고 또한 '위안부'들도 계속 일본정부의 공식사죄와 배상을 요구했다.

일본군 성노예('종군위안부')문제는 한국/일본의 쌍방에서 격렬한 논쟁을 불러일으켜 이전의 교과서문제 이상으로 민간의 대화·교류·연대의 움직임을 촉진했다. '납치 소동'으로 일시적으로 암운이 끼었다고는 해도 시대적으로 세계화의 흐름 속에서 '시민사회'라고 불리는 것이 커다란 변용을 겪는 시기였다. 이전에 '시민사회'는 각각의 국민국가 내부에서 자기완결적으로 존재한다고 생각하는 경향이었지만 지금은 국가의 틀을 넘어서 상호연대하는 경향이 현저해지고 있다. 일본과 한국의 연대도 그러한 방향으로 강화되고 있고 국경을 넘어선 시민네트워크의 존재형태도 지식인을 중심으로 한 일부 NGO 중심에서 학생과 노동조합, 농민조합, 그밖에 각종 조직을 망라한 넓은 범위로까지 확대되고 있다.

이러한 가운데 국경을 넘어 시민네트워크를 구축하고 '위안부'문제의 고발·해결을 요구한 움직임은 일본의 전후 사상 및 사회운동 가운

데 중요한 의미를 가지게 되었다. 민간운동단체로서는 앞서 말한 '일본의 전쟁책임 자료센터'가 거점적인 역할을 수행하는데, '위안부'문제에 적극적으로 참가한 것은 주로 여성들이었다. 그 대표적 존재는 1934년생으로 아시히신문사 기자와 편집위원을 지낸 마쯔이 야요리(松井やより)인데, 그녀는 2000년 12월에 개최된 '젠더의 시점에 선 민중법정으로서의 여성국제전범법정'을 실질적으로 담당했다. 『페미니즘 입문』(ちくま新書) 등의 저서를 낸 오오고시 아이꼬(大越愛子)에 의하면 저널리스트로서 전후 사상을 연구해온 마쯔이는 남성들의 전후 사상 전개에 모순을 느끼고 전후 사상에서 밀려난 부분, 여성 및 아시아로 중심을 점차 옮겨갔다고 한다. 이른바 그 풍부한 감성과 과감한 실행력으로 전후 사상의 최대 금기에 도전한 마쯔이가 심혈을 기울인 것은 여성차별과 민족차별을 응축한 일본군 성노예제도에 대한 천황 히로히또의 책임을 재판하는 '여성국제전범법정'이며, 이것은 전후 사상에 대한 급진적 비판이었다.[276] 여성국제전범법정은 아시아 여성과 인권단체가 국제적 NGO의 협력을 받아 개최한 '민중법정'이었으며, 8개국에서 64명의 피해여성이 주역이 되어 지금도 계속되는 고통의 체험을 눈물로 증언했다. 이것은 패전/해방 후의 사상체험의 최고 형태라고 할 수 있으며 그 결과 천황 히로히또는 '인도(人道)에 대한 죄'로 유죄판결을 받았다.[277]

'위안부'문제에는 여성뿐만 아니라 학자로서는 역사학자인 요시미 요시아끼(吉見義明)와 철학자인 타까하시 테쯔야(高橋哲哉), 운농가로서는 부락사에 조예가 깊은 우에스기 사또시(上杉聰) 등의 남성도 힘을 기울였지만, 페미니즘과 1990년대에 들어와서 확대되기 시작한 젠더 사상을 받아들인 여성들이 역시 중심적으로 활동했다. '민중법정' 자체는 '위안부·민족·젠더'를 기점으로 한 것으로 여기에는 '페미니즘'에서

'젠더'로의 사상 진전이 중요한 위치를 차지하고 있다고 생각된다.

젠더이론에 관심을 가진 오기노 미호(荻野美穂)에 의하면 사상으로서의 페미니즘은 '여성'이라는 성별 카테고리 안의 성원간에 다양한 사회적 차이를 넘어 어떤 공통성, 즉 남성에 의한 성적·경제적·이데올로기적 지배(페미니스트들은 이것을 '가부장제'라고 부른다)하에서 종속이라는 공통의 경험이 존재한다고 생각하고, 이것에 입각하여 '여성'이라는 집단적 정체성을 바탕으로 여성들의 결집과 해방을 향한 운동을 전개하려는 것이다. 이에 비해 젠더는 생물학적·해부학적인 성차(性差)인 '섹스'와는 달리 사회에 의해 인위적·문화적으로 규정된 성역할과 '여성다움' '남성다움'의 규범이라는 의미로 사용되는 것이라고 한다. 다시 말해 사회가 불평등한 관계와 질서를 만들어내고 그것을 유지·재생산하려고 할 때 사용하는 문화적인 지(知)적 장치의 하나라는 말이다. 따라서 구체적인 개인으로서의 남녀관계뿐만 아니라 정치와 법률, 경제, 학문을 비롯하여 사회를 구성하는 모든 면에서 젠더가 어떻게 작동하고 있는가를 파악하고 분명히하는 것이 중요하다고 한다.[278]

이러한 사상의 전개는 1990년대 후반 이후 일국주의의 자폐적 사고에서 탈각하려고 하면서 일본의 아시아 침략·식민지 지배의 죄과를 청산해야 한다는 사고와 연동한 것이라 생각된다. 물론 여기에는 '천황제와 조선'이라는 근현대 일본의 사상과제가 분명히 들어가 있다. 사실 기독교도인 마쯔이 야요리는 아사히신문사 재직중인 1977년에 '아시아 여성들의 모임'을 설립하고, 퇴직 후 1995년에 아시아여성자료쎈터를, 1998년에 VAWW-NET 일본을 설립하여 대표를 맡는 등 아시아, 조선, 자이니찌 문제에 깊이 관여했을 뿐만 아니라 그의 인생여정은 천황제 타도 그 자체였다. '위안부'문제에 관계한 니시노 루미꼬(西野瑠美子),

오오고시 아이꼬, 우쯔미 아이꼬 등도 일본인으로서 천황제와 조선의 사상과제를 정면에서 제기해온 여성들이다. 일본의 전쟁책임 자료쎈터가 간행한 『계간 전쟁책임연구』 각호의 특집을 보면, 여기에는 '위안부'를 비롯하여 독가스·세균전, 일본의 조선지배, 전후 보상·배상 문제, 한국병합, 군대·전쟁과 성폭력, 역사교과서문제, 천황제문제, 야스꾸니와 천황 등 천황제와 조선(아시아·침략)문제가 적확하게 취급되고 있다.

여성국제전범법정의 결정이 젠더의 시점으로 일관하고 있다고 한다면 일본의 젠더사상이 포스트콜로니얼리즘(탈식민지주의)과 관계있다는 것을 알 수 있다. 단 내가 본 바에 의하면 그후 일본의 젠더사상이 포스트콜로니얼리즘의 과제를 깊이 논의했는지 어떤지는 의문이다. 물론 그 점에서 한국의 젠더사상이 더욱 진지하게 포스트콜로니얼리즘의 과제에 도전하고 있다고 할 수 있다. 그렇다기보다는 한국의 페미니즘 이론 연구 혹은 운동 자체는 처음부터 사회에 뿌리내린 채로 식민지성과 싸워야 할 사명을 띤 것으로, 그러한 흐름 속에서 새롭게 수용되기 시작한 젠더사상도 식민지 지배의 잔재를 청산하는 데 중점을 두게 된다. 이 경우 한국에서 '젠더는 식민주의를 넘어설 수 있는가'라는 말로 상징되는 것처럼 한국 근현대사를 관통하는 민족주의와 대결하는 사상으로서 높은 위치를 차지하고 있다고 할 수 있다. 대표적인 저작은 미국 대학에 재직중인 한국인 여성이 주로 분담 집필한 『위험한 여성: 젠더와 한국의 민족주의』(삼인 2001)이다.[279] 「한국어판 서문」에 의하면 이 책은 1994년에 준비를 시작해 1997년에 미국에서 공간되었는데 처음에는 미국과 한국에서 동시 출판할 계획이었다고 한다. 그러나 한국에서 이 책의 출판에 관심을 갖는 출판사가 없어 몇년이 지나서 간행되었다고 한다. 그만큼 한국에서 젠더에 대한 이해, 혹은 젠더와 민족주의문제가 받아들여지기 힘들었다는 것이기도 하지만 어찌되었든 이 책의 출판은 젠더연구뿐만 아니라 민족주의와 그외의 논의에도 적지 않은 영향을 미친다.

그 핵심적 논점은 한국의 민족주의는 실제로 제국주의와 "공모"하여 한국여성을 억압하고 성착취/지배를 계속하는 "내부"구조를 은폐하는 데 커다란 역할을 했다는 것이다. 서구 여러 나라가 자신의 남성성을 구축하고 비서구를 여성으로서 타자화한 것처럼 식민지 남성도 그러한 제국주의적 남성성을 내면화함으로써 "민족"을 방어하는 한편 식민지 여성을 억압한다. 더구나 식민지 남성은 자신의 남성성을 잘 지켜내지 못하는 데서 기인하는 노여움을 여성에게 투사한다. 즉 여성은 식민지 적 순교 혹은 수치의 상징으로 은폐되면서 식민지 남성의 자존심을 자극하는 것이 된다. 여기서 이 『위험한 여성』은 식민지주의/민족주의운 동 속에서 만들어진 교묘한 차별과 배제의 한국적 메커니즘에 대한 해부학이다(『한겨레21』 제389호, 2001. 12. 27). 실로 냉엄한 주장이지만, 나 자신 이러한 의견에 일부 납득하면서도 젠더와 민족주의 혹은 내셔널리즘을 대립구조 속에서만 보려고 하는 것에는 찬성할 수 없다. 일본군 성노예('위안부')문제를 생각할 때 이러한 주장이 부분적으로 타당성을 갖는다고 하더라도 식민지 지배, 군사독재 지배, 일본의 배외적 차별 등에 대해 몸으로 맞서 싸워온 한국(북한) 및 자이니찌의 여성이 민족 주의와 적대적인 관계였다고는 생각할 수 없기 때문이다.

와다 하루끼와 사또오 카쯔미

여기서는 아시아여성기금의 중심적 담당자였던 와다 하루끼와 납치 일본인 '구출'활동의 중심멤버였던 사또오 카쯔미(佐藤勝巳)에 대해 논 하고자 한다. 앞서 논한 것처럼 와다와 사또오는 모두 일본조선연구소의 중심인물로 1960년대 이후 일본과 조선(한국)의 연대운동에 진력한 인물이다. 재일조선인에게도 마음속으로 신뢰할 수 있는 "친구"이다. 특히 와다는 70년대 이후 한일연대연락회의 사무국장을 지내는 등 한국민주화운동을 지원하는 운동의 핵심적 역할을 맡았으며, 그후에도 '북한'연구에 매진함과 동시에 2000년 7월에 설립된 '일조국교촉진국민협회'(회장 무라야마 토미이찌 전 수상)의 사무국장을 지내면서 남북의 화해·연대를 위해 정력적으로 활동해왔다. 한편 사또오는 김희로사건과 히따찌(日立) 취직 차별사건 재판 등에서 재일조선인을 지원하는 활동을 전개하고 입국관리령 개정(入管令改正) 반대운동과 각종 반민족차별운동에 관여했다. 그러나 그 와다는 1995년 7월 아시아여성기금 설립 발기인으로 참가한 후 전무이사·사무국장을 지냈다. 한편 사또오는 1984년에 일본조선연구소를 개조한 현대코리아연구소의 소장이 되어 '반북'캠페인을 본격적으로 시작하고 1998년부터는 '북한에 납치된 일본인을 구출하기 위한 전국협의회' 회장을 지내는 등 자이니찌뿐만 아니라 양식있는 일본인과 한국인들의 분노를 샀다.

지금 와다 하루끼와 사또오 카쯔미를 병렬로 서술하고 있는데, 똑같이 남북한 및 자이니찌와의 우호·연대에 매진해온 두사람이 특정 싯점에서 사상의 차이를 명확히하기 시작한 의미를 생각해보기 위해서다.

와다 하루끼는 일본인의 한사람으로 무엇보다 일관해서 조선 식민지지배에 대한 사죄·청산의 필요성을 주장해왔다. 이것은 1987년에 간행된『북의 친구에게 남의 친구에게: 한반도의 현상과 일본인의 과제』(御茶の水書房)에 잘 나타나 있으며, 1998년에『북한: 유격대 국가의 현재』(岩波書店)를 출판한 것도 "베일에 싸인 이웃나라의 역사와 실상을 추적함"으로써 이해할 수 없었던 '북한'을 이해하고, 우호·연대를 위해서였다고 생각된다. 그런 의미에서 나는 와다가 수십년간 성실히 북한 문제에 관여해온 것을 부정하지는 않는다. 1993년 8월 코오노(河野) 관방장관 담화 이후 '위안부'문제가 일본국민, 일본정부에게 피할 수 없는 정치문제가 되었을 때 와다는 일본인의 한 사람으로서 고령화되고 있는 피해자를 생각하여 전면에 나설 수밖에 없었을지도 모른다.

그렇다 하더라도 문제는 역시 일본이 국가로서 피해자에 대한 사죄와 명예회복, 보상을 거부하고 있는 상황에서 와다가 왜 정부에 협력하여 여성기금에 개입했는가 하는 점이다. 더구나 기금 개시 후 한국과 그 외의 국가에서 맹렬한 반대가 일어나 이른바 기금 그 자체가 "반대 속에서 시작해 반대 속에서 끝나버린"[280] 것임에도 불구하고 와다는 왜 지금까지도 기금의 정당성을 계속 주장하고 있는가 하는 점이다. 물론 그 과정에서 와다가 여러번 심각한 고뇌를 반복하고 마음고생을 거듭한 것은 충분히 추측된다. 그러나 그렇다 하더라도 와다 나름의 "이유"를 추궁해보고 싶은데, 나 나름대로 보자면 여기에는 논리적으로 추궁하기가 어렵기는 하지만 와다의 국가관의 애매함 혹은 나약함, 보다 단적으로 말하면 천황제에 관련된 문제가 존재하는 것은 아닐까 생각한다.

와다 하루끼는 스스로 '역사가'로서의 사명을 강조하고 있지만 같은 역사가로 정면에서 '위안부'문제에 관여해온 요시미 요시아끼는 아시아여성기금에 비판적이다. 『종군위안부』(岩波書店) 등의 저서를 낸 요시미는 실증주의를 중요시하는 역사학자로 이데올로기적인 발언에는 신중하다. 그러나 일본이 성적 노예제도를 만든 것, 그리고 국가가 조직적으로 운용한 것은 사실인 만큼 아시아여성기금에 의한 보상금과 총리의 사죄편지만으로는 문제의 완전해결로 이어지지 못한다고 한다. 일본정부는 당시의 군과 정부의 책임을 명확히 인정하고 사죄와 국가배상을 포함한 성명을 내고 보상을 위한 입법조치도 필요하다고 한다(『아사히신문』 1996. 2. 6 및 2007. 6. 28). 더구나 굳이 말하자면 '여성국제전범법정'에 관계한 마쯔이 야요리와 니시노 루미꼬, 오오고시 아이꼬, 우쯔미 아이꼬가 성노예제의 근간에 천황제의 문제가 있다고 했을 때, 그것은 단순히 쇼오와 천황 개인의 전쟁범죄만을 문제시한 것이 아니라 천황제 자체의 침략책임, 상징천황제의 기만과 가면을 고발하는 것이 본질이다.

이런 점에서 와다 하루끼는 패전 직후에 천황 히로히또의 퇴위를 계속 주장하고 상징천황제를 지지한 난바라 시게루(南原繁)를 '전후 평화주의의 원점'(『시소오』 2002. 12)이라는 시점에서 파악하면서, 쇼오와 천황이 퇴위하지 않았기 때문에 전쟁을 청산할 수 없게 되었다는 생각을 가지고 있다. 즉 "저 전쟁을 청산하는 일소평화조약과 조선민족에 대한 사죄, 그리고 북일(北日)조약이 실현되지 않은 채로 천황은 이 세상을 떠나려 하고 있다. 쇼오와시대는 드디어 청산되지 않은 시대로서 역사에 남으려 하고 있다. 이 책임은 이제 천황만이 아니라 우리들 국민에게 있다"[281]고 한다. 여기에는 난바라가 구상한 '일본 국민통합의 상징으로서의 천황제' '군민일체의 일본민족공동체'(타까하시 테쯔야, 『한겨레신문』 2006.11.21)라는 사상이 살짝 엿보이는데, 와다가 무라야마정권(＝상징천황제 정부)에 가담하여 여성기금에 참여한 근본적인 이유가 여기에 있는지도 모른다. 여기에는 천황 히로히또의 전쟁책임을 문제시하는 사고가 있음에도 불구하고 천황·천황제 자체의 침략성·폭력성을 문제시하는 발상이 빠져 있거나 약한 것으로 생각되며, 패전 직후의 히가시꾸니노미야 나루히꼬 수상 등 황족이 주장한 천황 퇴위론과 어떻게 다른지 의문이다. 그런 의미에서 앞서 프랑스문학가 스즈끼 미찌히꼬가 "민족책임"이라는 단어를 사용하면서, 이것은 첫째 전전·전후 일본민족의 범죄를 도려내는 것, 둘째 조선인을 이민족으로 보는 시선을 확립하는 것, 셋째 이러한 것들의 근간에 있는 천황귀일(天皇歸一) 사

상과 제도를 변혁하는 지향을 견지하는 것이라고 논한 사실에 유의해
야 한다.

　그런데 사또오 카쯔미가 천황·천황제의 침략성·폭력성에 대해 발
언하지 않은 것은 오히려 당연한지도 모른다. 일본공산당원으로 출발
한 사또오는 '귀국사업'과 한일회담 반대로 자신의 조선체험을 시작했
다. 1978년에 간행된 그의 저서 『나의 체험적 조선문제』(東洋經濟新報
社)에 의하면, 사또오는 50년대 후반부터 60년대의 상당히 이른 시기
부터 사회주의에 대한 의문을 가지면서 민족차별 철폐를 향해 재일조
선인 문제와 관계하는데, 70년대 중반에는 '북한'은 '환상 속의 지상낙
원'이라 하면서 '주체사상'과 개인숭배·관료주의 등에 대한 위화감을
분명히 가지게 된다. "일본인과 자이니찌·한국인(일본과 북한·한국)
의 관계는 말로써 표현할 수 없는 무엇인가 깊은 업보와 같은 것으로
연결되어 있는 것은 아닐까 생각할 때가 가끔 있다"고 한 사또오는 일
본과 한반도의 관계를 침략/피침략의 관계로 파악한 적은 있어도 남
북분단에 관한 언급이 없으며, 이것들과 깊은 관계를 가지는 천황·천
황제에 대해 생각해본 적은 없었다. 내가 읽은 몇권의 저작을 보아도
천황 히로히또의 전쟁범죄를 논한 곳은 없다. 관심의 소재는 남북한의
정치적 긴장과 북한 비판이며 자이니찌의 추한 다툼과 거기서 불안해
하는 자신의 위치다.

　이윽고 사또오 카쯔미는 1980년대 들어서 운동에서 멀어지고 1991
년에는 『재일한국·조선인에게 묻는다: 긴장에서 화해로의 구상』(亞紀書
房)을 출판했다. 그 기본적 관점은 자이니찌 사회의 '절도 없는 운동'
'내부항쟁'을 비난하고, 일본의 '사죄와 배상' 외교의 왜곡을 비판하며,
"재일한국·조선인 문제 해결포인트"는 "일본국적을 취득하는 데 있다"
고 하는 점 등이다. 사또오는 2000년 이후 『북한정세를 읽는다』(晩聲社)

등 '북한'관련 서적을 계속해서 출판하는데, 그 내용은 모두 북한을 일방적으로 비난하는 것이다. 즉 사또오는 '북한'을 비난하고 공격하며 타도하기 위해 책을 쓴 것으로, 와다 하루끼가 '북한'을 이해하기 위해 책을 지은 것과는 근본적인 차이를 보이고 있다. 그 근저에는 「우리 통한의 한반도」(『세이론(正論)』 1995.9)와 「굿바이 『겐다이코리아』 우리들이 싸울 것이다」(『쇼꾼!(諸君!)』 2008.2)의 논고에서 분명히하고 있는 것처럼 사회주의·공산주의 비판, 북한비판, 재일조선인에 대한 멸시 등이 존재하고 있으며, 결국은 "구지배민족에 대해서 사죄를 요구하는" 조선인의 부당성을 규탄하고, 일본·일본인에게 "사죄거부야말로 "화해"의 첫발"이라고 소리 높여 외치는 것이 목적인 듯하다.

말도 안되는 기막힌 '논리'구성이지만 보기에 따라서는 우익파씨스트의 사상형성, 사상구조의 전형이기도 하다.

좀더 확실히해두기 위해 한마디 보탠다면, 나는 남북분단하에서 자이니찌가 반목과 갈등을 반복하면서 남북한이 적대하고 있으며, 특히 북한이 '사회주의'의 이름에 걸맞지 않는 정치체제라는 사실을 부정하지는 않는다. 일본인 납치에 대해서도 이것은 명확히 국가범죄이고 하루라도 빨리 해결해야만 하는 중요한 일이라고 본다. 다만 그렇다고 해서 일본국가와 일본인, 나아가 천황·천황제의 책임을 면할 수는 없으며 조선(한국, 자이니찌)/일본의 관계에서 본다면 이것이야말로 우선적으로 문제시되어야 한다고 생각한다. 자이니찌가 "일본인화"되고, 일본인과 거의 다르지 않은 생활을 영위하고 있다는 것도 표면적으로는 부정할 일이 아니다.

'자이니찌'의 변용

사또오 카쯔미의 '논리'는 역사와 책임을 무시한 것인데, 유감스럽게도 비록 소수이기는 하지만 '자이니찌'의 내부에서도 그러한 주장이 나오고 있다는 것을 알아둘 필요가 있다. 주간지 『한겨레21』 제319호 (2000. 8. 3)에 게재된 토오꾜오 통신원의 글은 「한국인이기를 그만두고 일본국민이 되자」라는 기사가 일본의 『세이론』(8월호)에 실렸다고 해서 그 부당성을 추궁하고 있다. 『세이론』의 필자는 어머니가 일본인인 자이니찌 2세 정대균으로 그 주장은 일본인으로 완전히 동화해가면서도 한국국적을 계속 유지하고 참정권까지 주장하는 것은 논리적인 모순일 뿐만 아니라 한일 양국관계는 물론 재일한국인의 지위문제에도 도움이 되지 않는다는 취지라고 한다. 언뜻 보기에 객관적이고 타당한 것처럼 보이지만 여기에는 역사와 현실에 대한 은폐와 전도가 숨어 있으며, 현상에 대한 모든 책임을 피해자에게 전가시키는 일본 우익의 도착(倒錯)된 도덕의식이 자이니찌 지식인에게까지 미치고 있다는 점에서 이 기사는 극히 비판적이다. 정대균 이외에도 한국 태생의 오선화와 최길성이 자이니찌의 우익지식인인데, 그들의 공통점 가운데 하나는 일본의 조선 식민지 지배를 긍정하는 것이라고 한다. 당연히 자유주의사관론자 등 일본의 우익은 자신들의 주장은 일본인만의 것이 아니라고 하면서, 한국의 내셔널리즘에도 비판적인 이들 자이니찌 우익지식인을 이용하여 동원하고 있다.

분명히 자이니찌가 '일본인화'하고 있다고 하지만 역사적·구조적으로 자이니찌와 일본인은 평등하지 않으며, 그 '공존' 혹은 '공생'은 전제로서 민족적인 불평등을 내포한 것이다. 표면적으로 얼마간 '일본인'과 똑같아 보인다고 하더라도 그 내면은 착종(錯綜)된 것이다. 더구나 '민족'이라는 것이 다양한 의미로 부정적인 요소를 갖고 있으면서도, 자이니찌의 '민족의식'이 현실정치의 존재방식이나 변화와 관계하면서 이것을 넘어선 의미에서 여전히 생의 근원을 이루는 것으로서 존재하고 있다는 것을 부정하기는 어렵다. 다른 말로 표현하자면, 오히려 자이니찌는 차별에 대항해야 할 근거 혹은 자이니찌로서 살아갈 근거로 "민족적 정체성"을 대신할 본질적으로 새로운 이념을 찾아내고 있는 것은 아니라는 것이다.

다만 실질적인 문제에서 보자면 2000년대에 들어와서 '자이니찌'의 정의 자체가 복잡하고 어렵게 된 것은 사실이다. 자이니찌문학에서 본다면, 이소가이 지로오는 '민족을 넘어서' 혹은 국민국가를 거부한 무국경 지향과 '개인(個我)'의 절대성에서 활로를 찾으려고 하는 사고가 깊어진 것을 고려하여 '재일조선인문학'은 이제 '자이니찌문학'이라고 불러야 할 시대에 들어섰다고 주장한다.[282] 나 자신이 2001년에 출판한 『'자이니찌'를 생각한다』(平凡社ライブラリー)에서는, 자이니찌의 '민족' 의식은 다양한 요소를 가진 복합적인 것이며 자이니찌의 현실과 미래에서 본다면 우선 자신의 출신을 확인하는 역사인식이 중요한 의미를 가진다고 쓰고 있다. 즉 자이니찌를 규정하는 국적과 혈통, 의식, 혹은 투쟁 등이 다양하게 논의되고 있는 가운데 스스로의 유래를 확인하는 역사에 대한 성찰, 역사적 자각이 무엇보다 중요한 의미를 가진다고 강조했다. 그 이후 '민족'이라기보다 '출신' 혹은 '유래', 다른 말로 하면 '뿌리'라는 단어가 자이니찌의 정체성에서 근본적인 위치를 차지한다고 주장하고 있다.

현실적으로 '자이니찌문학'이라고 할 때 여기에는 부모와 조부모의 양쪽 혹은 한쪽이 조선인이었다는 것을 어느 싯점에 처음으로 알고 이것을 시와 문학에서 작품화한 예가 적지 않다. 에스닉(ethnic)과 소수자(minority)에 관심을 가진 사회학자 카시와자끼 찌까꼬(柏崎千佳子)는 「한국국적·북한국적을 가지지 않고 '코리안'인 것: 일본국적자에 의한 코리안 정체성의 주장」[283]이라는 논문을 발표했는데, 이것은 정말로

자신의 출신·유래에 집착함으로써 삶의 증거, 삶에 대한 환희를 발견하는 '자이니찌'가 사회의 다양한 분야에서 현저하게 나타나고 있다는 것을 의미한다. 조선인 아버지, 일본인 어머니를 가진 시인 하기 루이 꼬(萩ルイ子)는 "시작(詩作)이란 그때그때의 마음의 틈새에 들어온 먼지를 간단히 틀어버리지 않고 방치해두면 상처가 될 만한 단계의 것까지도 작가의 인격이 삼라만상의 힘을 빌려 자랑스러운 삶의 방식으로 바꾸는 작업과 닮았다"고 한다. 그의 작품에 「물안개가 하얗게 빛나고」라는 것이 있다.

> 내 마음의 나무에 물안개 하얗게 반짝이고 있다
>
> 나에게는 이씨 김씨 박씨라고 하는 성씨가 없다
> 아버지가 30여년전 일본에 귀화했던 것은
> 어머니와 결혼했기에 별 수 없었다
> 이후 동포와는 도랑이 생긴 것 같다
>
> 조선어를 배우고 있는 나와
> 자기만의 조선어를
> 가슴 속 깊이 감추고 온 아버지
> 서로 위로할 수 없는 물안개를 각자
> 마음의 나뭇가지에 하얗게 반짝이면서……
> 아버지 홀로 늙은 아버지!
>
> 법학부를 졸업했던 N이 보낸
> 아버지 호적부의 복사 한 장에 흔들린 일가족

나는 부모로부터가 아니라

젊을 때 사귀었던 일본인 남자에게서

아버지의 부모 이름을 들었던 것이다

아버지의 일본 이름밖에 몰랐었던 내가

껴안는 한(恨)

할아버지 할머니의 이름이 의지할 곳이었다

하기 루이꼬 『나의 길』, 2001

그사이에 민주화와 세계화의 흐름을 만난 한국의 사상공간도 크게 바뀌었다. 일본에서 학위를 받고 귀국한 김광열, 최영호, 박진우 등의 연구자들에 의하여 재일조선인문제를 연구하는 학술연구단체 '한일민족문제학회'가 결성된 것은 2000년 6월이고, 이 학회가 『재일조선인 그들은 누구인가』(삼인)를 간행한 것은 2003년 3월이다. 그사이에 일본에서는 자유주의사관, '북한'비난 캠페인이 거세지고 한국의 여론·학계도 일본에 대한 대응을 포함하여 격동의 시기였다. 이것은 코이즈미수상의 야스꾸니 참배에 대한 시비, 역사교과서 기술을 둘러싼 알력 등 주로 역사인식을 둘러싼 갈등이었다.

역사인식을 둘러싸고

생각해보면 역사인식 혹은 역사의 이미지는 어떻게 해서 만들어지는가 하는 것은 중요한 문제다. 개인적인 견해를 논한다면 ①역사적 사실을 그대로 기록하는 것에 의해, ②역사적 사실을 소거하는 것에 의해, ③역사적 사실을 왜곡하는 것에 의해, ④존재하지 않는 역사를 사실로서 날조하는 것에 의해 등이 있을 수 있는데, 일본의 '역사수정주의' 혹은 '자유주의사관'이라는 것은 ②③을 중심으로 한 것으로 때로는 ④가 동원되기도 한다. 여기서 가장 큰 역사적 사실의 소거와 왜곡이 조선에 관한 것임은 재론할 필요도 없을 것이다. 이전에 대학에서 수업용으로, 일본에서 사용되고 있는 조선과 관련된 역사용어 정오표를 만든 적이 있는데, 왜곡된 역사인식은 잘못된 역사용어 속에 응축되어 있다고 생각했기 때문이다. 주요한 것을 아래에 예시해둔다.

귀화인→도래인, 이조·이왕조·이씨조선→조선왕조, 토요또미 히데요시(豊臣秀吉)의 조선 출병(文祿の役·慶長の役)→토요또미 히데요시의 조선 침략(한국에서는 임진왜란·정유왜란), 이조백자→조선백자, 동학농민전쟁→갑오농민전쟁, 민비사건→명성황후 살해사건, 일한병합→한국병합, 조선·반도인→조선인, 만세사건→3·1독립운동, 종군위안부→일본군 성노예(일본군위안부), 종전→패전, 헤이죠오(平壤)→평양, 남선·남조선→대한민국·한국, 북선·북조선→조선민주주의인민공화국·공화국, 재일한국·조선인→재일조선인(재일코리안)

어떻든 2000년대에 들어와서 역사를 중심으로 한 교과서문제 그리고 그 기초가 되는 역사인식문제가 일본과 한국에서 커다란 논제가 되었다. 그 출발은 '위안부'문제에 반발하는 역사수정주의의 현재화였으며, 구체적으로는 자유주의사관에 기초한 '새역모'의 교과서 제작을 둘러싼 소동이다. 나 나름대로 대략적으로 보면 이것이 한국측에서 비판의 대상이 되고, 한국에서 본 일본교과서가 논점이 되어 격렬한 일본비판이 전개되었다. 여기에서는 교과서 기술내용뿐만 아니라 일본의 한국(멸시)관·일본의 논리가 비난의 표적이 되었으나, 역으로 이것은 한국 국내의 문제로서 한국의 역사교과서에 대한 비판 혹은 자기반성으로서의 논쟁이 전개되었다. 그러한 과정에서 일본과 한국에서 양국이 함께하는 형태로 교과서에 대한 공통이해는 가능한지 혹은 한국/일본 나아가 동아시아 공통의 역사관은 가능한가 하는 것이 화제가 되었다.

실은 이 역사인식문제·교과서문제에 대해서 정리된 형태로 쓰려고 하면 족히 한권의 책이 되어버린다. 나 자신 몇편의 논고를 작성한 적도 있어 여기서는 최소한 생각나는 대로 몇자 적고자 한다.

무엇보다 타까하시 테쯔야 편 『'역사인식' 논쟁』(思想讀本(7), 作品社 2002)이라는 책이 있는데, 여기서 타까하시가 역사인식을 둘러싼 논쟁은 일본이 회피해온 전쟁책임·전후책임에 관련된 것이며, 그것은 '전후 일본'뿐만 아니라 그 '전후 일본'을 가능하게 한 동아시아 및 세계냉전기의 역사가 국경을 초월한 관점에서 재고되고 있다고 지적한 점은 중요하다. 나 나름대로 말하자면, 역사가 서로 복잡하게 얽힌 동아시아에서는 역사인식과 역사교육은 '국내문제'일 수가 없으며 본질적으로 '국제문제'라는 것이다. 이 책에는 역사인식을 둘러싼 이시다 타께시(石田雄), 테사 모리스 스즈끼, 우까이 사또시(鵜飼哲), 타까하시 테쯔야의 좌담이 수록되어 있는데, 여기서 모리스 스즈끼는 국민국가의 틀 안에서 존재해온 '국가'를 재론하는 것이 중요하고 이를 위해서는 중심부가 아닌 변경에서의 시선이 필요하다고 한다. 그리고 우까이 사또시는 프랑스유학 당시의 경험을 포함하여 '기억'을 둘러싼 '정치성'을 확인하는 것이 중요하다고 말한다. 개인적인 생각이지만 이 기억의 정치성은 기억의 '논리성'에 연결되는 문제라고 생각하는데, 어떻든 일본의 '국사(國史)', 일본인의 역사인식을 묻기에는 한국(조선)과 자이니찌가 중요한 위치에 있다는 것은 분명하다.

2001년 3월에 검정에 합격한 '새역모'의 역사교과서가 어떠한 성격의 것인가에 대해서는 각 부분에서 논했는데 그 성격이 천황주의, 국가중심주의, 자민족중심주의, 혈통주의, 가족주의, 전통주의, 여성멸시, 조선·아시아 멸시 등임은 사실이다. 나 나름대로 보자면, 그러한 특징은 역시 '천황제와 조선', 즉 철저한 천황주의 즉 '황국사관'과 조선멸시로 귀결되는 것이라고 생각한다. 어찌되었건 '새역모'의 교과서는 지금까지 반복해서 논해온 근현대 일본의 사상과제를 가장 소홀히하였으며 역으로 이것들을 전도시키려고 한 것이라 해도 틀린 말은 아니다. 더구나 그사이에 일본과 한국에서 일본의 '국민작가'로 알려진 시바 료오따로오(司馬遼太郞)의 역사관과 여기에 내포된 조선멸시관이 자주 논의된 점을 부가해두고 싶다.[284]

한국의 '자기반성' —민족주의 비판

일본의 교과서문제와 관련한 한국의 '자기반성'에 대해서는 2000년 이후 여러 신문과 잡지에서 빈번하게 취급되었다. 여기서는 일본의 교과서문제와 관련하여 혹은 한국의 민족주의와 포스트모던 사상이라는 이데올로기적 측면과 관련하여 한국의 역사연구와 역사교육, 교과서문제가 논의되었다. 논의의 중심은 역시 교과서문제로 잡지 『당대비평』 및 『역사비평』 2001년 가을호 '특집'과 다른 잡지의 특집·논고 및 각종 심포지엄 등에서 논해진 것처럼 '국민'교육의 본질과 관련하여 교과서를 둘러싼 기술의 객관성, 역사관, 민족주의, 이데올로기의 존재방식, 대북자세, 윤리성, 성차별 등을 재고하려는 것이었다. 그러나 현실적으로 교과서 비판의 많은 부분은 교과서 배포의 책임부서인 교육부를 상대로 한 것인데, 여기서는 정계뿐만 아니라 언론계를 포함한 좌우분쟁도 관련되었다. "일본의 교과서 왜곡은 타인의 이야기가 아니다" "자국의 역사교과서 왜곡에 대해서는 올바르게 인식하지 못하고 있다"고 하며, 그 예로 "'친일신문' 『조선일보』 『동아일보』가 우리 역사교과서에는 '민족지'로 표기되고 있다"(『한겨레신문』 2002.5.2)고 비판된 적도 있다. 이보다 조금 뒤의 일인데 야당의 보수진영이 근현대사 교과서를 "친북한 친좌파에 편향되어 자국의 과거에 부정적이다"라고 비난의 소리를 높인 적도 있다(『아사히신문』 2004.10.6).

어쨌든 2000년대에 들어와서 한국인들의 역사인식은 미묘하게 변화하는 양상을 보이기 시작한다. 식민지시대와 한국전쟁을 모르는 세대가 이미 다수를 점하고, 세계화시대를 맞이하여 사상적으로는 포스트모던의 세례를 받아 종래의 민족주의에 대해 의문을 가지거나 불응하는 것을 내포하게 되었다. 이른바 탈근대, 탈식민주의, 탈민족주의가 하나의 시대흐름이 되었다고 할 수 있는데, 단 식민지 근대화의 후유증을 극복하지 못했을 뿐 아니라 민족분단을 극복하지 못한 조건 속에서 민족주의는 여전히 저버릴 수 없는 사상적 근거다. 한국의 지적 수준의 높이를 보여준다고 할 수 있는 잡지 『황해문화』의 2002년 여름호 특집 「다시 생각하는 민족주의의 빛과 그림자」에는 김병익의 「민족, 분단극복 그리고 세계시민의 길」, 한홍구의 「단일민족의 신화를 넘어서」, 홍윤기의 「이산과 집산의 민족정체성」, 윤건차의 「민족, 민족주의 담론의 빛과 그림자」, 박노자(朴露子)의 「민족국가의 신성불가침성에 대한 도전」 등의 논문이 수록되어 있다. 오슬로국립대학 한국학 교수로 2001년에 한국국적을 취득한 박노자는 민족국가·민족주의의 존재방식에 비판적이지만 전체적으로는 민족주의 담론에 경계심을 가지면서도 역사적 현실적 조건에서 의외와 역할을 긍정적으로 평가한 것이라 생각된다.

물론 앞서 논한 임지현의 민족주의 비판의 논리도 이 시기에 깊어지고 있는데, 역사연구 분야에서는 소장파 역사가 윤해동이 「식민지 인식의 '회색지대': 일제하 '공공성'과 규율권력」을 써서 일약 주목받게 된다. 『당대비평』(2000년 겨울호)에 발표되었지만 일본에서는 『겐다이시소오』(2002.5)에 번역·게재되어 일본 역사연구가의 관심을 모았다. 이 글에서 윤해동은 식민지시대를 기술함에 있어 종래는 반일/친일, 저항/협력, 수탈/식민지 근대화라는 이항대립 혹은 두 가지 인식축으로 논의된 경향이 있었지만 이것으로는 인식할 수 없는 식민지 인식의 회색지대가 있다고 하면서 그러한 의미를 더욱 추구할 필요가 있다고 했다. 당연히 이것은 임지현과 같이 종래의 민족주의적인 담론에 큰 의문부호를 찍는 것으로 민족주의의 힘이 아직도 강한 한국 사학계에서 적지 않은 반발을 불러왔다. 윤해동의 의도는 '식민지시대'라는 것은 식민지의 '근대화'를 옹호하기 위해 만든 개념이 아닐 뿐만 아니라 식민지 '근대화'를 완전히 부정하는 것도 아니다. 즉 일본통치 시대에는 분명히 '근대화'가 존재했었고 더욱이 '수탈'도 역시 존재했다고 말하는 것인데, 나 자신은 그러한 주장에 고개를 끄덕이면서도 논문을 읽어본 느낌으로는 역시 식민지 근대화의 계기에만 주목한 경향이 강하며 민족주의가 담당해온 역할을 과소평가하는 서술방식은 아닌가 하는 인상을 받았다. '친일파문제'에 비유해본다면 일제하에서는 많은 사람들이 다소간 친일적 색채를 가지고 있었다 하더라도 그렇다고 해서 그 '회색지대'만을 과대하게 내세워 논의의 핵심으로 해버리면 결국은 확신범적인 의미에서의 친일파를 옹호해버리는 결과가 된다.

이 시기 한국의 사상흐름의 하나로 부언해두지 않으면 안되는 것은 한국 기독교회가 급속하게 보수화된 것이다. 1970~80년대 군부독재정권에 반대하여 민주화운동의 결정적인 국면을 주도해온 기독교회가 90년대 이후 어느새 발빠르게 보수화하여 보수세력을 상징하게 된 것이다. 『계간 사회비평』이 특집 「한국 개신교를 비판한다」를 기획하고(제33호, 2002년 가을), 개신교와 정치권력 및 매스미디어와의 유착·결탁에 경종을 울린 것은 문제의 중대성을 보여준다. 이 기획특집은, 한국 개신교회는 국내선교뿐만 아니라 해외선교에도 혈안이 되어 2000년 이후 현재에도 국내 136개의 선교단체가 전세계 162개국에 8103명의 선교사를 파견할 정도의 '선교제국주의'가 되었다고 비판하고 있다.[285]

문화를 통한 대화의 심화

2000년대에 들어서면서 한국에서 일본의 영화와 음악 등에 흥미를 보이는 사람이 급증한 것처럼 일본에서도 한국에 대한 관심이 증대하고 한국의 영화와 음악, 시, 문학을 접하는 일본인이 급속하게 증가했다. 한국영화는 2000년경부터 크게 변화하여 할리우드영화 못지않게 한국전쟁과 남북분단을 빠른 템포로 전개하는 작품을 만들어 반공이라는 고정관념에서 탈피하여 '인간'을 묘사하기 시작했다. 비밀간첩이 주역인 「쉬리」와 38선상의 공동경비구역(JSA)에서 일어난 사살사건을 취급한 「공동경비구역 JSA」 등이 대표적인 것으로 일본에서도 성황을 이루었다고 한다(『아사히신문』 2008.1.29). 이 시기에 자이니찌를 묘사한 영화도 증가하는데 한국/자이니찌/일본의 울타리를 넘어선 문화교류가 활발하게 일상화되었다고 할 수 있다. 이것은 좌익이라든가 진보파라든가 하는 이데올로기와 관계된다기보다는 대중문화 그 자체의 세계화, 다양화를 반영한 것이라고 생각할 수 있다. 실제로 전후 일본의 좌익·진보운동은 이 시기에 숨이 끊어질 듯한 소멸상태였다고 할 수 있을 것이다. 그러한 가운데 전후 일본의 민주문학운동을 담당해온 『신닛뽄분가꾸』도 2004년 11·12월 합병호로 종간했는데, 그전의 2003년 5·6월 합병호에서는 「'자이니찌' 작가의 전모: 94인 전부 소개」를 특집으로 편성하여 자이니찌 시인·작가를 총람한 것이 눈에 띈다.

일본에서 한국 현대시를 소개하는 것도 2000년대 들어서부터 본격화되었다고 생각된다. 와세다대학의 오오무라 마스오(大村益夫)가『대역(對譯) 시로 배우는 조선의 마음』(青丘文化社)을 출판한 것은 1998년이고, 시인 사가와 아끼(佐川亞紀)가『한국 현대시 소론(小論)집: 새로운 시대의 예감』(土曜美術出版販賣)을 출판한 것은 2000년이다. 이때부터 한국/일본 시인의 교류가 활발해지는데, 실제로 양국의 젊은 시인이 잡지상에서 시의 창작활동을 시작한다. 시집이 가끔 베스트쎌러가 되는 한국에서 젊은 시인과 문학잡지가 홈페이지를 통해서 작품의 교류를 활발히 한 것도 하나의 이유라고 생각한다. 2001년에는 21세기 일한 신예 100인 시선집『새로운 바람』(한성례 역, 書肆青樹社)이 간행되었는데 일본측의 편자는 쯔지이 타까시(辻井喬) 등이고 한국측 편자는 김광림 등이다.

앞서도 논한 것처럼 쯔지이 타까시는 시인 고은과의 대화를 통해 일본 현대시의 존재방식을 진지하게 생각하기 시작한 사람 가운데 한명이다. 쯔지이는 「지붕이 있는 복도」라는 시를 노래했다.

땅이름을 노래하는 한국 시인 고은을 만났다
그는 대구, 광주, 경주라는 이름을 시에 넣었다
그렇게 동네와 거리 이름에는
땀과 피의 기억이 찍혀 있다고 한다

그렇다면 내 피와 땀은 어디로 흘러갔는가
토오꾜오 무사시노(武藏野) 혹은 내가 일하던 회사
무엇을 해도 피는 흐르지 않는다
약간 땀이 떨어진 곳은 있을지 모르나
시간을 깊이 찾아가면 패전 날에 부닥친다

그 날 그야말로 하늘이 파랗던 여름에

아버지도 어머니도 울고 있었지만 피는 흐르지 않았다

나는 이제부터 게릴라전이 시작될 거라고 생각했다

천황폐하께서 자해하실 거라고 말하는 어른도 있었다

패전 이후 살아남은 우리들의 원죄일까

지금도 내 시야에서 많은 나그네가

일상에서 다른 일상으로 걷고 있다

『독수리가 있어(鷲がいて)』, 思潮社 2006

　쯔지이 타까시는 역사를 직시하는 고은의 자세에 공감했다고 할 수 있는데, 이 시기에 일본을 대표하는 첨단의 현대시인으로서 높은 평가를 받고 있던 요시마스 고오죠오(吉增剛造)가 고은과 만난 것은 또다른 의미에서 흥미롭다. 고은은 단어를 중시했지만, 요시마스는 일본어에 의거하면서도 그 경계선상에 스스로를 두고 항상 새로운 수법에 도전한 시인이다. 요모따 이누히꼬(四方田犬彦)에 의하면 요시마스의 작품에는 영어, 포르투갈어, 리투아니아어 등을 활용하여 문자표현의 차원에서 실험이 왕성하다. 1990년대 말경부터 작품에 한국어, 특히 그 표기씨스템인 한글을 집어넣게 되는데 마침내 2001년에 고은과 만난다. 그리고 요시마스는 고은과 빈번히 시와 언어, 모국어를 둘러싸고 잡지 『칸(環)』 지상에서 대담과 서간의 왕복을 반복하여 마침내 『'아시아'의 물가에서: 일한 시인의 대화』(藤原書店 2005)로 정리했다. 여기서 관념의 시인이었던 고은은 시인은 모국어로 씀과 동시에 '우주의 방언'에 의해 시를 짓지 않으면 안된다고 주장하고, 한편으로 추상적인 언어에 호소하지 않는 요시마스는 마침내 구체적인 단어의 울림이나 표기, 발어 방식, 숨결 등 기호의 의미표현의 차원에서 이야기를 전개했다.[286] 필시 이 두 사람의 대화는 고은이 말하는 "시적 동지애"로 가득 찬 것으로 동아시아의 미래를 응시하려고 한 것이라 생각된다.

3. 사상틀의 변화와 탈식민지화의 과제

노무현정권과 한일관계

2002년 12월 한국 대통령선거에서 민주화운동의 유산을 계승한 노무현이 근소한 차이로 당선됐다. 해방 후 1946년생으로 고졸의 인권변호사 출신인 노무현은 김대중보다 진보성이 선명했으며, 인터넷을 사용하는 젊은이가 선거운동의 전면에 등장하여 승리할 수 있었다. 노무현은 대통령에 취임하자 '참여정부'를 표방하고 종래의 권위주의·보스정치와 싸우면서 민주화정책을 강력히 추진하는 것을 제1의 과제로 삼았다. 동시에 노무현정권은 군사정권 시대의 인권탄압 추방과 친일파 등 일제지배의 잔재를 극복한다는 '포괄적인 역사청산'='역사검증작업'을 중요 시책으로 위치짓고 '북한'에 대한 경제지원을 중심으로 하는 적극적인 남북융화정책을 추진했다. 이러한 정책은 김대중정권의 성과를 바탕으로 한국이야말로 동아시아 역사를 바꾸어가는 동력이라고 하는 새로운 내셔널 아이덴티티를 추구하면서 해방 후 한반도에 강제되어온 냉전구조의 타파를 의도한 것이다.

그러나 노무현정권의 정책수행은 처음부터 좌절되었다. 기득권층의 보수·우파세력이 정계, 언론계 등에서 집요하고 격렬한 정권 공격을 계속하는 가운데 세계경제 불황과 얽혀 국내경제 재생이 늦어지면서

정권지지율이 하락하게 되었다. '북한'의 경직된 정치체제도 남북 정치 대화에 장애요인이 되어 남북융화의 진전을 방해했을 뿐 아니라 한미 관계에도 악영향을 미치게 되었다. 북한은 핵의혹을 받아 미국과 대화를 단속적으로 이어가지만, 결국은 북미 두 나라간 합의틀(한반도에너지개발기구, KEDO)의 붕괴를 거쳐 2003년 8월에 시작된 '6자회담'에 참가하게 된다. 그사이 북한의 경제는 극도로 부진하여 마침내 '자기방어'의 '극한'이라고 해야 할까, 2006년 10월에는 핵실험 실시를 공포하기에 이른다.

한편 일본은 코이즈미 쥰이찌로오 수상이 민영화노선을 강행하면서 '코이즈미 인기'를 등에 업고 2005년의 중의원선거에서 자민당이 대승을 거두지만, 전전의 군국주의의 상징이라고 할 야스꾸니신사 참배를 고집함으로써 국내외에 큰 파문을 일으켰다. 2004년 7월 한일수뇌회담에서 노무현대통령은 "임기중에는 한국정부가 역사문제를 공식적인 의제와 쟁점으로 제기하지 않겠다"고 명언했다. 그러나 그후 코이즈미수상의 야스꾸니 참배와 특히 2005년 2월 시마네(島根)현 의회가 '타께시마(竹島)의 날' 제정 조례안을 가결시켜 침략의 역사를 정당화할 것처럼 보이자, 노무현대통령은 국가안전보장회의 상임위원 성명이라는 비일상적 형태로 대일방침의 전환을 발표한다. 여기에는 '납치문제'에 대한 일본 정부·여론의 강경일변도의 태도에 대한 반발도 있었지만, 이후에 노무현대통령이 "처음의 접근이 이상주의였다. 나의 기대가 감상적이었다"고 토로한 것처럼 기본적으로는 일본의 역사왜곡에 대한 전면적인 실망감의 표명이었다.

2005년은 1965년의 한일 국교정상화 당시 일년에 만명이었던 양국의 왕래가 하루에 만명 이상이 된 시대다. 사람과 물건의 교류가 폭발적으로 확대되는 가운데 역사인식이 한국/일본의 최대 장애물로 남아 있었다. 그러한 가운데 한국의 역대 대통령으로서 노무현은 가장 명확한 형태로 일본정부와 일본국민의 역사인식의 잘못을 지적하고 자국의 주권을 지키려고 한 대통령이다. 2005년 6월에 서울에서 열린 한일정상회담은 역사인식을 둘러싼 문제로 결국 두 나라 사이의 간격을 좁히지 못하였으며, 그 결과 2006년 4월 25일 노무현대통령은 국민을 향해 '대일특별담화'를 발표한다. 이것은 독도/타께시마의 영유권 문제를 중심으로 일본의 역사인식 그 자체를 추궁한 것인데, 이에 대하여 코이즈미수상을 비롯하여 일본정부의 수뇌는 "냉정하게!" "국내용 연설이다!"라고 할 뿐 "(독도는) 일본이 한반도의 침탈과정에서 처음으로 탈취해간 역사의 땅"이라고 한 노무현대통령의 말을 정면에서 반론하는 것은 없었다. 이것은 과거의 침략·식민지 지배를 부정하고 사죄와 책임을 애매하게 해온 일본 정부·지배층의 '교활함' 그 자체의 표현형태라고도 할 수 있다. 한국에서 한일조약의 재검토를 주장하는 논의가 고조된 것도 당연하다고 해야 할까.

일본의 매스미디어에 대해 보자면 문제가 착종되어 본질이 흐려지면 흐려질수록 그것을 명쾌하게 분석하여 문제의 소재를 제시하는 것이 미디어의 책임인데도 독도/타께시마를 일본의 '고유영토'라고 외치는 여론의 '논조'를 냉정하게 재검증하지 않고 있다. 와다 하루끼는 『한겨레신문』(2005.3.15)에 게재한 「〈칼럼〉 독도문제를 생각한다」에서 다음과 같이 논하고 있다.

이 문제가 일어나자 일본 신문의 사설, 주요 정치가들, 그리고 일본 외상의 성명은 대립을 부채질하는 언동을 억제해가며 우호협력의 유지를 위해 노력하자고 얘기하고 있다. 하지만 이런 태도로는 사태를 타개할 수 없다. (…) 독도문제는 두 나라 사이에 아무도 살지 않는 돌섬을 둘러싸고 오래 전부터 벌여온 싸움이 기초가 됐다. 일본이 이 섬을 타께시마라 부르며 영유권을 선언한 것은 조선을 점령하고 러시아와 한창 전쟁을 벌이던 때였다. 조선을 보호국으로 만들어 병합해가던 식민지화 과정의 하나였던 것이다. (…) 독도가 '일본 고유의 영토'라고 주장하며 문제의 해결을 뒤로 미룬 채 미래에 상황이 변한 싯점에 해결하고 싶다고 하는 일본정부의 태도는 역사로부터 눈을 돌리는 것이다. 또한 일본정부의 의중에는 일본 국내의 고양된 민족주의에 대한 우려도 있을 것으로 생각한다. 일본이 지금이라도 과거의 식민지배를 반성하고 사죄하는 마음에서 한국의 독도 영유를 인정하겠다고 말한다면, 조금이라도 한국 국민에게 인상을 심어주는 것이 가능할지 모른다. 시간이 지나면 그런 의사를 나타내더라도 한국 국민에게 어떤 인상도 주지 못하게 될 것이다. 그리고 원래 일본이 이 섬에 손을 뻗을 수 있는 가능성은 현재도 앞으로도 전혀 없다.

이 칼럼이 일본의 신문에 게재되었다면 더 큰 영향력을 끼쳤을 터인데 안타깝다. 더욱 세심하게 보면 예를 들어 『세까이』(2005년 6월호)가 나이또오 세이쮸우(內藤正中) 시마네(島根)대학 명예교수의 「독도는 일본 고유영토인가」라는 논문을 게재했는데, 이것은 단적으로 말해 독도/타께시마는 일본 고유의 영토가 아니라고 하는 견해의 표명으로 일본 미디어의 이례적인 주장이다. 여기서 덧붙여 말한다면 일본의 미디어는 한국과 중국에서 '반일'데모가 일어날 때마다 그것은 '반일교육'의 결과라고만 비난하는데, 이것도 문제의 본질을 흐리고 스스로의 반성이나 재검증을 소홀히하기 위한 상투적 수법이다. 일본의 미디어가 비난하는 '반일교육'이라는 것이 다소 어감이 강한 면이 있다고 하더라도, 본질적으로는 침략·식민지 지배의 피해자가 과거의 참상을 기억하고 다시는 동일한 잘못을 반복하지 않으려고 자각하기 위한 '역사교육' 그 자체이며 진정한 '애국주의'로 이어지는 것이다. 나는 오히려 어쩌다가 일본에서 태어나 '일본인'으로 자란 젊은이가 자국의 근대사도 제대로 알지 못하게 된 것이야말로 '반일교육'의 성과가 아닐까 생각한다.

이처럼 국제사회에 통용되지 않는 사고가 만연하는 가운데 일본정부가 유엔 안전보장이사회 상임이사국이 되려고 애쓰면서 과거를 돌아보지 않는 태도는 어쩌면 당연한 것인지도 모른다. 아사히신문사가 한국의 동아일보사와 중국사회과학원과 2005년 3월에 공동으로 실시한 여론조사(면접)에 의하면 한국·중국의 '일본이 싫다'는 60%에 달하고 '일본이 좋다'는 양국 모두 불과 8%에 지나지 않았다. 코이즈미수상의 야스꾸니 참배에 대해서 한국은 '반대'가 92%, 중국은 '반대'가 91%였으며 일본의 상임이사국 진출은 양국 모두 80% 이상이 '반대'하였다 (『아사히신문』 2005. 4. 27).

'납치문제'와 관련하여 본다면 이것은 '전후'에 추궁되어온 민족문제·식민지문제·전후책임을 미루어둔 채로 논의되어버렸다. 잡지 『겐다이시소오』가 2002년 11월 임시증간호에서 「총특집 북일관계」를 내고 『세까이』도 같은 11월에 「특집 북일관계」를 기획했는데 이것은 편집자의 탁견에 의한 예외적인 것이다. 호주에 사는 테사 모리스 스즈끼는 『세까이』 2003년 2월호에서 「히스테리의 정치학」이라는 제목으로 다음과 같이 말했다. "'납치사건'이라는 사실의 핵심은 국민적 강박관념이 되어 일본과 북한의 관계를 둘러싼 다른 극히 중요한 과제와 관련된 논의를 사라지게 했다. (…) 그 결과 일본은 주변지역의 정치적 미래를 형태 짓고 중요하고 유익한 역할을 담당할 독특하고 획기적인 기회를 거의 잃어버렸다. (…) 납치피해자와 그 가족이 미디어의 집중적인 촛점이 되고 있다. 그러나 그들의 행복이라는 문제에 한정하더라도 이 소동이 납치피해자에게 어느정도 보탬이 될 것인지 다시 생각할 필요가 있다.”

실제로 납치피해자의 ‘가족회’와 ‘구출모임’은 미디어의 전반적인 ‘편향보도’ 속에서 이를 이용하고 이용당하는 형태로 생존자의 ‘구출’을 소리 높여 외치고 있는데, 한국측에서 이것을 보면 일본정권의 정치적 목적에 이용되어 마치 전쟁을 선동하는 듯한 태도로밖에 보이지 않는다. 한국이 ‘햇볕정책’을 추진하고 있는 가운데 일본은 1970~80년대의 한국처럼 ‘북한’의 위협을 선동하고 전쟁도 불사한다는 구도다. 미국과 달리 쌀 한톨도 주지 않겠다고 한다. 나 나름대로 말한다면 1918년 토야마(富山)현 우오즈마찌(魚津町)에서 시작되어 전국으로 확대된 민중봉기 ‘쌀소동’에 놀란 일본정부가 급거 식민지 조선에서 ‘산미증식계획’을 세워 이후 패전에 이르기까지 엄청난 양의 쌀을 ‘내지’(일본)와 중국 등의 전장으로 공출하고 곤궁에 빠진 조선 농민이 적지 않게 희생되었음에도 불구하고 왜 지금 ‘북한’에 한톨의 쌀도 주지 않겠다고 하는지 이해할 수 없다. 그중에는 북한 인민군에게 쌀이 흘러들어갈 우려가 있다고 하는 경향도 있는데, 인민군이 일본을 공격할 위험성이 있다고는 생각되지 않을 뿐 아니라 인민군 병사야말로 전전 일본군 병사 이상으로 가난한 사람의 아들딸이다.

사상 없는 시대

이러한 것을 일본의 사상상황의 문제로 취급해보면 과거를 부정하려고 한 전공투의 1970년대와 포스트모더니즘 유입의 80년대를 거쳐 일본에서 소금씩 지적 단절이 생기고 20세기의 지적 경험을 명확하게 총괄하지 않은 채 21세기로 들어갔다고 생각할 수 있다. 이러한 것에는 이상하리만치 강력해진 대미의존 문제가 개입되어 있다는 사실은 말할 필요도 없다. 작가이자 저널리스트인 헨미 요오(邊見庸)가 『저항론: 국가로부터의 자유』(毎日新聞社 2004)에서 시사한 것처럼 전후 민주주의 그 자체는 "사상이 아니라 일상의 무의식에 대한 발성, 숨결, 행동거지라는 '기분'과 같은 것이 아닌가. 전후 민주주의의 붕괴라고 하기 전에 정말로 그것을 지켜야만 하는 것으로 인식한 적이 있었는가. 온몸으로 저항할 만큼의 절박감이 있었는가" 하고 물어야 할 것이라고 생각한다.[287] 더구나 이 시기 일본의 우경화는 지금까지와는 달리 이제까지 금기시되었던 제도적 '개혁'의 영역에 들어가 국기·국가법, 주변사태법, 유사법제, 나아가 교육기본법과 헌법개정 준비로 나아갔다.

신문과 잡지에서 '사상의 총해체 상황'이 논의되기 시작한 것은 2000년대에 들어와서부터라고 생각한다. 그러나 사상의 '상품화'는커녕 '상품화'되어야 할 사상조차도 찾아내지 못했다고 한다(『아사히신문』 2002.4.13). 자아를 잃어버린 사람들이 국가에 대한 귀속의식에 매달리고 사회 전체가 파씨즘으로 뒤덮인 가운데(『아사히신문』 2005.2.20) 일본에서는 새로운 시대사상을 갈망하는 절실함이 사라져 역으로 사상을 필요로 하지 않는 시대에 돌입한 것 같다(『아사히신문』 2005.8.12). 헨미 요오는 『토쇼신문(圖書新聞)』 2003년 1월 1일의 특별인터뷰에서 일본이 직면한 이와같은 사상상황의 특징을 다음과 같이 총괄적으로 말하고 있다. 이른바 전후 민주주의의 자괴현상, 진보파·좌파의 침묵, 80년대 포스트모던 담론의 저속함, 비판적 담론의 쇠약, 전후 민주주의는 '사상'이라기보다 '기분', 역사적 시각의 결여, 전쟁책임 추구의 주체 결여, 국가와 자본의 승리, 계급적 관점의 후퇴, '소비자'라는 초계급적 개념과 '시민' 환상의 이중화, 천황제에 대한 침묵, 납치보도와 역사인식의 결여, 자기책임의 방치 등등. 이러한 상황을 보면 전후 일본의 과제인 '탈식민지화'가 잘 수행될 근거가 없는 것은 불을 보듯이 뻔하다.

시대의 흐름이 그러할 때 시대를 반영하고 시대를 응축하는 시가

'현실인식의 혁명'(오노 토오자부로오)과는 너무도 먼 것이 되어버린 것은 필연이라고 해야 할까. 그럼에도 불구하고 자이니찌 시인 김시종은 그러한 상황의 일단을 「일본 시에 대한 나의 사랑」이라는 제목으로 쓰고 있다. "원래 처음부터 시는 닫힌 언어와의 만남에서 만들어진 것이다. 그럼에도 불구하고 현재 일본의 시는 너무도 몰사회적이고, 변동하는 사회에 대한 떨림이 전혀 없다. (…) 우선 일본시인들의 거점이 보이지 않는다. 집착하는 무엇인가를 가지고 시를 써야 함에도 이것은 모두 관념에 지나지 않는다. 따라서 독자가 느끼는 실감이 떠오르지 않는다. 현대의 복잡함 때문에 인간의 사고가 굴절되어 이해하기 어렵게 되었다는 것을 모르지는 않지만 일본의 현대시는 복잡함을 너무 복잡하게 묘사하는 잘못이 있거나, 아니면 원래 단순한 것을 복잡하게 묘사하고 있든가 둘 중 하나다. (…) 대부분의 일본시인은 그 실감을 도외시하고 처음부터 추상을 결정해버리는 언어조작이 습관화되어버렸다고 하기보다 그러한 언어조작을 훈련해왔다. 작위가 지나친 만큼 때묻지 않은 정신의 소박함에서 멀어져버렸다"(『圖書』, 岩波書店 2005. 4)라고.

실로 가혹한 비평이지만 나 자신 일본의 현대시를 읽고 느끼는 것이 거의 없는 실정이다. 시인 타니가와 슌따로오(谷川俊太郎)에게 「정원을 응시한다」라는 작품이 있는데 그 의미하는 바는 이러한 일본의 시적 상황을 시사하는 것이 아닐까 생각한다.

나는 알고 있다
그대가 시를 읽지 않게 되었다는 것을
서가에는 이전에 읽었던 시집이
아직 십여권 꽂혀 있지만
그대는 이제 그 책의 페이지를 열지 않는다

그 대신 그대는 창문 넘어
잡초가 무성하게 자란 좁은 정원을 쳐다본다
거기에 숨어 있는 보이지 않는 시가
그대에게 읽힌다고 말하듯이
읽힌다라고 말할 뿐
땅을 개미를 잎사귀를 꽃을 응시한다

언어에서 넘쳐흐른 것
언어에서 흘러넘친 것
언어를 고집스럽게 거부한 것
언어가 만질 수도 없었던 것
언어가 죽인 것
그것들을 아파할 수도 축하할 수도 없이
그대는 정원을 쳐다보고 있다

『시학(詩學)』 통권 662, 2006. 1

　사상이 사라진 것은 시의 세계만이 아니다. 보수주의의 전성기처럼
생각되는 일본이지만 현실적으로 '보수'는 존재하지 않고 보수사상도
거의 해체되어버렸다고 하는 논자도 있다.[288] 단 이 시기 천황의 황위
계승 문제를 축으로 천황제론이 다양한 형태로 펼쳐지고 있는 점을 기
억할 필요가 있다. 처음에 남자 계승자의 문제로 시작한 논의가 전후
일본의 천황·천황제의 존재방식, 즉 국가의 존재방식과 관련해서 논해
지게 되고 마침내 이것이 많은 일본국민의 뇌리에 남아 있는 천황제에

대한 의문, 나아가 천황제 폐지의 희망 표명으로 이어진 것이다. 여기 서는 우선 『아사히신문』 2006년 2월 17일 「목소리」란에 게재된 복지시 설 직원의 투고 「개헌한다면 우선 1조부터」를 소개한다.

황실전범 개정에 대한 찬반을 묻는 기사를 읽었다. 개정에 찬성 (39%), 반대(36%)의 차이는 매우 적었지만 나는 다른 설문에 주목했다. 여성 천황에 찬성인가라는 질문에 대한 대답으로 '여성도 가능하면 하 는 편이 좋다'(61%) 다음으로 '천황제는 없는 편이 좋다'(22%)가 많았다. 나는 천황제에 반대하지만 지금의 일본사회에서 나와 같은 의견은 극히 소수라고 생각한다. 따라서 이 수치에 놀람과 동시에 안심했다. 전후 일 본은 신분제도를 폐지하고 헌법은 모든 국민은 법 앞에서 평등하다고 규정하고 있다. 그러나 한편으로 천황제에 의해 주권자인 국민보다 높 은 존재, 법 아래에 속하지 않는 존재를 긍정하고 있다. 즉 태생적 신분 을 보장하고 있는 것이다. 이 불철저함이 지금도 많은 차별을 근절하지 못하는 원인이다. 태어나면서 존엄한 인간이 있는 한, 태어나면서 비천 한 인간도 계속 존재한다. 나는 호헌파지만 개헌한다면 우선 제1조부터다.

단 정치적 측면에서 본다면 예를 들어 일본공산당이 후와 테쯔조오 (不破哲三) 의장의 지도 아래 '유화노선'을 취하면서 2004년에 지금까 지의 천황제 폐지요구를 삭제하고 자위대와 함께 그 존속을 사실상 용 인하는 당강령 개정을 행한 점에서도 알 수 있듯이 정치과제로서 상징 천황제에 대한 위화감을 표명하는 움직임은 완전히 없어졌다고 해도 좋다.

과거청산작업의 역사적 의의

노무현정권의 과거청산작업은 좌우의 대립이 격화되고 한국사회의 주축을 이루어온 일제시대 이후의 주류세력·보수세력의 강한 반대를 무릅쓰고 실시되었다. 특히 『조선일보』『중앙일보』『동아일보』의 이른바 '조중동' 보수언론은 노골적인 정권 비난, 진보·좌파 공격을 일상적으로 반복했다. 그러나 친일파(=친미파) 등이 기득권 수호를 위해 반발하여도 다른 한쪽의 역사가 부당하게 왜곡되고 일관된 반일애국세력이 낮게 취급되어 가난을 감내해야만 했던 미해결의 문제를 더이상 방치할 수 없는 것이 시대의 흐름이었다. 해방 이후 60년 가까이 지나서 노무현정권이 탄생하여 비로소 지금까지 미루어져왔던 현안을 다루게 되었다. 더구나 이러한 한국 내부의 역사청산작업을 일본의 미디어에서는 노무현정권의 '반일'정책으로 오인하거나, 혹은 의도적으로 왜곡해서 전달하여 한국/일본의 역사인식의 골을 더욱 확대하는 원인이 되었다.

2004년 4월 여당인 열린우리당이 총선거에서 과반수를 획득하자 노무현정권은 역사청산작업을 일제히 구체화한다. 발족한 정부 산하의 역사관련 주요 위원회만 15개나 된다고 한다. 식민지가 되기 전의 동학농민운동의 반압정·항일운동에 대한 재평가, 식민지시대의 친일행위, 한국 건국 후의 군사독재정권의 죄과 등 청산작업은 광범위하다. 친일반민족행위진상규명위원회, 진실화해를 위한 과거사정리위원회, 민주화운동 관련자 명예회복 및 보상심의위원회, 국가정보원 과거사건 진실규명을 통한 발전위원회, 경찰청 과거사진상규명위원회 등등 역사적 사건 및 행정부서 전반에 걸치는데, 친일반민족행위진상규명위원회의 위원장에 역사학계의 중진 강만길이 기용된 것을 필두로 진보파 학자와 재야의 연구자 등이 많이 임명되었다. 이후 반발한 우파계 단체가 조사한 바에 의하면, 유신시대에 긴급조치 위반사건을 판결한 판사의 실명을 공개할 것을 결정하여 논란을 일으킨 진실화해위 위원의 52%, 직원의 64%가 진보성향의 사람이고, 또한 9개의 과거사위원회의 위원과 직원의 반수 정도가 진보적인 단체에서 활동하거나 진보적인 논문을 발표한 경력이 있다는 분석이 나왔다. 특히 역사문제연구소, 민족문제연구소, 역사학연구소 등 이른바 '재야진보학술연구단체' 출신이 적지 않았다고 한다(『동아일보』 2007.1.31).

1970~80년대의 민주화세력이라고 하면 물론 우파계열의 사람도 포함해서 '386세대'라는 단어를 떠올린다. 서울에 있는 친구들에게 물어보니 김영삼정권 때 우파계열의 상당수가 정권에 참가하고 김대중정권에서는 진보파가 상당수 들어갔다. 노무현정권에서는 정권 그 자체보다는 과거사위원회, 친일반민족위원회 등 각종 위원회에 많이 기용되어 결과적으로 7, 80년대에 활약한 민주화세력의 주요 인물들 가운데 약 반 정도가 다양한 형태로 정권에 참가했다고 할 수 있지 않을까 한다. 이것은 진정한 의미에서 여야당의 정권교체를 경험하지 않은 일본에서는 생각할 수 없는 것으로, 실제로 체포·투옥된 많은 민주화투사들을 정치재판에서 지원한 변호사 한승헌이 노무현정권하에서 요직인 감사원장을 지낼 정도였다.[289] 뿐만 아니라 2001년 11월에 시행된 법률에 의해 국가기관인 '국가인권위원회'가 설립되어 사회적 약자와 소수자 등 누구나가 이용 가능한 종합적인 인권전문기구로서 출발한 것은 개개의 인권침해에 대처하는 준사법기관으로서 국제인권규약이 정한 세계수준에 맞춘 것이라 생각된다.

노무현정권의 공과를 어떻게 평가할 것인가는 물론 사람에 따라 다르겠지만 나 나름대로 말한다면, 노무현정권 최대의 공적은 역시 한국에서 횡횡하고 있던 권위주의를 약체화시키고 남북관계 개선을 촉진한 것이다. 그리고 포괄적인 역사청산을 행하려고 한 점도 일단은 역사에 각인된 쾌거라고 평가할 수 있다. 과거를 극복하기 위해서는 먼저 과거 청산은 필요불가결하다. 그런 의미에서 노무현정권의 노력은 해방 후의 한국에서 '탈식민지화' 작업의 핵심부분을 이룬다고 생각된다. 다만 보수·우파세력의 집요한 공격을 받는 가운데 단기간에 추진된 작업인 만큼 엉성한 느낌을 벗어날 수 없으며 성과를 올린 반면 마찰을 낳은 것도 사실이다. 더구나 권위주의체제로 변해버린 개혁정권이 경험부족으로 인해 정권 운영에 실패한 점도 부정할 수 없다.

신자유주의와 뉴라이트의 대두

『한겨레신문』이 창간 16주년을 맞이하여 실시한 여론조사 결과가 2004년 5월 17일자에 게재되었다. 그것은 야당 한나라당이 당리당략으로 대통령을 탄핵소추하자 여론이 역으로 반발하여 총선거에서 열린우리당이 압도적 승리를 거두고 또한 헌법재판소가 대통령 탄핵소추를 기각한 직후의 싯점이었다. 한국사회가 지향해야만 할 바람직한 정치 체제에 대해서 '북유럽식 사회민주주의'가 44.8%, '미국식 자유민주주의'가 39.2%였으며, 한국의 정치를 맡길 수 있는 정당은 현재 '없다'가 59.3%이지만, 미래에는 '진보정당'이 44.3%, '중도정당'이 19.7%, '보수정당'이 11.5%였다. 그리고 한국이 추구해야 할 가치에 대해서는 '복지'가 50.7%, '반공'이 1.3%이고, 외교정책에서는 '남북협력 강화'가 39.2%, '동아시아 평화·지역협력체제 구축'이 22.4%로 '한미동맹 강화'는 겨우 9.3%였다. 5월 30일자 여론조사 결과에서는 주한미군 축소가 '바람직하다'는 의견이 52%에 달하고 있다. 반공·친미·보수 이미지와 상당히 다른 조사결과였지만 그후 노무현정권에 대한 지지율이 내려가 진보·좌파에 대한 신뢰도 급속히 식어버렸다. 2007년경에는 진보·좌파세력의 '몰락'까지 노골적으로 주장하게 된다. 사실 2006년 5월

지방선거에서 여당이 참패하면서 세간에서는 '진보·개혁'은 '무능·퇴보'이며 '친북좌파'와 동일하다고까지 말했다.

『경향신문』은 일관해서 한국 지성의 존재방식에 커다란 관심을 가져왔는데 진보·좌파세력의 급격한 '몰락'을 목격한 때문인지 2007년 4월에 「민주화 20년, 지식인의 죽음」이라는 특집을 며칠에 걸쳐서 연재했다. 이전에 지식인은 좌·우, 민주·반민주로 나뉘어 격렬하게 대립했지만 지금은 논의의 촛점을 잃어버리고 새로운 목표를 찾아 방황하고 있다. 보기에 따라서 지식인은 민주화 이후 '사상 해방'이라고 해도 좋을 상황을 맞아 다양한 방향을 향해 다양화하고 있다. 더구나 공산주의가 몰락한 국제환경의 변화와 함께 한국사회가 IMF체제에 강제로 편입된 것은 지식인의 무력감을 강화시킴과 동시에 신자유주의에 대한 의문이 심화되어 위기의식을 첨예화시켰다. 반공주의자는 냉전적인 사회의식이 희박해져 세력이 약해졌다. 우파 지식인 중에는 반공주의를 배제하려고 하는 경향조차 보이고 있는 사람도 있다. 민족주의자의 경우 여전히 위세는 있지만 인권·시민사회·탈민족주의자의 대두도 눈에 띈다. 노동·성·환경 등 다양한 주제가 등장함으로써 지식인의 분화가 진행되고 있다. 좌파 지식인들의 우경화, 또는 중도선언의 경향도 눈에 띈다. 모두가 자유주의를 자부할 만큼 자유주의자가 증가하고 있다. 신자유주의가 침투하는 가운데 동아시아론과 그외의 대안도 제기되고 있다. 결국은 이렇게 해서 지식인의 존재방식이 크게 변하여 지식인 지형이라는 것도 적지 않게 바뀌고 있다고 한다(2007년 4월 23일 및 25일).

『경향신문』은 이러한 전체 상황의 개관에 기초하여 '2007년 한국지식인 이념 분포도'라는 것을 일면 톱으로 크게 게재했다. 여기에 대해서 시민사회론을 연구하는 김호기는 "우리의 지식인 이념 분포 양상은 서구사회와 다르다. 서구적 틀로는 좌파가 탈민족주의, 우파가 민족주의 중심으로 분포하지만 우리는 좌파 민족주의 지식인이 많다"고 한다. 이 경우 한국에서 말하는 '좌파 민족주의'는 저항적 민족주의 혹은 진보적 민족주의라는 것으로, 여기에는 역사학의 강만길, 서중석, 안병직, 한홍구, 문학(평론)의 조정래, 임헌영, 그리고 창비그룹의 백낙청, 최원식, 백영서 등이 핵심을 이룬다고 생각된다. 다만 원래 지식인의 이념분포는 너무 복잡해서 이것을 정리된 형태로 제시하는 것은 매우 어려운 일이다. 어디까지나 참고사항에 지나지 않는다고 생각하는 것이 타당하다. 그렇다 하더라도 2000년대에 들어와서 일본의 지적 상황은 '사상의 총해체 상황'이 되어 이념 분포를 이야기할 수 없는 가운데 한국에서 지식인의 이념 분포도가 만들어진 것은 흥미롭다.

그런데 이러한 한국지식인의 사상조류를 분석하여 '지식인의 현주소' 혹은 '지식인 지도'라는 것을 최초로 만든 것은 내가 2000년 9월에 출판한 『현대한국의 사상』(岩波書店, 한국어판 『현대 한국의 사상흐름』은 2000년 10월)에서이다. '구좌파적 맑스주의자'인 김세균에서 시작해 '극우반동'에 이르기까지 지식인의 유형화를 시도한 것으로 한국에서 출판됨과 동시에 많은 화제가 된 것으로 알고 있다. 이번 『경향신문』의 '이념분포도'도 내가 한 것을 참고한 것으로 알고 있는데, 양자의 가장 큰 차이는 『경향신문』의 '이념 분포도'에 '뉴라이트'라는 것이 등장하고 더구나 적지 않은 비중을 차지하고 있다는 점이다. 단순히 말하면 2000년 싯점에서 한국에 없었던 것이 2007년에는 지식인사회에서 무시할 수 없는 세력으로 존재한다는 사실이다. 『경향신문』에서는 이들을 탈식민지주의의 지향을 가진 우파로 보고 마치 극우인 것처럼 위치지우고 있는데, 이것은 일본 자유주의사관의 한국판이라고 이해해도 좋다. 즉 일본의 우경화·역사왜곡의 진행에 반발하여 한국에서 일본 비판 혹은 '민족주의'의 '고양'이라는 사태가 진행되는 가운데 동시에 그러한 움직임에 반대하는 우익적 활동이 급격하게 표면화한 것이다.

물론 보수·우파의 공세는 뉴라이트에 한정되지 않는다. 2005년 2월에는 '전통 보수'를 자임하는 각계의 지식인 100명이 결집하여 '대한민국의 자유·헌법·전통성 수호를 위한 지식인 선언'을 발표한 적도 있다(『동아일보』 2005.2.2). 여기에 앞서 말한 개신교의 보수화·극우화가 이 시기 급속하게 진행되어 친미·반북·반공의 일대 세력으로 확대해갔다. 단 2004년 이후 과격화하는 좌우 대립구도의 변화, 그 속에서 보수·우파의 공세는 역시 뉴라이트라는 집단의 움직임을 통해 더 잘 파악할 수 있다고 생각한다. 성공회대학에서 한국정치를 연구하고 민주화운동기념사업회 연구소장을 지낸 정해구에 의하면,[290] 뉴라이트는 하나의 조직형태가 아니라 몇개의 단체에 의해 구성된 운동형 조직체다. '뉴라이트'는 '신우파'의 의미로 2004년 11월에 '자유주의연대'가 창립된 것을 시작으로 다음해 1월에 '교과서포럼', 3월에 '뉴라이트 싱크네트', 그후 2006년에는 '뉴라이트 교사연합' '뉴라이트 문화체육연합' '뉴라이트 재단' '개신교 뉴라이트'가 차례로 결성되었다고 한다. 그리고 이들을 규합하는 연합체 조직으로 '뉴라이트 네트워크'와 '뉴라이트 전국연합'도 설립되었다고 한다.

정해구는 뉴라이트운동의 빠른 확산은 보수진영의 두 번에 걸친 대통령선거에서의 패배와 노무현정권의 '실정'에서 가능했다고 본다. 그리고 여기에 북미관계의 악화와 신자유주의적 세계화의 도래라는 시대환경이 더해졌다고 한다. 여기에 '조중동' 보수언론의 조력도 있었으며 시대에 대한 불만·초조감을 메우기 위해 종래의 우파와는 구별되는 새로운 우파의 사상운동, 시민운동으로서의 결집을 꾀한 것도 있었다. '자유주의연대'의 간부를 보면 과거의 운동권 출신자가 중심적인 역할을 담당하고 선진국 건설을 위한 무한경쟁을 제시한다. 여기서는 국가주도가 아니라 시장주도의 경제씨스템 추진, 빈부의 격차를 해소하는 것이 아니라 빈곤의 해소를 중시하고, 대북관계에서는 대량살상무기의 폐기 문제를 우선 해결하며, 한미동맹의 개선·강화 등을 강조했다. 정해구가 예견한 바에 의하면 보수·우파로의 정권교체 등을 기회로 이러한 뉴라이트가 사상운동·시민운동의 범위를 넘어서 정치권력에 접근하여 결과적으로 구우파에게 흡수되는 경우도 있을 수 있다고 한다. 더욱이 역사가 한홍구에 의하면 뉴라이트와 구보수의 주장은 기본적으로는 아무것도 변한 것이 없으며 만약 차이가 있다고 한다면 '자유주의연대'의 주요 간부에게 보이는 것처럼 이른바 운동권 386세대, 그것도 주사파 출신자("업그레이드된 자유주의 486")가 전면에 등장한 것이라고 한다(『한겨레21』 제542호, 2005. 1. 14).

여기서 중요한 것은 뉴라이트가 가진 '자학사관 비판'과 '민중사관 비판'을 기조로 하는 역사인식이다. 노무현정권 시대의 교과서 소동은 주로 보수정당인 한나라당과 결탁한 '조중동' 보수언론이 떠들어대는 특징이 있었지만 2005년 1월 '교과서포럼' 창립 심포지엄 '고등학교 『한국근현대사』 교과서, 이대로 좋은가도 그 연장선상에 위치지울 수 있는 것이다. 한국현대사 전공인 후지이 타께시(藤井たけし)[291]와 신주백[292]의 논문을 참고하여 논한다면, 여기서 공동대표인 박효종(서울대)은 "잘못된 자학사관이 지배하고 있는 지적 공동체의 흐름을 변화시키는 데 힘을 쏟고 싶다"고 하면서 "'교과서포럼'은 좌편향도 우편향도 아니"라는 입장에서 "'죄 많은 나라에 태어났다'는 근거 없는 원죄의식이 불식될 때까지 노력한다"고 말하고 있다. '자학사관'이라는 표현, '좌도 우도 아니다'라는 어법은 일본의 '자유주의사관 연구회'와 '새로운 교과서를 만드는 모임'의 어법과 동일한데, 다만 민족과 민족주의를 어떻게 생각하느냐에 대해서는 표면상으로 적지 않은 차이가 있는 것으로 보인다.

일본의 '자학사관 비판'이 '자신의 나라에 긍지를 가지는 역사교육'을 주장하면서 철저한 천황주의＝'황국사관'과 조선멸시를 기조로 한 것임은 이미 논했다. 이것은 자민족중심주의, 타민족 멸시를 근간으로 하는 것이라고 해도 좋은데, 몇사람의 주장을 보면 한국의 '자학사관 비판'은 "현행 역사교과서는 (…) 국제주의와 세계화보다는 민족의 자주와 자립, 그리고 주체에 상당히 큰 가치를 부여하고 있다"고 비판하면서 "한국사회에 만연하고 있는 민족주의의 본질이라고 할 수 있는 반일민족주의는 잘못되었다"고 하는 것이다. 물론 다양한 논의가 존재하는 가운데 이렇게 단순하게 정리한 형태로 논하는 것은 오해를 살 소지도 있지만, 그러나 적어도 일본측의 민족·민족주의(내셔널리즘)에 대한 생각과 한국의 그것은 적지 않은 간극을 가진 것으로 생각할 수 있다. 여기서는 일본측의 그것이 조선에 대한 침략·식민지 지배를 인정하지 않고 암묵적으로 조선(인)에 대한 멸시관을 내재한 것이라면, 한국측의 그것은 일본의 식민지 지배를 미화하고 친일파에게도 긍정적 평가를 부여하여 마침내 '북한'의 비참한 현실을 근거로 남북분단과 이승만의 단독정부 수립을 찬미하는 근본적인 '역사관'의 차이가 있다. 근대사에서 침략/피침략, 가해/피해의 문제가 아직도 기본적으로 해결되지 않은 단계에서 일본측의 그것이 가해자의 입장을 분별하지 못하는 것이라면 한국측의 경우는 피해자의 입장을 잊어버리고 탈식민지화의 최대과제인 남북통일국가의 수립을 소홀히한 것이다. 그런 의미에서 한국측의 '자학사관 비판'은 외세의존의 비주체성을 드러내는 것이며 여기서는 일본의 역사왜곡을 비판하는 언동이 일어날 리가 없다.

2006년 11월 30일 서울대학교에서 '교과서포럼 제6회 심포지엄'이 열렸다. 포럼이 만든 '한국 근현대사 교과서'의 시안을 발표하는 장이었는데, 시작하자마자 4·19혁명 관련 여러 단체, 예를 들면 4·19혁명동지회, 4·19유족회 등의 항의로 인해 해산할 수밖에 없었으며 발표자였던 서울대학교의 우파교수 이영훈 등이 다소 상처를 입었다고 전해졌다. 형제자매 등 육친이 희생자인 이들 단체의 사람들에게는 엄청난 피를 흘려 이룩한 혁명을 왜곡하고 무시하는 행위는 용서할 수 없는 것이었다. 뉴라이트의 '교과서'(초안)는 현행 교과서의 내용을 다음과 같이 고쳐쓰고 있다.

일본의 조선통치·식민지 지배→조선의 근대화에 공헌, 4·19학생혁명→4·19학생운동, 박정희의 5·16군사쿠데타→5·16혁명 또는 5월혁명, 박정희의 10월유신→행정적 차원에서 집행력을 높인 체제, 5·18광주민주화항쟁→경제발전의 소외감과 김대중 체포로 촉발된 사건

참으로 지금까지의 역사인식을 근저에서부터 뒤집는 '이해'다. 일제 옹호의 식민지사관, 군사독재정권의 칭송, 경제제일주의, 민중멸시, 제국주의 추수 등을 노정한 역사인식이라고 할 수밖에 없다. 일본의 『산께이신문(産經新聞)』 등은 크게 기뻐했지만 한국에서 여론의 반발을 산 것은 당연한 결과였다. 이렇게 되자 지금까지 그들을 옹호하고 지지해온 '조중동' 보수언론과 한나라당 등 보수·우파 정치가도 일시적으로 뉴라이트 옹호 입장을 보류하지 않을 수 없었다. 포럼 자신도 '4·19학생혁명'을 '운동'이라고 한 것은 지나쳤다고 자기비판하는 모습을 보였다. 그러나 그후 한국에서 역사를 둘러싼 갈등은 과격해졌는데 그 논쟁의 하나가 '반일' 민족주의의 주도권을 둘러싼 것이었다.[293] 더구나 한편으로는 동일한 미군기지가 있다는 점 때문에 오끼나와에 대한 관심은 더욱 뜨거워졌다. 어찌되었든 이 시기 한국에서는 좌우의 대립이 격

화되는 가운데 예상외의 형태로 역사인식의 왜곡이 진행되었다.

그 도달점의 하나는 2006년 2월에 박지향 편저『해방 전후사의 재인식』1·2(책세상)가 간행된 것이다. 이것은 1979년에 한길사에서 간행된『해방 전후사의 인식』을 전면 비판한 것이다. 앞의『인식』은 그후 전6권까지 속간되었고 '운동권'의 사상형성에 결정적인 영향을 미쳤을 뿐만 아니라 이른바 현재 민주화된 한국의 원점에 위치하는 책이다. 그런 점에서『재인식』간행은 개혁정권의 민주화정책, '북한'과의 화해와 협력의 추진이라는 시대의 흐름에 역행하는 기득권세력 옹호의 색채를 강하게 띤 보수·우파의 사상적 반격이라는 의미를 가지고 있다.『인식』이 간행되고 사반세기가 지난 싯점에서 다양하게 비판해야만 할 논점이 있는 것은 분명하지만, 그렇다고 하더라도 일본의 식민지 통치를 옹호하는『재인식』의 출판은 납득하기 힘들다. 한국의 역사전문가가 집필한 부분이 극히 적은 이 책이 어느정도의 의미가 있는지도 의문이다. '조중동' 보수언론은 절찬에 가까운데 그중에도『중앙일보』의 표현은 '좌파 민족주의 대 우파 탈민족주의' 등으로 도발적이기까지 하다. 그러나『한겨레신문』을 비롯하여 한국의 많은 미디어는 비판적인 논조였다. 일본에서는『아사히신문』이 상당히 긍정적으로 평가하고 있는데, 그 논점의 중심은 노무현정권의 '역사인식'과 이를 기초로 한 '대일 강경자세'에 대한 위화감이다(2006.5.11). 이에 비해서『마이니찌신문』은 그나마 조금 냉정한 시선으로 보고 있는 듯한 인상을 받았다.

앞서 논한 것처럼 한국근대사를 생각할 때 세 가지 기둥은 첫째로 실패했다고는 해도 반제반봉건 투쟁이고, 둘째 일제에 의한 식민지 근대화의 강요이며, 셋째 해방에서 현재에 이르기까지의 남북분단이다. 여기서 '탈식민지화' 과제는 한국의 경우 반제반봉건의 추진, 식민지 잔재의 청산, 통일국가의 수립이다. 민족주의도 권력주의적인 지배도구로서의 성격은 배제하지 않으면 안되지만 위에서 논한 과제를 수행하기 위한 저항적 민족주의 혹은 진보적 민족주의는 현재의 단계에서 불가결한 것이다. 이것은 결코 '반일' 자체를 목적으로 한 것이 아니며 독선적·배타적인 것도 아니고 타자에게 이어지는 열린 민족주의다. 역사적으로 끌어안고 있는 민족문제·식민지문제를 좌우의 이데올로기 대립으로 생각하는 발상 자체가 부당하다. 물론 역사연구의 진전, 사물에 대한 인식방법의 확대와 심화에 의해 역사를 다양한 각도에서 파들어 갈 수는 있어도 이것을 '탈민족주의'라는 단어로 표현하는 것과는 근본적으로 다른 것이다. 종주국이었던 일본에 대해서 논한다면 이전에 식민지로 지배한 '분단'한국에서 '반일'의 색채를 띠는 민족주의가 반성, 비판의 대상이 되었다고 해서 양손을 들고 박수치면서 기뻐할 문제는 아니다.

민족주의의 성숙과 확대

한국에서 보수언론의 지원을 받은 보수·우파에 의한 진보·좌파세력에 대한 공세와 반북·반공·친미의 움직임이 급속하게 높아졌다. 그러나 한편으로 2000년대에 들어서서 일정한 경제성장과 민주화를 스스로 획득함으로써 생긴 '여유'로 피해자 의식에 구속되지 않는 역사관의 변화가 발생한 것도 사실이다. 학교교육에서는 2000년의 남북정상회담 이후 '통일교육' '민족공동체교육'이 강조되기도 했다. '북한'에서 '남한'으로 탈출한 '탈북자'가 2006년 말의 싯점에서 만명에 육박하고 있으며 더구나 한국사회에서 많은 차별과 곤란을 당했다고는 하지만 전체적으로 볼 때 반공의식이 약화되어 통일을 지향하는 인식이 공유되고 있다. 여기에는 "피해자 의식에 매몰되어서는 미래가 없다. 최대의 용기는 스스로의 잘못을 인정하는 것"(박걸순 독립기념관 학예실장, 『아사히신문』

2005.6.17)이라는 인식의 확대가 있었다고 할 수 있다. 실제로 예를 들면 역사연구에서는 잡지『역사비평』이 2005년 겨울호부터 2006년 여름호에 걸쳐 고대에서 현재에 이르기까지 역사용어의 총점검을 행하는 연재를 게재했는데 그 내용이 2006년에『역사용어 바로쓰기』(역사비평사)로 출판되었다.

그런데 한국의 민주주의가 성숙해가는 과정에서 인터넷이 커다란 역할을 담당한 것은 잘 알려져 있다. 현무암의『한국의 디지털 데모크라시』(集英社新書 2005)에 입각하여 논한다면 한국에서는 1990년대에 컴퓨터와 인터넷의 새로운 기술이 보급되기 시작하는데, 인터넷의 보급은 정치권력과 밀접한 관계를 가진 보수적 미디어에 대항하기 위한 수단으로 상당히 효과적으로 작용했다고 한다. 즉 한국에서는 시민세력이 민주화를 쟁취했다고 하지만 민주화운동을 더욱 지속해갈 필요가 있었으며 민주주의를 둘러싼 쟁점이 개인의 삶을 결정한다는 인식이 상당히 강한 가운데 언론권력으로 부상한 보수언론이 주류 미디어를 형성하고 있는 데 대한 불신감을 타파하는 중요한 수단으로서 인터넷이 보급되기 시작했다. 이에 대해 일본은 정치 그 자체에 대한 의식이 저하하는 가운데 민주주의 씨스템이 어느정도 안정되었으며 제도권 내에 시민사회를 대변하는 정당도 존재하고 있다. 즉 일본에서는 정치적인 쟁점이 사회적으로 표출되지 않는 상황에서 인터넷이 들어와 정치 수단이라기보다 비즈니스와 자기표현, 혹은 개개인의 연결 수단으로 주로 이용되었다(『토쇼신문』 2005. 9. 3). 이렇게 보면 확실히 한국에서 인터넷을 사용하는 '네티즌'이라고 불리는 사람들의 활동이 부당한 언론권력의 압력을 뿌리치고 민주화를 뒷받침한 사정을 잘 알 수 있다.

여하튼 좌우의 격한 충돌 속에서 정치·언론·문화·교육·학문 등 여러 분야에서 양분화의 균열이 일어날 양상을 보였지만, 그러나 다른 한

편에서 한국/일본의 교류 확대와 글로벌화의 영향을 받아 다양한 영역에서 새로운 현상이 일어났다. 영화와 음악 등 일본문화의 유입속도가 빨라진 것은 물론이고, 예를 들면 일본 만화와 문학작품이 일본보다 그렇게 늦지 않게 한국에서 소비되게 되었다. 2004년 131회 나오끼(直木)상을 수상한 오꾸다 히데오(奧田英朗)의 『공중그네(空中ブランコ)』는 수상 직후 번역되어 입소문을 타며 잘 팔리기 시작해 2007년에는 문학부문 베스트셀러 2위에 올랐다. 4위는 에꾸니 카오리(江國香織)의 『토오꾜오 타워(東京タワー)』였는데 국내 판매 베스트셀러 작품 200권 중 57권이 일본소설이었다(『한겨레21』 제645호, 2007. 1. 30). 여기에는 1980년대 이후 무라까미 하루끼(村上春樹) 유행에 보이는 것처럼 '상실감'에 대한 공감이 있다고 생각된다. 사회과학과 인문과학 분야에서도 많은 일본서적이 번역·출판되었는데 카라따니 코오진(柄谷行人)의 저작이 계속 팔리고 있는 것이 눈에 띈다. 카라따니는 한국에서 젊은 인문계 학자와 학생들에게 많은 영향을 끼치고 있는데 여기에는 카라따니의 사유방식, 즉 아시아·비서구인의 주변적인 문제의식 위에 서구의 근현대사상에 대한 깊은 통찰력을 결합하여 세계를 향해 열린 보편성을 획득하려는 것에 대한 공감과 기대가 있다고 생각할 수 있다.

고무적인 것은 이 시기 해방 후 처음이라고 해도 좋은 만큼 젊은 연구자에 의한 본격적인 천황제 연구가 나타나기 시작한 것이다. 사상사 연구자 야스마루 요시오(安丸良夫)의 문하에서 배운 박진우의 『근대일본 형성기의 국가와 민중: 근대 천황상의 형성과 민중』(J&C 2004), 『21세기 천황제와 일본』(논형 2006) 등이 있는데 후자는 MBC가 "해방 60년" 특집으로 기획한 「천황의 나라, 일본」의 인터뷰 부분을 책으로 낸 것이다.

한가지 더 이 시기 진보·좌파 진영에서 재일동포 특히 한정적이기는 하지만 조총련계 사람들과 민족학교와의 교류가 시작된 것은 기뻐할 만한 일이다. 이전에는 한국의 유학생 혹은 여행자에게 조총련 사람과 민족학교는 그야말로 '빨갱이' 그 자체였으며 가장 기피해야 할 대상이었지만, 이제 강제연행자의 방치된 유골문제와 재정난과 결합된 민족학교의 저락은 "가슴 아픈 동일한 민족의 관심사"로 인식되기 시작했다. 여기에는 한국사회의 '여유'의 증가라는 배경이 있지만, 민족학교의 학생들을 묘사한 다큐멘터리 「우리 학교」와 이즈쯔 카즈유끼(井筒和幸) 감독이 만든 조선고등학생 이야기 「박치기」가 한국에서 상영된 것도 영향이 있다. 그리고 토오꾜오도가 토지상환을 요구한 에다가와(枝川)조선학교를 지원하기 위한 모금활동이 대대적으로 일어난 사실도 있다. 한국의 노래그룹이 일본 국내에 있는 민족학교를 순회공연하는가 하면 양희은 등 민중가수와 인기배우가 재일동포를 위해 무료로 출연하는 것도 그리 드문 일은 아니었다. 역으로 말하면 조총련계 사람들의 한국 방문에 대해 한국정부의 입국완화책이 시행되어 극히 일상적인 풍경이 되었다.

한국의 시인 정일근이 온라인뉴스 『프레시안』에 쓴 시 「에다가와 까마귀」가 있다.

밟히고 짓밟혀
쓰레기 매립장 밑바닥까지 밀려났던
조선학교 조선말
60년, 코가 썩는 악취 속에서
나무는 자라 숲을 이뤘는데
뼈와 피가 썩어 들어가는 폐수 위에서
향기로운 모국어의 꽃 피웠는데
이젠 나가라고

우리가 들어와 살아야겠다고

똥이나 누며 살아야겠다고

큰 날개 펼치고 허공을 돌며

카ㅡ카ㅡ, 카ㅡ카ㅡ 큰 소리로 울부짖는

에다가와의 살찐 까마귀들

그 까마귀에 놀라

허리 굽히지 말아라, 조선학교여!

목소리 낮추지 말아라, 조선말이여!

조국이 여기에 있으니

민족이 여기에 있으니

에다가와 검은 까마귀 떼들을 위해

다시 주먹을 꽉 쥔다

정일근 「에다가와 까마귀」

지금까지 적대시해오던 혹은 소원했던 동포들이 서로 만나게 된 것은 한반도뿐만 아니라 냉전 후 동아시아 전체의 정치적 긴장완화와 밀접하게 관련되어 있다. 약 200만명이라는 중국 조선족이 경제성장이 현저한 한국에 큰 관심을 가지고 2002년에는 이미 8만 4천명에 이르는 노동자가 한국에 취업했다고 한다. 스딸린 치하에서 고통을 겪은 우즈베끼스딴의 고려인(자제)도 적지 않게 한국에 취업했을 뿐만 아니라 조선족을 제외한 중국인과 필리핀인 등 다수의 외국인노동자가 한국에 취업하여 살게 되었다. 동아시아에서 이러한 긴밀함의 증대는 2000년 이후 특히 '동아시아시대'가 강조되고 '동아시아공동체' 창설이 열렬하게 논의되고 있는 점에서도 엿볼 수 있다. 노무현대통령은 정책구상의 첫번째에 "동아시아의 중심에 위치한 한반도는 중국과 일본, 대륙과 해양을 잇는 가교다. 유럽연합과 같은 평화와 공생의 질서를 동북아시아에서도 구축하는 것이 나의 꿈이다"(『아사히신문』 2003.2.25)라고 말했는데, 이것은 분단한국의 문제를 동아시아라는 틀 속에서 바라봄과 동시에 세계적인 '블록화' 움직임에 대응하는 사고라고 생각된다.

일본에서도 2005년 이후 '동아시아공동체' 구상이 각광을 받고 저널리즘의 화제가 되었는데, 이것은 2005년 12월 제1회 동아시아 정상회담이 쿠알라룸푸르에서 개최된 것과 관계있다. 각종 미디어가 특집을 편성하여 다양하게 논했는데, 논의의 중심은 경제, 정치, 안전보장 등에서 지역연대를 강화하여 경제대국화하고 있는 중국에 어떻게 대처할 것인가라는 것이었다. "동아시아의 통합을 좌우하는 중일관계" "신세기 초두, 동아시아 경제통합을 향한 주도권을 중국에게 빼앗겼다"(『니혼케이자이신문(日本經濟新聞)』 2005년 1월 4일 사설)는 형태로 일본의 주체적 태도를 선명히하지 않은 채 일종의 '중국 위협론'을 잠재시킨 논의의 전개였다. 결과적으로 일본은 이 문제로 주도권을 발휘하지 못하고 끝났는데, 여기에는 역사인식문제 등에서 유연성을 잃어버리고 폐쇄적인 경제씨스템과 사회질서·의식을 고집하는 보다 근본적인 약점이 있다. 그렇다기보다는 동아시아 3국의 현상 그 자체가, 경제와 문화교류의 활성화가 반드시 공존의 기반이 된다기보다 오히려 역사와 영토를 둘러싸고 빈발하는 국가간의 대립이 일거에 국가 단위의 사고를 불러일으키고 마는 단계에 있는 것이 아닐까 한다.

여기서 2006년 9월에 발족한 아베 신조오(安倍晋三) 정권에 대해 논하자면, 아베정권은 '납치문제'를 최대한 이용하여 닥치는 대로 '북한' 비판을 반복함으로써 전후에 성립한 최악의 우파정권이다. 취임하자마자 중국·한국을 방문하여 야스꾸니문제로 파탄난 외교 회복을 꾀하지만 이것도 현실외교상의 단순한 제스처에 지나지 않았다. 그러한 아베 정권은 '아름다운 나라, 일본'을 슬로건으로 내걸고 '전후 체제에서 탈각'이라는 명목하에 자위대의 해외파견, 교육기본법 개악, 헌법개정의 추진 등을 실행했다. 이것은 전체적으로 일본사회의 보수화·우경화·군국주의화를 촉진하였으며, 자이니찌 사회는 물론 한국과도 적지 않은 균열을 일으켜 동아시아 3국의 평화와 공존 이념에 반하는 것이다. 뿐만 아니라 '미일동맹'에 의지하는 아베정권은 미국하원이 2007년 7월에 만장일치로 채택한 일본군 성노예('종군위안부') 비난결의에 보이는 것처럼 미국의회·매스컴에게 '유치한 역사관' '독선적 역사인식'이라고 지적당해 마침내 참의원선거에서 대패한 후 2007년 9월에 와해되었다.

그건 그렇고, 야스꾸니 참배문제 등으로 동아시아 3국에 균열이 심화된 시기에 일본에서 '한류'붐이 일어나 일본대중의 마음을 사로잡은 것은 특기할 만하다. 2003년 4월 NHK에서 한국드라마 「겨울연가」(KBS 제작)가 방송되기 시작하여 '한류'붐이 시작된 것을 확대해서 본다면 메이지유신 이후의 역사적인 사건이며 일본인의 한국인식을 긍정적인 방향으로 크게 변화시켰다. 여기에는 경제성장과 민주화에 의해 발전한 한국의 모습이 일본대중에게 '체제 공유'의 감각을 부여하여 저속한 일본 텔레비전방송에 식상해버린 무의식적인 불만을 해소시켰다고 생각해도 좋다. 마침내 2004년 이후 일본의 텔레비전·라디오·영화·음악·신문·잡지·출판 등의 각 미디어는 경쟁적으로 한국의 문화예능 정보를 취급하고 '한류'라는 단어 보급을 강력히 추진했다. 고등학교와 대학 혹은 시민강좌 등에서 한국어(조선어)를 배우는 사람들도 급증했다.

동아시아의 범위에서 보면 '한류'는 '동아시아 소통의 도구'이고 '동아시아 네트워크'라고도 할 수 있다.[294] 단 '한류'로 한국/일본의 교류가 깊어졌다고는 하지만 북한의 핵의혹, 납치문제, 6자회담 등 한반도 전체와의 관계는 착종된 채 많은 일본인에게 남북한이 완전히 다른 나라로 인식되고 있으며, 남북분단의 원인도 남북통일의 과제도 거의 의식되지 않는 형태의 유행이다. 굳이 말하자면 '한류'붐은 일본인의 '북한'멸시감과 하나의 쎄트라고도 할 수 있으며 그런 의미에서 일본인의 역사인식을 진정한 의미에서 개선하는 데 도움이 되지는 않는다고 할 수 있다.

더구나 어떤 논자는 일본에서의 '한류'붐을 '오염되지 않은 일식 한류'라고도 한다. 일본에서 가장 사랑받고 있는 한국 드라마는 「겨울연가」이지만, 같은 '한류'붐의 중국에서 사랑받고 있는 것은 「명성황후」(KBS제작)라고 한다(高媛, 『아사히신문』 2005. 4. 16). 「명성황후」는 1895년 주한 일본공사에 의해 학살된 비극의 왕비(민비)인데, 일본에서는 바로 최근에 와서야 겨우 방영되기 시작한 드라마다. 일본에서는 마찬가지로 대하드라마 「불멸의 이순신」(KBS제작)은 아직 방영하지 않고 있는데, 이순신은 말할 것도 없이 토요또미 히데요시(豊臣秀吉)의 조선침략 당시 일본 수군에 맞서 활약한 역사적 영웅이다. 이 「불멸의 이순신」은 곧 일본에서 방영될 가능성이 있다고도 하지만, 어찌되었든 일본에서 '반일'적 요소를 가진 역사드라마는 기피되고 있으며 역사가 빠진 순애물을 중심으로 방영되고 있는데, 이것은 '한류'붐이 일본인의 역사의식 개선에 역할을 할 수 있을지 의문을 제기하게 한다. 물론 시인 쯔지이 타까시가 말한 것처럼 "무엇인가 그것도 국제감각이 희박한 일본인의 입장에서 보면 미미한 것으로 유행이 식었을 때 양국 사람들 사이에 어찌할 수 없는 소외감이 발생하는 점을 경계하고 싶다"[295]고 하는 말에 귀기울여야만 하지 않을까 생각한다.

'한류'문화는 일본인에게만 아니라 재일조선인도 만족시키는 대중문화다. 이전부터 'KNTV'에 더하여 2006년 3월부터 'KBS월드'가 일본을 대상으로 한 위성TV로서 개설된 것은 대중문화의 폭을 비약적으로 증대시켰다. 나도 그렇지만 가정의 텔레비전으로 보는 노래와 드라마는 자이니찌에게 새로운 오락이며 또한 대하드라마와 역사스페셜은 역사공부도 되고, 한국의 자연과 촌락, 각지의 유적 등을 전해주는 아름다운 영상은 가슴깊이 파고든다. 자이니찌 1세·2세는 물론 젊은 3세에게도 이러한 것들은 '이문화'이면서 '이문화'라고 할 수 없는, 즉 스스로의 '출생' '유래' '뿌리'에 연결되는 살아있는 매체로서 다가오는 실상이다. 이것은 이유와 논리로서 파악하기 어려운 공유의식으로서의 "민족성"의 실감일지도 모르겠다. 실제로도 지금 얼마 남지 않은 자이니찌 1세에게 그 "민족성"이란 타향에서 생애를 마쳐야 하는 슬픔을 노래하고 너무도 멀리 있는 고향을 꿈꾸는 것이기도 하다. 1929년 카나가와현에서 태어난 자이니찌 시인 김태중은 「꿈속의 풍경」이라는 제목으로 다음과 같이 노래했다.

꿈속에는
어김없이
공상의 풍경이
나타난다

어린 시절
늙은 지금도
꿈에 나타나는 풍경은
겹칠 때가 있다

가끔

내 꿈속에

풍경은

어머니가 소녀일 때 놀던

알지 못할

남해(南海) 바닷가와

아버지의 땅 장흥(長興)의

절벽이 있는 산야

고향은

나에게

사모의 땅

언제나 꿈길을 뛰어다닌다

『가면(假面)』, 思潮社 2007

그러고 보면 2005년 5월 모리따 스스무(森田進)·사가와 아끼(佐川亞紀) 편『재일코리안 시선집 1916～2004년』(土曜美術社出版販賣)이 간행된 것은 자이니찌에게도 일본인에게도 쾌거이다. 해방 전 41명, 해방후 44명 시인의 작품을 모은 두터운 사상 최초의 자이니찌 시선집이다. 여기에는 강인하고 풍요로우면서도 슬픈 상처, 오열, 분노 그리고 일상의 기쁨과 성찰에서 써내려간 시들이 있고, 식민지 피지배·전쟁·분난의 다항살이를 감내하면서도 조국통일을 염원해온 영혼의 외침이 뭉쳐져 있다. 평론가 카또오 슈우이찌는 에쎄이「석양망어(夕陽妄語)」에서 이 책에 녹아 있는 '고향'에 주목하여 다음과 같이 논했다. "고향-모국어-개인의 3극 구조의 의식화는 직접적으로『재일코리안 시선집』이

이야기하는 많은 삽화에 반영되어 있다. 그 풍부한 색채와 음색 (…) 시인들의 노래 내용은 그들이 살아온 경험과 뗄 수 없으며, 그 경험은 고유한 환경과 역사에 의해 예리한 조건이 되었다. 그러나 조건의 특수성은 시적 표현의 한계가 아니다. 오히려 역으로 환경과 역사의, 따라서 경험의 개별적 일회성은 그 표현이 그곳에 집착하면 집착할수록 깊이 고집하면 할수록 보편적인 것이 되고 세계를 향해 개방된다——이 역설이야말로 시적 창조력을 정의하는 것이 아닐까"(『아사히신문』 2005.7.20).

고난에 가득 찬 재일조선인의 역사도 이러한 한권의 시선집으로 정리되어 편찬되면 시에 내재하는 서정성이 살짝 엿보이고 아름다운 반향을 울릴지 모르겠지만, 그러나 여기에 응축된 시인 한사람 한사람의 인생 그리고 자이니찌의 인생은 역시 가혹한 것이었다고 말할 수밖에 없다.

결론을 대신하여

기억과 시선, 그리고 사상을 논하는 것의 의미

일본과 한국의 현재

패전/해방 후의 일본, 한국(한반도 남부), 그리고 재일조선인의 역사와 생활은 전사(前史)의 후유증을 그대로 계승한 것이다. 전후의 일본은 과거의 조선침략·식민지 지배·남북분단에 대하여 기본적으로는 어떤 사죄나 배상도 하지 않았으며 과거청산은 거의 안된 상태로 있다. 이러한 가운데 2007년 9월 자민당의 후꾸다 야스오(福田康夫)가 새롭게 내각 총리대신에 취임했다. 그리고 남북분단의 한국에서는 2008년 2월 한나라당의 이명박이 새 대통령에 취임했디. 10년 만의 보수정권 탄생인데, 취임연설에서 "금년은 건국 60주년이고 한국 선진화의 원년이다"라고 선언했다. 모두 한국/일본의 관계개선에 의욕적이라고 하지만 역사인식과 영토문제, 그밖에 여러 현안이 산적한 채로 있다.

패전/해방에서 60여년, 일본과 한국은 차이점도 있지만 공통점도 많다. 경제성장에 어느정도 성공했지만 2000년대 들어 신자유주의 경제정책하에 사회의 중산층이 줄어들고 전체 고용자 가운데 비정규직이 차지하는 비율이 2007년 현재 일본은 33.2%, 한국은 36%에 달하고 있다. 즉 일본과 한국에서 동시에 계급간 계층간 격차가 현저해지면서 계급문제가 날로 심각해지고 있다. 더구나 극도의 난숙(爛熟)과 향락, 지구환경파괴, 이상의 상실이라는 현대자본주의의 특질이 더욱 노골화되어가는 가운데 사람, 돈, 물건, 정보가 국경을 넘어서 왕래하며 역사상 전례가 없을 정도로 사람들의 관계가 넓고 깊어지고 있다.

지금까지 패전/해방 후 여러 사건과 이를 통한 사상체험을 이것저것 서술해왔는데, 마지막으로 이러한 특징을 포함해서 나 나름의 생각을 논하고 싶다.

우선 현재 한국/일본의 차이를 어떻게 볼 것인가 하는 점인데, 3년간 『한겨레신문』의 토오꾜오 특파원을 지낸 박중언은 일본을 떠날 때 일본시민과 한국시민에 대해 재미있는 비교를 했다(2007. 1. 29). 일본에서는 호헌운동 등이 각지에서 성행하고 있지만 그들의 소리는 잘 들리지 않는다. 전국단위의 시민단체가 거의 없고 주요 언론도 그러한 움직임에는 관심이 없다. 순응하고 체념하는 일본인의 사고와 태도는 사회의 안전성 유지와 숨막힐 듯한 경쟁의 완화에는 도움이 된다. 그러나 그것은 보기에 따라서는 시민혁명의 부재와 보수 자민당의 장기집권이라는 일본 사회체제의 근본원인이기도 하다. 여기에 비해 한국은 시민세력이 언론과 결합하여 변화를 모색하고 여전히 강한 발언력을 가지고 있다. 단 그 영향력에 비해서 기초가 너무 약하다는 것이 그간의 과제였다. 일본 시민세력의 기능 부재는 기존 질서에 지나치게 순응하는 국민성과 함께 사회의 동력을 떨어뜨리는 핵심요소다. 여기에 비해 한국사회는 역동성이 넘치는 것이 오히려 약점이다. 식민지·분단·전쟁·

군사독재 등 왜곡된 근대사는 사람들로 하여금 항상 권력과 부의 정당성을 의심하게 했다. 이러한 사실은 사회변혁의 주요한 에너지로 작용함과 동시에 자신을 반성하기보다는 타자에 대한 불만을 전면에 내세우는 경향으로 이어진다.

한국/일본의 차이는 다양한 국면에서 볼 수 있는데, 시민과 시민운동의 존재방식에 관한 이같은 견해는 대체적으로 납득할 수 있다. 이것은 이 책이 중심축으로 삼아온 '탈식민지화'의 과제와도 직접 연결되는데, 한국/일본의 시를 둘러싼 상황의 차이에 대해서도 마찬가지로 적용해서 이야기할 수 있다. 시인 하야시 코오헤이(林浩平)는 다음과 같이 말한다. "일본 현대시의 세계는 조타수를 잃어버린 배와 같이 가야하는 방향을 잃어버린 중증의 위축·침체상황에 빠졌다고 보아도 좋을 것이다. 견인차를 담당해야 할 실질적이고 유일한 상업 시잡지는 (…) 극단적으로 보수화했"다(『토쿄신문』 2008. 3. 15). 한편 한국의 시인 김응교는 포스트모던화와 그외 다른 영향을 받은 한국 현대시에 더욱 기대를 걸면서 세 가지를 제안하고 있다. 첫째 역사적 현장을 묘사하는 서정정신을 회복할 것, 둘째 우주적인 소위 '초월적 상상력'을 회복할 것, 셋째 지금까지의 다양성과 세련성을 성숙시켜온 과정을 포함하여 실험을 계속할 것 등이다.[203] 이것은 당연히 한국 현대시가 더 많은 생명력을 가진 것을 전제로 한 제언이다.

'기억'과 내셔널리즘

한국/일본의 시적 상황은 물론 역사인식의 존재방식과 연결되어 있는데, 역사인식에 대해서는 이미 여러가지 논해왔으니 최근 화제가 되고 있는 '기억'의 문제에 대해서 조금 논하고 싶다.

주지하는 바와 같이 기억이란 망각의 반대개념이다. 오늘날의 한국/

일본에서 기억과 망각이라면 그것은 전쟁·침략·식민지 지배·분단·전쟁책임·전후책임 등과 불가분의 것으로 이야기된다. 그러나 현실문제로서 기억 그 자체가 얼마나 명확하고 신뢰할 수 있는 것인가 하면 반드시 그렇지는 않다. 실제로 기억이란 기억과 망각의 틈새에 있는 것 혹은 그 사이에서 신음하는 것을 가리키는 것은 아닐까. 문예평론가 코바야시 타까요시(小林孝吉)는 '위안부' 할머니들의 고유한 기억, 전쟁과 혁명의 사자(死者) 한사람의 기억을 예를 들어, "기억이란 잃어버리고 싶다/그것 없이는 살아갈 수 없다. 상흔/재생, 일본인/조선인, 남/여, 피해/가해 그러한 존재의 곤란한 괴리와 함께 존재한다"고 단언한다.296

실제로 '한류'붐으로 가볍게 한국을 방문하는 사람이 끊이지 않는 가운데 반대로 아직도 망향의 염원을 필사적으로 억누르고 있는 식민자 2세의 할머니도 있다. "「겨울연가」 붐도 있어서 한강이 텔레비전에 비치는 일이 많아졌다. 강물의 흐름을 볼 때마다 필자의 눈시울은 뜨거워진다. 식민지 지배에 대해 미안한 감정과 그리움이 지금도 교차하고 있다. 지금까지 한국을 방문할 기회가 여러번 있었지만 아직 가보지는 않았다"(『아사히신문』 2005년 8월 25일자 「목소리」).

이것은 기억이 망각과의 틈새에서 흔들리는 것이라 하더라도 기억이 정치성이라든가 윤리성 등과 깊이 관련된 것임을 말해준다. '시선'이라는 단어도 기억의 정치성, 그리고 특히 기억의 윤리성과 밀접하게 관련된 것이라 생각한다. 당연히 이것은 일본과 한국에서 기억의 문제를 어떻게 취급하는가 하는 문제가 된다.

한국의 경우 군사정권 시대에 만들어진 독립기념관 등은 별도로 하더라도 민주정권이 10년간 지속됨에 따라 민주주의를 추구하는 과거의 투쟁을 기억하는 사회적 장치가 조금은 정비되었다. 예를 들면 보수·

우파의 격렬한 공세 속에서도 민주화운동의 역사적 의미를 국가적으로 계승하고 발전시키려고, 김대중정권 시절인 2001년 6월에 성립된 법률에 기초하여 공공특수법인(행정자치부 등록)의 민간기구로서 '민주화운동기념사업회'가 설립되어 오늘날에 이르기까지 민주화운동 관련 자료의 수집 전시에 많은 노력을 기울이고 있다. 서울시 중심부에 위치한 사업회의 사무실과 연구소 및 사료관은 멋진 건물인데, 고난에 가득찬 현대사를 저항해온 사람들의 입장에서 기억하려고 하는 한국사회의 고결한 일면을 보여준다. 지금까지의 각종 사업 외에 수십권의 책, 수백권의 기록집, 연구서 등도 간행했는데, 예를 들면 2006년 12월에 간행된 『5월 광주를 넘어 6월항쟁까지: 사랑도 명예도 이름도 남김 없이─80년대 전반기 학생운동 기념문집』을 보면 여기에는 투쟁에 매진한 학생들의 청춘의 숨결, 참기 어려운 고통과 고문의 괴로움 등이 역사를 재현하는 듯한 사실적인 문체로 기술되어 있다. 한국에는 이러한 시설이 공적으로, 혹은 그것에 준하는 형태로 적지 않게 있지만 일본에서 정부기관 혹은 그것에 준하는 기관에 의해 민중저항의 기억이 수집, 보존되고 있는 시설이 있는지 어떤지 견문이 좁아 알 수 없다. 기억한다는 것은 즉 과거와 현재 그리고 미래에 대한 뜨거운 시선을 의미하며 여기에는 과거를 응시하려는 사상이 도도히 흐르고 있다고 할 수 있다.

이러한 점에서 볼 때 한국에서 민족주의에 대한 논의가 다양한 형태로 전개되어 저항적 혹은 진보적 민족주의가 주류를 형성하고 있는 것은 한국사회의 발전에 유익하게 작용하는 것으로 생각할 수 있다. 이른바 한국에서 민족주의는 더욱이 정치적 정의로서 위치하며 여기에서 민족은 '통일조선'으로 이어지는 근대적 독립국가를 담당할 주체로서 인식되고 있다. 이것은 세끼 히로노(關曠野)가 시사한 것처럼(『圖書新聞』 2003.8.2) 일본에서 '민족통일의 중심'으로 간주되는 천황 및 천황제가 실질적으로는 민족 주체의 부재를 숨기고 허구의 천황주의＝민족주의, 내셔널리즘의 근거가 되고 있는 것과 커다란 차이를 보이는 점이 아닐까 생각한다.

물론 민족주의, 내셔널리즘이 국민국가의 형성·유지·발전과 함께 전개되어온 것은 분명하며 이것이 '국가'(state)에 중점을 둘지, 아니면 '국민'(nation)에 중점을 둘지에 따라 항상 극단적인 양면성을 드러낸 사실은 말할 것까지도 없다. 현재 진행중인 논의에서는 그 '국민'이라는 일체적인 '환상적' 관념에도 비판이 가해지기 시작했는데, 이러한 점에서 볼 때 한국에서 '"민족주의"는 아직 유효한가'라는 논의가 자주 반복되는 사실 자체가 어떤 의미에서 건강한 것이라고 생각된다.

최근의 논의에서 임지현처럼 탈민족주의적 주장이 있는 반면 주류는 역시 김동춘이 논한 것처럼 대자본의 폭력적 세계화에 대응하는 공동체적인 방어기제로서 민족과 민족주의의 존재는 여전히 유효하며 정당하다고 주장하는 것이 아닐까 생각된다. 김동춘의 이러한 사고 자체는 앞서 논한 나의 '지식인 지도'에서는 '좌파적 시민사회론'으로 분류되며『경향신문』의 '이념 분포도'에서는 '진보적 시민사회론'에 해당하는 것으로 결코 '민족주의론'으로 이해되지는 않는다. 그런 만큼 한국에서는 더욱더 민족주의적인 사고가 광범위하게 공유되고 있는 것이다. 다른 말로 하면 이것은 민족통일의 과제가 미완인 채로 신자유주의가 국민경제를 위협하고 있는 현시점에서 "민족"은 더욱 사회통합의 구심점으로서 의미를 갖는다는 생각이기도 하다(『교수신문』 2007. 11. 19). 더구나 그러한 "민족"은 "계급"과 만남으로써 더욱 강화된다는 점도 강조되고 있다(『한겨레신문』 2007. 12. 8).

다만 이렇게 말한다고 해서 한국의 지식인이 온통 민족지상주의적 사고에 빠져 있는 것은 아니다. 사실 시인 고은은 다음과 같이 말한다.

"포스트모던적 논의에서는 '탈국가'까지 포함해서 논하고 있지만 '완전한 근대국가'를 이룩한 뒤의 작업이겠죠. 우리들이 고민해야 할 과제는 '근대의 재근대화'이고 이것이 일본과 다른 점입니다" "절실히 '완전한 근대국가'를 열망하면서도 '우리들은 동시에 국가라는 것을 의심하지 않으면 안됩니다'" "만약 조국이 통일된다면 그때는 내 몸속에 진저리 칠 만큼 들어붙어 있는 민족이라는 개념을 버리고 싶다고 생각합니다" (『아사히신문』 2001.5.26). 그렇게 보면 '민족문학작가회의'가 2007년 12월에 그 명칭에서 '민족'을 빼고 '한국작가회의'로 새롭게 출범한 것도 오랫동안 고통스러운 논의 끝에 더 넓은 공감을 얻기 위한 조치로, 결코 민족문제와 민족주의의 중요성을 경시한 것은 아니다.

어찌되었든 현시점에서 한국의 최대목표는 국가형태를 정리하는 것, 즉 민족통일·조국통일의 달성이며 이를 위해서도 민족주의는 불가결한 의미를 갖는다. 실제로 한국의 학생들은 물론이고 남북과 해외동포들이 모였을 때 마지막으로 어깨동무를 하고 노래하는 애창가는 「우리의 소원은 통일」로 정해져 있다. 이 노래는 1947년 KBS라디오 합창단장이었던 안병원이 작곡하고 그 부친 안석주가 작사한 동요인데, 1985년 남북 음악교류 이후 급속하게 민족의 노래로 뿌리내렸다.

> 우리의 소원은 통일 꿈에도 소원은 통일
> 이 정성 다해서 통일 통일을 이루자
> 이 겨레 살리는 통일 이 나라 살리는 통일
> 통일이여 어서 오라 통일이여 오라

단, 부언해둔다면 한반도에서 통일국가가 만들어진다고 해서 한반도에 사는 사람들이 민족주의를 불필요한 것으로 여기게 되지는 않을 것이다. 원래 민족주의, 내셔널리즘은 필요/불필요에 의해 취사선택되는 것이 아니라 사람이 운명적으로 태어난 후 불가피하게 부여되는 것이다. 귀속감이라든가 정체성이라는 것 자체는 민족주의, 내셔널리즘과 불가분의 관계에 있으며, 이것을 무리하게 부정하는 것은 역으로 새로운 혼란을 발생시킨다. 문제는 각자가 부여된 민족주의, 내셔널리즘의 내실을 항상 점검하고 타자와 통하는 것으로서 어떻게 재구성해갈 것인가다. 이러한 것은 일본의 경우에도 동일하다. 일본인이 타민족, 타국가에게 억압받아 민족성을 말살당하고 있는 사람들 또는 한국의 민족주의 혹은 내셔널리즘에 대해서 일정한 이해를 표하는 것은 극히 일상적인 것이라 할 수 있다. 그러나 일본인 자신은 좋든 싫든 민족주의 혹은 내셔널리즘과 불가분의 관계에 있다는 것을 애써 자각하지 않고 인정하지 않는다. 민족주의적이면서 무자각이라고 해야 할 것인지.

이러한 점에서 과거 타까하시 테쯔야가 "현재의 일본인이 과거의 전쟁과 식민지 지배에서 유래하는 책임을 아시아의 피해자에게 추궁당할 경우 내셔널리즘에 가담하는 것을 거부하면서도 어떤 의미에서 '자국'의 과거를 이어받지 않고서 그 질문에 대답할 수 있을까?"[297]라고 말한 점에 유의하고 싶다. 명시적이지는 않아도 여기에서는 천황제에 수렴되는 혹은 복고적인 의미를 가진 내셔널리즘과 과거를 이어받는 것을 분리해서 고찰하고 있다. 이른바 '자국'의 과거를 이어받는 것은 내셔널리즘과 관계없는 것으로 오히려 부정적인 내셔널리즘에 저항하는 것이라는 뉘앙스가 엿보인다.

이 책에서는 일관되게 '일본인'은 '일본인'이라는 것을 더욱 자각해야만 과거를 청산하고 타자와 연대하여 공생할 수 있는 길이 열린다는 점을 역설해왔다. '일본인'으로서의 자각을 촉구하는 것이 왜 타자 멸시의 내셔널한 의식을 증폭시키게 되는가. 그것은 일본의 많은 지식인에

게 '일본인'으로서의 자각이 천황주의로 직결되는 것으로만 이해되고
있기 때문은 아닐까. 바꾸어 말하면 '일본인으로서의 자각'이 천황제 반
대, "공화제" 실현이라는 방향으로 향하지 않는 한 내셔널리즘은 항상
악이며 일본인은 내셔널리즘 없는, 따라서 '과거'를 이어받으려 하지 않
는 '시민'이 될 수밖에 없는 것이 아닐까. 혹시나 해서 말해둔다면 여기
서 "공화제"가 절대적 가치를 갖는 것이라고 말하지 않았다. "공화제"하
에서 독재자가 등장한 것도 세계사의 사실이다. 단 그것이 "공화제"를
부정적으로 보는 이유가 되지 않는다는 것도 분명하다.

2000년대에 들어와서 일본 국내에서 토오꾜오 대공습과 특공대, 히
로시마·나가사끼 등을 소재로 많은 텔레비전 드라마와 영화가 방영되
었다. 매년 8월에 반복되는 히로시마·나가사끼·'종전'기념 '추도의 여
름'도 동일하다. 여기서는 '불쌍한 일본인'이 주인공으로, 전쟁과 식민지
지배의 직접적 피해자인 아시아 사람들은 일방적으로 무시당한다. 물
론 많은 일본인이 전쟁의 희생자였음을 부정하는 것은 아니지만, 일본
인의 전쟁관은 최근 피해자적인 심정에 빠져들기만 하고 있는 것처럼
보인다. '전쟁' 그 자체에 죄를 뒤집어씌우고 이것을 면죄부로 이용하면
서 나아가 자신들에게만 '휴머니즘'을 논하려는 경향이 강해지고 있을
뿐인 것 같다. 2008년 1월 요미우리신문의 여론조사에 의하면(2008. 1.
25) '일본국민'임을 자랑스럽게 생각하는 사람은 93%에 달한다고 한다.
일본국민을 일본인으로 바꾸어 읽어도 그렇게 큰 차이가 없는데, 그렇
게 해서 많은 일본인이 '일본인인 것'에 긍지를 가지는 가운데 일본국
민의 압도적 다수가 자신의 정체성을 막연하게나마 확인할 때 상징천
황은 그 중심적 위치를 차지하고 있는 것으로 보이며, 여기서는 천황제
와 불가분의 관계에 있는 정신구조나 감정은 내면적으로 추궁당하는
일 없이 극복이 불가능한 것으로 봉인된 채로 있다. 타께우찌 요시미가

천황제적인 민족적 심정＝내셔널리즘이 '피부 감각' 그 자체에까지 스
며든 가운데 일본인은 '근면함'을 통해 서구의 압력을 배척하고 보란 듯
이 번영했지만 그 어디에도 '저항'의 그림자조차 없는, 그러한 '자아가
없는' 일본은 유럽에서도 아시아에서도 존재하지 않을 뿐 아니라 '아무
것도 아닌' 것이라고 한 것은 그런 의미에서 민족주체의 부재를 적확하
게 표현한 것이 아닐까 생각한다.

'화해'에 대하여

기억과 시선 그리고 망각에 대해 논해왔는데, 최근 '화해'라는 단어
가 신경 쓰인다. 논단의 일부에서는 '기억과 화해'라는 식으로 하나의
상용구로 통용되는 듯한 느낌도 있지만 그렇게 간단하게 '화해' 라는 단
어를 사용해도 좋은지 의문이다. 확실히 최근 한국/일본 그리고 중국
등을 포함하여 '민중연대'를 내건 움직임이 활발해지면서 아시아 공통
의 역사교과서를 만드는 프로젝트가 진행되는 등 화해를 위한 노력이
다양하게 축적되고 있는 사실을 한데 묶어 부정하는 것은 아니다.

그러나 예를 들면 최근 박유하의 『화해를 위해서: 교과서·위안부·
야스꾸니·독도』라는 책이 오사라기 지로오(大佛次郎) 논단상을 수상
해 화제가 되고 있는 것을 보면 '화해'에 대해 한번 생각해볼 필요를 느
끼지 않을 수 없다. '교과서·위안부·야스꾸니·독도'라는 부제로 한국/
일본 쌍방의 문제를 전면에 내세워서 '화해'를 주장하는데, 보기에 따라
서는 상당히 대담하다고 할까 용기가 필요한 일이기는 하다. 저자는 원
래 일본문학 연구자로 『화해를 위해서』를 내기 전에 『반일 민족주의를
넘어서: 한국인의 반일감정을 해독한다』(안우식 번역, 河出書房新社 2005)
라는 책도 출판했다.

1957년 서울에서 태어난 박유하는 고등학교 졸업과 함께 일본으로

548

건너가 게이오대학과 와세다대학 대학원에서 공부했는데『반일 민족주의를 넘어서』한국어판 원본(2000년 간행)[298]에 의하면 대학원 재학중일 때 통역회사 '사이마루'의 통역사로서 각종 수뇌회담에서 한국측의 노태우대통령을 비롯한 정부수뇌와 서울시장, 일본측의 타께시따 노보루(竹下登) 수상 등의 통역을 맡았다고 한다. 이른바 박유하는 70년대 후반 이후 민주화운동이 격렬하게 전개되던 한국에서가 아니라, '평화'로운 일본에서 공부하고 한국/일본의 수뇌회담에 배석함으로써 양국의 최상층부와 접한 셈이다. 정신형성의 중요한 시기를 일본에서 보내면서 그사이에 정치·외교에서의 타협·절충·형식·퍼포먼스라는 것을 배운 것으로 보인다.

『화해를 위해서』를 읽어보면 박유하의 일견 명쾌하고 힘찬 논리전개에 빠져들게 되는데, 실제로도 일본의 근대사와 조선/일본의 관계사에 대해 이해가 부족한 대부분의 일본인, 특히 젊은이들은 곧바로 납득해버릴지도 모르겠다. 그러나 무엇보다 그녀의 논리전개는 조잡하고 역사적 사실에 대한 오해·곡해가 많다. 전후 일본의 존재형식을 과대하게 평가하고 한국의 민족주의를 과도하게 혹은 부당하게 비판하고 있다. 그녀 자신은 "좌도 우도 아니라"고 하면서 한국/일본의 '자학사관 비판' 논자와 같은 말을 하고 있지만, 그 입지는 애매하며 굳이 말한다면 '사이비 우파 심정주의'라고 할 수 있지 않을까.

다른 사람의 문장 인용도 자의적이다. 뉴라이트의 중심인물이기도 한 이영훈의 문장을 안이하게 인용하여 일제지배를 옹호하는가 하면, '위안부'의 존재를 인정하고 일본 국가의 책임·보상을 요구하는 요시미 요시아끼도 마치 '위안부의 강제연행'을 부정하고 있는 것처럼 기술하고 있다. 무엇보다도 전후 일본은 '평화주의였다' '반복해서 사죄를 했다'고 하면서, 그에 비해 한국은 계속해서 일본을 규탄하고 있는 '강자로서의 피해자'라는 구조설정 자체가 부당하다. 그녀는 한국에 대한 일본의 청산은 '보상'을 포함하여 한일조약에서 모두 해결되었다는 입장을 취하면서 '새역모'의 교과서에 호의적인 태도를 보인다. 그리고 그녀는 일본 정치가는(엘리뜨 관료도 포함하여) 그 누구도 악의는 없으며 어리석지도 않다고 하면서, 코이즈미 수상의 야스꾸니 참배를 평가하고 독도/타께시마를 '평화의 섬'으로 '공동관리'할 것을 아무런 전제도 없이 주장한다. 한국/일본의 틈을 메우기 위해서는 '화해'가 불가결하고 이를 위해서는 '국가' '국민' '근대' '내셔널리즘'을 넘어설 필요가 있다고 한다.

　박유하의 사고에는 '남북분단'이라는 사실과 그것이 가져다준 '고통'에 대한 공감이 보이지 않는다. 그 자체는 '국가' '국민' '근대' '내셔널리즘'을 심각하게 생각하지 않고서는 알 수 없는 것이다. 더구나 분단과 전쟁, 친일파·군사독재, 민주화운동, 남북적대의 지속 등이 가져다준 사람들의 일상생활, 정신의 깊은 내면에 남아 있는 아픔은 지금까지 이 책에서 상술한 것처럼 모두가 일본과 관계를 갖는 것이다. 그럼에도 불구하고 『화해를 위해서』에서는 남북분단에 관한 기술이 전무하다. 북한에 대해서도 마찬가지로, 있는 것은 오로지 '일본'과 '한국'뿐이다. 독도/타께시마의 '공동관리'라는 것이 과연 한국/일본만의 문제일까. 만에 하나 있을 수 있다고 하더라도 그것은 '통일조선'이 되고 나서의 이야기다.

　원래 독도/타께시마는 첨예한 역사문제이고 한국의 민족주의가 소리 높여 주장해 발생한 문제가 아니다. 굳이 말하자면 이것은 일본측의 문제'제기'에 한국측이 반발했을 뿐인 문제이다. 1904~1905년의 러일전쟁중에 발틱함대와의 결전이 임박한 일본해군은 독도/타께시마의 전략적 가치를 인식하게 되었고, 여기에 기초하여 일본정부는 그때까지

'본국과 관계없음'을 주장해온 것을 번복하여 애써 '무주지'임을 강조하면서 급히 시마네(島根)현 편입 수속을 진행했다. 조선의 식민지화는 기정사실이었고 실제로도 포츠머스조약 조인 후 곧 한국통감부가 설치되었다. 즉 일본제국은 본토에 가까운 독도/타께시마를 시마네현의 관리하에 두고 조선반도 전체를 한국통감부에 통치시킨 것이다. 영토문제는 세계사적으로는 힘의 상호관계로 결정되는 것이다. 군사력, 조약, 외교교섭, 국제정세, 실효지배의 유무 등이 있는데 조선의 외교권을 빼앗은 후 일본제국이 1909년 남만주철도부설권과 탄광채굴권을 획득하는 대신 두만강 이북의 간도지역(현재의 중국 연변 조선족 자치주 일대)을 청국의 영토로 인정하는 '간도조약'을 체결한 것도 마찬가지다. '독도'가 한국 혹은 통일조선의 영토라는 사실은 이미 논의의 여지가 없다. 역사적 경위에 대해서는 2007년에 동시에 간행된 나이또오 세이쮸우(內藤正中)·박병섭(朴炳涉)의 『타께시마＝독도 논쟁: 역사자료로 생각한다』(新幹社) 및 나이또오 세이쮸우·김병열(金炳烈)의 『사적 검증 타께시마·독도』(岩波書店)를 참조하면 좋다.

박유하는 『반일 민족주의를 넘어서』에서 "양국의 수뇌가 만날 때마다 '반성'과 '사죄'는 있었다"고 하면서 "그들이 표면적으로든 형식적으로든 '사죄'한 건 사실이다"라고 한다. 천황의 말과 수뇌회담에서의 일본수상의 말을 가리켜 말한 것 같은데, 천황과 수상은 그때그때의 상황에 유리하게 말했을 뿐이며, 그후 곧바로 정부와 여당수뇌의 '망언'이 반복되어온 것은 새삼 말할 나위도 없다. 일본에서 국권의 최고기관은 국회이고 국회가 결의와 법률, 조약 등의 형태로 반성·사죄·보상을 명확히하지 않는 한 거의 의미가 없다. 한일조약에서의 속임수가 그것이고 전후 50년의 국회결의의 비참함이 이것을 입증하고 있다.

박유하는 같은 책에서 한국 민족주의자의 이름을 얼마간 거명했는데, 그중에는 분명히 '반일'을 기치로 한 작가도 있다. 내 '지식인 지도'에서 '보수적 민족주의'로 분류된 신용하와 '복고적 민족주의'로 분류된 김지하도 있다. 그러나 그러한 인물은 한국에서도 그 교조성과 종교성에 대해 널리 비판되고 있으며 한국 민족주의를 대표하는 것은 아니다. 『화해를 위해서』에서는 작가 조정래와 이문열, 시인 고은과 조병화 등을 비판하고 있다. 좌우를 뒤섞어 이름을 들고 있는 식이다.

박유하는 한국의 민족주의를 '반일'이라고 결론내리고 있다. 나는 식민지 피지배/분단의 역사를 배경으로 한국의 지식인이 '민족주의적'이며 여기에 '반일'적 요소를 포함하고 있는 것을 부정하지는 않는다. 그중에는 '반일'에 집착하는 사람도 있을 것이다. 반성해야만 할 점도 많이 있지만, 그러나 그러한 것이 곧바로 한국의 민족주의 그 자체를 '반일'로 단정지을 이유는 되지 않는다. 독도의 영유권을 주장하는 것 자체가 '반일'의 입증이 된다는 논법인데 그런 논법을 사용한다면 한국지식인의 대부분은 '반일'주의자가 되어버린다. 고은이 그러하듯이 실제로는 한국 사상계의 중추를 이루는 '좌파 민족주의'라든가 '진보적 시민사회론'의 지식인은 극히 '친일'적이다. 그들 중 많은 사람은 일본을 방문해 일본의 친구들과 더불어 주식(酒食)을 함께하며 연대를 위한 집회와 운동에 참가하고 있다. 그런 점에서 도대체 누구를 가리켜 '반일' 민족주의자라고 한 것인지 반드시 명확하지는 않다. 더구나 한국 전체가 지금은 '반일'은커녕 '친일'로 가득 차 있는 느낌이다. 서적뿐만 아니라 영화·음악·일본요리, 그리고 일본 관광여행 등 '현대' 일본이 흘러넘치고 있다. 그럼에도 한편으로는 젊은이를 중심으로 냉정한 형태로 '일본이탈'이 진행되고 있는 것도 사실이다.

어찌되었든 박유하는 이러한 잘못된 '논리'를 전제로 주저없이 '화해'를 외친다. "화해 성립의 열쇠는 결국 피해자측에 있는 것은 아닐까"

라고 하여 "일본은 한국이 사죄를 받아들이기에 충분한 노력을 했다" "(피해자는) 사죄를 확인한 후에 용서할 것이 아니라 용서가 우선되어야 하지 않는가"(『화해를 위해서』일본어판 「후기」)라고조차 단언한다. 무엇보다도 '화해'가 전제가 되어 있어 일순 놀라는데, 이러한 '논리'는 어딘가 일본인·우익 파씨스트가 말하는 "사죄거부야말로 '화해'의 첫발"이라는 말과 표리일체의 관계에 있는 것은 아닐까 생각된다.

사회사상사를 전공하는 하야오 타까노리(早尾貴紀)는 『화해를 위해서』를 평하여[299] "양 진영에서 등거리에 있는 객관적인 조정자인 것처럼 말한다. (…) 궁극적으로는 쌍방의 민족주의자 사이에 양보하기 어려운 논쟁이라는 구도가 되어 필연적으로 거기서 도출되는 화해안은 '내셔널리즘을 넘어서'라는 추상론이 되는 경향이 있다"고 날카롭게 비판하고 있다. 동시에 하야오는 비슷한 시기에 출판된 젊은 연구자 윤혜영의 『폭력과 화해의 사이: 북아일랜드 분쟁에서 살아가는 사람들』(法政大學出版局 2007)을 평하여, '화해'라고 하는 제목에도 불구하고 실제로는 여기서 '살아가는 사람들' 앞에서 쉽게 '화해'를 말하는 것에 '주저'하고 있다고 논한다. 그만큼 박유하의 '화해'론이 '이항대립을 초월한 듯한' 말투라고 하는 것인데, 현실적으로는 그것이 '아사히' 계열을 중심으로 일본 미디어에서는 크게 반기고 있는 것이다.

어떻게 살아갈 것인가 — '사상'을 논하는 의미

박유하에 대해 논한 것은 '화해'의 의미에 대해 생각해보기 위해서다. 그러나 더 본질적인 의미에서 화해뿐만 아니라 기억, 망각, 용서라는 것에 대해 생각해본다면 한국 출신의 정치학자 이정화의 주장에 귀 기울일 필요가 있다.

이정화는 『중얼거림의 정치사상: 요구되는 시선·슬픔에 대한, 그리고 숨겨진 것에 대하여』(靑土社 1998)와 『요구의 정치학: 언어·춤추는 섬』(岩波書店 2004)의 두권의 책을 출판했다. 모두 학술논문은 아니고 상처 입은 사람들의 기억과 증언, 그리고 망각과 언어, 삶 그 자체를 둘러싼 에쎄이와 대화집이다. 문장이 시적이어서 나에게는 이해하기 힘든 문장이지만 깊은 사색을 동반한 철학적 탐구서다. 이정화는 『중얼거림의 정치사상』에서 제주도 4·3사건 당시 아버지는 섬 최후의 게릴라였다고 한다. "이것은 얼마간의 '배(舟) 이야기'이다"라고 하는 이정화는 조선어의 '배'는 일본어의 '배(腹)'와 '배(舟)'의 두 가지 의미를 갖는다고 한다. 살육과 상흔의 기억이 배를 타고 기나긴 망각의 시기를 지나 계속 표류하고 있다. 이것은 국가·민족·남·여에 관련된 것이고 또한 가족·고향·어머니·자식에게도 관련된 것이다. 미군기지와 그곳에서 혼혈아의 매춘, '위안부' 할머니 등 한사람 한사람의 고통을 실은 고유의 배 이야기가 중얼거림처럼 이야기되고 '모성' 그리고 집단이나 민족의 슬픈 기억에 얽힌 이야기가 묘사된다. "'배 이야기'는 순환. 이 순환 자체가 살아있는 몸의 움직임. 혹은 상징으로서의 몸의 움직임. 순환하지 않고서는 살아갈 수 없는 것. (…) 한탄, 저주, 혹은 외침으로밖에 이야기할 수 없는 피해자, 억압의 기억을 포함한 '자기존엄'에 이르는 길로서……"

이정화에게 피해/억압의 기억은 언어화할 수 없는 것인 듯하다. "이야기할 수 없는 기억. 역사화할 수 없고 해서도 안되는 기억. 파편과 같은 기억. 지금도 계속되고 있는 본인들의 삶으로 이어지는 기억. 더구나 피해/억압의 기억이 교차되지 않는 '악순환'을 풀어헤치고 '진정한 의미에서 공생, 더불어 살아가는 가능성을 설정하'기 위해서 이것은 '끌어안고, 껴안고, 품에 안고, 품는 (…) 그러한 문제라고 생각한다.' 그러나 현실적으로는 '끌어안는' 시선, 연민을 포함한 존엄에 대한 시선"은 없다고 한다. 그래도 이정화는 피해/억압이라는 두 가지 기억이 만나서 죄와 한을 풀 가능성을 부정하지 않는다. "위로부터의 용서, 위로부터 주어진 공생이란 것은 억압된 자의 마음이 위로되지 않는 한 근본적으로 너무 어렵다. 이것이 현실의 냉엄한 모습이기도 하다. 그때 자신의 배에 탄 남자들, 그들을 역으로 어루만져주고 껴안는다고 하는 이 행위 자체가 타자와의 공생의 길을 열어주는 것이 아닐까." 그것은 "뭐든지 좋고 부드러움을 나타내는 무한한 포용력의 우의(寓意)가 아니라, 철저하게 개인으로 살아가는 데 있어서 도저히 피해서 지나칠 수 없는 공동성을 (…) 구체적으로 찾아가는 시도다'라고.

김석범(金石範)은 이러한 이정화의 생각에 대해 "그것은 억압된 자의 한을 넘어서 억압자를 더불어 껴안는 구원-생에 대한 길"이라 평했으며, 또한 우까이 사또시(鵜飼哲)는 "'마이너리티'=하층민(subaltern)이야말로 개(個)"라고 한 중요성을 강조한다. 그때 이정화에게 개체〔個〕로 내려온 위치는 식민지의 상흔을 가진 조선반도이자 아버지를 포함한 수만명이 살해당한 제주도이며, 그리고 '여자'였다(『요구의 정치학』). 이러한 이정화의 사색을 볼 때 여기에 '용서'라는 단어에 이어지는 것이 있으며 보기에 따라서는 '화해'로 이어지는 것이 있는 것처럼도 보인다. 그러나 이정화 자신은 실제로는 그러한 단어로 표현되는 것보다 더욱 깊은 어둠 속에 침잠하여 고향과 부모로 이어지는 기억의 단편을 '고통'으로서, 한사람의 개인으로서의 의미부여 속에서 살아가려는 것처럼 생각된다. 아마도 이정화에게 있어 '용서'나 '화해'라는 난어는 민족이라는가 국가라고 하는, 이미 선험적으로 사전에 의미부여된 종래의 공동체에 관련된 것이며 그렇게 간단히 말할 수 있는 것은 아니라고 생각된다.

모순으로 가득 차 있지만 그래도 살아가기 위해서 계속 저술하는 자세는 시인 모리사끼 카즈에도 마찬가지다. 조선과 일본이라는 '두개의 모국'을 가진 모리사끼는 "국정(國政)과 비교할 수 없는 개인의 원죄의 식에 기인한 채 열도의 북으로 남으로 바다를 따라서 여행을 계속했다. 한사람의 일본 여성으로 납득할 수 있는 자신의 신체를 찾아서". 그 하나의 '사랑'은 마침내 국경을 넘고, 바다를 넘어, 한국/일본 그리고 자이니찌를 잇는 커다란 다리가 되었다. 더구나 그 도달점은 피해/가해라는 두 가지 기억을 감싸는 '생명'이다. 조선에서 죽은 어머니, 조선을 사랑하면서 패전 후 무너진 인생의 허망함 속에서 죽어간 아버지, 정체성 획득에 갈등하여 자살한 동생, 조선의 사랑스러운 학우들——, 친밀했던 자들의 죽음에 대한 기억은 전쟁·식민지시대의 기억과 함께 되살아났으며 이윽고 무수하게 흘린 눈물은 '위안부' 할머니와 전쟁희생자의 눈물을 치유하는 '지구의 눈물'이 되어, 그리고 '메아리치는 생명'으로 이어지고 있다. "용서받는다는 것만큼 그곳에서 자라난 일본인에게 가혹한 심판은 없다"[29]고 한 모리사끼에게 '화해'를 입에 담을 수 없는 입장인 것은 물론이며, '감상(感傷)'이나 '타협'이라는 것과도 거리가 멀었다. 모리사끼가 2007년에 발표한 「바닷바람」은 그 인생여정을 아로새긴 시다.

나는 식민 2세, 먼 과거의 유년기
덜 익은 시를 쓰고 있다
아침 해에 물들어 움직이는 구름의 선명함에
눈물 흘리면서 단어를 찾았다 그 하늘과 땅

나의 원죄(原罪)인 반도의 대지여
생살 벗기는 전후의 세월

바닷바람에 어머니들의 목숨이 날 것으로 풍겨오고
일본이란?
생명이란? 물으며 객지의 잠을 반복했다
언젠가 원조의 땅에 설 수 있는 나에게
다시 살고 싶다고 북에 남에

반도 분단의 북위 38도선에 섰던 날에
이 위도가 사도가시마(佐渡島)*에 이어져, 안개 낀 물가를 걷는다
둥근 지구여, 우주의 별이여
내일 태어날 너희들이여
풀뿌리 교류의 이 조촐한 인연
다른 문화를 엮어가면서
미래를 위해 기도합니다.

『카나가와대학평론(神奈川大學評論)』 제57호, 2007. 7

일본과 한국에 가로놓인 깊은 골을 메울 특효약은 없다. 이를 위해서
는 희미한 기억을 잊어버리지 않고 용서와 화해의 단어를 안일하게 입
에 담지 않으며 얇은 껍질을 한장 한장 벗겨내듯이 오로지 노력하는
것―그것이 현재 그리고 앞으로 요구되는 자세가 아닌가 생각한다. 무
엇보다도 지금까지의 한국/일본의 정치가와 지식인, 시민들에 의한 노
력과 연대·공동투쟁의 축적을 소중하게 다루어야 한다. 민족과 국가를

----

* 사도가시마(佐渡島)는 니이가따현에 속해 있는 섬이다. 인구는 64363명으로(2008
년 9월 1일 현재), 본섬인 4개의 섬을 제외하고, 일본 섬 중 오끼나와 다음으로 네번
째로 큰 섬이다.

염두에 두면서도 개인이나 주위의 작은 모임에서부터 목소리를 내는 것을 소중히해야 한다. 용서와 화해를 소리 높여 말하지 않고, 그것을 출발점으로도 최종적인 목표로도 하지 말아야 한다. 상대의 잘못을 주장하기보다 남북한/일본을 포함한 동아시아에서의 공동체적인 감각을 키워야 한다. 한국에 대해 말한다면 일본에게 반성과 사죄를 계속 요구하면서도 그것이 성취될 것을 기대하지 말아야 한다. 용서하고 화해하는 것보다는 자신의 행동거지를 바르게 하면서 남북의 평화적 통일을 이루어 풍요롭고 따뜻하면서도 상쾌한 모습을 보여야 한다. 일본에 대해서 말한다면 역사의 사실을 알기 위한 노력을 계속해야 한다. 특히 젊은이의 역사인식을 재구성하는 데 힘써야 한다. 재일조선인의 인권옹호와 남북의 융화·남북통일을 돕고 한반도를 하나로 생각하는 사고를 중시해야 한다.

이렇게 쓰고 있으면서도 솔직히 말하면 나 자신 그렇게 자신있는 것은 아니다. 단 패전/해방 후부터 오늘날에 이르기까지 하나의 시대를 나름대로 서술해온 책임에서 나 나름의 '생각'을 보여줄 필요가 있다고 생각한다. 굳이 말하자면 한국의 과제는 남북분단의 극복이며, 일본의 과제는 천황제의 폐지라고 시사해온 점에서 볼 때, 천황제에 대해 좀더 구체적으로 말하지 않은 것은 비록 내가 식민지 지배의 소산인 자이니찌라고 하더라도 일본국민이 아닌 이상 너무 주제넘은 것을 말해서는 안된다고 판단하기 때문이다.

여기서 한가지 양해를 구하지 않으면 안되는 것이 있다. 「서문」에서 말한 것처럼 이 책에서는 '일본인' '조선인' 등과 같이 자칫하면 단일민족관으로 이어질 수도 있는 단어를 자주 사용했지만, 현재의 한국/일본에서는 외국인과의 결혼이 증가하고 있으며 이주노동자도 증가하고 있어 실질적으로는 모두 다민족사회의 양상을 보이고 있다. 자이니찌는 더욱 복잡하지만 이것도 포함하여 이후 민족·인종을 둘러싼 갖가지 알력이 표면적으로 드러나는 것은 분명할 것이며, 이에 대비한 국가형태를 어떻게 구상해갈 것인지가 중요한 문제가 된다. 실제로 다민족사회로의 이행은 한국/일본이 이미 직면하고 있는 가장 중요한 문제의 하나이며 이에 대한 대처방식이 양국의 성숙도를 측정할 수 있는 중요한 척도가 된다. 다른 말로 하면 '외국인'의 인권상황이 국내적으로도 국제적으로도 그 사회의 수준을 나타내는 것이 된다.

복수의 민족적·인권적 배경을 갖는 혼혈인·소수자의 입장에서 말하자면 다수자·강자에 동화되는 삶의 방식은 자칫하면 자신의 정체성을 약화시키는 방향으로 향하기 쉽고, 오히려 소수자·약자 측에 중점을 둔 아이덴티티를 지향할 때 더욱 강하게 살아갈 수 있는 것이 아닐까 생각한다. 이러한 점은 일본열도이건 한반도이건 그곳에 사는 사람들은 자신의 '태생' '내력' '뿌리'에 입각한 아이덴티티를 키워나가는 한 역사인식과 그외의 주체성에 관한 문제의식의 형성에 대해서는 그렇게 염려하지 않아도 되지 않을까 생각한다. 문제는 그러한 사람들에 대해 국가가 어떠한 자세로 임하는가 하는 점이다.

2007년 초두의 싯점에서 보자면 한국은 외국인 100만명 시대를 맞았으며 그중 12만명은 국제결혼으로 외국에서 온 여성이며, 혼혈아도 증가하고 있다. 일본도 2006년 말 현재 자이니찌의 '특별영주자' 44만명을 포함하여 외국인등록자 수가 208만명을 헤아린다고 하는데, 현재는 공생·공존, 다민족사회·다문화주의라는 의미에서는 한국이 한발 앞선 듯이 보인다. 실제로 노무현정권하에서 이미 19세 이상의 영주외국인에게 지방참정권이 인정되었으며 '외국인처우기본법'이 제정되어 외국인의 인권보장을 위한 제도가 정비되고 있다. 2008년 초두 현재에는 국회에서 '다문화가족지원법안'이 심의되고 있으며 국가인권위원회는 차별금지를 위한 법·제도의 정비를 위해 국무총리에게 '차별금지법' 제정도 권고하고 있다. 일본보다 한발 빨리 한국에서는 종래의 부부 별성에 더하여 호주제·호적제의 폐지와 개인을 기준으로 한 가족관계등록제도로의 이행이 실현되었다.

이에 비해 고령화·외동자녀로 인구감소의 추세에 있는 일본은 다민족사회를 어떻게 구상해갈 것인지가 중요한 문제임에도 불구하고 그 준비는 진척되지 않고 있다. 사실 이주노동자에 관한 법률 하나도 제대로 제정되지 않은 상황이다. 아니 오히려 '테러대책'이라는 미명하에 입국하는 외국인에게 지문채취와 사진촬영이 의무화되었다. 외국인을 단지 '값싼 노동력'으로 생각할 뿐으로 인격을 가진 '이웃'으로 받아들이는 발상은 희박하다.

단지 언론과 학계, 시민운동 등에서는 사태의 중요성은 이해하고 있다고 생각된다. 더구나 단순히 개개의 정책 수준에서가 아니라 본질적으로는 이 책에서 논해온 '국가형태', 바꾸어 말하자면 최고법규인 헌법의 존재형태에 관련된 것이다. 실제로도 『이와나미강좌 헌법』(전6권, 2007)에서 제3권에 '국민주권과 내셔널 아이덴티티' '공화주의와 공동체주의' '다문화주의와 마이너리티의 권리'라는 주제가 취급되고 있다. 시민운동 등에서도 다언어·다문화사회의 실현을 향해 다양한 시도가 계속되고 있다. 2005년 12월 각계각층의 사람들이 참가하는 '외국인인권법연락회'가 결성되어 '외국인·민족적 소수자 인권기본법' '인권차별철폐법'의 제정과 인권옹호기관의 설립을 요구하기 시작한 사실은 그 대표적인 것이라 말할 수 있을 것이다.[300]

한국에서는 예를 들면 2007년 2월에 출판된 『헌법 다시 보기: 87년 헌법, 무엇이 문제인가』(창비) 「서장」에서 한국 헌법에 규정된 '국민'의 범위를 세계화시대에 맞추어 새롭게 정의하는 것이 중요한 과제의 하나라고 주장하고 있다. 해외에서 다양한 형태로 살아가고 있는 민족구성원으로서의 디아스포라와 국내에 존재하는 다민족 이주민은 모두 헌법이 정하는 바에 의한 보호를 요구하고 있는데, 이것은 헌법을 재고하는 데 있어 중요한 과제라고 한다. 같은 2007년 11월에는 서울대학교 일본연구소에서 '역사인식의 사상적 근원으로서의 일본국헌법'이라는 심포지엄이 개최되었는데, 여기서 '일본국헌법과 국민교육: 다민족문화 시대의 역사인식'(한영혜)이 발표되어 일본국헌법과 다민족사회의 문제가 논해졌다. 이것은 물론 한국에서의 다민족사회·다문화주의의 동향을 포함한 것이다.[301]

한국/일본에서 다민족사회/다문화주의에 대한 사고방식이 그 나름대로 확장되고 있는 것은 고무적이다. 그러한 상황을 포함해서 본다면 일본에서 재일조선인이 어떻게 살아갈 것인지, 혹은 어떠한 삶의 모습을 보여줄 것인지는 현재와 미래에 있어 극히 중요한 의미를 갖는다. 나 자신은 자이니찌는 곤란한 상황 아래에서도 "정말로 잘 살아왔다"고 칭찬하고 싶은 기분이지만 이것을 별도로 하더라도 자이니찌의 미래는 단순히 스스로의 내부적인 문제만이 아니라 한국/일본이라기보다는 조선/일본/동아시아 전체에 관련된 것이다. 이른바 자이니찌는 조선/일본/동아시아의 '원죄'를 조사(照射)하면서, 민족·국가와 관련되면서도 이것과 거리를 두는 존재임과 동시에 스스로의 '삶의 방식'에 의해서만 그 존재가치를 보여줄 수 있는 입장에 있다고 생각한다. 당연히 거기에는 '어떻게 살아갈 것인가'를 필사적으로 계속해서 개물을 수밖에 없고, 본질적으로 '사상'을 논하는 의미를 항상 재고하게 된다. 그러한 자이니찌의 삶은 그 자체가 과거, 현재, 미래를 관통하는 '여로'에 비유할 수 있는 것일지도 모르겠다.

나는 1966년 5월 대학교 3학년이었을 때 등사판 인쇄의 '시집'을 낸

적이 있다. '자가판(私家版)'이라고 부르면 듣기 좋은 말이지만, 요컨대 시 같은 것을 철필로 원고에 파서 등사판으로 인쇄해 제본한 것이다. 가족이 뿔뿔이 흩어져 살면서 앞날이 깜깜한 청춘의 추억이 채워져 있는데, 거기에 쓴 '시' 한 편인 「여로(旅路)」는 지금 다시 읽어도 나와 자이니찌의 지금까지의 정신적 방황을 암시해주는 듯한 기분이 든다. 다만 가능하다면 자이니찌의 미래가 조선/일본/동아시아 사이에서 한층 더 밝고 마음이 풍요로우며 충실한 것이 되어주기를 바랄 뿐이다.

그는
땅 끝에서부터
터벅터벅 걸어와서는
앞으로도
지쳐 쓰러질 때까지
터벅터벅
홀로 걸어가겠노라고 말한다
추레하고
후줄근한 옷을 입고
어깨에
다 닳아 해어진 자루를 늘어뜨리고
그는
터벅터벅 걸어간다
아마
이 길이
그에게 허락된
단 하나의

여로인가 보다

『여로(旅路)』, 제본판·이시다인쇄[302]

　2007년 11월 자이니찌 시인 김시종이 김소운의 『조선시집』(岩波文庫版)을 재역하여 『재역 조선시집』(岩波書店)이란 제목으로 출판했다. 이 번역시집은 명번역으로 유명한 김소운의 작업을 67년의 세월을 거쳐 계승한 것이다. 식민지하에서 김소운의 '아름답고 서정적'인 번역에 대하여 "정말로 논리적이면서 강인한 재역을 제시했다"고 평해지는데 (四方田犬彦, 『圖書新聞』2007.12.22), 동시에 이것은 종주국의 언어, 일본어의 속박을 혐오하여 "익숙한 일본어에 영합하지 않을 것"을 자신의 과제로 해온 자이니찌 1세의 손에 의한 재역이기도 하다(瀧克則, 『圖書新聞』 2008.1.26). 이제 50년 혹은 60년 후에 통일조선/일본/동아시아가 새로운 모습을 보이는 가운데, 자이니찌의 후예가 어떤 '재재역 조선시집'을 내놓을지 여러가지 공상을 하면서 나이를 먹어가게 될 것이다.

나의 '사상체험'*

『죠오꾜오情況』 2008년 12월호

윤건차 · 타나베 케이시로오(田部圭史郎)

타나베 이번 달 특집은 '윤건차『사상체험의 교착』을 읽다'입니다. 이번 인터뷰는 책내용의 전제라고나 할까요. 윤선생님의 출생에서 현재에 이르기까지 윤선생님 자신의 '사상체험' 이야기를 들어보고자 합니다. 그럼 우선 말씀을 부탁드리겠습니다.

윤건차 나는 1944년 12월 쿄오또시에서 태어났습니다. 일본이 패전하기 9개월 전이죠. 도오지(東寺)의 오중탑이 보이는 곳에서 태어났다는 말을 들었습니다. 모르는 사람이 들으면 어디 부잣집 도련님으로 태어났나 보다 생각할지도 모르겠지만 그렇지 않습니다. 도오지는 쿄오

....

* 이 인터뷰는 일본 죠오꾜오출판사의 허가하에 (주)창비에 의해 번역 수록되었습니다. ©情況出版, 『情況12월호』 '尹健次氏 のインタビュ── 私の 思想體驗'

오또역 남쪽 뒷길에 있습니다. 대개 뒷길은 좋은 곳이 아닙니다.

다섯살 때 조선반도로 돌아가려고 마이쯔루까지 갔습니다. 이름은 기억이 나지 않지만 해외에서 돌아온 일본인과 조선으로 돌아가는 사람들이 일시적으로 기거하는 수용소 같은 곳에 가서 몇달간 생활한 적이 있습니다. 그러나 귀국선이 출발할 예정이었던 날 아침에 한국전쟁이 일어나고 배는 결국 오지 않았습니다. 정말 한국전쟁이 발발한 날 아침이었는지…… 전설적인 이야기입니다만 결국은 우리 일가족은 쿄오또로 다시 돌아와서 니시진(西陣)에서 살게 되었습니다.

니시진은 비단 생산지로 유명합니다. 예쁜 누나들이 아름다운 기모노를 입고 오비(帶)로 허리를 맵시 좋게 묶은 것 같은 화사한 이미지가 있지요. 하지만 그 제조공정을 보면 특히 그 초기공정은 매우 더러워요. 니시진에는 조선인도 많이 살고 있었고 직물관계 일에 적지 않게 종사하고 있었어요. 자이니찌로 구성된 상공회가 아직도 있습니다.

직물이라고 하면 물론 직물을 짜는 일도 있지만 우리집은 연사(撚絲)작업(직물기로 실을 꼬는 일)을 했습니다. 직물기계(베틀)에는 세로로 놓인 실 사이를 횡으로 날아다니는 북이라는 도구가 있습니다. 그안에 집어넣는 연사를 만드는 작업입니다. 이 연사는 원료인 생사(生絲)를 한 표(俵: 1표는 60킬로그램)에 20만~30만엔 정도에 사와서, 생사 한올 한올에 풀을 발라 7올이나 8올로 꼬는 작업입니다. 공장 안은 그 풀냄새와 기계소음이 뒤섞여 엄청납니다. 연사작업은 니시진에서 가장 더러운 작업입니다. 풀이 한번 손에 붙으면 좀처럼 떨어지지 않아요. 그리고 그런 작업을 하는 것은 대부분이 조선인이었습니다. 더럽고 돈도 되지 않는 일은 조선인이 하는 것입니다.

대학 2학년 무렵 집이 도산해버렸는데, 우리집은 기계가 2,3대 있는 영세 가내수공업으로 부모님과 종업원 두명으로 운영하고 있었어요.

나는 차남이었지만 초등학교 고학년 무렵에는 학교에서 돌아오면 바로 집안일을 돕지 않으면 안되었지요. 완성된 제품을 정리하거나 제품이 들어 있는 상자를 운반하는 등 여러가지 일을 했습니다. 고등학교 때도 그렇지만 대학시험을 볼 때에도 풀이 날리는 소음 속에서 공부했던 기억이 있습니다. 대학에 들어가서는 스쿠터로 물품을 외부로 운반하는 일을 많이 했던 기억이 납니다.

큰 공장에서 일했던 것도 아니라서 이른바 노동자계급이라는 의식은 없었지만 공장에서 계속 일을 하고 있다는 자각을 강하게 가지고 있었습니다. 이런 점이 내 인생에서 특히 플러스라는 의미가 있다면, 현장에서 힘든 노동을 겪어봤기 때문에 노동하는 것에 대해 싫증내지 않고 끈기있게 한 가지 일을 열심히 한다는 것입니다. 거꾸로 마이너스라는 의미로는 친구랑 사귀지 못했다는 점, 폐쇄적인 생활스타일이 되기 쉬운 성격이 되어버린 점입니다. 문화적·교양적인 면에서도 그리 넓지 못합니다. 초등학교 고학년 이래로 쭉 집에서 일을 했습니다만 대기업 공장에서 일을 했던 것도 아니기 때문에 아무런 경력이 없는 셈이지요.

타나베 윤선생님은 쿄오또대학교, 토오꾜오대학교라는 두 개의 '제국' 대학을 졸업하셨는데 어릴 때부터 공부를 잘하셨는지요?

윤건차 초중고 모두 공립학교를 다녔습니다만 제 성적은 언제나 반에서 3,4등이었습니다. 그러니까 특별히 성적이 좋았던 것도 아니고 1,2등을 했던 기억도 없습니다. 아버지는 독서와 글쓰기를 좋아하시는 이른바 인텔리형이었습니다. 아버지는 대학을 나오지 않으셨지만 자신이 공부하고 싶어도 할 수 없었던 만큼 자식들에게는 공부를 시키고 싶으셨지요. 그러니까 저도 비교적 공부를 좋아하는 편이었습니다. 그러나 폐쇄적인 환경에 처해 있었기 때문에 다른 아이들이나 바깥세계와 관계를 가지고 공부했던 것은 아닙니다. 뭐라고 할까, 공부가 재미있다든가 다른 아이들과 경쟁하거나 혹은 공부의 의미를 알고 있었다거나, 뭐 그런 것은 없었습니다.

타나베 집에 돌아가면 일을 하고 있었던 것이네요.

윤건차 그렇습니다. 공부는 밤에 했지요. 아마도 고등학교에 들어가서는 일이 계속해서 더 많아졌습니다. 학교 갔다 돌아오면 저녁식사 때까지 공장 일을 합니다. 방과후 써클활동도 참가해보고 싶었지만 일이 있으니까 곧바로 집에 돌아가야만 했습니다. 그리고 일을 마치고 저녁을 먹고 난 다음에 바로 잠자리에 듭니다. 2층 방 한칸이 형과 내가 쓰는 방이었습니다. 그냥 잠이 들면 보통은 아침까지 자버리기 때문에, 그러면 안되지요. 요를 깔지 않고 다다미 위에서 이불만 덮고 그냥 자는 겁니다. 그러면 12시쯤에 추워서 자연스럽게 눈이 떠집니다. 그러면 일어나서 공부하는 거예요. 당시 책상에 있던 스탠드는 10와트짜리 형광등이었어요. 그것 하나로만 버티는 것이죠. 방에 불을 켜면 형이 잠을 자지 못하니까요.

하지만 스스로의 특성이라든가 희망, 장래의 꿈이 있어서 공부를 했던 것은 아닙니다. 그런 것을 생각할 만한 여유가 없었습니다. 조선인 그리고 일본인이랑 상관없이 대학이라는 곳은 일종의 폐쇄적인 상황에서 탈출하기 위한 수단으로서, 공부하는 목적은 출세하기 위해서, 가난한 생활에서 벗어나기 위해서라는 의미가 당시에는 강했던 것이 아닌가 생각합니다. 다만 이것은 지금 와서 생각해본 이야기입니다. 그 당시에는 그런 것조차도 생각해본 적이 없습니다. 생각할 여유가 없었습니다. 아직 철부지라서 공부라든지 대학이라는 것에 대한 의미를 근본적으로 생각할 수 있는 환경도 아니었고, 그런 말을 해주는 사람도 없었습니다.

두 곳의 '제국'대학

타나베 학문 그 자체를 추구하겠다는 어떤 계기가 있었습니까?

윤건차 학문이라는 용어는 지금에 와서야 조금 알 듯도 하고 아직 모르는 것 같기도 합니다. 극히 최근까지 전혀 모르고 있었습니다. 내가 무엇 때문에 대학에 갔던가? 달리 갈 곳이 없었기 때문입니다. 혹은 부모님께서 그것을 바라셨기 때문이라고 할 수 있을지도 모르겠네요. 어머니는 학교에 다닌 적이 없는 분이셨지만 자식들의 공부에 관심을 갖고 계셨지요. 아버지는 공부를 좋아하셨지만 그 꿈을 이룰 수가 없어서 정신적으로 늘 우울한 상태였기 때문에 그만큼 저에게 기대를 걸고 있었던 것은 아닐까 하는 생각도 듭니다.

나는 야마시로(山城)고등학교라는, 축구팀이 강했던 고등학교에 다니면서 대학수험 공부를 했습니다. 그러나 아까 말씀드린 대로 대학이라는 의미도 알지 못했고 공부를 하는 의미도 이해하지 못했습니다. 다만 공부를 하고 싶다는 생각만큼은 있었습니다. 그러니까 무슨 공부를 하는 것이 좋을까 하는 것에 대한 생각도 없었습니다. 그 당시 조선인이 가장 원하던 직업은 의사였어요. 당시 자이니찌는 거의 모든 자격시험에서 배제를 당하고 있었습니다. 다만 유일하게 취득할 수 있었던 것이 의사면허입니다. 그렇지만 나는 수학, 생물 과목을 싫어하고 조그마한 동물이나 사람의 신체를 직접 접촉하는 것도 좋아하지 않았습니다.

아마도 고2 무렵이었으니까 1960년대 초쯤 되겠지요. 오랫동안 망설이다가 용기를 내서 쿄오또지방법원에 전화로 문의를 한 적이 있습니다. 자이니찌인데 변호사가 될 수 없는가 하고 말입니다. 그러자 전화를 받았던, 아마도 사무관쯤 되는 사람이 한순간 망설이더니 잠깐만 기다리라고 하고 나서 수화기 건너편의 누군가를 향해서 "이것 봐, 죠오센진이 변호사가 되고 싶다는데!"라고 일부러 큰소리로 외친 다음에 나에게 그런 방법은 없다고 말하고 거칠게 전화를 끊었습니다. 나는 변호사가 될 방법이 없다는 것을 알고는 있었지만 현실에서 냉대를 받고 나서 매우 커다란 충격을 받았습니다. 그때의 굴욕은 지금도 선명하게 기억하고 있습니다.

사법연수생 시험에 합격한 김경득(金敬得)씨가 최고재판소에 소송을 제기해서 변호사 자격시험 취득의 길을 개척한 것은 1977년의 일이었습니다. 그후에도 상당한 기간 동안은 자이니찌의 가장 멋진 직업은 역시 의사였습니다. 조금이라도 일본사회에서 통할 수 있다고 할까, 문화적인 냄새가 나는 직업은 의사, 즉 개업한 의사밖에는 없었습니다. 그래서 딸을 낳으면 의사 사위를 보는 것이 자이니찌 부모들에게는 가장 큰 소망이었다고 할 수 있지요. 저희 부모님도 의사가 되라고 하셨지만 내가 싫다고 하자 그러면 법대에 가라고 하셨습니다. 처음에 쿄오또대학 법대에 응시했지만 보기 좋게 낙방했습니다. 부모님은 당연히 실망하셨지요. 대학시험은 어려운 것이지요. 자신의 실력이 어느 정도인지 전혀 몰랐습니다.

타나베 쿄오또대학을 택한 것은 어떤 이유가 있어서였나요? 또 그후에 토오꾜오대학으로 가셨는데 토오꾜오대학으로 가시게 된 경위는 무엇이었나요?

윤건차 쿄오또대학에 전화를 걸면 교환수가 "네, 대학입니다"라고 응대를 할 정도로 쿄오또에서 대학이라고 하면 쿄오또대학이었습니다. 그러니까 재수를 해서도 쿄오또대학에 응시를 하게 되었습니다. 쿄오또대학 교가와 쿄오또대학 학생가[三校寮歌]에 동경심을 갖고 있었습니다. 그래서 알아봤더니 교육학부가 가장 점수가 낮아도 입학할 수 있다는 것을 알고 응시를 했습니다. 그래서 겨우 합격을 한 것이지요. 그렇지만 입학하고 나서 한참 동안이나 교육학이나 교육학부에 대해서 정이 생기지 않았지요. 교육이란 것은 뭔가 체제지향적인 냄새가 나는 것이라서 여전히 어린이를 교화시킨다는 측면을 갖고 있습니다. 개개인의 개성과 행복을 전제로 하는 풍부한 인격형성이 아니라 국가·사회의 필요에 따라서 틀을 만들어나가는 것, 그것도 학교라고 하는 강제적인 틀 속에서 무미건조한 기성관념을 계속 주입시키는 것이지요. 그렇게 느끼고 있었는데 그것은 권위적인 측면을 지니는 법학 등에도 적용되는 것일지도 모르겠습니다. 그렇지만 지금에 와서 생각해보면 교육, 교육학이 가장 어려운 학문일지도 모르겠어요. 살아있는 인간을 대상으로 하고 있다는 의미에서 말이지요. 법학은 식민지시대 조선에서도 동경의 대상이 된 분야입니다만, 그것은 기존의 질서를 지키면서 또한 권력을 지향하는 측면을 강하게 가지고 있었기 때문이겠지요. 나 스스로는 지금은 교육이라는 말보다도 인간형성이라는 말을 선호하고, 대학에서의 수업도 '인간형성개론'이라는 호칭으로 수업을 담당하고 있습니다.

어쨌든 겨우 쿄오또대학에 들어갔습니다만 결국 갈 곳이 없어서 갔던 셈이 되지요. 그리고 2학년 때 집안이 도산해서 가족들이 이산가족이 되어버렸습니다. 한일국교 반대투쟁이 벌어지던 무렵이었지요. 당시 조선인은 취직할 수가 없었습니다. 4학년이 되어서도 구직활동을 한다든가 하는 생각은 전혀 할 수가 없었습니다. 완전히 다른 세상이지요. 당시 자이니찌 대학생의 졸업 후 진로는 조총련이나 한국민단에 들어가 민족운동을 하든지, 아니면 가업을 승계하거나 장사꾼 사위가 되어 처가 쪽 가업을 잇거나 하는 것 등이 대부분이었습니다. 제 경우에는 민족운동도 잘 몰랐고, 가업은 도산해버렸고, 마땅히 장가를 들 만한 장사꾼 집안도 없었습니다. 앞날이 캄캄했지요.

내가 대학 3,4학년 때 가장 두려웠던 것이 고등룸펜이 되는 것이었습니다. 고등룸펜이란 단어가 지금은 사어(死語)가 되어버렸는지 모르겠지만 요컨대 대학, 특히 유명대학을 졸업하고도 갈 곳이 없어 방황하는 것, 즉 실업자가 된다는 의미입니다. 아무 방법이 없었습니다. 쿄오또대학 교수들은 엘리뜨의식이 강해서 자이니찌 학생들의 입장을 아무것도 모르고 있었습니다. 더구나 쿄오또는 좁고, 괴로운 추억도 많아서 거기에 있는 것 자체가 싫었습니다. 시죠오까와라마찌(四條河原町: 쿄오또 시내 번화가)에 가면 반드시 누군가 아는 사람을 만나게 됩니다. 쿄오또는 옛 수도다, 명소다, 옛 유적이다 하더라도 가난뱅이 생활을 하는 나와는 상관이 없는 이야기였습니다. 내가 알고 있는 쿄오또는 니시진 뒷골목과 근처에 있는 키따노뗀만구우(北野天滿宮: 신사의 일종)와 히라노신사(平野神社)뿐이었습니다.

대학 2,3학년 때 한때 거리를 방황하는 사이에 개신교회와 가톨릭성당에 출입하다가 결국 가톨릭 세례를 받았던 적도 있습니다. 그 과정에서 야기 쥬우끼찌(八木重吉: 1898~1927. 시인, 기독교도. 우찌무라 칸조오(內村鑑三)의 무교회주의 신앙에 동조했다. 주변의 자연과 가족 및 경건한 신앙을 소재로 한 시집 두 권을 남기고 폐결핵으로 요절했다)의 시를 접하고 감동을 받아 시집 비슷한 것을 등사판 인쇄로 출판하기도 했습니다. 제목은 「여로(旅路)」인데 부제는 '산다는 것은 슬픔을 참아내는 것'입니다. 당시의 심경을 토로한 것입니다만 실제로 역시 기독교로는 제 고민을 해결할 수 없었다고나 할까 자연히 교회와 멀어지게 되었습니다. 그러던 중에 대학 4학년 때 민족운동에 매진하고 있던 다른 학부의 동포학생들과 알게 되면서 조국이라든가, 민족이라고 하는 것들을 조금은 생각하게 되었습니다. 조총련이 전성기를 맞이하고 있던 때지요. 그래서 '조금 더 공부해보고 싶다, 그것도 쿄오또를 벗어나서'라고 생각해서 결정한 것이 토오꾜오대학 대학원으로의 진학이었습니다. 나는 아무것도 모르고 있어서 교육학부를 나왔으니 교육대학원에 갈 수밖에 없다고 생각했기 때문에 토오꾜오대학 대학원 교육학연구과에 진학한 것입니다. 실제로 역사학이나 정치학 등 다른 분야를 공부한 적도 없었습니다. 자이니찌를 위한 대학원시험제도가 아직 마련되어 있지 않았던 시대라서 나는 유학생시험이라는 것으로 일본어와 영어, 즉 실질적으로는 영어시험만으로 시험을 볼 수 있었던 것이 다행이었지요. 대학원 시험을 앞두고 3개월간 죽어라 영어공부를 했습니다. 다만 집이 도산한 탓에 생활비도 전혀 없고 대학 수업료는 내지 않으면 안되었고, 일본육영회 장학금은 국적조항에 걸려 배제되었기 때문에 받을 수 없고, 공부를 제대로 할 수가 없었지요. 무슨 공부를 하면 좋을지 가르쳐주는 사람도 아무도 없었습니다. 토오꾜오대학의 우수한 교수님들도 조선, 자이니찌에 관해서는 전혀 무지했습니다. 만약 역사학이나 정치학 쪽으로 진학했더라면 조금은 자극이 되어서 편했을지도 모르겠다는 생각이 요즘에는 듭니다.

결국 토오꾜오대학 대학원에 진학한 것은 쿄오또대학에 진학했을 때만큼은 아니지만 역시 달리 갈 곳이 없었기 때문이었지요. 더구나 입학 직후에 터진 '토오꾜오대학 투쟁'으로 대학은 소란스럽게 변했고 나는 할 일도 없고 갈 곳도 없었습니다. 대부분이 가난했던 시대였지요. 쿄오또에 있을 때도 그랬고 나는 일주일에 7일간 아르바이트를 했습니다. 매일이지요. 빠찡꼬, 밤의 번화가, 사채업 이외에는 뭐든지 했습니다. 자민당 선거유세차량 운전수를 한 적도 있습니다. 대청소와 이삿짐 운반은 매번 했지요. 그것이 지금 생활스타일과도 연결되어 있는 느낌입니다. 추억이라고 한다면 쿄오또에서 대학에 다닐 때 건물 외장 페인트를 칠하는 일을 도왔던 기억이 강하게 남아 있습니다. 이게 상당히 재미있었어요. 쿄오또 북쪽 끝에 있는 아마노하시다떼(天橋立) 근처에 여관을 지으면서 2층 외벽을 칠하는데 1층에서 페인트를 섞어 손수레로 2층으로 올리는 작업이었어요. 처음 일을 시작해서 한 열흘간은 몸이 쇠약해지면서 안 그래도 말라깽이 몸이 더 마르는 거예요. 힘이 없어 흐느적거리게 되죠. 그런데 열흘이 지나고 나서부터 밥맛이 나기 시작했어요. 처음에는 혼자 살아서 그런지 밥을 먹을 수가 없을 정도로 쇠약해졌는데 나중에는 밥 한그릇으로는 부족해서 두그릇씩 먹게 되었지요. 꽤 건강해졌답니다.

초등학교 고학년 이래로 중학교, 고등학교까지 집에서 일을 하던 때는 노동을 한다는 의미를 모르는 채 일을 했습니다. 부모님이 시키니까 한 것뿐이고 돈을 벌었던 것도 아닙니다. 그러나 대학 이후의 아르바이트는 그것과 달랐기 때문에 상당히 많은 것을 배웠습니다. 건물 외장 페인트작업을 할 때는 쿄오또대학 학생이 일하러 왔다고 모두에게 귀여움을 받았습니다. 나는 직인(職人)들을 좋아합니다. 좋은 사람들뿐입니다. 일요일 저녁이 되면 번화가 한쪽 구석의 누드쇼를 하는 곳에 데려가준 적도 있습니다. 나는 누드쇼가 무엇인지 전혀 몰랐기 때문에 가서 보고 기겁을 했습니다. 내가 알고 있는 니시진의 뒷골목과는 전혀 다른 세계가 그곳에 있었던 것입니다.

처음 가본 한국

타나베 본격적으로 '조선'이라는 것을 의식하게 되었던 것은 언제부터입니까? '자이니찌'와 '조선'이라는 관계 속에서 어떠한 경험을 하셨습니까?

윤건차 사람은 성장과정에서 적령기가 되면 이성에 대한 호기심이 일어나지요. 그것과 같이 자이니찌 청소년, 특히 일본학교에서 공부하는 사람은 성장과정에서 '민족'이나 '출신' 문제 혹은 '가정'문제로 고민하고 갈등합니다. 제 경우에는 초등학교 때는 본명으로, 중학교 때는 일본식 이름으로 학교에 다녔습니다. 고등학교에 들어가 처음에 이름이 학적부, 출석부에 본명으로 기재되어 있는 것을 발견하고 깜짝 놀랐습니다. 그래서 일본식 이름으로 고쳐달라고 필사적으로 애원을 했던 기억이 있습니다. 차별사회 일본에서 피차별의식, 열등감, 비굴함이 단적으로 나타났던 것이라고 지금에 와서는 이해하고 있습니다. 토오꾜오대학 대학원에 갔을 때 겨우 민족문제를 자각하고 조국에 관심을 갖게 되었습니다. 그리고 대학원에 다니면서 조선어를 처음부터 공부하기 시작했습니다. 일본어로 치면 '아이우에오'부터 시작한 것이지요. 언제나 그렇지만 그것도 혼자서 독학을 한 것이지만.

대학원 2학년 때 얼마 되지도 않는 저금을 털어서 서울에 처음으로 갔습니다. 거기에는 조선어(한국어)를 사용하는 하나의 사회가 있었습니다. 정부의 각 부처와 재판소가 있고 판사와 검사, 변호사가 있으며 회사도 있었습니다. 대학교도 있고 대학교수도 많았고, 예쁜 여학생들이 교정을 걸어다니고 있었습니다. 모두 조선사람(한국인)입니다. 그러한 사회를 지금까지 본 적이 없었습니다. 생각해보면 지극히 당연한 것일지도 모르겠지만 대단하구나 하고 생각했습니다. 조선어를 사용하는 사회가 있었던 것입니다.

그러나 역시 여기서는 살 수가 없구나 하는 좌절감이 나를 괴롭혔습니다. 한국의 남학생과 여학생을 소개받아 사귀게 되었지만 나는 언제나 비참하다는 생각이 들었습니다. 그중에는 매력적인 부잣집 아가씨 같은 사람도 있었지만 우리집에는 아무것도 없었습니다. 한국사람 입장에서 보면 나는 일본에서 왔기 때문에 어디 부잣집 도련님처럼 보였을지도 모릅니다. 그런 점에서 거리감이 생기는 것이지요. 내가 느껴야 하는 비참함, 비굴함. 그러니까 나는 그들의 공간 안에 들어갈 수가 없는 거예요. 또 선입관 때문에 자이니찌를 무시하는 사람도 많았습니다. 일본으로 흘러들어간 사람들이라는 의식이겠지요. 그후 곧 한국에서는 자이니찌에 대한 탄압이 계속 일어나게 됩니다. 반공이라는 기치 아래서 감옥에 수감되는 자이니찌 젊은이들이 늘어나게 되었지요.

그러니까 결국은 일본입니다. 그러나 할 일도 없고 논문을 쓸 기력도 없고 무엇을 써야 하는지조차 알지 못하고 대학원도 학점만 따고 끝나게 됩니다. 그때가 28살 때였습니다. 그런 청춘의 기억을 하나의 사상체험으로 자리매김할 수 있는 것인가 하는 점이 이상하겠지요. 학문적으로 가능한 것인지 아닌지, 다만 원체험(原體驗)으로서 역시 문제를 삼을 수밖에 없습니다.

당시 내 선배나 동기 일본인은 차례로 대학에 취직이 되어 나갔습니다. 논문도 별로 쓴 것이 없었는데도 불구하고 말이지요. 그런데 제 경우에는 시간강사 자리조차 얻을 수가 없었습니다. 물론 논문도 쓰지 않았으니까 당연한 결과인지도 모르겠지만요. 그때 같은 동포 여성을 만나 결혼을 하게 되었습니다.

결혼이라는 것은 역시 인생에서 커다란 전환점이지요. 인생이 두배 이상이 되고 시야가 넓어지며 무엇보다도 서로 의논하고 도와줄 수가 있는 거지요. 기닌뱅이인 나와 같이 산다는 것은 아마도 내가 여러가지로 고민하고 있었던 것에 공감을 느꼈기 때문이라고 생각합니다. 그러나 결혼을 하고 보니까 돈이 필요하게 되지요. 생활비가 드니까요. 그래서 써본 적도 없었던 이력서를 20장쯤 써서 어찌되었건 취직을 해야겠다는 생각을 하게 되었습니다. 물론 대기업이 아니라 일본의 조그만

회사나 자이니찌가 경영하는 회사 등입니다만 결과는 대부분 거절당했습니다. 그 이유는 학력이 너무나도 높아서 곤란하다는 것이었습니다. 당연히 거짓말이지요.

그런데 결국은 한국의 그럴듯한 무역회사의 토오꾜오지점에 취직이 되었습니다. 채용 이유는 토오꾜오대학교 대학원을 다녔다는 것 때문이지요. 토오꾜오대학이란 브랜드가 내 인생에서 처음으로 유효성을 발휘했던 것입니다. 정말 겨우 취직이 되었지만 이 회사의 지점에는 2,3명밖에 없고 불안정해서 제대로 급료를 받은 것도 몇번 되지 않았습니다. 2년쯤 지나 회사경영이 어려워져서 서울에서 파견나와 있던 사람이 본사로 돌아가버리고 사무실에는 나와 여사무원 1명만 있는 상황이 되었습니다. 할 일도 별로 없고 불안한 가운데 하루하루를 보내는 신세가 되었습니다. 물론 처음부터 그런 일에 만족했던 것은 아닙니다. 어떻게 하는 것이 좋을지 아내와 상담하던 중에 학위논문을 쓰는 것으로 결론을 내렸습니다.

어떻게 살 것인가

타나베 요즘으로 치면 박사학위 논문이지요.

윤건차 학위논문 집필을 목표로 정한 것은 30세 때였다고 생각합니다. 토오꾜오대학의 선배, 동기 중에는 아무도 학위논문을 쓰지 않던 시절이었습니다. 쓰지 않아도 취직이 되고, 우선 교육학 대학원에서는 학위를 주지 않는 것이 원칙이었을 정도였습니다. 학위를 주는 것은 기껏해야 심리학이나 체육학 분야 정도로 교육철학이나 교육사 등의 원리적인 전공에서는 없었습니다. 패전 후 신제 학위제도가 생겼을 때 제지도교수와 도립대학교 총장을 지낸 야마즈미 마사미(山住正巳)씨 정도의 몇사람만 받았을 뿐입니다. 그만큼 학위를 받는다는 목표설정은 심상치 않은 것이었지요.

나는 회사에서 하는 일은 그다지 많지 않았기 때문에 오후 3시나 4시경이 되면 공부를 하기 시작했습니다. 때로는 택시를 타고 그리 멀지 않았던 국회도서관에 가서 자료를 복사하기도 했습니다. 또 컴퓨터가 없고 복사기가 막 보급되기 시작하던 시절이라서 토오꾜오에 온 사장님에게 부탁을 해서 업무에 필요하다는 이유로 간단한 복사기를 사무실에 들여놓았습니다. 지금 와서 생각해보면 불안정하기는 했어도 급료(＝장학금)를 받고 사무실(＝연구실)과 집에서 공부를 했던 것입니다. 물론 언제까지 이렇게 공부할 수 있을까 하는 불안의 연속이었지만 어쨌든 책을 읽고 자료를 뒤지고 매일매일 이른바 쿄오또대학 식의 카드 작성에 노력을 했습니다. 5년 정도가 걸려 약 8천매의 카드를 작성했습니다. 지금 생각해도 그런 작업을 계속할 수 있었던 것이 신기합니다. 그냥 혼자서 가끔씩 집사람의 도움을 받는 것을 제외하면 완전히 고독한 나날이었습니다.

당시 한국의 학술 수준은 결코 높은 것이 아니고 제대로 된 연구서도 없고 자료나 사료도 겨우 복각판이 나오기 시작했을 무렵입니다. 나는 의무적으로 사무실에 앉아 있어야 하는 입장이었기에 그러한 자료나 사료를 닥치는 대로 사들여 독파하고 카드를 만들어갔습니다. 나중에 계산해보니까 당시 돈으로 5백만엔 정도 사용했던 셈이 되더군요. 그중 3분의 1 정도 읽었는지 모르겠지만 불안정하다고는 해도 급료를 받을 수 있었으니까 운이 좋았던 것이지요. 그리고 겨우 작성해두었던 카드를 순서대로 늘어놓고 목차를 만들고 학위논문을 작성했던 것입니다. 도 아니면 모라는 생각으로 인생 전부를 건 도박이기도 했습니다만 다행히 전 지도교수가 10년 만에 나타난 전 지도학생의 논문 제출에 놀라고 또 호의적으로 대해주셔서 학위를 취득하고 토오꾜오대학 출판부에서 간행되기에 이르렀습니다. 1982년 출판된 『조선 근대교육의 사상과 운동』이라는 책입니다. 식민지 이전부터 식민지가 되고 3·1독립운동이 일어나기까지의 역사와 사상을 정리한 것입니다. 교육학 박사논문이니까 일단은 교육을 중심으로 하고 있습니다만 내용은 사상사, 단적으로 말해서 식민지화되어가는 근대 조선인이 어떻게 자기형성을 하고 투쟁하였던가를 논한 것입니다.

책이 나왔을 무렵 운이 좋게도 카나가와(神奈川)대학에서 교수 모집이 있어서 전임교수가 될 수 있었습니다. 문과계열의 경우 공모라는 형태로 자이니찌가 대학교수로 채용되었던 것은 내가 최초이거나 아니면 상당히 최초에 가까운 때였다고 생각합니다. 나중에 들은 이야기에 의하면 응모자가 36명이나 되었다고 합니다. 채용을 결정한 교수님들에게 나를 채용한 까닭을 물어봤더니 교육학박사라는 학위를 갖고 있었다는 것, 또 나에게는 추천자가 없었다는 것이었습니다. 나는 공모서류를 제출할 때 지도교수의 추천서를 첨부한다는 발상은 전혀 없었고, 아마 부탁했어도 써주지도 않았을 것이라고 생각됩니다. 공모의 경우에는 거의 대부분의 사람들이 토오꾜오대학이다 쿄오또대학이다 오오사까대학이다 하고 추천자를 붙인다고 합니다. 나에게는 그런 것이 없었다, 그것이 호감을 샀다는 것이었습니다. 부단히 노력을 하면 언젠가 세상에서 인정받을 때가 있다는 것을 실감했습니다.

학위논문 집필은 동시에 스스로의 정체성을 찾는 공부이기도 했습니다. 학위를 받고 취직을 한 것이 38살 때였습니다만 그때까지 자신이 누구며 어떻게 살아가야 할 것인가 하는 것을 전혀 알지 못하고 있었습니다. 학위 취득, 책 출판, 대학 취직이라는 일련의 시련을 겪는 동안에 겨우 자신의 정체성이라는 것을 확립하게 되었던 것입니다. 그런 의미에서 나에게 있어서 '사상'이란 바로 '어떻게 살 것인가'를 탐구하는 것이었고 또 정체성의 확립에는 무엇을 하며 먹고살 것인가 하는 것이 매우 중요하다는 것도 알게 되었습니다.

학문이란 무엇인가

타나베 한국에서는 1980년에 광주사건이 일어났고 그후에 긴박한 상황이 계속되었던 시기였지요?

윤건차 보통 사람들은 여러가지 활동을 하는 속에서 다종다양한 사람과 만나고 인간관계를 다양하게 맺는 가운데 자신의 정체성을 확립해가는 것이라고 생각합니다만, 제 경우에는 조금 과장되게 말하자면 학위논문 집필이라는 자기와의 투쟁 속에서 선인(先人)들의 고뇌, 역사를 되짚는 것에 의해 확립되어갔다고 할 수 있을지도 모르겠습니다. 실제로 반공독재군사정권 시절에 서울에 있는 본사에 저는 한번도 간 적이 없고, 토오꾜오에서 열리는 각종 연구회나 집회에도 한번도 참석한 적이 없습니다. 다만 반공독재국가체제와는 달리 토오꾜오에 오는 본사와 공장 사람들과 접하면서 한국사람들의 인간적인 따뜻함과 일상적인 기쁨이나 고민 등을 알 수 있는 기회가 나름대로 있었던 것은 아닐까 하는 생각이 듭니다.

한국은 87년 6월항쟁으로 민주화되었는데요, 그렇다고 하더라도 자이니찌가 한국에 가기 시작한 것은 90년대에 들어서입니다. 자이니찌 인텔리, 작가는 전부 고민에 빠졌습니다. 한국에 가고 싶다, 그러나 가도 되는 것인가. 한국국적으로 바꿔도 되는 것인가. 바꾸어야 하는 것일까 등등. 그러는 사이에 점차 조선에서 한국으로 국적(표시)을 바꾸고 한국을 왕래하는 사람들이 늘어나게 되는데요, 그들을 나쁘게 말하자면 못할 것도 없지만, 그것도 사실 가혹한 말입니다. 나이는 들어가고 한국에 친척은 있고 남은 인생은 그리 길지 못하고. 더구나 군사정권하의 조국은 그 나름대로 경제가 성장했다고 하고, 고향이 어떻게 변했는지 상상할 수도 없지요. 그것은 개인의 문제이지만, 현실적으로는 민족, 국가 모든 것과 관련되는 문제로서 나타나게 되는 것이지요. 일본인의 경우라면 전혀 문제가 되지도 않는 것이지만, 그럴 때에도 저는 역시 고립적인 상황에서 지내고 있었습니다.

타나베   교육학이 전공이신 윤선생님께서 본격적으로 '역사'라는 것을 연구의 중심으로 자리매김하게 되었던 것은 언제부터이며, 어떠한 경위에서 그렇게 되신 건가요?

윤건차   저는 37, 8세가 되어서야 자이니찌로서의 아이덴티티 비슷한 것에 눈을 뜨게 되었습니다. 다만 자이니찌로서의 아이덴티티를 확보할 수 있었다는 것이 일본사회에서 제대로 살아가는 것과 연결되지 않습니다. 나는 카나가와대학에 취직해서 수업을 하고 있습니다만 무엇을 가르쳐야 하는지 알지 못했다는 것입니다. 자이니찌라고 하더라도 일본에 대해서도 제대로 알지 못합니다. 그래서 필사적으로 일본의 전후사(戰後史)에 대해 공부를 했습니다. 그러면서 겨우 학문적인 활동을 하기 시작했던 것입니다. 학문의 의미가 나타나기 시작한 것은 학위논문을 내고 난 이후의 일입니다. 학위논문은 학문이라고 하기보다는 이미 말씀드린 대로 나 자신이 어떻게 살아가야 하는가, 이렇게 폐쇄된, 언제 쓰러질지 모르는 생활을 어쨌든 학위를 목표로 돌파해보자는 의미였습니다. 그후에 취직하고 나서 겨우 일본에 대해 공부하기 시작해 차례차례로 논문을 썼습니다. 그리고 논문을 모아서 책을 만들었습니다. 그러나 단지 그것이 학문이었다고 하는 것은 아닙니다. 나는 각각의 과제의 필요성에 의해서 이것저것 공부했을 뿐이었는데 그때 읽었던 책이나 자료 중에 역사와 정치, 법률, 외교, 사상사, 정신사 등에 관련된 것이 포함되어 있었다는 것입니다. 따라서 나는 교육학은 물론이고 역사학과 사상사 등의 전문가는 아닙니다.

내가 학문으로서 공부하고 책을 낸 것이라고 하면 『현대 한국의 사상흐름』이 처음입니다. 학문을 의식하고 정리한 것을 써서 한권의 책으로 만들어낸 것은 그때부터입니다. 이번 책에 관해서는 학문이라는 단어를 쓰고 싶지 않고 스스로가 지금까지 공부해왔던 것의 총괄이라고 생각합니다. 스스로의 시점에서 일본·한국·자이니찌를 사상체험의 축으로 삼아 언급해보려는 것, 혹은 일본·한국·자이니찌의 관계사, 사상·정신의 교착사(交錯史)입니다. 학문이라는 단어를 사용한다면 이것이 학문이 될 수 있을지도 모르겠지만, 다만 학문적인 유효성이 있을까 하는 점은 별개 문제입니다.

요즘 젊은이들은 쉽게들 학문이라는 말을 입에 올리고 있습니다. 처음부터 대학에 들어가고 대학원에 진학하여 학자가 될 거라고 말합니다. 도대체 그게 무슨 의미가 있다는 걸까요. 노인네가 너무 잔소리가 심하면 안될지도 모르겠지만, 너무 지나치게 관념적인 것이 아닌가 하는 생각이 듭니다. 그들은 고생이라는 것의 의미를 너무나도 모른다기보다는 고민, 고통, 괴로운 과정이 너무 없는 것이 아닌가 하는 느낌입니다. 시대가 바뀌었다고 하면 그마이지만 좀더 기본직인 탐구의 노력 그리고 무엇을 위해서 공부를 하지 않으면 안되는 것인가에 대한 점이 부족한 것 같습니다.

타나베 집필활동을 적극적으로 시작하신 것은 언제부터입니까?

윤건차 학위논문을 별도로 치면 카나가와대학에 취직하고 나서 쫓기는 일정 속에서 한 달에 한 편 내지는 두 편의 논문을 썼습니다. 같은 시기에 다른 잡지에 두세편을 실은 적도 있습니다. 1984, 5년경이었나요. 어느정도 자이니찌문제가 클로즈업되던 시기였습니다.

타나베 그 배경으로서는 1982년 일본 역사교과서가 외교문제가 되고 1984년 나까소네 야스히로 수상의 야스꾸니신사 공식참배 등이 컸던 것입니까?

윤건차 물론입니다. 일본과 조선의 역사인식 문제, 차별문제와 관련되는 것이지요. 종합잡지에는 그다지 쓰는 사람이 없었기 때문에 제가 쓰곤 했습니다. 그러나 생각해보면 나는 꽤 폐쇄적인 환경에서 살아왔던 사람이기 때문에 세상을 아는 척하면서 쓰는 것은 아니라고 하더라도 실제로는 사회에 대해서 그다지 잘 이해하고 있었던 것은 아닙니다. 좀더 말하자면 자신의 생각이나 더욱이 인생에 대해서조차도 잘 몰랐습니다.

앞에서도 이야기했지만 서른살이 되어 근무를 하면서 학위논문을 준비하기 시작한 이래로 나는 공부를 하고 있다는 것을 누구에게도 말하지 않았습니다. 또 내가 어디선가 근무하면서 급료를 받고 있다는 것을 짐작하는 사람은 있었지만 나는 그것에 대해서는 구체적으로 전혀 아무 말도 하지 않았습니다. 연구회에도 한번도 나간 적이 없었습니다. 학위논문 심사는 당연히 토오꾜오대학에서 했습니다만 역시 조선에 대한 것이라서 아무것도 모르는 사람들이 모여서 심사를 해도 곤란하기 때문에 당시 일본에서 조선사연구자로 가장 뛰어난 카지무라 히데끼(梶村秀樹)씨를 심사위원으로 초빙했습니다. 그는 우연히도 나중에 내가 취직하게 되는 카나가와대학의 교수였습니다.

토오꾜오대학은 스스로의 권위가 대단했기 때문에 외부에서 심사위원을 위촉하는 일은 원칙적으로 없었습니다. 다만 조선에 대해 전혀 모르는 사람들로만 심사를 하면 오해를 받을 소지도 있었기에 그렇게 부탁했던 것입니다. 논문심사 마지막 면접에서 카지무라씨를 처음으로 만났습니다. 그러자 그분은 나를 보고 당신을 모른다고 말했습니다. 처음인데 잘도 이런 박사논문을 썼군 하는 의미겠지요. 그 정도로 나는 아무와도 교류가 없었던 것입니다. 그 배경에는 남북의 대립, 군사정권과 민주화세력의 투쟁, 그것과 관련된 자이니찌의 분열, 그러한 가운데서 한국회사에 근무한다는 구조적인 면이 있었습니다. 그 결과 분명히 공부하는 과정에서 고독하기는 했지만 집중할 수 있었다는 긍정적인 측면은 있었습니다. 그러나 그 강인함은 잘못하면 편협성으로 연결되어버립니다. 내 경우에는 그렇게까지 심하지는 않았다고 하더라도 세상을 너무나도 모르고 있었던 것은 사실입니다. 그것이 아마도 지금까지 이어지고 있는 나의 부정적인 면이라고 할 수 있습니다.

학위논문을 쓴 다음에도 여전히 학회나 연구회에는 출석하지 않았습니다. 또 대학에 취직하기 전에는 계속 회사 근무를 하고 있었기 때문에 갑자기 참석하는 것도 좀 어려운 사정이 있었습니다. 어쨌든 이후부터 일본에 대해서 논문을 쓰려고 노력하기 시작했습니다.

우선 메이지 초기의 사상가 오노 아즈사(小野梓: 1852~86. 메이지 초기의 법학자, 정치가. 미국과 영국 유학을 거쳐 로마법을 연구함.『국헌범론(國憲汎論)』을 비롯한 정치, 경제, 법률, 교육 등 각 분야에서 왕성한 저작활동을 했다—옮긴이)에 대해서 400자 140매 정도 원고를 썼는데, 논문은 완성을 했지만 가지고 갈 곳이 없었습니다. 학회도 없고, 연구회나 대학논문집도 없었습니다. 그래서 생각해낸 것이 『시소오(思想)』라는 잡지였습니다. 그곳이라면 내용이 좀 긴 논문이라도 분할을 해서라도 실어주고 있고, 무슨 자격이라고 할까 회원에 한정한다는 제약도 없을 것이라고 생각했기 때문입니다. 그렇지만 아는 사람도 없었습니다. 단지 잡지 말미의 표지에 편집부 전화번호와 편집장 이름이 적혀 있었습니다. 나는 전화를 걸었습니다. 전화에서 응대를 해준 편집장이 이야기를 듣더니 원고를 갖고 오라고 했습니다. 원고를 주고 나서 한 두달쯤 지난 후에 어느날 전화가 왔는데 '잡지에 게재하기로 했습니다'라는 말이었습니다. 그래서 『시소오』와 관계를 맺게 된 것입니다. 나중에 안 일이지만 『시소오』는 그리 간단히 논문을 실어주는 잡지가 아니라는 것이었습니다.

타나베 그건 언제쯤 이야기입니까?

윤건차 82년인가 83년경 일입니다. 그후에 잡지 『세까이(世界)』의 편집장인 야스에 료오스께씨와도 지기(知己)가 되어 『세까이』에도 논고를 게재하게 되었습니다. 그러나 이것은 결과의 문제입니다. 종합잡지라고 해도 『쮸우오오꼬오론(中央公論)』이나 『분게이슌쥬우(文藝春秋)』에서 나에게 원고의뢰가 온 적은 한번도 없습니다. 나는 의도적으로 이와나미출판사의 잡지에만 논고를 집필한 것이 아니라 거기서밖에 원고의뢰가 없었다, 즉 다른 곳에는 쓸 수가 없었지요. 결국 이번 저서의 키워드라는 천황제와 조선입니다. 천황제와 조선이라는 중요한 테마가 있음에도 불구하고 그것을 논제로서 실어주는 곳이 거의 없다는 것입니다. 부드럽게, 폭넓게 좀더 재미있게 쓸 수 있었다면 더 좋았겠지만 역시 이 점에서도 내가 사는 세상은 좁았고 타인과의 관계가 한정되어 있었다는 점, 문화·교양 더 나아가 잡학, 더 보태자면 놀 줄을 전혀 몰랐다고 말할 수 있을지도 모르겠습니다.

편집부 독자 입장에서 보면 그런 인상은 전혀 받지 않았는데요.

다시 한국으로

윤건차 그러던 중에 1987년에 한국이 민주화에 성공하고 88년에는 서울올림픽입니다. 그리고 겨우 여권이 나오기 시작했습니다. 자이니찌 지식인으로서 여권을 받는 일은 어려운 문제였습니다. 국적을 바꾸는 사람, 민주화에 대한 가능성이 희박했던 시기에 독재정권과 교섭을 해서 특별히 여권을 받았다가 나중에 문제가 된 사람 등 여러가지 경우가 있습니다. 조금 후의 일이지만 시인 김시종씨도 여권문제로 큰 곤욕을 치르게 됩니다. 제 경우에는 원래 부모님께서 한국국적으로 해놓으셨어요. 대학교수가 되고 나서 내가 여권을 발급받은 것은 민주화가 진척되어 여권발급 사무가 엄하지 않게 되고 나서입니다. 그렇지만 그것도 쉽게는 안 나오더군요. 이런저런 불평을 들어가면서 1년 정도 걸렸습니다.

그리고 나서야 겨우 한국에 다시 갈 수가 있었습니다. 그러나 그 한국은 아까 말씀드린, 제가 대학원생일 무렵의 한국과는 전혀 다른 세계였습니다. 한국은 경제성장의 길을 계속 걸어나갔습니다. 나는 새로운 세계를 알게 되었고 새로운 친구가 생겼으며 많은 자극을 받을 수 있었습니다. 공부에 관해서도 한국 방문은 새로운 자극제가 되었습니다. 한국에 수입된 포스트모던이라는 폭넓은 학문적 흐름에 접하게 됨으로써 제 세계는 넓어지기 시작했던 것입니다. 그 이전에 일본에서도 포스트모던 사상은 불어닥치고 있었지만 나는 그것을 받아들일 수가 없었습니다. '무슨 헛소리를 하고 있는 걸까'라고 생각했을 뿐입니다. 그러나 한국에 가보니 그렇지 않다는 것을 알게 되었습니다. 그리고 포스트모던과 그외의 학문에 흥미를 갖기 시작하고 또 한국을 왕래하면서 술을

마실 기회도 늘어나고 좋은 의미에서 놀이문화도 배우게 되면서 교우
관계라는 것을 처음으로 실감할 수 있게 되었던 것입니다.

원래 갑자기 한국에 가서 한국인들과 사귀기 시작했다는 것은 아닙
니다. 자이니찌와 한국의 지식인 사이에는 커다란 간격이 있었습니다.
나는 그 이전에 카나가와대학에 들어가서 5,6년째 되던 안식년에 런던
에 갈 기회가 있었습니다. 87년의 일입니다. 유럽은 자이니찌인 저에게
는 미지의 세계였습니다. 런던에서 어느날 이전에 소개를 받았던 '빠리
의 택시운전사'라는 한국에서 온 망명자를 만나러 갔습니다. 그 자리에
서 오늘 데모가 있으니까 서독의 본(Bonn)으로 가자는 말을 듣고 따라
갔습니다. 거기에는 서유럽의 지식인들이 많이 모여 있었고 나는 거기
서 한국유학생들과 알게 되었으며 함께 군사독재반대 데모에 참가했습
니다. 그것이 내게 있어서는 한국의 지식인들과 처음으로 경험해본 본
격적인 만남이었습니다. 그리고 런던에서 돌아와서 민주화된 한국에
자주 가게 되었습니다. 내 인생에서는 꽤 큰 사상체험이었다고 할 수
있겠지요.

내가 대학교수가 된 후에 학문(인문사회계열)을 지향하는 자이니찌
젊은이들이 늘어났습니다. 연구자에 뜻을 두고 대학교수가 되겠다는
목표를 설정할 수 있게 되었다고 할 수 있지요. 내 경우에는 단지 갈 곳
이 없어서 필사적으로 노력한 결과였습니다만.

지금의 싯점에서 생각해보면 나는 노동자는 아닙니다. 남들이 보기
에는 '인텔리' 그 자체의 얼굴이라고 할지도 모르겠습니다. 다만 그렇
다 해도 나는 조그만 공장에서 계속 일했었다는 자의식만큼은 가지고
있습니다. 그리고 사회·문화적인 소양이 좁고, 타인과의 연계가 비교
적 적습니다. 논문을 게재하고 책을 출판했던 것도 그런 기회가 있었기
때문이라는 요소가 크게 작용한 것은 아닐까 하는 생각입니다. 그 의미

에서는 더 폭넓다든가 문화라든가 교양을 두루 갖추고 목적의식적으로 살아왔더라면 좋았을 것을 하고 생각할 때도 있었습니다. 뭐라고 해야 할까. 자기가 자기 스스로를 좁게 만든 것은 아닐까 하는 후회가 생길 때도 있습니다.

그리고 제 관점에서 보자면 일본사회, 대학은 그다지 재미가 없습니다. 문제의식을 갖고 행동한다는 것, 자각을 가지고 무엇인가를 하려고 하는 태도를 별로 볼 수 없다는 생각이 듭니다. 각자가 자기 나름대로 잘하고 있는지도 모르겠지만 내 관점에서 보면 별로 재미가 없어요. 다른 분야 사람들을 만나 이야기해봐도 마찬가지예요. 그것은 내가 좁은 탓인지도 모르겠지만요. 일본은 밖에서 보면 거대한 국가이지만 경제와 정보가 너무나도 크고 고정적이라서 개성이 희박해 보이는 것 같아요. 자기주장이 약한 것도 그 결과인지 그 원인인지 잘 모르겠습니다.

한국에 왕래하면서부터 사회를 보는 눈이 넓어지고 나 자신이 일본 비판과 자이니찌를 강조하는 것에서 이항대립적이 되어 있다고 느끼기 시작했습니다. '이건 안되겠다. 그러면 어떻게 해야 될까'라는 생각을 하게 되었을 때 한국을 공부하기 시작한 것입니다. 서점에 가면 대단한 양의 책과 잡지가 넘쳐나고 있어요. 저자 이름을 봐도 전혀 모르는 사람들뿐입니다. 이 사람들이 2세대, 3세대인 것이지요. 어디서 무엇을 하고 있는 것일까. 엄청난 에너지입니다. 신문을 펴보면 내 친구들은 언제나 데모의 선두에 서 있습니다. 이러한 에너지는 어디에서 나오는 것일까. 지식인이면서 민중적이고 노동자적이라고 희는 것은 도대체 어디에서 온 것일까.

나 자신은 노동자계급 출신이 아니고 노동자계급에 속했던 적도 없어요. 또 인텔리집단에 소속된 적이 있었는가 하면 그것도 아닌 것 같아요. 일본의 대학은 인텔리집단 같지만 나의 의식에서 보면 역시 다르구나 하는 생각이 듭니다. 결국 나는 고립되기 일쑤입니다만, 혼자서 세상과 대치하기 위해서는 강인성, 사명감, 강함이 나오게 됩니다. 그러나 뒤집어보면 편협하고, 다른 말로 하자면 특이한 사람에 불과합니다.

어쨌든 나는 한국에 왕래하면서 한국에 대해 새롭게 공부하는 것에 의해서, 한국을 통해서 세계를 공부하게 되었습니다. 그리고 자이니찌의 정체성을, 민족적 정체성만이 아니라 더 넓은 의미에서 보지 않으면 안된다는 생각에 이르게 되었습니다. 다만 세계적 의미에서의 포스트콜로니얼이라든가 하는 것에는 깊이 개입하지 않으려고 하고 있습니다. 포스트모던이란 언설도 주의깊게 접할 필요가 있는 것 같아요. 즉 힘의 한계입니다. 자신이 걸어왔던 길의 연장선상에서 조금 폭넓고 풍요롭게 할 수밖에 없지, 다른 세계로 갑자기 뛰어들 수는 없습니다. 한계를 지키려고 하는 것입니다. 그 결과가 지금의 저입니다.

마지막 일로서

타나베 앞으로 어떤 계획을 가지고 있으신지.

윤건차 다음에 하고 싶은 것은 '자이니찌의 정신사'입니다. 아마도 제 마지막 일이 되지 않을까 하는 생각입니다. 이것은 자이니찌 1세를 알고 있는 자이니찌 2세인 나와 같은 사람이 하지 않으면 안되는 주제가 아닐까 하는 생각입니다. 1세는 이미 고령화되었고 경험과 지식, 사상의 체계화가 어렵습니다. 3세는 1세에 대해서 실감하기가 어렵다고 생각됩니다. 물론 저도 전부 다 알고 있는 것은 아니지만 그래도 알고 있는 마지막 부류에 들어가는 것은 아닐까 하는 생각입니다.

그리고 가능하다면 시를 조금 써보고 싶습니다. 인문사회과학에서 쓸 수 있는 것은 한계가 있습니다. 인생의 만년을 맞이하는 가운데 일상의 슬픔, 추억을 문장화하는 것은 매우 어려운 작업입니다. 오히려 시대와 사상, 다양한 생각 등을 응축해서 표현할 수 있는 시가 좋지 않을까 하는 생각도 있습니다. 사람으로 태어나서 자이니찌의 삶을 살아온 한사람으로서 그 흔적을 남기고 싶다는 문학적인 소망입니다. 물론 시혼(詩魂)뿐만이 아니라 시에 대한 재능이 있고 난 다음의 이야기겠지만요.

6백면이 넘는 『교착된 사상의 현대사』를 쓰는 데 상당히 고생을 했습니다. 글을 쓴다는 것은 육체적·정신적으로 대단한 고통을 강요받습니다. 나 혼자라면 그렇다고 치더라도 가족에게도 그 부담이 가게 됩니다. 실제로 『교착된 사상의 현대사』를 완성하는 마지막 단계에서 집사람이 병이 들어버려서 후회스럽기도 하고 미안하게 생각하고 있습니다. 다양한 요인이 있었겠지만 내 죄가 크다는 생각에 어찌할 바를 모르겠다는 심경입니다.

최근에는 그런 일도 있어서 사람의 육체와 건강, 먹을것과 농사에 대해서도 조금은 생각하게 되었습니다. 적지 않은 민주화투쟁과 전공투운동의 투사들이 먹을것과 농사, 인간의 존재양태에 대해 눈을 돌리게 되었던 것도 충분히 이해가 되는 기분입니다. 인간의 기초체온이 36.5도 이상이라든가 나쁜 문명화에 대치하는 현미, 채식, 무농약, 유기농 야채의 의미와 실제로 재배하는 것, 몸에 좋은 식사법의 실천 등 과장되게 말하자면 자연과 어떻게 조화를 이루면서 우주와 어떻게 합일할 수 있을까 하는 것입니다. 아직까지는 잘 모르겠지만 일본과 조선, 자이니찌만이 아니라 이러한 인간존재의 근본적인 것, 본질적인 것에 대해 생각하지 않으면 안되겠다는 생각을 하고 있습니다.

이 책은 저자가 5년에 걸쳐 집필한 『사상체험의 교착(思想體驗の交錯)』(岩波書店 2008)을 완역한 것이다. 패전에서 현재까지 일본과 한국 그리고 재일조선인의 발자취를 주로 역사에 각인된 사상체험이라는 관점에서 파헤친 이 책은 한사람의 능력으로는 도저히 번역하기 어려운 내용과 분량이었다. 특히 이 책에 수록된 68편의 시는 전문가가 아니면 번역이 불가능한 일이었다. 그런 까닭에 많은 사람들의 힘을 모아 번역하지 않을 수 없었다. 일본근현대사를 전공하는 유지아, 서민교, 최종길이 각장을 분담하고, 68편의 시는 시인 김응교가 번역했으며 전체적으로 박진우가 감수를 맡았다. 또한 저자 자신도 번역작업에 가담해 두 차례나 꼼꼼하게 교정을 보았다. 아마도 저자의 동참이 없었으면 번역의 완성도는 기대하기 어려웠을 것이다. 그만큼 이 책에 대한 저자의 애착을 피부로 느낄 수 있었다.

저자의 책은 지금까지 한국에서 5권이 번역·출판되었다. 『한국 근대

교육의 사상과 운동』(1987), 『현대일본의 역사의식』(1990), 『일본, 그 국가·민족·국민』(1997), 『현대 한국의 사상흐름』(2000), 『한일 근대사상의 교착』(2003)이 그것이다. 이 책들의 제목만 보더라도 알 수 있듯이 저자는 일관해서 '자이니찌'의 입장에서 한국과 일본의 사상을 천착하고 탐구해왔다. 패전 후 현재까지의 일본과 한국 그리고 '자이니찌'의 사상체험이라는 한사람의 연구자로서는 도저히 파헤치기 어려운 문제를 한권의 책에 담을 수 있는 것은 이제까지 일관해서 이 문제를 논해왔던 저자이기 때문에 가능한 일이었을 것이다.

이 책에서 다루는 문제는 방대하고 폭넓은 것이지만 가장 핵심적인 키워드는 '천황'과 '조선' 그리고 '탈식민지주의'와 '민족의 뿌리'이다. 전후 일본의 사상체험에서 볼 때 아무리 진보적인 지식인, 사상가라도 이 문제를 정면에서 진지하게 대응한 사람은 거의 찾아보기 어렵다는 것이 저자의 결론이다. 우리에게 잘 알려진 마루야마 마사오는 물론이고 심지어는 일본에서의 '조선'문제에 누구보다도 진지하게 대응해온 와다 하루끼까지도 '천황'의 문제는 사상적으로 극복하지 못하고 있다고 지적한다. 또한 "풀 한포기, 나무 한그루에도 천황제가 있다"고 신랄하게 천황제를 비판한 타께우찌 요시미조차 아시아를 보는 그의 관점에서 '조선'은 발견하기 어렵다.

한편 일본에 비하여 저자는 한국의 민주화투쟁을 높이 평가하고 있지만 여전히 탈식민지주의와 민족의 통일이라는 과제가 남아 있는 상황에서 '탈민족' '탈국가'를 논하는 최근의 동향에 우려를 표하고 있다. 최근에는 일본과의 '화해'를 위해서 '반일 내셔널리즘'을 극복해야 한다는 주장들이 제기되고 있지만 과연 민족의 통일을 이루지 않고 어떻게 '민족'과 '국민'의 극복이 가능하다는 말인가. 중요한 것은 남북분단의 현실을 직시하고 그것을 어떻게 극복해야 할 것인가를 진지하게 논의하여 그 해결을 위해 노력하는 일이다. 그런 점에서 우리는 한국과 일본 사이에서 '자이니찌'로서의 저자가 제기하는 '천황'과 '조선' '탈식민지주의'와 '민족의 뿌리'에 관한 논의에 좀더 진지하게 귀를 기울일 필요가 있을 것이다. 물론 저자가 추구하는 '민족의 뿌리'는 결코 '편협한 내셔널리즘'이 아니다. 그것은 저자가 이 책의 말미에서 '자이니찌'의 미래가 일본과 한국, 동아시아 사이에서 한결 밝고 풍요로우며 충실한 것이 되기를 간절하게 기원하고 있는 점에서도 알 수 있다.

이 책의 또 하나의 특징은 저자가 역사와 사회의 진실이 응축되어 있는 것으로 보는 68편의 시가 수록되어 있다는 점이다. 저자는 시를 시대상황에 대한 감정과 사상, 정신을 표현하는 특별한 지표로서 중시하고 있다. 이러한 수법은 그야말로 '시인 윤건차'가 아니면 하기 어려운 발상이 아닐까 생각한다. 이 책의 마지막 부분에 수록된 저자의 시 「여로」는 실로 '자이니찌'의 현실과 미래를 응축해서 표현하고 있는 것으로 보인다.

이 책 마지막 부분의 저자와의 인터뷰는 원저에 없던 것으로 일본의 월간지 『죠오꾜오(情況)』(2008.12) 특집 「윤건차 『교착된 사상의 현대사』를 읽다」에 실린 것을 창비 편집부와의 협의 끝에 추가로 번역해넣은 것이다. 저자의 연구자로서의 인생 여정을 잘 알 수 있는 재미있는 내용이다.

끝으로 한국어판 서문에서도 언급하고 있듯이 저자의 연구에 대한 집착은 사모님이 폐암으로 병상에 쓰러지는 가혹한 댓가를 치르는 결과를 가져왔다. 번역자들은 하나같은 마음으로 삼가 고인의 명복을 빈다.

2009년 7월
박진우

년도	남북한	일본	재일조선인	세계
1910	한국병합			
1919	3·1독립운동, 대한민국임시 정부수립(상하이)			
1945	조선해방, 미소양국군에 의한 남북분할 통치	일본 패전	재일본조선인연맹(조련)결성, 민족교육개시	제2차 세계대전 종료
1946		천황의 '인간선언'	재일본조선(이후 한국)거류민 단결성(민단)	
1947	유엔총회, 미국 제안의 유엔감 시하 조선총선거안을 채택	일본국헌법 시행	외국인등록령시행, 일본국헌 법시행	
1948	제주도 4·3사건, 대한민국 수 립, 조선민주주의인민공화국 창건	극동국제군사재판소, 전 범25명에게 유죄판결, 토오죠오 히데끼 등 7인 사형집행	일본정부 민족교육탄압(한신 교육투쟁 등)	
1949	(북)조선노동당 결성, 초대위 원장 김일성		조련 강제해산	중화인민공화국 성립
1950	한국전쟁 발발, 유엔군 인천상 륙, 중국인민지원군 참전			
1951		쌘프란씨스코 강화조약 조인, 일미안보조약 조인		
1952			재일조선인의 '일본국적' 박 탈, 외국인등록법시행	
1953	휴전협정조인(한국 서명 않음)			
1955		일본공산당 6전협(무장 투쟁포기·당내분열 수 습), 自社주도의 55년체 제 수립	지문날인 개시, 재일본조선인 총연합회(총련)결성	
1956	(북)천리마운동 시작	일본 유엔 가입		
1959			재일조선인(북) 귀국개시	
1960	(남)4·19혁명	안보소약개정 반대투쟁		
1961	(남)박정희 군사쿠테타, 반공 법공포			
1964		토오꾜오 올림픽 개최		
1965	한일기본조약체결	한일기본조약체결·한일 국교개시, 베헤이렌 결성, 이에나가 교과서재판 개시		미국, 베트남 북 부 폭격

1967	(북)'주체사상' 제출			
1968				프랑스 5월 혁명
1970	(남)김지하의 담시 「5적」, 전태일 분신자살, 본격적 민주화 운동	일본항공 요도호 납치 사건	히따찌 취직차별소송(~74년)	
1972	7·4남북공동성명, (남)유신체제로 이행, (북)사회주의헌법 제정	오끼나와지배권 반환, 일중국교수립		미국 닉슨대통령 중국 방문·미중 공동성명
1973		김대중 납치사건		베트남평화협정조인
1979	(남)박정희대통령 피살, 전두환 등 '숙군 쿠테타'			
1980	(남)광주민주항쟁, 전두환대통령 취임		지문날인 거부투쟁 개시	
1982		'교과서문제'(역사교과서 기술 왜곡)		
1983	(남)소련 영내에서 대한항공기 격추, 랑군테러사건			
1984		나까소네수상, 전후 수상으로서 처음 야스꾸니신사 참배		
1987	(남)노동자·학생의 6월 항쟁, '민주화선언', 대한항공기 테러사건			소련 페레스트로이카(개혁) 시작
1988	(남)노태우대통령 취임, 서울올림픽 개최			
1989		천황 히로히또 사망, 쇼오와의 종언		동유럽사회주의권 민주화 개혁 독일통일
1990	서울에서 남북고위급회담 개최			
1991	북일국교정상화 교섭개시, 남북한 유엔 동시가입, '남북기본합의서' 조인		출입국관리특례법으로 '특별영주자'설정, 김학순 등 '위안부'가 토오꾜오재판소에 제소	걸프전, 소연방 소멸
1992	(남)중국과 국교수립			
1993	(남)김영삼 '문민정부' 탄생, (북)핵확산방지조약(NPT)탈퇴 선언	55년체제 붕괴, 코오노 관방장관이 '종군위안부'문제로 사죄	외국인등록법 개정으로 영주자의 지문날인의무 폐지	
1994	(북)김일성 주석 사망, 북미 제네바 합의			
1995		무라야마 내각 성립, '아시아여성기금' 발족(98		

		년 한국정부 거부)		
1996				일본군 '위안부'에 관한 유엔인권위원회의 「쿠마라스와미 보고」채택
1998	(남)김대중대통령 취임, 북한에 대해 '햇볕정책' 실시			일본군 '위안부'에 관한 유엔인권소위원회 「맥도걸보고」('위안부'에 대한 국가보상과 가해자에 대한 처벌 요구) 채택
1999		국기·국가법 성립		
2000	김대중·김정일 양 수뇌에 의한 분단 후 최초 남북정상회담, '남북공동선언'	일반 외국인에 대한 지문날인 면제	'재일구군인·군속급부금(給付金)법' 성립	
2001				미국에서 9·11동시다발 테러 발생 부시대통령이 이라크·이란·북한을 '악의 주축'이라고 비난
2002	(남)월드컵 축구 (일본과 공동) 개최	코이즈미수상 평양 방문·'평양선언', 김정일 총비서가 일본인 납치 문제로 "8명 사망, 5명 생존"이라고 회답, 일본에서 격렬한 반 '북한' 캠페인 시작		
2003	(남)노무현대통령 취임, 북한의 핵문제를 둘러싼 '6자회담' 개시	'한류'붐 시작		이라크 전쟁
2006	(북)핵실험 공표			
2008	(남)이명박대통령 취임			
2009	(남)노무현대통령 서거			

| 인용문헌 |

1 松本健一『思想としての右翼』, 第三文明社 1976.

2 谷川雁『原点が存在する』, 弘文堂 1958.

3 松原新一・磯田光一・秋山駿『增補改訂 戰後日本文學史・年表』, 講談社 1979.

4 김윤식 외『한국현대문학사』, 현대문학 1989.

5 정근식・신주백 편저『8・15의 기억과 동아시아적 지평』, 선인 2006.

6 マーク・ゲイン『ニッポン日記』, 筑摩書房 1951.

7 竹前榮治『占領戰後史』, 岩波現代文庫 2002.

8 金九, 梶村秀樹譯注『白凡逸志——金九自敍傳』, 平凡社 1973.

9 高峻石「ソウルで迎えた8・15」, 『季刊三千里』第15號 1978年秋.

10 리영희『歷程: 나의 청년시대』, 창비 1988.

11 『여운영 전집』1, 한울 1991.

12 강준만『한국 현대사 산책: 1940년대편』1권, 인물과사상사 2004.

13 宋建鎬, 朴燦鎬監修·東學者グループ譯『日帝支配下の韓國現代史』, 風濤社 1984.

14 文京洙『韓國現代史』, 岩波新書 2005.

15 中村政則他編『戰後日本 占領と戰後改革』第1卷, 岩波書店 1995, 五十嵐武士·南基正論文.

16 布川淸司「日本人の被占領觀」, 思想の科學編集會編『共同硏究 日本占領』, 德間書店 1972.

17 山室信一『キメラ──滿州國の肖像』, 中公新書 1993.

18 大村益夫編譯『對譯 詩で學ぶ朝鮮の心』, 靑丘文化社 1998.

19 玄基榮, 中村福治譯『地上に匙ひとつ』, 平凡社, 2002.

20 高峻石『朝鮮1945-1950──革命史への證言』, 社會評論社, 1985.

21 張俊河, 安宇植譯『石枕』下, サイマル出版會, 1976.

22 吳林俊『絶えざる架橋──在日朝鮮人の眼』, 風媒社 1973.

23 金達壽·鶴見俊輔「〈對談〉盛裝したい氣持」, 『別冊人生讀本 戰後體驗』, 河出書房新社 1981.

24 白鳥邦夫『私の敗戰日記』, 未來社, 1966.

25 本田靖春『我, 拗ね者として生涯を閉ず』, 講談社 2005.

26 「未公開資料 朝鮮總督府關係者 錄音記錄 5」, 『東洋文化硏究』第6號, 2004.

27 尹健次「植民地日本人の精神構造」, 『孤絶の歷史意識』, 岩波書店 1990.

28 加藤淑子, 加藤登紀子編『ハルビンの詩(うた)がきこえる』, 藤原書店 2006.

29 森崎和江『草の上の舞踏──日本と朝鮮半島の間(はざま)に生きて』, 藤原書店 2007.

30 ブルース·カミングス, 鄭敬謨·林哲譯『朝鮮戰爭の起源』第1卷, シアレヒム社 1989.

31 寺尾五郎「1945年10月に出獄して」,『季刊三千里』第15號 1978年秋.

32 羽仁五郎『自傳的戰後史』, 講談社 1976.

33 城戸昇「詩と狀況·激動の50年代──敗戰から60年安保まで」,『現代思想』 2007年12月臨時增刊號(特集: 戰後民衆精神史).

34 『戰後史大事典』, 三省堂 1991.

35 飯尾憲士『開聞岳』集英社文庫, 1989年, 伊藤成彦「解說」.

36 橋本忍『私は貝になりたい』, 現代社 1959.

37 內海愛子『朝鮮人BC級戰犯の記錄』, 勁草書房 1982.

38 任軒永「韓國文學と東アジアの歷史淸算」,『アソシエ』第19號, 2007年8月, 및 鄭百秀『コロニアリズムの超克──韓國近代文化における脫植民地主義の 道程』, 草風館 2007.

39 元容鎭「朝鮮における「解放」ニュースの傳播と記憶」, 佐藤卓己·孫安石編 『東アジアの終戰記念日-敗北と勝利のあいだ』, ちくま新書 2007.

40 이강수『반민특위연구』, 나남출판 2003.

41 南富鎭「松本淸張の戰爭と衛生兵の朝鮮體驗」, 第三回松本淸張硏究獎勵事業 硏究報告書, 北九州市立松本淸張記念館, 2002.

42 中村明『象徵天皇制は誰がつくったか──生き續ける起草者の思想と信念』, 中央經濟社 2003.

43 道場親信『占領と平和──〈戰後〉という經驗』, 靑土社 2005.

44 이영록『우리 헌법의 탄생』, 서해문집 2006.

45 金哲洙『韓國憲法の50年──分斷の現實と統一への展望』, 敬文堂 1998.

46 兪鎭午『憲法起草回顧錄』, 一潮閣 1980.

47 임대식「일제시기·해방후 나라이름에 반영된 좌우갈등」,『역사비평』 1993년 여름호.

48 金哲洙「兪鎭午의 憲法草案에 나타난 國家形態와 政府形態」,『韓國史 市民

講座』第17輯, 特集: 해방 직후 新國家構想들, 一潮閣, 1995.

49 尹健次「「帝國臣民」から「日本國民」へ」,『日本國民論』, 筑摩書房 1997.

50 稻葉繼雄「「解放」後韓國における「ハングル專用論」の展開」,『文藝言語研究言語篇』第8卷, 筑波大學文藝 · 言語學系, 2006. 10. 및 佐野正人「日本語との抗爭から和解へ」, 古川ちかし他編著『台灣 · 韓國 · 沖繩で日本語は何をしたのか』, 三元社 2007.

51 吉野誠『明治維新と征韓論──吉田松陰から西鄕隆盛へ』明石書店 2002 및 『東アジアのなかの日本と朝鮮──古代から近代まで』, 明石書店 2004.

52 安丸良夫『現代日本思想論──歷史意識とイデオロギー』, 岩波書店 2004.

53 田代和生『書き替えられた國書──德川 · 朝鮮外交の舞台裏』, 中公新書 1983.

54 牧野雅司「維新政府の對朝鮮外交と東アジア」,『朝鮮史研究會會報』第162號 2006年 3月 1日.

55 尹健次「戰後思想の出發とアジア觀」,『日本國民論』, 筑摩書房 1997.

56 권오문『대한민국사를 바꾼 핵심 논쟁 50: 말 · 말 · 말』, 삼진기획 2004.

57 生井弘明『『われら愛す』──憲法の心を歌った"幻の國歌"』, かもがわ出版 2005.

58 原彬久『吉田茂──尊皇の政治家』, 岩波新書 2005.

59 임종국「제1공화국과 친일세력」,『해방전후사의 인식 2』, 한길사 1985.

60 中村政則『戰後史』, 岩波新書 2005.

61 박명림「한국전쟁시의 쟁점」,『해방전후사의 인식 6』, 한길사 1989.

62 竹內好『現代中國論』, 河出書房 1951 및 『日本イデオロギイ』, 筑摩書房 1952.

63 遠山茂樹『戰後の歷史學と歷史意識』, 岩波書店 1968.

64 尹健次「戰後歷史學のアジア觀」,『日本國民論』, 筑摩書房 1997.

65 升味準之輔「序論 戰後史の起源と位相」, 中村政則他編『戰後日本 占領と戰後改革』第2卷, 岩波書店 1995.

66 김윤식「해방공간의 문학」,『해방전후사의 인식 2』, 한길사 1985.

67 林和報告, 金達壽譯「朝鮮民族文學建設の基本課題」,『季刊三千里』第43號, 1985年秋.

68 김용직『김태준 평전』, 일지사 2007.

69 竹內好『日本とアジア』竹內好評論集 第3卷, 1966.

70 阪東宏「解說・歷史における民族の問題について」, 歷史科學大系 第15卷『民族の問題』, 校倉書房 1976

71 岩崎稔「戰後詩と戰後歷史學──1950年代の敍事詩的渴望の史學史的文脈」, 岩崎稔他編著『繼續する植民地主義』, 靑弓社 2005.

72 小國喜弘『戰後敎育のなかの〈國民〉──亂反射するナショナリズム』, 吉川弘文館 2007.

73 道場親信「下丸子文化集團とその時代」,『現代思想』2007年12月臨時增刊號(特集: 戰民衆精神史).

74 金時鐘「人々のなかで」,『現代思想』2007年12月臨時增刊號(特集: 戰民衆精神史).

75 佐高信編『城山三郎の遺志』, 岩波書店 2007.

76 水野直樹「在日朝鮮人・台灣人參政權「停止」條項の成立」,『世界人權問題硏究センター硏究紀要』第1號, 1996年 3月.

77 金斗鎔「朝鮮人と天皇制打倒の問題」,『社會評論』第3卷 第1號, 1946.

78 中野敏男「自閉してゆく戰後革命路線と在日朝鮮人運動──金斗鎔と日本共産黨との間」,『季刊前夜』第4號, 2005年夏.

79 和田春樹「戰後革新運動と朝鮮」,『思想の科學』1976年10月號.

80 渡邊恒雄「私の履歷書」,『日本經濟新聞』, 2006.12.8/9.

81 武田幸男「私の朝鮮史研究の內と外」,『東洋文化研究』第9號, 學習院大學東洋文化研究所 2007年 3月.

82 木村幸雄『中野重治論──思想と文學の行方』, おうふう 1995.

83 石堂淸倫『異端の視点──變革と人間』, 勁草書房 1987.

84 『中野重治全集』第14卷, 筑摩書房 1977.

85 引地達也「大木金太郎あるいは金一──日韓をまたにかけた頭突き王」,『世界』2007年 2月號.

86 岡村正史編著『力道山と日本』, 青弓社 2002.

87 小林聰明『在日朝鮮人のメディア空間──GHQ占領期における新聞發行とそのダイナミズム』, 風響社 2007.

88 出海溪也「解說 許南麒の詩──民族のたたかいを歌い上げる」,『〈在日〉文學全集』第2卷, 2006.

89 磯貝治良『〈在日〉文學論』, 新幹社 2004.

90 竹內好「日本共産黨に與う」,『展望』1950年 4月號.

91 山折哲雄「歌と墓と戰死者」, 川村邦光編著『戰死者のゆくえ──語りと表象から』, 青弓社 2003.

92 김건우『사상계와 1950년대 문학』, 소명 2003.

93 『光復 50년과 張俊河』, 장준하선생20주기 추모사업회 1995.

94 한국역사연구회 현대사연구반『한국현대사 2』, 풀빛 1991.

95 한국정신문화연구원 편『내가 겪은 민주와 독재』구술자료총서 2, 선인 2001.

96 高崎宗司·朴正鎭編著『歸國運動とは何だったのか──封印された日朝關』, 平凡社 2005.

97 강준만『한국 현대사 산책-1950년대편』3권, 인물과사상사 2004.

98 テッサ·モーリス＝スズキ『北朝鮮へのエクソダス──「歸國事業」の影をた

どる』, 朝日新聞社 2007.

99 리영희 『대화』, 한길사 2005.

100 韓完相他 『四·一九革命論』 I, 일월서각 1983.

101 강준만 『한국 현대사 산책: 1960년대편』 1권, 인물과사상사 2004.

102 서중석 「4월혁명운동기의 반미·통일운동과 민족해방론」, 『역사비평』 계간14호, 1991년 가을.

103 吉次公介 「知られざる日米安保體制の "守護者"」, 『世界』 2006年 8月號.

104 新川明詩·儀間比呂志畫 『詩畫集 日本が見える』, 築地書館 1983.

105 「〈座談會〉昭和文學史 戰後の日米關係と日本文學」, 『すばる』 2003年 1月 號.

106 藤島宇內 「朝鮮と日本人」, 『世界』 1960年 9月號.

107 久野收·神島二郎編 『『天皇制』論集』, 三一書房 1974.

108 福田アジオ 「「宮田民俗學」の世界」, 『圖書新聞』 2007.2.24.

109 小林直樹 「現代天皇制論序說」, 『法律時報』 1976年 4月號.

110 『講座現代藝術』 第五卷, 勁草書房 1958.

111 小松和彦 「天皇制──その象徵論的素描」, 亞紀書房編集部編 『論集·天皇 制を考える』 亞紀書房 1985.

112 網野善彦他編 『岩波講座 天皇と王權を考える』 全10卷, 岩波書店 2002~04 年; 歷史科學協議會編, 木村茂光·山田朗監修 『天皇·天皇制をよむ』, 東京 大學出版會 2008.

113 『民族の歷史的自覺』 上原專祿著作集 7, 評論社 1992.

114 竹內好 「危機の時代の思想」, 『日本讀書新聞』 1968.1.1.

115 장준하 『민족주의자의 길』 張俊河全集 3, 세계사 1992.

116 安秉煜 「淸과 義와 勇의 人, 張俊河」, 『光復 50년과 張俊河』, 장준하선생 20주기 추모사업회 1995.

117 三枝壽勝 『「韓國文學を味わう」報告書』, 國際交流基金アジアセンター 1997.

118 咸錫憲『뜻으로 본 한국역사〈意味から見た韓國歷史〉』, 原著: 1950, 原著 改訂版: 1962年, 金學鉉譯の日本語譯書名は『苦難の韓國民衆史』, 新敎出版 社 1980.

119 安宇植『天皇制と朝鮮人』, 三一書房 1977.

120 金東椿, 水野邦彦譯『近代のかげ――現代韓國社會論』, 靑木書店 2005.

121 임대식 「1960년대 초반 지식인들의 현실인식」, 『역사비평』 통권65호, 2003년 겨울.

122 崔文煥「民族主義의 새로운 理念」, 『思想界』1961년 5월호.

123 韓洪九, 高崎宗司監譯『韓洪九の韓國現代史』, 平凡社 2003 및 金東椿, 水 野邦彦譯『近代のかげ――現代韓國社會論』, 靑木書店 2005.

124 후지이 타께시, 「돌아온 '국민'-제대군인들의 전후」, 『역사연구』 제14 호, 2004.12.31.

125 「國民全體の表現者」1948年 9月, 『和辻哲郎全集』第14卷, 岩波書店 1977.

126 中村政則他編『戰後日本 占領と戰後改革』第3卷, 岩波書店 1995 및 尹健次 『日本國民論』, 筑摩書房 1997.

127 米谷匡史「丸山眞男の日本批判」, 『現代思想』1994年 1月號 및「丸山眞男と 戰後日本」, 『情況』1997年 1・2月合倂號.

128 小熊英二 『〈民主〉と〈愛國〉――戰後日本のナショナリズムと公共性』, 新曜 社 2002.

129 長璋吉の日本語譯, 大村益夫・長璋吉・三枝壽勝=編譯『韓國短篇小說選』, 岩波書店 1988年.

130 李建志「松本淸張と金聖鐘――日韓の戰後探偵小說比較硏究」, 第6回松本淸 張硏究獎勵事業硏究報告書, 北九州市立松本淸張記念館 2006.

131 韓洪九, 高崎宗司監譯『韓洪九の韓國現代史 2』, 平凡社 2005 및 강준만 『한국 현대사 산책: 1960년대편』 1권, 인물과사상사 2004.

132 吉田司『王道樂土の戰爭』戰前・戰中編/戰後60年篇, NHKブックス 2005.

133 和田春樹・高崎宗司『檢證日朝關係60年史』, 明石書店 2005.

134 木本至『雜誌で讀む戰後史』, 新潮選書 1985.

135 『現代の眼』1965年 10月號.

136 『東京大學新聞』1965年 7月 12日.

137 飯沼二郎編著『架橋――私にとっての朝鮮』, 麥秋社 1984.

138 小田實・鈴木道彦・鶴見俊輔『脫走兵の思想――國家と軍隊への反逆』, 太平出版社 1969.

139 小田實「私の「朝鮮」との長く, 重いつきあい」, 『論座』2003年 1月號.

140 鶴見俊輔「金東希にとって日本とはどういう國か」, 『鶴見俊輔著作集』第5卷, 筑摩書房 1976 및『期待と回想』下卷, 晶文社 1997.

141 飯沼二郎「『朝鮮人』を出しつづけて」, 『季刊三千里』第25號 1981年春.

142 松原新一 『幻影のコンミューン――「サークル村」を檢證する』, 創言社 2001.

143 『井上光晴集』戰後文學エッセイ選 13, 影書房 2008.

144 『上野英信集』5, 徑書房 1986.

145 安本末子 『にあんちゃん――十歲の少女の日記』復刻版, 西日本新聞社 2003.

146 宮田節子「梶さんと出逢ったころ」, 『梶村秀樹著作集』別卷, 回想と遺文, 明石書店 1990.

147 梶村秀樹「朝鮮との出會い」, 『季刊まだん』第4號 1974年 8月.

148 宮田節子「共和國に歸った金さん」, 『季刊三千里』第18號, 1979年夏.

149 和田春樹『ある戰後精神の形成: 1938-1965』, 岩波書店 2006.

150 宇都宮德馬『アジアに立つ』, 講談社 1978.

151 和田春樹「韓國の民衆をみつめること」, 『展望』 1974年 12月號.

152 竹內好「おもかげの消えぬ人」1974年 10月, 『竹內好セレクション』 Ⅱ, 日
本經濟評論社 2006.

153 竹內好「朝鮮語のすすめ」, 『竹內好集』 戰後文學エッセイ選 4, 影書房
2005.

154 安川壽之輔『福澤諭吉と丸山眞男』, 高文研 2003.

155 高良勉「沖繩戰後詩史論」, 沖繩文學全集編集委員會編『沖繩文學全集』第2
卷, 詩Ⅱ, 國書刊行會 1991.

156 河野洋平・品川正治「〈對談〉私たちはどのような社會・國家をめざすべき
か」, 『世界』 2006年 6月號.

157 鄭根埴「植民地支配, 身體規律,「健康」」, 水野直樹編『生活の中の植民地主
義』人文書院 2004.

158 한홍구「잡고 싶었으나 못 잡은 간첩」, 『한겨레 21』 제521호 2004.8.12.

159 『金日成著作集』第4卷, 未來社 1971.

160 尹伊桑・L.リンザー, 伊藤成彦譯『傷ついた龍――作曲家の人生と作品に
ついての對話』, 未來社 1981.

161 강준만『한국 현대사 산책: 1970년대편』1권, 인물과사상사 2002.

162 趙英來著, 大塚厚子他譯『全泰壹評傳』つげ書房新社 2003.

163 안경환『조영래 평전』, 강 2006.

164 朴炯圭・白樂晴, 大島董・大塚嘉郎譯「韓國キリスト教と民族の現實」, 『季
刊三千里』第15號 1978年夏.

165 강준만 편저『한국 현대사의 길잡이: 리영희』, 개마고원 2004.

166 『朝鮮文學』季刊 第3號, 1971年 6月.

167 金芝河, 金芝河刊行委員會譯編『苦行: 獄中におけるわが闘い』, 中央公論社

1978.

168 和田春樹「民衆への確信と祈り」,『記錄』第124號, 1989年 7月.

169 澤正彦『ソウルからの手紙——韓國敎會のなかで』, 草風館 1984.

170 吉留路樹「日本人の役割はなにか」,『季刊三千里』第10號 1977年夏.

171「〈와다 하루끼 회고록〉백낙청씨는 알면 알수록 큰 사람이었다」,『한겨레』2006.9.29.

172 京都大學朝鮮語自主講座編譯『韓國の民衆歌謠』, ウリ文化硏究所 1988.

173『竹中勞行動論集 無賴と荊冠』, 三笠書房 1973.

174「이도흠의 한국 대중문화 읽기(3): 한국 TV드라마의 이데올로기를 고발한다」,『월간 인물과사상』1999년 11월호.

175 色川大吉「明治百年と日本の近代化」,『信濃敎育』第969號.

176 中村生雄「天皇制と柳田民俗學」,『AERA Mook 民俗學がわかる』, 朝日新聞社 1997年 12月.

177 後藤總一郎『柳田國男論序說』, 傳統と現代社 1972.

178 高史明「小林勝を思う」,『季刊三千里』第5號 1976年春.

179 磯貝治良『戰後日本文學のなかの朝鮮韓國』, 大和書房 1992.

180『鹿野政直思想史論集』第2卷, 岩波書店 2007; 水溜眞由美「森崎和江と『サークル村』——1960年前後の九州におけるリブの胎動」,『思想』2005年 12月號 및「森崎和江『第三の性』」, 岩崎稔·上野千鶴子·成田龍一編『戰後思想の名著』, 平凡社 2006.

181 辛仁夏·木田獻一監修『民衆の神學』, 敎文館 1984.

182 香山洋人「民衆神學における民族〈上〉——安炳茂の民衆的民族主義を中心に」,『キリスト敎學』45號, 立敎大學キリスト敎學會 2003年 12月.

183 강만길「분단 극복을 위한 실천적 역사학」,『역사비평』1993년 여름호.

184 리영희·임헌영『대화: 한 지식인의 삶과 사상』, 한길사 2005.

185 한홍구『대한민국사 4』, 한겨레출판 2006.

186 尹健次『現代韓國の思想』, 岩波書店 2000.

187 日本放送協會放送世論調査所編『日本人の意識——NHK世論調査』, 至誠堂 1980.

188 조희연「박정희 시대의 강압과 동의」,『역사비평』2004년 여름호.

189 岩崎稔「「戰後革命」の挫折」, 岩崎稔・上野千鶴子・成田龍一編『戰思想の 名著50』, 平凡社 2006.

190 『季刊京鄕 思想과政策』특집: 한국의 保守・進步主義연구, 1986년 여름 호.

191 『季刊京鄕 思想과政策』특집: 한국의 大衆文化, 1986년 가을호.

192 한홍구『대한민국사 3』, 한겨레출판 2005.

193 정해구「南勞黨노선 평가 논쟁」,『80년대 韓國사회 大논쟁집』月刊中央 1990년 新年號 별책부록.

194 梶村秀樹「韓國現代史における「南民戰」」, 金南柱詩集『農夫の夜』刊行委員 會編譯『金南柱詩集 農夫の夜』, 凱風社 1987.

195 和田春樹・梶村秀樹編『韓國の民衆運動』, 勁草書房 1986.

196 김원『여공 1970, 그녀들의 反역사』개정판, 이매진 2006.

197 三輪泰史「1950年代のサークル運動と勞動者意識」, 廣川禎秀・山田敬男編 『戰後社會運動史——1950年代を中心に』, 大月書店 2006.

198 최구묵「1980년대 민주노동운동에서 학생출신 지식인의 역할」,『역사비 평』2007년 봄호.

199 오하나「1980년대 한국의 노동운동과 학생출신노동자」서울대학교 사회 학 석사학위논문, 2006.8.

200 金潤洙・古川美佳「民主化運動, その始まりには文化があった」,『世界』 2007年 11月號.

201 高島雄三郎・むくげ舍編著『崔承喜〈增補版〉』, むくげ舍 1981.

202 草野妙子「民衆文化としての歌・民謡のリズム」,『傳統と現代』通卷71號 1981年7月號(總特集: 朝鮮の民衆文化).

203 金應教『韓國現代詩の魅惑』, 新幹社 2007.

204『金嬉老問題資料集 VII 證言集 3』, 金嬉老公判對策委員會發行 1972年 6月.

205 岡部伊都子『こころをばなににたとえん』, 創元社 1975.

206 권혁태「'재일조선인'과 한국사회」,『역사비평』2007년 봄호.

207 朴君を圍む會編『民族差別 日立就職差別糾彈』, 亞紀書房 1974, 佐藤勝巳「まえがき」.

208 李英勳『「朝總連」共産教育の內幕』, 大韓教育聯合會 1969.

209『朝鮮人の民族教育』, 日本朝鮮民族教育問題協議會刊 1965.

210 扇田文雄「本名をなのることの意味——日本の學校に通う朝鮮の子どもたち」,『季刊三千里』第12號 1977年冬.

211 鶴見俊輔・岡部伊都子『まごころ』, 藤原書店 2004.

212 鈴木道彦『越境の時——一九六〇年代と在日』, 集英社新書 2007.

213『傳統と現代』第76號 1983年夏.

214 民族名をとりもどす會編『民族名をとりもどした日本籍朝鮮人: ウリ・イルム〈私たちの名前〉』明石書店 1990.

215 徐京植「ソウルで『由熙』を讀む」,『社會文學』第26號(特集:「在日」文學), 2007年 6月.

216 金石範『ことばの呪縛』, 筑摩書房 1972.

217 金時鐘『わが生と詩』, 岩波書店 2004.

218 李良枝「わたしは朝鮮人」,『青空に叫びたい: 高校時代の手記・8編』, 高文研 1975.

219 佐多稻子「その歷史の中に」,『季刊三千里』第5號 1976年春.

220 『環』Vol.31, 2007年秋號.

221 飯沼二郎「雜誌『朝鮮人』を出しつづけて」, 『季刊三千里』第25號 1981年春.

222 梶村秀樹「朝鮮語で語られる世界」, 『季刊三千里』第11號 1977年秋.

223 森川展昭「朝鮮語を考える──朝鮮語學習十五年」, 『季刊三千里』第20號 1979年冬.

224 上野英信『地の底の笑い話』, 岩波新書 1967.

225 「佐藤勝巳の證言」, 『金嬉老問題資料集 VII 證言集 3』, 金嬉老公判對策委員會發行 1972年 6月.

226 金應敎編『高銀詩選集 いま, 君に詩が來たのか』, 藤原書店 2007 및 高銀・辻井喬「〈對談〉詩人と近代」, 『環』Vol.30 2007年夏號.

227 鈴木孝夫『閉ざされた言語・日本語の世界』鈴木孝夫著作集 2, 岩波書店 2000.

228 イ・ヨンスク「朝鮮における言語的近代」, 『一橋研究』通卷76號 1987年7月.

229 한민섭「노동현장에서 느끼는 일본, 일본문화」, 『현장』제3집 1985년 5월.

230 강준만『한국 현대사 산책: 1970년대편』3권, 인물과사상사, 2002 및 「〈時評〉國語醇化運動について」, 『むくげ通信』37號 1976年 7月 18日.

231 고종석『말들의 풍경: 고종석의 한국어 산책』, 개마고원 2007.

232 『季刊三千里』第11號(特集L 日本人と朝鮮語) 1977年秋 및 第38號(特集: 朝鮮語とはどんなことばか) 1984年夏.

233 大村益夫「大學の朝鮮語講座」, 『季刊三千里』第6號 1976年夏.

234 山根俊郎「〈韓國藝能事情〉禁止曲の一部解除」, 『むくげ通信』104號 1987年9月 27日.

235 尹健次「1982年教科書問題」, 『思想』1985年 8月號, 『異質との共存-戰後日

本の教育・思想・民族論』, 岩波書店 1987.

236 『圖書』133號, 岩波書店 1960年 10月.

237 『史學雜誌』第56卷 第12號, 1946年 11月.

238 小島晋治「教科書の執筆者として」, 『季刊三千里』第14號 1978年夏.

239 金容海「日本の學校に在籍する韓國・朝鮮人兒童のための教育課題」, 『むくげ』144號, 全朝教大阪〈考える會〉1996年 5月 23日.

240 「韓國による日本の教科書干渉に反對する──朝鮮を正しく教えるために」, 『むくげ』37號 1977年 4月 4日.

241 女たちの現在〈いま〉を問う會編『全共闘からリブへ──銃後史ノート戰後編』, インパクト出版會 1996.

242 山崎朋子『サンダカンまで──わたしの生きた道』, 朝日新聞社 2001.

243 鄭甲壽『〈ワンコリア〉風雲錄──在日コリアンたちの挑戰』, 岩波ブックレット 2005年 8月 및「ワンコリア・フェスティバルとは何か」, 『環』Vol.23 2005年秋號.

244 森田進「「在日サラム」詩人のしなやかな世界」, 『詩と思想』2005年 4月號.

245 新崎盛暉「私にとって天皇とは何か」, 『季刊在日文芸 民濤』第7號 1989年 6月.

246 新川明『反國家の兇區──沖繩・自立への視点』, 社會評論社 1996 및『沖繩・統合と反逆』, 筑摩書房 2000.

247 屋嘉比收「沖繩における〈評論〉と〈批評〉」, 千年紀文學の會編『文學と人間の未來』千年紀文學叢書 1, 皓星社 1997.

248 尹健次「被差別者にとっての「國民」概念」, 『部落解放研究』第70號, 1989年 10月(『孤絶の歴史意識』岩波書店, 1990年に收録).

249 安江良介『孤立する日本──多層危機のなかで』, 影書房 1988.

250 上原善廣『コリアン部落──幻の韓國被差別民・白丁を探して』, ミリオン

出版 2006.

251 박은경「한국인과 비한국인: 단일 혈통의 신화가 남긴 차별의 논리」,『당
대비평』2002년 여름호.

252 田川建三『思想の危險について——吉本隆明のたどった軌跡』, インパクト
出版會 1987.

253 吉本隆明他『ドキュメント吉本隆明① 〈アジア的〉ということ』, 弓立社
2002.

254 香山洋人「民衆神學における民族〈下〉——安炳茂の民衆的民族主義を中心
に」,『キリスト教學』46號, 立教大學キリスト教學會 2004. 12.

255 日本ジャーナリスト會議編『マスコミの歷史責任と未來責任——その戰爭
報道・歷史認識・企業主義を問う』, 高文硏 1995.

256 加藤周一「インタビュー・歷史と人間——昭和をどうとらえるか」,『世界』
1989年 1月號.

257 中村政則「グローバリゼーションと歷史學」,『神奈川大學評論』第56號
2007年 3月.

258 酒井直樹『死産される日本語・日本人——「日本」の歷史−地政的配置』, 岩波
書店 1996.

259 円谷眞護「象徵天皇と日本文學」, 千年紀文學の會編『アジア・ナショナリ
ズム・日本文學』千年紀文學叢書 3, 皓星社 2000.

260 久野收『市民主義の成立』, 春秋社 1996.

261 豊田正弘「支配の空間イデオロギーとしての「市民社會」」,『現代思想』1999
年 5月號(特集: 市民とは誰か).

262 권혁태「일본 진보진영의 몰락」,『황해문화』2005년 가을호.

263 강내희「문화연대와 1990년대 문화운동」, 김진균 편저『저항, 연대, 기억
의 정치 1』문화과학사 2003.

264 的場昭弘,「「大きな物語」の再編とポストモダン」,『神奈川大學評論』第57號 2007年 7月.

265 小坂修平『思想としての全共闘世代』, ちくま新書 2006.

266 林鍾國『親日文學論』, 原著: 1966年刊, 大村益夫譯の日本語版: 1976年刊, 高麗書林.

267 鈴木裕子「昭和史の暗部——朝鮮人從軍慰安婦問題への接近」,『世界』1991 年 9月號.

268 山下英愛「韓國における「慰安婦問題解決」運動の位相〈下〉」,『季刊戰爭責任 研究』第35號 2002年春季號.

269 在日の慰安婦裁判を支える會編『オレの心は負けてない』, 樹花舍 2007.

270 佐川亞紀「韓國詩の源流と現在」,『現代詩手帖』2007年 8月號.

271 野村喜和夫「服喪者たち, 獨身者たち, 巫女たち——展望1985-1994」,『戰後 60年〈詩と批評〉總展望』(現代詩手帖特集版), 思潮社 2005.

272 加藤登紀子・藤本敏夫『絆(きずな)』, 藤原書店 2005.

273 홍윤기「우리의 허약한 현대, 그리고 야만으로의 퇴행」,『당대비평』1999 년 겨울호.

274 박노해『사람만이 희망이다』, 해냄 1997.

275 韓明淑「〈インタビュー〉時代をひらく——韓國女性運動の經驗」,『前夜』第 5號, 2005年秋.

276 大越愛子「女性と戰後思想」,『アソシエ』第12號 2004年 2月.

277 VAWW-NET Japan 編『女性國際戰犯法廷の全記錄』I, 錄風出版 2002.

278 荻野美穗「ジェンダー論, その軌跡と射程」,『歷史を問う 4 歷史はいかに書 かれるか』, 岩波書店 2004.

279 일레인 김・최정무 편저, 박은미 옮김『위험한 여성: 젠더와 한국의 민족 주의』, 삼인 2001.

280 金英姫 「「國民基金」の「償い事業」とは何だったのか」, 『季刊戰爭責任研究』 第38號 2002年冬季號.

281 和田春樹 「「昭和」──清算のない時代」, 『偉大な天皇の遺産』, 徑書房 1989.

282 磯貝治良 「變容と繼承──〈在日〉文學の六十年」, 『社會文學』 第26號(特集: 「在日」文學), 2007年 6月.

283 高全惠星監修, 柏崎千佳子譯 『ディアスポラとしてのコリアン──北米・東 アジア・中央アジア』, 新幹社 2007.

284 타무라 토시유끼 「일본 대중작가 시바 료오따로오의 한국정체관을 비판 한다」, 『역사비평』 계간29호 1995년 여름호; 中村政則 『近現代史をどう見 るか──司馬史觀を問う』, 岩波ブックレット 1997; 李成市・李孝德・成田 龍一 「司馬遼太郎をめぐって」, 『現代思想』 1997年 9月號; 備仲臣道 『司馬遼 太郎と朝鮮』, 批評社 2007.

285 이진구 「한국 개신교와 선교 제국주의」, 『계간 사회비평』 2002년 가을호.

286 四方田犬彦 『飜譯と雜神』, 人文書院 2007.

287 米田綱路 「邊見庸著 『抵抗論』を讀む」, 『圖書新聞』 2004年 8月 7日.

288 高橋順一 「日本保守思想の解體──今, 日本に〈保守〉は存在しない」, 『アソ シエ』 第18號 2007年 1月.

289 韓勝憲, 館野晳譯 『分斷時代の法廷──韓國民主化運動政治裁判と弁護活動 の軌跡』, 岩波書店 2008.

290 정해구 「뉴리이트운동의 현실인식에 대한 비판적 검토」, 『역시비평』 2006년 가을호.

291 藤井たけし 「もう一つの「教科書問題」──〈世界史〉に抗するために」, 『季刊 ピープルズ・プラン』 31號 2005年 9月.

292 신주백 「교과서포럼의 역사인식 비판」, 『역사비평』 2006년 가을호.

293 하종문 「반일민족주의와 뉴라이트」, 『역사비평』 2007년 봄호.

294 崔元植「韓流, 東アジア疎通の道具」, 徐勝・黄盛彬・庵逧由香編『「韓流」のうち外－韓國文化力と東アジアの融合反應』, 御茶の水書房 2007.

295 辻井喬『新祖國論──なぜいま, 反グローバリズムなのか』, 集英社 2007.

296 小林孝吉「戰爭の記憶と和解──二つの記憶の出會う場所」, 千年紀文學の會編『體驗なき「戰爭文學」と戰爭の記憶』千年紀文學叢書 6, 皓星社 2007.

297 小森陽一・高橋哲哉編『ナショナル・ヒストリーを超えて』, 東京大學出版會 1998.

298 박유하『누가 일본을 왜곡하는가』, 사회평론 2000.

299 早尾貴紀「風聞書感──『和解のために──教科書・慰安婦・靖國・獨島』『暴力と和解のあいだ──北アイルランド紛爭に生きる人びと』」, 『季刊軍縮地球市民』No.11 2008年冬.

300 外國人人權法連絡會編『外國人・民族的マイノリティ人權白書』, 明石書店 2007.

301 『역사인식의 사상적 근원으로서의 '일본국헌법'』서울대학교 일본연구소, 2007.11.30.

302 森田進・佐川亞紀編『在日コリアン詩選集 1916年－2004年』, 土曜美術社出版販賣 2005.

교착된 사상의 현대사: 1945년 이후의 한국·일본·재일조선인

초판 1쇄 발행 • 2009년 7월 17일

지은이 • 윤건차
옮긴이 • 박진우 외
펴낸이 • 고세현
책임편집 • 박영신
펴낸곳 • (주)창비
등록 • 1986년 8월 5일 제85호
주소 • 413-756 경기도 파주시 교하읍 문발리 513-11
전화 • 031-955-3333
팩시밀리 • 영업 031-955-3399 편집 031-955-3400
홈페이지 • www.changbi.com
전자우편 • human@changbi.com
인쇄 • 상지사P&B

한국어판ⓒ (주)창비 2009

ISBN 978-89-364-8248-0 93910

* 이 책 내용의 전부 또는 일부를 재사용하려면
  반드시 저작권자와 창비 양측의 동의를 받아야 합니다.
* 책값은 뒤표지에 표시되어 있습니다.